"十三五"江苏省高等学校重点教材

新编21世纪经济学系列教材

新编政治经济学教程

第四版

主　编　刘志国
副主编　赵光瑞　崔向阳

Political Economics

中国人民大学出版社
·北京·

内容简介

本书为“十三五”江苏省高等学校重点教材，全书共11章，除第1章政治经济学概述外分为四篇。第1篇介绍了商品、货币与价值规律等商品经济的基础原理，构成了市场经济运行的一般理论基础。第2篇是对资本主义经济的运行的研究，主要包括资本的直接生产过程、资本的流通过程、资本主义生产的总过程及其经济制度的演进和生产方式的变革。第3篇系统阐述了我国基本经济制度的建立与发展、社会主义初级阶段的所有制结构和社会主义市场经济的运行情况，并对新发展理念、经济发展方式的转变、供给侧结构性改革、双循环的新发展格局等理论与实践热点问题进行了分析。第4篇叙述了全球化背景下的国际经济运行。本书事例生动，可读性强，条理清晰，适合教师教学和学生自主学习使用。

作者简介

刘志国　南京财经大学经济学院教授，经济学博士，硕士生导师。长期从事马克思主义政治经济学教学和研究，先后在《马克思主义研究》《经济学动态》《当代世界与社会主义》等国内权威杂志发表论文50余篇，出版专著2部，主编教材3部，主持和参与国家自然科学基金、国家社会科学基金一般和重大项目共8项。

赵光瑞　南京财经大学经济学院教授，经济学博士，硕士生导师，主要从事马克思主义经济学、制度演化、日本经济和东亚区域发展合作问题研究，先后主持完成国家社会科学基金项目、省级项目等共5项，参加国际合作研究课题1项。出版专著1部，参与编写著作4部。在《马克思主义研究》《日本学刊》《世界经济研究》《社会科学战线》等刊物发表论文20余篇。

崔向阳　南京财经大学经济学院教授，经济学博士，硕士生导师，主要从事马克思主义经济学、产业经济、区域经济研究，先后主持完成国家和省部级项目4项，出版专著和教材4部，在《经济学家》《马克思主义与现实》等国内权威期刊发表论文30余篇。

目录

第 9 章　中国社会主义市场经济的运行

第 10 章　中国的经济增长与发展

第 4 篇

国际经济运行

第 11 章　经济全球化与对外开放

第1章

政治经济学概述

政治经济学是现代社会科学的一个重要组成部分。政治经济学从它产生之日起，就随着经济实践的进步而不断发展。政治经济学作为一门独立学科，有它自己的演变与发展历程和独特的研究对象、研究方法。本章将对政治经济学这门学科进行系统介绍。

第1节　政治经济学的演变与发展

虽然经济活动伴随着人类社会的产生就已经出现，并在此基础上产生了大量的经济思想，但是作为一门学科，经济学的出现是近代的事情。在西方近现代经济学著作中，“经济学”（economics）和“政治经济学”（political economy）两个词的词义并没有严格的区别。为了简单起见，许多经济学家就直接使用“经济学”来表达“政治经济学”的含义。在我国，“政治经济学”往往特指马克思主义政治经济学。

一、政治经济学的基本含义

“经济”这个词有悠久的历史。古汉语中的“经济”，原意是指“经世济民”或“经邦济世”，意为“国家的统治和救济人民的措施”。“经济”在中国古代充满了丰富的人文思想和社会内涵，它和古代知识分子“治国平天下”的人生理想是联系在一起的，代表了知识分子的责任之一。古代名联“文章西汉两司马，经济南阳一卧龙”[①] 中，“经济”

① 这是左宗棠题南阳诸葛草庐的一副著名对联，意即文章写得最好的要算西汉的司马迁与司马相如，而经邦济世的人才就当首推南阳的诸葛亮了。

即具有经世济民的意思。

政治经济学中的“政治”（politics）一词源于希腊文 politikos，含有“社会的”“国家的”“城市的”等多种意思。“经济”（economies）这个词，源于古希腊语中的词“οικονμια”，它原本的词义是指“家政”“持家”“家庭管理”，是奴隶主家庭的生产和生活等方面的管理。后来这个词逐渐有了一般意义上的“管理”“领导”“安排”等词义。

亚当·斯密的政治经济学也有类似的含义，他将政治经济学视为一门研究国民财富性质和原因的学问，并提出双重目标：“为人民提供充足的收入或生计……以及给国家和社会提供充分的收入使公务得以进行”①。

在汉语中，现代含义的“经济”这个词是从日语翻译过来的。19 世纪下半叶，日本学者选择了中国古汉语中的“经济”“经济学”这些词汇来翻译欧美的“economy”、“economics”或“political economy”。20 世纪初，中国人在翻译日文经济学著作的过程中，才赋予汉语中原有的“经济”“经济学”这些古老词汇以现代的含义。

经济问题是人类生存首先要面对的问题，经济学是资本主义发展的产物。只要地球上还有人类生命，就会有经济的存在，因为人们的生活资料的生产过程是生命本身得以存在的前提条件。但经济学作为研究经济的学问，相对而言产生却较晚。经济学与城市化、技术变革、人口增长、全球化、物质生活的日益富足及现时代的革命性变革一样，伴随着资本主义的兴起而出现。对于前资本主义社会来说，之所以没有产生今天的许多经济学范畴，是因为在自然经济社会中，经济活动不过是家庭生活的一部分，家庭之外几乎不存在经济活动，分工和交换的规模与范围都比较小，经济生活相对简单，无须借助特殊的经济学分析，也能很好地理解社会权力和财富问题。相比之下，今天如果没有这些特殊的经济工具，我们就无法厘清社会的状态。比如，在中世纪，西班牙在拉美市场上获得的成功，可以充分解释为西班牙对拉美地区的军事占领和征服。但是现代商业的成功和失败，需要利用经济学的框架才能加以阐释，如价格竞争、生产成本、创新等。

人类学家卡尔·波拉尼（Karl Polanyi）指出，前资本主义经济是嵌入在人类社会中的。嵌入的经济是对前资本主义时代经济的描述，这一时代的经济与整个社会结合得如此紧密，以致它并不具有独立或专门的存在。经济学要被视为一门独立的学科，经济就要变得更为独立于社会，又更加专业化。在当代社会中，经济虽然仍然是社会的一个部分，但是已经变得足够独立和专业化。经济学的诞生只是思维具有创造性的思想家对这些新现实的反映。

生产和分配是人类经济生活中需要解决的两个主题。生产是创造财富的重要手段，也是最重要的经济活动。在生产过程中，一个社会必须决定将要做哪些工作，谁来做这些工作。一旦社会分配人们去做各种工作，它就必然需要对他们生产的物品和劳务量进行分配。由于资源是稀缺的，社会资源有限，不可能给每个人提供他们向往的最高的生活水平。根据不同的规则，社会分配决定了谁将开法拉利、谁坐公共汽车，谁住豪华别墅、谁住贫民窟。这些都是经济学将要直接面对的问题，因此，所谓经济学就被定义为，

---

① 斯密. 国富论. 北京：新世界出版社，2007：397.

在众多的生产者和消费者竞争的情况下，市场如何在总是需要更多商品的社会里合理地配置各种生产要素和产品的科学。阿马蒂亚·森认为经济学所关注的不完全是收入和财富，还有运用这些资源来作为实现意义重大的目的的手段，而这样的目的则包括促成和享受寿命长久的和有意义的生活。

政治经济学可以分为广义的政治经济学和狭义的政治经济学。广义的政治经济学是研究人类社会各种制度条件下支配物质资料生产、交换和产品分配规律的科学。而狭义的政治经济学研究人类历史某一特定社会形态的生产方式及其生产关系，阐明生产和交换每个个别发展阶段的特殊规律。恩格斯认为，政治经济学本质上是一门历史的科学。它所涉及的是历史性的即经常变化的材料。只有在研究社会发展各个特殊阶段的规律的基础上，才能确立生产、交换和产品分配的普遍性规律。

二、政治经济学的产生与发展

政治经济学作为系统的经济理论，是在人类社会产生资本主义经济关系之后才形成的。对资本主义经济最早做理论探讨的是西欧的重商主义。这种经济思想关注的是从商贸流通领域获得利益。学界一般认为，“政治经济学”一词，就是法国早期重商主义者蒙克利钦在 1615 年出版的《献给国王和王后的政治经济学》一书中首先使用的。以后，这个词汇开始在英法等国许多经济学家的著作中使用，并逐步从商贸流通领域向农业、工业等生产领域扩展。

1. 重商主义

重商主义（mercantilism）是近代政治经济学的萌芽阶段。西欧的民族国家兴起于 16 世纪，国王拥有绝对的政治权力、皇家财产和征税权力，相较于中国“普天之下，莫非王土；率土之滨，莫非王臣”的王权统治，其集权程度较轻。当时的普通民众拥有私有产权，而且私有产权不能随意侵犯。由于国王掠夺民间财富的权力受到限制，海外掠夺和建立殖民地就成了国王积累财富的最后和最有效的手段。由于海外掠夺成本远超过海外贸易，于是重商主义国家都大力发展海外贸易，其真正目的在于积累财富。重商主义认为，商业是增加财富的唯一途径，财富的内容是金银货币，货币的多寡是衡量财富多少的标准；国家财富只能通过国际贸易来增加，要多卖少买，尽可能多地增加货币流入；为了增加财富，必须实施国家的广泛干预，国家的干预是国家致富的保证；为实行对经济的有效控制，应强化中央集权，扫除封建割据。重商主义政策的实质是国家保护主义，保护本国商人的利益。

重商主义打破了自古以来习惯于自然经济的人们对商人的偏见，宣扬商业资本对于谋求国家物质利益的重要地位，反映了对发展资本主义经济关系的最初要求。不过，重商主义思想还没有研究生产过程，没有进入经济形态的本质层面，也没有形成系统的理论，因此，还谈不上成为一门学科。

2. 古典政治经济学

马克思指出：“真正的现代经济科学，只是当理论研究从流通过程转向生产过程的时候才开始。”[①] 这是因为，只有进入一定历史条件下经济形态的物质生产过程，才有可能揭示生产关系的内部联系和运动规律。人类经济思想史上现代经济理论的产生，是从资产阶级古典政治经济学（也可简称为古典经济学）的理论出现开始的。

古典政治经济学在17世纪中叶产生，到19世纪初完成。“古典政治经济学在英国从威廉·配第开始，到李嘉图结束，在法国从布阿吉尔贝尔开始，到西斯蒙第结束。”[②] 具体一些说，古典政治经济学早期的代表是英国的配第和法国的布阿吉尔贝尔。此后，在法国资产阶级大革命前夕，产生了以魁奈和杜尔格为代表的重农学派。在英国产业革命前夕的手工业时期，亚当·斯密的理论体系使政治经济学成为一门独立学科。到机器工业产生时期，英国以李嘉图为代表，法国以西斯蒙第为代表，使古典政治经济学在科学成分上达到了发展的最高阶段。19世纪30年代，它作为代表资产阶级或小资产阶级利益的经济学，则脱离科学化的轨道，从总体上走向了庸俗化。

古典政治经济学在当时的历史条件下以反对封建主义为自己的基本任务，体现了在资本主义经济关系中起决定性作用的产业资本早期谋求发展的要求，具有一定的革命性。这使它在一定程度上能够客观地分析研究经济问题，具有或多或少的科学性。

1776年，英国古典政治经济学家亚当·斯密出版了《国民财富的性质和原因的研究》（简称《国富论》），并成为有史以来最具影响力的经济学著作。斯密阐述了这样一种观点：政府不要试图对经济指手画脚，应该让经济尽可能自行其道。它的意思和法语中的“laissez-faire”（自由放任）基本一致，从此，这个词就和斯密的思想联系在一起。斯密被广泛地认为是经济学这门学科的创始人。斯密解释了竞争性市场体系是如何将个人的自利行为转化成对社会有利的结果的。他认为，虽然农民或理发师可能是出于贪欲而从事自利的活动，但是出于自利的追求在适当的条件下将对所有人都有利。因此，在组成了经济活动的人们背后，界定清晰的产权和竞争性市场将产生对社会有益的结果。斯密以“看不见的手”这个术语来指这样一种趋势，即市场引导着经济，以实现人力资源和自然资源的最佳利用。《国富论》的出版是政治经济学成为一门独立学科的标志。在亚当·斯密以前的古典经济学家，尽管已经开始把研究从交换领域转向生产过程，提出了不少科学的经济思想，但是他们的理论具有局部性、片面性，还不能使政治经济学构成一门学科。在亚当·斯密那里，“政治经济学已发展为某种整体，它所包括的范围在一定程度上已经形成”[③]。因此，亚当·斯密以资产阶级政治经济学的形式，使政治经济学成为一门独立的学科。从此，伴随着人类社会的经济形态的发展，政治经济学开始了作为一门独立学科的演进过程。

3. 空想社会主义的经济思想

在斯密之后，市场体制取代了专制体制。工业革命带来了贫富不均，激发了不少善心人士的抱负和改良计划。一些空想社会主义者对未来社会提出了许多美妙设想，并建立起了自己的政治经济学。空想社会主义从16世纪开始登上人类的思想舞台，主要以托

① 马克思，恩格斯．马克思恩格斯全集：第25卷上．北京：人民出版社，1974：376.

② 马克思，恩格斯．马克思恩格斯全集：第13卷．北京：人民出版社，1962：41.

③ 马克思，恩格斯．马克思恩格斯全集：第26卷Ⅱ．北京：人民出版社，1973：181.

马斯·莫尔、康帕内拉等为代表。19 世纪初，以圣西门、傅立叶和欧文这三大代表人物的社会主义思想问世为标志，空想社会主义发展到高峰，历经 300 多年。但是，由于其后继者继续坚持唯心史观，脱离无产阶级革命实践的轨道而失去科学意义，走向了反面。

空想社会主义的代表人物站在维护劳苦大众利益和人类长远利益的角度，提出消灭私有制是保证人人过上幸福生活的唯一途径，对资本主义剥削制度进行了无情的批判；认识到人类社会划分为不同的历史阶段，是从低级向高级发展的；用自己的思想阐述公有制取代私有制的必然性，并对未来人类社会提出了"计划经济""按劳动计酬"等猜测和设想。英国的欧文当时甚至进行了组织具有公有制性质的合作工厂的经济实践，其成果一直流传到今天。

古典经济学和空想社会主义两大进步思潮都顺应了时代发展的潮流，在人类经济思想史上留下了许多具有科学性的思想资料，为马克思主义政治经济学的诞生提供了前提条件。

4. 庸俗经济学

19 世纪 30 年代，庸俗政治经济学取代了古典政治经济学，成为资产阶级经济思想的主流。资本主义已进入机器大工业阶段，资产阶级已掌握了政权，工人阶级与资产阶级之间的对抗性矛盾已经明朗化、尖锐化。因此，从这时起，资产阶级经济学已经把"公正无私的科学探讨让位于辩护士的坏心恶意"①。"现在问题不再是这个或那个原理是否正确，而是它对资本有利还是有害，方便还是不方便，违背警章还是不违背警章。"②庸俗经济学的代表人物有萨伊、马尔萨斯等。

5. 现代西方经济学

在 20 世纪下半叶，"政治经济学"早已经被"经济学"所取代，而且演变为一门统一的但日益狭窄的学科。以凯恩斯主义和新古典经济学为代表的经济思想成为所谓的"主流经济学"。新古典经济学认为，古典政治经济学的理论过于为政治立场、思维方式和主观臆测所约束，缺乏像物理学那样的规范性和专业性，妨碍了经济学的发展。以马歇尔、瓦尔拉斯为代表的经济学者按照自然科学的框架修正了经济理论。经济学的新特点是广泛地使用数学，把斯密、李嘉图、马克思等人曾经添加进去的政治、情感和哲学思想去除。"政治经济学"也就变成了"经济学"。现代西方经济学教科书讲述了从 19 世纪末到今天的新古典经济学的发展成果。

自从经济学开始大量使用数学以来，研究的重点发生了重大改变。始于斯密的古典经济学研究的是资本积累、社会各阶级间的收入分配、资本主义发展的动力（如衰退与繁荣的更替），但这些重大问题在经济学中消失了。新古典经济学侧重于个体研究，不再有社会的阶级划分，资本家或工人的概念没有了，人人都变成了企业家、卖方和消费者。研究重点向受偏好驱使的个人行为方向转移。这种趋势最终使得经济学发生了转变。古典经济学讨论的是经济增长和衰退、收入不均与社会各阶层的经济角色，新古典经济学

---

① 马克思，恩格斯. 马克思恩格斯全集：第 23 卷. 北京：人民出版社，1972：17.

② 同①17.

则把更多的精力花在观察小规模的市场现象上，如茶叶价格的波动，相信市场会妥善地解决经济增长与失业之类的大问题。

新古典经济学理论产生后，受欢迎的程度随着历史和意识形态的变迁而变化。一般来说，新古典经济学在低失业率和相对稳定或繁荣时期比较容易获得认同，但是在市场失灵、发生大规模衰退时（如20世纪30年代初的大萧条、2008年以来的金融危机），它就面临着严重的挑战与危机，变得十分脆弱。20世纪30年代，为了应对危机产生了凯恩斯主义，并且重拾了古典经济学使用的一些概念，例如，商品总需求、非自愿失业、资本积累，以及对经济相当长时期内将持续失衡的确信，对收入分配的强调等。

资产阶级政治经济学在当代仍然存在许多派别，当代西方经济学演变为新凯恩斯主义和新自由主义经济学两大主流经济思潮。新自由主义经济学以货币主义、理性预期学派、实际经济周期学派等为代表，其共同的理论主张强调市场的有效性，反对国家对经济的积极干预。

新自由主义经济学相信新古典模型是正确的，即使是严重的危机也不会动摇其对市场的信念。新古典模型有着迷人的特性，它把资本主义刻画为一个完美的制度，在这样的制度中，市场确保一切都“恰到好处”。它是由精英而非社会制度下的权力和特权来统治的世界。这种没有暴戾威权的社会愿景是迷人的，如此迷人，以至于新自由主义经济学家都希望它是真的。但现实世界远不是这样。相反，它总是处于非均衡状态。新古典经济学的几乎所有理论都是在极为苛刻和似是而非的假设条件下才勉强可以成立。他们“痴迷于这种思维方式，无视现实世界，编造杜撰出花言巧语来掩盖他们已经察觉的理论缺陷和漏洞”①。

概念与原理

- 非马克思主义政治经济学的发展经历了重商主义、古典政治经济学、空想社会主义经济学、庸俗经济学、现代西方经济学。

专栏1-1

边际主义革命对经济学发展方向的影响

19世纪中期，古典政治经济学发生了经济思想史上有名的边际主义革命（Marginalist's Revolution）。发起革命的三位经济学者中，英国的威廉姆·斯坦利·杰文斯提出了边际效用的概念，采用传统的《政治经济学原理》为书名，瓦尔拉斯出版的《纯粹政治经济学要义》也没有在书名方面进行创新，卡尔·门格尔开始将著作命名为《经济学原理》。经济思想史上将边际主义革命之后的经济学称为“新古典经济学”。新古典经济学继承了古典学派的思想，只是以效用学说取代劳动价值学说，以边际分析替代历史分析。马歇尔1890年出版《经济学原理》之后，“经济学”就逐渐取代了“政治经济学”。

在边际主义革命之后，经济学朝向数理化和局部均衡分析发展，经济分析普遍走向

① 基恩. 经济学的真相. 北京：电子工业出版社，2014：76.

个案分析，严重脱离政治经济学。相对于古典政治经济学，新古典经济学的研究对象和分析方法都发生了较大变化，导致现代经济学研究存在较大局限。

新古典经济学充分利用现代数学的发展成果，在一些基本假设的前提下，采用了奥卡姆剃刀的方式把多余问题全部去除，保证了整个范式的清晰和系统，使以数学模型解释经济现象成为经济学新方法的典型特征。新古典经济学放弃了许多难以衡量或难以用数理符号概念化的因素，比如生产资料的所有制结构、企业家精神、意识形态等。

在“科学主义”的推动下，强调实证、数量分析的方法成为经济学研究的主流，制度—法律方法及哲学思辨传统逐渐被放弃，为了保证经济结论的“严谨性和科学性”，价值判断在经济分析中被最小化，甚至被完全摒弃。结果是经济学过度的数理化使主流经济学越来越抽象，越来越脱离社会实践分析，从而成为纯粹的“黑板经济学”。

三、马克思主义政治经济学的创立

马克思主义政治经济学作为一门学科，它不是脱离人类文明发展的道路偶然出现的，而是对前人先进思想成果的继承、发展和创新；同时，它又是与形形色色不科学、反科学的错误思想从根本上划清界限的结果。

专栏 1-2

马克思生平简介

马克思于 1818 年 5 月 5 日诞生于德国莱茵省特利尔市，出生在一个律师家庭，他的父亲是犹太人，是特利尔高等上诉法院的律师。

卡尔·马克思（1818—1883）

1835 年，马克思中学毕业，他的毕业论文题目是《青年在选择职业时的考虑》，其中写道：“人们只有为同时代人的完美、为他们的幸福而工作，才能使自己也达到完美”；“如果一个人只为自己而劳动，他也许能够成为著名学者、大哲人、卓越诗人，然而他永远不能成为完美无缺的伟大人物，如果我们选择了最能为人类幸福而劳动的职业，那么重担就不能压倒我们，因为这是为大家而献身，那时我们所感到的就不是可怜的、有限的、自私的快乐，我们的幸福将属于千百万人，我们的事业将默默地但永恒发挥作用地存在下去，面对我们的骨灰，高尚的人们将洒下热泪。”

1841 年马克思把博士论文寄给耶拿大学审议，耶拿大学哲学系主任巴赫曼教授审阅了他的论文，称赞他“才智高超，见解透彻，学识渊博”，4 月 15 日，马克思没有经过答辩就拿到了博士学位证书。当时马克思只有 23 岁，但已经是受人崇敬的哲学博士了。

著名的青年黑格尔分子莫泽斯·赫斯给奥艾尔巴赫写信，信中说：“你应该准备去结识一位最伟大的哲学家，也许是当今活着的唯一的真正的哲学家。他即将崭露头角，（在书刊和讲坛上）会把德国的目光吸引到自己身上，马克思博士，可以说是我崇拜的人，还是个十分年轻的人（至多不过24岁），他将给中世纪的宗教和政治以最后的打击。他既有最深刻的哲学严肃性，也有最敏锐的机智，如果把卢梭、伏尔泰、霍尔巴赫、莱辛、海涅和黑格尔结合成一个人——我说的是结合，不是凑合——那这个人就是马克思博士。”

从1842年夏天起，他积极地为《莱茵报》撰稿，10月15日他担任了该报的主编，马克思在报上公开为贫苦群众呐喊，为他们的利益辩护。

1843年初，《莱茵报》的影响越来越大，它成了德国影响最大的一家民主派报纸，许多文章刺痛了反动政府，反动政府在1月19日做出决定：从4月1日起禁止《莱茵报》发行。

1847年11月，马克思出席了共产主义者同盟第二次代表大会，并受大会委托与恩格斯共同起草同盟的纲领。这就是1848年2月正式发表的科学共产主义的纲领性文件《共产党宣言》。

马克思转向经济学是因为他在实际生活和斗争中遇到了大量的经济问题。1843年，马克思开始研究政治经济学，经过长时间的研究，于1867年出版了《资本论》第一卷。

19世纪70年代，马克思写了《哥达纲领批判》，对拉萨尔主义的政治观点、经济观点和策略思想进行了严厉的批判，同时深刻地阐明了科学社会主义的基本原理。第一次指出了共产主义划分为两个发展阶段，论述了这两个阶段的基本特征和分配原则，并提出了从资本主义向共产主义过渡时期的理论。这部著作对无产阶级政党具有重大的理论意义和实践意义。

1883年，马克思在贫困中病逝于伦敦。

马克思在经济学上所取得的成就和开创性贡献是无法否认的。著名经济学家熊彼特这样评价马克思：“作为一个经济学家，马克思首先是一个博学的人。马克思作为一个作家，我一直称他为天才和预言家……天才和预言家通常不是在某一专门的方面很杰出，正是因为他们不是某方面的专家，因而具有独创性。但是马克思的经济学说中没有什么能说明他缺少作为学者的素质，或缺少理论分析技术方面的训练。……他习惯于透视包含整个人类文明和延续发展的历史。或批评，或反对，或采纳，或综合，他对每一个问题总是要探索透彻。最突出的证明就是他的剩余价值理论，这是理论方面的里程碑。”

马克思主义政治经济学的产生绝不是偶然的，绝不能把它理解为是某个天才的个人创作或凭空设想的结果，它是人类先进思想长期发展的结果。它是马克思在发现唯物史观的基础上，批判地继承了前人的经济思想成果，结合实践，分析现实，通过艰苦、诚实的科学劳动，才创立起来的。应当说，马克思主义政治经济学是人类社会发展到一定历史时代的产物，是人类科学思想的结晶。

马克思为科学政治经济学的创立付出了艰苦的劳动。人类科学思想的形成总是通过一系列个人的主观努力才能实现。马克思主义政治经济学正是在客观历史条件已经具备的条件下，通过马克思发挥个人的主观能动作用而创立的。马克思以坚韧不拔的毅力、不畏劳苦的精神和诚实研究的态度进行工作，最终才使《资本论》得以完成和出版。从马克思 1843 年开始研究政治经济学，1844 年春立意要写一部名为《政治和政治经济学批判》的著作，大体从这时算起，到他逝世的 1883 年，马克思为创作和出版《资本论》奋斗了 40 年，耗费了毕生的精力。

政治经济学是马克思主义基本理论的组成部分。马克思主义政治经济学和马克思主义哲学、科学社会主义等学科紧密联系，共同构成了相互联系的马克思主义的科学理论体系。正是在唯物史观的指导下，政治经济学这门独立学科才发展成一门科学；而政治经济学又证明和丰富了唯物史观。马克思主义政治经济学也通过对资本主义内在矛盾的分析揭示了社会发展的一般规律。

在 2008 年金融危机之后，资本主义世界重新发现了马克思，德语版《资本论》的销量在一年内翻了 3 倍。《时代周刊》赞扬马克思为"一座在雾霭中俯瞰一切的巨塔"，美国占领华尔街运动中，游行群众高呼："马克思是对的。"法国哲学家德里达断言，如果没有马克思，就没有未来。因为马克思的现实性，正是资本自身的现实性。他认为，"不去阅读马克思、不去反复阅读和研究马克思，那将是一个错误，一个不可忽视的错误，一个理论的、哲学和政治的责任方面的错误。"

第 2 节　政治经济学的研究对象

每门学科领域都有自己的研究对象。政治经济学的研究对象是由唯物史观的指导思想确定的。政治经济学认为，经济的社会形态的发展存在不以人的意志为转移的客观经济规律。既然经济规律只能存在于物质的社会关系或经济关系之中，既然这种关系是与物质生产紧密联系在一起的，那么，为了达到经济研究的目的，就必须把一定历史条件下的物质生产的生产方式，以及由这种方式决定的人们之间的物质社会关系确定为研究对象。政治经济学是以特定历史阶段的生产方式及其相应的生产关系为研究对象的。《资本论》研究的就是特定历史阶段的经济的社会形态，马克思指出："我要在本书研究的，是资本主义生产方式以及和它相适应的生产关系和交换关系。"①

概念与原理

- 政治经济学的研究对象是特定历史阶段的生产方式及与其相适应的生产关系。

一、物质资料生产是政治经济学研究的出发点

物质资料的生产是人们运用劳动资料改造劳动对象，使劳动对象满足人们生产和生活需要的活动。它也是人类征服自然、改造自然，以获取必要的生产和生活资料的经济活动。农民种植粮食，工人纺纱、织布、建房等都是物质资料的生产活动。

---

① 马克思，恩格斯．马克思恩格斯全集：第 23 卷．北京：人民出版社，1972：8.

物质资料的生产是人类社会存在和发展的基础。首先，物质资料的生产活动为人类的衣、食、住、行提供了必要的生活资料，离开了它，人类就无法生存。人类经济历史的出发点必须是关键的生存问题。其次，物质资料的生产是人类从事其他社会活动的先决条件，它可以为文化、教育、政治、宗教等活动提供必要的物质基础。因此，物质资料的生产活动是人类最基本的实践活动，从而也是政治经济学研究的出发点。

对于经济社会而言，为了使人类能够持续生存，并且逐步摆脱贫困，它必须满足两个条件：一是组成一个系统，以确保能生产出生存所需要的商品和服务；二是合理安排社会生产成果的分配，以保持生产活动能够持续进行。确保经济持续性的这两个条件看起来非常简单，但是从人类历史进程来看，大多数社会对此问题的尝试都是部分失败的。在生产与分配背后都隐藏着特定的制度条件，这些条件决定了人类社会的经济发展程度。人类社会完成复杂的生产和分配任务，使人类持续生存的基本机制，从人类历史看，主要有三种类型，它们或是单独地或是共同地结合在一起配置资源，使人类解决经济挑战。这三种资源配置机制分别是传统、命令和市场。

传统作为一种社会组织方式，其生产和分配是基于人类社会长期形成的规则和程序，通过强有力的习俗和信仰得到维持。传统保证了社会的延续性。传统型社会资源配置可以非常容易地解决问题。生产问题一般是子承父业，以世袭为主，确保了生产技能的代际传递。传统作为社会内部的一种生产性秩序，不仅仅局限于古代，在 15 世纪和 16 世纪，仍然是社会内部的主要稳定力量。即使是今天，世界上工业程度不高的国家，传统在配置资源时仍然起到广泛的组织作用。传统作为分配产品的方法可能是非常独特的，也可能是非常不平等的。在前资本主义社会，传统分配给妇女的社会产品一般都非常少。但在一定的历史条件下，它也是分配社会产品的有效方法。传统可以解决经济问题，使人类能够维持生存，但其代价是阻碍了经济进步。

资源配置的第二种方法是命令。命令是通过强制性权威和经济命令的方法维持生存系统的永久延续。对传统社会基础施加层层经济控制的专制方法具有漫长的历史。在古代埃及，法老们把经济命令用于年复一年的传统农业实践，其最高统治者可以通过命令，集中调配大量人力和物力去建造金字塔，秦始皇也通过命令征集大量劳动力修筑陵墓和长城。经济命令在危机（战争或饥荒）时期，可能是社会有效组织人力或分配商品的唯一方式。即使在当今社会，命令的方式在各国仍然存在，如政府强制性地征用劳动力和住房等。命令对社会的影响并不必然是社会缺乏经济进步，恰恰相反，权力有可能是实现强制性经济变化的最有力的工具。苏联和中国等社会主义国家利用命令的方式实现了社会生产和分配制度的革命性变革。美国为了加速社会变革，经济权力也经常介入正常的经济生活，如政府以税收建立社会保障体系。任何社会经济都不能脱离传统，同样也不能脱离命令而存在。

市场是维持生产和分配的第三种模式。市场如何有效配置社会资源几乎成为经济学关注的全部问题。以传统解决经济问题成为人类学家、社会学家研究关注的领域，而政治经济学则更多地关注命令和权力在资源配置中的作用。经济学特别感兴趣的是市场机制配置资源，今天所有的经济问题都与市场制度运行或错误运行有关。在传统和命令机制下最简单的生产和分配问题，到市场机制下却变得异常复杂，经济学则努力揭示经济现象背后隐藏的规律。

概念与原理

- 物质资料的生产是政治经济学研究的出发点。
- 资源配置有传统、命令和市场三种方式。

二、生产力与生产关系

物质资料的生产总是以特定的生产方式来进行。所谓生产方式一般是指人们在一定的技术水平和特定的社会条件下进行物质生产活动的形式。生产方式是社会存在和发展的决定力量。物质资料的生产方式制约着整个社会生活、政治生活和精神生活的过程。恩格斯指出，“一切社会变迁和政治变革的终极原因，不应当到人们的头脑中，到人们对永恒的真理和正义的日益增进的认识中去寻找，而应当到生产方式和交换方式的变更中去寻找”①。一定的生产方式包括人和自然的关系及人与人的社会关系两个方面。人类通过生产活动作用于自然界获取必要的生存资料，而在这个过程中，人们又必须就财富的生产、分配、交换和消费形成基本的规则，结成一定的社会关系。因此，生产方式包括了生产力和生产关系两方面的内容。

（一）生产力

在物质资料生产过程中，人们首先要与自然界发生关系。人们运用生产资料创造社会财富的能力，即生产力。生产力是推动人类社会发展的决定因素。生产力发展水平越高，创造的社会财富就越丰富。一般来说，生产力的先进性在某种程度上代表了一个国家总体的文明程度。生产力包括劳动对象、劳动资料和劳动者三个要素。劳动者素质的高低、生产工具的完善程度和自然条件的优劣②共同决定了生产力发展水平的高低。

劳动对象是被劳动加工和改造的一切东西。劳动对象可以分为两类：一类是自然界原来就有的东西，如土地、矿藏等；另一类是已经被人们加工过的东西，即原材料或中间产品，它们是人类劳动的产物，其中包含了物化劳动，如服装厂中使用的布匹、机械制造中使用的钢铁等。随着生产力的发展和科学技术的进步，劳动对象的范围在不断扩大，劳动对象的数量和品质也得到了不同程度的提高。比如，由于生物技术的突破，人们使用转基因的农作物良种可以生产出更多的粮食。

劳动资料也叫劳动手段，是指人们在劳动过程中，用来改造劳动对象的一切物质资料和物质条件，是除劳动对象以外的一切物质条件，包括生产工具、生产建筑物、道路、仓库等。在劳动资料中，起主导作用的是生产工具。生产工具的发展水平，体现了人类

---

① 马克思，恩格斯．马克思恩格斯选集：第 3 卷．3 版．北京：人民出版社，2012：654－655.

② “资源诅咒”理论认为，一个国家或地区丰富的自然资源往往是与这个国家或地区经济总体发展水平落后联系在一起的，如非洲国家。相反，日本、瑞士等资源较贫瘠的国家更容易成为发达经济体。主要原因是丰富的自然资源往往是与恶劣的制度环境、劳动者缺乏教育、政治腐败等联系在一起的。

控制自然能力的尺度，是社会生产力发展水平的物质标志。

生产力的第三个因素是劳动者。劳动者是生产力构成要素中的决定性因素，因为任何先进的生产资料都是由劳动者来制造和使用的。在生产力三个要素中，劳动者是生产过程中人的因素，劳动对象与劳动资料是生产过程中物的因素，它们又称为生产资料，其中人的因素处于主动地位。

随着生产力的发展，科学技术的重要性日益提升，邓小平同志强调“科学技术是第一生产力”①。科学技术可以影响生产力中的三个实体性因素，尤其是在科学技术革命条件下，它成为生产力水平提高的重要源泉。首先，科学技术的发展提高了劳动者的素质。科学技术可以使劳动者掌握现代科学技术，认识和掌握人类社会与技术发展规律，提高认识世界和改造世界的能力，从而提高生产效率。其次，科学技术的发展可以改进生产工具的质量和效能。在 2008 年金融危机发生后，美国提出了“再工业化”策略，其实质是在更高的自动化与智能化水平上进行产业的结构性调整。我国提出转变经济发展方式，其前提也是利用现代科学技术手段改进生产工具。最后，科学技术的发展促进了劳动对象质量的提高和劳动对象范围的拓展。劳动对象的数量和质量的提高是人类解决自身所面临危机的一种方式。农作物良种的培育可以缓解粮食危机，太阳能、风能等清洁能源的利用、页岩气的开采等可以有效缓解人类面临的能源危机。科学技术是通过影响生产力的三个要素来影响其发展的，它本身并不是生产力的一个独立的实体性要素。

概念与原理

- 生产方式一般是指人们在一定的技术水平和特定的社会条件下进行物质生产活动的形式，是生产力和生产关系的统一。
- 生产力是人类运用生产资料创造社会财富的能力。它包括劳动者、劳动工具和劳动对象三个要素。
- 科学技术是第一生产力，它能够提高劳动者的素质，改进生产工具，扩大劳动对象。

（二）生产关系

在物质资料的生产过程中，人们彼此之间也要发生关系。在强大的自然力面前，个人的力量往往无法对抗自然，单个人所从事的生产实际上是不存在的。物质资料的生产总是社会的生产。在生产过程中，人们往往结成一定的关系共同活动，才能与自然界发生联系。即使是在鲁滨逊的世界里，也不是一个人在战斗，他利用他所掌握的 17 世纪的生产工具、生产方法、思维方式在荒无人烟的孤岛上生活了 28 年（在第 27 年时“星期五”出现了）。把他放到当时的历史背景下，体现了资产阶级上升时期的创造精神与开拓精神，他是一个资产者和殖民者，从他的身上体现出的是那个时代的社会关系。

① 邓小平. 邓小平文选：第 3 卷. 北京：人民出版社，1993：274.

从广义上来说，生产关系是指总体经济活动过程中，人们在生产、分配、交换、消费等环节所结成的经济关系。由于经济活动是人类最基本的实践活动，生产关系就成为最基本的社会关系。生产关系包括三个方面的重要内容：生产资料所有制关系；人们在生产中的地位和相互关系；产品的分配关系。其中，生产资料所有制是整个社会生产关系的基础。一般来说，不同的生产资料所有制决定着个人收入的分配和在生产过程中的地位。

但必须注意的是，生产资料所有制的特点需要通过一定的生产资料所有制实现形式表达出来。私有制在当代资本主义中采取了一些社会化的表现形式，部分地改变了资本主义私有制结构。在社会主义公有制条件下，由于公有制本身的实现形式不完善，公有制在某种程度上成为浪费、低效率的代名词，在公有制企业内部，也出现了收入差距扩大的趋势。这些都说明我国仍然需要深化国有企业改革，探索公有制新的实现形式。

不同的生产关系代表着不同社会形态的制度层次。作为一种社会制度，有许多的评判标准。不同的价值体系会为判断经济制度是好是坏，或者更具体地说，经济制度的哪些过程和结果是更好的或是更坏的提供判断基准。我们评判一个经济制度，应该坚持以人为本，也就是要看它能在多大程度上较好地组织经济活动，来为社会成员提供过上富足生活的机会。当人们缺乏足够的食物和健康保障，当人们不自由或者没有学习的机会，当人们面临着较大的失业风险和未来的不确定性，或者当人们作为个体或群体中的一员得不到尊重时，他们是不能实现富足的生活目标的。

一种生产关系，或者说一种经济制度是否有利于社会成员过上富裕的生活，依赖于经济制度运行的各个方面，其中包括效率、公平及社会成员的权利保障程度。评判经济制度的标准之一就是它应该有效率，能够有效促进生产力的发展。效率意味着劳动力和其他各种生产要素得到了很好的利用，而不是被浪费掉。能以更少的劳动力投入、更少的资源消耗、更低的环境破坏生产出更多的服务和产品，那就意味着一种生产关系或经济制度更优越。第二个评判经济制度的标准是公平，它涉及经济制度所负担的成本与收益的分配。负担的成本指的是生产产品和服务所必须付出的诸如劳动、环境那样的牺牲；收益是指产品的使用与消费。谁付出了多少劳动？谁来消费劳动成果？公平的经济制度应该是负担和收益被平等分配。一个更平等地分配负担与收益的经济制度是一种更好的经济制度，因为它能意识到人类平等的价值。公平的标准是有争议的，但是追求公平作为基本的社会价值判断是没有争议的。评判经济制度的第三个标准是社会成员的权利保障程度。在一些经济学教科书中，忽略了权利在经济中的应用，并把公司这类企业组织简单地看作是一个投入-产出的机械结构，在企业内，劳动者对决策的参与完全被忽略，劳动者的权利得不到尊重。当代资本主义把权利保障寄希望于民主过程，更多的是强调政治权力要具有可问责性、对公民自由的尊重和对个人选择权的保障、有效的政治参与的平等机会。社会主义的生产关系同时要求实现经济民主，保障劳动者参与经济的权利和平等机会。

对任何经济制度而言，要能够同时使效率、公平和权利保障协调一致或是在同等程度上取得进展是比较困难的。比如，效率可能与民主、公平相矛盾。奴隶制在当时的历史条件下，一度在生产上是有效率的，推动了生产力的发展，但它却是不公平、不民主的。效率的实现，即以有限的投入生产出尽可能多的有用产品和服务，可能要求激烈的竞争、劳动力和资本的高度流动，然而同样这些因素可能会使财富向少数人聚集，工人所有（或以其他形式的民主控制）的企业生存起来也更加艰难。因此，评价一个经济制度的好坏，应当有更加复杂的标准。就我国经济转型和进一步深化经济体制改革来说，生产力的发展应当是我们最重要的目标之一，但这并不意味着我们可以牺牲公平和降低劳动者权利保障的程度来实现制度变迁。

概念与原理

- 生产关系是指总体经济活动过程中，人们在生产、分配、交换、消费等环节所结成的经济关系，包括生产资料所有制关系、人们在生产中的地位和相互关系、产品的分配关系三个方面的内容。生产资料所有制是整个社会生产关系的基础。
- 社会经济制度评判标准有效率、公平与社会成员的权利保障程度。

（三）生产力与生产关系的对立统一

生产力和生产关系的统一构成了物质资料的生产方式，生产力是生产方式的物质内容，生产关系是生产力的社会形式。生产力和生产关系作为矛盾的统一体，生产力决定生产关系，生产关系反作用于生产力。生产力是矛盾的主要方面，是生产方式中最活跃、最革命的因素。生产力的发展使旧的生产关系与它不相适应，要求生产关系的变革以适应新的生产力发展。历史上生产关系的每一次调整都是和生产力的发展分不开的。

生产关系并不是消极、被动的因素。新的生产关系一旦形成，就会积极地反作用于生产力。同生产力相适应的生产关系，可以为生产力的发展提供更大的空间，起到促进作用；反之，则起到阻碍作用。任何一种落后的生产关系都不可能永远存在，这是人类社会发展的一般规律。

生产关系的变化可能是根本上的制度变迁，如从资本主义进入社会主义，也可能是通过在生产关系内部进行局部调整，如资本主义制度的自我调整和社会主义生产关系的改革。相较而言，生产关系的内部调整是制度本身的自我完善和自我发展，它是在生产力连续发展的基础上进行的制度变革，会促进生产力的发展。

生产力和生产关系是人类社会的基本矛盾之一，它们和经济基础（生产关系的总和）与上层建筑的矛盾共同构成了推动人类进步与发展的内在源泉和基本动力。因此，政治经济学是研究生产方式、生产关系的一门科学，但并不意味着孤立、静止地研究生产关系，研究生产关系必须联系生产力和上层建筑来进行，从而揭示人类社会发展的一般规律。

概念与原理

- 生产力和生产关系是人类社会的基本矛盾，生产力决定生产关系，生产关系反作用于生产力，对生产力发展会起到促进或阻碍作用。

三、物质资料生产和再生产的总过程

物质资料总的生产过程包括生产、分配、交换、消费四个环节。生产是起点，消费是终点，分配与交换是连接生产与消费的中间环节。四个环节相互制约、相互依赖，共同构成了生产过程的矛盾运动，其中生产环节起决定作用。

所谓生产，是指以一定关系（以一定的劳动方式、一定的生产资料所有制为基础的劳动者与生产资料结合的形式）结合起来的人们改造自然、生产物质资料的过程。人们在这一过程中的共同活动和相互交换其活动的关系构成生产关系，这一生产关系既包括劳动者在分工协作基础上互相交换其活动与能力的关系，也包括社会生产各部门、企业之间在生产过程中发生的协作关系以及人们对生产进行组织管理方面的关系，它是狭义上的生产关系。

（一）生产与分配

生产决定分配。第一，被分配的产品只是生产的成果，因而生产的发展水平决定了可分配的产品的数量；第二，生产的社会性质决定了分配的社会形式。这也就是说，有什么样的生产形式就有与其相适应的分配形式，分配关系决定于生产关系，它是人们对生产资料所有权关系的表现和结果。

分配对生产具有反作用，这种反作用表现为对社会生产的促进或阻碍作用。合理的分配制度可以动员劳动者的积极性，提高劳动效率，也有利于商品的价值实现。不公平的分配制度则对生产要素起到负面的激励作用，引导资源误配置，如某一行业（或职业）的高工资、高福利直接使大量劳动力和资本要素向该行业流入，极大地挫伤了其他行业劳动者的积极性，降低了资源配置的有效性。不公平的分配制度导致收入差距过大，使社会的总体消费能力受到影响，制约了产品价值实现，有可能会导致产品生产过剩的危机。

影响分配的因素是复杂的，除了所有制因素以外，所有制的实现形式、经济运行方式、政治体制和政策因素都会起到重要作用。片面强调生产中的所有制因素对分配的决定性影响是不符合实际的。

概念与原理

- 生产决定分配的成果和社会形式，分配对生产具有反作用。
- 不合理的分配制度引导资源误配置，挫伤劳动者的积极性，影响产品价值的实现。

（二）生产与交换

交换包括人们在生产过程中发生的各种活动和能力的交换，以及一般产品或商品的交换。前者属于直接的生产过程，后者则是连接生产、分配、消费的中间环节。

生产决定交换。首先，交换是生产发展和社会分工的结果，没有剩余产品和社会分工，就没有交换。在人类社会早期正是由于有了剩余产品，才产生了交换。其次，生产发展的水平和结构决定交换的深度和广度。分工越细，交换范围越广。

交换对生产也有反作用，交换的发展也可以促进生产的增长和社会分工的发展。没有交换或交换较少发生的自然经济，往往以个体自给自足为主要形式，限制了生产力的发展。在计划经济年代，交换是通过计划来实现的，交换形式的不合理也制约了生产的发展。在市场经济社会，交换应当按照市场价值进行，实行等价交换，但是由于垄断、行政权力干预等超经济因素的存在，直接影响了社会生产。

概念与原理

- 生产决定交换，交换对生产具有反作用。

（三）生产与消费

消费包括生产性消费和个人消费。生产性消费是生产工具、能源、原材料等物质资料和活劳动的消耗，属于生产过程。通常所说的消费是个人消费。生产决定消费，表现在：第一，生产为消费提供对象，而且决定消费的方式和消费的性质。第二，生产最终是为了消费，企业的竞争力取决于其能否生产出更多质优价廉的产品，满足人民的消费需求。

消费对生产也具有反作用。第一，消费使产品的价值得到了实现，保证了生产过程的连续性；第二，消费为生产提供了目的和动力，如果没有消费需求，就不会有生产活动，就不会有新产品的开发；第三，消费本身是劳动力再生产的过程，它为再生产准备了要素条件；第四，在生产能力过剩的条件下，消费会带动生产规模的扩大。

概念与原理

- 生产决定消费，生产为消费提供对象，决定消费方式和性质，生产的最终目的是消费。消费对生产的反作用是实现产品价值，提供生产的目的和动力，为再生产准备要素条件，促进生产规模的扩大。

讨论

乔布斯说：“我记得亨利·福特曾说过，‘如果我最初问消费者他们想要什么，他们应该会告诉我，要一匹更快的马！’人们不知道想要什么，直到你把它摆在他们面前。正因如此，我从不依靠市场研究。我们的任务是读懂还没落到纸面上的东西。”

根据生产与消费的关系，你如何理解这段话？

四、政治经济学与西方经济学研究对象的区别

在政治经济学史或经济思想史上，古典经济学家虽然没有把资本主义生产方式以及

和它相适应的生产关系作为政治经济学的研究对象，但他们都或多或少在事实上把生产看作是资本主义生产，并在一定程度上透过物与物的关系看到人与人的关系。古典经济学的这一科学传统并没有被其后来的资产阶级经济学家所继承。他们逐步把政治经济学的研究对象局限于研究资源配置问题。①

在西方经济学对经济学研究对象的各种界定中，包含着以下几个共同点：经济学研究人的行为，人都是自利的"经济人"；人的行为的目的是满足需要，而人的需要是无限的，资源是稀缺的，一切社会的中心问题是无限的需要与有限的资源之间的冲突。经济学的任务就在于研究人类如何在可供选择的用途之间进行资源配置。

这种对经济学的定义首先受到了来自西方经济学内部的批评。一是无法解释资本主义内部普遍的过剩，如西方社会的劳动力过剩、资本过剩、土地过剩。二是这种界定只考虑生产，而没有考虑到分配，分配问题被排除在经济学研究对象之外。三是以资源配置为研究对象逃避了对人类关系制度的研究。资源配置在一定程度上属于社会政治范畴，常常无法用数量表示。四是这种定义过于简单，把经济学研究"变成一种比较简单的求最大值的应用计算技术……如果经济学没有比这更多的事情可做，我们最好就把经济学研究完全交给应用数学家"②。

在研究对象上，马克思主义政治经济学与西方经济学的根本分歧不在于要不要研究资源配置，而是在于：(1) 要不要研究生产方式；(2) 要不要研究和生产方式相适应的生产关系；(3) 要不要区分抽象的一般的资源配置和一定历史条件决定的特定生产方式的资源配置。马克思主义政治经济学都对此做出了肯定的回答。其实，生产方式范畴本身就包括了所谓资源配置的含义。

从马克思主义的观点看，研究具体的特定生产方式的资源配置十分重要。对资本主义生产方式的资源配置的研究会发现，在资本主义生产方式中，企业的资源配置是有组织、有计划的，相对有效率；但是，社会的宏观资源配置是盲目的，处于无政府状态，因而也是缺乏效率的。即使是企业的资源配置，效率也是相对的，不可能达到最优，因为只要存在雇佣劳动和资本的对抗关系，资源的最优配置就不可能实现。

在西方经济学中，资源配置问题的研究忽略了生产方式和其他社会因素的影响，把资源配置变成了抽象的数学计算，其结论越来越脱离现实问题。西方主流的经济理论中暗含着一般的假定，如理性人、清晰界定私有产权、完全竞争的市场经济、完全的信息等，而这些假定在现实中都是不存在的。"经济学教科书试图通过过滤掉所有的意识形态和强调技术方法的重要性而使你免受历史和意识形态的影响，这样做的代价就是，你只能获得一小部分的真理。"③ 所以，对西方主流经济理论在我国进行不加批判地吸收往往会南辕北辙，得出一些错误的结论和政策。

---

① 有学者认为，这是从 19 世纪 70 年代开始的，杰文斯是其中的一个代表，他"把经济学的列车开上了资源配置的轨道"。(温特劳布．当代经济思想．北京：商务印书馆，1989：2.)

② 布坎南．经济学家应该做什么．成都：西南财经大学出版社，1988：7-8.

③ 瓦鲁法克斯．经济学的邀请．北京：北京大学出版社，2008：36.

概念与原理

- 政治经济学与西方主流经济理论研究对象的区别不是要不要研究资源配置问题，而是除了资源配置以外，政治经济学的研究范围更加宽广、更加具体。

第3节　政治经济学的任务与方法

一、政治经济学的任务

一门学科中的科学理论，必须是反映这门学科领域的研究对象的客观规律的理论。马克思主义政治经济学作为科学，就是遵循唯物史观的指导思想，揭示人类社会各个历史阶段经济的、社会形态发展的客观规律。我们学习与研究政治经济学这门科学，正是为了认识和揭示客观经济的运动规律。

世间万物都是按一定的规律发展变化的。规律就是指事物运动过程中的内在的、本质的、必然的联系。经济规律是指在经济发展过程中，经济现象和经济过程本身固有的、本质的、客观的必然联系。例如，在商品经济条件下，商品价格时高时低，商品供应时多时少，商品生产者有的盈利，有的亏损，这是为什么呢？就是因为在这些经济现象背后，有一种内在的、本质的联系在起作用，这种东西就是经济规律。经济规律也和其他事物的运动规律一样，具有客观性，它的存在和运动不以人的意志为转移，在一定的历史条件下产生并发生作用。任何人违背了或是企图臆造任何经济规律，都会无一例外地遭到无情的惩罚。虽然经济规律是不以人的意志为转移而客观存在的东西，人们不能任意“消灭”规律或“创造”规律，但人们又可以通过认识和遵循规律来为社会谋福利，这是因为人有主观能动性。一旦人们认识了客观规律，就能有效地发挥主观能动性，按客观规律办事，成为客观规律的主人。

按照经济规律发挥作用的范围，可以把经济规律分为三种类型：一是人类社会共有的经济规律。它是指在所有社会经济形态中都起作用的经济规律，如生产关系一定要适应生产力发展的经济规律，它是在人类各社会形态中都起作用的规律。二是若干历史阶段共有的经济规律。它是指在几个社会经济形态中存在的经济规律，如价值规律，只要发展商品经济，它就必然起作用。三是一定历史阶段特有的经济规律。它是指只存在于某个特定的社会经济形态或在某一社会经济形态的某一发展阶段存在并产生作用的经济规律。如剩余价值规律，它是资本主义社会的特有规律；按劳分配规律是社会主义社会的特有经济规律。

任何一种社会形态的经济都是一个复杂的系统，各种现象之间存在着相互联系、相互制约的关系，因此存在着多个层面的规律，没有哪个学派可以揭示多方面的经济规律。政治经济学涉及经济运行层次的问题，但也不能涵盖现代经济生活各个层面的经济规律，它更侧重于对生产关系基本层面的经济规律的揭示。随着现代经济内涵的日益丰富，马克思主义政治经济学也需要与时俱进，不断充实新的研究内容。

概念与原理

- 政治经济学的任务是揭示客观经济规律。
- 经济规律是指在经济发展过程中，经济现象和经济过程本身固有的、本质的、客观的必然联系。经济规律具有客观性。

二、政治经济学的方法

政治经济学作为一门独立学科，有着独特的研究方法。它和其他经济学派别存在着较大的差别。

1. 历史唯物主义方法

唯物史观是马克思的重要发现之一，它将历史唯物主义方法运用到政治经济学研究过程中。马克思首先以物质资料生产作为其经济学研究的出发点，强调人类社会存在、发展的基本规律。在马克思、恩格斯之前，许多资产阶级学者把人类社会看作是由理性、道德、良心等心理因素决定的，完全以社会意识来解释各种社会现象。马克思把复杂的社会现象归结为经济关系，即生产关系，而生产关系的发展变化又从生产力的发展变化上加以说明，揭示了社会发展的客观规律。

马克思注重从生产力、上层建筑同生产关系的作用与反作用的复杂过程中研究经济与社会发展规律，注重对经济权利、经济制度及其历史变迁的研究，马克思主义政治经济学研究具有更为宽广的历史视野。而西方的主流经济理论将资本主义生产关系和经济制度视为永恒的历史范畴，对人类社会未来可能的发展路径缺少有意义的探索。

2. 唯物辩证法

（1）矛盾分析法。

矛盾分析法是唯物辩证法中首要的基本方法。我们分析和研究事物首先就要认识事物所包含的内部矛盾。矛盾是事物变化和发展的根据。我们研究人类社会是从认识人类社会的基本矛盾开始的，分析经济现象也必须从经济现象中各种因素的对立统一的角度进行认识。马克思所创立的政治经济学正是从商品所包含的矛盾入手，推演出资本主义发展的一般规律。

（2）科学抽象法。

科学抽象在认识中有重要作用。科学认识的任务是透过现象揭示事物的本质，这个过程需要运用人类的抽象力。政治经济学研究既不能用显微镜，也不能用化学试剂，必须以抽象思维能力来代替。这个抽象思维的过程也是舍弃一些现象的、偶然的因素干扰，逐步接近真理性认识的过程。科学抽象法要求不能用形象的现象描述来代替科学的思维，必须进入本质层次的思考。

（3）历史与逻辑相一致的方法。

历史从哪里开始，逻辑也应当从哪里开始，但历史经常出现跳跃与转折，这就必须用逻辑的方法摆脱历史的偶然性。在逻辑推理过程中，必须结合历史由低级到高级的发展，重现历史过程，从而实现历史与逻辑的一致。

（4）定量分析与定性分析相结合的方法。

任何事物都具有质与量两个方面的属性。为了充分揭示经济现象之间的关系，也必须同时从两个方面来考察。传统的政治经济学定量分析存在着不足，现代西方经济学则大量运用数学与统计方法，揭示经济关系及其发展变化中质和量的规定和界限。但由于数学与统计技术的滥用，经济学本身的思想性被严重淡化。

专栏 1－3

误将优美当真理

尽管现在难以相信，但不久之前，经济学家们还在为其领域所取得的成就而庆祝。在理论方面，经济学家们自认为已经解决了内部争端。麻省理工学院的奥利弗·布兰查德（现国际货币基金组织的首席经济学家）2008 年在一篇文章中认为，过去岁月的论点已经结束，经济学家们日益呈现出一种“认知上的广泛趋同”。在现实世界中，经济学家们相信事态均在掌控之中。罗伯特·卢卡斯在 2003 年美国经济学会会长致辞中说：“防范萧条的中心问题已经解决。”就在去年（2008 年），一切都破碎了。

很少有几个经济学家预见到了这场危机的来临，而且，这种预测的失败还只是所有问题中最微不足道的一个。更重要的是，它对市场经济中潜含灾难性失败的高度可能性存在学科上的盲点，流行的模型对去年发生的那类崩溃的可能性没有给出任何暗示。

在我看来，经济学科的迷途在于，经济学家作为一个整体误将优美——套上外表华丽的数学外衣——当作了真理。直到大萧条之前，大部分经济学家都沉醉于资本主义是一个完美或接近完美的制度这一幻象中。尽管这种幻象在大规模的失业面前难以维持，但是随着对大萧条记忆的消逝，经济学家们便又重返到对那个古老的、理想化的经济幻象的迷恋——理性的个人在完美市场中互动，而且现在是在复杂的方程式的装扮下进行。可以确定，理想化的市场之所以重新获得浪漫情调的青睐，部分是出于对政治风向变动的回应，部分则是来自金钱方面的刺激。经济学科失败的核心原因在于对那种追求无所不包的智力优雅的研究方式的企望，它给了经济学家一个显示其数学才能的机会。

不幸的是，这种浪漫化的和经过净化的经济幻象导致大多数经济学家忽视了所有那些可能出错的事情，以至于对很多事理熟视无睹，诸如，经常导致泡沫破灭的人类理性的局限，狂乱运行的那些机构的问题，市场的不完美性，尤其是金融市场。

资料来源：节选自保罗·克鲁格曼《经济学家为何错得如此离谱》（英文原文刊登于 2009 年 9 月 6 日的《纽约时报》，中文版见《中国社会科学内部文稿》，2009（6））。

政治经济学的方法论体系是复杂的，除上述方法之外，还需要运用归纳、综合、演绎等多种思维方法，甚至还需要借鉴系统论、伦理学、心理学等学科的某些方法与范畴。

概念与原理

- 政治经济学的研究要坚持唯物史观和唯物辩证法。

第 4 节　政治经济学的当代意义

政治经济学的意义是由它在马克思主义体系中的重要地位决定的。德里达在《马克思的幽灵》一书中写道：“无论愿不愿意，知不知道，这世界上的所有人在某种程度上都是马克思的继承者”。政治经济学是我们认识当代资本主义、社会主义的经济实践和批判、借鉴当代西方经济思想的重要理论工具。

一、政治经济学是认识当代经济实践的理论依据

政治经济学必须反映时代的新特征，这是它在当代的重要任务之一。一方面，资本主义经济制度产生之后，已从自由资本主义、垄断资本主义发展到国家垄断资本主义阶段。在 20 世纪 50 年代之后，世界经济出现了发达资本主义国家主导的全球化趋势，并产生了背后由这些国家政权支持的国际垄断资本主义。另一方面，社会主义制度从产生到发展再到经受挫折，社会主义对自身的认识也趋于科学化、理性化。从全球范围来看，不同社会制度、不同发展模式仍然存在着激烈的竞争。

（1）当代政治经济学要揭示生产方式的一系列新变化和新作用。当代生产方式已进入网络经济时代，政治经济学需要客观地反映在信息技术等现代先进科技基础上新的劳动资料在历史要素方面的新变化，也就是它们对人和社会的新影响；要分析在网络经济条件下，一般流通与资本流通的新变化，以及它们对生产关系和人的发展的新影响。

（2）当代政治经济学要研究国家垄断资本主义发展到国际垄断新阶段的新特征。弄清发达资本主义国家经济基础的新变化，弄清资本主义制度的基本矛盾在当代表现的新形式。

（3）当代政治经济学要研究发达资本主义国家主导的经济全球化对世界经济发展产生的新影响。站在维护世界劳动人民利益的立场上，探索建立国际经济新秩序的可能性和实现途径，为我国制定科学的经济战略与策略提供理论依据。

（4）当代政治经济学要研究经济全球化和市场经济条件下社会主义经济制度的当代特征。尤其要探索在市场经济条件下社会主义公有制和按劳分配的具体实现形式，推进社会主义公有制与市场经济结合的新实践。

为了使自身具有更加鲜明的时代特征，政治经济学必须根据实践发展的要求，不断发展自身。一是增强对现代经济现象的解释能力。马克思的政治经济学反映的是 100 多年前的资本主义，虽然基本概念和原理仍然是我们认识资本主义的基础理论，但是当代经济现象更加复杂，完全照搬照抄是不可能反映经济生活所发生的变化的。二是必须吸收能够运用于经济学的现代科学知识。政治经济学的发展不是封闭的、故步自封的，它应当广泛吸收人类发展到当代的新科学知识来丰富自己。例如，在叙述方法上，有必要学会运用现代新创造的数学语言，来描述过去难以描述的经济关系中的数量关系。

二、政治经济学是对现代西方经济学的批判和扬弃的理论依据

马克思主义政治经济学从诞生以来，就不断遭到资产阶级统治者及资产阶级经济学的排斥和围剿，作为真理，它是在同谬误的坚决斗争中发展起来的。它所具有的科学性、阶级性和实践性相统一的理论品格，决定了它必须结合当代的实际，坚持理论斗争，批判谬误。放弃或回避对现代资产阶级经济学（也就是现代西方经济学）谬误的批判，只会使真理的传播受到阻碍，使工人阶级和广大劳动人民的利益受到损害。毫无疑问，批判和扬弃现代西方经济学，这也是政治经济学在当代的重要任务之一。

现代主流资产阶级经济学总体上是扭曲地反映经济现实的理论，因此绝不能简单地接轨或照搬。但是，我们仍然应当认真地学习与研究它们，包括借鉴其中的某些科学成分。

借鉴现代西方经济学，应善于从其扭曲的理论中，发现某些反映现代经济现象的新因素。尽管现代西方经济学不能全面、深刻地认识经济关系的本质，但是，它却在经济运行的表面形式上较好地反映了现代的经济现象和经济运行。显然，研究发达资本主义经济出现的新现象是有益的。例如，人力资本范畴，尽管在概念上是违背科学逻辑的，但是在现代西方经济学中出现的这个新概念告诉我们，在发达资本主义经济中，教育和技术培训已经日益受到重视，已成为发展经济的重要环节，甚至资本家阶级从自身利益出发，也不得不重视劳动者的职业培训。这对我们发展社会主义经济当然有重要的借鉴意义。

对现代西方经济学的有用成分需要运用唯物史观的思想武器进行科学鉴别和过滤。现代西方经济学中可借鉴的科学成分和扭曲的、具有辩护性的理论，往往是融合在一起的。我们需要对现代西方经济学中有科学价值的理论，如人力资本理论、宏观经济调控理论、市场经济理论等进行分析，在批判的基础上进行扬弃。

要深刻认识现代西方经济学在方法上的弊病。这里仅指出值得注意的两点，一是回避经济运行的具体生产方式的研究，往往抽象掉不同生产关系、不同制度环境对市场经济主体的不同影响，以抽象的资源配置认识作为人类社会资源配置的一般规律。二是在经济学分析的形式化上做文章，风行用数学逻辑方法替代经济学本身的逻辑方法。初看起来，现代西方经济学十分注重数量分析，十分重视经济学的科学化，但是，经济的质与量是辩证的统一，经济数量分析只有建立在科学的经济性质分析的前提下，才能使数学逻辑的力量得到科学的发挥。如果经济性质不明确，大量的数量分析就失去了科学的根基。现代西方经济学对经济性质的片面和表面的理解，使其数理分析只能成为一种花哨的外观形式，无助于揭示经济运动的规律。

复习思考题

1. 简述政治经济学发展的一般历程。
2. 政治经济学的研究对象是什么？它和西方经济学的研究对象有何区别？
3. 生产力的基本要素是什么？影响生产力的因素有哪些？试举例说明。
4. 政治经济学的根本任务是什么？

PART ONE

1

第1篇

商品经济的基础原理

第2章

商品、货币与价值规律

第1节　商品及其内在矛盾

马克思主义政治经济学对资本主义经济制度的研究是从商品分析开始的。这是因为，商品及其运动是现代社会最普遍和最简单的经济现象，现代社会财富表现为庞大的商品堆积；商品是社会发展的基本经济细胞，现代经济社会中人人都是商品生产者、商品消费者或者商品经营者。商品的运动反映着其背后商品所有者之间的经济关系，这是生产关系的集中体现。

简单商品经济是资本主义商品经济和现代市场经济发展的历史起点，现代市场经济的国际化、全球化都离不开对商品的分析。单个商品作为社会经济的基本元素，在代表社会财富的同时，也包含着社会经济矛盾的萌芽，它不仅是现代市场经济运行的逻辑起点，也是其发展的历史起点。所以，我们的经济学研究必须从商品分析入手。

资料来源：本赛德. 马克思的使用说明书. 北京：红旗出版社，2013.

一、商品的二因素

商品是用于交换的劳动产品。任何商品都具有使用价值和价值两个因素，它们是使用价值和价值的统一体。一件物品之所以能成为商品，必须满足两个条件：首先，该物品不是用来满足自己的消费需求，而是必须交换出去；其次，该物品不是未经人们劳动生产的自然物，而是人类劳动的结晶。阳光、空气等自然物品不包含任何人类劳动，自然也不是商品。

概念与原理

- 商品是用于交换的劳动产品，具有使用价值和价值两个因素。

1. 使用价值

物的有用性使物成为使用价值，物的有用性离开了商品体就不存在了。因此，商品本身，例如小麦、钢铁、衣服等，就是使用价值。根据商品满足人们生活和生产不同类型的需要，商品被分为生产资料和消费资料两大类型。商品的使用价值是由商品的物理、化学、几何等自然属性决定的。同一商品依托其不同方面的自然属性具有多方面的使用价值。有的商品，如玉米，既可以作为生活资料直接食用，也可以作为生产资料用于生产清洁能源或饲料等。不同商品因为具有不同的自然属性，因而具有不同的使用价值。也有不同种类商品由于具有同类自然属性，从而可以具有同类使用价值，如面粉、大米都可以充饥，尽管二者味道不同，但由于可以满足人类同等类型的需要，因而在某种程度上可以相互替代。随着生产经验的积累和生产技术的提高，人们对原有商品自然属性的认识趋于深刻，从而可以开发出同一商品更多的使用价值，也可以开发出更多种类的商品，更加充分地满足人们的物质文化需求。

在一切社会形态下，使用价值都是构成社会财富的物质内容，具有永恒性的特征。如大米、小麦等，不管是在封建社会、资本主义社会，还是在社会主义社会，都具有同样的使用价值。但是，要注意的是，在这里所考察的使用价值是商品的使用价值，具有如下特点：第一，必须对别人有用，是能够满足他人某种需要的社会的使用价值；第二，必须是劳动产品的使用价值，这是由商品的定义决定的；第三，必须是通过交换让渡给别人以后，才能进入消费的使用价值。使用价值在交换时充当了交换价值的物质承担者。从上述意义来讲，商品的使用价值是一个历史范畴。

概念与原理

- 商品的使用价值是商品能够满足人们某种需要的属性，是社会财富的物质内容。

2. 交换价值和价值

商品的第二个因素是价值，它通过交换价值体现出来。所谓交换价值是指一种商品与另一种商品相交换的比例关系，是商品价值的外在表现。例如 1 件衣服换 60 斤大米，说明 60 斤大米是 1 件衣服的交换价值。这种交换比例会随着时间、地点及其他技术与市场条件的变化而变化。

具有不同使用价值的商品能够相互交换，说明它们之间有一种共同的东西可以比较。效用价值论者认为，这种共同的东西就是商品的效用，即商品能够满足人们某种需要的能力。商品的效用越大，交换价值就越大；反之，效用越小，交换价值就越小。这种观点所犯的错误在于，不同商品的使用价值在质上是不同的，不同质的东西在量上无法进行比较。由此可见，商品交换过程中，共同的衡量标准不是商品的使用价值。

也有一些经济学家认为，商品的交换价值是由市场供求决定的。在现实经济生活中，确实存在“物以稀为贵”的现象，但是无论贵贱都离不开一定的基础，供求关系不能决定这个基础。比如当供求一致时，商品交换的比例是由什么来决定的呢？因此，“供求决定论”并不能解释价格的决定。

撇开商品不同的使用价值因素，商品就只剩下一种属性，即一切商品都是劳动产品，在它们身上都凝结着一定数量的无差别的一般人类劳动。这种凝结在商品中的无差别的人类劳动就是商品的价值。商品的价值是交换价值的内容和基础，交换价值则是价值的表现形式。价值是商品的社会属性，只在商品经济条件下存在，是一个历史的范畴。

概念与原理

- 交换价值是指一种商品与另一种商品相交换的比例关系，是商品价值的外在表现。
- 商品的价值是凝结在商品中的无差别的人类劳动。
- 商品的价值是交换价值的内容和基础，交换价值则是价值的表现形式。

3. 商品是使用价值与价值的统一

商品是使用价值和价值的矛盾统一体。其统一性主要指，使用价值和价值互相依存、互为条件，两者统一于一个商品体中。主要表现为：第一，使用价值是价值的物质承担者，任何物品如果没有使用价值，就没有交换的意义，也就没有价值，从而也不能成为商品；第二，有些物品具有使用价值，但没有经过劳动创造，一般不能成为商品，如阳光、空气等；第三，有些劳动产品有使用价值，但不是用来交换的，而是为了自己消费或无偿赠送给别人，因而也就没有价值，不能成为商品。

商品的两个因素又是相互矛盾的，也即相互对立、相互排斥。主要表现在：第一，两者分别代表商品不同的属性，使用价值体现商品的自然属性，它以其自然性质满足人们的某种需求；价值代表商品的社会属性，体现人们相互交换劳动的社会关系，它以商品生产与交换的社会形态为前提，社会认可是价值实现的关键。第二，对于特定的商品买卖双方，都只能实现价值或使用价值两者之中的一种属性，不能两者兼得。商品的生产者（卖方）主要追求商品价值的实现，而他必须以让渡使用价值为代价；商品的消费者（买方）主要关注商品的使用价值，而他要获得现实的商品，必须以支付商品价值为前提。第三，商品两因素的矛盾必须通过交换才能解决。如果交换失败，商品两因素都不能实现，价值得不到补偿，使用价值也不能进入消费，商品的内在矛盾就充分暴露出来了。

二、生产商品的劳动二重性

商品是由劳动创造的，商品的两因素由生产商品的劳动二重性决定。生产商品的劳动一方面是具体劳动，另一方面是抽象劳动。

1. 具体劳动

所谓具体劳动，指的是由它的目的、操作方式、对象、手段和结果决定的生产活动。“由自己产品的使用价值或者由自己产品是使用价值来表示自己的有用性的劳动，我们简称为有用劳动。”① 人们总是要通过一定的具体形态的劳动才能生产出一定的商品，即运用一定的工具对一定的劳动对象进行加工生产出相应的商品，不同的商品都通过不同形态的具体劳动生产出来，这些劳动的目的、对象、手段和结果也各不相同。

各种使用价值或商品体的总和，是多种有用劳动的总和，它表现了社会分工。这种分工是商品生产存在的条件。每个商品的使用价值都包含着一定的有目的的生产活动，或有用劳动。各种使用价值如果不包含不同质的有用劳动，就不能作为商品互相对立。有用劳动是劳动的自然属性，体现人与自然的关系，具体劳动同生产过程中的物质要素结合起来创造出使用价值。有用劳动强调劳动的具体形态，具有多样性特征，它体现为纷繁复杂的社会分工体系。随着社会经济的发展，社会职业工种不断丰富，有用劳动的形式也不断演进。创造使用价值的有用劳动是人类生存和社会发展的基础和条件，具有永恒性特征，不以社会形态的变化而转移。“因此，劳动作为使用价值的创造者，作为有用劳动，是不以一切社会形式为转移的人类生存条件，是人和自然之间的物质变换即人类生活得以实现的永恒的自然必然性。”②

概念与原理

- 具体劳动，指的是由它的目的、操作方式、对象、手段和结果决定的生产活动。它表现为社会分工。

2. 抽象劳动

抽象劳动是撇开具体形式的人类一般劳动。对于生产商品的劳动，如果撇开丰富多样的具体形态，我们会发现一个共同的方面：它们都是人类劳动力的支出，都是人们脑力与体力的消耗。从这一意义上讲，它们都是无差别的人类劳动，或称一般人类劳动。抽象劳动凝结为商品的价值，成为商品交换的基础。抽象劳动是劳动的社会属性，反映商品生产者之间的社会关系，是劳动在商品经济条件下的特殊形式，是一个历史范畴。

概念与原理

- 抽象劳动是撇开具体形式的人类一般劳动。抽象劳动凝结为商品的价值，成为商品交换的基础。

3. 具体劳动和抽象劳动的关系

具体劳动和抽象劳动是生产商品同一劳动的两个方面，而不是两次劳动，它们在时间和空间上都是不可分割的。马克思指出，“一切劳动，从一方面看，是人类劳动力在生

---

① 马克思，恩格斯. 马克思恩格斯全集：第23卷. 北京：人民出版社，1972：55.

② 同①56.

理学意义上的耗费；作为相同的或抽象的人类劳动，它形成商品价值。一切劳动，从另一方面看，是人类劳动力在特殊的有一定目的的形式上的耗费；作为具体的有用劳动，它生产使用价值。”① 可见，劳动二重性决定着商品的两因素。具体劳动创造使用价值，它解决的是人和自然之间的物质变换，但它不是所生产的使用价值即物质财富的唯一源泉。抽象劳动形成价值，它体现人与人之间的社会关系，是创造价值的唯一源泉。

生产商品的劳动二重性，是首先由马克思发现并加以科学论证的。他“第一次确定了什么样的劳动形成价值，为什么形成价值以及怎样形成价值”②。他阐明了具体劳动和抽象劳动在商品价值形成中的不同作用，以此分析资本主义生产过程，揭示剩余价值的真正来源，创立了剩余价值理论。可见，劳动二重性学说是“理解政治经济学的枢纽”③。

概念与原理

- 具体劳动和抽象劳动是同一劳动的两个方面，劳动的二重性决定了商品二因素，具体劳动创造使用价值，抽象劳动形成价值。

三、商品的价值量

商品的价值既有质的规定性，也有量的规定性。从质的方面来说，价值是劳动创造的，是无差别的人类劳动的凝结。从量的方面来说，价值由物化在商品中的劳动量决定。劳动量通常由劳动时间来衡量。要研究商品的价值量，必须考察以下几个概念：

1. 个别劳动时间与社会必要劳动时间

商品的价值量是由商品所内在地包含的劳动量决定的，而衡量劳动量的天然尺度是劳动时间。商品价值不可能直接由某个生产者生产商品过程中所消耗的劳动时间来决定，因为不同的企业存在着生产技术、工艺设备、劳动熟练程度及劳动强度的差异，由此决定了商品价值量的确定必须有一个社会标准，它不能由企业个别劳动时间来确定，而必须由社会必要劳动时间来确定。

个别劳动时间，是指个别企业生产某种商品实际消耗的劳动时间。由于各企业生产技术、劳动熟练程度和劳动强度各不相同，它们生产同一种商品所消耗的个别劳动时间也各不相同，从而不能决定商品的价值量，商品的价值量只能由社会必要劳动时间来决定。

社会必要劳动时间指“在现有的社会正常的生产条件下，在社会平均的劳动熟练程度和劳动强度下制造某种使用价值所需要的劳动时间”④。所谓现有的社会正常的生产条件，是指当时社会上某个生产部门大多数生产者普遍使用的技术设备等生产条件。在这种条件下，社会必要劳动时间以大多数生产者所能达到的技术熟练程度与劳动强度为标准。

---

① 马克思，恩格斯．马克思恩格斯全集：第23卷．北京：人民出版社，1972：60.

② 马克思，恩格斯．马克思恩格斯全集：第24卷．北京：人民出版社，1972：22.

③ 同①55.

④ 同①52.

社会必要劳动时间对商品生产者具有关键性意义。如果企业个别劳动时间等于社会必要劳动时间，商品也能够按照社会必要劳动时间确定的价值量来销售，那么它生产该商品所消耗的劳动成本就能得到完全的补偿；如果企业个别劳动时间高于社会必要劳动时间，那么它生产该商品所消耗的劳动就有一部分得不到补偿，在市场竞争中就处于不利地位；如果企业个别劳动时间低于社会必要劳动时间，那么它生产该商品所消耗的劳动就能得到超额的补偿，不仅能获得更多的收益，在市场竞争中也会处于有利地位。可见，社会必要劳动时间直接关系到商品生产者的利益、地位和发展命运。在商品经济条件下，各商品生产者竞相改进技术，改善生产条件，其目的是缩短个别劳动时间以获得在商品交换中的优势地位。

概念与原理

- 社会必要劳动时间指在现有的社会正常的生产条件下，在社会平均的劳动熟练程度和劳动强度下制造某种使用价值所需要的劳动时间。

2. 简单劳动与复杂劳动

商品价值量的决定与生产商品的劳动的复杂程度密切相关，不同生产者的劳动不是均质的，商品生产者的劳动可以区分为简单劳动和复杂劳动。简单劳动是指一定社会经济条件下，不需要经过专门训练和学习就能胜任的劳动。复杂劳动则是需要经过专门训练和学习，具有一定技术专长的劳动者才能从事的劳动。

简单劳动与复杂劳动在同一时间内所创造的价值是不同的，1 小时的复杂劳动所创造的价值往往相当于几个小时简单劳动所创造的价值。马克思这样指出："比较复杂的劳动只是自乘的或不如说多倍的简单劳动，因此，少量的复杂劳动等于多量的简单劳动。"① 所以，在商品交换中不仅要把不同的具体劳动还原为抽象劳动，而且要把复杂劳动还原为简单劳动。商品的价值量一般由简单劳动标准计量的社会必要劳动时间来决定。

复杂劳动之所以会创造和实现多倍于简单劳动的价值，一方面是因为复杂劳动需要经过专门培训和学习，必须付出更多的劳动及相关费用；另一方面，是由于复杂劳动除了消耗一定的体力以外，还要比简单劳动消耗更多的智力。随着社会经济与技术的不断进步，从事复杂劳动的劳动者在学习和劳动过程中脑力消耗也越来越多，他们也会因此获得更多的收入。

简单劳动与复杂劳动的区别及它们的比例关系取决于社会经济与科技文化条件，并且通过反复的市场交换实践而形成。复杂劳动与简单劳动的衡量标准具有社会性和相对性的特点，会随着时间、地点的变化而变化。比如，农业劳动一般被视为简单劳动，但是随着生物技术在农业上的广泛运用，现代农业劳动复杂程度大大提升。随着科学技术与文化教育水平的提高，以往的复杂劳动现在很可能变成简单劳动，整个社会区分简单劳动与复杂劳动的标准会不断提高，但就一定时期而言，复杂劳动与简单劳动的区分标准还是客观存在的。

---

① 马克思，恩格斯．马克思恩格斯全集：第 23 卷．北京：人民出版社，1972：58.

在国际分工体系中也存在简单劳动与复杂劳动的区分。在现代国际分工体系中，各国企业参与国际分工，各类商品生产者由生产最终产品转变为依据各自的要素禀赋，只完成最终产品形成过程中某个环节的工作，有的生产者以简单劳动为主，有的生产者以复杂劳动为主。在国际分工体系中，最终产品的生产经过市场调研、创意形成、技术研发、模块制造与组装加工、市场营销、售后服务等环节，形成了一个由实力雄厚的跨国公司主导的完整链条。全球产业链以制造加工环节为分界点，可以分为产品研发、制造加工、流通三个环节。发展中国家的企业由于缺少核心技术，主要从事制造加工环节的生产，就劳动投入来说，主要是简单劳动。而跨国公司掌握研发环节和流通环节，其所投入的信息、技术、品牌、管理等属于知识密集要素，主要由复杂劳动创造，具有不可替代性。在这样一个分工体系中，产品的价值增值主要为复杂劳动所获取。

概念与原理

- 简单劳动是指一定社会经济条件下，不需要经过专门训练和学习就能胜任的劳动。复杂劳动则是需要经过专门训练和学习，具有一定技术专长的劳动者才能从事的劳动。同一时间内复杂劳动创造的价值多倍于简单劳动。

3. 劳动生产率、商品价值量与提高劳动生产率的意义

商品的价值量由生产商品的社会必要劳动时间决定，而社会必要劳动时间并不是一个不变的量，它随着劳动生产率的变化而变化。因此，研究商品价值量，必须考察劳动生产率和价值量的关系。

劳动生产率是指具体劳动生产使用价值的能力或效率。劳动生产率可以用两种方法来表示：其一，用劳动者在单位劳动时间内生产某种产品的数量来表示，单位时间内生产的产品数量越多，其劳动生产率就越高，反之则劳动生产率就越低；其二，用生产单位产品所消耗的劳动时间来表示，生产单位产品所需劳动时间越少，劳动生产率就越高，反之则劳动生产率就越低。用公式表示为：

$$\text{劳动生产率}=\frac{\text{产品量}}{\text{劳动时间}}$$

随着社会经济的发展，劳动生产率会不断提高。劳动生产率的高低取决于多种因素，主要包括：劳动者的平均熟练程度；科学技术的发展水平及其在生产中的应用程度；生产过程的社会结合（如分工协作、劳动组织、生产管理）形式；生产资料的规模与效能；自然条件；等等。这些因素在不同生产部门、企业和不同时期对生产劳动的作用程度是不一样的。

劳动生产率属于劳动的具体有用形式，它不再同抽去了具体有用形式的劳动有关。无论劳动生产率怎样变化，“同一劳动在同样的时间内提供的价值量总是相同的”①。这是研究劳动生产率和价值量关系的基本原则。劳动生产率的变化只影响单位商品所包含的价值量，劳动生产率越高，在同一时间内生产的使用价值就越多，生产单位商品所耗费的劳动时间

① 马克思，恩格斯. 马克思恩格斯全集：第23卷. 北京：人民出版社，1972：60.

就越少，该商品的价值量就越小。同一劳动时间所凝结的价值总量仍然是一样的。

就同一单位使用价值而言，如果劳动生产率提高，生产每一单位使用价值所耗费的劳动时间就减少，单位商品的价值量就减少。正如马克思所说："商品的价值量与体现在商品中的劳动的量成正比，与这一劳动的生产力成反比。"① 当然，如果个别企业提高劳动生产率，使单位时间内生产的使用价值增加，单位商品的个别价值降低，而在社会必要劳动时间决定价值的市场规律的作用下，该企业的个别价值会还原为较高的社会价值。

如图 2-1 所示，近年来我国劳动生产率水平持续提高。党的十八大以来，我国的固定资产投资增长率从 2012 年 20.3%下降到 2018 年的 5.9%，虽然经济增长率从 2010 年的 10.3%下降到 2019 年 6.1%，但是我国经济增长的驱动力开始发生转变，从依赖投资拉动开始逐步转向依靠提高劳动生产率。劳动生产率往往代表一个国家和地区的经济发展水平。从国际水平来看，我国的劳动生产率仍然落后于发达国家。2018 年我国制造业的劳动生产率只有发达国家的 36%～40%，只相当于美国的 19.3%、日本的 30.2%、德国的 27.8%，其中农业劳动生产率只相当于美国的 2%。

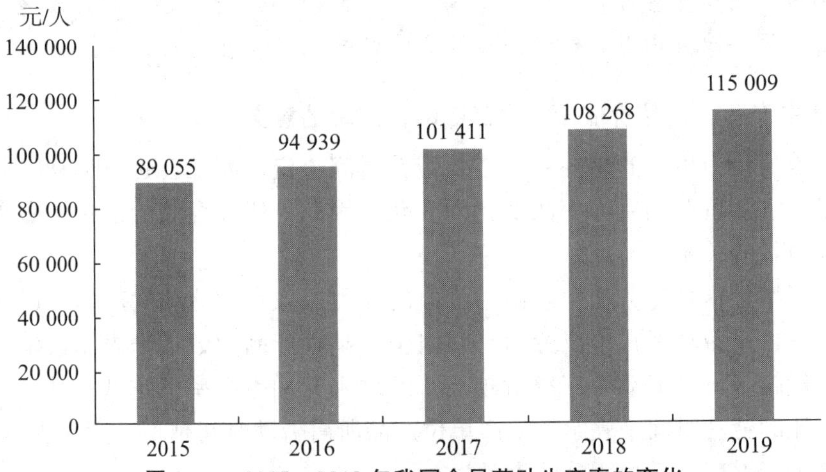

图 2-1　2015—2019 年我国全员劳动生产率的变化

资料来源：《中华人民共和国 2019 年国民经济和社会发展统计公报》。

讨论

请补充 1978 年以来我国劳动生产率的发展变化数据，说明我国劳动生产率发展变化的趋势，并分析其背后存在的原因。

劳动生产率的提高具有特别重要的意义：

首先，对于一个企业来说，率先提高劳动生产率意味着企业可以降低单位产品的价值，大大提高企业的竞争力，在同类产品中获得竞争优势。

其次，对于社会来说，劳动生产率提高意味着使用更少的劳动消耗生产了更多的劳动产品，同样多的投入可以带来更多的使用价值，不仅可以更好地满足社会的消费需求，而且可以在投入不变甚至减少的情况下，实现经济增长。

① 马克思，恩格斯．马克思恩格斯全集：第 23 卷．北京：人民出版社，1972：53-54.

最后，对于劳动者来说，单位时间内生产了更多的使用价值，创造了更多的社会财富，劳动者的报酬会相应提高，有利于提高劳动者的实际工资水平，同时，劳动者会有更多的休闲时间以满足个人全面发展的要求。劳动生产率一般是和实际工资水平成相应比例的。例如，2010 年，我国制造业的劳动生产率约为美国的 10%，我国工厂工人的人均实际工资水平只有美国工人的 9%，如图 2-2 所示。

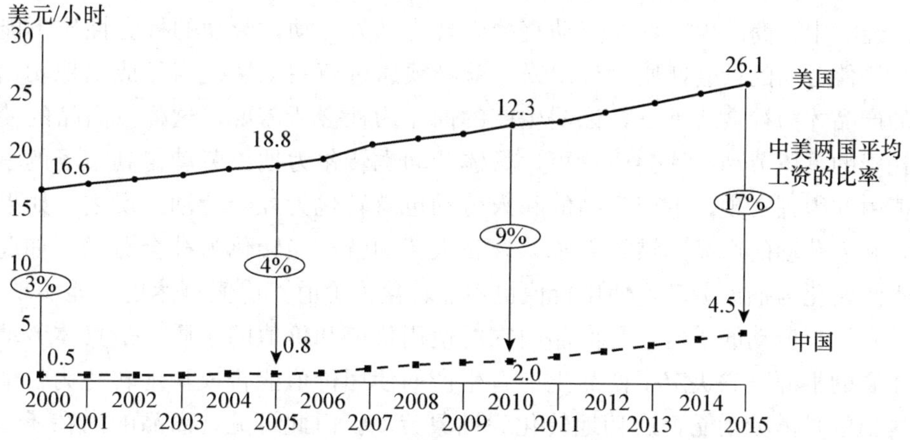

图 2-2 满负荷工厂工人工资

资料来源：《经济学人》信息部；美国劳工部；选定公司数据；波士顿咨询公司分析。

概念与原理

- 劳动生产率是指具体劳动生产使用价值的能力或效率。单位商品所包含的价值量与劳动生产率成反比。
- 提高劳动生产率有助于提高企业竞争力，有助于社会生产更多财富，有助于劳动者提高劳动报酬、获得更多休闲时间。

讨论

在我国可以采取哪些措施来提高劳动生产率？

四、商品经济的基本矛盾

以私有制为基础的商品经济条件下，生产商品的劳动既是私人劳动，又是社会劳动。私人劳动与社会劳动的矛盾是简单商品经济的基本矛盾。所谓私人劳动，是指生产商品的劳动具有私人劳动的性质，是商品生产者按照私人愿望和利益进行的劳动。一方面，由于生产资料归私人所有，各生产者独立地从事生产经营活动，生产什么、生产多少、如何生产完全由他自主决策，劳动产品也归他私人占有，由此体现出生产商品的劳动具有私人劳动的性质。另一方面，社会分工决定了人们生产商品的直接目的是交换，为了将商品在市场上销售出去，就必须以他人对该种商品存在需求并且愿意现实地购买它们为前提。而每个商品生产者自己所需的其他物品也必须通过市场购买而获得。由此可见，商品生产者之间总是相互联系、相互依存的，每个商品生产者的劳动都应该成为社会总劳动的一个组成部分，这就决定了生产商品的劳动具有社会劳动的性质。所谓社会劳动，是指每个商品生产者生产商品的劳动具有社会性质，是作为社会总劳动的有机构成部分的劳动。

私人劳动和社会劳动的矛盾是简单商品经济的基本矛盾，这是因为：

第一，私人劳动和社会劳动的矛盾，是商品内在各种矛盾的根源。在以私有制为基础的商品经济中，商品生产者的劳动直接表现为私人劳动，劳动的社会性质不能直接表现出来。要使劳动的社会性质表现出来，就必须通过商品交换把商品成功地卖出去，私人劳动的产品才为社会所承认，证明生产的商品为社会所需要，这样，商品的使用价值及其所耗费的具体劳动被社会所认可，具体劳动也转化为抽象劳动得到市场的承认，商品的价值由此得到实现，生产商品的私人劳动也就转化为社会劳动。反之，如果商品卖不出去，私人劳动的产品不被社会承认，私人劳动就不能转化为社会劳动。如此，具体劳动也不能转化为抽象劳动，使用价值也不能转化为价值，价值自然也不能实现。所以，私人劳动和社会劳动的矛盾，是商品内在的使用价值和价值的矛盾，是具体劳动和抽象劳动的矛盾的根源。它决定了商品生产者生产的使用价值能否成功地转化为价值，也决定了其付出的具体劳动能否成功地转化为抽象劳动。由此可见，商品的内在矛盾，即使用价值和价值的矛盾、具体劳动和抽象劳动的矛盾都根源于私人劳动和社会劳动的矛盾。商品经济的其他矛盾都是这对矛盾的具体体现。

第二，私人劳动和社会劳动的矛盾决定着简单商品经济产生和发展的全过程。一方面，劳动产品是私人产品；另一方面，劳动产品又是为别人、为社会生产的，这就产生了商品交换的客观必然性，使生产成了为交换而进行的生产，从而产生了简单商品经济。随着社会分工和私有制的发展，生产商品的私人劳动和社会劳动的矛盾也相应发展，这就推动了简单商品经济规模的扩大，进而推动简单商品经济发展为资本主义商品经济，随着简单商品经济发展并转变为资本主义商品经济，私人劳动和社会劳动的矛盾就发展为生产社会化与资本主义私人占有之间的矛盾，成为资本主义一切矛盾的总根源。

第三，私人劳动和社会劳动的矛盾，决定着以私有制为基础的商品生产者的命运。商品生产者的生产都是在竞争中进行的，他们的劳动能否得到社会的承认，只有通过交换才有结果。如果他们生产的商品社会不需要而无法成功销售出去，他们的私人劳动就不能转化为社会劳动，生产中耗费的私人劳动就不能得到补偿，他们就有可能破产；如果只能卖出去一部分商品，其私人劳动就只能部分地而不能全部转化为社会劳动。即使在全部商品都卖出的情况下，生产条件和技术水平较差的生产者，生产同样的商品所耗费的私人劳动就多，成功转化的社会价值就少，因而在竞争中就处于不利地位。而生产条件和技术水平较好的生产者，劳动生产率高，生产同样的商品所耗费的私人劳动就少，在同一时间内所形成的社会价值就多，在竞争中就处于有利地位。因此，在商品生产和商品交换中，私人劳动能否转化为社会劳动以及转化的多少，决定着商品经济条件下商品生产者的命运。

在我国发展市场经济的过程中，仍然存在着私人劳动和社会劳动的矛盾。无论是国有企业，还是具有私有性质的企业，其劳动产品都不再是直接的社会产品，必须经过市场交换，才能转化为社会产品。虽然在社会主义市场体系中，政府仍然可以通过利率、信贷、价格、汇率等多种市场杠杆来调节商品生产，但是这种矛盾仍然会通过多种形式表现出来。在市场经济条件下，私人劳动与社会劳动的矛盾最典型的表现形式是生产过剩，我国也不例外。我国某些地方政府盲目追求 GDP，带来钢铁、煤炭、水泥、平板玻璃、造船、光伏等行业的严重过剩。2014 年，在钢铁行业产能利用率不足 80%的背景下，又新增 3 500 万吨产能。严重的产能过剩，使商品库存大量积压，商品价值得不到实现，从而使企业出现严重亏损，许多企业面临着倒闭的风险。

生产商品的劳动属于直接的私人劳动和间接的社会劳动这一特殊性质和矛盾导致了商品拜物教。由于人们所生产的商品必须通过市场交换才能实现价值，并使商品生产者收回成本、获得收益，如果商品不能销售出去，其生产者就不能收回成本，再生产就不能维持下去。这样，商品在市场上的销售命运就决定了商品生产者的命运，由此导致商品生产者对商品的崇拜，即所谓商品拜物教。货币、资本产生以后，也分别产生了货币拜物教、资本拜物教。马克思主义政治经济学正是通过对商品等物质运动的分析，揭示出人与人之间的关系，揭示出这些拜物教的产生是由于生产商品的劳动的特殊社会性质导致人们对自身的经济命运产生了幻觉。马克思对商品运动的分析有利于人们正确认识客观经济现象，科学把握自己的经济命运和前途。

概念与原理

- 私人劳动和社会劳动之间的矛盾是商品经济的基本矛盾，是使用价值与价值、具体劳动与抽象劳动的矛盾根源。

第 2 节　货　币

货币是市场经济中的普遍现象，现实中的经济交易主要是依赖于货币作为中介而进行的。我们可以设想如果现实中没有货币将会怎样？没有货币将会大大提高交易的成本，甚至这种成本会高到使交易无法正常进行的地步。本节将探讨货币的起源和演化，认识货币的本质。

一、价值形式的发展：货币的起源与本质

商品是使用价值和价值的统一，商品的使用价值可以通过商品体本身直接体现出来，而商品的价值却不能通过自身表现出来，它必须通过与其交换的别的商品对等地体现出来。随着商品生产与交换不断发展而产生的货币，使商品价值有了固定的表现形式。货币的形成使商品生产与交换取得了跨越式的发展，并使货币自身拥有了令人炫目的特殊地位。

其实货币从本源意义上讲只是一种价值表现的完成形式。我们通过追寻商品价值形式发展的历史，就可以找到货币的起源和本质，揭开货币这个“炫目的谜”。商品的价值形式经历了四个发展阶段。

1. 简单的、个别的或偶然的价值形式

简单的价值形式也称个别的或偶然的价值形式，是指一种商品的价值偶然地表现在另一种商品上的价值形式。例如，1 只绵羊和 2 把斧子相交换，1 只绵羊的价值就表现为 2 把斧子。用公式表示为：

1 只绵羊＝2 把斧子

这一价值形式产生于原始社会后期，部落之间因开始出现剩余产品而进行的偶然的商品交换之中。当时商品生产处于萌芽状态，交换的商品及其交换比例带有偶然的、个别的性质，价值表现也是简单的。然而，这种简单的价值形式却包含了一切价值形式一般的本质规定。

在这一价值形式中，绵羊和斧子处于不同的地位，发挥着不同的作用。1 只绵羊主动地要求表现价值，并通过与 2 把斧子的交换相对地表现为 2 把斧子。它作为价值被表现的商品，处于相对价值形式，或称相对价值物。2 把斧子处于被动的地位，它不表现自身的价值，只是充当绵羊价值的表现材料，发挥着等价物的作用，处于等价形式。

相对价值物和等价物是价值形式的两极，处于对立统一的矛盾运动之中。它们互相依存、互为条件。相对价值物绵羊离开了等价物斧子，其价值就得不到表现，绵羊就是绵羊，它不能通过自身表现自己的价值；同时，作为等价物的斧子，如果离开了相对价值物绵羊，就不能充当价值的表现材料。相对价值物和等价物又是互相对立、相互排斥的。同一商品不能同时处在价值形式的两极，绵羊在交换关系中处于相对价值形式，就不能同时处于等价形式；斧子在交换关系中处于等价形式，就不能同时处于相对价值形式，否则就会出现：1 只绵羊＝1 只绵羊、2 把斧子＝2 把斧子。这显然是毫无意义的。

由此可见，简单的价值形式尽管还带有偶然性和个别性，但它已经具备了等价物所有的基本特性，简单价值形式的出现使商品两因素的内在矛盾外化为相对价值形式与等价形式的外在矛盾，从而推动着商品经济的发展。

2. 扩大的价值形式

在简单的价值形式中，商品交换是偶然的、个别的，因而也是不完全和不充分的。随着社会生产力的发展和第一次社会分工的出现，剩余产品增加了，商品交换的品种和范围不断地扩大，价值形式便发展为总和的或扩大的价值形式。

扩大的价值形式是指一种商品的价值经常表现在一系列商品上。用公式表示为：

$$1\text{只绵羊}\begin{cases}=50\text{斤谷子}\\=2\text{把斧子}\\=40\text{尺布}\\=2\text{克黄金}\\=\text{其他商品}\end{cases}$$

在扩大的价值形式中，一种商品的价值已经不是偶然地、个别地体现在某一种其他商品身上，而是经常地通过交换体现在一系列不同的商品体上，每种商品都有许多种简单价值形式表现，从而取得了扩大的或总和的价值形式。与简单的价值形式相比较，商

品价值的表现更加充分。这时，价值第一次真正表现为无差别的人类劳动的凝结。

扩大的价值形式仍然存在着许多缺陷。相对价值物的价值表现还不统一，经常表现为不同的商品，每一种价值表现还都只是一种特殊的等价物，而且随着新商品的不断出现，这一特殊等价物的系列还会不断变化和增加，价值作为无差别的人类劳动凝结表现得还不够充分。由于还没有一个大家公认并能够接受的统一的等价物，商品交换还停留在物物交换的形式上，使交换经常发生困难。商品所有者可能需要经过多次交换才能获得他需要的物品，这不利于商品交换和商品生产的进一步发展。

3. 一般价值形式

随着社会分工与商品交换的不断发展，有一类商品脱颖而出，逐渐从众多商品中分离出来，成为一种容易被公众接受的等价物，由此使扩大的价值形式发展为一般的价值形式，即商品的价值集中地表现在一种商品上的价值形式。用公式表示为：

$$\left.\begin{array}{l}50\text{ 斤谷子}= \\ 2\text{ 把斧子}= \\ 40\text{ 尺布}= \\ 2\text{ 克黄金}= \\ \text{其他商品}=\end{array}\right\}1\text{ 只绵羊}$$

一般价值形式的出现在价值形式发展史上具有十分重要的地位。与扩大的价值形式相比较，它使价值形式发生了质的飞跃——变得简单而又统一：各种商品的价值只表现在同一种商品上。这一商品成为一般等价物，克服了扩大的价值形式中出现的交换困难等缺陷。由此，直接的物物交换就被以一般等价物为媒介的商品交换所替代，人们只要把自己的产品换成一般等价物，他的劳动就得到社会的承认，就可以换取自己所需的其他商品。价值作为人类一般抽象劳动的凝结得到更加充分的体现。

一般价值形式还存在着不足，一般等价物还没有统一固定为某一种特殊商品，还会因时因地而发生变化。历史上，牲畜、贝壳、盐、兽皮、布帛等都曾经充当过一般等价物。《诗经》中“既见君子，锡我百朋”这一诗句就说明，与很多国家和民族一样，贝壳是中国的第一代货币。① 一般价值形式的非固定性特征还会阻碍商品交换与商品生产的进一步发展，呼唤着价值形式的进一步完善。

4. 货币形式

随着社会生产的发展，尤其自第二次社会大分工，即手工业从农业中分离出来以后，商品生产与商品交换有了进一步的发展。商品交换的范围不断扩大，交换的品种也日益增多，客观上要求一般等价物固定在某一种商品体上，以便在更广的范围内促进商品生产与商品交换，由此产生了货币，即一切商品的价值都集中统一地表现在一种贵金属商品（如黄金、白银等）上的价值形式。当金银等贵金属固定地充当一般等价物时，它就成为一种天然的货币形式，用公式表示为：

---

① 根据王国维的《观堂集林》卷三《说珏朋》中的解释，贝玉皆五枚为一串，两串为一朋。

50 斤谷子＝
2 把斧子＝
40 尺布＝　　2 克黄金
1 只绵羊＝
其他商品＝

货币形式与一般等价形式相比较，并无本质的变化。它们的区别主要在于金银等贵金属固定地独占了一般等价物的地位，以及由此对商品交换与商品生产带来的重大影响。由于黄金或白银等贵金属具有质地均匀、体积小、质量大、便于携带、不易腐烂、便于保存等优点，它们成为理想的货币材料。所以，马克思指出："金银天然不是货币，但货币天然是金银"①。金银最初也只是作为普通商品而存在的，之所以能成为货币，是社会自发选择的结果。金银等之所以能够成为货币，根本原因在于它们本身也是商品，具有使用价值和价值；其次是因为它们的自然属性使它们最适合充当货币的材料。

由此可见，货币的产生过程就是价值形式发展的过程。货币是商品经济发展到一定阶段的必然产物，是商品内在矛盾发展的必然结果。货币的本质在于它是固定地充当一般等价物的特殊商品，它作为价值的代表，用来表现一切商品的价值。货币作为商品，它同普通商品一样具有自身的使用价值和价值；它又与普通商品不同，是充当一般等价物的特殊商品，即货币商品。

货币的产生使商品交换由物物交换发展转变为以货币为媒介的商品流通，使商品世界分裂为相互对立又统一的两极：一极是表示各种特殊使用价值的商品；另一极是表示商品价值的货币，结果使商品内在的一系列矛盾外化了：使用价值与价值的矛盾、具体劳动与抽象劳动的矛盾、私人劳动与社会劳动的矛盾，在简单的价值形式中表现为商品与商品的矛盾，现在发展为商品与货币的矛盾。一切商品只有转化为货币，其价值才算得到实现，具体劳动才体现为抽象劳动，私人劳动才转换为社会劳动。只有这样，所有商品生产者的生产才能不断地延续和发展。所以，货币是维系商品生产者之间关系的媒介，是促进商品经济发展的重要纽带，它体现着诸多商品生产者、消费者之间的经济关系。货币的本质会通过一系列职能体现出来。

概念与原理

- 商品的价值形式经历了简单的价值形式、扩大的价值形式、一般价值形式和货币形式。
- 货币是商品价值形式发展的结果，其本质是一般等价物。

二、货币的职能

货币固定地充当一般等价物的特殊性质决定了货币的职能。随着商品经济的发展，

① 马克思，恩格斯．马克思恩格斯全集：第 23 卷．北京：人民出版社，1972：107．

货币的职能得到相应的拓展和完备。在发达的商品经济运行中，货币的职能主要包括五种，即价值尺度、流通手段、贮藏手段、支付手段和世界货币，其中价值尺度和流通手段是货币最基本的职能。

1. 价值尺度

价值尺度是指货币可以用来表现、衡量和计算其他一切商品价值大小的职能。货币之所以具有充当价值尺度的职能，是因为货币本身也是商品，具有价值，正如尺子因为自身具有一定长度才能计量物品的长度一样。作为价值，货币和其他商品一样，都是一般人类劳动的凝结。货币作为价值尺度不过是商品内在价值尺度即社会必要劳动时间的外在表现形式。

货币执行价值尺度的职能需要把商品的价值表现为价格。商品的价格是商品价值的货币表现，是商品价值与货币价值的比率。由此可见，商品价格的变化不一定反映其价值的变化，如果商品价值不变，单纯货币价值的变化也会引起商品价格的变化。只有在货币价值保持稳定的前提下，商品价格才切实体现出商品的价值。

货币执行价值尺度的职能要求货币自身有一个确定的计量单位和等分标准，以衡量货币自身的不同量。这就要求用一定的贵金属的重量计量单位作为货币计量单位，并将该计量单位分为若干等分，以便于货币的计量，进而对商品价值进行计量标价。这种用于计量贵金属重量的货币单位及其等分就叫价格标准。

与价值尺度不同，价格标准不是自发形成的，而是由国家凭借政权加以规定形成的。不同的国家有不同的价格标准。我国历史上用白银作为货币材料，就曾用“两”作为货币计量单位，而“两”又分为“钱”“分”等，我国也曾经用铜板作为货币计量单位。在国外，美元、英镑、法郎等都属于相应的价格标准，它们都属于货币单位，包含一定的贵金属重量，并且分为一定的等分。历史上，货币单位名称曾与相应贵金属重量单位名称相一致，后来随着货币形式与流通要求的变化，货币单位名称同贵金属重量名称逐渐分离，成为纯粹的法定名称。1821年，英国正式启用金本位制，英镑成为英国的标准货币单位，每英镑含有7.322 38克纯金。1美元的含金量是1.504 63克（纯金），也就是说，1英镑的含金量是1美元的4.867倍，故1英镑=4.867美元。由于英国势力的持续下降，美元日渐崛起，英镑持续贬值。在20世纪30年代，英镑跟随美元放弃了金本位制度，英镑、美元等都变成了货币符号。

货币执行价值尺度的职能，可以是想象的或观念上的货币。因为货币作为价值尺度只是表现价值，而不是实现价值，所以在商品销售柜台或销售展厅不需要放置与商品价格等额的货币，只需要标示一个价格，只是一个想象的、观念上的货币就可以了。当然，这种想象的、观念上的货币必须以现实的货币为基础。

2. 流通手段

流通手段是指货币充当商品交换媒介的职能。货币执行流通手段的职能必须是现实中实实在在的货币，不能只是想象的、观念上的货币。

货币充当流通手段改变了商品交换的形式，直接的易货贸易让位于普遍的商品流通，即以货币为媒介的商品交换。货币充当交易媒介极大地促进了商品经济的发展，交易成本大幅度下降，但是，商品流通同时也带来了新的矛盾。在货币产生以前，商品交换采取物物交换的形式，买和卖在时间和空间上都是统一过程。货币出现后，物物交换发展为商品流通，商品交换分裂为买和卖两个过程。它打破了物物交换中买和卖在时间和空间上必须统一的局限，促进了商品经济的发展。各种商品的买卖更加灵活地相互交错在一起，使商品生产者之间的联系和协作更加密切。然而，在另一方面，商品生产者之间的相互依赖性也加强了。而如果有些人卖出商品后不马上买，又或者有些人在此地卖而不在此地买，就会使另一些人的产品卖不出去，导致买卖脱节，从而形成商业危机的可能性。

作为流通手段，货币的形式最初采取金属条块的形状，但不同条块贵金属的重量和成色各不相同，每次交易都要鉴定货币的成色和分量，很不方便。为了顺应商品交换的发展要求，国家按照一定的成色和重量铸成某种形状的货币，极大地方便了商品交易，促进了商品经济的发展。

铸币在流通中不断被磨损，分量减轻，因而成为不足值的货币。但这并没有妨碍它仍然充当足值的货币发挥流通手段的职能。这种情况表明，货币作为流通手段只是瞬间发挥媒介作用，因而可以是不足值的货币，只要社会交易各方相互认可，甚至可以用价值符号代替货币，于是出现了本身没有价值、仅作为价值符号的纸币。纸币是由国家发行的代表一定金属货币并强制流通的价值符号，它不是按其本身的价值，而是按照它所代替的金属货币的价值执行流通手段的职能。

价值尺度和流通手段是货币的两个基本职能，其他职能都是以这两个职能为基础而衍生形成的。

3. 贮藏手段

贮藏手段是指货币退出流通而被当作独立的价值形式和社会财富的一般代表贮藏起来的职能。货币作为一般等价物使拥有者能够自由购买所需商品，这使货币成为社会财富的一般代表，并引起人们的贮藏欲望。作为贮藏手段的货币，不能是观念上的或想象中的货币，也不能只是价值符号，而必须是现实中足值的金属货币，有时金银器皿、首饰等制品也可以发挥贮藏手段的职能。

货币的贮藏手段能够自发调节流通中的货币量。当流通中所需货币量减少时，多余的货币就会通过供求与价格等机制的影响而退出流通成为贮藏货币；当流通中的货币量不足时，一部分贮藏货币又会流入市场执行流通手段的职能。可见，贮藏手段职能是货币流通的“蓄水池”。

纸币本身没有价值，因而不具备贮藏手段的职能。但是在现实的纸币流通条件下，纸币可以以储蓄的形式储存起来，以备后用。当然，纸币的储蓄必须以纸币的保值与还本付息为基本前提。储蓄与货币执行贮藏手段对流通货币量的影响是不同的。储蓄的货币没有退出流通领域，仍然通过银行等金融中介机构发挥着货币的作用。充当贮藏手段的货币已经暂时退出了货币流通，意味着货币流通量的减少。

4. 支付手段

支付手段是指货币用来清偿债务或支付赋税、租金、工资、利息等的职能。货币的支付手段职能是随着商品交换过程中赊账买卖的出现而产生的。

由于商品生产与交换的周期存在较大的差异，可能会出现买方亟须购买而暂时却缺乏货币，也可能出现卖方急于出售产品却又暂时不急需货币的情况。这些情况说明，商品的出卖与货币的取得在时间和空间上可以分离开来。由此，商品买卖可以不用现款，而是采取赊销的方式，到一定时间以后再付款。也就是说，出现了先交货后付款的信用买卖和债务关系。当货币被用于偿还赊购欠款时，就执行着支付手段的职能。随着商品经济的发展，货币支付手段的职能还逐步扩大到商品流通之外，用于支付地租、税款、工资和利息等。

一方面，货币支付手段的产生大大缓解了商品买卖的矛盾，减少了流通中的货币需求量，从而促进了商品流通和商品经济的发展。然而另一方面，货币的支付手段又进一步扩大了商品经济的内在矛盾。随着支付关系的发展，在商品生产者、经营者之间形成了一系列错综复杂的债权—债务链条，如果其中一人到期不能支付，支付链条就会中断并引起连锁反应，整个支付关系出现混乱，出现信用危机，导致商品生产和经营无法顺利进行，有的甚至因此破产。因此，随着货币职能的逐步深化，经济的内在不稳定性也相应发展。

5. 世界货币

世界货币是指货币在世界市场充当一般等价物的职能。当商品流通越出国界产生国际贸易以后，货币也就要越出国界在国际经济关系中发挥作用。世界货币应该是足值的金属货币，它必须脱去铸币、辅币等价值符号的地方性外衣，而以贵金属的自然形式出现，以便获得国际认可。

世界货币不过是国内货币职能的国际延伸。在国际贸易中，货币同样要执行价值尺度的职能，不过，这时决定商品价值的社会必要劳动时间不再是国内的社会必要劳动时间，而是世界范围的社会必要劳动时间。以世界货币为价值尺度所表现出来的商品价格，不再是各国不同的国内价格，而是世界范围的国际价格。世界货币除了执行国际价值尺度的职能以外，还要执行以下职能：首先，作为支付手段，用以平衡国际贸易差额；其次，作为购买手段，用于单方面购买外国商品；最后，作为社会财富代表在国与国之间转移，如战争赔款、援助、国际借款等。

随着经济国际化的发展，世界货币的需要量急剧增长。而世界黄金产量的增长远远赶不上国际经济对世界货币的需要，这迫使人们使用非黄金的信用货币来行使世界货币职能。少数经济实力特别雄厚的国家集中了巨额的黄金储备，使它们的信用货币（在与黄金挂钩的条件下）有可能经过协议在国际上被承认为国际支付手段和储备货币，在一定程度上充当世界货币的职能。

一国的信用货币要充当世界货币必须具备相当的条件。首先，该国家要有强大的经济实力，在国际经济交往中占有极其重要的地位，甚至是统治地位。只有当一个国家同各国有着广泛的贸易、金融联系，并在世界商品输出与资本输出中占有重要地位，它的信用货币才会在国际上被广泛使用，并顺利地被接受。

其次，该国信用货币必须具有相当大的稳定性。由于任何信用货币本身都是没有价值的，要保持其稳定性，就必须与黄金挂钩，即在一定条件下按照一定的汇价兑换成黄金。因此，该国必须具有足够的黄金储备，才能保证其信用货币的稳定性。由于黄金的非货币化，一国的信用货币就与该国的综合国力具有密切关系。当国力强大时，货币往往更容易被国际所接受。

最后，该国信用货币在经济联系密切的国家之间充当支付手段的基础上，必须通过国际协议得到所有国家的确认，才能在世界范围内取得储备货币的资格。

可见，一国信用货币充当世界货币是有条件的，包含着诸多矛盾和危机。黄金作为国际结算中最终的清偿手段和最可靠的储备资产，其作用仍然不是任何信用货币所能取代的。它仍然发挥着世界货币的作用。

在国际经济交往中通常要使用外汇作为交易工具。通常所说的外汇是指以外币表示的用于国际结算的支付手段。外汇汇率正是指一国货币换算成另一国货币的比率。它也是用一国货币单位表示的另一国单位货币的价格，也即市场上买卖外汇的价格，所以汇率也称汇价。汇率的变动受到多种因素的影响，包括：国际收支状况、物价水平、利率水平及货币政策、财政收支状况及其政策、外汇储备状况、国际上利率水平的差异状况等。与此同时，汇率的变动也会对经济发展产生重要的影响，它直接影响着进出口贸易、外汇储备与国际资本的流动，进而影响着本国的就业、投资和经济的整体发展状况。

货币的五种职能是随着商品经济的不断发展而逐渐形成和拓展的，在逻辑上也存在着经济发展与货币运动的顺序关系和有机联系。价值尺度和流通手段是货币的基本职能，它们在一般等价形式转化为货币形式时随即形成；随着商品赊销业务和信用关系的出现，顺次形成了贮藏手段和支付手段；随着国际贸易的产生和国际交往的拓展，货币职能越出国界，世界货币应运而生。从逻辑关系上看，货币首先必然是一种商品，具有价值，从而可以履行价值尺度的职能，在此基础上才能执行流通手段的职能。只有前两项基本职能得到充分发展和完备，货币才能执行贮藏手段的职能；支付手段一方面是流通手段职能发展的结果，另一方面又以贮藏货币的存在为前提；至于世界货币，则是货币前四项国内职能在国际范围的延伸。

概念与原理

- 货币的职能包括价值尺度、流通手段、支付手段、贮藏手段、世界货币。

专栏 2-1

英镑兴衰

在被美元取代之前，英镑作为国际储备货币的地位长达 100 年之久。1694 年英格兰银行开始发行纸币，英镑由此诞生。然而此时英镑还不能被称为真正意义上的货币，从而取代黄金的作用。作为英镑发展史中最为重要的一环，金本位制的出现才使得英镑真正走向世界。所谓金本位制，就是以黄金作为本位币的货币制度，在该制度下，各国政府以法律形式规定货币的含金量。这一制度的典型特点就是自由铸造、自由兑换及黄金自由输出和输入：各国之间不同的金铸币按各自的含金量形成固定比较，建立比较稳定的国际货币联系，并允许黄金在国家间自由流动。

1816年，英国通过了《金本位制度法案》，以法律的形式承认了黄金作为货币的本位来发行纸币。1821年，英国正式启用金本位制。英镑成为英国的标准货币单位，每1英镑含7.322 38克纯黄金。金本位制的确立，奠定了英镑的霸主地位，世界货币进入英镑时代。1967年11月英镑持续贬值时，1英镑仍含有黄金2.132 81克。这是英镑给货币发展历史留下的最为宝贵的财富，即金本位制。

直到20世纪初叶，英镑一直是资本主义世界最重要的国际支付手段和储备货币，第一次世界大战后，各国纷纷停止了金币铸造和纸币与黄金之间的兑换，也禁止黄金输出和输入，这就从根本上破坏了金本位制赖以存在的基础。而战争也使得“日不落帝国”经济出现严重衰退，英镑的国际储备货币地位趋于衰落，并最终被美元所取代。

随着美国的崛起，英镑的世界货币地位逐渐遭到削弱。美国的国民生产总值和经济规模，其实早在19世纪末就已经超越大英帝国了。1894年，美国工业产值跃居世界首位，相当于英国的两倍。1913年，美国的GDP总量占全球的比重约为32%，工业制造占全球的40%。第二次世界大战后，美国经济实力急剧增长，并成为世界最大的债权国。美国的黄金储备从1938年的145.1亿美元增加到1945年的200.8亿美元，约占世界黄金储备的59%。

直到1943年，英镑仍是世界主要储备货币之一，国际贸易的40%左右用英镑结算。如何建立起有利于美国的新国际货币体系和世界经济格局，最终以美元取代英镑成为新的世界货币，成了当时美国总统罗斯福深思熟虑并要及时解决的问题。也就是在这样的背景下，美国精心设计的《布雷顿森林协定》出台。布雷顿森林体系的确立，标志着世界货币开始进入美元世纪。

三、货币形式的演变

货币是商品交换与商品生产发展的必然结果，货币的形式与职能一样也随着商品经济的发展而变化演进。根据商品交易与货币形态的不同，货币大致可以分为三种形式：实物货币、信用货币和电子货币。

1. 实物货币形式

最原始的货币形式是诸多种类自然存在的物品，如石头、牲畜、贝壳、布匹、米、木材等，在历史上都扮演过类似货币的角色。如果严格以贵金属来命名货币的话，可以将这些介于一般等价形式后期与货币形式开始出现之间的商品交换媒介，称作“前货币形式”。中国最早的实物货币是贝，它在我国有着较长的历史影响。贝币以朋为单位，一般十贝为一朋。商周铜器铭文和甲骨文都有用贝作赏赐的记载，我国许多与财富有联系的文字都有“贝”，如货、贷、财、贮、贸、贫、赐等。即使使用金属货币后，还铸成贝的形状，商代的墓葬中曾出土有铜铸的贝。

贵金属货币自然是最典型的实物货币，它经历了一个长期的历史演变。最初的货币采取金属条块的自然形式，它最大的缺陷是在交易时成色查验困难。为了弥补这一缺陷，一些大商人在自然的金属条块上打上自己的印记，由此以自己的信誉保证货币的成色，防止货币欺诈。这样既便利了交易行为，又扩大了商人自己的影响，促进了商业的发展。

为了促进商品交换，维护国家经济利益，国家开始铸造货币，以统一的铸币代替分散的商人印记货币，这规范和便利了商品交换，在较大程度上避免了货币欺诈。铸币在流通中都会发生一定程度的磨损，但这并没有妨碍人们对它的接受，于是国家便有意识地制造与面值不相符的铸币，由此节省大量的贵金属。铸币面额与其实际价值的脱离，使铸币逐渐只剩下价值符号的意义。货币之所以发生这样的演变，关键是货币在交换当事人手中只发挥媒介作用，货币只是交换的手段，而不是交换的目的，货币价值一定范围内的变化对当事人不会产生实质性影响。因此，人们对货币本身的价值并不关心，真正关心的是货币能否起到媒介作用，换回自己满意的商品。

在金属货币流通条件下，金银等贵金属的采掘不能满足商品生产和流通的需要，国家就开始以不足值的货币来代替足值的金属货币，这样有助于克服流通中对金银的需要量日益增加的矛盾。既然不足值的铸币都能在市场上“畅通无阻”，国家干脆用几乎没有任何价值的纸币来代替铸币，它以国家政权作保障强制在流通中使用。纸币代替金属货币的流通，具有自己的优势：（1）成本低。纸币本身的价值微乎其微，印刷成本极低，而且可以代替任意数量的金属货币。（2）便于携带、运输。（3）可以避免金属货币流通中的问题。纸币的流通减轻了金属货币流通中的磨损所造成的不足值的问题，纸币所代表的价值不会因为流通使用而有所减损。在金银复本位制的情况下，总是存在着劣币驱逐良币的现象，纸币的流通则消灭了这种现象。

早期的这种代用货币，从形式上发挥着交换媒介的作用，但是，早期国家印制的纸币必须以足够的金属货币作后盾，以避免因滥发纸币造成经济秩序混乱的局面。然而，贵金属的生产毕竟赶不上社会总体商品生产与流通对它的需求，如果货币不能摆脱贵金属的直接关联与束缚，商品经济就不能快速持续地发展。20 世纪 70 年代布雷顿森林体系瓦解，美元与黄金脱钩，国际货币基金组织（IMF）特别提款权的创设等都是货币形式取得突破性发展的例证。

专栏 2－2

黄蓉一顿饭吃掉靖哥哥多少钱？

在《射雕英雄传》的第七回有这样一段故事：郭靖初入中原，遇上了小叫花打扮的黄蓉。郭靖好心请黄蓉吃饭，没想到黄蓉一开口便要了一大桌上好的佳肴：四干果、四鲜果、两咸酸、四蜜饯、八个下酒菜。八个下酒菜是花炊鹌子、炒鸭掌、鸡舌羹、鹿肚酿江瑶、鸳鸯煎牛筋、菊花兔丝、爆獐腿、姜醋金银蹄子。另外还有十二个上好的下饭菜和八样点心。满桌菜肴，郭靖与黄蓉边吃边聊，菜肴凉了后全都撤下去倒掉，再用新鲜材料重做热菜。一来二去，黄蓉这顿饭吃掉了郭靖十九两七钱四分银子。问题是这些银子换算成今天的人民币，到底相当于多少钱？

由于在各朝代银两的货币价值都有所不同，那么现在推算古币值时，都采用一般等价物交换的方式来换算。在宋朝的时候，物价不稳定，白银的价值也是在变化的，以1两白银可以买4～8石大米，1石有66千克，以每千克5元计算，1两白银折合今天的人民币1 300～2 600元。由此看来，郭靖请客一顿饭至少花掉了2.5万元。郭大侠出手果然不同凡响！

1两银子在古代到底值多少钱不是固定不变的。在唐朝的时候，1斗米值5文钱，1两白银值1 000文钱，为1贯，1石=10斗，唐朝时，1石为59千克，由此推算，1两白银值今天的将近6 000元钱。

明朝万历年间，1两白银可买2石大米，1石为94.4千克，以每千克5元计，可以换算为人民币900元左右。到了晚清，1两白银只能折合今天的150～220元。

需要说明的是，宋朝以前白银总量太少，价值过高，还没有成为流通货币，明朝以前，市场流通均使用铜钱（北宋局部地区出现了纸币）。银两成为流通货币只是明清两代对外贸易活跃、外国白银大量涌入以后的事。

---

2. 信用货币形式

信用货币是以信用为保证，通过信用程序发行的货币。这也是当前世界上几乎所有国家都采用的一种货币形式。由贵金属作后盾的纸币发展到与贵金属脱钩以后，货币形式就发展到了一个新的阶段，即信用货币阶段。在20世纪30年代，世界性金融危机使世界各国相继放弃了金本位制，实行不兑现的货币流通制度。信用货币本身的价值低于它所代表的价值，割断了与金属货币的联系，也不承诺兑现金属货币，甚至其发行也不严格限于准备资产，信用货币的基本保证是国家的信誉或银行的信誉。

信用货币是以信用为基础、不与贵金属直接关联的票据式货币，如银行券、支票、期票、汇票、银行存款等。作为现代广义的信用货币，它包括现代纸币。银行券最早出现于17世纪，它是由银行发行的用以代替商业票据的银行票据。典型的银行券的持票人可以随时向发行银行兑换黄金，所以这可以代替金属货币在流通中发挥作用。纸币和银行券一样没有价值，二者的区别在于：（1）纸币产生于货币作为流通媒介的职能；银行券产生于信用关系，是货币作为支付手段时而产生的。（2）纸币是国家发行的强制使用的货币符号，其背后是国家的强制力；银行券是由银行通过短期商业票据贴现方式发行的，其背后是银行的信誉与黄金保证。（3）纸币不能兑现，银行券可以兑现。因此，纸币可能会存在超额发行的问题，从而引起纸币贬值；而银行券的发行量要以银行贴现的商业票据为依据，而且能随时兑换贵金属货币，因此它需要有更高的保证，一般不会贬值。

随着信用关系的扩张和社会信用事业的发展，货币作为支付手段的职能日益扩张，它以其丰富而特有的货币形式占据了大规模的交易领域，而金属铸币则被挤到小额贸易的领域之内。信用货币远远摆脱了实物货币的束缚，并以广泛的信用关系为基础，在现代经济生活中占据了主导地位。信用货币之所以能够获得长足的发展，一方面是由于它节省了大量稀缺的贵金属资源，从而也摆脱了贵金属的束缚，可谓“轻装上阵，驰骋市场”；另一方面，它不拘形式，利用生产费用极低的票据产品（如银行簿记记录、纸片）等代替生产成本高昂的金银，既便于携带，又能够根据交易的需要开具各种形式的信用货币，使交易十分便捷。

随着市场经济及其信用体系的不断发展，货币的范围也在不断扩展，许多信用工具和资产都具有一定的流动性。流动性（liquidity）一般是指资产能够以一个合理的价格顺利变现的能力，它是投资的时间尺度（卖出它所需的时间）和价格尺度（与公平市场价格相比的折扣）之间的关系，现金的流动性最大，股票的流动性一般情况下大于房地产。① 信用工具和资产一般来说都是可以顺利变现转化为货币的，从而就具备了一定程度的货币性质。因此，在分析货币供应数量时必须对它们加以考察。

在一定时期，市场上的货币供应量可以分为若干个层次：

M0＝现金(纸币＋硬币)
M1＝M0＋所有金融机构的活期存款
M2＝M1＋商业银行的定期存款和储蓄存款
M3＝M2＋其他金融机构的定期存款和储蓄存款
M4＝M3＋其他短期流动资产(如国库券、商业票据、短期公司债券、人寿保单等)

一般 M1 被称为狭义货币或称交易货币，M2 以上被称为广义货币。其区别主要体现在流动性呈现递减的态势上，广义的货币作为一种潜在的购买力，在一定的条件下能够转化为现实的交易货币。

3. 电子货币形式

所谓电子货币的使用就是以互联网为技术支撑，用电子支付的方式取代金属货币和纸币充当一般等价物的活动。在线电子支付过程就是交易双方通过网上银行系统进行电子信息交换，以达成交易，支付款项。20 世纪 80 年代后，伴随着信用制度的完善和信息网络技术的发展与广泛应用，电子货币形式开始出现。电子货币的主要形式是信用卡。在交易内容和利益关系处理等主要方面，电子货币与传统货币没有本质的区别，所不同的是，电子货币是一种纯粹观念性的货币，它不需要任何货币材料。它运用了电子网络信息系统，绕开所有实体性货币，即时快速地处理账务，促进交易的快速达成。

电子货币的主要优势在于交易费用低，交易过程便捷高效，速度快，可以远距离作业，克服交易活动可能遇到的时空障碍，从而促进商品经济的发展。例如电子货币使货币材料及其运动的费用达到最低，包括电子货币的标准化成本、使用成本、网上银行计算机硬盘保存成本都达到最低。

电子货币目前还不能作为一种基础性的主导货币，它必须以网上交易成为社会主流商业模式为前提。目前的社会信用体系的成熟度还束缚着电子货币的应用和发展。所以，当前的电子货币作为一种重要的支付工具发挥着作用，并具有广阔的发展前景。

---

① 流动性也指整个宏观经济的流动性，指的是在经济体系中货币投放量的多少。2007 年到 2008 年 8 月，我国出现的所谓的流动性过剩就是指有过多的货币投放量，这些多余的资金需要寻找投资出路，于是就有了投资和经济过热现象，以及通货膨胀的危险。

概念与原理

- 货币形式经历了实物货币、信用货币、电子货币等形式。

四、货币流通规律

货币流通是指货币作为购买手段，不断地与商品互换位置，从买者手里转移到卖者手里的运动。商品流通是以货币为媒介的商品交换，所以，货币流通与商品流通密切联系，相互制约。货币流通以商品流通为基础，并且服务于商品流通。商品流通必然伴随着货币流通，然而，货币流通不同于商品流通。货币不可能经过一次转手就退出流通，它要经常不断地留在流通领域，媒介不同商品的交换。它是商品流通不可或缺的要素。

流通中所需要的货币量是有规律性的，它主要取决于商品流通的规模和速度。具体来说，在一定时期中，商品流通所需的货币量主要取决于三个因素：(1) 待实现的商品量；(2) 商品的价格水平；(3) 货币流通速度，即一定时期货币的流通次数。前两个因素的乘积就是商品价格总额。

货币流通规律的公式是：

$$\frac{\text{商品价格总额}}{\text{单位货币的流通次数}}=\text{一定时期流通中所需的货币量}$$

货币流通规律也可以用下式表示：

$$\frac{PQ}{V}=M$$

其中，M 代表执行流通手段职能的货币量，P 代表商品的总体价格水平，Q 代表流通中的商品量，V 表示货币流通速度。

货币流通规律也可以表述为：流通中所需的货币量，与商品价格总额成正比，与货币流通速度成反比。商品价格总额是决定货币需求量的最基本的因素，因为货币作为流通手段，其实际存在的基础是商品交换。货币流通速度是单位货币一定时期内在商品交易者之间转手的次数。商品在售出后，就退出流通领域，而货币则仍然执行着流通手段的职能，为实现商品的价值服务。因此，在一定时期内，单位货币可以实现多倍的商品价值，货币流通速度越快，流通中所需要的货币量就越小。

在货币作为支付手段的情况下，流通中所需的货币量就会发生相应的变动。主要是因为货币作为支付手段的功能出现后，大量的商品买卖采用赊销的方式来进行，一些债权债务关系产生了延期支付及相互抵销的问题，从而影响了货币需求量。在一定时期，赊销商品部分不需要货币付出，而前一时期赊销商品的货款需要在本期支付；在相互支付时又有一部分相互抵销。所以充当支付手段的货币流通公式需作如下调整：

$$\frac{\text{商品价格总额}-\text{赊销商品价格总额}+\text{到期支付总额}-\text{相互抵销部分}}{\text{单位货币的流通次数}}$$
$$=\text{一定时期流通中所需的货币量}$$

上述货币流通规律以金属货币流通为前提。金属货币本身具有价值，它可以通过贮藏货币的增减应对商品价格的升降，因而不会导致商品价格长期普遍的上涨或下跌，也就不会发生通货膨胀或通货紧缩。

货币流通速度影响了货币需求量。近年来，我国货币供应量持续加大，货币流通速度下降是一个重要的影响因素。我国货币流通速度如图 2－3 所示。从图 2－3 中可以看出，我国的货币流通速度从 20 世纪 90 年代以来就几乎持续下降，货币流通速度从 1990 年每年周转 1.22 次下降到 2019 年的 0.5 次。货币流通速度的下降，势必需要增发货币以满足交易需要。

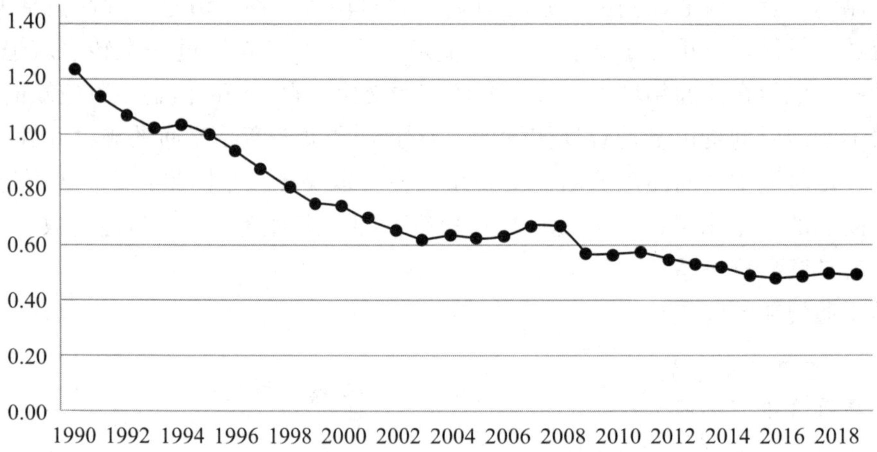

图 2－3　我国货币流通速度的变化趋势

资料来源：根据国家统计局网站数据计算。

概念与原理

- 货币流通规律：流通中所需的货币量与商品价格总额成正比，与货币流通速度成反比。

五、纸币流通规律与通货膨胀、通货紧缩

在现代市场经济运行中，纸币代替了金属货币作为流通手段进入市场。纸币的流通规律以金属货币流通规律为基础。由于纸币只是价值符号，所以，“纸币流通的特殊规律只能从纸币是金的代表这种关系中产生。这一规律简单说来就是：纸币的发行限于它象征地代表的金（或银）的实际流通的数量”①。它是货币流通规律在纸币流通条件下的特殊表现形式。所谓货币流通规律，即流通中的纸币总量取决于实际流通中所需要的金属货币量。不管纸币发行多少，它所代表的价值总量只能同流通中所需要的金属货币的价值相等。这样，单位纸币所能代表的金属货币量应该是：

$$单位纸币所能代表的金属货币量=\frac{流通中所需要的金属货币量}{流通中的纸币总量}$$

① 马克思，恩格斯．马克思恩格斯全集：第 23 卷．北京：人民出版社，1972：147.

纸币流通规律表明，纸币的发行量必须以商品流通中所需要的具有内在价值的金属货币数量为限度。在其他条件不变的情况下，如果纸币发行量与流通中所需要的金属货币量相适应，那么单位纸币的购买力就同它所代表的金属货币购买力相等，纸币就能正常流通，物价就能保持稳定。

如果纸币的发行量超过流通中所需要的金属货币量，就意味着单位纸币所代表的价值变小，即纸币发生贬值。同样价值的商品的价格就表现为更多的货币，商品价格总水平上涨，而货币购买力下降。假如现实商品流通需要 10 亿元金币，国家发行 10 亿元的纸币代替，货币的购买力没有任何变化。如果国家发行的纸币量为 20 亿元，与此相对应，每 1 元纸币实际只能代替 0.5 元金币，货币的购买力下降到原来的一半，物价则上涨 1 倍。

金属货币与纸币的流通规律不同。在金属货币流通条件下，流通中所需要的货币量决定于商品价格总额。如果金属货币量超过了商品价格总额，有一部分货币就会退出流通领域，充当贮藏手段，从而维持物价水平的稳定。金属货币可以使流通中的货币量得到自发的调节。纸币流通规律则不同。由于纸币本身只是价值符号，不能充当贮藏手段。当现实中的纸币量过多的时候，纸币不但不会退出流通领域，反而有可能因为存在着物价上涨预期，人们把更多的纸币用于流通，其后果是更大程度的物价上涨。

这种由于纸币发行量超过流通中所需的金属货币量而导致纸币贬值和物价普遍持续上涨的现象，就叫通货膨胀。通货膨胀是纸币流通条件下的特有现象。在金属货币流通条件下，过多的金属货币会导致大量的货币被贮藏起来，直到使流通中的货币量与需要量相适应，一般不会发生通货膨胀。但是在纸币流通条件下，如果纸币发行量过多，导致纸币所代表的价值量减少，必然导致物价上涨。

按照西方经济学的一般理论，通货膨胀具有一个益处，即增加需求，刺激生产。通货膨胀降低了工人的实际工资，降低了厂商的生产成本，使资本家增加雇佣工人的人数，因而可以刺激经济的发展。按照这种思路深入考虑下去会发现，工人实际收入进一步下降，工人有支付能力的需求将受到削弱；而失业率下降，投资增大，供给会进一步扩大。因此，增发货币所带来的需求增加，不可能解决生产与有支付能力的需求之间的矛盾，反而会使这一对矛盾进一步积累。

如果纸币发行量少于流通中所需要的金属货币量，就会引起货币升值、物价下跌的现象，即通货紧缩。通货紧缩表现为一般物价水平的持续下降。一般认为，一般物价持续下降半年以上，才称为通货紧缩。通货紧缩出现的原因是多样的，从世界各国经济发展的历史来看，它与生产能力过剩、政府支出缩减、有效需求不足、政府管制等原因有关。通货紧缩虽然能够提高人们所持有的货币的购买力，但它对经济的危害也是很严重的。持续的通货紧缩会使消费者持币待购，产品的销售出现困难。企业的存货增加迫使企业压缩生产规模，从而开工不足，失业率上升。失业率上升使收入下降，有效需求萎缩，从而形成了物价下跌与经济发展水平恶化的恶性循环。通货紧缩使企业经营面临着困难的局面，当企业现金流不足以支撑企业运行时，企业债务链条中断可能引发整个信用体系的混乱甚至崩溃，最终可能会导致经济危机。

概念与原理

- 通货膨胀：由于纸币发行量超过流通中所需的金属货币量，而导致纸币贬值和物价普遍持续上涨的现象。
- 通货紧缩：纸币发行量少于流通中所需要的金属货币量，就会引起货币升值、物价下跌的现象。

专栏 2-3

交子：宋代的纸币实验

宋代之前，中国和世界其他国家都使用实物货币；宋代之后，随着纸币的登台，东西方货币发展路径出现了明显的分岔。

北宋时期纸币——交子的诞生是和经济繁荣分不开的，是一个货币自发演进、超越时代理论的故事。交子的故事，一方面揭示了中国作为一个古老帝国曾经的文明辉煌；另一方面也为货币规律提供了鲜活的案例，昭示着一个道理：在经济环境与制度框架不足以支撑纸币形态的情况下，其结果必然是一个悲剧。

宋代经济繁荣，商业革命、交通革命、农业革命、都市革命共同构成了其辉煌的文明，人口和人均收入急剧增加，宋徽宗时期人口多达 1 亿人，是汉唐时代的 2 倍有余。北宋时期的贸易繁荣达到惊人的程度，宋与数十个国家开展贸易，广州、泉州、宁波等港口贸易的繁荣景象让后人难以想象，加上宋、辽、夏、金且战且和数百年连绵不绝的边境贸易，贸易规模迅速扩大。

最早的纸币诞生于四川，除了宋代本身的时代背景，也在于四川的特殊性。四川因为没有经历隋唐战乱，经济相对独立，贸易繁荣，因缺铜而依赖铁钱，铁钱因为价值低携带不便。主妇到集市买盐也需要携带很重的铁钱。“小钱每十贯重六十五斤，折大钱一贯，重十二斤，街市买卖，至三、五贯文，即难以携持”（一贯在宋代等于 770 钱）。古代文献曾记载，“尝使蜀，见所用铁钱至轻，市罗一匹，为钱二万”，铁钱与铜钱的比价为 1∶10，“江南旧用铁钱，十当铜钱之一，物价翔跃，民不便”。

四川茶叶、马匹等贸易发达，加之铁钱笨重，导致交子在四川诞生。交子最初源自 16 家富户，以其作为私人票据，成为贵金属、丝绸等货币的替代品，“蜀人以铁钱重，私为券，谓之交子，以便贸易，富人十六户主之”。交子可以理解为一种早期的汇票。民间流通的交子得到官方关注之后，从宋仁宗天圣二年（1024 年）开始，宋朝政府正式发行交子纸币，数量为 188 万贯，此后两年一次的发行额度都是 1 256 340 贯。交子流动期限以“界”来区分，三年为期，期满则新旧交替更换。交子最初的发行都有稳定的发行准备，一般一界发行额度是 150 万贯，准备金是铁钱 36 万贯。

伴随着国家的介入，交子获得成功，解决了私人交子存在的信用问题，也大大方便了交易，导致交子在交易之中出现溢价。苏辙曾记录：“蜀人利交子之轻便，一贯有卖一贯一百者。”

伴随着王安石的激进新政和边疆战事的浩大费用开支，货币流通数量开始膨胀。西北边疆与西夏的战事延绵不绝，军事开支动辄以千万贯计。战争使经济发展的节奏被打乱，交子步入超发状态。此外，为了应对财政压力，宋代茶叶逐步从私人转向国家垄断经营，导致交子的需求降低，供需失衡之下，人们对于交子的贬值预期又导致其进一步贬值，新旧交子贬值为“以一兑四”甚至“以一兑五”，价值只有票面的1/5，最终交子不得不被官方和市场放弃。

第 3 节　价值规律与市场机制

一、价值规律的基本内容

价值规律是商品经济的基本规律。商品经济包括商品生产与商品交换两个主要方面，只要有商品生产和商品交换活动的地方，就有价值规律存在并发挥作用。价值规律引导和决定着商品经济的运动、变化和发展。

价值规律的基本内容与要求是：商品的价值是由生产商品的社会必要劳动时间决定的，商品交换以价值为基础进行等价交换。价值规律既是商品价值如何决定的规律，也是价值如何实现的规律。价值规律是贯穿于商品生产和商品交换中的一种不以人们的意志为转移的客观规律和必然趋势，马克思把价值规律比喻为自然规律，可见其客观必然性。

概念与原理

- 价值规律是商品经济的基本规律。其基本内容是：商品的价值是由生产商品的社会必要劳动时间决定的，商品交换以价值为基础进行等价交换。

二、价值规律的作用形式

价值规律通过商品价格围绕价值上下波动的形式体现出来。在商品流通中，商品的价值通过货币表现出来，这就是商品的价格。价值规律要求商品实行等价交换，也就是说商品的价格必须符合其价值。商品价值是价格的内容和客观基础，而价格是价值的表现形式。但这并不意味着每一次商品交换的价格都与价值完全一致。现实中商品价格经常与价值不相一致，两者的一致才是偶然现象。因为商品价格虽然以价值为基础，但它还受到多种因素的影响，商品的市场供求就是最主要的影响力量：当某种商品供不应求时，购买方争相购买，而销售方待价而沽，这必然会使价格上涨并达到价值以上的水平。当某种商品供过于求时，商品生产者竞相出售，价格便随之下跌到价值以下的水平。随着商品供求关系的不断变化，商品的价格不断围绕着价值上下波动。

商品价格与价值的偏离作为价值规律作用的表现形式，并没有违背价值规律。这是因为：第一，商品价格的涨落总是围绕着价值这个中心而进行的。当价格偏离价值达到一定程度时，又会刺激着供求发生适应性变化，由此引导价格朝相反方向变化；第二，从较长时间来看，同种商品的价格时而高于价值，时而低于价值，其涨落幅度大致相当，涨落部分大都可以相互抵消，因而使平均价格与价值能够保持基本一致；第三，从不同商品的价格涨落来看，无论价格如何涨落，总是要以各自的价值为基础；第四，从社会总体上看，在社会总劳动既定的前提下，一部分商品生产多了，引起供过于求和价格下跌，也会意味着另一部分商品生产少了，导致供不应求和价格上涨，这两部分可以大致抵消，从而保持社会总价格与总价值的基本一致。由此可见，价格围绕价值上下波动并没有违背价值规律，而正是价值规律发生作用的表现形式。

纵观价值规律的要求与表现形式，我们可以把价值规律的基本内容概括为两个决定。一是商品的价值量决定于生产该商品的社会必要劳动时间，而不是个别劳动时间；二是商品价值的实现决定于社会所需该商品总量所决定的社会必要劳动时间，即第二种含义的社会必要劳动时间。在社会总劳动时间中，也只有把必要比例的劳动量使用在不同种类的商品上才能构成社会必要劳动时间。前者主要侧重生产领域的劳动实际消耗状况，加之市场的选择，从而成为价值决定的基本因素。后者主要涉及市场流通领域对该种商品的需求与供给的对比状况，通过商品的价格涨落，决定商品价值的实现程度。当然所有这些生产与流通过程都要求商品交换主体自主、平等，实行等价交换是商品生产和流通的基本前提要求。

概念与原理

- 价值规律通过商品价格围绕价值上下波动的形式体现出来。波动并没有违背价值规律，因为价格波动围绕价值中心，涨落部分可以抵消，价格涨落不可能过度背离价值，价格涨落影响供求使价格与价值趋于一致。
- 第二种含义的社会必要劳动时间：按照社会实际需要的商品总量所分配的劳动时间。它决定商品价值的实现程度。

三、价值规律的作用

20 世纪 80 年代末，苏联、东欧社会主义国家和中国都实行了市场经济改革，强调把市场而非集中的经济计划作为协调经济的主要方式。市场经济中，价值规律是基本规律，它是以商品经济的存在为前提的，同时又像一只“看不见的手”，引导和促进着商品经济的发展。价值规律的作用主要表现在以下几个方面：

第一，价值规律可以自发地引导社会资源的有效配置。在人类历史进程中的各个社会里，资源配置的方式是不同的。在 19 世纪中国的家庭里，制作和修理工具、饲养牲畜、准备食物、缝制衣衫等各项活动基本上是自给自足的。生产什么产品，如何使用产品，是由习俗和长辈的权威来维持和协调的，劳动任务根据年龄和性别进行分配。在计划经济中，工作和产品的分配完全由中央计划者决定。但是在市场经济社会里，资源配置已经大不相同，变得更为复杂。由于专业化的分工普遍存在于家庭之间和家庭内部，家庭必须和其他家庭从事某种交换。各种社会安排决定劳动如何专业化及产品如何分配。

在做出“生产什么”“为谁生产”“如何生产”这些决策时，必须解决两个问题，一是信息问题，二是激励问题。在当代经济体系里，这两个问题能否解决决定了资源配置的质量。在传统社会主义经济中，主要是依靠行政命令的方式来进行资源配置。但是以计划来协调经济运行在传统的计划经济模式中，不论是激励还是信息都是不充分的。在一个庞大的中央计划经济中，消费者会了解自己需要什么，生产者也会知道自己的生产能力。所以说，客观上，信息是存在的，问题在于这些信息并不为中央计划者所掌握。在计划经济中，所有产品的取得都无须付出代价，消费者会夸大自己的需求以获得更多的供给，工厂则有意低估生产能力，以防止给生产者下达的生产任务指标带来压力增大。由于中央计划者并不了解国内数亿人的消费喜好，因此也就不可能对生产什么产品和服务做出理由充分的决策。计划经济中的激励问题也是无法解决的。一是计划者并没有多少动机去做出有利于大多数人的利益的决策；二是即使计划者制订出了完美的计划，工厂的经理和工人也没有充分的动机去执行计划者的命令。

价值规律自发地调节生产资料和劳动力在社会各部门之间的分配，即发挥资源配置的功能。这一功能直接通过价格围绕价值上下波动从而引导商品生产和商品流通来实现。市场所提供的信息事关每期物品和服务的稀缺程度。在一个竞争性市场中，一种物品的价格就是对其稀缺性的度量。商品价格不仅度量了消费者对于商品的需求强度，也度量了获得该商品的难易程度。由市场提供的激励分为两种：一是市场鼓励消费者尽量用价值相对较低的商品来满足自身需求。价值相对较低，一般来说，消费者的支出也就会更低一些。二是市场会鼓励生产者以价值相对较低、供应相对充足的投入要素来生产稀缺的商品。这样的选择，既可以降低成本，又可以使产品价格更高，从而实现资源的最优配置。

因此，自由放任的倡导者认为，市场不但解决了激励与信息问题，而且提供了一种优于中央计划的配置方法。由于市场的分散化决策，价格提供了有关消费者的需求及生产者的产能和成本的信息，并且这些信息在所有市场参与者中间进行直接地交流，无须通过中央计划机关。同样也存在资源有效配置的激励，由于每个参与者都是有利己心的，当市场资源配置失误的时候，企业就要承担相应的亏损责任；做出正确的决策，则可以获得利润回报。

专栏 2-4

用货币投票

人们有时候会说，市场就像选举，消费者用货币为自己需要的商品投票。如果大量“货币选票”投向了蓝色牛仔裤，那么就会有更多的蓝色牛仔裤生产出来。在一个市场经济中，对利润的追逐会确保资源以一种特定的方式配置。在这种配置方式下，商品将按货币选票所确定的比例来进行生产。

然而，在市场上为商品投票是一种不寻常的选举，因为有些人的投票多于其他人。如果家庭收入中的每一美元都被看作是一张选票的话，那么在 2002 年，美国最富裕的 20%的家庭平均拥有的选票为 143 559 张，而最贫穷的 20%的家庭只有 9 931 张，前者是后者的近 14 倍。这完全不同于民主政治中的一人一票原则，对货币占有上的悬殊决定了每个人市场投票权的多寡。

第二，价值规律自发地刺激社会生产力的发展。因为商品的价值量取决于生产该商品的社会必要劳动时间，它与劳动生产率成反比，如果生产者拥有先进的技术设备与管理水平，他就能够以较少的劳动消耗和资本投入生产更多的商品，以较少的个别劳动实现较高的社会价值，从而获得较高的利润。由此，刺激着各生产企业改进技术，加强管理，提高劳动生产率，以便获得更高的企业利润和市场空间。由此在客观上必然促进社会生产力的发展。

第三，优胜劣汰，导致商品生产者两极分化。在市场经济条件下，商品生产者的生产技术和市场销售条件会存在很大差异，由此决定了各企业的生产业绩和市场地位也各不相同。有的企业拥有先进的技术设备和管理经验，具有充足的资本和市场销售条件，它们可以降低成本和价格，赢得更多的市场空间。市场销售量的扩大又使企业获得规模经济，从而可以进一步赢得价格优势，由此获得更大的竞争优势。优势企业在此基础上改进技术，加强管理，进一步获得质量与品牌优势，巩固企业的市场竞争地位，从而不断壮大。而有的企业则生产条件落后、缺乏资金，也就没有能力采用先进技术和设备，它们在激烈的市场竞争中必然处于不利地位，有的就会出现亏损甚至破产。可见，价值规律的自发作用通过市场利益机制的滚动会造成“强者更强，弱者更弱”的局面，从而导致两极分化。

概念与原理

- 价值规律的作用：自发地调节生产资料和劳动力在社会各部门之间的分配，自发地刺激社会生产力的发展，通过竞争使商品生产者分化。

专栏 2-5

僵尸企业该破产吗?

僵尸企业是经济学家彼得·科伊提出的一个经济学概念，就是指那些无望恢复生气，但由于获得放贷者或政府的支持而免于倒闭的负债企业。僵尸企业不同于因决策失误一时陷入困境的问题企业，后者能很快起死回生，僵尸企业的特点是“吸血”的长期性、依赖性，而放弃对僵尸企业的救助，社会局面可能更糟，因此具有绑架勒索性的特征。

僵尸企业保有大量的工作机会，能稳定市场。从这个角度上看，僵尸企业的存在有其合理性，是特定历史阶段的特定产物。但是保护僵尸企业，就会阻碍经济学家熊彼特所谓的“创造性破坏”，从而影响到长期增长。创造性破坏是指资源从衰落的企业和部门再分配到增长的企业和部门。这个过程是痛苦的，但也是必要的。在美国，制造业和零售业的生产率水平的提高在很大程度上要归功于这种再分配。

在增长缓慢的 20 世纪 90 年代，日本借款者借新债还旧债，这种手法使银行免于承认亏损。据有关数据推算，日本政府 1993—2002 年的公共投资近 90%投入自 20 世纪 90 年代初期毫无进一步发展空间的领域。政府虽然出现了巨额财政赤字，但并未带来经济的长足发展。诺贝尔经济学奖获得者默顿·米勒称，日本“失去的十年”就是救助僵尸企业的结果。他认为，“允许破产就是鼓励发展”，日本当初就不应该救那些企业。

四、价值规律发挥作用的市场机制

价值规律是商品经济的基本规律，随着商品经济的发展，价值规律的作用领域不断拓展，作用方式不断完善，逐渐形成较为复杂的市场机制运行体系。市场机制就是以价值规律为基础，市场各要素之间相互影响和相互依赖，引导资源配置与经济发展的经济关系。市场机制包括价格机制、供求机制、竞争机制等多个方面，它们都是以价值规律为基础的，从不同层面反映经济运行中各要素之间相互联动和影响的经济关系。价格机制是市场机制最核心的机制，它通过价格的涨落影响商品生产者的利益，从而影响着商品市场供给和需求的变动。供求机制则通过供求关系的变化，影响商品价格的涨落，从而影响商品生产者的利益。竞争机制则是市场主体综合分析和利用价格、供求等多方面机制因素适应市场、提高效率，争取获得更多利润，赢得更加优越的市场空间与地位的市场机制。它作为一个综合的市场机制，必然导致优胜劣汰，推动整个社会资源配置与生产效率的不断提高。

市场经济是以市场机制为基础进行资源配置和调节人们之间经济关系的一种经济运行方式和经济调节手段。它是商品经济发展到较高阶段的经济形式，当市场机制成为资源配置的基础性调节机制时，商品经济就发展为市场经济。市场经济的实质是利用市场机制的作用进行资源配置和生产力布局，以市场为中心环节建构整体经济流程，以价格信号协调社会生产和供求关系，通过优胜劣汰的竞争机制，调节社会生产比例，以促进社会经济发展。

市场经济与商品经济既有联系也有区别。二者的联系在于：市场经济与商品经济都是以社会分工和不同所有制为基础的，生产者都是通过商品货币形式进行劳动交换的，生产者的目的都是追求价值。二者的区别在于：商品经济是与自然经济、产品经济相对应的一组概念，反映的是劳动的间接社会性质，是社会经济较抽象的、更本质层次的规定；市场经济是与计划经济相对应的一个范畴，它反映的是社会资源的配置方式。在市场经济条件下，生产者和消费者具有主动性，可以自主安排生产与消费。在市场经济形式中，市场体系较发达，市场机制较完备，它通过经济利益激发更加广泛和强大的发展动力，引导经济发展。市场经济作为一种自主而又开放的经济形式拥有充足的利益机制和发展动力，从而成为一种不可逾越的经济形式。

市场经济在资源配置过程中，具有一定的优势：通过市场的自发调节和市场主体按照一定规则进行的市场交易活动，市场主体在自身利益的驱动下，追求个人利益的最大化，从而实现资源的优化配置。

但是，市场经济本身也具有局限性：（1）由于利益多元与决策分散，市场调节具有自发性，容易导致无政府状态，难以自动实现整个国民经济的发展战略和目标；（2）由于市场调节的自发性与滞后性，市场配置不能直接对宏观经济需求问题和结构进行调控，会造成宏观经济总量和结构的失衡；（3）由于垄断、外部性、公共产品、信息不完全等因素的影响，会发生市场调节失灵的现象；（4）市场竞争会导致收入分配的差距扩大，甚至出现两极分化。

因此，现代市场经济必然是一个在政府宏观调控下的，以市场为基础进行资源配置的经济形式。

专栏 2-6

市场何时失灵?

市场失灵发生于以下情况下：市场上买者和卖者的相互作用产生了不管对于个人还是对于作为一个整体的社会来说均非合意的结果。下述情形会导致市场失灵：

● 垄断，市场被少数买者和卖者控制。垄断可以是类似于国家电网、自来水公司之类的自然垄断，也可以是类似于微软 Windows 操作系统之类的技术或专利垄断，还可以是由于权力介入市场设置壁垒而阻碍其他厂商进入的行政垄断。

● 负外部性，生产活动造成了环境恶化或其他负面影响。当存在负外部性时，企业生产的成本不等于给社会造成的成本，私人成本只包括活劳动和物化劳动的消耗，社会成本则反映了环境、资源及对他人和外部世界造成的损耗或负担。

● 过度追逐经济利益，市场难以满足人们的需要。比如，昏睡症是产生于非洲的可怕疾病，它使患者精神错乱而死，每年新增患者多达 25 万人。20 世纪治疗这种疾病的药物就已经被发现，但一直没有投入生产，因为将其出售给非洲穷人无利可图。

● 公共产品。它既不具有排他性，也不具有竞争性。类似于国防、社会治安等产品无法排除他人免费享用，市场是无法提供的，一般会由社会来提供。

复习思考题

1. 怎样理解商品的二因素与劳动二重性以及它们之间的关系?
2. 怎样认识劳动二重性是理解政治经济学的枢纽?
3. 商品的价值量是由什么决定的? 劳动生产率如何影响商品价值量的变化? 它自身又受哪些因素的影响?
4. 为什么说私人劳动与社会劳动的矛盾是简单商品经济的基本矛盾?
5. 货币是怎样产生的? 它的本质和职能是什么?
6. 什么是价值规律? 其表现形式和作用有哪些?

问题与应用

请认真阅读专栏 2-1，你认为一国货币能够成为世界货币需要哪些条件? 如何认识人民币国际化问题?

PART TWO

2

| 第2篇 |

资本主义经济的运行

第3章 资本的直接生产过程

第1节　货币转化为资本

货币是资本最原始的形式，商品流通是资本运动的起点。在市场经济中，企业家把货币作为资本进行投资，必须在流通过程中存在劳动力商品的买卖关系，只有在劳动力成为商品的条件下，货币才能转化为资本。剩余价值之所以能创造出来，原因就在于劳动力商品的特殊性。

一、资本总公式及其矛盾

货币是商品交换发展的最后产物。资本主义生产是在商品生产和商品流通的基础上产生的，因此货币正是资本的最初表现形式。在资本主义的经济活动中，任何一个资本家，首先必须掌握足够的货币，用以购买生产资料和雇用工人，才能开始资本主义的生产经营，但是，这并不是说货币本身就是资本。在资本主义社会里，货币也仍然作为商品流通的媒介在起作用。作为流通媒介的货币和作为资本的货币，如果从静止状态看，两者都只是一定数量的货币，没有任何区别。只有从它们的运动中才能加以区别，也就是从货币流通与资本流通来看，两者的区别就呈现出来了。

货币分别作为流通媒介和作为资本具有不同的流通公式。作为流通媒介的货币，其流通公式是：商品—货币—商品（W—G—W）。作为资本的货币，其流通公式是：货币—商品—货币（G—W—G）。上述两种流通公式在形式上的区别，完全是由于它们在内容上存在着本质的差别而造成的，也就是说商品流通和资本流通有着完全不同的经济内容和根本不同的性质。

首先，流通的目的不同。在商品流通（W—G—W）中，商品生产者出卖商品是为了用货币购买他所需要的商品，交换的目的在于取得商品的使用价值。在资本流通（G—W—G）中，货币所有者购买商品，为的是用商品再把货币换回来，交换的目的是取得货币，即交换价值本身。

其次，流通的内容不同。在商品流通（W—G—W）中，虽然两端是价值相同的商品，但它们具有不同的使用价值，因而这一运动的内容体现了两种不同使用价值的相互交换，它是“为买而卖”。而资本流通（G—W—G）则不同，资本家拿出货币购买商品，是为了下一步卖掉商品重新收回货币，是“为卖而买”。货币所有者拿出货币的目的是取得更多的货币。它把货币投放出去的着眼点在于它的量，在于价值增殖。因此，资本流通公式（G—W—G）的完整形式应该是 G—W—G′。G′=G+ΔG，这个超过原有价值的余额，即货币的增值额 ΔG，马克思把它叫作剩余价值。

最后，运动的限度不同。在商品流通（W—G—W）中，当商品生产者出卖商品换回货币，再用货币买回自己所需要的商品后，他就退出流通去消费所购买到的商品使用价值，整个运动过程就此结束。因此，商品流通的运动是有限的。在资本流通（G—W—G′）中，既然货币所有者拿出货币是为了取得更多的货币，而他每次取回来的货币总是一个有限的量，这就决定了他必须不断地把货币投入流通，才能不断地使自己货币的价值增殖。如果运动停止了，货币立刻就会失去增殖能力，不能再转化为资本，资本的生命也就停止了。资本只有在运动中才能不断增殖，所以资本的运动是无限的。

资本流通公式 G—W—G′，最明显地表现了资本主义生产的目的和动机，概括了产业资本、商业资本和借贷资本运动的共同本质，所以，这个公式被称为资本总公式。

从形式上看，资本总公式同价值规律是相矛盾的。按照价值规律的要求，商品交换必须等价进行，因此，在商品流通中发生变化的只能是价值形式，即由货币变为商品，再由商品变为货币，价值量是不会发生变化的。但是，资本总公式呈现出来的现象却是，经过流通过程后，资本价值量发生了变化，即资本在运动中带来了剩余价值，实现了价值增殖。也就是说，如果按照价值规律，商品等价交换，那么就不能带来剩余价值，如果要获得剩余价值，只能是进行不等价交换，那就要违背价值规律，这就是资本总公式的矛盾。

要解决资本总公式的矛盾，关键在于说明剩余价值是在什么条件下，从哪里产生的，也就是要说明货币到资本的转化是怎样实现的。

剩余价值不能在流通领域中产生。在流通中，不论是等价交换还是不等价交换，都不能产生剩余价值。在等价交换的情况下，资本家拿出 100 元，只能买到价值 100 元的商品，然后再把这些商品卖出去，同样只能收回 100 元的货币，一分钱也不会增加。在不等价交换的情况下，资本家贱买贵卖，也不能说明剩余价值是在流通领域中产生的。因为资本家既是买者又是卖者。当他作为卖者时，假定他对商品进行加价，把价值 100 元的商品卖成 110 元，从中赚取 10 元，但当他作为买者时，别的资本家也会把商品加价 10%卖给他。交换的结果，得失相抵，货币并没有增加。即使有些资本家特别善于投机取巧，经常贱买贵卖，那也不能说明剩余价值的真正来源。比如甲资本家只用 90 元向乙资本家购买价值 100 元的商品，这样甲资本家增加了 10 元价值，对乙资本家来说却减少了 10 元价值。在没有流通之前，价值总额是 190 元。在经过流通之后，价值总额仍然是 190 元。即使有些资本家善于经营，他也只是改变了商品总价值在不同资本家之间的分配，一部分资本家多得的，正是另一部分资本家少得的，丝毫不能增加整个资本家阶级的货币财富。正如马克思所指出的："无论怎样颠来倒去，结果都是一样。如果是等价物交换，不产生剩余价值；如果是非等价物交换，也不产生剩余价值。流通或商品交换不创造价值。"①

剩余价值不能在流通中产生，但又不能离开流通过程。因为商品所有者只有在流通领域才能相互发生联系。如果资本家不把货币投入流通领域，既不买也不卖，而把货币贮藏起来，无论贮藏多长时间都不可能产生剩余价值。如果资本家生产的产品不进入流通领域，他们就只能同自己的产品发生关系，商品中所包含的价值无法实现，更不可能获得剩余价值。上面的分析说明，剩余价值不能从流通中产生，又不能离开流通过程。这就是解决资本总公式矛盾的条件。

概念与原理

- 货币流通与资本流通在形式、目的、内容和限度上存在不同。
- 资本流通公式 G—W—G′为资本总公式。从形式上看，它和价值规律相矛盾。如果进行等价交换，就不能产生剩余价值，如果进行不等价交换，又违背价值规律。
- 剩余价值不能在流通中产生，流通不能改变社会的价值总额；剩余价值的产生离不开流通过程，因为离开流通过程，产品中的价值就无法实现。

二、劳动力的买和卖

把货币投入流通后，剩余价值究竟是从哪里产生的？首先，剩余价值不能发生在资本流通的第一个阶段 G—W 的货币上。因为作为资本的货币在其流通过程中只是作为流通手段或支付手段，它只代表一个既定的和不变的价值量。在这里，货币只是实现商品的价格。其次，剩余价值也不能发生在资本流通的第二个阶段 W—G 上。因为这里的商品的价值是已定的，出卖商品这个行为，只能引起商品价值形态的变化，是价值从商品形态转变为货币形态，但不能使价值量发生变化。

剩余价值只能发生在资本流通第一阶段 G—W 所购买的商品上。可是它也不能发生在这种商品的价值上，因为资本家为购买商品必须支付等价。所以剩余价值只能发生在这种商品的使用价值上，即发生在对所购买的商品的使用上。货币所有者必须在市场上购买到这样一种特殊的商品，它的使用价值具有创造价值的能力，具有创造出比自身价值更大的价值的能力，它是剩余价值的源泉。只有这样，货币才能转化为资本，这种特殊的商品就是劳动力。资本家按劳动力这个商品的价值购买了它，取得了它的使用价值。

---

① 马克思，恩格斯. 马克思恩格斯全集：第 23 卷. 北京：人民出版社，1972：186.

这样，资本家就从使用这种商品中得到剩余价值，因此，劳动力成为商品，是货币转化为资本的前提条件。

劳动力是人的劳动能力，是存在于劳动者身体之内并在劳动过程中所运用的体力和脑力的总和。在任何社会里，劳动力都是社会生产的基本要素。但是，劳动力大规模地作为商品来买卖，却是在特定历史条件下的一种社会经济现象。劳动力成为商品必须具备两个基本条件：第一，劳动力的所有者，即劳动者必须是法律上的自由人。只有这样，他才能自由地支配自己的劳动力，并把它作为商品出卖。第二，劳动者缺乏必要的生产资料和生活资料，或劳动者出卖劳动力可以比自我雇佣获取更多报酬。在资本主义早期，劳动力成为商品，更多的是由于劳动者丧失了一切生产资料和生活资料，为生活所迫。在当代社会，在资本主义和社会主义条件下，劳动力都可能成为商品。在许多条件下，劳动者即使具有一定的货币和财富的积累，由于缺乏承担风险、经营管理等创业能力，也往往选择出卖劳动力商品。

劳动力成为商品的历史条件，并不是任何社会都具备的，是只有社会发展到一定历史阶段才存在的。在封建社会末期，已经出现了具备这两个基本条件的雇佣劳动者。用暴力对小生产者实行了大规模剥夺的资本原始积累过程加速了这两个基本条件的形成，为资本主义的产生和发展创造出充足的、廉价的劳动力商品。

劳动力作为商品，也具有价值和使用价值。劳动力的价值，像其他商品一样，是由生产和再生产这种商品的社会必要劳动时间决定的。劳动者要能够维持和延续自己的劳动力，必须消费一定的生活资料。因此生产劳动力商品的社会必要劳动时间，可以还原为生产这些生活资料所必需的社会必要劳动时间，或者说，劳动力的价值就是维持和延续劳动力所必需的生活资料的价值。具体来说它包括三个部分：第一，维持劳动者自身生存所必需的生活资料的价值。第二，维持劳动者家属生存所必需的生活资料的价值。这是为资本主义生产不断补充新的劳动力所不可缺少的。第三，劳动者受教育和训练的费用。为了使劳动者适应现代机器大工业的需要，必须使工人掌握一定的文化技术知识。总之，“劳动力的价值，是由生产、发展、维持和延续劳动力所必需的生活必需品的价值决定的”①。

劳动力的价值主要受两个因素的影响。一是受到劳动力的自然需要的影响。这也是一个决定性因素，生活资料的总和应当足以使劳动者个体在正常情况下维持自己的生存。由于一个国家的气候和其他自然特点不同，衣、食、住、行等自然需要也就不同。劳动者维持生存不可缺少的生活资料的价值，是劳动力价值的最低界限，如果劳动力的价格低于这一界限，劳动力就只能在萎缩的状态下维持其再生产。二是受到历史的和道德的因素的影响。由于各个国家具体条件，尤其是经济和文化发展水平不同，生活要求和习惯也不同，因而在不同的时期和不同的国家，劳动者平均必要的生活资料的种类和数量也有所差别。但在一定的国家、一定的时期，总有一个可以确定的数量。

劳动力商品最主要的特点在于它的使用价值，即劳动。前面讲过，作为生产商品的劳动具有二重性。劳动者的具体劳动和生产资料相结合，生产出某种商品的使用价值；

① 马克思，恩格斯. 马克思恩格斯选集：第2卷. 3版. 北京：人民出版社，2012：47.

与此同时，其抽象劳动创造了商品的价值。劳动力这种商品具有决定意义的就是它独特的使用价值。和普通商品一旦进入消费过程商品的价值就随着使用价值的消失而消失不同的是，劳动力在消费过程中，也就是劳动者的劳动过程中，不仅能够创造新价值，而且还能创造出比自身价值更大的价值，其超出原有价值的那部分就是剩余价值。资本家购买劳动力商品，看中的也正是这种商品的特殊使用价值。

进行劳动力买卖的流通领域，曾经被资产阶级描绘成了是由“自由、平等”原则所支配的人间乐园，认为劳动力的买卖只取决于劳动者自己的意志，他们是作为自由的、在法律上平等的人缔结契约的，交换也是等价物交换等价物，“所以大家都是在事物的预定的和谐下，或者说，在全能的神的保佑下，完成着互惠互利、共同有益、全体有利的事业”[①]。但是，在自由、平等的旗号下，“我们的剧中人的面貌已经起了某些变化。原来的货币所有者成了资本家，昂首前行；劳动力所有者成了他的工人，尾随于后。一个笑容满面，雄心勃勃；一个战战兢兢，畏缩不前，象在市场上出卖了自己的皮一样，只有一个前途——让人家来鞣”[②]。

概念与原理

- 劳动力成为商品，是货币转化为资本的前提条件。
- 劳动力商品的使用价值是劳动力在使用过程中能创造出比自身价值更大的价值。劳动力商品的价值是由生产和再生产这种商品的社会必要劳动时间决定的，是维持和延续劳动力所必需的生活资料的价值。

第 2 节 剩余价值的生产过程

货币转化为资本，不可能在流通领域产生，资本家购买劳动力商品，是生产剩余价值的前提，只有在资本主义生产过程中，剩余价值被生产出来，货币才能转化为资本。资本主义生产过程是劳动过程和价值增殖过程的统一。资本主义的生产目的是追求剩余价值。剩余价值是雇佣工人劳动所创造的价值超过其劳动力价值的余额。剩余价值是集中体现资本主义生产关系的经济范畴，剩余价值规律是资本主义的基本经济规律。

一、资本主义生产过程的二重性

资本家购买了生产资料和劳动力以后，就离开了市场，即离开了流通过程，进入了资本主义的生产过程。现在他已经不再是一个普通的商品购买者了，而是地地道道的资本家了。因为资本主义生产是以雇佣劳动为基础的商品生产，所以，资本主义生产过程

① 马克思，恩格斯. 马克思恩格斯全集：第 23 卷. 北京：人民出版社，1972：199.

② 同①200.

具有二重性：一方面是生产使用价值的劳动过程；另一方面又是生产剩余价值的价值增殖过程。资本主义生产过程是劳动过程和价值增殖过程的统一。

概念与原理

- 资本主义生产过程具有二重性：一方面是生产使用价值的劳动过程；另一方面又是生产剩余价值的价值增殖过程。

（一）资本主义生产过程首先是具体劳动过程

资本主义劳动过程和其他社会的劳动过程一样，都是劳动者通过有目的的活动，运用劳动资料对劳动对象进行加工、创造出满足人们某种需要的使用价值的过程。但是资本主义劳动过程的一切要素都是资本家从市场上购买的，劳动过程就是资本家消费他所购买的劳动力的过程，因而资本主义劳动过程具有三个特点：第一，劳动者和生产资料是通过资本才结合在一起的。生产资料是资本家所有的，劳动者的劳动力被资本家购买后才能进入生产过程同生产资料相结合。第二，工人的劳动不属于自己，而是属于资本家，并且工人在资本家的监督下从事劳动。第三，工人生产的劳动成果全部归资本家所有，而不归劳动者所有。这些特点说明资本主义雇佣劳动制是一种经济强制性的劳动。

资料来源：本赛德. 马克思的使用说明书. 北京：红旗出版社，2013.

（二）资本主义生产过程又是生产剩余价值的价值增殖过程

资本家购买劳动力的目的，并不是单纯为了生产使用价值，而是要实现价值增殖，获得剩余价值。资本家之所以要生产某种使用价值，是因为这种使用价值同时又是价值和剩余价值的物质承担者。资本主义生产是要通过使用价值的生产来实现体现在使用价值内的价值和剩余价值。

那么，价值是怎样增殖的？或者说，在等价交换原则的基础上，剩余价值是怎样生产出来的呢？

我们以棉纱生产为例，着重分析两个问题：（1）商品棉纱的价值是怎样形成的？（2）在棉纱价值形成过程中，剩余价值又是怎样被生产出来的？

假定纱厂工人 1 小时的劳动创造 5 元的价值。资本家雇用纺纱工人一天，需要支付劳动力价值即工资 30 元，而这 30 元价值，纺纱工人 6 小时的劳动就能够创造出来。又假定工人纺 6 小时棉纱消耗 5 千克棉花，价值 100 元。同时，工人在纺纱过程中还要消耗一定量的工具和设备，为了计算方便，用一个纱锭来表示，价值 20 元（损耗略去不计）。这样，经过工人 6 小时的劳动之后，5 千克棉花变成了 5 千克棉纱。那么，这 5 千克棉纱究竟包含多少价值呢？

按照劳动二重性理论，一方面，作为具体劳动，工人在 6 小时内将 5 千克棉花纺成了 5 千克棉纱，这时棉花和纱锭被消耗了，但它们的价值并没有消失，棉花和纱锭的价值通过工人的具体劳动转移到棉纱里面去了。这就是说，工人的具体劳动创造了新的使用价值（棉纱），并实现了生产资料价值的转移。另一方面，作为抽象劳动，工人还创造了新的价值，即把纺纱过程中所支出的劳动，凝结在新的生产物棉纱中。按照上述假定，纺纱工人纺 5 千克棉纱需要劳动 6 小时，这就是说，他把 6 小时的劳动量，即一个相当于 30 元的价值量加到 5 千克棉纱中去了。在这 5 千克棉纱中，包含了从棉花（100 元）、纱锭（20 元）等生产资料中转移过来的价值（120 元）和由纺织工人新创造的价值（30 元），共计 150 元。当初，资本家为购买生产资料和劳动力垫支了 150 元的货币，现在生产过程结束，他得到了价值 150 元的棉纱，把 5 千克的棉纱卖出去后，他得到的仍然是 150 元的货币，和他原来垫支的一样多。上述过程叫价值形成过程。

如果生产过程的结果真是这样，劳动加在商品上的价值等于劳动力价值，那么，预付的价值没有增殖，没有产生剩余价值，货币也就没有转化为资本，这显然不符合资本主义的生产目的。不能获得剩余价值的事情，资本家是绝不会干的。资本主义的生产过程不仅是价值形成过程，而且是价值增殖过程。那么价值形成过程怎样才能转变成价值增殖过程呢？价值增殖过程的关键在于资本家所购买的劳动力商品具有特殊的性质，即劳动力在劳动过程中所创造的价值大于劳动力自身的价值，二者的差额就是剩余价值。

按照前面的假定，劳动力的日价值等于 30 元，劳动者只需要劳动 6 小时就可以把这部分价值创造出来，但是资本家花了 30 元购买了工人一天的劳动力，这一天的劳动力的使用权就属于资本家了，他绝不会让工人只劳动 6 小时，创造一个仅仅补偿劳动力价值的价值额，而必然要让工人劳动更多的时间，比方说，10 小时、12 小时、14 小时等，以便创造更多的剩余价值。现在我们假定，资本家不只要工人劳动 6 小时，而是要他劳动 12 小时。劳动时间加倍了，所消耗的生产资料也加倍了。12 小时内工人可以纺 10 千克棉纱，因而需要消耗 10 千克棉花和 2 个纱锭。这样，资本家在一天中需要用 240 元购买生产资料，用 30 元购买劳动力，共需垫支 270 元。通过工人 12 小时的劳动，10 千克棉花被纺成 10 千克棉纱，其价值等于生产资料的价值 240 元，加上工人 12 小时劳动新创造的价值 60 元，共计 300 元。资本家把 10 千克棉纱按其价值出售后获得 300 元，比他垫支的 270 元多了 30 元，这 30 元就是资本家获得的剩余价值，资本家终于实现了价值增殖（见表 3－1）。

表 3－1 生产 10 千克棉纱资本家的耗费和棉纱的价值

生产 10 千克棉纱资本家的耗费		10 千克棉纱的价值	
棉花	200 元	棉花	200 元
纱锭	40 元	纱锭	40 元
劳动力一天的价值	30 元	12 小时劳动创造的价值	60 元
合计	270 元	合计	300 元

由此可见，资本家只要把雇佣工人的劳动时间延长到补偿劳动力价值所需的时间以外，资本家就可以从雇佣工人身上榨取到剩余价值。所以，价值增殖过程不过是超过一定点而延长了的价值形成过程。所谓“一定点”就是工人用于补偿自己劳动力价值的劳动时间。

在资本主义制度下，雇佣工人的劳动时间总是要超过为补偿劳动力价值所需要的时间，因而，工人的劳动时间总是分为两个部分：一部分是必要劳动时间，在此时间内工人再生产出劳动力的价值；另一部分是剩余劳动时间，在此时间内，工人为资本家创造剩余价值。所以，剩余价值就是雇佣工人创造的超过劳动力价值的被资本家无偿占有的那一部分价值。

通过对资本主义生产过程的分析，劳动力成为商品最终解决了资本总公式的矛盾：资本家购买劳动力商品，支付劳动力价值；在生产过程中，劳动力的使用创造的价值量大于劳动力价值。资本家按照商品价值出卖商品，不仅收回了劳动力的价值，而且获得了剩余价值。一切都符合商品等价交换的原则。剩余价值的产生，货币到资本的转化，都是在流通领域内进行的，因为只有经过流通，资本家才能购买到劳动力这种特殊的商品，并在最后出卖商品实现剩余价值。剩余价值之所以又不是在流通领域内产生的，是因为流通只不过为生产剩余价值提供了必要条件。

概念与原理

- 在资本主义制度下，工人劳动时间分为必要劳动时间和剩余劳动时间两部分。
- 剩余价值就是雇佣工人创造的超过劳动力价值的被资本所有者无偿占有的那一部分价值。

二、不变资本和可变资本

在资本主义现实经济生活中，资本总是采取多种多样的物质形态。从我们上面的分析来看，资本最初表现为货币，资本家把货币投入流通后经过运动，资本的表现形态就是生产资料，如机器、厂房、原材料、制成品等。正是因为资本的这种现象形态是物，这就使人们产生了资本就是物，它本身就可以实现价值增殖的错觉。这里的问题在于：要把生产资料的自然属性和生产资料在一定条件下所体现的生产关系区别开来。货币和生产资料本身并不是资本，只有当它们被资本家用来作为剥削雇佣工人的手段时，才成为资本。正如马克思所指出的："黑人就是黑人。只有在一定的关系下，他才成为奴隶。纺纱机是纺棉花的机器。只有在一定的关系下，它才成为资本。脱离了这种关系，它也就不是资本了"[①]。所以，资本是能够带来剩余价值的价值，是一种被物的外壳所掩盖的资本主义生产关系。

资本虽然表现为不同的形式，但是概括起来可以分为两个部分，即购买生产资料的资本部分和购买劳动力的资本部分。马克思根据这两部分资本在剩余价值生产中所起的作用不同，把资本区分为不变资本和可变资本。

不变资本是指以生产资料形式存在的资本。资本家把一部分资本用于购置生产资料，如建筑厂房，购买机器、设备、原材料等。在生产过程中，这些生产资料分别以不同的形式参加产品的生产。例如，原材料、燃料等，在一次生产过程完成时它们会全部消耗掉；而机器、厂房等，它们可以使用许多年，可以参加许多次生产过程，因此，在每一次生产过程中，仅仅消耗了它们的一部分。由于这两类生产资料参加产品形成的方式不同，所以它们的价值转移的方式不同，但它们都只能把自己原有的价值转移到新产品中去，转移的价值绝不会超过它原有的价值。正是由于在剩余价值生产过程中，用于购买生产资料的这部分资本价值只是改变了自己存在的形态，而不发生价值量的变化，不发生价值增殖，所以，马克思把这部分资本称为不变资本，用字母 c 来表示。

可变资本是指用来购买劳动力的那部分资本。资本家为购买劳动力而支付的那部分资本价值被工人购买各种消费品消费掉了，它不能转移到新产品中去，而只能通过工人的劳动再生产出来。在生产过程中，劳动力发挥作用的结果是创造出了新价值。在新创造的价值中一部分就是补偿资本家购买劳动力所垫支的资本，同时，还生产出大于劳动力价值的价值，即剩余价值。由于购买劳动力的这部分资本价值，在剩余价值生产过程中可以发生价值量的变化，所以，马克思把这部分资本称为可变资本，用字母 v 来表示。

根据资本的不同部分在剩余价值生产中的不同作用，把资本区分为不变资本和可变资本，是马克思的重要理论贡献。它的重要意义在于：第一，进一步揭露了剩余价值的源泉。这一学说科学地证明了，剩余价值并不是资本家所垫支的全部资本带来的，而只是其中的一部分，即可变资本带来的。把雇佣工人所创造的剩余价值攫为己有，揭示了资本主义制度是榨取雇佣工人剩余劳动的剥削制度。第二，这个学说对于说明资本家对

---

① 马克思，恩格斯. 马克思恩格斯选集：第1卷. 3版. 北京：人民出版社，2012：340.

工人的剥削程度，以及说明资本有机构成、利润和利润率等问题，都具有十分重要的意义。

概念与原理

- 资本是能够带来剩余价值的价值，是一种被物的外壳所掩盖的资本主义生产关系。
- 不变资本是指以生产资料形式存在的资本，在生产过程中不会发生价值量的改变。可变资本是指用来购买劳动力的那部分资本，它可以创造出新价值，即 v+m。

三、剩余价值率

前面着重从质的方面分析了资本主义生产，说明了剩余价值的源泉和资本的本质，现在要从量的方面研究剩余价值的生产，考察资本对雇佣劳动的剥削程度。

剩余价值（m）是商品价值（c+v+m）超过它的各种生产要素的价值总和而形成的余额。其中，c+v 是资本家购买各种生产要素所预付的资本价值，v+m 是工人在生产过程中新创造的价值。剩余价值是由购买劳动力的可变资本带来的。为了表明资本家对工人的剥削程度，需用 m 同 v 相比。剩余价值和可变资本的比率，叫作剩余价值率（m′）。剩余价值率反映了资本对雇佣劳动的剥削程度。用公式表示就是

$$\text{剩余价值率}=\frac{\text{剩余价值}}{\text{可变资本}}\times 100\%$$

或

$$m'=\frac{m}{v}\times 100\%$$

由于工人的必要劳动是用来再生产劳动力价值或可变资本价值的，而剩余劳动是用来生产剩余价值的，因此，剩余价值率还可以用剩余劳动时间和必要劳动时间的比率来表示：

$$\text{剩余价值率}=\frac{\text{剩余劳动时间}}{\text{必要劳动时间}}\times 100\%$$

资本家获得的剩余价值量，与剩余价值率有着密切的联系。剩余价值量的大小，取决于剩余价值率的高低和可变资本量的多少这样两个因素，即 $m=m'\cdot v$。从这个公式可以看出，剩余价值率越高，可变资本总量越大，从而被剥削的工人人数越多，则资本家获得的剩余价值量就越多。由于任何一个资本家在一定时期内拥有的资本总量是有限的，因而雇佣工人的人数也是有限的，资本家对剩余价值的无止境的追求，必然使资本家采取不断提高剥削程度的办法来增加他的剩余价值量。

概念与原理

- 剩余价值率是资本对雇佣劳动的剥削率，是剩余劳动对必要劳动的比率。

第 3 节　剩余价值生产的基本方法

资本家对剩余价值的追求是无止境的，力图提高剥削程度，榨取更多的剩余价值。资本家提高对工人剥削程度的方法是多种多样的，但概括起来不外两种：绝对剩余价值的生产和相对剩余价值的生产。第二次世界大战后，随着新科技革命的成果在生产中的运用，剩余价值生产领域不断扩大，剩余价值的生产也呈现出新的特点。

资料来源：张小盒. 张小盒杯洗具. 北京：现代出版社，2010.

一、绝对剩余价值的生产

在资本主义生产过程中，工人的工作日总是包括必要劳动时间和剩余劳动时间两个部分。在必要劳动时间已定的前提下，资本家榨取剩余价值的多少随着工作日的延长而增加。因此工作日越长，剩余劳动时间也越长，剩余价值率也就越高。在必要劳动时间已定（或不变）的情况下依靠绝对延长工作日长度而生产的剩余价值，叫作绝对剩余价值。通过工作日的绝对延长而生产剩余价值的方法，就是绝对剩余价值的生产。

假定：工作日长度为 12 小时，其中必要劳动时间为 6 小时，剩余劳动时间为 6 小时，$m'=100\%$。如果资本家把工作日延长为 15 小时，其中，必要劳动时间不变，仍然是 6 小时，那么剩余劳动时间就由 6 小时增加到 9 小时，增加的 3 小时所生产的就是绝对剩余价值，则 $m'=9/6=150\%$。

资本家除了用延长工作日的方法以外，还可以用提高工人劳动强度的方法来增加剩余价值的生产。提高劳动强度就是迫使工人更加紧张地劳动，让他们在同样的劳动时间内比以前消耗更多的脑力和体力，这是变相地延长劳动时间。所以，个别企业工人由于提高劳动强度而生产的剩余价值，同样属于绝对剩余价值。

资本家为了加强剥削，榨取更多的剩余价值，总是力图延长工作日。企业之所以可以通过延长工作日增加剩余价值的生产，是因为工作日是一个可变量，在一定限度内具有较大的弹性。但绝对剩余价值生产是要受到一些因素制约的。工作日的最低限度是必要劳动时间。在资本主义制度下，资本主义生产的性质决定了工作日无论如何也不会缩短到等于必要劳动时间，它必须延长到必要劳动时间以上，才能生产出剩余价值。那么，工作日是否可以无限延长呢？不能。工作日的最高界限受两个因素的制约：一是生理因素。在一昼夜，工人必须有一部分时间用于吃饭、睡觉，以满足生理上的需要，否则，就无法恢复劳动力。二是社会道德的因素。在一昼夜，工人除了劳动、吃饭、睡觉以外，还必须有一定的时间用于休闲、家庭哺育子女、个人发展等。

在现代社会，随着技术经济的充分发展，用于个人发展、教育培训的时间大大延长。高强度的脑力劳动所带来的巨大心理压力，也迫使资本家更加关注工人的休闲与娱乐。这种需要的范围和数量是由一个国家的经济和文化以至风俗习惯状况决定的。

上述两个因素是可变量，工作日的最高界限有很大的伸缩性。资本家按其本性尽量延长工作日，雇佣工人为了维护自身的利益，强烈要求缩短工作日。所以工作日的现实长度，最终是由无产阶级和资产阶级的斗争决定的。

概念与原理

- 在必要劳动时间已定（或不变）的情况下依靠绝对延长工作日长度而生产的剩余价值，叫作绝对剩余价值。
- 榨取绝对剩余价值的方法包括延长工作日和提高劳动强度。

二、相对剩余价值的生产

资本家为了榨取更多的剩余价值，总是力图延长工作日，但是工作日毕竟是有限的，它不能无限延长，而且过分延长劳动时间又会遭到工人的反对。面对这种情况，资本家只有在工作日长度一定的情况下，设法提高对工人的剥削程度。那么，怎样在工作日长度不变的情况下提高对工人的剥削程度？办法就是改变工作日的两个组成部分的比例。这种在工作日长度已定（或不变）的前提下，通过缩短必要劳动时间，使剩余劳动时间相对延长而进行的剩余价值生产的方法，就是相对剩余价值的生产。

根据上述例子，现在假定：工作日长度不变，仍为 12 小时，如果把必要劳动时间缩短到 4 小时，那么，剩余劳动时间相应地延长到 8 小时，这样，剩余价值率就由原来的 100%（=6 小时/6 小时×100%）提高到 200%（=8 小时/4 小时×100%），比原先提高了一倍。这种由于必要劳动时间缩短，相应延长剩余劳动时间而生产的剩余价值，叫作相对剩余价值。

相对剩余价值的生产是全社会劳动生产率普遍提高的结果。既然相对剩余价值是由于缩短必要劳动时间而生产出来的，那么如何才能缩短必要劳动时间呢？我们知道，必要劳动时间是工人生产、再生产劳动力价值所必需的劳动时间。因此，要缩短这部分劳动时间就必须降低劳动力的价值，劳动力的价值是由工人及其家属所必需的生活资料的价值构成的，要降低劳动力价值，就必须降低这些生活资料的价值，而要降低这些生活资料的价值，则必须提高整个社会生活资料生产部门和与之相关的生产资料生产部门的劳动生产率。只有这些部门的劳动生产率都提高了，生活资料的价值才能下降，从而劳动力的价值也才能下降。因此，相对剩余价值的生产，是由于整个社会劳动生产率的提高，降低了劳动力的价值，从而缩短了必要劳动时间，相应延长了剩余劳动时间的结果。而全社会劳动生产率的提高，是通过各个部门中的资本家追逐超额剩余价值来实现的。

所谓超额剩余价值，是由于某些或个别资本主义企业首先采用了较好的技术和生产方法进行生产，使自己的商品个别价值低于社会价值而多得的一部分剩余价值。如按前例，按照社会上现有的一般劳动生产率水平，纺纱工人在12小时工作日中生产了10千克棉纱，社会价值为300元，其中生产资料转移的价值为240元，新创造的价值为60元。每千克棉纱的社会价值为30元。如果个别企业劳动生产率提高1倍，12小时生产了20千克的棉纱，这样，生产资料转移价值为480元，新创造的价值仍为60元，棉纱价值为540元。每千克棉纱的价值为27元。资本家按每千克30元的社会价值出售，其差额3元便是超额剩余价值，20千克共获得60元的超额剩余价值。

相对剩余价值和超额剩余价值存在着密切的关系。正是在追求超额剩余价值的刺激下，各个资本家竞相改进本企业的技术，提高劳动生产率，结果使整个社会的劳动生产率提高。于是，超额剩余价值就会在个别资本家那里消失，但所有的资本家却都可以由此获得相对剩余价值。由此可见，个别资本家获得超额剩余价值是一种暂时现象，相对剩余价值的生产是作为各个资本家追求超额剩余价值的结果而实现的。

相对剩余价值的获取依赖于技术变革。技术变革可以分为劳动节约型和资本节约型两种。劳动节约型技术变革是在劳动量不变（甚至减少）的情况下增加所生产的总产出的技术。它既可以表现为使用相同量的劳动生产出更多的总产品，也可以表现为以较少的劳动生产出相同数量的总产出。假定劳动节约型技术变革将过去的生产率提高了25%，如果维持原有产出水平不变，资本可以减少劳动的使用。从新价值中支付的工资总额下降，剩余价值相应增加。

资本节约型技术变革是在生产的总产出数量给定时，减少了所需资本品和材料的新技术。比如，在农业生产上，由于采用新种子或新的创新性技术，农产品的贮存、运输环节损失大幅度下降。这种技术变革同样也可以使得在劳动量相同的情况下，生产更多的产出，使劳动者生活资料的价值下降，从而相对剩余价值增加。

绝对剩余价值生产和相对剩余价值生产是资本家提高剥削程度、增加剩余价值的两种基本方法。它们之间既有联系又相互区别。绝对剩余价值生产和相对剩余价值生产在本质上是一致的。两者都是资本家对雇佣工人的剥削，都要求在必要劳动时间以外为资本家无偿劳动，为资本家生产剩余价值。相对剩余价值生产是绝对的。因为它是以工作日的绝对延长超过工人本身生存所必要的劳动时间为前提；而绝对剩余价值生产是相对的，因为它是以劳动生产率提高到能够把必要劳动时间限制到工作日的一部分为前提。

绝对剩余价值生产与相对剩余价值生产又是不同的。两者的主要区别在于它们的物质技术基础不同，从而在资本主义发展的各个阶段上所起的作用也不同。绝对剩余价值生产的方法，在资本主义发展初期，由于生产技术发展缓慢，是资本家剥削工人的主要方法。随着资本主义的发展、机器大工业的出现、生产技术的进步和劳动生产率的提高，相对剩余价值生产的方法就日益成为资本家加强对工人剥削的主要方法。

概念与原理

- 相对剩余价值是由于必要劳动时间缩短，相应延长剩余劳动时间而生产的剩余价值，它是全社会劳动生产率普遍提高的结果。
- 超额剩余价值，是由于某些或个别资本主义企业首先采用了较好的技术和生产方法进行生产，使自己的商品个别价值低于社会价值而多得的一部分剩余价值。
- 相对剩余价值的生产是作为各个资本家追求超额剩余价值的结果而实现的。

三、剩余价值规律是资本主义基本经济规律

在任何一个社会形态中，社会生产总过程的各个领域（生产、分配、交换、消费）总是有若干个经济规律存在并发挥作用。其中，总有一个经济规律在整个规律体系中起主导作用，这个规律就叫基本经济规律。剩余价值规律就是资本主义社会经济规律体系中起主导作用的基本经济规律，这是因为：

第一，剩余价值规律表明了资本主义生产方式的本质，体现了资本主义的生产目的和达到目的的手段之间的内在统一。资本主义生产不是为了满足社会需要，而是为了追求剩余价值。这个目的是由资本主义生产资料私有制决定的。资本主义生产是以雇佣劳动为基础的，生产资料和劳动力的结合是通过资本家对劳动力的购买来实现的。在生产过程中生产资料和劳动力都是作为资本的要素发挥作用的。资本的使命就是价值增殖。资本家为了榨取尽可能多的剩余价值，必然要采用绝对剩余价值生产和相对剩余价值生产的方法来加强对工人的剥削。所以，剩余价值规律反映了资本主义生产的实质，体现了资本主义生产目的和达到目的的手段之间的内在统一。

第二，剩余价值规律决定着资本主义生产的一切主要方面和主要过程。资本主义生产总过程的各个环节都是围绕生产和实现剩余价值这个核心的。直接生产过程就是剩余价值生产过程；流通过程既为生产剩余价值做准备，又实现剩余价值；分配过程实质上是分割剩余价值的过程；雇佣工人的个人消费也是从属于剩余价值生产的，为资本家再生产出可供剥削的劳动力；资本家的个人消费也是受剩余价值实现制约的。因此，资本主义社会生产的各个环节都是服从于追逐剩余价值这一目的的，受剩余价值规律的支配。

第三，剩余价值规律决定资本主义生产方式的产生、发展和必然灭亡的全过程。资本家为了攫取尽可能多的剩余价值，不断改进技术，提高劳动生产率，推动了生产的发展。但资本主义为追逐剩余价值而发展起来的生产力，同资本主义生产关系出现了越来越大的矛盾：一方面，资本家为了追求更多剩余价值而增加积累、扩大生产规模，盲目发展生产；另一方面，对雇佣工人的剥削进一步加深，这样必然限制市场需求的扩大，使资本主义生产和消费经常处于对抗性的矛盾之中，使周期性的生产过剩危机成为资本主义生产方式的不治之症。社会化大生产，曾经是战胜小商品生产的物质力量，是资本主义取代旧经济制度的物质基础。但是，在资本主义私有制条件下，高度发达的社会化大生产却又成为促使资本主义社会制度走向灭亡的客观条件。

概念与原理

- 剩余价值规律就是资本主义社会经济规律体系中起主导作用的基本经济规律，它表明了资本主义生产方式的本质，决定了资本主义生产的一切主要方面和主要过程，决定了资本主义生产方式的产生、发展和必然灭亡的全过程。

专栏 3－1

利润最大化：企业生产经营的外部强制

通常来说，利润最大化是首席执行官（CEO）们追求的目标。CEO 的薪酬方案是基于最重要的财务指标——利润来设定的。CEO 与高层经理一般都有股票或股票期权。由于股票价格是由每季度的收益驱动的，拥有股票或股票期权的经理人自然会努力去追求收益的最大化。股票或股票期权相当于诱使 CEO 更加积极努力的“胡萝卜”。

当“胡萝卜”未能达到激励效果时，“大棒”就会抡上来——那会是很严酷的。一个经典的例子是世界最大的经营原生多年红木木材的私营公司——加利福尼亚州的太平洋木材公司。在 1985 年以前，太平洋木材公司是一个具有长期发展眼光的家族企业，当它进行采伐时，会保留一半树木，以便形成自然的遮蔽并保持土壤足够稳定。它对员工也很慷慨，为员工提供低于市场价格的廉租住房，即使在萧条时期也限制裁员。但是它对于自然环境及其员工的关切影响到了它的利润与股价。由于它的采伐政策，无数可以迅速变现为金钱的原始红木都被留在了原地，而且养老福利计划也占用了太多的资金。

1985 年，Maxxam 控股公司提出收购，董事会最初拒绝了此项收购。当恶意并购手查尔斯·赫维茨威胁要起诉他们违背了对股东的信托职责时，董事们只得屈服了。赫维茨以发行垃圾债券为收购融资，所付的利息超过了公司有史以来利润所得的总和。为了偿还这笔债务，他终止了员工的养老计划，并开始实行两倍于以前的采伐数量。先前的经理人的善行就得到了如此的下场。

人们希望上市公司能够承担起社会责任——不是仅付诸言辞，而是真正地付诸有意义的行动。他们认为那些曾经致力于公共目标的企业，可以超越其局限而重返公共目标的追求。财富拥有者们生活在远离雇员的地方，劳动力和自然资源都是必须被最小化的成本，很难预见任何东西可以取代利润最大化而成为上市公司的组织原则。

资料来源：巴恩斯. 资本主义 3.0. 海口：南海出版公司，2007.

讨论

如何理解资本主义条件下利润最大化原则与企业的社会责任？这对矛盾如何才能得以解决？

四、扩大剩余价值生产的新方法

第二次世界大战后，各资本主义国家的生产力有了很大的提高，特别是新科技革命的出现，极大地促进了世界资本主义经济的发展。工人阶级伴随着现代化的生产力而发展壮大。他们再也不堪忍受资本家过去那种强制性的管理方式了。他们不但不愿意成为依附机器的奴隶，也不愿成为只追求金钱的“经济人”。因此，战后西方国家的工人阶级不断掀起罢工浪潮，争取自己的权利。工人阶级的罢工浪潮使资产阶级在经济上遭受了重大损失，为了发展资本主义经济，攫取更多的剩余价值，发达资本主义国家的垄断资产阶级，在不触动资本主义私有制的前提下，对资本主义的剥削形式和劳资关系进行了某些局部调整，采取了一些隐蔽资本主义剥削和缓解劳资矛盾的措施。这些措施主要包括以下几种：

第一，实行工作轮换制和弹性工作日。伴随着技术的进步，生产分工越来越细，自动化程度不断提高，工序和操作单一，劳动节奏紧张，工人长期进行单一劳动操作感到单调乏味，这必然影响剩余价值增长。为此，资本家就采用实行工作日轮换制和弹性工作日等方法，扩大工人的工作范围，激发工人的劳动兴趣，保持其较高的劳动强度，以增加剩余价值的生产。

第二，实行终身雇佣制。20世纪50年代以前，资本主义企业一般采用定期雇佣制。50年代以后，美国、日本一些大企业采用终身雇佣制。职工被雇用后，只要不犯大错误，一般就不会被解雇，一直工作到退休。实行终身雇佣制加强了对劳动力的控制，有利于资本主义剥削制度的稳定和剩余价值生产的增加。尤其是在当代资本主义社会存在大量失业人口的条件下，终身雇佣制比定期雇佣制更能使工人减少被解雇的风险，加强了工人的安全感，激发了他们的劳动积极性，也有利于劳动者提高技能和劳动熟练程度。终身雇佣制使资本家掌握了一支稳定的熟练劳动力队伍。同时，稳定的劳动力队伍也有利于资本家加大对工人进行培训的投资，为工人学习和适应新技术提供了良好条件，从而有利于提高劳动生产率，增加相对剩余价值的生产。

第三，增加福利措施，提高工人的劳动积极性。在传统管理阶段，资本家主要通过严格的监督和管理强迫工人劳动。在现代管理阶段，则以工资、奖金和福利刺激工人去劳动。比如向工人提供低租金的住房，以长期低息贷款让工人去购买住房，以无息贷款购买汽车，以及医疗、体育、文娱设施等福利待遇，以吸引工人安心工作，努力劳动，从而增加剩余价值。

第四，实行“民主管理”制度。20世纪60年代以后，发达资本主义国家的企业普遍实行“民主管理”，吸收职工参与企业的决策、监督、检查和管理，其形式多种多样，如公司董事会中的工人代表制、工厂委员会中的工人代表制、公司职工建议制度等。

但是，应该看到，这些措施没有也不可能改变工人作为雇佣劳动者的被剥削地位，它实际上是垄断资产阶级所采取的一种更隐蔽、更巧妙的增加剩余价值生产的方法。

专栏3-2

员工的健康管理

一天清晨，IBM在中国的1万多名员工同时在办公桌上惊喜地发现了一盘新鲜的水果——这1万多名员工分布在中国20余个省、市的几十个办公室里。这并非针对香蕉和橙子展开的独特推销，而是IBM全球健康服务部（Integrated Health Services，IHS）在2007年10月17日所做的代号为“零点行动”的“蓝色关爱行动”。

“零点行动”的结果符合IBM全球健康服务部的预期，众多员工在收到、看到很多行动宣传桌卡、邮件以及海报后，积极参与到了为期2个月的健康活动中。他们在公司的安排下做了健康测试，还听了多场针对乙肝、流感、急救、儿童保健以及心理健康甚至艾滋病话题的健康讲座，受益匪浅。甚至有的员工在一年多以后，仍会将当时的心情记录在个人博客中。

事实也是如此。越来越多的企业相信：不遗余力地促进员工健康的活动原本就是一项不错的投资。更具体来说，在管理员工健康方面的投入可以直接转化为企业盈利，投入-产出比通常在1∶1.5到1∶4之间。在金融危机的背景之下，这更是成了企业提高管理效率的不错的方法。

1. 健康=生产力

由员工健康问题所产生的风险可能以企业的亏损为代价——遗憾的是，并非所有的企业都已经意识到这一点。

以感冒为例，普通人一年平均感冒3～5次，每次从得病到完全康复平均需要7天，其中有2～3天会影响工作，甚至严重到无法工作。依此推论，按一年平均感冒4次计算，一家有2万名员工的公司，一年因为员工感冒至少耽误16万个工作日，这对于公司来说将是不小的损失。这一负荷仅代表了一个较轻的疾病，而且此间并没有计入企业可能支付的医疗费。此外，医疗费与绩效下降造成的经济损失之间还存在一个1∶2到1∶4的比例，这显然是企业更需要重视的损失。此现象称为“出勤低效”（presenteeism）。2005年的数据显示：“出勤低效”估计给美国企业每年带来总共2 000亿美元的经营损失。

身体与心理的不健康已成为企业正常运营的隐患。例如：对工作的极端沉溺可能会导致严重的抑郁、焦虑。日本医学专家Tetsunojo Uehata就因此创造了“karoshi”这个词，书面意思就是由于工作过度而造成的死亡。这并非耸人听闻，在过去的几年中，“过劳死”的案例已经在日本屡次出现。

美国密歇根大学对组织压力的研究报告称：许多代价是由于处理组织压力失当而间接导致的，比如士气低落、不满、沟通失败以及工作关系破裂等。该研究还表明：为重要职员找替代者的代价，包括招聘新人和重新培训等，会花费该员工工资的5～7倍之多。

在引入健康管理师之后，杜邦公司4.5万名工人的因病缺勤率下降了14%，费用-效益比为1∶1.42；Union Pacific铁路公司对2.8万名员工的健康每人每年投入50美元，结果一年节省了220万美元，费用-效益比达1∶1.57；Steelcase钢铁公司的员工参加健康管理项目后就诊率减半，医疗保险费用平均每年每人减少了618美元。

2. “激发”管理健康的热情

一些发达国家普遍承认：在健康管理上投资1元钱，可在医疗费用中减少8～9元钱。这就不难理解IBM以上万份水果来吸引员工关注自身健康背后的商业逻辑了。事实上，诸多公司都在寻求最佳的健康管理之道来减少风险，它们乐意做出尝试。

美国一家名不见经传的管道元件公司慷慨奖励为健康做出努力的员工：当月一周锻炼3次可获奖7美元；不抽烟，再加3美元……有的员工因此1年可获奖300美元。此外，全年出满勤的员工还可以获得300美元。10个月后，诸多员工减掉了过重的体重，而该公司则少付了2/3的医疗费用。这一奖励措施在诺基亚中国公司也有所体现，它为每名员工发放了计步器，鼓励员工每天行走5公里，并对活动发起后一天内表现突出的员工进行奖励。

联合利华中国公司针对一些员工健康细节进行了硬性规定：假设公司的车辆出行，而乘坐的人员没有系上安全带，那么这名司机可能被辞退，这一政策敦促司机每次都要确保乘客系上安全带才会开车。它还鼓励员工在休息时间使用健身房，以增强体质。

IBM公司则明令禁止在办公室内抽烟，这一政策成为各办公室管理的硬指标，该公司抽烟者的比例也因此明显降低。此外，它鼓励员工平衡好工作和生活，鼓励员工休假，提倡一种更为健康、“聪明”的工作方式，而非一味地延长工作时间。

资料来源：郝倩. 管理员工的健康亏本还是赚钱. 第一财经日报，2009-03-10.

讨论

你认为推动资本主义企业剥削方式向更加人性化转变的因素有哪些?

五、剩余产品：冲突和进步

（一）剩余产品范畴的意义

剩余价值是资本主义经济的一个特殊范畴，其本身也有两重性，一方面是作为劳动力新创造的价值形式存在，另一方面它也具有物质形式，即剩余产品。剩余价值是剩余产品在商品经济中的价值形式，因此，剩余价值并不存在于人类社会所有阶段。剩余产品则不同，它具有一般性，它是一切人类社会文明进步的物质基础和前提条件。剩余产品是一个经济中全部产出的一个部分，即超出再生产所需要的生产资料和劳动力再生产所必需的生活资料的那部分产出。剩余产品的产生发生于任何这样的时候，此时经济体中的劳动过程生产出的产品超过了维持生产者所习惯的生活水平，以及补偿和更新在生产过程中使用或消耗的材料和机器所需的产品。

对剩余产品可以有多种方式加以使用，可以体现为教堂、宫殿、体育馆、政府官僚的特权享受、军事开支、更高程度的教育、更高水平的健康等形式。剩余产品存在的原因是理解社会如何运作的关键。资本主义经济中剩余的存在取决于统治阶级对生产者行使的权力。在高度集中的计划经济条件下，大量的剩余是因为对经济的集中管理而产生的。

通过剩余产品这个透镜考察社会，政治经济学家能够看到经济制度所具有的历史特殊性，并根据生产和控制剩余产品的方式将一个经济制度与另一个经济制度区别开来。在分析任何社会结构时，剩余产品如何形成、剩余产品的规模、谁控制它以及如何使用它，是要予以考虑的最为重要的问题。这些问题使我们得以追溯一个社会的历史演进，并决定了其经济允许并支持所有成员过上繁荣、富裕的生活的程度。

我们可以用剩余产品作为我们分析社会结构的一个基准。不同的社会剩余产品的生产方式不同，分配与控制权也不同。一部分人通常并不生产剩余产品，却能控制它们，古代雅典、中国古代社会的奴隶主就是这样的例子。一般说来，只要一个社会是基于这样一种经济制度，其中大部分生产者只有很少或没有对剩余产品的使用控制权，这个社会就可以被称为阶级社会。经济上的阶级是通过剩余产品如何被控制和使用来定义的。阶级是指在剩余产品的生产和控制方面处于相同经济地位的集团。阶级关系是通过生产过程中所占据的特定地位来定义的，既不能通过其身份或其成员所获得的社会尊重来定义，也不能按收入多少来定义，富人与穷人并不是阶级。

剩余产品也是理解经济制度的一个重要标准。经济制度代表着组织、控制劳动过程的不同方式，其基础是不同的所有权制度，这些不同的产权制度决定了剩余产品如何被使用。剩余产品如何被控制以及由谁来控制将各个经济制度区别开来。在奴隶制社会，奴隶完成大部分生产工作，奴隶主占有其产出，并且控制着政府。剩余产品的表现形式是奴隶主的收益。在资本主义社会，资本所有者为了获得利润，使用雇佣劳动者生产商品，雇主进行大部分经济决策，分配上存在着严重的不平等，资本所有者以利润和财产收益的形式获得剩余产品。

（二）剩余产品与冲突

在剩余产品的生产和分配过程中，生产者的利益与那些拥有并控制剩余的人的利益相互对立，不同的利益主体会存在冲突。作为奴隶主、封建地主、资本主义公司的所有者，或者是统治精英，都可能会试图扩大对剩余产品的占有，要做到这一点，就需要让生产者更加努力地劳动、更长时间地劳动，尽可能压缩生产者的消费。但是，生产者却追求更多的闲暇时间、更加轻松的工作氛围、更加舒适的工作环境和更高的生活水平。因此，生产者与那些控制剩余产品的人出现了冲突。

我们必须注意的是，剩余产品控制者与生产者的冲突并不是必然的。如果剩余产品的所有者采取技术变革的方式来增加剩余产品，生产者的生活水平不仅不会降低，甚至可能还会有所改善。同样，进口商品（比如石油、电脑、手机等）真实价格的降低，也会有同样的效果。当然，在国际贸易中，本国的剩余产品的所有者和生产者获得的潜在利益，可能会被出口国生产者和所有者双方的生活水平和剩余产品下降所抵消。

如果生产者正常的消费水平非常低的话，工人们可能会营养不良、虚弱或者健康水平下降，以致劳动生产率下降。如果劳动时间过长，以至于工人没有时间来照料和养育下一代，无法让子女接受良好的教育，那么下一代的生产率会更低。在此情况下，那些控制剩余产品的人可能会发现，让生产者陷于贫困或过度劳动的状态并不符合剩余产品控制者的利益。如果消费勉强高于或低于生存水平，增加消费既可能提高生产者的生活水平，也可能增加剩余产品。因此，从这个角度来看，增加生产者的消费对剩余产品控制者也是有利的。

（三）剩余产品与进步

剩余产品是否代表着进步的力量，首先是要分析剩余产品的获得方式。概括来说，获得剩余产品有两种方式：一种是通过组织生产，在生产过程中占有剩余产品。剩余产品在阶级社会里归生产资料所有者所占有，无论是地主，还是资本家，他们在剥削剩余产品的同时，也利用自己所占有的生产资料生产出更多的社会财富，满足社会的需求。在资本主义条件下，资本家承担了市场发现的功能，他们需要承担较大的经营风险，因此，资本家并不是社会进步的消极力量。另一种方式则是脱离生产过程，直接利用政治权力来占有社会剩余产品。主要表现形式是利用政治权力巧取豪夺，利用贪污腐败搜刮社会财富。后一种方式是一种阻碍社会进步的力量。

剩余产品作为推动社会进步的力量，可以体现在剩余产品的使用上。在资本主义社会，很大一部分剩余产品被用于投资，这意味着剩余产品被用于提高社会经济体的生产能力，包括用于教育和培训，制造更多和更好的产品，支持技术发明等。剩余产品如此使用，受惠的就不仅仅是剩余产品的控制者，其他人也会从社会进步中分享一些好处，生产中的冲突因此会受到抑制。

但有一些剩余产品的使用方式，不仅不会带来进步，反而会成为窒息社会前进的力量。比如，剩余产品只是在加强统治阶级的强制权力，或者仅被用于少数精英阶层受益的奢侈品的消费。

在市场经济条件下，无论是资本主义，还是社会主义，剩余产品的使用方式在不同程度上都诱发了迅速的进步。因为剩余产品的控制者（主要是大企业的所有者及其代理人）必须全力应对市场竞争以求得生存，而取得竞争优势的关键就是创新——新产品、新技术、新知识、新的商业管理方式。在奴隶社会、封建社会或其他一些缺乏竞争的社会形态里，精英们为保持政治和经济的统治地位，不是进行创新，而是利用剩余产品来保持其既有的统治地位。

概念与原理

- 剩余产品范畴具有一般性，它是分析社会结构和理解经济制度的一个基准。
- 剩余产品的生产和占有、使用过程中，存在着生产者和占有者的冲突，但是这种冲突在技术进步、廉价外国商品进口的条件下可以得到抑制。
- 剩余产品的进步性分析主要从剩余产品的取得方式、使用方式上来判断。

第4节　资本主义的工资

剩余价值的源泉是雇佣工人在剩余劳动时间创造的价值，但是剩余价值的本质来源却被资本主义工资的表面现象所掩盖，弄清资本主义工资的本质对于我们理解和掌握剩余价值理论具有重要意义。

一、资本主义工资的本质

资本主义工资的本质是劳动力的价值或价格，工资是劳动力价值或价格的转化形式。然而在资本主义社会现实中，工人的工资却表现为“劳动的价格”或“劳动的报酬”。因为表面上看起来，工人劳动一天得到一天的工资；劳动一个月得到一个月的工资；或者资本家根据工人生产的合格产品的数量支付工资。这使我们产生了一个错觉，那就是工人提供多少劳动就得到多少工资，好像工资是工人劳动的全部报酬，资本家和工人之间进行的劳动与工资的交换完全是平等的交换。从形式上看，工资好像是劳动的价值或价格，但是，从实际交换内容上看，工人出卖的不是劳动，而是劳动力，资本家支付给工人的也不是劳动的价值或价格，而是劳动力的价值或价格。

劳动力和劳动是两个根本不同的概念，劳动力是人的劳动能力，它可以成为商品，是有价值或价格的；劳动是劳动力的使用或消费，它不是商品，没有价值或价格。“劳动是价值的实体和内在尺度，但是它本身没有价值。”① 劳动不能成为商品的原因主要是：

第一，如果劳动是商品，就可以像其他商品一样买卖，在出卖之前必须已经独立存在。但是劳动作为劳动力的使用，只有和生产资料相结合，在生产过程中才能取得存在的形式。在工人和资本家进行交换之前，劳动并没有开始，也不存在劳动。换句话说，雇佣工人的劳动不能独立存在，当然也就不能拿尚不存在的劳动去进行交换了。

第二，如果劳动是商品，它就应该像其他商品一样具有价值。商品的价值是凝结在商品中的无差别的一般人类劳动，其价值量的大小是由劳动时间的多少决定的。如果劳动是商品，具有价值，那么劳动的价值是由劳动来决定的，也就是说劳动的价值是由凝结在劳动中的无差别的一般人类劳动决定的，这是毫无意义的同义反复。

第三，如果劳动是商品，工人就出卖了不属于自己的商品。工人的劳动是在交换之后的劳动过程中才发生的，当工人的实际劳动开始的时候，它就已经不再属于工人，而是属于资本家，所以工人无权出卖不属于自己的东西。劳动是劳动力和生产资料相结合的过程，如果工人的劳动属于自身，也就意味着工人占有生产资料并进行劳动，这时他也就不必出卖劳动，只需出卖劳动成品就够了。

第四，如果劳动是商品，具有价值的话，那么在等价交换的原则下，资本家付给工人的工资就应该是工人劳动创造的全部价值。如果资本家支付给工人的是其全部劳动的报酬，那么资本家就得不到任何剩余价值，以雇佣劳动为基础的资本主义生产方式也就不存在了。如果资本家不按照全部劳动价值支付，不实行等价交换原则，又违背了商品经济的基本规律——价值规律。

概念与原理

- 资本主义工资的本质是劳动力的价值或价格，工资是劳动力价值或价格的转化形式。
- 工人出卖的是劳动力商品，而不是劳动。

---

① 马克思，恩格斯．马克思恩格斯全集：第23卷．北京：人民出版社，1972：587.

工资的形式表现为劳动的价值或价格，“消灭了工作日分为必要劳动和剩余劳动、分为有酬劳动和无酬劳动的一切痕迹。全部劳动都表现为有酬劳动”①。这种假象掩盖了资本家对工人的剥削实质，掩盖了剩余价值的真正来源。在雇佣劳动下，甚至剩余劳动和无酬劳动都表现为有酬劳动，以货币关系掩盖了雇佣工人的无偿劳动。因此，只有对工资的本质进行科学的分析，才能正确认识资本主义生产关系的实质。资本主义工资是劳动力的价值或价格的转化，其价值量的大小由工人在生产过程中必要劳动的凝结所决定，最低工资标准由生产和再生产劳动力所需生活资料的价值决定。

专栏3-3

美国最低工资简史

最低工资的概念首先是19世纪90年代为应对频繁发生的工人罢工而在澳大利亚和新西兰创立的。1912年美国马萨诸塞州采用了这种制度，并将其范围覆盖妇女和儿童。美国在1936年的总统选举中，选民们寻求一道防线来对抗经济大萧条，因此，罗斯福政府出台了每小时工资的立法。在竞选活动中，一位年轻的女士递给罗斯福的助手一张字条想寻求帮助，字条上说：“我希望您能做些什么来帮助我们这些女孩。几个月以前我们每周的最低工资还是11美元，现在我们中有200个人的工资被削减为每周4美元、5美元或6美元。”

罗斯福驱车回到了办公室，部分答应了寻求一种宪法的途径来保护工人的利益。1923年，美国最高法院取消了一项华盛顿特区最低工资立法，因为其妨碍了工人决定自己劳动价值的权利，1938年美国通过了第一部联邦最低工资法案——《公平劳动标准法案》(Fair Labor Standards Act)。此法案规定每小时工资底线为25美分，大多数工人每周最多工作44小时。罗斯福说，此项法案是“为员工的利益而采取的最有远见的方案”。工资必须符合“为了健康、效率和普遍福利的生活必需的最低标准”。

最低工资在真实美元上的价值随政治大潮起伏不定。价值最高点在1968年，当时每小时的工资价值接近5加仑汽油。到了2006年，其价值不足2加仑汽油。2009年7月24日，美国将联邦最低工资标准从5.15美元/小时上涨到了7.25美元/小时，这是自2007年以来美国最低工资的第三次上涨。这多于2美元的上涨意味着持最低工资的全日制工人的年收入上涨了4 400美元，这可以使一个四口之家的收入位于贫困线以上。(原来每小时5.15美元的最低工资意味着一个全职的拿最低工资的工人平均一年只能挣到10 712美元，只比联邦政府设立的个人贫困线高出900美元。)

关于最低工资的争论不绝于耳。最低工资的支持者认为，这项法案不会引起大量裁员，相反，工资底线可以提高生产力，增强消费者的购买能力。经济政策研究院预计最低工资上涨将会在2010年促进消费者支出增长55亿美元。支持者说这次上涨将会帮助被远远地抛在后面的国家最贫困的人。1973—2007年，最低工资以真实美元来衡量已经下跌了22%，公司利润却上升了50%多。这加大了贫富差距，并促使人们呼吁到2010

① 马克思，恩格斯．马克思恩格斯全集：第23卷．北京：人民出版社，1972：590.

年将“生存工资”上涨为每小时10美元。

一些反对者认为，最低工资使劳动力过于昂贵，这项法案破坏了劳动力市场。如加利福尼亚大学纽马克教授估计，2009年的这次最低工资上涨将会使已经危机重重的企业减员，使300 000名年轻的工人失去工作。从事宏观经济政策分析的谢尔克认为，人们制定最低工资，初衷可能是提高拿最低工资的工人的收入。但事与愿违，人们经常会好心办坏事。提高最低工资，会鼓励年轻人从高中辍学，让那些拿最低工资的人以后找工作更困难。他认为，工资问题应该由市场来决定，那些拿最低工资的人因为没有多少技术和工作经历，只好拿起薪（entry level）。随着他们经验的增加、工作效率的提高，没有政府干预，他们的工资自然也会上调。

讨论

你认为在市场经济条件下，需要制定最低工资标准吗？对我国有何启示？

二、资本主义工资形式及发展

在传统资本主义经济中，工人只能凭借劳动力的出卖获得货币工资，这部分工资仅能够维持劳动力再生产，生产的全部剩余价值归资本家所有，因而形成了资本家与工人之间的对立。随着劳资矛盾的激化，为缓和阶级矛盾，工资形式发生了许多新的变化。现代资本主义经济的一个最突出的特征是资本家不再独占剩余价值，工人可以通过多种渠道分享部分剩余价值。

1. 计时工资

资本主义工资的基本形式有计时工资和计件工资。计时工资是指按照工人的劳动时间来支付工人工资的形式，即按劳动时间的长短支付劳动力的价值或价格，通常表现为日工资、周工资、月工资等。这种工资形式是当前资本主义工资的主要形式。

考察计时工资的状况时，不仅仅要考察计时工资量的多少，还必须看劳动日的长短和劳动强度对于计时工资的影响。计时工资的大小可以用计时工资的单位价格，即每小时的劳动力价格来衡量，其计算公式为：

劳动力价格＝日工资额(劳动力日价值)/工作日小时数

资本家通常以延长劳动时间而支付的工资不变，或工资额虽有所增加但较工作日的延长而言，工资增加幅度相对较低等方式加重剥削工人。通过计时工资的支付方式来加重对工人剥削的后果主要表现为：第一，劳动力价格越低，工人为了维持家庭生活就需要付出更多的劳动，他们只能被迫延长劳动时间；第二，由于劳动力价格降低，工人通过延长劳动时间来增加收入，减少了失业者的就业机会，造成劳动力供给的增加，资本家可乘机进一步降低劳动力价格。

在资本主义发展的过程中，随着科技的进步、生产力的迅速发展和劳动熟练程度的不断提高，劳动者的劳动时间呈现日益缩短的趋势，但是这并不意味着资本家对工人的剥削有所减轻，他们通过缩短必要劳动时间、提高劳动强度等方法加重对工人的剥削。

概念与原理

- 计时工资是指按照工人的劳动时间来支付工人工资的形式。
- 劳动时间缩短并不意味着资本对劳动的剥削有所减轻。

2. 计件工资

计件工资是指根据工人生产的产品数量或完成的工作量支付的工资，它是计时工资的一种转化形式。计件工资以计时工资为基础，以工人的计时工资额和工人生产的产品数量来确定每件产品的单位工资额，它是一定劳动量的价格表现。工资支付形式上的差异丝毫没有改变工资的本质，虽然其中一种形式可以比另一种形式更有利于资本主义生产的发展。

计件工资用公式可以表述如下：

计件工资单位价格＝日计时工资额/日平均生产的产品数量

计件工资实际上不直接表现价值关系。在实行计时工资的情况下，劳动由劳动直接持续的时间来计量；在实行计件工资的情况下，则由在一定时间内劳动所凝结成的产品的数量来计量。资本家通常以生产效率最高、技术最娴熟的工人的日生产数量来制定每日生产的产品定额。计件工资是资本家加重对工人的剥削、更好地掩盖其剥削实质的一种手段，是克扣工资和进行资本主义欺诈的最丰富的源泉。因为：（1）实行计件工资可以通过提高劳动强度、延长劳动时间，为资本家生产更多的剩余价值；（2）实行计件工资，可以通过产品的质量监督劳动的质量，资本家往往会借口产品质量不合格克扣工人的工资；（3）实行计件工资，可以大量吸收妇女、儿童参加劳动，降低每件产品的工资单价，从而压低工人的工资，加重剥削。

资本主义现实生产中，计时工资和计件工资都被普遍采用，资本家可以根据需要选择任何一种形式，也可以两种形式并用或交替使用。为了取得更多的剩余价值，他们采取各种方式对工人进行盘剥，血汗工资制度就是一个典型。这种工资形式的特点是通过“科学的研究”，将工人的劳动强度提高到极限，以加强对工人的剥削，其典型代表是“泰罗制”和“福特制”。“泰罗制”是由美国工程师弗雷德里克·泰罗发明的，他通过摄像机将技术最好的工人的操作过程记录下来，一分一秒加以分析，去除多余的不必要的动作，制定出最有效率的劳动方法，并以此决定产量定额的标准，定出不同的工资等级。这种严格的工资制度使工人不得不加大劳动强度。据泰罗自己称，在这种工资制度下，工人的劳动强度提高了270%，工人数量减少了2/3，资本家的支出减少了1/2。“福特制”是由美国汽车大王亨利·福特首先在其工厂推行的，以自动化生产线为技术条件，通过提高流水线的运转速度，来提高和控制工人的劳动强度。

概念与原理

- 计件工资是指根据工人生产的产品数量或完成的工作量支付的工资，它是计时工资的一种转化形式。

- 实行计件工资可以延长劳动时间，提高劳动强度；可以更好地监督劳动质量；可以吸收妇女、儿童参加劳动。

3. 激励工资

激励工资是员工工资中根据其努力程度和贡献的多少获得的报酬。激励工资总体上体现了员工对企业剩余价值的部分享有。激励分为两类：一类是投入激励，它随着员工知识的积累与劳动技能的提高而提高工人工资；另一类是产出激励，它随着员工的劳动贡献增加而提高工人工资。激励制度在一定程度上激发了工人劳动的积极性，取代了过去原始而被动的监督激励形式，促进了劳动效率的提高。

4. 股权分享

第二次世界大战后，在欧美等发达国家逐渐推行一些使职工分享企业剩余价值的改革计划，让企业部分或全部员工通过持有公司股权分享企业剩余。主要形式有：

（1）股票期权计划。

股票期权，英文为"stock option"，其含义是公司以书面形式给予本公司人员购进公司一定数量股票的权利。目前使用比较多的是经营者股票期权，它是企业给予经营者的一种权利，经营者可以凭借这种权利按约定价格购买未来一定期限内公司的股份。实行股票期权的目的是，在公司人员与企业长期利益之间建立一种资本纽带，将个人命运与企业命运牢牢地捆绑在一起。世界上第一个股票期权计划在 1952 年产生于美国，1974 年，这个计划得到美国联邦和州政府的认可，尔后股票期权制在美国开始迅速发展。20 世纪 90 年代初，美国的全球排名前 50 位的大公司中有 80%已向其高级经理人员实行经营者股票期权（ESO）的报酬制度。到 1999 年，几乎 100%的高科技公司、大约 90%的上市公司都有股票期权计划。硅谷绝大部分企业采用经营者股票期权报酬制度。

由于股东和经理人在利益上的不一致、在信息上的不对称以及股东对经理人的监督困难，因此产生了股东和经理人之间的委托-代理问题。股票期权计划能克服股份公司管理层只关注短期利益、决策短期化、忽视企业长远发展的弊病。同时，这种制度将企业管理层和股东利益捆绑在一起，降低了委托-代理成本。股票期权计划有助于企业吸引、挽留核心或关键技术人才及管理人才。

（2）送股和购股。

送股是企业给予员工的一种额外报酬。送股后，为了防止员工不受限制地转让其股票，一般都会在送股时规定在一个较长时期内不得转让。这种限制使员工成为真正的股东，能够参与企业的投票，获得企业分红，使雇员更加关心企业的生产经营。企业送股还能够给公司带来免缴或迟缴所得税的好处。

购股是指企业以各种方式让企业员工购买一定数量的公司股票。一般来说，购股是采取员工自愿购买的方式进行的，政府允许企业折价卖给员工股票。在美国，税法要求购股必须经股东大会同意，所有企业员工（新员工、非全职员工、高薪员工除外）均可按工资的一定比例购买公司股票，每人每年购股数额不得多于 25 000 美元。折价购股增加了购股计划的吸引力。

（3）信托式利润分享计划。

信托式利润分享是指公司每年按规定的方案使用部分利润通过信托基金为公司员工购买本公司的股票，然后再以信托的形式持有到员工退休为止的一种员工权益分享方式。该方案一般涵盖公司全体员工，每个员工均有自己的股票账户，享有相应的公司股票权和收益权。公司一般规定员工退休时才能转让其股票，如果员工辞职，也需要在若干年后才能出售其名下的股票。信托基金有时也会购买其他企业的股票。20 世纪 90 年代初，超过 15%的企业员工是这种信托分享计划的成员。信托式利润分享计划可以使公司免缴这部分分享利润的税额，可以使员工长期持有公司的股票而成为公司稳定的所有者。

激励制度提高了工人的收入水平，但它是一个被动的过程。企业所实行的激励制度，从其设计出发点来说，是站在资本所有者或其代理人占有企业控制权的角度对员工实施激励的，激励的底线在于不损害资本家及其代理人所应当占有的剩余价值。激励制度的设计不是根据员工的需要而安排的，它本质上服务于为企业生产更多的利润（剩余价值）。

概念与原理

- 股权分享是当代资本主义国家工人获取工资的一种形式，包括股票期权、送股、购股、信托式利润分享计划。这些制度具有一定的激励作用，但是它们服从企业赚取利润的目的。

三、资本主义工资变动的趋势

1. 影响工资变动的因素

在资本主义社会里，工资量的不断变动主要取决于以下因素：

第一，劳动力价值的变动。既然工资是劳动力价值或价格的转化形式，劳动力价值的变化自然会影响工资的变动。劳动力的价值由生产、维持、发展和延续劳动力所必需的生活资料的价值决定，所以劳动力的价值实际上就取决于这些生活资料价值的变化。随着生产力的发展和劳动效率的提高，生活资料价值本身出现降低的趋势，这也会影响工资的变动趋势。

第二，劳动力市场的供求状况。劳动力商品的价值或价格受到价值规律的支配，受到劳动力市场供求状况的影响。当劳动力商品供不应求时，价格会上涨，表现为工资的上涨；反之，当劳动力商品供过于求时，价格会下跌，表现为工资的下降。在资本主义社会现实中，由于经常性地存在相对过剩人口，使得劳动力的供给总是大于对其的需求，排除其他因素的作用，这种供过于求的状况会使工资出现下降的趋势。

第三，资本家和工人之间的力量对比。资本家为了获得更多的剩余价值，总是千方百计地压低工人的工资，工人阶级则希望增加工资并为提高工资而斗争。当工人阶级的斗争取得一定的胜利时，工资会有所增长，因而工资的变化受到两个阶级进行利益斗争产生结果的影响。

概念与原理

- 影响工资变动的因素有劳动力价值的变动、劳动力市场的供求状况、劳资力量的对比等。

2. 资本主义工资变动的趋势

研究工资水平及其变动，必须区分名义工资和实际工资。名义工资是指工人出卖劳动力所得到的货币额，也称货币工资。实际工资是指工人用货币工资实际能够买到的生活资料和服务的数量。

名义工资和实际工资之间存在密切的联系。在其他条件不变的情况下，名义工资的变动会直接影响到实际工资的变动，名义工资越高，实际工资也越高；反之，名义工资越低，实际工资也越低。然而也会出现名义工资增加而实际工资反而减少的情况，这主要是由于实际工资的高低不仅仅取决于名义工资的高低，还受到物价水平、税收负担、服务费用、劳动日长短、劳动强度大小等多重因素的影响，所以在日常生活中，名义工资和实际工资的变化会出现不一致，甚至是在名义工资增加的情况下，实际工资水平却下降。只有实际工资才能真实反映工人的实际生活状况，所以考察资本主义工资变动时主要考察的是实际工资。

资本主义工资的变动呈现如下趋势：

名义工资一般呈增长趋势。这主要由以下原因所致：一是资本主义国家普遍存在的通货膨胀现象，导致物价不断上涨，从而名义工资也不得不有所增加；二是名义工资存在一种很强的刚性，名义工资的下降会造成很多社会问题，这是资本家所顾虑的；三是资本主义国家的工人阶级普遍建立起了代表自己利益的组织——工会，工会组织的存在和斗争成为阻止名义工资下降的一个重要因素。

实际工资表现为有时升有时降，长期来看则是呈缓慢上升的趋势。引起实际工资上升的因素有：①劳动力的价值——工资的变化包含历史和道德的因素，随着生产的发展，工人需要的生活资料也在逐步增加，从而引起实际工资的上涨；②工人阶级队伍的发展壮大，工人觉悟的提高、组织性的增强，提高了工人阶级的战斗力，也会引起实际工资的增长。引起实际工资下降的因素有：①科技的发展，新机器和先进生产技术的使用，使得工人被排挤，失业增加导致劳动力供过于求，降低了工人的实际工资；②通货膨胀日益严重、苛捐杂税不断加重都使工人的实际工资不断下降。

以上正、反两方面的因素在不同时期的影响不同，引起实际工资或提高或降低。第二次世界大战以后，实际工资上升的年份多、下降的年份少，总体来看是呈提高的趋势。但是实际工资的上升并不意味着资本家对工人的剥削有所减轻，也并不意味着劳动力价值的提高。因为当工人的劳动生产率增长快于实际工资的增长时，工人新创造的价值将有更大的部分被资本家无偿占有，工人实际工资的缓慢增长是以为资本家创造更多的剩余价值为前提的。

关于实际工资的下降，我们以美国为例来说明。1967—1973年，美国实际小时工资年均增长2.7%，超过了生产率2.5%的年均增长速度，但在此之后，工资增长就开始落后于生产率增长。1979—1989年，生产率年均增长1.4%，实际小时工资仅增长0.4%，

2000—2010 年生产率增长了 2.6%，但实际工资水平是下降的。如果我们把 1979 年美国工人实际工资水平设定为 100，以 1982 年的不变美元计算，到 2008 年工人的实际工资水平只有 96.83，平均周薪（以 1982 年美元计算）从 1973 年的 331.39 美元降到 2005 年的 275.93 美元。2008 年金融危机发生后，又经历了家庭实际收入的下降，从 2011 年起缓慢复苏。2012 年美国家庭中位收入为 62 241 美元，和前一年相比几乎没有变化，比危机前的高点下降了 8%。2012 年经通货膨胀调整后的中位美国家庭收入甚至低于 1997 年。10 余年里，美国的实际工资是在不断下降的。实际工资水平的下降和收入分配不平等使许多家庭的生活状况出现了恶化现象。

图 3-1 比较了美国 1948—2018 年的生产率和平均工资增长趋势，在 70 年时间内，生产率和小时工资分别增长了 252.9%和 115.6%，生产率增长速度是工资增长速度的 2.2 倍。通过比较，可以发现，1979 年以前，生产率增长和工资增长基本同步；1979 年以后，由于新自由主义的改革政策的实施，二者之间的收入差距迅速拉开，1979—2018 年生产率增长速度是小时工资增长速度的 6 倍。这些数据表明，生产率提高的收益基本上为资本所占有，劳动者小时工资在将近 40 年的时间里仅增长了 11.6%，基本上处于停滞状态。

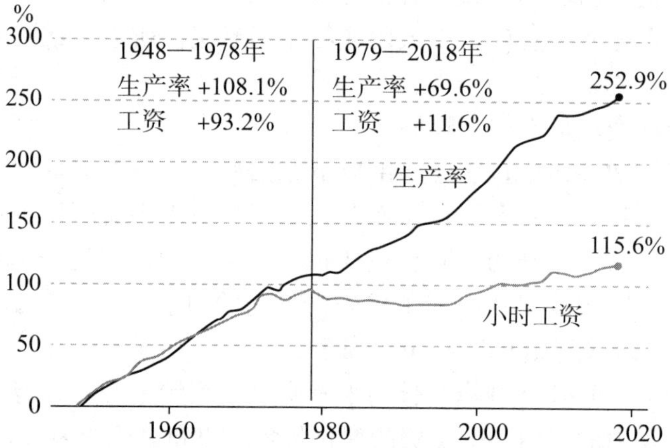

图 3-1 美国的生产率和平均工资增长趋势比较（1948—2018 年）

资料来源：美国经济政策研究所 2019 年 7 月研究报告《生产率-薪酬差距》。

概念与原理

- 名义工资是指工人出卖劳动力所得到的货币额，也称货币工资。实际工资是指工人用货币工资实际能够买到的生活资料和服务的数量。
- 资本主义工资的变动呈现如下趋势：名义工资一般呈增长趋势；实际工资表现为有时升有时降，长期来看则是呈缓慢上升的趋势。

四、资本主义工资的国民差异

工资的国民差异是指在世界范围内各个国家工资水平所存在的差别。不仅在发达资本主义国家和不发达资本主义国家之间，即使在发达资本主义国家之间，工资水平也存在很大的差别，因此研究工资的变动不可避免地要研究和考察工资的国民差异，以及引起工资国民差异的原因。

对于影响劳动力价值变化的一切因素，在不同国家和地区的不同时期都会表现出较大的差异，因而影响劳动力价值的因素在各国不同，必然会影响工资的变化和工资的国民差异。马克思指出："在比较国民工资时，必须考虑到决定劳动力的价值量的变化的一切因素：自然的和历史地发展起来的首要的生活必需品的价格和范围，工人的教育费用，妇女劳动和儿童劳动的作用，劳动生产率，劳动的外延量和内涵量。"①

影响劳动力价值或价格的各种因素导致工资的国民差异表现在多个方面：例如，国家不同，劳动的中等强度也就不同，有的国家高一些，有的国家低一些。于是各国的平均数形成一个阶梯，它的计量单位是世界劳动的平均单位。因此，强度较大的国民劳动相比强度较小的国民劳动，会在同一时期内生产出更多的价值，从而表现为更多的货币；而劳动效率低的国家表现出更低的国际价值，也就表现为更少的货币。再比如，世界各国的税收负担、医疗保险等的差异，也使得各国工人的实际工资出现差异。

概念与原理

- 工资的国民差异是指在世界范围内各个国家工资水平所存在的差别。差别源于各国在劳动力价值构成要素、劳动强度、劳动效率、税收负担、社会福利等方面存在着差异。

第 5 节　资本主义再生产与资本积累

资本主义生产过程是一个连续不断的再生产过程，按照再生产规模可分为简单再生产和扩大再生产。资本主义再生产的特征是扩大再生产。如果要扩大生产规模，必须进行资本积累，在资本积累过程中，存在资本有机构成不断提高的趋势，伴随着资本有机构成的提高，不可避免地出现了资本主义制度下的相对过剩人口和无产阶级的贫困化。

一、社会再生产的分类

物质资料的生产是人类社会存在和发展的基础。任何社会都不能停止消费，也不能停止生产。社会生产总是不断重复和不断更新地进行的。如果不是孤立地考察生产的某一次过程，而是把时间上继起的许多次过程联系起来考察，那么每一生产过程都是上一次生产过程的重复和更新。这种不断重复、不断更新的生产过程，就是再生产过程。

社会再生产就其内容来讲，既是物质资料的再生产，同时又是生产关系的再生产。每一次生产过程都要消耗一定的物质资料，这些物质资料既包括生产资料，也包括生活

① 马克思，恩格斯. 马克思恩格斯文集：第 5 卷. 北京：人民出版社，2009：644.

资料。同时，每一次生产过程又会生产出一定的物质资料，为下一次生产过程提供物质条件。所以，社会再生产首先就是物质资料的再生产。每一次生产过程又都是在一定的生产关系下进行的。随着生产的不断重复和更新，这种生产关系也会得到维持和发展。所以，再生产的过程同时又是人们生产关系的再生产。

社会再生产按其规模来划分，可分为简单再生产和扩大再生产。简单再生产就是指维持原有生产规模不变的再生产，即新生产出来的产品只够补偿生产中消耗的生产资料和消费资料，没有剩余用于生产规模扩大的再生产。扩大再生产就是指生产规模不断扩大的再生产，即新生产出来的产品不仅能补偿生产中已消耗的生产资料和生活资料，而且还有多余的生产资料和生活资料追加到生产中去，借以扩大原有的生产规模。

扩大再生产按其实现的方式，可以分为外延扩大再生产和内涵扩大再生产两种类型。外延扩大再生产是指在生产技术和生产要素的质量不变的情况下，单纯依靠增加生产资料和劳动力的数量来扩大生产规模的扩大再生产。内涵扩大再生产是指依靠技术进步、生产要素质量的提高来扩大生产规模的扩大再生产。在市场技术水平和生产资料使用效率较低的条件下，一般以外延扩大再生产为主；而在科学技术迅速发展和生产资料使用效率不断提高的条件下，内涵扩大再生产在扩大再生产中所占的比重会随之不断提高。随着社会经济的发展，扩大再生产面临着资源、环境等各种生产条件的约束，需要转变经济增长方式，提高生产要素的使用效率，使扩大再生产的主要形式从以外延扩大再生产为主逐步过渡到以内涵扩大再生产为主。

概念与原理

- 社会再生产从内容上分为物质资料的再生产和生产关系的再生产，从规模上分为简单再生产和扩大再生产，从实现方式上分为外延扩大再生产和内涵扩大再生产。

二、资本主义简单再生产的特征

资本主义再生产的特点是扩大再生产，而不是简单再生产。但是生产无论怎么扩大，总是以原有的规模作为基础和出发点，所以我们必须首先研究资本主义的简单再生产。

资本主义简单再生产就是资本家把剩余价值全部用于个人消费，生产仍在原有的规模上重复进行，但是从它的这种重复或连续性来考察，能够使我们认识到从一个孤立的生产过程所认识不到的资本主义生产关系的一些重要特征。

首先，简单再生产研究使我们能够认识到可变资本的真正来源。资本主义的生产过程是从资本家购买劳动力开始的。如果从一次孤立的生产过程来看，好像资本家购买劳动力时，要先垫支一定数量的可变资本支付工人的工资以维持工人的生活，似乎是资本家养活了工人。而从再生产过程来考察，情况就不是这样了。其实，资本家支付给工人的工资，只不过是工人在以前的生产过程中所创造的价值的一部分。因为工人在拿到工资的时候，他以前生产的产品已被资本家卖掉并转化为货币了。工人今天的工资是用他上期的劳动来支付的。而且，工人创造的新价值不仅包含了自己的工资，还有一部分作为剩余价值，供资本家享用。由此可见，工人靠自己的劳动，既创造了可变资本，养活了自己，同时又为资本家创造了剩余价值，养活了资本家。

其次，简单再生产的研究使我们能够认识到资本家全部资本的真正来源。资本家的全部预付资本，不管最初是通过劳动积攒起来的，还是继承到的，经过一定的再生产周期后统统都会变成积累起来的剩余价值。例如，某个资本家有10万元资本，每年能带来2万元的剩余价值，在简单再生产条件下，这2万元的剩余价值每年全部用于资本家的个人消费，这样经过5年，他所消费的价值总额正好与其原有资本的数量相等，可是他手中仍有10万元，他现存的10万元资本，则不过是5年内由工人创造的剩余价值转化而来的，所以，工人不仅创造了可变资本，而且还创造了资本家的全部资本。

最后，简单再生产研究使我们能够认识到雇佣工人的个人消费完全从属于资本家追求剩余价值的需要。如果孤立地考察一个生产过程，工人的个人消费是在生产过程以外进行的，好像是他个人生活方面的事情，与生产无关，与资本家的利益无关。但是，从再生产的过程来考察，情况就不同了。工人的个人消费，会把他在生产过程中消耗的劳动力重新生产出来，为资本家提供剥削的对象。没有劳动力的再生产，资本家就会失去剥削的对象。可见，工人个人消费的实质是为资本家再生产出可供剥削的劳动力，是维持资本主义再生产的必要条件。在资本主义条件下，由于工人除了自己的劳动力以外一无所有，只能出卖劳动力，所以，工人虽然可以自由地选择这个或那个资本家，但是他在出卖劳动力以前，在经济上已经隶属于整个资产阶级了。

上述特征表明，资本主义的简单再生产过程，不仅是物质资料的再生产过程，同时又是资本主义生产关系的再生产过程。它一方面再生产出资本家，另一方面再生产出雇佣劳动者。所以资本主义的再生产过程是物质资料再生产和资本主义生产关系再生产的统一。

专栏3-4

资本家的钱从哪儿来的?

一个资本家和他的朋友穿过资本家的工厂。

朋友问道：“你刚才跟那人说什么呢?”

“我叫他干活快点。”资本家回答。

“你付给他多少钱?”朋友问。

资本家回答：“一天15块钱。”

朋友问：“那你哪里来的钱付给他?”

资本家回答：“我卖货得来的。”

朋友问：“谁制造的货?”

资本家回答：“他（工人）制造的。”

朋友问：“他一天制造多少钱的货?”

资本家回答：“50块钱。”

朋友总结道：“那么，不是你付给他钱，而是反过来他付给你一天35块钱让你叫他快点干?”

“嗯……”，资本家马上说，“机器可是我的啊！”

“那你怎么搞到机器的？”朋友问。

资本家答：“我用卖货的钱买的。”

朋友继续问：“那是谁生产的货物？”

这一回资本家对着他的朋友叫道：“闭嘴！搞不好他就听到了。”

资料来源：激进的笑话. 搜狐网，2017-04-22。

三、资本主义扩大再生产及资本积累

资本主义的扩大再生产，就是资本家把工人所创造的剩余价值的一部分追加到原有的资本中，生产过程在扩大的规模上重复进行。如前例，某个资本家第一年垫支资本10万元，每年可以给他带来2万元的剩余价值。现在，资本家为了扩大再生产，把剩余价值分为两个部分，把其中的1万元用于个人消费，其余的1万元转化为资本，用来购买追加的生产资料和追加的劳动力。假定不变资本和可变资本的比例不变，剩余价值率不变，第二年资本家就可以获得2.2万元的剩余价值。这样继续进行下去，资本的数量就会不断增多，生产规模会不断扩大，剩余价值会不断增加。这就是资本主义的扩大再生产。

把剩余价值作为资本来使用，或者说把剩余价值转化为资本，从而使生产规模扩大，这就是资本积累。资本主义扩大再生产表明，剩余价值是资本积累的源泉，资本积累是扩大再生产的重要源泉。在扩大再生产过程中，资本家以无偿占有的剩余价值来增大自己的资本，以便占有更多的剩余价值。如果说，在简单再生产条件下，原有的资本要经过若干生产周期才会变成资本化的剩余价值，那么，在扩大再生产条件下，追加资本一开始就是工人创造的剩余价值形成的。由此可以看出资本积累的实质是，资本家不断利用无偿占有的剩余价值，扩大资本规模，加重对工人的剥削，以继续榨取更多的剩余价值。

资产阶级经济学家宣扬资本积累是资本家“省吃俭用”“节欲”的结果，实际上，资本积累是由客观的经济原因决定的，具有客观必然性。首先，这是由剩余价值规律决定的。资本家作为人格化的资本，对剩余价值的贪求是无止境的。为了榨取更多的剩余价值，资本家除了提高对工人的剥削程度外，还必须增加资本的数量，以扩大剥削的规模。这是资本家进行资本积累的内在动力。其次，这是由竞争规律决定的。在竞争中，大企业在生产、销售和信贷方面比小企业具有优越的条件。资本家只有不断进行资本积累，才能扩大生产规模，改进生产技术，从而提高自己的竞争能力，免遭破产的命运。这是资本家进行资本积累的外在压力。马克思说：“竞争使资本主义生产方式的内在规律作为外在的强制规律支配着每一个资本家。竞争迫使资本家不断扩大自己的资本来维持自己的资本，而他扩大资本只能靠累进的积累。”①

① 马克思，恩格斯. 马克思恩格斯全集：第23卷. 北京：人民出版社，1972：649-650.

概念与原理

- 资本主义的扩大再生产，就是资本家把工人所创造的剩余价值的一部分追加到原有的资本中，生产过程在扩大的规模上重复进行。
- 资本积累就是把剩余价值转化为资本，从而使生产规模扩大，是扩大再生产的重要源泉。其实质是，资本家不断利用无偿占有的剩余价值，扩大资本规模，加重对工人的剥削，以继续榨取更多的剩余价值。
- 资本积累的内在动力是赚取更多的剩余价值，外在压力是竞争。

四、影响资本积累规模的主要因素

既然资本积累的源泉是剩余价值，那么资本积累规模的大小与剩余价值量的多少有着直接的联系。在剩余价值总量不变的情况下，资本积累取决于剩余价值分为积累部分和资本家个人消费部分的比例；在其比例不变的情况下，资本积累的量取决于剩余价值总量，因此一切能够决定剩余价值量的因素，都会引起资本积累的数量的变化。这些因素是：

第一，剩余价值率。在其他条件相同的情况下，剩余价值率越高，同量资本榨取的剩余价值就越多。因此，在资本家积累与消费的比例不变的情况下，可用于资本积累的剩余价值量也就越多。

第二，社会劳动生产率的水平。随着社会劳动生产率的提高，单位商品的价值量必然下降，这就会产生几种有利于资本积累的情况：一是可以降低劳动力价值和增加相对剩余价值量，从而有利于增大资本积累的数量。二是可以使资本家用同样数量的资本购买更多的生产资料和劳动力，榨取更多的剩余价值，以增大资本积累的数量。三是可以使资本家在不减少甚至增加自己个人消费的情况下，改变剩余价值分为积累部分和消费部分的比例，以增大积累的部分。四是劳动生产率提高，旧机器、设备的更新就会加快。如果个别企业首先使用了新的机器设备，就可以获得超额剩余价值。如果所有的企业都采用新的机器设备，则会增加相对剩余价值。这些都有利于增大资本积累数量。

第三，所用资本和所费资本之间的差额。所用资本是指在生产过程中发挥作用的全部劳动资料的价值。所费资本是指每次生产过程中耗费掉并转移到新产品中去的劳动资料的价值。在生产过程中，劳动资料如机器、厂房等是全部被使用着，但只是逐渐地、一部分一部分地被消耗掉，因而它们的价值也只有一部分一部分地转移到新产品中去。这样，在所用资本和所费资本之间就会形成一个差额。这个差额的大小是由劳动资料的数量和质量决定的。劳动资料的质量越好、越耐用，则每次生产过程中所转移的价值就越小，这个差额就越大。所用资本和所费资本之间的差额表明，劳动资料的价值虽已部分转移，但它们的使用价值并没有减少，而是照常发挥作用，就像空气和自然力一样能够被无偿地使用。劳动资料的这种无偿服务，必然引起商品价值的下降，这对个别资本家来说，会产生超额剩余价值，对整个资本家阶级来说，可以获得相对剩余价值。当然，这也会增加他们的资本积累。因为这个差额部分越大，生产产品的耗费就越小，获得的剩余价值就越多，对资本积累就越有利。例如，某台机器值 1 万元，可用 5 年，这样，它在生产过程中每年转移价值 0.2 万元，全年所用资本和所费资本的差额为 0.8 万元。如果改进机器的使用，机器保养得好，这台机器的使用期可延长到 10 年，则每年转移价值为 0.1 万元，所用资本和所费资本的差额便增加到 0.9 万元。此外，劳动资料数量越多，所用资本和所费资本的差额总额就越大，1 台机器差额是 0.9 万元，那么 10 台机器，差额就是 9 万元。

第四，预付资本量的大小。在既定的剩余价值率条件下，剩余价值量取决于资本家所雇用的工人人数，如果不变资本和可变资本的比例不变，那么，预付资本量越大，可变资本量必然相应增大，于是，被剥削的雇佣工人的人数就会增多，剩余价值量也就越多，从而资本积累的规模就随之越大。

从以上分析可以看出，“一切生产剩余价值的方法同时就是积累的方法，而积累的每一次扩大又反过来成为发展这些方法的手段”①。所以，凡是能扩大剩余价值生产的一切因素，都是扩大资本积累的因素。

概念与原理

- 影响资本积累规模的主要因素有剩余价值率、劳动生产率、所用资本与所费资本的差额、预付资本量。

第 6 节　资本主义积累的一般规律

资本主义扩大再生产需要资本积累，这既能满足资本家榨取剩余价值的目的，同时，也有助于提高资本在市场中的竞争力。在资本积累的过程中，有机构成不断提高，造成劳动力相对过剩，客观上也导致了无产阶级贫困的积累。

一、资本有机构成提高与相对人口过剩

资本积累不仅能够引起资本量的扩大，而且会引起资本构成的变化。资本的构成可以从两个方面来考察：一方面，从物质形态看，资本是由一定数量的生产资料和劳动力所构成的，两者之间存在一定的比例。它们之间的比例是由生产的技术水平决定的。这种由生产技术水平所决定的生产资料和劳动力之间的比例，叫资本的技术构成。另一方面，从价值形态看，由于生产资料的价值表现为不变资本，劳动力的价值表现为可变资本，因而，资本又是由一定数量的不变资本和可变资本构成的，它们之间的比例叫作资本的价值构成。资本的技术构成和价值构成之间存在着密切的有机联系。资本的价值构

① 马克思，恩格斯．马克思恩格斯全集：第 23 卷．北京：人民出版社，1972：708．

成以技术构成为基础并由技术构成决定。一般来说，资本的技术构成发生变化，会引起资本的价值构成的变化；而资本的价值构成的变化，通常会反映资本技术构成的变化。这种由资本技术构成所决定的，并且反映技术构成变化的资本价值构成，叫作资本有机构成，可用公式 c∶v 来表示。

在资本积累过程中，如果资本有机构成不变，则可变资本与总资本按同一比例增长，因此对劳动力的需求也会相应增加，由于劳动力供求形势改变，将刺激工资水平的提高，对劳动者是有利的。资本有机构成变化的总趋势，无论在工业还是农业部门，都是不断提高的。因为建立在社会化大生产基础上的资本主义企业，为了获取更多的利润，并在竞争中占据优势，在资本积累中必然重视采用新的机器设备和科学技术，特别是资本主义发展到现阶段，在科学技术革命的影响下，一方面，由于技术装备和生产工艺的革新，不变资本迅速增加；另一方面，由于在劳动力的构成中，高度熟练的劳动力和工程技术人员的比重增大，同样数量的劳动力推动的生产资料的数量增加。技术构成的这种变化，反映在资本价值构成上是不变资本的增加和可变资本的减少。所以，资本的有机构成必然提高。

概念与原理

- 由资本技术构成所决定，并且反映着技术构成变化的资本价值构成，叫作资本有机构成，可用公式 c∶v 来表示。有机构成提高是生产发展的必然趋势。

资本有机构成变化的情况对工人阶级的命运有着重要的影响。在资本积累的过程中，技术的进步促使资本有机构成不断提高。资本有机构成提高意味着在全部资本中，不变资本的比重增加，可变资本的比重相对减少。资本对劳动力的需求不是取决于资本总额，而是取决于其中的可变资本。资本总额的增长虽然包含着可变资本的绝对量的增加，从而对劳动力的需求也会绝对增加，但由于资本有机构成的提高，可变资本的增长落后于总资本的增长，从而对劳动力的需求就会相对减少（见表 3－2）。

表 3－2 资本有机构成变化与资本对劳动力需求的关系

资本总额（元）	资本有机构成 c∶v	不变资本总额（元）	可变资本总额（元）	需要工人数（每工人工资 50 元）
100 000	1∶1	50 000	50 000	1 000
500 000	4∶1	400 000	100 000	2 000

表 3－2 中所列的情况表明，资本总额增加了 4 倍，但由于资本有机构成提高，可变资本只增长了 1 倍，所需要的劳动力也只增加了 1 倍。不仅如此，在有些部门和企业，由于采用大幅度提高生产效率的机器设备，资本有机构成的提高非常迅速，对劳动力的需求甚至会绝对地减少，一部分工人被解雇，出现所谓“机器排挤工人”的情形。

当前发达国家正在大力推进以智能化生产为核心的工业革命 4.0，这场革命将会给劳动力市场带来巨大的冲击。我们以德国奔驰的技术改造为例来说明。奔驰卡车沃尔特工厂 300 万平方米的厂房，共经历了两次大的流程改造：第一次是在 1992 年，在此之前工厂拥有 1 000 名工人，每天生产 160 个车身，1992 年之后，工厂大量使用机器人，只留下了 300 名工人，但工厂每天的产能却增加到 360～400 个车身。第二次是在 2014 年，刚刚按照新标准改造后新工厂每天能够组装 260 个种类的 460 个车身，工厂生产弹性更大，生产效率更高。这次的生产流程改进之后，工厂的智能化程度更高、生产弹性更大，在输入每辆车的订单需求之后，整个生产线会自动调配。尽管工人增加到 400 名，但主要是用来监控设备，控制产品质量。智能化生产寻求以自动化机器来代替劳动力进行操作，工人的就业岗位不可避免会产生不稳定性。

资料来源：本赛德. 马克思的使用说明书. 北京：红旗出版社，2013.

在劳动力需求减少的同时，劳动力的供给却在增加。这是因为：第一，由于生产技术的不断进步和机器的广泛使用，智能化的机器设备使操作方法和工艺流程变得更为简单，打破了技术对劳动力市场的限制，使更多的劳动力可以参与到现代化的生产中来。第二，在城市化进程中，农民或手工业者由于失去土地，或者为城市化、工业化带来的利益所吸引，不断进入劳动力市场。第三，在激烈的市场竞争中，破产了的中小资本家或小业主不得不加入雇佣工人的行列。这样，在资本积累过程中，必然出现两种对立的趋势：一方面，资本对劳动力的需求相对地（有时是绝对地）减少；另一方面，劳动力的供给却在增加，结果不可避免地造成大量工人失业，成为相对过剩人口。

所谓相对过剩人口就是相对于资本的需要表现为过剩的劳动人口，也就是劳动力的供给超过了资本对它的需要。马克思说："工人人口本身在生产出资本积累的同时，也以日益扩大的规模生产出使他们自身成为相对过剩人口的手段。这就是资本主义生产方式所特有的人口规律"①。

相对过剩人口是资本主义制度的必然产物，又是资本主义生产方式存在和发展的必要条件。首先，相对过剩人口可起到劳动力"蓄水池"的作用，可以较好地适应资本主义经济发展的周期性。因为资本主义生产存在明显的周期性，资本对劳动力的需求也存在周期性波动。在危机期间，资本对劳动力的需求急剧减少，大批工人被解雇，成为失业者。当资本主义经济恢复和发展的时候，资本对劳动力的需求又突然增加，这时劳动力就不能完全依靠人口的自然增殖来满足，失业人口的存在就成为资本家产业发展的后备军。所以，相对过剩人口也被称为产业后备军。其次，相对过剩人口的存在有利于提高对在岗工人的剥削程度。大量产业后备军的存在，使资本家可以随时在市场上购买到廉价的劳动力，这对就业人员和劳动力市场又是一种威胁。资本家经常以此强迫工人提

① 马克思，恩格斯. 马克思恩格斯全集：第 23 卷. 北京：人民出版社，1972：692.

高劳动强度和接受各种苛刻的剥削条件。由此可见，资产阶级政府经常宣布要“实现充分就业”，实际上是不可能真正消灭失业的。

在资本主义社会，相对过剩人口有三种基本形式：一是流动的过剩人口。它是指那些暂时从生产过程中被排挤出来的失业工人。由于资本流动、产业结构调整、资本有机构成变化及资本主义再生产危机与繁荣的交替进行，工人时而被解雇、时而被吸收，处于一种流动状态。二是潜在的过剩人口。它主要是指农业中的过剩人口。随着农业有机构成的提高，越来越多的劳动力成为“农村剩余劳动力”，他们不断地涌入城市，寻找就业机会。三是停滞的过剩人口。它主要是指没有固定职业，仅仅依靠做些杂活维持生存的人。这个人群工作极不稳定，劳动时间长，工作条件差，工资水平又特别低，基本上处于社会的底层。这种过剩人口从农村和城市都能够得到源源不断的补充。

相对过剩人口是失业问题在资本主义制度下存在的特殊表现形式，而失业问题并不是资本主义经济中特有的现象。失业是劳动力供给超过劳动力需求时所表现出来的劳动力市场的总量失衡。失业是一个历史现象，是所有市场经济国家都必须共同面对的难题。

造成失业的原因是多样的：一是生产的结构性调整。随着生产的社会化和技术水平的提高，社会分工形式不断细化，产业结构需要调整、升级。从传统产业中被排挤出来的劳动力，如果不能适应现代科学技术的应用或新兴产业的需求，就会失业。二是市场竞争过程中落后企业的破产。在市场经济条件下，资源配置以市场为基础。一些企业由于经营管理不善、严重亏损，不得不宣告破产，使工人失业。三是经济运行的周期性波动。在市场经济中，即使保持国家一定程度的干预，经济周期仍然是难以避免的现象。当经济处于低谷时，失业人口增加；当经济处于繁荣阶段时，则失业率下降，工资水平上升。四是劳动力市场的不完善。劳动力市场的发育和经营是一个渐进的过程。由于劳动力缺乏相关的就业信息，往往出现空余的工作岗位与失业人口同时存在的局面。

第二次世界大战后，资本主义国家的失业问题普遍严重。失业不仅在资本主义社会中是普遍的经济问题，在社会主义市场经济建设中同样也不可避免。但是社会主义的失业与资本主义的失业不同。在资本主义生产方式下，作为失业的特殊形式的相对过剩人口是私人资本对雇佣劳动排挤和压迫的结果，失业服从于资本增殖的需要。在以公有制为基础的市场经济中，这种排挤和压迫的性质消失了，但由于市场经济自然因素的作用，失业本身并没有完全消失。

概念与原理

- 相对过剩人口就是相对于资本的需要表现为过剩的劳动人口，也就是劳动力的供给超过了资本对它的需要。它是资本主义制度的必然产物，又是资本主义生产方式存在和发展的必要条件。
- 失业形成原因多样，包括生产的结构性调整、市场竞争中企业破产、经济周期性波动和劳动力市场不完善等多种因素。

专栏 3-5

李嘉图关于机器与失业关系的理论

李嘉图（1772—1823 年）最初受亚当·斯密的影响，一直认为资本主义社会是自然秩序，是唯一合理的社会。在他看来，在资本主义社会中，随着资本积累的增加，社会各阶层的收入都会保持相同比例的增加。因此，随着资本积累的增加将引起生产规模的扩大和机器使用的普遍化，在资本家利润增加和地主阶级地租增加的同时，工人阶级的收入也会相应增加，他认为机器应用于任何一个生产部门都可以节省劳动，所以是一种普遍的利益，工人阶级和别的阶级一样，都会因机器的普遍使用而获得好处。约翰·巴顿于 1817 年发表的《影响社会上工人阶级生活状况的现实条件的考察》一文，彻底改变了李嘉图的看法。李嘉图在《政治经济学及赋税原理》（第三版）中，改变了他原先持有的对劳动力的需要随资本积累的增加而保持正比例增加的看法。他指出，机器使用的结果，对地主阶级和资本家阶级所产生的影响与原先一样，没有改变，但是，它对工人阶级产生的影响是极其有害的。他说："我现在有理由确信，地主和资本家从中取得收入的那种基金增加时，劳动阶级主要依靠的另一笔基金却可能减少。所以如果我没有错的话，使国家纯收入增加的那一原因同时可以使人口过剩，从而使劳动者生活状况恶化。"

二、资本积聚与资本集中

资本有机构成的提高，一般要以个别资本的增大为前提。个别资本的增大是通过资本积聚和资本集中两个途径来实现的。

资本积聚就是个别资本通过资本自身的积累，即将剩余价值转化为资本，来增大自己的资本总额。例如，某个资本家有 10 万元资本，一次生产过程后可以获得 2 万元的剩余价值，如果他把其中的 1 万元用于个人消费，而把其余 1 万元再转化为资本，用于购买追加的生产资料和劳动力，这样，他的资本总额就由 10 万元积聚到 11 万元。资本积累是资本积聚的基础，资本积聚是资本积累的直接结果。资本积累越多，相应的资本积聚规模也会扩大。资本积聚是建立在资本自身扩大的基础上的，它受到两个因素的限制：一是社会生产资料在个别资本那里积聚，要受到剩余价值总量和社会财富增长总量的限制；二是资本积聚受到资本分散程度的制约。个别资本的数量越多，资本积聚就会越分散，个别资本增长的速度就会越慢，资本积累的速度受到资本本身规模的限制。

由于资本积聚受到一定因素的限制，在现实经济生活中，个别资本的扩大往往采取资本集中的形式进行。资本集中就是把许多已经存在的、规模较小的资本合并或联合起来形成大资本。资本集中主要是通过大资本吞并中小资本或组织股份公司的方式来进行的，可以在短期内迅速扩大单个资本的规模。资本集中是借助于竞争和信用两个强有力的杠杆来实现的。促进资本集中的首要因素是竞争。在资本主义的激烈竞争中，大资本凭借其所具有的规模优势迅速击败和吞并中小资本，扩大自己的资本。促进资本集中的另一个因素是资本主义信用。资本主义信用表现在，一方面大资本可以充分利用银行信用带来的便利，获得巨额贷款，改进生产条件。银行信用以贷款的形式加强大资本的竞争力量。另一方面是通过资本市场，把众多分散的中小资本联合起来，组成规模巨大的股份公司。

资本积聚和资本集中，虽然是个别资本增大的两种形式，但是两者有着明显的区别。第一，资本积聚是以资本积累为基础的，因此，随着个别资本的积聚，社会资本总额会增大；而资本集中只是原有资本的重新分配和组合，所以它不会增大社会资本总额。第二，资本积聚要受到社会财富（包括追加的生产资料和消费资料）的增长速度、剩余价值数量及其分为积累基金和消费基金的比例等条件的限制，因此资本增大的速度比较缓慢；而资本集中不受这些条件的限制，所以它可以在较短的时间内迅速集中大量的资本。

资本积聚和资本集中之间也存在着密切的联系。一方面，资本积聚的增长必然加速资本集中的进展。因为随着资本积聚的不断进行，个别资本的规模日益增大，它可以利用自己雄厚的经济实力，打败众多的中小资本，从而加快资本集中的速度。另一方面，资本集中的速度加快了，又会反过来促进资本积聚的发展。因为集中起来的资本越大，就越有条件获得更大量的剩余价值或超额剩余价值，从而扩大资本积累的规模，加快资本的积聚。

个别资本通过资本积聚和集中而迅速增大，为采用先进的机器设备和提高劳动生产率提供了有利的条件，从而使资本有机构成不断提高。

概念与原理

- 资本积聚就是个别资本通过资本自身的积累，即将剩余价值转化为资本，来增大自己的资本总额。
- 资本集中主要是通过大资本吞并中小资本或组织股份公司的方式来进行的，可以在短期内迅速扩大单个资本的规模，主要借助于竞争和信用两个杠杆。

三、资本积累的一般规律与资本主义的贫富分化

（一）资本积累的一般规律

随着资本积累的增长，社会财富日益集中到资产阶级手中，而作为社会财富直接创造者的无产阶级的生活却极不安定，他们的工作没有保证，失业人数不断增加，受到的剥削加重，不少人经常处于待救济的贫困状态。这种随着资本积累而产生的社会两极分化，即一极是社会财富的积累，另一极是贫困的积累，就是资本积累的一般规律。正如马克思所指出的："社会的财富即执行职能的资本越大，它的增长的规模和能力越大，从而无产阶级的绝对数量和他们的劳动生产力越大，产业后备军也就越大。可供支配的劳动力同资本的膨胀力一样，是由同一些原因发展起来的。因此，产业后备军的相对量和财富的力量一同增长。但是同现役劳动军相比，这种后备军越大，常备的过剩人口也就越多，他们的贫困同他们所受的劳动折磨成反比。最后，工人阶级中贫苦阶层和产业后

备军越大，官方认为需要救济的贫民也就越多。这就是资本主义积累的绝对的、一般的规律。”①

马克思所阐明的资本主义积累的一般规律，深刻地揭示了在资本积累的过程中，资产阶级的财富积累和无产阶级的贫困积累之间的内在的本质的必然联系及其发展变化的客观必然性。它反映了资本积累的增长对无产阶级命运所产生的严重影响，揭示了无产阶级和资产阶级之间利益的根本对立以及资本主义生产方式的对抗性，是无产阶级反对资产阶级剥削的经济根源。

概念与原理

- 随着资本积累而产生的社会两极分化，即一极是社会财富的积累，另一极是贫困的积累，就是资本积累的一般规律。

（二）资本主义的贫富分化

在资本主义制度下，无产阶级的贫困具体表现为相对贫困和绝对贫困两种形式。无产阶级相对贫困，是指随着资本主义的发展，在国民收入总额中，无产阶级的工资收入所占的比重与资产阶级所得的剩余价值所占的比重相比日益下降，工人同资本家的贫富差距越来越大。

由于富裕阶层大多为资本家，而贫困阶层多为普通劳动者，因此，资本主义的贫富分化的一个侧面就表现为无产阶级相对贫困。

个人收入分配主要考察不同个体及不同收入阶层间的收入差距，是微观意义上的分配。第二次世界大战结束以后一直到 20 世纪 70 年代，由于工会力量得到加强，发达资本主义各国先后建立起社会保障制度，社会不平等程度明显缩小。稳定的收入分配使消费成为经济增长的引擎，并且使许多家庭拥有了中产阶级的生活方式，这也是资本主义的“黄金时代”。但是，从 20 世纪 80 年代起，随着新自由主义理论与实践的兴起，整个西方国家的收入分配状况普遍开始恶化。

收入差距拉大首先表现为最富裕人群收入所占份额越来越大。以美国为例，2006 年，美国收入最高的 1％的人口所获得的税前收入占收入总额的 22.9％，几乎是 1979 年的 3 倍（当年数值为 8.03％），它只比 1928 年的创纪录高度 23.9％低了一个百分点。从图 3－2 中也可以看出，不平等的急剧上升时期出现在 20 世纪 80 年代初。一个值得注意的问题是，在 2008 年金融危机发生后，美国最富的 1％的人口收入所占份额比危机前有所上升，这也说明了危机对穷人的负面冲击远大于对富人的影响。

其次，收入分配的不平等表现在收入增长速度上，收入水平越高，收入越是加速增长。我们从图 3－3 中可以看到美国不同的收入群体 1967—2012 年间增长速度的巨大差异。我们根据收入高低将人口分为五等分，在 20 世纪 80 年代初之前，各个收入阶层差距极小，各条线几乎是黏合的。从 80 年代以后，各收入阶层出现了剧烈分化，高收入和中高收入家庭

---

① 马克思，恩格斯．马克思恩格斯全集：第 23 卷．北京：人民出版社，1972：707.

图 3-2　美国最富的 1%的人口收入所占份额的变化（1915—2012 年）

资料来源：Economic Report of President（2014）.

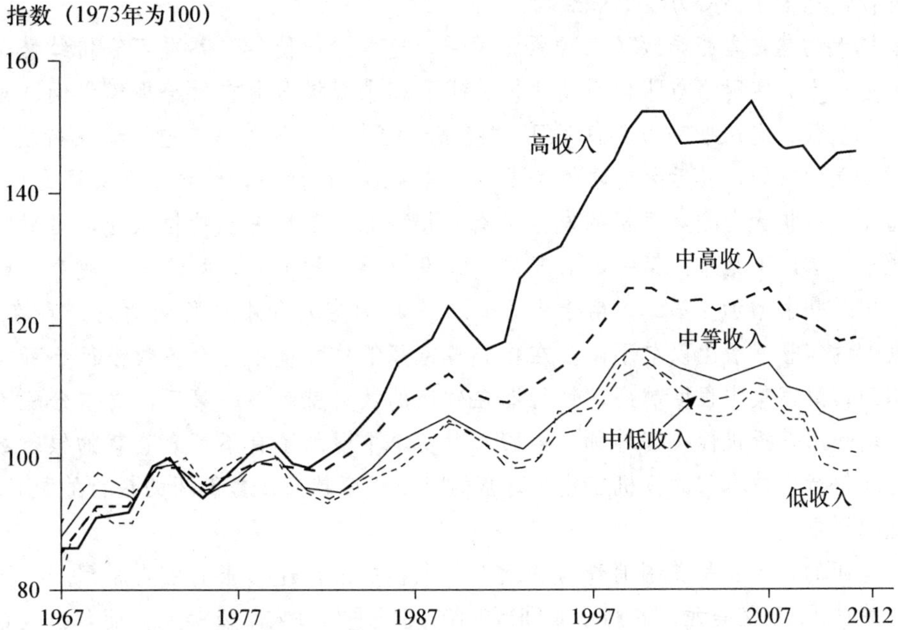

图 3-3　美国不同收入阶层收入增长状况（1967—2012 年）

资料来源：美国人口普查局。

经历了快速增长时期，而中等收入及以下的家庭收入长期在较低的水平上起起落落。最高收入的 20%的人群到 2000 年以后收入迅猛增长，约高于 1973 年收入 50%。相反，底部的 60%的居民收入直到 90 年代中期一直停滞，直到今天与 1973 年的水平相比几乎没有什么变化。最富的 1%的人群和最底层的 20%的人口成为最为鲜明的对比，在近 30 年时间里前者收入增长了278%，而后者只增长了18%。1993—2008年美国整个社会收入的平均增长率为1.3%，但最富的1%的年增长率为3.94%，余下的99%的年增长率只有0.75%，在此期间，收入增长份额中52%为最富的1%的人口所获得。

专栏3-6

倾斜的收入分配结构与金融危机的根源

随着全球化的分工结构的形成，美国的制造业日趋衰落，金融业日趋繁荣，加上新经济的繁荣，大量的金融精英、管理精英、技术精英、资本精英迅速崛起，攫取了社会的绝大部分财富。从1971年到2007年，美国企业平均工资从每小时17.6美元降到了10美元；同期，美国企业高管与普通员工的工资差距却从40：1扩大到了357：1。

20世纪90年代以来，美国经济保持着持续增长，但是贫富差距越来越大。根据美联储的调查，美国最富有的前1%的家庭在2004年拥有70%的债券、51%的股票以及62.3%的商业资产。在1989—2004年间最富有的前1%的家庭拥有的净资产份额从30.1%增加至33.4%，而后50%的家庭的净资产份额却从3%下降至2.5%。由于财富日趋向最富有的家庭进行转移，10%的富人占有了70%的社会财富。精英们成功地积累了巨大的财富，但他们并不满足，仍然希望这些财富能够继续增值。在这个过程中，金融资本登上了这个两极分化的舞台，充当了离心力量的加速器。

日益扩大的贫富差距导致了三种紧张关系，这些矛盾使经济不再可能持续繁荣。这种紧张关系存在于真实财富与账面财富之间、现有需求规模与潜在供给规模之间、被排斥的群体与那些收获了泡沫果实的人们之间。“经济结构中的紧张关系使泡沫无法持续下去，而自身达到极限的时候，其后果就昭然若揭了：某种形式的崩溃，继之以一次严重的衰退。”*

贫富差距的扩大与金融危机的发生具有直接联系。莱维·巴特拉认为，当财富集中起来时，通常会有以下结果：第一，财产很少或没有财产的个人人数增加，使穷人或中等收入阶层的贷款需求增加。第二，由于占人口大多数的穷人和中产阶级的财产现在减少了，所以借款人的信誉一般比以前下降。在信誉普遍降低的环境中，大多数银行不可能对借款人挑三拣四。财富集中程度越高，银行潜在破产的数目就越多。第三，财富分配不平均日益严重的副作用是投机性投资增加。第四，财富集中增加了有不可靠贷款的银行数目，助长了最终连银行也被卷入的投机狂热。财富的集中程度越高，易倒闭的银行的数目就越多，衰退也就越严重。

贫富差距的扩大正是美国消费信贷近十年来在美国迅速膨胀的主要原因。美国普通民众的负债共计14万亿美元，相当于GDP的101%，平均每人7万美元，而负担最重的则是低收入人群。为了解决民众绝对收入的不断降低与消费拉动型经济增长之间的矛盾，美国政府进一步放松金融管制。让原本没有资格借钱的人借钱消费，让原本没有资格买房的人购买住房，这正是次级按揭贷款及其一系列衍生品出现的历史背景。由此可以看出，美国次贷危机的真正根源是过分向精英倾斜的收入分配结构所导致的贫富差距的扩大。

*卡萝塔·佩蕾丝．技术革命与金融资本．北京：中国人民大学出版社，2007：129.

资料来源：刘志国．金融危机与精英主导的社会发展模式的破产．现代经济探讨，2009（3）.

（三）无产阶级的绝对贫困

无产阶级的绝对贫困，是指在资本主义制度下无产阶级的生活状况和劳动条件有时会出现绝对恶化。主要表现在以下几个方面：

一是失业和半失业人数大量增加。每当经济危机爆发时，由于生产下降，企业倒闭，大批工人被解雇，失业人必然大大增加。在经济萧条时期，工人失业人数虽然不增加，但是，已经失业的人口依然不能正常就业。这种情况不可避免地使工人阶级的生活状况绝对恶化。

二是实际工资有时会下降。当通货膨胀日益严重，物价、房租、医疗费用上涨的幅度高于货币工资提高的幅度，或者货币工资没有提高，而税收日益加重时，工人的实际工资就会下降，从而工人阶级的物质生活状况就会出现绝对恶化。

三是生活在贫困线以下的工人人数不断增加。美国政治和经济联合中心发表的一份报告称，按家庭收入不到全国中等收入的40%被列为贫困的标准来计算，20世纪80年代中期美国家庭的贫困率约为13.6%，加拿大为8.9%，英国为7%，法国为6.1%。1996年美国政府规定的贫困线是四口之家的年收入低于16 036美元，而该年美国生活在贫困线下的人口高达3 650万人，占该年美国人口总数的13.7%。1999年美国约有5 500万人生活在官方公布的贫困线以下，即一个四口之家年收入不足1.4万美元。可见处于贫困线以下的工人阶级的绝对数量在增加，需要救济的贫民在增多。

亚当·斯密在面对工人的贫困时，也常常站在穷人一边反对富人。他在讨论工资时指出，如果任何一个社会里的绝大部分成员贫穷而悲惨，这个社会肯定不会是繁荣或幸福的。此外，为所有人提供食物、衣服和住所的人应该获得他们自己劳动产品中的一部分，这样他们自己能够在可以容忍的程度上吃好、穿好、住好，这事关公平。同时，他认为，任何地方只要有大量的财富，就会有巨大的不公。少数人的富裕是以许多人的贫穷为先决条件的。

当代资本主义社会仍未改变劳动从属于资本的状况，因而，无产阶级贫困化规律依然存在。只不过在不同国家、不同地区无产阶级贫困化的表现形态不同罢了。最主要的表现形态就是人对资本的全面依赖，资本在世界范围内同劳动对立，无产阶级不仅在形式上局部地，而且在实质上在全世界范围内全面依赖于资本。脱离了资本，人的一切活动都将是不可能的。这种高度的、全面地对资本的依赖性正是无产阶级贫困化在资本主义社会的最主要表现形态。

专栏3-7

德国的财富差距

在过去的几十年中，德国经济生活标准对于社会的中下阶层也有了明显的提高，在高速公路上以200千米的时速驾驶、去国外度假、拥有家庭影院，这些在以前只有少部分人能够拥有的体验，如今的普通人也可以获得。这就造成一种假象，好像社会财富的差距在逐步缩小。实际上并非如此。

为了说明社会的财富差距，我们可以用一张 A4 纸来描述。我们沿着竖版方向每一厘米画一条线，代表 5 万欧元的财富，到 A4 纸顶端时，代表 150 万欧元。如果所有的德国人都在代表自己财富水平的那条线上打钩的话，其中一半以上的人会处在这张纸的底部区域，他们基本上没有任何财产。99%的人能在这张纸上找到自己的位置，只有 1%的人可以跳出这张纸的范围，这些人的数量为 80 万～100 万之间。他们才是德国真正的富裕阶层，手上掌握着真正的资本。

德国的财富差距究竟有多大，我们仍然可以用这张 A4 纸来说明。根据德国《经理人杂志》提供的财富排行榜，南部阿尔迪公司的拥有者卡尔·阿尔布雷希特占据榜首，名下财产为 170 亿欧元左右。代表财富的那条线画在多远的地方呢？答案是 3.5 千米之外。也就是说 99%的德国公民的财富在一张 A4 纸上，而卡尔·阿尔布雷希特所处的位置要用望远镜才看得到。

德国的社会财富集中程度从 20 世纪 70 年代以来一直是上升的。1970 年全部社会财富的 44%掌握在占人口总数 10%的富人手中，而 2012 年他们掌握的财富已经增加到 66%。与此同时，最富的 10%的人口内部也存在着上层和最上层之间的区别。富有的 10%的人口掌握 66.6%的财富，其余 90%的人口只占有 33.4%的财富，最富有的 1%拥有 35.8%的财富，最最富有的 0.1%则拥有 22.5%的财富。以上数据包含了所有的财富类型，如果将所有者自住的不动产去掉，只计算金融资本的话，最富有的 5%就掌握着全德国 75%的财富。

复习思考题

1. 为什么说劳动力成为商品是货币转化为资本的前提？
2. 马克思是如何揭示剩余价值产生的秘密的？
3. 剩余价值生产的两种基本方法是什么？
4. 资本主义工资形式发生了哪些变化？如何看待这些变化？
5. 为什么国与国之间存在着工资差异？
6. 资本积累、资本积聚和资本集中的相互关系是怎样的？
7. 为什么说相对过剩人口既是资本积累的必然产物，又是资本主义存在和发展的必要条件？

问题与应用

1. “我们现行的操作系统是被三个算式和一个启动条件所控制的。三个算式是：（1）资本回报的最大化；（2）资产的收入依据股权进行分配；（3）自然资源的价格等于零。而起始条件则是，5%的人所拥有的财富股权超过了 95%的人。

“如果使用循环纸张只是稍微地增加了成本而并未有损质量，他们就可能使用循环纸张。但是，如果这会造成明显的成本增加，他们就不可以——更确切地说，不允许——

为了拯救几棵树而牺牲利润。最终起作用的不是经理人的个人价值，而是环保纸张与使用新砍伐的树木所制造的纸张之间的价格比较。”①

根据上面两段话，如何正确理解剩余价值规律是资本主义的基本规律？

2. 2019年3月，一项名为“996. ICU”的行动在GitHub上传开，这是一群程序员为抵制互联网行业“996”工作模式而发起的一项行动。“996”工作模式具体是指每天早上9点上班，晚上9点下班，一周工作6天，没有加班补贴也不允许请假，以致劳动者身体健康状况不佳，生病就进ICU。实行“996”工作模式的企业往往以积极向上的头衔鼓励员工加班，而对于态度消极的员工则贴上“混日子”“不奋斗”的标签。“996”工作模式反映了我国当前互联网企业普遍实行的超长工作制度和盛行的加班文化，一经提出便在全社会引起了广泛的争论。

对“996”工作模式，既有人表示赞同，也有相当一部分人表示反对。赞同者认为，“996”工作模式对劳动者有好处，有利于劳动者在奋斗拼搏中实现自我价值，同时也为企业做出奉献，因而值得倡导。甚至有些企业家把“996”视为个人修来的福报，员工不仅不应该反对，而且应该感恩。反对者则认为“996”违反了《中华人民共和国劳动法》，严重损害了劳动者的身心健康，侵害了劳动者权益，不利于劳动者的全面发展。我国有多项关于劳动者工作状况的调查，其中一项调查数据表明，我国每年约有60万劳动者死于工作过度。

根据上述材料，你认为我国“996”工作模式存在的原因的是什么？应如何治理？

① 巴恩斯. 资本主义3.0. 海南：南海出版公司，2007：64－65.

第4章
资本的流通过程

资本是能够带来剩余价值的价值。资本要实现自身的增殖，不仅需要在直接生产过程中考察剩余价值的来源，还要在流通过程中研究剩余价值的实现。资本的价值增殖不能在流通过程中产生，但是又离不开流通过程。资本只有在不断的运动中才能实现价值的不断增殖。马克思深刻地分析了资本循环连续进行的条件，资本的周转对于预付资本量和剩余价值生产的影响，社会总资本的再生产和流通及其实现条件等资本的连续运动或流通问题。马克思研究资本流通的基本理论，揭示了资本运动的基本规律，对于我们认识社会主义资本运动过程与社会资本再生产过程及其运动规律具有重要的指导意义。

第1节　产业资本循环

产业资本是指物质生产部门的资本，包括工业、矿业、农业、交通运输业和建筑业等部门的资本，这些部门能够通过雇用劳动力直接生产剩余价值。研究资本循环的目的在于揭示资本在循环过程中所经历的阶段、采取的职能形式，及保证产业资本连续循环的条件等。产业资本只有在一定条件下才能保证其循环的连续性，资本的运行才能有效率。

一、产业资本循环的三个阶段和三种职能形式

产业资本在现实运动中，总是经过购买阶段、生产阶段、售卖阶段，并且相应地采取了货币资本、生产资本、商品资本三种职能形式。所谓资本循环，就是指资本从一定

的资本形式出发，按顺序经过三个阶段、经历三种职能形式，实现价值的增殖，又回到原来出发点的运动过程。

产业资本循环过程用公式表示为：

$$G—W<^{A}_{P_m}\cdots P\cdots W'—G'$$

产业资本循环运动的第一阶段是购买阶段，用公式表示就是：

$$G—W<^{A}_{P_m}$$

其中，G 代表货币，W 代表商品，A 和 P_m 分别代表劳动力和生产资料。在这一阶段，资本采取货币资本的职能形态，这个货币资本的职能就是通过购买劳动力和生产资料等生产要素，为生产剩余价值准备条件。

从形式上看，这个购买阶段与一般商品流通中的购买过程没有什么区别，都是用货币购买商品。这个购买阶段之所以成为资本循环的一个特定阶段，关键在于货币资本所购买的不是一般的商品，而是作为生产要素的劳动力和生产资料。劳动力和生产资料的使用，不仅能为资本家生产出某种新的商品，而且能生产出剩余价值，是具有生产剩余价值能力的生产资本。正因为如此，由货币转化为商品的这种一般商品流通中的购买过程，就同时是由货币资本转化为生产资本的产业资本循环的购买阶段。可见，作为资本循环的购买阶段，虽然在形式上与一般商品流通的购买阶段相同，但在性质上是根本不同的。

$G—W<^{A}_{P_m}$ 既表示一种质的关系，还表示一种量的关系。就是说，用货币购买的劳动力和生产资料之间既要在质上相互适应，又要保持一定的量的比例。从质的方面来看，所购买的生产资料的用途和性质与所购买的劳动力的素质和规格必须相互适应；从量的方面来看，所购买的生产资料数量和规模必须使所购买的劳动力得到充分利用，生产资料和劳动力都不能被闲置和浪费。

购买阶段使货币资本由原来的货币形态转化为生产要素的实物形态，货币资本也就转化为了生产资本。

产业资本循环运动的第二阶段是生产阶段。用公式表示就是：

$$W<^{A}_{P_m}\cdots P\cdots W'$$

其中，P 代表生产过程，W′代表生产出来的包含剩余价值的商品，虚线表示流通过程的中断。在完成购买阶段之后，资本的循环就进入了生产阶段，资本就从货币资本形态转化为生产资本形态。

在这个生产阶段劳动力和生产资料相结合，劳动者使用机器设备加工原材料生产产品；于是，劳动力被消费，原材料被加工，机器设备被磨损。资本的形态也发生了改变，由生产资本形态转化为商品资本形态，即生产出了新的商品。商品资本与在购买阶段所购买的生产要素商品相比较，不仅在物质形态上发生了变化，在价值量上也发生了变化，实现了价值增殖。所以，资本在生产资本形态上的职能就是生产剩余价值。

生产阶段是产业资本循环中的决定性阶段。在这个阶段中，通过劳动力的使用和生产资料的消耗，不仅生产出了新的商品，而且生产出了剩余价值，实现了资本价值的增殖。

产业资本循环运动的第三阶段是销售阶段。用公式表示就是：

$$W'—G'$$

公式中的G′代表已经发生了价值增殖的货币资本。资本在完成生产阶段的循环后，就由生产资本形态转化为商品资本形态，资本的循环就进入销售阶段。在销售阶段，资本处于商品资本的形态。商品资本的职能就是通过商品的出售，收回预付资本，实现增殖了的价值，使资本由商品资本形态转化为货币资本形态，回到原来的出发点，达到资本循环运动的目的，并且可以开始新的资本循环。

W′—G′即销售阶段，其对于资本循环的正常进行起着重要的作用，用马克思的话来说，这是一个“惊险的跳跃”。因为，第一，如果商品卖不出去，资本的循环就会中断，再生产过程就会停止。第二，即使商品出售出去了，“由于卖的速度不同，同一个资本价值就会以极不相同的程度作为产品形成要素和价值形成要素起作用，再生产的规模也会以极不相同的程度扩大或者缩小……流通过程推动了新的潜能，它们影响资本的作用程度，影响资本的扩张和收缩，而和资本的价值量无关”①。卖的速度快可以加速资本的循环，发挥资本的潜能，扩大再生产的规模；卖的速度慢则会延缓资本的循环，限制资本的潜能，缩小再生产的规模。第三，如果W′只卖掉一部分，则可能只收回预付资本的价值，而不能实现剩余价值；如果卖得更少，则有可能不足以补偿预付资本的价值，致使再生产规模萎缩。“在这里，出售商品的数量，成为决定性的事情。”② 生产出来的商品，必须快速全部地销售出去，才能实现资本的正常运行。

总之，产业资本在其循环过程中，要依次经过购买、生产、销售三个阶段，采取货币资本、生产资本、商品资本三种职能形态，而且每一种职能形态又相应地行使不同的职能。在资本循环运动中，顺次采取货币资本、生产资本和商品资本的形式，接着又改变这些形式，并在每一种形式中完成相应职能的资本，就是产业资本。产业资本不仅具有占有剩余价值的职能，而且还有创造剩余价值的职能。产业资本决定着生产的资本主义性质。

概念与原理

- 资本循环，就是指资本从一定的资本形式出发，按顺序经过三个阶段、经历三种职能形式，实现价值的增殖，又回到原来出发点的运动过程。
- 产业资本循环的公式为：$G—W<^{A}_{Pm}\cdots P\cdots W'—G'$。
- 产业资本循环经历了购买、生产、销售三个阶段，对应着货币资本、生产资本、商品资本三种职能形态，其职能分别是为生产剩余价值准备条件、生产剩余价值和实现剩余价值。

---

① 马克思，恩格斯．马克思恩格斯全集：第24卷．北京：人民出版社，1972：48－49．

② 同①49．

二、产业资本循环是三种循环形式的统一

1. 产业资本的三种循环形式

产业资本只有在连续不断的循环中才能使自己的价值增殖，资本一次循环结束，便开始下一次循环，因此，产业资本循环是一个连续不断、周而复始的过程。这一过程用公式表示为：

$$G—W\cdots P\cdots W'—G' \cdot G—W\cdots P\cdots W'—G' \cdot G—W\cdots P\cdots W'—G'$$

从这个连续不断的资本循环过程中可以看出，产业资本的三种中的每一种都要经过循环的三个阶段，再回到它原来的出发点。因此，产业资本在其循环过程中，同时存在着货币资本循环、生产资本循环、商品资本循环这三种不同的循环形式。用公式综合表示为：

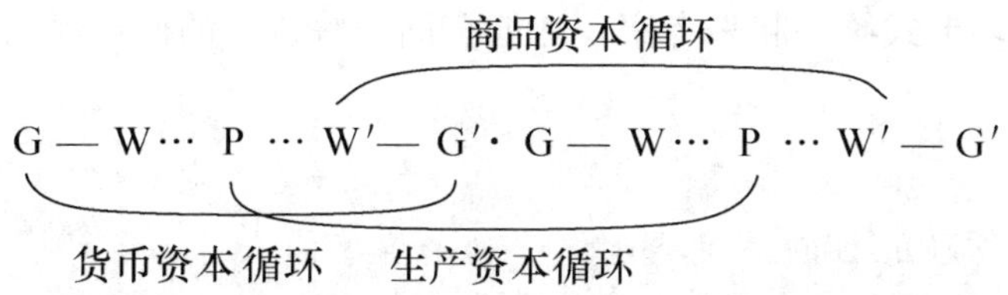

货币资本的循环 $G—W\cdots P\cdots W'—G'$ 就是以货币资本为出发点和复归点的运动，其终点的货币大于出发点的货币，它要顺次经过购买阶段、生产阶段和销售阶段。它也是以生产阶段为媒介，连接两个流通阶段的循环运动。货币资本循环公式表明了资本为了生产剩余价值而循环的目的。从这个意义上说，货币资本循环是产业资本循环中最具有典型意义的循环。

货币资本循环也具有片面性。货币资本循环可以简写为 $G\cdots G'$。从它的循环形式看，其起点与终点都是货币，而且终点是一个数量增大了的货币。从循环的形式看容易形成一种错觉，即货币的增殖额来源于货币本身。加上货币资本循环的起点与终点都发生在流通领域，资本增殖中具有决定性作用的生产过程只处于中间环节，进一步掩盖了剩余价值的真正来源。“货币资本的循环，是产业资本循环的最片面、从而最明显和最典型的表现形式”①。

生产资本循环 $P\cdots W'—G' \cdot G—W\cdots P$ 是从生产资本开始，并以生产资本为复归点的运动。它顺次经过生产阶段、销售阶段和购买阶段，以及再生产一个生产阶段。它是以流通过程为媒介，连接两个生产过程的资本循环运动。根据生产资本循环公式，一次循环就表现为资本的再生产，表明了资本主义生产过程的连续性，揭示了剩余价值的来源。

生产资本循环也具有片面性。生产资本循环公式可以简写为 $P\cdots P$，货币在生产资本循环过程中，仅充当流通手段和支付手段，掩盖了资本主义生产的目的，容易给人造成

---

① 马克思，恩格斯. 马克思恩格斯全集：第 24 卷. 北京：人民出版社，1972：71.

一种误解，似乎资本主义生产的目的不是生产剩余价值，而是生产某种使用价值，表现为为生产而生产，生产本身变成了目的。

商品资本循环 W′—G′·G—W…P…W′就是从商品资本开始，再回到商品资本的运动。它要经过销售阶段、购买阶段和生产阶段。这一循环的起点 W′和终点 W′都是生产过程的直接结果。商品资本循环的最初阶段，是增殖了的商品销售阶段，实际上是资本价值和剩余价值的实现过程。商品资本循环公式表明，资本必须以商品的销售为连续循环的条件。

商品资本循环也具有片面性。商品资本循环的简化形式为 W′…W′，它似乎表明流通过程在资本运动中占首要地位，商品的生产和消费成了首要问题。这往往造成一种假象，好像资本生产不是为了追求剩余价值，而是为了满足社会需要，使资本生产的动机和目的变得模糊起来。

产业资本的这三种循环形式的共同点在于它们都是以价值增殖即追逐剩余价值为目的的。但是，不同循环形式又表现出不同的特点和内容，从不同的侧面反映出资本主义生产的现实，只有把三种循环形式统一起来考察，才能全面了解资本的循环运动。

概念与原理

- 货币资本循环表明了循环的目的，但不能说明剩余价值的来源；生产资本循环表明了剩余价值的来源，但不能说明生产的目的；商品资本循环表明了商品销售为循环连续的条件，但模糊了资本生产的动机和目的。

2. 产业资本循环是三种循环形式的统一

产业资本如果只是三种职能形态相继转化，就会造成生产过程的中断，影响到效率。试想一下，假如一家房地产开发公司，在商品房完全销售出去以前，没有货币资本去拍卖土地，没有在建楼盘，那么这就意味着该公司竞争力与管理水平的低下。为了保证资本循环的连续性，要求资本的购买、生产和销售必须同时进行，就是说，必须保持资本的购买不间断、生产不间断和销售不间断。如何做到这些呢？要做到这些，从理论上讲，必须至少将资本分三次预付，即当第一次预付的资本在完成购买阶段进入生产过程之后，第二次预付的资本便开始进入购买阶段；在第一次预付的资本完成生产阶段，生产出包含剩余价值的商品并进入销售阶段之后，第二次预付的资本便开始进入生产阶段，而第三次预付的资本也开始进入购买阶段；在第一次预付的资本完成商品的销售换回货币重新进入购买阶段之后，第二次预付的资本已经完成了生产阶段并进入销售阶段，而第三次预付的资本也进入了生产阶段。这样，资本的循环就会经过购买过程、生产过程、销售过程而连续不断，并且这三个过程同时进行。由于这三个过程的连续不断和这三个过程的同时进行，在资本的现实运动中，就存在着资本三种循环形式的同时进行。否则，产业资本就不能保持其循环的连续性。因此，马克思说，产业资本的现实循环是它三种循环形式的统一。如下面的公式所示，由资本分三次预付所形成的第一个公式中的 P…W′—G′·G—W…P、第二个公式中的 W…P…W′—G′·G—W 和第三个公式中的 G—

$W\cdots P\cdots W'-G'$是同时进行的，表明了资本连续循环中的三种循环形式的统一。这三种同时进行的循环形式在下面的公式中，由方框中的黑斜体字示出。

$$
\begin{array}{r|l|l}
\cline{2-2}
G-W\cdots P\cdots & \boldsymbol{W'-G'\cdot G-W\cdots P\cdots W'} & -G' \\
G-W\cdots & \boldsymbol{P\cdots W'-G'\cdot G-W\cdots P} & \cdots W'-G' \\
 & \boldsymbol{G-W\cdots P\cdots W'-G'} & \cdot G-W\cdots P\cdots W' \\
\cline{2-2}
\end{array}
$$

综上所述，在现实中，要保持资本循环的连续性，使资本处于三种循环形式的同时循环，就必须具备两个条件：

第一，必须保持产业资本的三种职能形态在空间上并列存在，即空间上的并存性。也就是说，全部资本必须按照一定的比例分割为货币资本、生产资本和商品资本三部分。产业资本只有按照一定的比例分割为货币资本、生产资本和商品资本三部分，才能有货币资本循环形式、生产资本循环形式、商品资本循环形式三种循环形式的同时存在，才能有三种循环形式的统一。

第二，必须保持产业资本的每一种职能形态在时间上相继转化，即具有时间上的继起性。也就是说，货币资本循环、生产资本循环和商品资本循环都必须依次经过三个阶段，不停顿地循环下去。如果任何一种循环形态在任何一个循环阶段停顿下来，就破坏了三种职能形态在空间上的并存性，破坏了三种循环形式的统一，使资本循环发生中断。

可见，产业资本在循环过程中，三种职能形态在空间上的并存性和三种循环形式在时间上的继起性是互为前提、互相依赖的。时间上的继起性以空间上的并存性为前提，没有并存性就没有继起性；同样，空间上的并存性是时间上的继起性的结果，没有继起性也不能保持并存性。而保持了并存性和继起性，也就保证了三种循环形式的同时存在和同时进行，保证了产业资本循环的连续性，保证了资本运动在循环方面的效率。

概念与原理

- 产业资本循环连续进行的条件是空间上的并存性和时间上的继起性。

第 2 节　资本周转

资本的目的在于价值的增殖，资本只有在不断的运动中才能实现价值的不断增殖。因此，资本就不能仅限于一次循环，而必须是一次循环过程接着一次循环过程地运行下去。这种不间断的周而复始的资本循环运动，就是资本周转。马克思说："资本的循环，不是当作孤立的行为，而是当作周期性的过程时，叫做资本的周转。"① 资本周转速度的快慢对于资本的运行效率具有重大影响。

① 马克思，恩格斯. 马克思恩格斯全集：第 24 卷. 北京：人民出版社，1972：174.

一、资本的周转时间与周转次数

资本周转的中心问题是周转速度，所谓周转速度是指资本周转一次所花费的时间，或者说资本在一定时间内可以周转多少次。这样，资本周转速度可以用周转一次所花费的时间和周转次数两种方法来表示。

资本的周转时间就是资本从一定的预付形式出发，经过运行，实现价值增殖，再以同样的形式回到资本家手中所经历的时间。资本在周转过程中要经过生产领域和流通领域。资本处在生产领域的时间是资本的生产时间，资本处在流通领域的时间是资本的流通时间。资本的周转时间等于资本的生产时间和流通时间的总和。

资本周转时间的长短表明资本周转速度的快慢。周转时间越短，表明周转速度越快；周转时间越长，表明周转速度越慢。所以，周转时间和周转速度成反比。

资本的周转次数，是指在一定时间内，资本价值周转的次数。这一定时间，通常以“年”作为自然计算单位。如果以 U 表示资本周转的计量单位“年”，以 u 表示资本周转一次所需要的时间，以 n 表示资本周转次数，那么，一年里资本周转次数的计算公式是：

$$n=\frac{U}{u}$$

一定量资本周转次数越多，表明其周转速度越快；周转次数越少，表明其周转速度越慢。假定有甲、乙两个资本，甲资本周转一次需要 3 个月，那么它在一年中的周转次数就等于 12÷3=4，即一年周转 4 次。乙资本周转一次需要 6 个月，它在一年中的周转次数是 12÷6=2，即一年只周转 2 次，表明甲资本比乙资本的周转速度快一倍。所以周转时间和周转次数，只是同一周转速度的两种不同表示方法。

资本周转速度的快慢，取决于生产资本的构成（包括固定资本和流动资本的比例，以及固定资本和流动资本各自的周转速度）、生产时间和流通时间的长短等多种因素。

概念与原理

- 不间断的、周而复始的资本循环运动，就是资本周转。资本周转的速度取决于生产资本的构成、生产时间和流通时间的长短等多种因素。

二、生产时间和流通时间

资本的周转时间包括生产时间和流通时间两部分。资本的生产时间和流通时间各自的长短都对资本的周转速度构成影响。

资本的生产时间就是资本处在生产领域的时间，又可分为劳动时间和非劳动时间两部分。

劳动时间是指劳动者运用劳动资料作用于劳动对象、生产某种产品的时间。它是生产时间的主要组成部分。劳动时间的长短取决于产品的性质、生产过程的复杂程度、生产技术水平、企业管理水平、劳动生产率的高低等多种因素。产品的性质不同，劳动时间的长短也会不同。马克思举例说："制造一台机车需要三个月，制造一艘装甲舰则需要一年或数年。谷物的生产需要将近一年，牛羊的生产需要几年，木材的生产可长达12年到100年。"① 而生产同质量的产品，劳动时间的长短就取决于技术水平和劳动生产率的高低等因素。

劳动时间的长短会影响资本周转速度和预付流动资本的数量。劳动时间的长短之所以影响到预付流动资本的数量，是因为在劳动期间，固定资本在折旧期内总要留在生产过程中继续发挥作用。因此，这里基本上不涉及固定资本预付量的问题。而流动资本则不同，劳动时间越长，意味着产品的生产周期就越长，所需的流动资本的预付数量就越多，因为流动资本不仅长时间被束缚在这段时间里，而且在产品销售之前，还必须有按比例的新的流动资本以工资、原材料的形式预付下去；反之，劳动时间越短，意味着产品的生产周期越短，所需的流动资本的预付数量就越少。

劳动时间的长短对预付资本的数量的影响，直接影响到企业的生产经营能力和投资方向。在资本主义发展的初期，那些需要很长劳动时间、投资量巨大且只能大规模经营的企业，例如，筑路、开凿运河等的公司，往往要由公共团体或国家出资兴办。随着资本积累和信用制度的发展，私人企业才通过组建股份公司或信用融资的办法经营规模巨大的企业。

非劳动时间是指劳动过程中断的时间。它包括：（1）自然力作用时间，是指在产品的生产过程中，劳动对象往往要受自然力的作用，经历物理的、化学的、生理的变化的时间，如木材的自然干燥时间，酒的发酵时间，农作物的生长时间等。在自然力作用时间中，生理的变化时间较难缩短。因此，自然力作用时间在种植业中较难缩短。而在工业领域中，随着科学技术的发展和生产工艺的改进，产品在生产过程中需要的物理和化学方面的自然力作用时间则可以逐渐缩短。例如，"制革业，旧的方法将鞣酸浸入皮内，需要六个月到十八个月的时间，新的方法使用抽气机，只需要一个半月到两个月"②。而在今天，使用最新的方法，只需要几天就可以了。（2）生产资料的储备时间，是指已经进入生产领域，但还没有进入生产过程的原料和辅助材料的储备时间。储备一定数量的原材料是保证生产过程连续进行的必要条件。合理的储备有利于资本的周转，但是，过多的储备会占用更多的资本，延缓周转的速度，影响经济效益。生产储备的多少取决于生产过程的需要和采购是否顺利等因素，因此，为了减少不必要的储备造成的浪费，必须保证交通的便利和供货的充裕，以便即时供货。

资本的流通时间，是指资本处在流通过程中的时间。它包括生产资料和劳动力等生产要素的购买时间与生产出来的商品的销售时间两部分。资本流通时间的长短，主要取决于市场供给和需求的状况、商品生产地点与销售市场距离的远近、交通运输条件的好坏、信息是否通畅等因素。

---

① 马克思，恩格斯．马克思恩格斯全集：第24卷．北京：人民出版社，1972：255-256.

② 同①267.

概念与原理

- 资本周转时间包括生产时间（劳动时间和非劳动时间）和流通时间（要素购买时间和产品销售时间）。

三、固定资本和流动资本

1. 固定资本和流动资本的划分

从资本周转的角度来考察资本的构成，可以把生产资本的不同组成部分按其价值周转方式的不同，划分为固定资本和流动资本。

固定资本是指以机器、设备、厂房、工具等劳动资料形式存在的生产资本。它的价值按照在使用过程中的磨损程度，逐渐转移到新产品中去，随着产品的出售又一部分一部分地收回，需经过多次生产过程才能实现其价值的全部周转。固定资本的物质要素在生产过程中要全部参加到生产过程中去，但由于其磨损是分次进行的，因此，它的物质要素在生产过程中始终保持其原有的状态，其更新需待其全部失效之后。根据这部分生产资本的实物形态在生产过程中保持不变，而其价值则随其实物形态的磨损逐步地转移到新产品中去，并随着产品的出售逐步地周转回到资本家手中的特点，马克思把这部分资本称为固定资本。

流动资本是指以原料、燃料、辅助材料等劳动对象形式存在和用于购买劳动力的那部分生产资本。以劳动对象形式存在的资本，其价值一次转移到新产品中去，并随着产品的出售一次收回；它的物质要素参加一次生产过程后便全部消费掉，形成一种新的产品。因此，每次生产都需要不断更新。根据这部分资本价值周转的特点，把它称为流动资本。用于购买劳动力的那部分资本，它的价值并不转移到新产品中去，而是在生产过程中，由活劳动重新创造出来。工人在生产过程中不仅创造了相当于劳动力价值的那部分价值，而且还创造了剩余价值。因此，虽然在价值形成上，投在劳动力上的那部分资本，同投在劳动对象上的那部分资本是根本不同的，但是，从价值的周转方式来看，二者是一样的。二者都是通过一次生产过程就把全部价值加入新产品中，并经过产品的出售以货币的形式收回到资本家手中。因此，购买劳动力的那部分生产资本，也属于流动资本的范畴。

固定资本与流动资本的区别主要表现在以下几个方面：

第一，二者的价值周转方式不同。固定资本就实物形态来看，是逐步磨损的，就其价值而言，是逐渐转移到新产品中去的。流动资本则是一次性全部被消费，其价值也一次性全部转移。

第二，二者的周转时间不同。固定资本的周转速度较为缓慢，主要是因为其价值要经过多个周期才能完全转移。流动资本的周转速度较快，其价值一次性就全部转移。

第三，二者的价值收回方式不同。固定资本投资是一次性预付，在使用过程中，通过折旧的形式逐期收回。流动资本的投资则是一次性预付，一次性收回。

第四，二者物质形态更新的方式不同。固定资本的价值虽然是分期回收的，但是使用价值的更新却是一次性完成的。流动资本在生产过程中，根据生产的需要，要不断进行更新和替换。

概念与原理

- 根据价值周转方式不同，生产资本可以划分为固定资本和流动资本。固定资本是指以机器、设备、厂房、工具等劳动资料形式存在的生产资本。流动资本是指以原料、燃料、辅助材料等劳动对象形式存在和用于购买劳动力的那部分生产资本。
- 固定资本、流动资本在价值周转方式、周转时间、回收方式和物质形态更新方式上存在不同点。

我们可以将总资本分为固定资本和流动资本两部分，也可以划分为不变资本与可变资本两部分。这两对概念比较容易混淆，这也是在理解过程中需要注意的。

第一，两对概念划分的标准不一样。不变资本和可变资本的划分依据是，资本在剩余价值生产过程中的不同作用。不变资本只能进行价值转移，而可变资本则不仅能够创造自身的价值，而且可以带来价值增殖。固定资本与流动资本则是从资本的周转方式上来进行区分的。

第二，资本各部分在两对范畴上不是对应的。厂房、设备、工具等固定资本和原料、燃料、辅助材料等一起构成了不变资本。劳动力成本（工资）是可变资本，它和原料、燃料、辅助材料一起构成了流动资本，这只是流动资本的一部分。

第三，划分的目的不同。将资本划分为不变资本与可变资本，是为了说明剩余价值的真正来源；将资本划分为固定资本与流动资本，则是为了说明资本的构成对资本周转速度的影响，进而影响到剩余价值量的多少。后者掩盖了剩余价值的真正来源。

概念与原理

- 固定资本与流动资本的区别在于划分的标准不一样，不存在对应关系，划分的目的不同。

2. 固定资本和流动资本对资本周转速度的影响

固定资本和流动资本在周转方式上的差别，构成了影响资本周转速度的重要因素。固定资本由于预付量大且价值逐步分批转移，因而价值回收缓慢，资本周转周期长。流动资本是一次性预付、一次性收回，因而价值回收期短，资本周转周期短。这样，在其他条件不变的情况下，在预付资本中，固定资本所占的比重越大，资本周转越慢；流动资本所占的比重越大，资本周转越快。

固定资本和流动资本的区分，对于研究资本的周转效率具有重要意义。资本只有通过不断的循环和周转才能实现价值的增殖。资本周转速度的快慢意味着资本在一定期限内实际执行职能的次数和效率。例如，一个企业可能会因为固定资本的投资比重过大，资本周转时间太长，超出其预付资本量的限制而难以为继。又如，一个企业也可以在固定资本周转一次的期限内，通过加快流动资本的周转，来提高固定资本的使用效率。

3. 固定资本的磨损和更新

固定资本的价值是按照它的磨损程度，逐渐转移到新产品中去的。因此，固定资本的周转速度是和固定资本磨损的程度密切相连的。固定资本的磨损，可以分为有形磨损和无形磨损两种。

固定资本的有形磨损，又叫物质磨损，是指固定资本的物质要素由于使用和自然力的作用而造成的损耗。马克思在概括固定资本的物质磨损时说："一种是由于使用，就象铸币由于流通而磨损一样。另一种是由于不使用，就象剑入鞘不用而生锈一样。在后一种情况下，机器的磨损是由于自然作用。前一种磨损或多或少地同机器的使用成正比，后一种损耗在一定程度上同机器的使用成反比。"①

固定资本的无形磨损，又叫精神磨损，是指固定资本在它们的有效使用期内，由于生产技术的进步引起的资本贬值。无形磨损也分两种情况：一种情况是，由于生产技术的进步和劳动生产率的提高，生产同样机器设备的社会必要劳动时间减少，从而引起原有固定资本发生贬值；另一种情况是，由于科学技术的进步、新技术的发明和应用，生产出质量更好、效率更高的机器设备，使原有机器设备的经济效能相对降低而引起的贬值。

固定资本的更新是以折旧的方式进行的。固定资本经过一定期限的逐渐磨损，最终会丧失作用，这时就需要更新。资本家把转移到新产品中去的那部分固定资本的价值，从出售的商品中提取并积累起来，以备固定资本的更新，这种方法称为固定资本的折旧。所以，折旧是固定资本在使用过程中，因磨损而转移到产品中的那部分价值的一种补偿方式。固定资本更新必须设立折旧基金。按照固定资本的磨损程度每年从出售商品中提取的、用于更新的货币准备金就是折旧费或折旧基金。折旧费与固定资本的原始价值的比例就是折旧率。例如，一台机器价值 10 万元，使用 10 年，每年转移到产品中去的价值是 1 万元，它的折旧率就是 10%。按照这个折旧率，每年从产品的销售中提取 1 万元折旧费出来，待 10 年后机器报废时，共提取折旧费 10 万元，可以重新购买一台新机器。

折旧基金是用来补偿已经消耗掉的固定资本的价值，替换已经磨损了的厂房、机器、设备等固定资本实物的。所以，折旧基金的提取和使用是属于简单再生产范畴的。但是，由于固定资本在其整个折旧期内，在物质形态上仍能独立存在并发挥作用，在没有全部磨损的情况下，不需要更新。这就使由固定资本价值逐步转移而来的折旧基金成为一种暂时闲置的货币准备金，使"固定资本价值中这个转化为货币的部分，可以用来扩大企业，或改良机器，以提高机器效率"②。这样，在不积累的情况下，通过对折旧基金在一定时期内的有效利用，仍然可以实现规模扩大的再生产。马克思指出："这种规模扩大的再生产，不是由积累——剩余价值转化为资本——引起的，而是由从固定资本的本体分

① 马克思，恩格斯. 马克思恩格斯全集：第 23 卷. 北京：人民出版社，1972：443.

② 马克思，恩格斯. 马克思恩格斯全集：第 24 卷. 北京：人民出版社，1972：192.

出来、以货币形式和它分离的价值再转化为追加的或效率更大的同一种固定资本而引起的。”[①]

固定资本的无形磨损和由自然力的作用引起的物质磨损，是非使用而引起的磨损，是一种经济损失。马克思的固定资本的无形磨损和由自然力的作用引起的物质磨损的理论揭示出，可以通过采取轮班制等办法，减少和消除固定资本的闲置率，提高固定资本的使用效率，从而提高整个资本的运营效率。

概念与原理

- 精神磨损，是指固定资本在它们的有效使用期内，由于生产技术的进步引起的资本价值上的贬值。
- 折旧是固定资本在使用过程中，因使用磨损而转移到产品中的那部分价值的一种补偿方式。

四、预付资本的总周转

生产资本的固定部分和流动部分，是按不同的方式，以不同的速度周转的；而且，同一企业的固定资本的不同组成部分，根据它们不同的寿命、不同的再生产时间，又各有不同的周转速度。因此，当我们谈到预付资本的周转速度时，总是指整个预付资本的总周转速度，而“预付资本的总周转，是它的不同组成部分的平均周转”[②]。因此，预付资本的总周转是指包括固定资本和流动资本在内的预付资本的不同组成部分的平均周转速度。其计算公式是：

$$\text{预付资本的总周转速度}=\frac{\text{固定资本年周转价值总额}+\text{流动资本年周转价值总额}}{\text{预付资本总量}}$$

可见，预付资本的总周转速度取决于两个因素：一个是固定资本和流动资本的比例；一个是固定资本和流动资本各自的周转速度。因此，预付资本总周转的一般规律是：在固定资本和流动资本的比例既定的情况下，固定资本和流动资本各自的周转速度越快，预付资本的总周转速度也就越快。在固定资本和流动资本各自的周转速度既定的情况下，固定资本的比例越大，预付资本的总周转速度就越慢；反之，流动资本的比例越大，预付资本的总周转速度就越快。

概念与原理

- 预付资本的总周转速度$=\frac{\text{固定资本年周转价值总额}+\text{流动资本年周转价值总额}}{\text{预付资本总量}}$。

---

① 马克思，恩格斯. 马克思恩格斯全集：第24卷. 北京：人民出版社，1972：192.

② 同①204.

五、加速资本周转的意义

1. 资本周转速度的快慢影响年剩余价值量的多少

假定有甲、乙两家企业，它们的预付资本总量相同，都是10 000万元；资本有机构成也相同，都是4∶1，各自的不变资本为8 000万元，可变资本为2 000万元；剩余价值率也相同，都是100%。但资本的周转速度不同，甲企业的资本每年周转4次，它预付的2 000万元的可变资本在一年中实际上发挥着8 000万元的作用，可以带来剩余价值8 000万元。乙企业的资本每年周转一次，其一年中实际发挥作用的可变资本2 000万元和预付的可变资本2 000万元相等，一年中可以带来的剩余价值也只有2 000万元。这样，甲、乙两家企业虽然预付资本总量、预付的可变资本总量、剩余价值率是相同的，但由于资本周转速度的不同，实际使用的可变资本量不同，甲企业获得的年剩余价值量是乙企业的4倍，即甲企业的年剩余价值量为8 000万元，乙企业的年剩余价值量为2 000万元。

2. 资本周转速度的快慢影响年剩余价值率的高低

年剩余价值率的公式为：

$$M'=\frac{M}{v}=m'n$$

公式中，M'表示年剩余价值率；M（$M=m'vn$）表示年剩余价值量；v表示预付可变资本；n表示资本周转次数；$m'\left(m'=\frac{m}{v}\right)$表示剩余价值率。

根据上面的例子，甲、乙两家企业的年剩余价值率为：

甲企业：

$$\text{年剩余价值率 } M'=\frac{8\,000\text{ 万元}}{2\,000\text{ 万元}}\times100\%=100\%\times4=400\%$$

乙企业：

$$\text{年剩余价值率 } M'=\frac{2\,000\text{ 万元}}{2\,000\text{ 万元}}\times100\%=100\%\times1=100\%$$

从这些比较中我们可以看出，资本周转越快，年剩余价值量越高，年剩余价值率也越高；反之，年剩余价值量和年剩余价值率都会越低。

3. 资本周转期间的缩短有利于节约货币资本的投入

对货币资本的需求是和资本的周转期间负相关的。周转期间越短，对货币资本的需求相应地就越少。马克思设想有A与B两个厂商，A厂商每周投入可变资本100英镑，每5周周转一次，剩余价值率为100%。B厂商每周投入100英镑，每50周周转一次。其后果主要有两个方面：一是剩余价值率不同，前者是后者的10倍；二是预付的可变资本不同，B厂商为了维持运转，必须预付的可变资本为5 000英镑，而A厂商却只需要

500 英镑。因此，“由于周转期间长短不同，在劳动剥削程度相等时，为了推动同量的生产流动资本和同量的劳动而必须预付的货币资本量是极不相同的”[①]。

4. 资本周转速度的快慢影响到货币市场的正常运行

劳动期间长的项目和工程，在较长时间内从社会中不断取走劳动力和生产资料，而在这个时间内却不向社会提供可以再转化为货币的产品。因此，资本必须为较长的时间而预付，而且一个较大的资本量要被束缚在生产资本的形式上。“在资本主义生产的基础上，历时较长范围较广的事业，要求在较长时间内预付较大量的货币资本。……货币市场的混乱会使这类企业陷于停顿，而这类企业反过来也会引起货币市场的混乱。”[②]

如果流通期间延长，则预付资本的流回也会相应延迟。为了保持原有的生产规模就需要追加资本，这种追加的资本只能从货币市场取出。“只要流通期间在一个或更多的大生产部门延长，这就可能给货币市场造成压力”[③]。尤其是流通不畅导致流通期间延长使资本过久地停留在商品资本的职能上，它就不再成为商品，甚至不再成为使用价值，最终导致货币的回流完全不可能。其结果是生产商压缩生产规模、破产，或者不得不持续追加资本以维持企业的正常运转。

概念与原理

- 资本周转速度的快慢影响年剩余价值量、年剩余价值率的高低、货币资本的投入量，并可能给货币市场带来压力。

第 3 节　社会资本的再生产和流通

前面我们对资本循环和周转的研究，是从个别资本的角度考察资本的再生产和流通，主要是微观角度的考察。本节从社会资本的角度分析社会总资本的再生产和流通，主要是从宏观角度进行的分析。社会总资本的运动具有与个别资本不同的特点、条件和规律；只有符合一定的条件和规律，社会总资本的再生产才能顺利进行。

一、社会总资本再生产的核心问题

1. 单个资本与社会总资本

社会总资本的再生产和流通，就是社会总资本的运动。在市场经济条件下，各个商品生产者具有独立的经济利益，企业的资本分别属于不同的商品生产者。每个企业的资本在再生产过程中，都独立地进行循环和周转，实现价值的增殖。这种各自独立发挥职

---

① 马克思，恩格斯. 马克思恩格斯全集：第 24 卷. 北京：人民出版社，1972：349.

② 同①396.

③ 同①315.

能的资本就是个别资本或单个资本。

在社会分工和市场经济条件下，各个个别资本不可能互相隔绝、彼此孤立，它们必须互相联系、相互依存，通过流通过程发生一定的关系。这表现为，每一个个别资本既要同为它提供生产资料的资本发生关系，又要同购买它的产品的资本发生关系。在市场交换过程中，各部门、各产业的资本相互之间必须保持一定的、合理的比例关系，整个社会资本的运动才能顺利进行。因此，社会资本就是以社会分工和市场交换为条件的、相互联系、相互制约的全社会个别资本的总和。

概念与原理

- 个别资本或单个资本是各自独立发挥职能的资本。社会资本是以社会分工和市场交换为条件的、相互联系、相互制约的全社会个别资本的总和。

各个个别资本要不断地增殖，就必须连续不断地进行资本的循环和周转，而在资本循环和周转过程中，各个个别资本在运动中又是相互交错、互为条件的。这种相互交错、互为条件的个别资本运动的总和，就形成了社会总资本的运动。

社会资本的运动既然是由单个资本运动的总和构成的，因而社会资本的运动和单个资本的运动有许多共同之处：（1）它们在运动中都要经过三个阶段，采取三种职能形式；（2）它们都是生产过程和流通过程的统一；（3）它们都要进行生产消费，运动的目的都是为了价值的增殖等。

社会资本既然作为全社会资本的总体，它的运动必然和组成它的各个单个资本存在区别，有着自己的特点。社会资本运动具有比单个资本运动更加丰富的内涵。这表现在：

第一，社会资本的运动不仅包括生产消费，而且包括资本家与工人的生活消费。从个别资本来看，资本家也要把一部分剩余价值用于个人消费，个人的工资也要用于个人消费。但我们在考察个别资本的运动时，可以不分析资本家和工人的这些消费。因为这些个人消费是在个别资本运动之外进行的，不属于个别资本运动本身的内容。然而，从社会资本运动的角度来看，情况就不同了，资本家和工人用货币购买个人消费品的过程，同时就是生产消费品的资本家出售商品的过程，就是把他们的商品转化为货币的过程。这一过程是社会资本运动的重要组成部分。所以，社会资本的运动必然包括个人消费问题。

第二，社会资本运动不仅包括资本流通，而且包括媒介个人消费的一般商品流通。个别资本运动中的购买和销售阶段，都属于资本流通，而不属于一般商品流通。然而，社会资本运动中包含个人消费的内容。资本家和工人用货币购买消费品的行为，则属于一般商品流通，而不是资本流通。

第三，社会资本运动不仅包括预付资本的流通，而且包括全部剩余价值的流通。剩余价值（m）分为两个部分：资本家个人消费（m/x）与资本积累（m－m/x）。单个资本运动只考察预付资本的流通和用于资本积累的那部分剩余价值的流通（C＋V＋m－m/x）。社会资本运动考察预付资本和全部剩余价值的流通，即 m/x 也需要考察，考察对象是商品价值总体 C＋V＋m。

第四，考察社会资本运动既要考察资本的价值补偿，又要考察资本的实物补偿。考察单个资本运动时，资本各部分的实物补偿是被假设不成问题的。对单个资本运动的考察假定在商品出售后，价值得到补偿，用回流的货币资本能够在市场上购买到再生产所需要的全部生产要素，并使单个资本再生产运动得以持续。但是在实际经济生活中，单个资本运动要受到社会生产资料供给的制约，研究社会再生产，需要考虑实物补偿问题。

概念与原理

- 社会资本运动与单个资本运动相比包括了更为丰富的内容：(1) 除了生产消费外，还包括生活消费；(2) 除了资本流通外，还有一般商品流通；(3) 除了预付价值的流通外，还有全部剩余价值的流通；(4) 除了考察价值补偿外，还要考察实物补偿。

2. 社会总产品的构成和社会生产的两大部类

社会总产品，就是社会在一定时期内（通常指一年）所生产的全部物质资料的总和。它是由一个国家的工业、农业、建筑业、交通运输业等物质资料生产部门的劳动者创造的。社会总产品既是生产过程的结果，又是再生产过程的条件，是整个社会存在和发展的基础。

马克思从实物形式和价值形式两个方面分析了社会总产品的构成。从实物形式来看，按其最终用途，社会总产品可以分为生产资料和消费资料两大类，与此相适应，马克思把社会生产分为两大部类：第一部类为生产资料的生产，第二部类为消费资料的生产。

社会总产品从价值形态来看，由三部分构成，即包含在产品中的生产资料的转移价值（以 C 表示）、凝结在产品中的由工人的必要劳动创造的价值（以 V 表示）和凝结在产品中的由工人的剩余劳动创造的价值（以 M 表示）。

马克思把社会总产品按实物形式分为生产资料和消费资料两大类，进而把社会生产划分为生产资料的生产和消费资料的生产两大部类；按价值形式分为 C、V、M 三部分，这是分析社会再生产的两大理论前提。

概念与原理

- 马克思分析社会再生产的两大理论前提：一是把社会生产划分为生产资料的生产和消费资料的生产两大部类；二是把社会总产品按价值形式分为 C、V、M 三部分。

3. 社会再生产的核心问题：社会总产品的实现

社会资本连续循环和周转的条件，就是社会总产品各个组成部分如何实现的条件。社会总产品的实现问题，就是社会再生产过程中实现资本的价值补偿和实物补偿问题。社会总产品的价值补偿，是指社会总产品的各个组成部分的价值，如何通过商品的全部出售，以货币形式收回，用以补偿生产中预付的不变资本和可变资本并获得剩余价值。

社会总产品的实物补偿或实物替换，是指社会总产品的各个组成部分的价值转化为货币形式以后，如何再转化为再生产所需要的生产资料和生活资料。

社会总产品的实现问题是社会资本运动的核心问题。这是因为，首先，社会总产品的价值补偿是社会资本运动正常进行的基础。如果社会总产品能够通过交换，由商品形态转化为货币形态，实现其价值，社会生产所耗费的资本就能够在价值上得到相应的补偿，社会资本的周转就回到了原来的出发点，并可以重新购买生产要素，开始新一轮的再生产。否则，如果社会总产品不能或部分不能顺利销售，所消耗的资本就不能得到或不能完全得到价值补偿，社会再生产就不能正常进行。

其次，社会总产品的实物补偿是保证社会资本运动正常进行的关键。社会再生产要正常进行，关键在于上一个生产周期所消耗掉的生产资料和消费资料必须能够得到替换，否则，社会再生产就无法进行。因此，考察社会资本再生产运动，核心问题就是考察社会总产品的实现问题，考察社会总产品的实现条件，即社会资本再生产的条件。

概念与原理

- 社会总产品的实现问题是社会资本运动的核心问题，使社会总产品在实物上得到替换，在价值上得到补偿。

二、社会总资本简单再生产的实现条件

所谓简单再生产，就是指剩余产品全部用于消费而没有积累，生产过程在原有的规模上重复，它是相对于扩大再生产而言的。所谓扩大再生产，就是指将剩余产品的一部分用于积累，从而使再生产在比原有规模更大的基础上进行。资本主义再生产或现代社会的再生产是以扩大再生产为特征的，但对扩大再生产的认识必须从简单再生产开始。

为了便于分析问题，需要做出几点必要的假设：（1）假设考察的是纯粹的资本主义经济，整个社会只有资本家和工人两大阶级；（2）假设生产周期为一年，全部生产资料的价值在一个生产周期内一次性消耗掉，消费资料也在一年内完全被消费；（3）假设是一个封闭经济，没有对外贸易；（4）假设工人和资本家没有个人储蓄；（5）假设在社会再生产过程中，产品价格与价值变动完全一致。

假定一个国家社会总产品的构成如下：

$$\begin{aligned} &\text{I}\ 4\,000C+1\,000V+1\,000M=6\,000\\ &\text{II}\ 2\,000C+\ \ 500V+\ \ 500M=3\,000\\ \hline &\quad 6\,000C+1\,500V+1\,500M=9\,000 \end{aligned}$$

为了保证第二年的社会总资本简单再生产能顺利进行，两大部类的产品必须经过相互间的交换，才能得到价值补偿和实物补偿。这个交换过程可以概括为以下三个方面：

（1）第一部类内部的交换。Ⅰ4 000C，在实物上由各种生产资料构成，在价值上代表本部类已经消耗掉的生产资料的价值。为了维持简单再生产，这部分产品在实现了价

值补偿之后，必须用于补偿已经消耗掉的生产资料。而这部分产品在实物形态上本身就是用于第一部类的生产资料。因此，这部分产品便通过第一部类内部各部门、各企业之间的交换得到实现。

（2）第二部类内部的交换。Ⅱ500V＋500M，在实物上由各种消费资料构成，在价值上代表本部类工人和资本家消费的可变资本价值和剩余价值。在简单再生产的情况下，资本家所得到的剩余价值是全部用于个人消费的。为了维持简单再生产条件下工人和资本家的消费需要，这部分产品必须用于购买消费资料，而这些产品本身又是由各种消费资料构成的。这样，这部分产品便在第二部类内部的相互交换中得到实现。

（3）两大部类之间的交换。Ⅰ1 000V＋1 000M，在价值上代表补偿第一部类工人和资本家消费的可变资本价值和剩余价值，即必须用于个人消费，但是它们在实物形式上却是生产资料，不能用于个人生活消费，因而无法在本部类内部得到实现，必须通过与第二部类相交换才能得到实现。Ⅱ2 000C，在价值上代表第二部类消耗掉的不变资本，但这部分产品在实物形式上却是消费资料，无法替换第二部类已经消耗掉的生产资料，因此无法在第二部类内部得到实现，必须和第一部类的生产资料相交换。所以，两大部类的各部门、各企业之间必须进行交换，使第一部类的工人和资本家得到个人消费所需要的价值 2 000 的消费资料，使第二部类的资本家得到再生产所需要的价值 2 000 的生产资料。这样，通过两大部类之间的交换，第一部类价值 2 000 的生产资料和第二部类价值 2 000 的消费资料便都得到了实现。

上述三个方面的交换可以用图式表示如下：

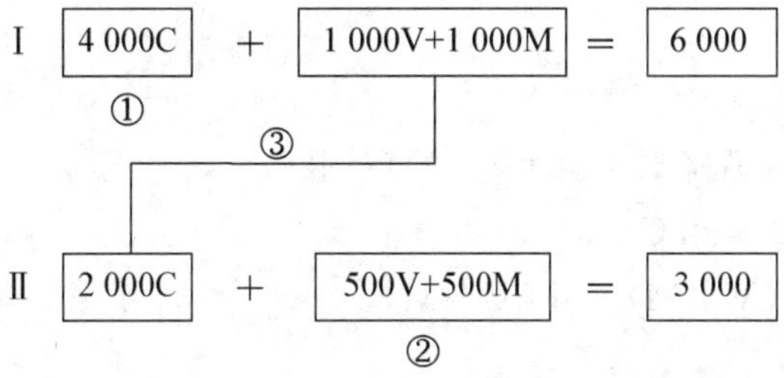

经过以上三个方面的交换，社会总产品的各个组成部分，在价值上得到了补偿，在实物上得到了替换，即社会总产品得到了全部实现，这样，下一年的社会资本简单再生产就可以正常进行了。

从上述社会资本简单再生产条件下社会总产品的实现过程可以看出，两大部类之间的交换是社会总产品实现的关键。社会资本简单再生产的实现条件是第一部类的可变资本和剩余价值之和，必须等于第二部类的不变资本。用公式表示就是：

Ⅰ(V＋M)＝ⅡC

该公式表明，在社会总资本简单再生产条件下，社会生产两大部类之间存在着相互依存、互为条件的内在联系，即第一部类提供给第二部类的生产资料和第二部类对生产资料的需求之间，第二部类提供给第一部类的消费资料和第一部类对消费资料的需求之间，必须保持一定的比例关系。

我们可以从供给和需求的角度理解简单再生产的公式。从生产资料的角度进行分析，公式左端代表着生产资料的供给，右端则代表着生产资料的需求；从消费资料的角度进行分析，公式左端代表着消费资料的需求，右端代表着消费资料的供给。简单再生产的实现条件意味着社会的生产资料和消费资料的供求都是平衡的，既没有剩余也没有短缺。资本价值补偿与实物替换没有任何障碍。

从Ⅰ(V+M)=ⅡC这个基本实现条件引申出另外两个实现条件：

派生条件1：Ⅰ(C+V+M)=ⅠC+ⅡC。

即第一部类一年内生产的全部生产资料的价值，必须等于两大部类不变资本价值之和。这个条件表明，整个社会的生产资料生产与两大部类对生产资料的需求之间存在着内在联系。二者必须保持一定的比例关系，社会资本的简单再生产才能顺利进行。左端代表着全社会对生产资料的供给，右端代表着全社会对生产资料的需求，它表明在满足上述条件的情况下，生产资料在全社会实现了供求平衡。

派生条件2：Ⅱ(C+V+M)=Ⅰ(V+M)+Ⅱ(V+M)。

即第二部类一年内生产的消费资料的价值，必须等于两大部类可变资本和剩余价值之和。这个条件表明，整个社会消费资料的生产与两大部类对消费资料的需求之间存在着内在联系。公式左端代表着全社会对消费资料的供给，右端代表着全社会对消费资料的需求，两端相等表明全社会的消费资料实现了供求平衡。

上面三个简单再生产的实现条件表明，社会生产两大部类之间存在着互为供求、互为市场、互为条件的相互关系。在社会再生产和流通中，必须保持这些关系，社会总资本的再生产才能顺利进行。

概念与原理

- 社会总资本简单再生产的基本实现条件：Ⅰ(V+M)=ⅡC。
- 派生条件：Ⅰ(C+V+M)=ⅠC+ⅡC；
  Ⅱ(C+V+M)=Ⅰ(V+M)+Ⅱ(V+M)。

三、社会总资本的扩大再生产及其实现条件

1. 社会总资本扩大再生产的基本条件

现代经济社会再生产的典型特征是扩大再生产。进行资本的扩大再生产，必须有资本积累作为追加资本投入生产。因此，为了进行扩大再生产，资本家就不能把剩余价值全部用于个人消费，必须把其中的一部分积累起来，用作追加的不变资本和可变资本，购买追加的生产资料和劳动力。要使扩大再生产能够顺利实现，必须使社会生产两大部类保持适当的比例关系。

我们根据扩大再生产的要求，制定了社会总资本扩大再生产开始时的社会总产品的构成公式：

Ⅰ4 000C+1 000V+1 000M=6 000

Ⅱ1 500C＋750V＋750M＝3 000

5 500C＋1 750V＋1 750M＝9 000

为了进行扩大再生产，两大部类必须把剩余价值的一部分用于积累或追加资本，社会总产品必须按照扩大再生产的用途和要求重新组合。

假定积累先从第一部类开始，第一部类把剩余价值 1 000M 中的一半 500M 用于积累，另一半 500M 用于资本家的个人消费，用于积累的 500M 按照原来 4∶1 的资本有机构成，转化为追加的不变资本 400ΔC、追加的可变资本 100ΔV。这样，第一部类的全部产品的价值按照扩大再生产的用途和要求重新组合如下：

Ⅰ4 000C＋400ΔC＋1 000V＋100ΔV＋500m/x＝6 000

在重新组合的第一部类中，1 000V＋100ΔV＋500m/x，代表着第一部类对消费资料的需求，但它的物质形态是生产资料，总价值 1 600 的生产资料要求与第二部类的消费资料交换，而在第二部类的产品中，如果没有积累的话，只有 1 500 能够与第一部类交换，这就要求第二部类同时积累。因此，第二部类必须从其剩余价值中取出 100，用作追加不变资本，根据第二部类原有的资本有机构成 2∶1，还必须再从剩余价值中提取 50 作为追加的可变资本。这样，第二部类的全部产品按照扩大再生产的用途和要求重新组合如下：

Ⅱ1 500C＋100ΔC＋750V＋50ΔV＋600m/x＝3 000

经过重新组合的两大部类，仍要按照分析简单再生产时所揭示的三个方面的交换关系进行交换，以实现价值补偿和实物补偿：一是Ⅰ4 000C＋400ΔC，通过本部类内部的交换得到实现；二是Ⅱ750V＋50ΔV＋600m/x，也是通过本部类内部的交换得到实现；三是Ⅰ1 000V＋100ΔV＋500m/x 和Ⅱ1 500C＋100ΔC，通过两大部类之间的交换得到实现。这个过程用图式表示就是：

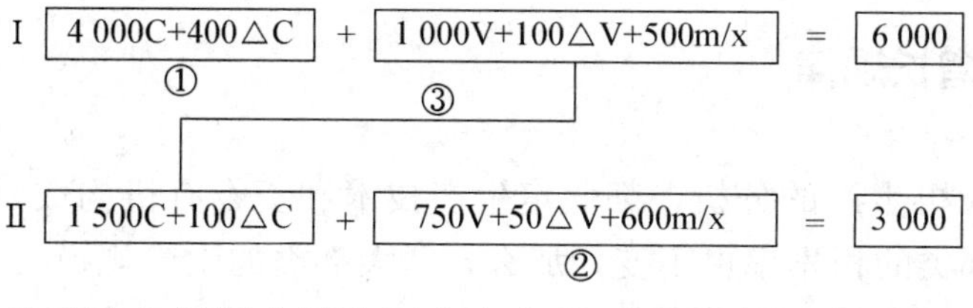

上述对于社会总资本扩大再生产实现过程的分析表明，在社会总资本扩大再生产条件下，两大部类的生产仍然要保持一定的比例关系。这个比例关系就是，第一部类原有的可变资本加上追加的可变资本，再加上资本家用于消费的剩余价值，三者之和必须等于第二部类原有的不变资本加上追加的不变资本。这就是社会总资本扩大再生产的基本实现条件。用公式表示为：

Ⅰ(V＋ΔV＋m/x)＝Ⅱ(C＋ΔC)

这个条件表明，在扩大再生产过程中，第一部类提供给第二部类的生产资料同第二部类对生产资料的需求之间，以及第二部类提供给第一部类的消费资料同第一部类对消费资料的需求之间，必须保持一定的比例关系。

2. 社会总资本扩大再生产的派生条件

从社会总资本扩大再生产的基本实现条件中，同时可以引申出另外两个实现条件。一个条件是，第一部类所生产的全部产品的价值，必须等于两大部类原有的不变资本价值和追加的不变资本价值之和，用公式表示为：

$$\mathrm{I}(C+V+M)=\mathrm{I}(C+\Delta C)+\mathrm{II}(C+\Delta C)$$

这个条件表明，第一部类所生产的全部生产资料同两大部类扩大再生产对生产资料的需求之间，必须保持一定的平衡关系。

另一个条件是，第二部类全部产品的价值必须等于两大部类原有的可变资本价值加上追加的可变资本价值，再加上资本家用于个人消费的剩余价值之和。用公式表示为：

$$\mathrm{II}(C+V+M)=\mathrm{I}(V+\Delta V+m/x)+\mathrm{II}(V+\Delta V+m/x)$$

这个条件表明，第二部类所生产的全部消费资料，同两大部类扩大再生产过程中对消费资料的需求之间，必须保持一定的平衡关系。

社会总资本扩大再生产的这些实现条件，表明了两大部类之间相互依赖、相互制约、互为条件的关系。第一部类积累和扩大再生产的规模，决定第二部类扩大再生产和积累的规模；第二部类积累和扩大再生产的规模，对第一部类的扩大再生产也有制约作用。

概念与原理

- 扩大再生产的基本实现条件：$\mathrm{I}(V+\Delta V+m/x)=\mathrm{II}(C+\Delta C)$。
- 派生条件：$\mathrm{I}(C+V+M)=\mathrm{I}(C+\Delta C)+\mathrm{II}(C+\Delta C)$；
  $\mathrm{II}(C+V+M)=\mathrm{I}(V+\Delta V+m/x)+\mathrm{II}(V+\Delta V+m/x)$。

四、生产资料生产优先增长规律

上面对社会总资本扩大再生产的分析，都假定生产技术和资本有机构成是不变的。在这种情况下，如果第一部类的积累率也不变，那么，两大部类的生产规模将以同样的速度增长。但是，在资本积累和扩大再生产的实际过程中，伴随着生产技术的进步，资本有机构成是会提高的。列宁把生产技术进步和资本有机构成等因素引入到马克思的社会总资本再生产理论中来，提出了著名的生产资料生产优先增长的原理。

生产资料生产优先增长的原理，可以概括为以下两方面内容：

第一，生产资料生产增长的速度要快于消费资料生产增长的速度。资本的积累和扩大再生产往往是伴随着技术进步而进行的，所以，资本有机构成总是会提高的。资本有机构成的提高，意味着在不断增大的社会总资本中，不变资本的比重不断增大，可变资本的比重不断缩小。不变资本的物质生产要素是生产资料，可变资本要变为劳动力价值，而劳动力是靠消费资料来维持的。因此，在其他条件不变的情况下，社会总资本扩大再生产过程中资本有机构成的提高，意味着对生产资料的需求比对消费资料的需求增加得更快，这就必然表现为第一部类生产资料的生产比第二部类消费资料的生产优先增长。

第二，制造生产资料的生产资料生产增长的速度要快于制造消费资料的生产资料生产增长的速度。这是因为，既然生产资料生产增长的速度要快于消费资料生产增长的速度，那么，提供给第一部类企业的其所需要的生产资料生产的增长速度也必须快于提供给第二部类企业的其所需要的生产资料生产的增长速度。

生产资料生产的优先增长，并不意味着生产资料的生产可以脱离消费资料的生产而孤立地增长，更不意味着生产资料生产比消费资料生产增长得越快越好。社会再生产理论告诉我们，社会生产的两大部类之间必须保持一定的比例关系。社会生产各部门之间是互相依存、互相制约的。第一部类各企业的工人和资本家都必须依赖于第二部类为他们提供的消费资料。同时，生产资料的生产归根到底是为了给消费资料的生产部门提供机器设备、原材料等生产资料。如果没有消费资料的生产，任何生产资料的生产都将是毫无意义的；如果没有消费资料生产的相应发展，生产资料生产的发展也是难以进行的。

马克思的社会资本再生产和流通理论，揭示了社会资本再生产和流通的过程、规律和条件；论证了社会生产两大部类之间必须保持一定的比例关系，社会资本的再生产和流通才能顺利进行。但这并不是说，资本主义社会的再生产能够顺利地按照这些规律和条件运行。相反，由于资本主义的基本矛盾和其他固有的矛盾，以及生产的无政府状态，社会生产不能人为地、自觉地实现平衡，资本主义再生产所要求的条件经常会遭到破坏。在资本主义社会里，社会再生产规律强制性地发生作用，表现为社会经济正常运行所要求的条件是通过周期性经济危机不断地在破坏中实现平衡，强制性地实现的。

概念与原理

- 扩大再生产的条件客观上要求两大部类保持一定的比例关系。
- 在资本积累和扩大再生产的实际过程中，伴随着资本有机构成的提高，生产资料要优先增长。

第 4 节　资本主义再生产的周期性与经济危机

在上一节社会资本再生产的论述中，要维持社会再生产的正常进行，客观上需要使社会两大部类之间和两大部类内部的比例保持平衡关系。但是在市场经济条件下，每个经营主体分散决策，生产者往往受到利润动机的驱使，盲目扩大生产，从而有可能使这些比例关系遭到破坏。当这种不平衡不断积累，达到一定程度时，各种矛盾就会爆发，直到以经济危机的形式强制性恢复这些比例关系。资本主义再生产不断地被经济危机所打断，从而形成再生产的周期性。

一、经济危机的实质与根源

1. 资本主义经济危机的实质是生产相对过剩

经济危机通常是指在资本主义经济发展过程中，由于社会再生产各部门结构比例失衡而引起的周期性发生的经济秩序的动荡与混乱。“危机是什么？是生产过剩，是生产的商品不能实现，找不到需求。”① 经济危机的实质是生产的相对过剩。当经济危机爆发时，大量商品积压卖不出去，物价下跌；大批工厂倒闭、破产，生产急剧下降，失业人数迅速增加；银行纷纷倒闭，银根奇紧，信用关系遭到破坏，经济危机使社会生产力遭到极大破坏，人民的生活水平受到严重影响。马克思、恩格斯曾对此做了形象描述：“在危机期间，发作了一种在过去一切时代看来好象是荒唐现象的社会瘟疫，即生产过剩的瘟疫。社会转瞬间回复到突如其来的野蛮状态，仿佛是一次大饥荒、一场毁灭性的大战争，完全吞噬了社会的全部生活资料；仿佛是工商业全被毁灭了”②。经济危机的种种表现最集中地体现为生产的相对过剩。

经济危机期间的生产过剩，并不是绝对过剩，而是相对于劳动人民有支付能力的需求来讲显得过剩了。因为在危机期间，一方面是大量商品堆积如山，卖不出去，甚至人为地加以销毁；另一方面却是千百万劳动人民失业，收入急剧下降，连最基本的生活资料都得不到满足，处于困苦的境地。正如马克思所说：“如果仅仅在一个国家的全体成员的即使最迫切的需要得到满足之后才会发生生产过剩，那末，在迄今资产阶级社会的历史上，不仅一次也不会出现普遍的生产过剩，甚至也不会出现局部的生产过剩。”③ 所以，经济危机的实质是生产相对过剩。

资本主义经济危机与前资本主义时代的危机具有不同的性质。在前资本主义社会里，由于自然灾害、战争和瘟疫等的侵扰，也会在一定时期经历生产下降的危机，并导致社会的深刻动荡。但是，其特征并不是生产过剩和生产能力利用不足，其典型特征是生产力遭到破坏后导致的严重短缺，因而它同资本主义生产过剩的危机是截然不同的。资本主义经济危机是与生产能力的严重过剩、大量产品积压联系在一起的。

概念与原理

- 资本主义经济危机的实质是生产的相对过剩。

2. 爆发资本主义经济危机的可能性

资本主义经济制度属于私有制基础上的货币经济，即以私有制为基础、以货币为中介的市场经济。这种制度从胚胎中便带有危机基因，即存在发生危机的可能性。生产过剩的危机是以私有制为基础的现代市场经济中的必然现象，它不仅是由资本主义基本矛

---

① 列宁．列宁全集：第2卷．2版．北京：人民出版社，1990：139.

② 马克思，恩格斯．马克思恩格斯全集：第4卷．北京：人民出版社，1958：472.

③ 马克思，恩格斯．马克思恩格斯全集：第26卷Ⅱ．北京：人民出版社，1973：578.

盾决定的，而且也同市场经济的运行机制具有一定的联系。经济危机发生的可能性在简单商品经济中就潜伏着了。

经济危机的可能性是与商品货币现象分不开的。随着商品生产和商品交换的出现，每个商品生产者的劳动首先是私人劳动，必须进行交换才能实现包含在商品中的价值。如果其商品无法实现与他人商品的交换，商品生产者就面临着破产的命运。在货币出现以后，货币充当了流通手段，资本主义之前的简单商品生产中的商品交换公式，由直接的物物交换即 W—W 转变为 W—G—W。以货币为媒介的商品流通使商品买卖有可能脱节，买和卖就分裂成两个相互独立的行为。

当商品货币关系发展到一定历史阶段时，货币就不仅表现为流通手段，而且具有了支付手段的职能。信用的出现使危机出现的可能性进一步增强。在信用关系中，各个商品所有者都处于连锁的、交错的债权债务关系网中，只要债权人不能按期收回债款，就有可能引起支付链条大面积断裂，进而导致支付危机，破坏正常的流通过程和生产过程。换句话说，商品买和卖之间的对立发展到货币借和还之间的对立，经济危机发生的可能性就增大了。

不过，尽管在简单商品生产中就已经包含了危机的基因，但只有到了资本主义阶段，危机的可能性才会发展为现实性。因为简单商品生产的流通公式是 W—G—W，而资本主义商品生产的流通公式则是 G—W—G′，两种生产存在着本质的不同。在简单商品生产中，交换的目的是取得使用价值，而不是增加交换价值，生产的直接目的是消费，所以生产与消费之间的矛盾不是对抗性的。而在资本主义商品生产中，价值的增殖是生产和交换的唯一目的，而使用价值则仅仅成了价值增殖的一种手段。这时，生产中对价值增殖的无限追求与资本主义固有矛盾所导致的有限消费需求之间就构成了对抗性矛盾，矛盾发展的最终结果就是经济危机。形象地说就是，货币是经济中的危机基因，只有在资本主义基本矛盾促成的生产过剩温床上才会发生突变。

总之，在简单商品经济条件下，经济危机只是一种可能性，它不具备现实性：(1) 小商品生产者的目的是换取自己所需要的使用价值，满足自己的生活需要，商品生产的规模极小。(2) 在前资本主义社会，自然经济占统治地位，商品生产的比重小。商品买卖脱节和债务关系的网络遭到破坏还不至于危害到整个社会。(3) 前资本主义社会生产力总体上是落后的，缺乏发达的社会分工体系，劳动生产率较低，经济危机主要是以短缺的形式表现出来的，不可能在全社会范围内出现严重的生产过剩问题。

上述危机发生的可能性意味着经济危机的爆发需要一定的前提条件，并不一定必然发生。随着简单商品经济向市场经济过渡，危机发生的可能性进一步发展。在资本主义条件下，商品经济占据了社会的绝对统治地位，整个社会资源的配置几乎完全通过市场交换来进行，商业和信用关系获得了更加普遍的发展，复杂的买卖关系和债权与债务关系使危机发生的可能性大大增加。

概念与原理

- 经济危机的可能性与商品货币现象分不开，只有到了资本主义阶段，危机的可能性才发展为现实性。

3. 资本主义经济危机的根源

随着商品经济的发展和货币对社会经济的影响日益加深，发生经济危机的可能性也逐步增大。但是，经济危机发生的可能性转变为现实性必须具备一定的条件。资本主义生产方式从16世纪起，已经开始逐步发展，直到18世纪末都没有发生普遍性的经济危机。19世纪初叶，资本主义生产方式成为占统治地位的生产方式，经济危机开始周期性地爆发。经济危机之所以发生，其根源在于资本主义的基本矛盾，即生产社会化与生产资料资本主义私人占有之间的矛盾。

资本主义生产方式与前资本主义生产方式的主要区别表现在两个方面：一方面，资本主义作为新生的社会制度，战胜了封建制度，极大地解放和促进了生产力的发展。经过两次工业革命，生产已经达到高度社会化的水平。另一方面，资本主义制度并没有改变生产资料私人占有的性质，但前资本主义经济多是小私有制经济。资本主义制度下个人占有的生产资料规模扩大，整个社会的生产资料归少数资本家占有。

生产社会化要求整个社会共同占有生产资料，并对社会再生产过程中各部门的比例进行有意识的调节，同时还要求对生产成果按照有利于再生产的原则进行占有和分配。只有这样，才能使社会再生产过程中各部门、各企业之间的比例关系及生产与消费之间的比例关系保持平衡，从而维持再生产的正常进行。但是，资本主义的现实情况却是生产资料和生产成果日益集中到少数资本家手中，对剩余价值的追逐和对财富的贪婪，使生产和消费越来越服从于生产剩余价值的目的，社会再生产客观上所需要的比例被任意地破坏，危机的发生成为必然。

在资本主义早期，并没有发生严重的经济危机，主要原因是生产社会化和生产资料私人占有的矛盾在资本主义早期并没有充分展现出来。在资本主义初期，生产资料的占有较为分散，市场以完全竞争为主，生产的社会化程度相对较低，即使出现一定数量的企业破产和在竞争中的失败，也不会对整个资本主义产生重要影响。随着工业革命的完成，生产社会化程度日益提高，同时，生产资料的集中程度表现得更加明显，即生产社会化与生产资料私人占有的矛盾日趋突出，最终导致了经济危机的爆发。

资本主义的基本矛盾在资本主义社会各种矛盾中起着主导和决定性作用，它在资本主义经济生活中是通过以下矛盾发挥作用的：

（1）资本主义个别企业生产的有组织性与整个社会生产的无政府状态之间的矛盾。

生产资料的资本主义私有制，决定了资本家对所属企业具有绝对的支配权。为了获得更多的剩余价值，资本家总是力求改进技术，加强生产管理，使资本主义企业的生产具有一定的组织性。但由于生产资料的资本主义私人占有制使整个社会的生产又处于无政府状态，每个资本主义企业生产什么、生产多少，都是由价值规律自发调节的。这样，随着资本主义的发展，个别企业生产的有组织性与整个社会生产的无政府状态之间的矛盾不断加剧，社会再生产的实现条件得不到保证，两大部类之间、生产与消费之间的比例严重失调，大量商品卖不出去，形成严重的生产过剩，就会导致经济危机的爆发。

（2）资本主义生产无限扩大的趋势同广大劳动群众有支付能力的需求相对缩小之间的矛盾。

一方面，对剩余价值的追求和竞争的外在压力，迫使资本家不断进行资本积累，扩大生产规模；同时平均利润率趋于下降的规律也促使资本家力图通过扩大再生产来增加利润量；生产社会化程度的提高、最新科学技术成果在生产中的运用和信用关系的发展，又为扩大再生产提供了可能性，使资本主义生产具有一种盲目扩大的趋势。

另一方面，广大劳动群众有支付能力的需求具有相对缩小的趋势。这是因为资本主义生产的目的是追逐剩余价值，为了榨取更多的剩余价值，就要加强对工人阶级的剥削。在对抗性的生产关系下，“生产力越发展，它就越和消费关系的狭隘基础发生冲突”，“直接剥削的条件和实现这种剥削的条件，不是一回事。二者不仅在时间和地点上是分开的，而且在概念上也是分开的。前者只受社会生产力的限制，后者受不同生产部门的比例关系和社会消费力的限制。但是社会消费力既不是取决于绝对的生产力，也不是取决于绝对的消费力，而是取决于以对抗性的分配关系为基础的消费力；这种分配关系，使社会上大多数人的消费缩小到只能在相当狭小的界限以内变动的最低限度”①。在资本主义生产方式中，雇佣工人既是生产者，又是自主的消费者。每个资本家自己雇用的工人是生产者，但别的工厂的工人对这个资本家来说则是消费者。工人阶级在资本主义社会中的这种双重地位，带来了资本主义生产方式的一个矛盾——每个资本家在自己的工厂内部剥削工人越成功，即把工人收入压得越低，对总体资本家而言，其商品价值的实现就越困难，因为工人阶级作为自主的消费者是有效需求的重要来源。劳动与资本之间的这种对抗关系随着资本积累的发展而日趋严重，这是因为资本积累的发展必然使社会财富日益集中到少数人手中，工人阶级在社会总财富中所占份额相对于资本家阶级在不断缩小，社会财富分配中的两极分化现象日益严重，有支付能力的购买力跟不上生产能力的增长。

社会生产归根结底是为了消费。资本主义生产虽然一方面使生产规模不断扩大，另一方面却使人民群众的购买力相对缩小，这就在生产和消费之间形成了日益尖锐的对抗性矛盾。当这种矛盾发展到一定程度时，就会使许多商品找不到销路，就会爆发生产过剩的经济危机。危机既是资本主义基本矛盾的表现形式，又是使这一矛盾得以强制性缓解的方式。

因此，资本主义生产过剩的危机，是资本主义生产方式内在矛盾的产物，是资本主义制度本身造成的，只要存在资本主义制度，经济危机的爆发就不可避免。

概念与原理

- 经济危机的根源在于资本主义的基本矛盾，即生产社会化与生产资料资本主义私人占有之间的矛盾。
- 资本主义基本矛盾表现为：(1) 资本主义个别企业生产的有组织性与整个社会生产的无政府状态之间的矛盾；(2) 资本主义生产无限扩大的趋势同广大劳动群众有支付能力的需求相对缩小之间的矛盾。

① 马克思．资本论：第3卷．2版．北京：人民出版社，2004：272-273.

专栏 4-1

20 世纪以来严重的全球性经济危机

进入工业时代后，经济、金融危机始终伴随着人类经济发展间歇性爆发。20 世纪以来，全球发生的重大经济危机和金融危机主要包括：

1. 1929—1939 年：大萧条

随着 1929 年 10 月美国华尔街股市的崩盘，一场毁灭性的经济大萧条席卷了几乎所有工业化国家，并在一些国家持续 10 年之久。大萧条期间，美国的最高失业率达到 25%，德国、澳大利亚和加拿大的失业率一度接近 30%。美国经济在 1933 年陷入谷底，工业产出下降到衰退前的 65%。

2. 1973—1975 年：石油危机引发的经济危机

1973 年 10 月，第四次中东战争爆发。为打击以色列及其支持者，阿拉伯石油输出国组织宣布对美国等国实行石油禁运，同时联合其他产油国提高石油价格，从而导致石油危机爆发。这场危机在主要工业国引发了第二次世界大战以来最严重的经济危机。美国的工业生产下降了 14%，日本的工业生产下降了超过 20%。

资料来源：本赛德. 马克思的使用说明书. 北京：红旗出版社，2013.

3. 20 世纪 80 年代：拉丁美洲债务危机

自 20 世纪 60 年代起，拉美国家大举外债发展国内工业，外债总额在 20 世纪 80 年代初超过了 3 000 亿美元。1982 年，墨西哥宣布无力偿还外债，触发了震动全球的“债务危机”。债务问题严重阻碍了拉美地区的经济发展，拉美国家 1988 年的人均国内生产总值只有 1 800 美元，退回到 20 世纪 70 年代的水平。

4. 20 世纪 90 年代：日本泡沫经济破裂

1990 年，日本的房地产和股票市场在持续数年的过度增长后，开始出现灾难性下跌。由于资产全面缩水，日本在 10 年中经历了漫长的通货紧缩和经济衰退。20 世纪 90 年代中期，日本经济增长停滞，进入“零增长阶段”。

5. 1997—1998 年：亚洲金融危机

在美国提高利率、美元增值的背景下，货币与美元挂钩的亚洲国家出口不断下降。1997 年 7 月，随着泰国宣布泰铢实行浮动汇率制，亚洲国家普遍出现货币贬值，爆发金融危机。在此次危机中，印度尼西亚、泰国和韩国是遭受损失最为严重的国家。三国 GDP 在两年内分别缩水 83.4%、40%和 34.2%。

6. 2007 年：美国次贷危机及全球金融危机

长期以来，美国金融机构盲目地向次级信用购房者发放抵押贷款。随着利率上涨和房价下降，次贷违约率不断上升，最终导致 2007 年夏季次贷危机的爆发。这场危机导致过度投资次贷金融衍生品的公司和机构纷纷倒闭，并在全球范围引发了严重的信贷紧缩。

美国次贷危机最终引发了波及全球的金融危机。2008 年 9 月，雷曼兄弟破产和美林公司被收购标志着金融危机的全面爆发。随着虚拟经济的灾难向实体经济扩散，世界各国经济增速放缓，失业率激增，一些国家开始出现严重的经济衰退。

二、资本主义经济危机的周期性

经济危机是资本主义社会基本矛盾发展的必然产物。资本主义基本矛盾贯穿于资本主义社会的始终，但并不是说资本主义经济时刻都处于危机之中，实际上危机是每隔一段时间爆发一次。资本主义经济危机的周期性指的就是经济危机每隔一段时间便周而复始地重演一遍的特点。从上一次危机开始到下一次危机爆发之间的时期便构成了一个经济周期。

1. 经济周期的四个典型阶段

对于不同国家和同一国家的不同发展时期，经济周期可能具有不同的特点。但一般来说，典型的经济周期包括危机、萧条、复苏、高涨四个阶段。

危机是经济周期的下降阶段。它是前一个周期的终点，又是下一个周期的起点。在危机阶段，生产与消费的矛盾空前激化，商品大量积压卖不出去，物价猛烈下跌，这就是通常所说的商业危机。商业危机使工业企业订货急剧下降，生产大幅度下降，工厂停工减产甚至破产倒闭，大批工人失业，工资下降，发生工业危机。工商业危机的爆发，使资本主义信用关系遭到严重破坏，银根奇紧，银行利率上涨，股票价格下跌，银行破产倒闭，引起货币信用危机。总之，经济危机猛烈冲击着资本主义经济活动，使资本主义国家的社会经济生活受到严重影响。

萧条是经济周期的停滞阶段。危机持续一段时间以后，资本家缩减生产、关闭企业、销毁存货或者降价出售，使供求矛盾逐渐缓和，危机阶段开始转入萧条阶段。在萧条阶段，生产不再继续下降，失业人数不再增加，商品价格停止下跌。但是，大批工人还没有就业，商业萎缩，物价低落，游资充斥，生产不振，整个社会经济生活呈现出一片萧条景象。随着生产和消费矛盾的逐渐缓和，生产逐步恢复，资本家开始改进技术，更新固定资本。固定资本的更新引起对生产资料和劳动力需求的逐渐增加，从而推动整个社会生产逐步恢复，于是萧条阶段就转入复苏阶段。

复苏是经济周期的回升阶段。在这一阶段，投资继续增长，固定资本大规模更新，就业人数日益增加，物价回升，商业和信用不断扩展。当社会生产恢复并超过危机以前的最高水平时，复苏阶段就转入高涨阶段。

高涨阶段是经济周期的“繁荣”阶段。在这一阶段，生产迅速发展，新企业不断建立，就业人数急剧增加，社会购买力不断提高，商品畅销，物价上涨，市场活跃，信用关系扩展，整个社会经济呈现出一片“繁荣”景象。但这种“繁荣”假象的背后就隐藏着危机的种子。这是因为：第一，资本主义生产的目的是追求更多的剩余价值，生产与消费相脱节，生产的日益扩大导致了与有支付能力的需求差距的扩大；第二，社会生产的两大部类的比例关系日益不协调，第Ⅰ部类脱离第Ⅱ部类的生产的现象日趋严重，生产畸形发展；第三，商业投机和信用膨胀造成了市场的虚假繁荣，掩盖了社会购买力的真实情况，使生产过剩处于隐蔽状态。当各种矛盾尖锐化到一定程度时，经济危机就会突然爆发。恩格斯曾经这样形象地描述：“停滞状态持续几年，生产力和产品被大量浪费和破坏，直到最后，大批积压的商品以或多或少压低了的价格卖出，生产和交换又逐渐恢复运转。步伐逐渐加快，慢步转成快步，工业快步转成跑步，跑步又转成工业、商业、信用和投机事业的真正障碍赛马中的狂奔，最后，经过几次拼命的跳跃重新陷入崩溃的深渊。如此反复不已。”①

资本主义经济周期的四个阶段是互相联系、互为条件的。危机是经济周期的基础，它决定了周期的性质；萧条是危机的延续，并为复苏提供条件；复苏既为高涨准备条件，同时也是危机的准备阶段；高涨孕育着新的危机，为下一次危机爆发准备了条件。

概念与原理

- 典型的经济周期包括危机、萧条、复苏、高涨四个阶段。

2. 固定资本更新与经济危机

固定资本的更新又是经济危机的物质基础。在资本主义的每次危机过后，都会发生大规模的固定资本更新。马克思指出，“虽然资本投下的时期是极不相同和极不一致的，但危机总是大规模新投资的起点。因此，就整个社会考察，危机又或多或少地是下一个周转周期的新的物质基础。”② 固定资本更新对于资本主义经济危机具有双重意义。

① 马克思，恩格斯．马克思恩格斯选集：第3卷．3版．北京：人民出版社，2012：807.
② 马克思，恩格斯．马克思恩格斯全集：第24卷．北京：人民出版社，1972：207.

一方面，固定资本的大规模更新，促进了生产的恢复和发展，为摆脱资本主义再生产危机提供了物质条件。在危机的重大打击下，资本家总是力图在竞争中生存下来，并使自己的企业获利，这就促使资本家更新设备，采用先进的生产技术和生产方法。在经济危机时期，由于社会资本较为充裕，工资、利率等生产要素价格较低，为固定资本更新提供了良好的客观条件。固定资本更新促进了第Ⅰ部类生产的恢复和发展，而第Ⅰ部类就业人数的增加就会增加对生活资料的需求，为第Ⅱ部类的发展创造条件。

另一方面，固定资本的大规模更新又为下一次危机的到来创造了物质前提。固定资本更新意味着先进技术被广泛应用，劳动生产率普遍提高，生产迅速发展起来。同时新技术的普遍采用，必然导致资本有机构成的提高，引起失业人数的增加，使全社会有支付能力的需求相对缩小，资本主义生产的各种比例关系重新遭到破坏，从而导致新的经济危机的爆发。

需要注意的是，固定资本更新只是经济危机周期性表现的物质基础，而不是其爆发的原因。一切经济危机的爆发，毫无例外都是资本主义基本矛盾激化的结果。

概念与原理

- 固定资本的更新是经济危机的物质基础，它既促进了生产的恢复和发展，又为摆脱资本主义再生产危机提供了物质条件，同时又为下一次危机的到来创造了物质前提。

讨论

联系美国在 2008 年金融危机后的政策，说明扩张性货币政策、积极的财政政策能够使一国走出危机吗？

三、资本主义经济危机的后果

经济危机给资本主义发展和劳动人民带来了极大危害，使资本主义社会的生产力遭到了极大破坏，同时也使社会失业率上升，人民群众收入下降，从而使资本主义社会基本矛盾和阶级矛盾趋于尖锐。各国政府为了缓和经济危机，采取财政政策、货币政策、收入政策等多种手段进行调节。一方面，政府的经济调控措施在一定程度上使经济危机的破坏性有所减轻；另一方面，由于导致经济危机发生的根本矛盾并未得到解决，在危机得到控制的同时，又孕育着新的危机。

1. 经济危机加深了资本主义社会的固有矛盾

首先，在危机期间，中小企业纷纷破产，加速了资本的集中，使个别资本的势力日益膨胀。一方面，科学技术革命促进了生产力的大发展和生产社会化程度的提高；另一方面，经济危机又使庞大的社会生产力日益集中到少数大垄断资本的手中，这就使资本主义基本矛盾更加深化。

其次，经济危机一方面使个别资本规模不断扩大，另一方面又给工人阶级和其他劳动人民带来巨大灾难，使他们逐渐认识到资本主义制度是灾难的根源，促使他们走上与资产阶级进行斗争的道路。而资产阶级为了维护资本主义制度，就必然会镇压工人阶级的反抗，从而使资本主义社会的阶级矛盾尖锐化。

再次，在危机期间，资产阶级为了摆脱和转嫁经济危机，总是加紧向其他国家倾销过剩商品，这就不可避免地加深了资本主义国家和殖民地、附属国的矛盾。当代发达资本主义国家利用它们的经济、技术优势，加深了对发展中国家的剥削、掠夺，使发展中国家负债累累。发展中国家为反对发达资本主义国家的掠夺和控制，为建立平等互利的国际经济新秩序而日益团结起来，开展各种形式的斗争。

最后，经济危机还加深了资本主义各国间的矛盾。第二次世界大战后，在科学技术革命的推动下，各主要资本主义国家的经济发展进一步不平衡，欧洲各国、日本的经济发展速度超过了美国，导致各国争夺商品销售市场、投资场所和原料产地的矛盾日益尖锐。资本主义各国为了应对国内所发生的严重危机，往往采取贸易保护主义措施，对于来自其他国家的产品和资本施加严格的限制。贸易保护主义和竞争性汇率贬值政策等都是以对他国正常生产和出口秩序的破坏为代价的。从全球范围来看，如果对贸易保护主义缺乏有效的控制，将最终导致全球贸易秩序的崩溃，加深各国的危机。

2. 经济危机使社会生产力遭到极大破坏

每次经济危机的爆发，都必然造成大批企业倒闭破产，使社会生产力水平严重下降。大萧条使 1929—1933 年整个资本主义世界工业产量下降了 44%，倒退到 1908—1909 年的水平。1933 年，美国 1 040 万英亩棉花被毁坏，大量小麦被烧毁。虽然在后来的几十年中没有再发生如此严重的经济危机，但是经济危机对生产力的破坏并没有停止。1997 年发生的东南亚金融危机，使东南亚国家将近 20 年的发展成果毁于一旦，“东亚奇迹”成为人们普遍质疑的对象。

3. 经济危机给劳动人民带来了危害

在资本主义制度体系中，无产阶级往往成为经济危机下的第一个牺牲品。经济危机在使社会财富遭到严重破坏的同时，还使大批工人失业，实际上也是对社会劳动力的严重摧残。在危机期间，失业不仅使劳动者的收入不同程度地下降，而且由于工厂破产或裁员，在岗工人也时刻面临着失业的威胁，不得不接受较为苛刻的工资待遇和较差的工作条件。

危机不仅会由于失业或收入降低等原因给本国人民带来灾难性影响，而且还会因为资本主义国家采取多种方式转嫁经济危机而使劳动者的处境进一步恶化。比如在经济危机期间，为了减轻资本家在危机中遭受的损失，避免危机对社会造成更大的冲击，资本主义国家往往为濒临破产的企业和金融机构提供资金援助。虽然国家的支持措施抑制了危机的进一步扩大，这些措施使资本家的利益得到了政府财政资金的支持，但是由此形成的债务最终是由广大人民承担的。

4. 经济危机证明了资本主义制度的历史局限性

为了克服资本主义经济危机，各国政府都采取了大量的反危机措施，比如在财政政策上，采取减税、增加国家工程开支、增加政府采购、实行各种补贴与福利等；在货币政策上，实行宽松的货币政策以刺激投资与消费。这些措施在一定程度起到了平衡经济发展的作用，但它们不能从根本上消除资本主义经济危机和经济发展的周期性。这些调节措施不仅不能解决资本主义制度内的深层次矛盾，还会为下一次危机的爆发准备条件。比如，第二次世界大战后的宏观调控导致了 20 世纪 70 年代的滞胀现象。发生于 2008 年的全球性金融危机，其中的一个重要原因是 2000 年爆发的纳斯达克新经济危机。由于新经济危机的发生，美联储采取了过度宽松的货币政策，社会流动性严重过剩，进而使股市和房地产市场出现了严重的泡沫，最终引发了新的经济危机。

经济危机的爆发也说明了资本主义制度的局限性。资本主义制度代替封建制度，推动了人类社会的进步和发展，但随着社会生产力的发展，资本主义社会基本矛盾日趋尖锐。经济危机的周期性爆发，清楚地表明当前的资本主义生产关系非但不能驾驭社会化的生产力，反而成为生产力发展的桎梏，以至于只有通过大规模破坏生产力，才能使生产关系和生产力的对抗性矛盾得到暂时缓解。社会化大生产时代生产力的发展，必然要冲破旧的束缚，资本主义生产关系一定要被适合生产力发展的新的生产关系所代替，这是生产力和生产关系之间矛盾发展的必然结果。

概念与原理

- 经济危机加深了资本主义的矛盾，造成了生产力的破坏，危害到人民群众的生活，说明了资本主义生产方式存在着历史局限性。

复习思考题

1. 为什么说 W′—G′是一个“惊险的跳跃”？
2. 为什么说社会资本运动比单个资本运动内涵更丰富？
3. 试述扩大再生产的实现条件，说明它对社会主义市场经济有何指导意义。
4. 假定某企业的预付资本总量为 100 000 元，其中固定资本为 80 000 元，流动资本为 20 000 元。在固定资本 80 000 元中，厂房价值为 30 000 元，使用年限为 30 年，每年周转价值为 1 000 元；机器价值为 40 000 元，使用年限为 10 年，每年周转价值为 4 000 元；小工具价值为 10 000 元，使用年限为 5 年，每年周转价值为 2 000 元。固定资本的年周转价值总额为 7 000 元。流动资本为 20 000 元，每年周转 5 次，年周转价值总额为 100 000 元。试求该企业的资本周转速度。如何才能提高周转速度？提高周转速度将会对剩余价值率有何影响？

问题与应用

1. 2020年，光伏类上市公司表现强劲。在整个产业链上，从上游的多晶硅、硅片，到中游的光伏玻璃、电池片，再到下游的逆变器、组件等，各类上市公司均得到了市场资金的追逐。2020年第三季度，光伏行业收入、利润均实现强劲增长，其中实现收入607.92亿元，同比增长47.25%，净利润为93.65亿元，同比增长93.07%。行业盈利能力也出现了显著改善，实现归母净利润率15.40%，同比上升3.66个百分点。现金流大幅好转，实现经营性现金净流入123.55亿元，同比增长82.94%。

在过去10年，伴随着政策补贴，光伏行业自身成本降低效果明显，表现为硅料、非硅成本持续降低，电池效率不断提升，度电成本已靠近国内火电的平均发电成本，平价上网在部分地区已接近现实，光伏电池目前已经成为可再生能源领域的主要选择。2021年国内光伏将正式进入平价上网阶段。

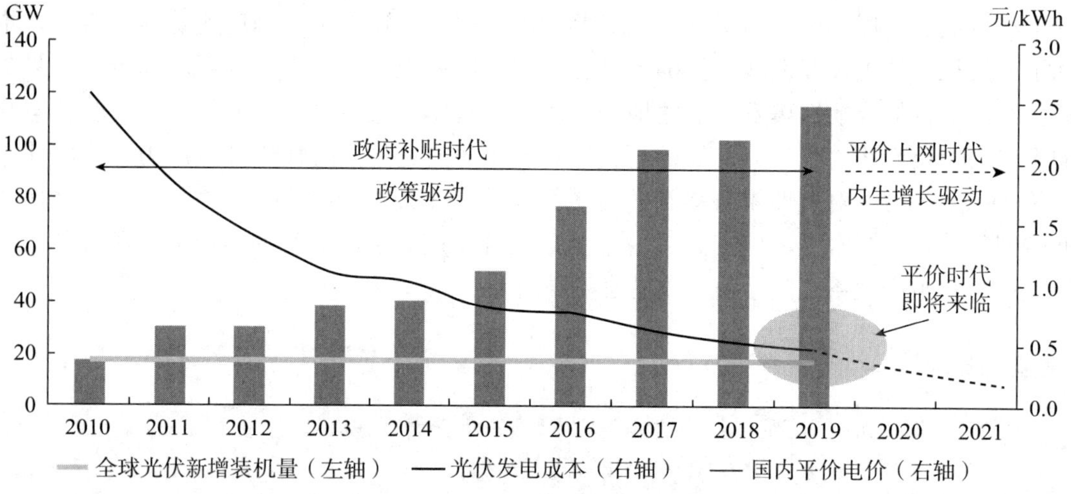

根据资本循环连续性的要求，讨论在光伏行业的不同发展阶段，政府应采取哪些不同的政策。

2. 请看下面一段对话，说说你对经济危机的理解。

小女孩：爸爸，家里为啥这么冷啊？

爸爸：咱家没有煤了啊。

小女孩：为啥没有煤？

爸爸：我失业了啊。

（小女孩对这个答案并不满意。）

小女孩：那你为什么失业了？

爸爸：因为煤太多了啊……

第5章 资本主义生产的总过程

资本雇用劳动创造出新价值 $v+m$，其中，v 以工资的形式成为劳动力的报酬，通过工人消费维持劳动力的再生产。m 则转化为利润，通过资本之间的竞争，使职能资本能够实现平均利润，实现“等量资本，等量利润”。资本所有者所获得的利息收入、土地所有者所获得的地租收入则是对 m 的进一步分割。资本主义的初次收入分配关系体现出来的是新价值在各种不同要素所有者之间的分配。

第1节　资本竞争与平均利润

资本的目的是获取剩余价值，但不同行业存在利润率的差别，不同的资本为争夺有利的投资场所就会展开激烈的竞争，竞争的结果是职能资本将获得平均利润。

一、剩余价值转化为利润

1. 成本价格

企业生产的商品价值由三个部分组成，即：不变资本的价值（c）、可变资本的价值（v）和剩余价值（m），在生产商品时实际所支付的费用只是不变资本 c 和可变资本 v。企业在生产上耗费的不变资本与可变资本的总和，叫作成本价格。如果用 K 代表成本价格，原来的商品价值 $W=c+v+m$ 就转化为 $W=K+m$。成本价格代表产品生产过程中企业的实际花费。

成本价格在现实经济生活中是一个客观的经济范畴，具有十分重要的经济意义。

首先，它是经营企业赚钱或亏本的重要标志。因为成本价格是商品售卖价格的最低界限，如果售卖价格超过成本价格，就表明该企业可以赚钱；反之，如果售卖价格低于成本价格，就表明该企业经营不仅无利可图，还要亏本。

其次，成本价格是企业竞争成败的关键。成本价格是商品价值的一部分，因此在商品价值和成本价格之间有一个价值差额，这个差额的大小取决于各企业的生产技术水平、劳动组织状况、经营管理水平等一系列因素。不同企业的成本价格不同，生产同样的商品，成本价格低的企业在竞争中处于有利地位，成本价格高的企业则处于不利地位。因此，想方设法降低成本价格，就成为同类企业相互竞争的重要内容。

最后，商品的成本价格是现代企业财务管理的重要工具和评价指标。对于企业来说，其经济效益的重要评价标准是成本能否得到补偿，销售收入中超过成本的利润部分有多少。成本价格往往代表了一个企业的经营管理水平和技术水平，和企业在市场中的生存能力密切相关。

概念与原理

- 企业在生产中耗费的不变资本与可变资本的总和，叫作成本价格。成本价格的经济意义在于，它是企业盈亏的标志，是企业竞争成败的关键，也是现代企业财务管理的工具和评价指标。

2. 剩余价值转化为利润

由于成本价格的形成，剩余价值表现为商品价值超过成本价格的余额。当不把剩余价值看作雇佣工人剩余劳动的产物，而是把它看作全部预付资本的产物或增加额时，剩余价值便转化为利润。这样，商品的价值就等于成本价格加利润。如果用 P 表示利润，则商品价值的公式就从 $W=c+v+m=K+m$，进一步转变为 $W=K+P$。

利润本质上就是剩余价值，但从现象上表现为全部预付资本的产物，“剩余价值，作为全部预付资本的这样一种观念上的产物，取得了利润这个转化形式”[①]。实际上，剩余价值和利润本来是同一个东西，在量上是相等的；在质上，都是雇佣工人在剩余劳动时间里所创造的价值。所不同的是，剩余价值是对可变资本而言的，反映了资本对雇佣劳动的剥削关系；利润则是对全部预付资本而言的，反映了预付总资本的增殖情况。所以，剩余价值是利润的本质，利润是剩余价值的转化形式。

在资本主义经济条件下，剩余价值转化为利润具有客观必然性。一是成本价格范畴抹杀了不变资本与可变资本的界限，二者在价值生产和价值创造过程中的本质区别消失了。二是工资形式掩盖了剩余价值的真正来源。工资是劳动力的价值或价格，但被歪曲地表现为劳动的价值或价格，似乎工人的全部劳动都表现为有酬劳动。这样一来，剩余价值就变成了全部预付资本的产物。

---

① 马克思，恩格斯．马克思恩格斯全集：第25卷上．北京：人民出版社，1974：44.

概念与原理

- 当不把剩余价值看作雇佣工人剩余劳动的产物，而是把它看作全部预付资本的产物或增加额时，剩余价值便转化为利润。
- 剩余价值是利润的本质，利润是剩余价值的转化形式。

3. 剩余价值率转化为利润率

既然利润表现为全部预付资本的产物，那么资本家实际获利的程度，就不是由利润和可变资本的比率决定的，而是由利润和全部预付资本的比率决定的。剩余价值或利润与全部预付资本的比率就是利润率。用公式表示为：

$$P'=\frac{m}{c+v}$$

利润率是剩余价值率的转化形式，是同一剩余价值量用不同方法计算出来的另一种比率。剩余价值率是剩余价值与可变资本的比率，而利润率是剩余价值与全部预付资本的比率。剩余价值率和利润率是两个完全不同的范畴，剩余价值率揭示的是资本家对工人的剥削程度，而利润率表示全部预付资本的增殖程度。

资本主义生产的目的和决定性动机是追求利润。企业获取利润必须面对市场竞争，如果企业试图提高产品价格，消费者就可能转而购买其他企业提供的价格更低的产品。如果企业试图延长劳动时间，提高劳动强度，那么就很难吸引高素质的工人来为它工作，甚至雇员会辞去工作，到其他企业工作。价格竞争和创新是企业之间进行的竞争主要手段。

价格竞争是一种竞争形式或竞争战略，指企业为了吸引消费者，以更低的价格提供与其他企业相同的产品，从而吸引更多的客户。价格竞争的前提是努力降低产品的个别价值，雇主尽力削减工资，提高劳动强度，消除生产中的浪费。价格竞争过程中，成本价格是资本能够获取利润的底线。

创新是指企业发现或开发出一种新的生产方法、新产品、新市场或新的投入品来源，或者其他优于竞争对手的创新性要素。在企业创新的情况下，企业会获得更多的利润。如果进行创新的企业开发出一种新产品，几乎不存在竞争，产品定价可以高于个别价值出售，从而获得创新所带来的超额利润。如果创新在已由其他企业生产的产品上造就巨大的成本优势，创新企业就可降低其产品价格，且仍能获得更大的利润。不断取得创新的企业更有可能以较高的工资水平吸引高素质的劳动力，开发出更高水平的创新产品，降低成本，从而获得更好的成长机会。

资本竞争是为了提高企业的利润率。在资本总量一定时，资本家获利多少取决于利润率的高低。因此，每一个资本家都十分关心利润率的高低，希望利润率越高越好。马克思在《资本论》中，引用了19世纪中叶英国评论家登宁的一段话，生动地描述了资本家追求高利润率的形象："资本害怕没有利润或利润太少，就象自然界害怕真空一样。一旦有适当的利润，资本就胆大起来。如果有10％的利润，它就保证到处被使用；有20％的利润，它就活跃起来；有50％的利润，它就铤而走险；为了100％的利润，它就敢践踏一切人间法律；有300%的利润，它就敢犯任何罪行，甚至冒绞首的危险。”①

在商品经济社会中，不同的部门和企业，在不同的时期，利润率的水平也不同。影响利润率的主要因素有：

第一，剩余价值率的高低。在预付资本量和资本有机构成不变的情况下，剩余价值率和利润率成正比例变化。剩余价值率越高，利润率就越高；反之，剩余价值率越低，利润率就越低。

第二，资本有机构成的高低。在剩余价值率和劳动力价值不变的情况下，资本有机构成的高低与利润率成反比例变化。资本有机构成越低，同量资本所使用的劳动力越多，创造的剩余价值也就越多，从而利润率也就越高；反之，利润率就越低。

第三，资本周转速度。在资本有机构成和剩余价值率不变的情况下，资本周转速度越快，其中可变资本的周转次数也就越多，同量资本带来的剩余价值量也就越多，就会提高资本的年剩余价值率，从而提高年利润率；反之，利润率就越低。

第四，不变资本的节省状况。在剩余价值率和剩余价值量不变的情况下，利润率的高低和不变资本的节省成正比例变化。不变资本越节省，预付资本也就越少，同量的剩余价值与较少量的预付资本相比，利润率就越高。

概念与原理

- 剩余价值或利润与全部预付资本的比率就是利润率。它反映了全部预付资本的增殖程度。
- 影响利润率的因素有：剩余价值率、资本的有机构成、资本的周转速度、不变资本的节省状况。

专栏5-1

减掉3.5克

罗伯·柯南道尔出任美国航空公司CEO之后，实施了一系列策略：美国航空公司的客机机身除了涂上美国航空公司标志外，不再涂任何油漆，不上漆的飞机比原来轻了400磅，减掉的400磅使每架飞机每年节约燃油约合1.2万美元。

同时，机内的座椅换成轻材料制作的，推车也换成强化塑钢的，头等舱全部换上轻型的器皿，这样一来，飞机又减掉了1 500磅的重量，每架飞机每年又可节约2.2万美元。

这些小小的改变很快取得了显著的效果，美国航空公司变成了美国最赚钱的航空公司。

无独有偶，法国航空公司也采取了同样的策略，将客机内最不起眼的塑料杯从13克减轻到9.5克，就是这减掉的3.5克重量，使法国航空公司每年少排放了20吨二氧化碳，在环保的同时，法国航空公司每年因此可节约大约700万美元的支出。

---

① 马克思，恩格斯．马克思恩格斯全集：第23卷．北京：人民出版社，1972：829.

谁能想到区区的3.5克重量，竟然可以节省700万美元的支出呢？正是这些小小的改变，展现了管理者的大智慧。

二、产业资本的竞争与平均利润

1. 利润转化为平均利润

资本的竞争具有多种形式，既有部门内部的竞争，也有部门之间的竞争，不同的竞争具有不同的经济意义。

部门内部的竞争形成商品的社会价值。所谓部门内部的竞争，是指同一生产部门生产同类商品的不同企业之间为了获得更有利的商品生产和销售条件，追逐超额剩余价值的竞争。

平均利润的形成是部门之间竞争的结果。所谓部门之间的竞争是指各个不同部门的资本家为了争夺更有利的投资场所而进行的竞争。这种竞争一般是通过资本的跨部门转移，即资本从利润低的部门向利润高的部门的转移来实现的。通过资本的转移，竞争造成了不同商品供求关系的变动，从而使各个不同部门的利润率发生了相应的变化。原来利润率高的部门，由于大量资本的进入使生产扩大，商品供过于求，导致商品价格下降，结果使该部门利润率下降；而原来利润率低的部门，由于大量资本的流出，会发生相反的变化，导致利润率提高。这种资本的转移过程以及由此引起的供求、价格和利润率的变动一直要到不同部门的利润率大致相等的时候才会暂时趋于停止，其结果是形成平均利润率。

概念与原理

- 部门内部竞争是为了获得超额剩余价值，竞争的结果是形成社会价值；部门之间的竞争是为了争夺有利的投资场所，其结果是形成平均利润率。

假定社会上有食品、纺织和机械三个生产部门，每个部门的总资本都是100万元，剩余价值率都是100%，周转速度相同，但资本的有机构成不同，如表5-1所示。

表5-1　平均利润率的形成

生产部门	不变资本	可变资本	剩余价值	商品价值	平均利润率(%)	平均利润	平均利润与剩余价值的差额
食品工业	70	30	30	130	20	20	−10
纺织工业	80	20	20	120	20	20	0
机械工业	90	10	10	110	20	20	+10
合计	240	60	60	360	20	60	0

平均利润率的形成是部门之间的竞争实现社会剩余价值总量在各个生产部门之间按照资本数量的大小而重新分配的结果。其结果就是等量资本获得等量利润。平均利润率就是按照社会总资本平均计算的利润率，即社会的剩余价值总额与社会总资本的比率。用公式表示为：

$$\text{平均利润率}=\frac{\text{剩余价值总额}}{\text{社会总资本}}$$

平均利润率形成后，一定量预付资本根据平均利润率获得的利润就是平均利润。即：

$$\text{平均利润}=\text{预付资本}\times\text{平均利润率}$$

利润率转化为平均利润率，利润转化为平均利润，只是一种趋势，不能认为是利润的绝对平均化，同时也不排斥各部门中少数企业仍然可以获得超额利润。在利润转化为平均利润后，许多部门的利润量与剩余价值量就不一致了。等量资本获得等量利润，似乎利润的多少只和资本量有关，这就完全掩盖了利润的本质和来源。马克思的平均利润学说揭露了等量资本获得等量利润的实质是剩余价值在各部门的资本间重新分配，工人阶级受到了整个资本家阶级的剥削。

平均利润率规律并不是资本主义所特有的经济规律，只要是发达的商品经济（市场经济），资本在部门间的自由转移没有受到限制，平均利润率规律就会发生作用。在市场经济条件下，平均利润率规律引导了社会资源的有效配置，并引起了社会利益关系的重新调整。但是在垄断存在的情况下，由于资本的自由流动受到各种限制，这就阻碍了社会的利润率平均化的过程，使垄断企业可以凭借垄断地位长期获取高额收益，阻碍竞争的结果是，垄断企业提高效率的积极性降低，造成了效率损失。

概念与原理

- 平均利润率的形成是资本自由竞争的结果，引导了资源的有效配置和利益关系的调整。垄断将会造成效率损失。

讨论

如何看待部门之间的资本竞争对我国市场经济的影响？

2. 商品价值转化为生产价格

随着利润转化为平均利润，商品的价值就转化为生产价格，即商品不再按照成本价格加剩余价值的价值来出售，而是按照成本价格加平均利润的价格来出售。生产价格由成本价格加平均利润构成，是价值的转化形式。用公式表示为：

$$\text{生产价格}=K+\overline{P}$$

下面以表 5－2 来说明生产价格的形成。

表5-2　生产价格的形成

生产部门	不变资本	可变资本	剩余价值	商品价值	平均利润率(%)	平均利润	平均利润与剩余价值的差额	生产价格
食品工业	70	30	30	130	20	20	－10	120
纺织工业	80	20	20	120	20	20	0	120
机械工业	90	10	10	110	20	20	＋10	120
合计	240	60	60	360	20	60	0	360

生产价格形成以后，价值规律的作用形式发生了变化，商品的市场价格围绕生产价格上下波动。这是否违背了价值规律呢？

生产价格和价值的背离，以及商品按照生产价格而不是按照价值出售，并没有否定价值规律，而正是价值规律作用的表现形式。这是因为：

第一，虽然从个别部门来看，资本家获得的平均利润总额与本部门工人创造的剩余价值不一致，但从全社会来看，整个资本家阶级获得的利润总额与工人阶级创造的剩余价值总额还是相等的。第二，从个别部门看，商品的生产价格与价值不一致，但从全社会来看，商品的生产价格总额必然和价值总额相等。第三，生产价格随着商品价值的变动而变动，生产商品的社会必要劳动时间减少了，生产价格就会降低；反之，生产价格就会提高。

生产价格形成以后，就成为商品交换的基础，市场价格以生产价格为中心上下波动，价值规律作用形式的这种变化是由于受到平均利润率规律的影响。原因在于，生产价格是资本主义经济发展到一定阶段的产物。在简单商品经济至资本主义初期的商品经济中，由于行会制度的束缚和缺乏必要的经济技术条件，资本在不同部门之间的自由转移十分困难，不可能形成平均利润率，所以，商品一直按价值出卖。只有在近代大工业出现以后，资本和劳动力在不同部门之间能够自由转移，平均利润率才逐渐形成，根据平均利润率规律，商品不是按价值出售，而是按成本价格加平均利润出售，这作为一种客观的必然趋势，使生产价格成为商品交换的基础。价值规律通过生产价格起作用，并没有否定价值规律，而是价值规律的作用形式发生了变化。

概念与原理

- 生产价格由成本价格加平均利润构成，是价值的转化形式。
- 生产价格使价值规律的作用形式发生了变化，商品的市场价格围绕生产价格上下波动，但并不违背价值规律。

马克思的平均利润和生产价格理论科学地解决了劳动价值论同等量资本获得等量利润之间表面上的矛盾，生产价格只是价值的转化形式，它的基础仍然是生产商品所耗费的社会必要劳动时间，因此，平均利润和生产价格理论是劳动价值论的进一步丰富和发展。同时，它还深刻地阐明了工人不仅受本企业资本家的剥削，而且受整个资产阶级的剥削，从而揭示了整个无产阶级和资产阶级之间阶级利益的对立。

3. 平均利润率趋于下降规律

平均利润率趋于下降规律是指随着资本主义的发展，平均利润率随着社会资本有机构成的提高而趋于下降的客观必然性。

平均利润率下降的根本原因是社会资本的有机构成提高。在资本积累的过程中，资本家在追求剩余价值的内在动力和竞争的外在压力下，不断改进技术，提高劳动生产率，这就必然导致各个企业资本有机构成普遍提高。

平均利润率下降，绝不意味着资本家所获得利润量的减少。资本家所获得的利润量取决于两个因素：一个是利润率，另一个是资本量。如果资本的总量不变，利润量会随着利润率的变化而变化；如果利润率不变，利润量又会随着资本总量尤其是可变资本量的增减而增减。在资本主义经济发展中，随着资本主义生产的发展和资本的积累，社会资本总量也在不断增大。在日益增大的社会总资本中，虽然可变资本的相对量随着资本有机构成的提高而减少，但其绝对量却在增加。因此，即使利润率下降，利润量仍然会增加。因此，马克思把平均利润率趋于下降的规律，也称为利润率下降和利润量同时增加的二重性规律。

概念与原理

- 平均利润率趋于下降规律是指随着资本主义的发展，平均利润率随着社会资本有机构成的提高而趋于下降的客观必然性，下降的原因是资本有机构成的提高。

平均利润率下降是一个缓慢的过程，只是从长期来看存在着下降的趋势。就短期而言，平均利润率还有可能上升。这是因为有许多因素在阻碍利润率的下降和促进利润率的提高。这些因素主要有：

（1）资本对劳动剥削程度的提高。资本家通过各种方法提高剩余价值率，增加剩余价值总量，从而延缓利润率的下降。

（2）不变资本要素变得便宜。随着科学技术的发展，社会劳动生产率不断提高，使机器、设备和原材料等不变资本的价值降低，放缓了资本有机构成提高的速度，延缓了平均利润率的下降。

（3）相对过剩人口的存在和增加。这会造成劳动力商品经常处于供过于求的状态，从而使资本家可以把工资压到劳动力价值以下。同时，工资的下降又为资本家利用更多的廉价劳动力提供了有利条件，使某些部门的可变资本所占比重提高，增加了剩余价值量，这也会阻碍利润率的下降。

（4）对外贸易的发展。尤其在当代，发达资本主义国家以跨国公司为主要形式在全球范围内的生产和贸易，给资本家带来了大量的高额利润，在很大程度上阻碍了本国平均利润率的下降。首先，对外贸易可以输入廉价商品，一方面，可以使生产资料更便宜，降低不变资本的价值；另一方面，又可以通过进口生活资料，降低劳动力的价值。其次，发达国家在对外输出商品的过程中，可以利用其技术、品牌等方面的垄断性优势，在落后国家以高于国内价格的价格出售其产品，从而获得高额利润。最后，发达国家对落后国家进行资本输出，利用落后国家廉价的劳动力、丰富的自然资源和相对较低的环境保护要求进行低成本生产。

以上这些因素，在一定时期内能够使利润率有某种程度的提高，从而可以阻碍、延缓平均利润率的下降，减慢了它的下降程度和下降进程，但是，上述各种因素都不能改变平均利润率呈下降趋势的规律。

概念与原理

- 现实中存在的阻碍利润率下降的因素有：剥削程度的提高，不变资本要素变得便宜，相对过剩人口的存在和增加，对外贸易的发展。

三、商业资本与商业利润

在实际的经济运行过程中，商业资本和产业资本共同参与剩余价值的分割，按照平均利润率获得利润。

1. 资本主义商业资本的形成

商业资本又叫商人资本，是指处在流通领域中，专门从事商品买卖，以获取商业利润为目的的一种职能资本。商业资本是最古老的资本形式之一。在前资本主义社会，商业资本就已存在并依附于奴隶制和封建制的生产关系。资本主义商业资本是从产业资本中分离出来专门从事商品买卖的、以获取商业利润为目的的资本，它是处于流通领域的商品资本的转化形式。

资本主义商业资本作为从产业资本中分离出来的一个独立部分，它的产生有其客观必然性：首先，产业资本的现实循环运动为商业资本的独立化提供了客观的可能性。在产业资本的循环运动中，一部分资本要不断处于生产领域，采取生产资本的形式；另一部分要不断处于流通领域，采取商品资本和货币资本的形式，因而社会资本中总要有一部分资本经常处于商品资本的形式。由于商品资本具有不同于货币资本和生产资本的独立职能，从而有可能在资本家之间实行分工，不同的资本家承担不同的职能。商品资本的独立职能为其从产业资本中独立出来形成专营商品买卖的商业资本提供了可能性。

其次，资本主义生产的发展和商品市场的扩大从客观上提出了商业资本独立化的必要性。在资本主义初期，生产规模和市场范围小，产业资本家大多自产自销。但随着资本主义生产的发展、商品流通量的增加、市场范围的扩大，以及流通领域资本占用量的扩大和用于商品买卖的时间增加，生产领域的资本和时间减少。商品生产活动和商品交换活动的矛盾表明，产业资本家兼营商业的方式越来越不适应生产发展和市场扩大的需要。因此，客观上要求把商品资本的职能交给专门的资本家去完成，商业资本的职能从产业资本中独立出来就成为必然趋势。这种由于分工所形成的生产与流通的专业化也有利于效率的提高。于是，资本主义商业资本就在资本主义商品生产和商品流通的发展过程中逐步形成了。

概念与原理

- 商业资本是从产业资本中分离出来专门从事商品买卖的、以获取商业利润为目的的资本，它是处于流通领域的商品资本的转化形式。

2. 商业资本的职能和作用

商品资本的职能从产业资本中分离出来以后，独立化为商业资本的职能，形成商业资本。商业资本就是独立地在流通领域发挥作用的资本，它所执行的职能仍然是商品资本的职能，即实现包含在商品中的价值。商业资本的职能关系到产品中剩余价值的实现，也关系到全部预付资本能否回流。产业资本的职能是生产和创造剩余价值，商业资本的职能则是实现商品中所包含的价值和剩余价值，因此，商业资本是与产业资本相并列的独立的职能资本形态。

商业资本的形成，在资本主义经济发展中具有双重作用。商业资本的积极作用主要表现为：

（1）有利于产业资本提高利润率。商业资本出现以后，产业企业可以集中力量从事生产活动，增加利润总额。

（2）有利于节约流通资本。由于产业资本与商业资本的分工，商品流通业务日趋专业化。商业资本能够同时经营多种商品或经营多家企业、多种品牌的同类商品，组织商品进行集中销售、运输、储藏，在商品流通的各个环节上取得规模经济效应，从而节省了社会总资本中用于流通过程的资本。

（3）有利于缩短流通时间，提高产业资本的周转速度。这是因为商业资本家专门从事商业活动，有自己投资的商业资本，从而相应增加了社会资本中用于生产领域的资本，扩大了生产规模，促进了利润率的提高。同时，商业资本家更熟悉市场和消费者的需求，有更多的流通渠道，而且一个商业资本家可以为众多的产业资本家销售商品，具有较好的规模经济效应。

马克思在分析商业资本的作用时，特别强调了商业资本发挥作用是具有前提的，即商业资本的数量和规模必须保持在社会再生产需要的范围内。如果商业资本投资过度，超过了社会生产所需要的比例和限度，就会造成流通环节费用过大，造成浪费，反而对正常的社会再生产产生破坏作用。

（1）有可能加深生产和消费的矛盾。由于商人专门从事商品的买卖，产业资本家把商品批发给商业资本家，就可以换回货币，从产业资本家的角度来看，资本循环已经完成，可以安排下一个循环的生产。但是从整个社会来看，这些商品却有可能积压在流通环节，生产和消费有可能脱节。

（2）可能造成虚假需求和商业投机，从而加深资本主义生产的无政府状态和经济危机。商业资本和产业资本在追求利润最大化这个问题上没有任何的不同。商业资本为了获得较高的利润，可能会利用其掌握的信息优势，囤积居奇，人为地制造商品供应紧张的局面，从而使价格提升，以获取利润。商业资本的投机行为加剧了商品市场的波动。

概念与原理

- 商业资本的积极作用是有利于提高产业资本利润率、节约流通资本、缩短流通时间，但可能加深生产与消费的矛盾，造成虚假需求和商业投机。

3. 商业利润

从现象上看，商业利润好像是商业资本家通过购买和出卖商品之间的差额即贱买贵卖获得的。实际不然，流通领域发生的只是价值形式的变化，并不能产生价值的增殖，商业利润不能从流通中产生。其实，商业利润的真正来源和产业利润一样，仍然是生产领域的产业工人创造的剩余价值。作为剩余价值的一部分，它是由产业资本家转让给商业资本家的。

由于商业资本独立地分担了产业资本的一部分职能，因此，产业资本就不能独占全部剩余价值，而必须把剩余价值的一部分以商业利润的形式让渡给商业资本家。这种让渡是通过商品的购买价格和售卖价格的差额实现的，即产业资本家按照低于生产价格的价格把商品卖给商业资本家，商业资本家再按照生产价格把商品卖给消费者。这种购买价格和售卖价格之间的差额就是产业资本家让渡给商业资本家的那部分剩余价值，即商业利润。可见，商业利润是产业工人所创造的剩余价值的一部分，是剩余价值的转化形式。

商业利润的确受平均利润率的支配，即商业资本家获得的商业利润不能低于平均利润。如果商业利润率低于平均利润率，商业资本家就会把商业资本转移到产业部门中去；同样，商业资本的利润率也不能高于产业资本的利润率，否则产业资本家的资本也会转移到商业部门。部门之间的竞争和资本的转移，使商业利润率和产业利润率趋于平均化，形成整个社会资本统一的平均利润率。

概念与原理

- 商业利润的真正来源仍然是生产领域的产业工人创造的剩余价值。作为剩余价值的一部分，它是由产业资本家转让给商业资本家的。
- 商业资本家获得的商业利润不能低于平均利润。

假定一年内社会预付的产业资本为900亿元，资本有机构成为4∶1，剩余价值率为100%，固定资本价值在一年内全部转移到产品中去，那么，一年内社会生产的商品总价值则是：720C＋180V＋180M＝1 080。产业资本的平均利润率是20%。再假定价值1 080亿元的社会总产品要全部售卖出去，商业资本家投入100亿元的商业资本。这样，社会总资本就增加到1 000亿元。由于商业领域的纯粹买卖行为不创造价值和剩余价值，剩余价值总额依然是产业部门创造的180亿元。由于商业资本也要按照比例获得商业利润，因此，180亿元的剩余价值必须在1 000亿元的社会总资本之间平均分配。所以，这时的社会平均利润率就下降为：180/(900＋100)＝18%。按照此平均利润率，产业资本应得的产业利润为900×18%＝162亿元，商业资本家应得的商业利润为100×18%＝18亿元。于是，产业资本家就按照生产成本加产业利润的价格，即 900+162=1 062 亿元的价格把商品卖给商业资本家，商业资本家再加上商业利润，按照 1 062+18=1 080 亿元的价格把商品卖给消费者，从而获得产业资本家让渡给商业资本家的那部分剩余价值。商业资本家参与了剩余价值的分配以后，平均利润率的公式变为：

$$\text{平均利润率}=\frac{\text{社会剩余价值总额}}{\text{产业资本总额}+\text{商业资本总额}}$$

表面上看，商业资本家拿走一部分剩余价值，使平均利润率降低了，似乎对产业资本家不利。其实不然，要出售 1 080 亿元的商品，发生在流通领域的费用若商业资本家不垫付，产业资本家就得垫付。商业资本家的垫付不仅可以使产业资本家专门经营生产，而且可以加速商品流转，减少商品流通费用，其结果是有利于产业资本家获得更多的利润。

4. 商业流通费用及其补偿

商业资本家除了垫付一定数量的资本购买商品外，还要支付一定数量的流通费用。商业流通费用就是在商品流通过程中所支付的各种费用。商业流通费用可以区分为两大类，即生产性流通费用和纯粹流通费用。

生产性流通费用是指与使用价值运动有关的费用，包括商品的运输、保管、分类、包装等活动中所支出的费用。这类活动是生产过程在流通领域的继续，所花费的劳动是生产性劳动。这类劳动不仅要把生产资料价值转移到商品中去，而且还要创造价值和剩余价值，使商品价值增加。因此生产性流通费用是从商品价值增殖中得到补偿的，它随着商品的售卖、价值和剩余价值的实现而从商品价值中得到补偿，并获得平均利润。

纯粹流通费用是由于商品的价值形式的变化所发生的费用，即纯粹同商品买卖行为相联系而产生的费用，包括店员的工资、广告费、手续费、经营管理和簿记费用等。这类费用与使用价值的运动无关，纯属非生产性开支，所花费的劳动是非生产性劳动，因此，它不产生价值和剩余价值。对它的补偿，从现象上看，是通过商品售卖价格的加价来进行的；从源泉上看，是通过对价值或剩余价值的扣除来进行的。

概念与原理

- 商业流通费用可以区分为两大类，即生产性流通费用和纯粹流通费用。生产性流通费用是从商品价值增殖中得到补偿的，它随着商品的售卖、价值和剩余价值的实现而得到补偿；纯粹流通费用，从源泉上看，是通过对价值或剩余价值的扣除而得到补偿的。

第 2 节　借贷资本与利息

在分析产业资本和商业资本时，我们都假定资本家完全用自有资本从事商品生产和流通等经营活动。但实际经济生活中，资本家在需要投资的时候，往往面临着资本约束，如果没有信用关系的发展，投资的规模就会受到限制，从而直接制约生产力的发展。随着借贷关系和信用关系的发展，产生了借贷资本和银行资本，并且资本市场的发展也使可以利用的资本规模越来越大，形式也越来越多样化。在现代市场经济中，虚拟资本深刻影响着当代资本主义的经济面貌。

一、信用制度及其作用

信用是以偿还为条件的价值运动的特殊形式，是以商品赊销或货币借贷的形式体现出来的一种经济关系。从人类社会发展的历史来看，信用交易和信用制度是随着商品货币经济的不断发展而建立起来的。商品经济的发展成为信用产生和发展的基础。同时，信用交易的产生和信用制度的建立又促进了商品交换和金融工具的发展。信用形式日益深入的发展及复杂化，最终使现代市场经济成为建立在错综复杂的信用关系之上的信用经济。

1. 信用的形式和特点

商业信用是工商企业之间在从事商品购销活动中采用赊销方式而产生的信用。商业信用是最基本的信用形式，也是整个信用制度的基础。商业信用的特点是：第一，商业信用是工商企业之间在商品或劳务的买卖中互相提供的信用，体现的是职能资本家之间的借贷关系。第二，商业信用主要是以商品或劳务形态提供的信用，是处于产业资本循环流通阶段的商品资本。第三，商业信用的发展程度取决于商品生产和流通的状况。在再生产周期的繁荣或高涨阶段，以商业信用方式出售的商品也多；相反，在危机阶段，商业信用也相应地陷入萎缩状态。

商业信用的工具是各种商业票据。商业票据是指商业信用活动中用以证明债权债务关系的凭证。在商业信用中，债权人为确保自己的权利，要求持有书面的债权凭证，证明所发生的债务关系以确保债务人按期偿还。商业票据分为期票和汇票两种。期票是债务人向债权人开出的，承诺在一定时期内支付款项的凭证。汇票是由债权人向债务人发出的命令，是要求债务人向第三方或持票人支付一定款项的凭证。汇票在债务人签名盖章后才生效，这种信用行为叫承兑。按照承兑人的不同，汇票可以分为商业承兑汇票和银行承兑汇票。通过背书（在票据背面签字盖章）转让，商业票据可以在一定范围内流通。持票人在汇票到期前，为了取得资金，可以贴付一定的利息将票据权利转让给银行。这种票据行为称为贴现，是银行向持票人融通资金的一种方式。

商业信用对于扩大和加速商品周转，促进资本主义经济关系发展发挥着重大的作用。但是商业信用具有很大的局限性。一是商业信用的规模受到提供商业信用的工商企业自己拥有的资本数量的限制。二是商业信用的发展受到商品流转方向的限制。一般来说，商业信用是卖方向买方提供的信用，只能与商品流转的方向一致。三是商业信用提供信用的载体是商品，它对于债务人而言，所能实现的价值并不是完全确定的，因而，存在着借入商品价值不能实现或不能完全实现的风险。

概念与原理

- 商业信用是工商企业之间在从事商品购销活动中采用赊销方式而产生的信用。商业信用是最基本的信用形式，也是整个信用制度的基础。
- 商业信用具有局限性：规模受到提供商业信用的工商企业自己拥有的资本数量的限制；受到商品流转方向的限制；提供信用的载体所能实现的价值并不是完全确定的。

银行信用是银行以贷款形式向工商企业提供的信用。银行专门经营货币资本，通过筹集社会资金集中起大量资金，然后将货币资本贷放给需要资金的工商企业。银行信用可以突破商业信用的限制：(1) 银行信用的规模不受个别企业资本规模的限制。银行可以集中起大量闲置的货币资金，可以提供期限较长、数量较大的贷款。(2) 银行信用的投放方向不受工商企业资本和商品流通方向的限制，可以不受限制地提供给任何企业。因此，银行信用在现代信用体系中居于主导地位。

概念与原理

- 银行信用是银行以贷款形式向工商企业提供的信用，在现代信用体系中居于主导地位。它可以突破商业信用在规模和方向上的限制。

国家信用是指政府的借贷行为，主要形式是由政府发行各类债券以筹措资金。在某些特定的时期或政府实施扩张性财政政策的情况下，政府税收的增加往往平衡不了财政支出的增加，为了弥补财政赤字，政府会发行或出售各种信用工具，典型的政府信用工具是公债。这些信用工具代表政府在将来对国债持有人还本付息的承诺。这种偿还债务的承诺来自政府机构，因此被称为公共信用。

公债与其他债券相比，有四个方面的特点：(1) 安全性高。在各类债券中，公债的信用等级通常被认为是最高的，被称为“金边债券”。(2) 流通性强。公债的二级市场十分发达，转让很方便。(3) 收益稳定。公债的付息由政府保证，对于投资者来说，投资公债的收益是比较稳定的。(4) 免税待遇。大多数国家规定对于购买公债所获得的收益，可以享受免税待遇。

专栏 5-2

美国的国债钟

国债钟是一个位于曼哈顿的大型计数器，实时更新美国的公共债务总额，并显示出每个美国家庭所要负担的数额。国债钟于 1989 年由纽约房地产商人西摩尔·德斯特（Seymour Durst）赞助安装。1995 年西摩尔去世后，他的儿子道格拉斯·德斯特仍维持着大钟的运转。

20 世纪 80 年代伊始，西摩尔·德斯特就开始关注政府的公共债务。在送给美国国会参众两院议员的贺卡中，他写道：“新年快乐，您负担着 35 000 美元的国债。”由于当时的技术所限，国债钟未能安装。1989年，随着美国国债上涨到2.7万亿美元，国债钟终于被安放到了距离时代广场一个街区的地方。由于债务情况变动很频繁，计数器不能很好地显示债务的下降，2000年9月7日，国债钟被迫停用，并被盖上帆布。而此时数字定格在“总额：5 676 989 904 887美元，每个家庭承担73 733美元”。2002年7月，国债钟重新启用，此时总额已上涨到6.1万亿美元。

2004年，经过现代化改装，“进退自如”的新国债钟安装完毕。位置也由原来的42街区移到了现在1133大道的德斯特大楼外墙上。

2008年10月8日，由于席卷全球的次贷危机和伊拉克战争等原因，纽约时代广场附近的国债钟已经用光了位数，无法再记录不断增长的国债数字。美国国债数字已达10.2万亿美元，而目前国债钟的电子告示牌只能容纳13位数字，无法显示10兆的14位数字。

2009年9月5日，调试成功的国债钟重新“上岗”，新的电子显示屏增加了两个数位，可以容纳15位数字。2019年美国国债规模达到23万亿美元，超过美国GDP将近10%。

不同国家由于经济发展水平不同，在国际收支恶化的情况下，往往会出现国际债务清偿危机。主权信用评级机构根据各国国际债务履约能力的差异，对一国政府作为债务人履行偿债责任的信用意愿与信用能力进行评判。主权信用评级除了要对一个国家国内生产总值增长趋势、对外贸易、国际收支情况、外汇储备、外债总量及结构、财政收支、政策实施等影响国家偿还能力的因素进行分析外，还要对金融体制改革、国企改革、社会保障体制改革所造成的财政负担进行分析，最后进行综合评定。

概念与原理

- 国家信用是指政府的借贷行为，主要形式是由政府发行各类债券以筹措资金，具有安全性高、流动性强、收益稳定和享有免税待遇的特点。

专栏5-3

主权债务风险

主权债务风险也称主权债务违约风险，即由于东道国政府停止支付或延期支付，致使外商无法按时、足额收回到期债权本息和投资利润的风险。存在这一风险的主要是一些重债发展中国家，在金融危机发生时，一些发达国家也可能会出现主权债务无法清偿的情况。但美国等主要发达国家的货币是国际广泛接受的清偿手段，其政府在理论上可以开动印钞机无限偿还债务，所以债权人与主要发达国家中央政府的交易通常不存在延迟支付风险，与发达国家地方政府交易时则存在风险，因为地方政府没有货币发行权，完全有可能陷入财政破产，甚至纽约、慕尼黑等世界闻名的富庶城市政府也未能幸免。

在金融危机中，主权债务风险状况出现恶化。2009年2月，市场曾担忧欧元区部分国家债务的偿还能力，其中最担心的是葡萄牙、爱尔兰、意大利、希腊和西班牙，这些国家后来得到了欧元区和IMF的支持。但希腊并没有摆脱主权债务违约的可能性。为举办2004年雅典奥运会，希腊发行了约460亿美元的债券，但最后门票、转播权收入却不如预期，仅进账19亿美元。为了偿还债务，希腊政府只得继续借新债、还旧债。2009年希腊已向欧洲中央银行借了400亿欧元，2010年第二季度有180亿欧元的债务即将到期。希腊政府的债务总额从2009年底的占GDP的112.6%上升至2011年的占GDP的135.4%，成为欧盟负债最多的国家。评级公司惠誉已将希腊长期债务评级由A－降至BBB＋。

主权债务风险以往主要是新兴市场的问题，但目前则非新兴经济体所独有。为应对全球金融危机和经济衰退，各国政府都通过举债来刺激经济，在私人部门去杠杆化、减少债务的同时，政府部门的借债却在激增。IMF指出，从2008年爆发金融危机到2010年底，全球主权债务总量增加50%以上，即增加15.3万亿美元，达到49万亿美元；至2009年底，美、日、英三国公债占GDP的比率分别达到87%、218%、62%的高峰。2017年，全球主权债务已达到63万亿美元。

美国未来数年的主权评级也将面临压力。2009年，美国政府的债务总量为12万亿美元，达到历史新高，约占其GDP的98%，其中高达46%的国债是由中国和日本等国的政府和机构购买的。至2017年，美国的政府债务总量更是突破20万亿美元大关。今后越发沉重的国债利息很可能导致美国信用破产的厄运。

企业信用指的是企业通过发行债券、股票等形式向社会公众筹集资金的活动。企业信用是企业作为资本使用者直接利用资本市场筹集资金的手段，它不借助于金融中介，而是由企业进行直接融资。企业信用主要有两种形式：发行债券和发行股票。

企业在资本市场上发行债券有固定期限，必须承担还本付息的压力。企业股权方式的融资没有还本付息的压力，企业的资本规模受到的影响较小。资本所有权人购买了企业股票以后，不能要求返还本息，但是股东可以在证券市场出售股票。股东可以采取两种方式对企业经营决策表达意见：一是“用手投票”，参加股东大会，对企业的重大问题提出自己的意见，影响企业的经营决策；二是“用脚投票”，当股东对企业的未来发展不看好时，可以选择将股票卖出。

企业发行股票，使企业获得大量资金的同时，公司所有者也通过发行股票实现了风险分散，股东资产的流动性增强了。但是企业通过发行股票上市筹集资金，必须承担严格的信息披露义务，提高公司经营的透明度，许多企业机密可能因此暴露。股价在市场上的剧烈波动可能会导致公司价值被严重低估，公司面临着被恶意收购的风险。

概念与原理

- 企业信用指的是企业通过发行债券、股票等形式向社会公众筹集资金。企业发行股票，使企业获得大量资金，公司所有者也通过发行股票实现了风险分散，股东资产的流动性增强。上市公司必须承担严格的信息披露义务，避免股价剧烈波动。

2. 信用在经济中的作用

与商品经济发展相适应，信用活动日益频繁与深化，信用形式也由于大量的金融创新而日趋多样化，并且在现代市场体系中发挥着越来越重要的作用。信用在经济中的作用具有两面性。

（1）信用促进了经济发展。第一，信用促进了利润率的平均化。利润率的平均化以资本在各部门间的自由转移为条件，但是各部门的生产资本都有自己特定的自然形态和用途，这使资本在各个部门之间的流出、流入极为困难。只有以货币形式存在的资本，才能排除这方面的障碍。依靠信用制度，特别是银行信用，借贷资本能够迅速从利润率低的部门大量地转移到利润率高的部门，促使各部门的利润率趋于平均化。

第二，信用促进了流通时间的降低和流通费用的节约。信用活动可以使一些债务被抵销，还能够创造出代替现金的信用工具，从而能够节省现金的使用，减少流通中需要的货币量，并降低与之相联系的流通费用。信用节省了资本和商品流通费用。信用突破了贵金属生产规模对商品流通的限制，也突破了商品买者手中握有的现实货币的限制，可以使商品买卖普遍地赊购、赊销，大大加速了商品流通和资本周转，缩短了资本和商品的流通时间，降低了资本和商品的流通费用，同时也可以降低商品的保管费用和损耗费用，从而节省了流通费用。

第三，信用加速了资本的积聚和集中。信用是资本集中的重要杠杆，通过股份资本和银行信用的发展，可以打破资本最低限额对个别资本的限制，在短时间内集中大量的社会资金，加快资本集中的速度，扩大单个资本的规模，反过来也促进了资本积聚的规模和速度。同时，信用制度还加速了大资本兼并中小资本的过程，使大企业可以迅速建立和发展起来。

第四，信用促进了对国民经济的宏观调控。信用现在已经渗透到国民经济的各个方面，信用工具已经成为国家进行宏观调控和干预经济运行的工具。货币政策是现代市场经济国家进行宏观调控的重要手段，其主要方式是调控信用总量来实现经济的调节。

第五，信用促进了国际贸易及世界市场的形成和发展。随着经济交往越出国界，形成了各种各样的国际信用制度。这些国际信用制度对于发展国际贸易、开拓国际市场具有重要意义。

（2）信用制度的发展，一方面使生产社会化程度有了大幅提高，资本主义生产规模突破了个别资本的限制而不断扩大；另一方面又使生产资料的集中程度有了大幅提高。通过信用制度，个别大资本控制了在以前不可想象的资本规模。这样，资本主义的基本矛盾就进一步尖锐化了。这种基本矛盾的激化主要从三个方面表现出来：

第一，信用激化了生产和消费的矛盾。信用制度增加了生产与消费的中间环节，造成二者的严重脱节，可能造成虚假的繁荣，生产与消费的矛盾加深，触发生产过剩的危机。银行信用使商业资本取得大量贷款，在商品售出之前继续购买商品；商业信用则使商业资本在商品售出之前继续赊购商品，造成虚假的需求，误导产业资本盲目扩大生产，使大批商品积压在流通中，造成生产与消费的矛盾，从而导致生产过剩的危机。

第二，信用可能引发信用危机。信用造成生产与消费的矛盾尖锐化并引发生产过剩危机时，由商业信用引发的债务得不到偿还，商业信用急剧缩减，银行贷款难以回收，就会造成货币流通和信用的严重混乱，引发信用危机。同时，投机者利用信用制度融通资本时，大肆从事投机操作，牟取投机利润，进一步加剧了市场信号的失真程度，造成流通秩序混乱，生产盲目发展，加深了货币信用危机，甚至导致整个经济出现问题，造成全面的经济危机。

第三，信用刺激了金融投机。信用刺激了投机行为，推动和加深了经济危机。信用不仅是投资工具，同时也是投机工具。股票、债券及由此衍生出来的金融创新产品成为可以作为投资工具或回避金融风险的工具，也有可能成为纯粹的投机工具，资本所有者通过投机炒作牟取投机利润。这些信用手段并没有创造价值，但是它们通过投机实现了社会财富的重新再分配。投机引发的金融资产价格的涨落使社会财富规模发生波动，并因此影响了社会的消费与投资需求，加剧了经济危机。

概念与原理

- 信用的作用具有双重性，一方面，推动了经济的发展；另一方面，引发了信用危机。

二、借贷资本与利息

1. 借贷资本的产生

借贷资本是资本主义经济发展的产物，是从职能资本的运动中独立出来的特殊资本形式，它的形成同资本循环和周转有着密切联系。

产业资本的循环运动为借贷资本的形成提供了可能性和必要条件。一方面，在产业资本循环和周转的过程中，必然会出现大量暂时闲置的货币资本。暂时闲置的货币资本主要有四个来源：

第一，固定资本折旧费的积累。固定资本的价值是逐渐转移到商品中去，随着商品的出售，再一部分一部分地回到资本家手里的，而固定资本在实物形态上的更新却是在它们完全磨损后才进行的。因此，固定资本在需要更新以前，会有一部分以固定资本的折旧费的形式暂时闲置起来，成为闲置的货币资本。

第二，暂时闲置的流动资本。由于商品出卖与原材料的购买、工资的支付并不同步，商品出卖所得货款会暂时闲置。

第三，用于积累而暂时还没有实际使用的资本。资本家预定用于资本积累的剩余价值，只有积存到一定数量时，才能变为追加的资本。而这些剩余价值在达到能够扩大生产规模的一定数量以前，也会以货币资本的形态闲置着。

第四，食利者阶层手中的货币以及社会各阶层的储蓄存款。

由于上述原因出现的暂时闲置的货币资本，是不能为它的所有者带来剩余价值的。为了使这部分闲置的货币资本发挥作用，资本家就要为它寻找出路，就形成了借贷资本的重要来源。

另一方面，在产业资本循环和周转的过程中，又必然会出现大量对货币资本的需求。个别资本的循环是相互交错的，它们的运动常常处在不同的阶段，一些资本家在完成售卖阶段之后而未进入购买阶段之前，会有暂时闲置的货币资本。而另外一些资本家这时却正处在购买阶段，因而需要大量货币资本。在资本的运动过程中，急需货币资本而手中暂时缺乏货币的资本家就成了经济中借贷资本的需求方。

概念与原理

- 借贷资本的形成根源于对货币资本的供求。借贷资本的来源：企业折旧，暂时闲置的流动资本，没有达到一定规模的资本积累，储蓄存款。

2. 利息

职能资本家从借贷资本家那里借到货币资本，用它经营产业或商业，取得平均利润，借贷资本的所有权和使用权的分离使得同一资本具有双重的存在，借贷资本家和职能资本家对平均利润都有所有权。这样，平均利润就不能由任何一方独占，而是分割为两部分：一部分是借贷资本家出让资本使用权而得到的利息，另一部分则是职能资本家得到的企业利润。平均利润减去归借贷资本家所有的利息后的余额，就是属于职能资本家的企业利润。

平均利润分割为利息和企业利润，实质上是剩余价值在借贷资本家和职能资本家之间的分割。因此，利息是职能资本家因使用借贷资本而让渡给借贷资本家的一部分剩余价值，是剩余价值的特殊转化形式。利息既体现着借贷资本家和职能资本家共同剥削雇佣工人的关系，也体现着借贷资本家和职能资本家共同瓜分剩余价值的关系。

概念与原理

- 利息是职能资本家使用借贷资本而让渡给借贷资本家的一部分剩余价值，是剩余价值的特殊转化形式。平均利润分割为利息和企业利润，实质上是剩余价值在借贷资本家和职能资本家之间的分割。

在借贷资本的现实运动中，利息表现为资本商品的价格。在使用借贷资本的情况下，货币除了作为一般的货币具有使用价值以外，又取得了一种新的使用价值，即作为资本来执行职能，产生利润。这时，借贷资本由于它的特殊使用价值而成为资本商品，这种商品的价格就是利息。

尽管如此，利息总是表现为资本商品的价格，在实际的经济生活中发挥着重要的作用。

首先，对于借贷资本所有者来说，利息是其资本所有权在经济上的实现形式。利息表现为使用资本的报酬，如果得不到利息，货币就不会成为借贷资本。这就要求承认和尊重借贷资本的所有权，实现借贷资本的有偿转让和使用。

其次，对于职能资本家来说，利息是对其生产经营获得的平均利润的扣除。在他使用借入的资本时，必须支付利息给这个资本的所有者或贷出者。

最后，利息作为资本商品的价格，反映和调节借贷资本的供求关系。借贷资本的供求关系反映在作为资本商品价格的利息上，反过来，利息又具有调节借贷资本供求的作用。

概念与原理

- 对于借贷资本所有者来说，利息是其资本所有权在经济上的实现形式；对于职能资本家来说，利息是对其生产经营获得的平均利润的扣除，反映和调节借贷资本的供求关系。

3. 利息率

利息率（即利率）是指一定时期内利息量与借贷资本量的比率，计算公式如下：

$$利息率=\frac{一定时期内的利息量}{借贷资本量}$$

利息率的高低一般取决于下列因素：

（1）平均利润率的高低。由于利息是平均利润的一部分，利息率的最高界限是平均利润率。在一般情况下，利息率一定低于平均利润率，否则，借入资本的职能资本家就会因得不到任何利益而不借款。利息率一般应该在平均利润率和零之间上下波动。利息率与平均利润率之间具有较高的依存度，如果其他条件不变，平均利润率提高了，利息率就会相应地提高；反之，如果平均利润率下降，利息率就会相应地降低。

（2）借贷资本的供求状况。借贷资本的供求主要是由金融市场上借贷资本的供求状况决定的。在供求双方的竞争中，如果借贷资本的供给大于需求，平均利润的分割就有利于职能资本家，利息率就会下降。如果借贷资本的需求大于供给，则利息率就会提高。在经济周期的不同阶段，借贷资本的不同供求状况决定了利息率的不同变化情况。在经济高涨时期，由于借贷资本严重过剩，利息率会下降；在经济危机时期，由于借贷资本严重紧缺，利息率反而会上升。

（3）法律传统和习惯。当借贷资本的供求平衡时，利息率就由国家和地区的法律传统、习惯等决定。

此外，影响利息率高低的因素，还有借贷资本风险的大小、借贷时间的长短、国家的经济政策等。

概念与原理

- 利息率是指一定时期内利息量与借贷资本量的比率。影响利息率的因素有：平均利润率的高低；借贷资本的供求状况；法律传统和习惯等。

从长期的变动趋势来看，利息率具有下降的趋势。造成这种利息率下降趋势的原因主要有：

（1）平均利润率的下降。从长期来看，平均利润率具有下降的趋势，而平均利润率是决定利息率的重要因素，因而随着平均利润率的变动而变动的利息率也就呈现出下降的趋势。

（2）食利者阶层的扩大。随着经济的发展，或者因为资本规模过小而无法独立经营，或者因为利息收入足够维持其寄生生活而不愿再经营企业，越来越多的人把自己的货币资本转化为借贷资本，借贷资本的供给有超过需求的趋势。

（3）信用制度的发展。信用制度的发展，也使社会各阶层的货币更容易集中起来，形成大量的借贷资本，从而使借贷资本的供给超过需求的增长，导致利息率下降。

概念与原理

- 利息率具有下降趋势的原因是：平均利润率的下降，食利者阶层的扩大，信用制度的发展。

三、银行资本与银行利润

随着信用的产生和发展，银行成为专门从事经营货币资本的企业，并且日渐成为现代市场经济主体。银行信用是在商业信用和货币经营业务的基础上产生的。银行为了经营货币资本，必须拥有自己的资本。银行资本就是指银行资本所有者经营银行所使用的全部资本。从银行资本的来源看，银行资本是由两部分构成的，一部分是自有资本，即银行资本家自己垫付的资本，只占银行资本的很小部分；另一部分是借入资本，即银行吸收进来的各种存款，构成了银行的主要营业资本。银行资本有两种存在形式，一是现金，包括货币和银行券；二是有价证券，包括商业票据、公债券、国库券、不动产抵押证券和股票等。

概念与原理

- 银行资本包括自有资本和借入资本两部分。

银行的传统职能是充当借贷资本家和职能资本家之间借贷活动的中介人。一方面，银行通过吸收存款，把社会上分散的、暂时闲置的货币资本和小额货币收集起来，形成巨大的借贷资本；另一方面，银行通过发放贷款的形式，把这些货币资本贷放给职能资本家使用。这样，银行就成为贷款者和借款者、债权人和债务人之间的中介人。

银行的业务包括负债业务、资产业务和中间业务。

银行的负债业务是指银行吸收存款的业务。在银行所能支配的货币资本中，银行的自有资本只占了极少一部分，大部分来自吸收的存款。银行存款的主要来源包括：第一，职能资本在生产和流通过程中暂时闲置的货币资本；第二，食利者阶层为获取利息而存入银行的货币资本；第三，其他不同阶层居民的储蓄存款等。

银行的资产业务是指银行发放贷款和运用资本的业务。包括：第一，票据贴现，指银行用现金购买未到期的商业票据。票据持有者为了融通资金，可以将未到期的票据交给银行，兑取现金。银行办理票据贴现实际上是发放短期贷款，要按照当时的市场利息率获取相应的利息。第二，抵押贷款，指银行以不动产或动产作抵押品发放贷款。银行以借款者的一定量的抵押品作为保证条件发放贷款，抵押品可以是商品、房地产、各种有价证券等。借款者到期如不能归还贷款，银行有权处理抵押品。第三，信用贷款，即银行评估贷款人的信用，确信其有偿还能力，不需要任何抵押品担保而发放的贷款。第四，投资业务，即银行从事购买有价证券的经营活动。例如，银行通过购买股票，成为其他企业的股东，以便长期获取高额股利；或通过购买政府债券、公司债券等，形成一种长期贷款。

银行的中间业务是指银行以中间人的身份进行各项业务活动形成非利息收入的业务。银行在办理这类业务时既不是债务人也不是债权人，而是处于受托代理的中间人地位。

银行资本家投资于银行业与投资于工商业一样，也是为了获取利润。资本家经营银行所获得的利润叫银行利润。银行利润主要来自银行的贷款和存款之间的利息差额。在一般条件下，银行的贷款利息要高于存款利息，贷款利息和存款利息之间的差额，再扣除银行业务费用以后，就形成银行利润。在充分竞争的条件下，银行也能达到按照自有资本计算的平均利润率。利息是平均利润的一部分，来源于产业工人创造的剩余价值。从根本上讲，银行利润的来源也是产业工人创造的剩余价值。

由于银行利润主要来自利息差额，传统上资产业务是银行的主要利润来源，银行利润主要取决于存贷款利息率的高低及其差额。但是，随着银行业务的不断拓展，银行的中间业务收入不断增长，已日益成为现代银行的重要利润来源。

概念与原理

- 银行业务有资产业务、负债业务和中间业务三类。从根本上讲，银行利润的来源也是产业工人创造的剩余价值。

四、股份资本与股价

1. 股份公司

股份公司是适应资本集中的需要而产生的。股份公司是指以入股方式筹集社会资本而形成的一种企业组织形式和财产制度。现代资本主义生产的特点是高度社会化的大生产，要求必须具备大量的货币资本进行投资，这就引起了资本的大规模集中。由于个别资本家拥有的资本数量有限，远不足以兴办规模巨大的企业，特别是某些生产部门所需要的最低限额的资本不是单个人所能拥有的，为了满足筹集大规模资本的需要，就产生了现代股份公司。

股份公司是企业制度的重大创新，适应了资本发展的需要，对经济发展起到了巨大的促进作用。

首先，股份公司促进了资本集中，有利于企业生产规模的扩大和投资结构的优化。股份资本突破了单个资本形成的最低限额，使分散的、规模较小的货币资金能够集中起来成为可以发挥作用的较大规模的资本，降低了货币转化为资本的门槛，有利于动员更多的社会资金，从而扩大了资本集中的规模，提高了资本集中的速度。马克思指出，"假如必须等待积累去使某些单个资本增长到能够修建铁路的程度，那末恐怕直到今天世界上还没有铁路。但是，集中通过股份公司转瞬之间就把这件事完成了。"[①] 同时，股份公司经营得越好，就会吸引越多的投资者，有利于社会资本向市场需求大、经营效益好的部门和企业转移，从而可以优化投资结构，促进社会资源的合理配置。

其次，股份公司的出现促进了所有权和经营权的分离，有利于企业经营管理效率的提高。在股份制企业中，资本所有者中的一部分转化为单纯的外部股东，他们虽然可以在股东大会上对公司的经营提出建议，并凭借股票取得一定的股利，但实际上只是单纯地拥有资本所有权。实际执行职能的资本家则转化为经理，成为公司内其他资本所有者的资方管理人，拥有企业经营权，从而使"管理劳动作为一种职能越来越同自有资本或借入资本的所有权相分离"[②]。这样，"实际执行职能的资本家转化为单纯的经理，即别人的资本的管理人，而资本所有者则转化为单纯的所有者，即单纯的货币资本家。"[③] 在股份制企业内部，"留下来的只有管理人员，资本家则作为多余的人从生产过程中消失了"[④]。

出现资本所有权和经营权相分离的根本原因在于，资本所有者拥有的资本与经营才能的不对称。资本所有者拥有资本却缺乏经营才能，只得把企业的经营管理权让渡给具有专门才能的人，而这些拥有经营才能的人却不一定具有开办企业所需的资本。两权分离打破了传统的独资或合伙自营的经营管理模式，突破了企业经营中资本约束或经营才能约束的限制，有利于实现企业经营管理的专业化和社会化，从而有利于企业经营管理效率的提高。

最后，股份公司促进了私人资本转化为社会资本，有利于企业法人财产权的形成。股份公司形成了统一的社会资本，以企业法人财产的形式进行生产经营。股份公司内部的财产不再是各个相互分离的生产者的私有财产，而是联合起来的生产者的财产，即形成了企业法人财产，股份公司也成了社会企业。企业作为法人财产权的主体，独立支配和自主经营企业财产。股份公司拥有多元的投资主体，但不论企业的投资人有多少，投入企业的资本都形成企业资产，由企业法人占有和支配，实行统一的经营管理，投资人不能随意收回投资，从而保证了企业财产的相对稳定性和企业生产经营的可持续性。

概念与原理

- 股份公司的出现推动了经济发展：促进了资本集中，有利于企业生产规模的扩大和投资结构的优化；促进了所有权和经营权的分离，有利于企业经营管理效率的提高；促进了私人资本转化为社会资本，有利于企业法人财产权的形成。

---

① 马克思，恩格斯. 马克思恩格斯全集：第 23 卷. 北京：人民出版社，1972：688.

② 马克思，恩格斯. 马克思恩格斯全集：第 25 卷上. 北京：人民出版社，1974：436.

③ 同②493.

④ 同②436.

股份公司是现代企业的一种财产组织形式和企业组织形式。股份公司是社会化大生产和市场经济发展的产物，是市场经济中最普遍，也是最重要的一种企业组织形式，它本身不具有社会的属性。不同财产所有者都可以利用股份制的形式把财产组织起来，它是一个有效的企业组织形式和产权结合形式。“不能笼统地说股份制是公有还是私有，关键看控股权掌握在谁手中。”[①] 由私人资本控股组成的股份公司，就是资本主义性质的股份公司；由公有资本控股组成的股份公司，就是社会主义性质的股份公司。一个股份制企业的整体性质，是由哪一性质的资本掌握控股权来决定的。在资本主义经济中，股份公司是私人大资本控制和利用中小资本的形式，也是大资本支配其他阶级和阶层的货币收入的形式。在现代资本主义国家，许多股份公司也发行小额股票，在广大民众之间推广。有些学者认为，由于股权的分散化，资本主义已经具有“民主的”和“人民的”性质，资本家和工人的阶级界限已经趋于消失。其实，普通民众可以购买股份公司发行的股票，并不意味着资本主义已经进入“资本民主化”和“人民资本主义”时代，发行小额股票无非有利于将劳动人民手中的少量资金集中起来由大资本家支配。劳动者即使购买了小额股票，也并不能成为资产者，也并不可能改变他们的经济地位。发行小额股票是大资本集中中小资本为其所用的形式，并没有改变资本与劳动的不同地位，股份公司的真正主人仍然是少数大资本家。因此，这种所谓的“资本民主化”并没有改变资本主义股份公司的本质。

概念与原理

- 股份公司是现代企业的一种财产组织形式和企业组织形式，形式本身不具有社会属性。

2. 股票与股利

股份公司的资本是通过发行股票的方式筹集的。股票是一种有价证券，是股份有限公司在筹集资本时向出资人公开发行的、用以证明出资人身份和权利，股票持有人根据其所持有的股份数享有权益和承担义务的可转让的书面凭证。股票代表其持有人（即股东）对股份公司的所有权，每一股股票所代表的公司所有权是相等的，即我们通常所说的“同股同权”。

股票具有以下特点：(1) 不可偿还性。股票是一种无偿还期限的有价证券，投资者认购了股票后，就不能再要求退股，只能到二级市场卖给第三者。只要公司存在，它所发行的股票就存在，股票的期限等于公司存续的期限。(2) 参与性。股东有权出席股东大会，选举公司董事会，参与公司重大决策。股东参与公司决策的权利大小，取决于其所持有的股份的多少。(3) 收益性。股东凭其持有的股票，有权从公司领取股利，获取投资的收益。股利的大小，主要取决于公司的盈利水平和公司的盈利分配政策。股票的收益性还表现为股票投资者可以获得价差收入或实现资产的保值、增值。在通货膨胀时

---

① 江泽民在中国共产党第十五次全国代表大会上的报告《高举邓小平理论伟大旗帜，把建设有中国特色社会主义事业全面推向二十一世纪》。

期，股票价格会随着公司原有资产重置价格的上升而上涨，从而避免了资产贬值。股票通常被视为在高通货膨胀期间可优先选择的投资对象。（4）流通性。股票的流通性是指股票在不同投资者之间的可交易性。（5）高风险性。由于股票价格要受到诸如公司经营状况、供求关系、银行利息率、大众心理等多种因素的影响，其波动有很大的不确定性。正是这种不确定性使股票投资者有可能遭受损失。价格波动的不确定性越大，投资风险也越大。因此，股票是一种高风险的金融产品。

概念与原理

- 股票是一种有价证券，是股份有限公司在筹集资本时向出资人公开发行的、用以证明出资人身份和权利，股票持有人根据其所持有的股份数享有权益和承担义务的可转让的书面凭证，具有不可偿还性、流动性、收益性、参与性、高风险性等特点。

股东从股份公司定期取得的收入就是股利。股息、红利亦合称为股利。股份公司通常在年终结算后，将盈利的一部分作为股利按股票份额分配给股东。股利的主要发放形式有现金股利、股票股利、财产股利等。现金股利亦称派现，是股份公司以货币形式发放给股东的股利；股票股利也称送红股，是指股份公司以增发本公司股票的方式来代替现金向股东派息，通常按股票的比例分发给股东。

概念与原理

- 股利是股东从股份公司定期取得的收入。

3. 股票价格

股票在市场上买卖的价格就是股票价格。股票本身没有价值，但因为股票可以为股东定期带来股利，相当于一笔定期存款定期取得股利一样，因此，股票可以有价格，可以在市场上买卖流通。买卖股票实际上是在买卖可以领取股利的凭证，是对资本所有权和收益分配权的买卖。股票的价格不是股票价值的货币表现形式，而是股利收入的资本化。从理论上讲，股票价格应等于这样一笔货币资本，即将这笔货币存入银行后所得到的利息，相当于这只股票能领到的股利收入。

这样，股票价格就取决于两个因素：预期股利和银行存款利息率。股票价格与预期股利成正比，与银行存款利息率成反比。在银行存款利息率不变的条件下，预期股利越高，股票价格越高；预期股利越低，股票价格越低。在预期股利不变的条件下，银行存款利息率越高，股票价格越低；银行存款利息率越低，股票价格越高。用公式表示就是：

$$股票价格=\frac{预期股利}{银行存款利息率}$$

上述公式是计算股票价格的理论公式，在实际经济生活中，还有很多影响股票价格的具体因素，包括宏观因素、公司因素和市场因素等。

（1）宏观因素。包括对股票市场价格可能产生影响的政治、经济、法律、文化等方面的因素。政治因素是指影响股票市场价格变动的政治事件。经济因素是指宏观经济环境及其变动对股票市场价格的影响，包括宏观经济运行的周期性波动等规律性因素和政府实施的经济政策等政策性因素。法律因素是指一国的法律，特别是股票市场的法律法规状况。另外，一个国家的文化传统也会影响人们的储蓄和投资心理，从而对股票市场价格产生影响。

（2）公司因素。股份公司是发行股票所筹集的资金的运用者，也是资金的投资收益的实现者，因而其经营状况的好坏对股票价格的影响极大。

（3）市场因素。包括影响股票市场价格的各种股票市场操作行为。例如，股票市场存在的“羊群效应”，即投资者莫名其妙地随波逐流、追涨杀跌的心理特征，加剧了股市的波动。

概念与原理

- 股票价格$=\frac{\text{预期股利}}{\text{银行存款利息率}}$，宏观经济、公司经营状况、市场预期及操作行为等都会影响股票价格的波动。

五、虚拟资本和虚拟经济

1. 虚拟资本

所谓虚拟资本（fictitious capital），是指以有价证券等形式存在的，能给持有者带来一定收入的资本。虚拟资本是在信用制度发展的基础上，借助各种信用形式虚构出来的资本，是证券化的资本或收入的资本化形式。与虚拟资本相对应的概念是现实资本，也称为实体资本。现实资本是直接投入到实际的生产过程中的货币资本、商品资本和生产资本，这些资本参与了价值创造和价值形成过程。现实资本表现为各种生产要素上的投入，虚拟资本则是一种观念上的资本，并不具有真实的价值。

虚拟资本主要有两种存在形式：一是以信用形式存在的虚拟资本，包括汇票、银行券等。随着信用制度的发展，商业汇票可以通过背书转让而流通。在一定程度上，汇票代替货币起着支付职能的作用。二是以收入资本化形式存在的虚拟资本。投资者购买股票和债券后，就可以凭借资本所有权取得股利或利息收入。股票和债券的运动独立于投在公司中的现实资本的运动，属于虚拟资本的范畴。

随着金融市场的发展，出现了各种金融衍生工具，虚拟资本的范围被大大扩大了。除了上面讲过的各种金融证券外，虚拟资本还包括以股票等原生性金融工具为基础建立起来的金融衍生产品，如期权、期货、远期交易等。虚拟资本本身就是现实资本的衍生产物，各种金融衍生工具是虚拟资本衍生而来的更高级的虚拟资本。资本的“虚拟、虚拟、再虚拟”就其本质来说是在已经证券化了的资本的基础上再一次的或多次的证券化和资本化，如股指期货、外汇期货、期权、资产重新打包出售等。金融衍生品交易是零和博弈，即合约交易的双方盈亏完全负相关，并且净损益为零。金融衍生产品交易不当将导致巨大的风险，有的甚至是灾难性的，代表性事件如国外的巴林银行事件，国内的中航油事件、深南电与高盛对赌等。

概念与原理

- 虚拟资本，是指以有价证券等形式存在的，能给持有者带来一定收入的资本，包括以信用形式和以收入资本化形式存在的资本。

虚拟资本在现实经济生活中的作用具有双重性。虚拟资本对经济发展的积极作用：一是促进资源优化配置。虚拟资本一般来说是由效益低的企业、行业、地区流向效益高的企业、行业、地区。虚拟资本能带动社会资源也向高效益方向流动，并按效益最大化原则不断重新进行分配和组合。比如，某企业经营管理好、效益高，购买其股票、债券的人增加，其股票、债券价格上涨，资本金扩大，所能支配的资源增加。

二是促使社会闲散资金转化为生产经营资金。虚拟资本的流动性和高获利性（当然也伴随着较高的风险），能吸引相当一部分暂时闲置和零散的资金投入到虚拟资本的体现物——股票、债券、金融衍生工具等中，其中有一部分资本会投入到实体经济中。因此，虚拟资本的存在，能促进人们购买有价证券，增加投资，从而加快经济发展的速度。

三是有利于实现资本的两权分离。在价值运动的过程中，资本所有者通过转让资本的使用权，获取该资本所实现的剩余价值的相应部分。资本使用者通过资本运用和经营进行剩余价值生产。企业资本以实体资本和虚拟资本双重形式存在，不仅适应了资本所有权与使用权分离的客观要求，而且给资本所有者和资本使用者带来了利益上的好处。资本所有者可以通过多样化的投资渠道和方式选择投资对象，可以根据投资对象的经营状况及转移所有权证书，以实现资本保值和回避风险的目的。资本使用者可以通过多样化的融资渠道和手段吸纳社会资本，并根据融资成本选择不同的融资形式，以满足扩大生产的需要。

虚拟资本也对经济运行产生了消极影响，主要是使国民经济发生动荡和危机的可能性增大。虚拟资本独立于实体资本之外，流动性很大，是投机家的乐园。衍生金融工具的发展使虚拟资本同实体资本脱离得更远，流动性更强，更可以供持有者突然大数额、远距离运作，从而对一国、一个地区甚至全球经济造成冲击。

概念与原理

- 虚拟资本在现实经济生活中的作用具有双重性。虚拟资本对经济发展的积极作用是促进资源优化配置，促使社会闲散资金转化为生产经营资金，有利于实现资本的两权分离。虚拟资本也对经济运行产生了消极影响，主要是使国民经济发生动荡和危机的可能性增大。

2. 虚拟经济

虚拟经济是与实体经济相对应的一个概念。现实资本的运行构成实体经济、物质经济。实体经济就是现实资本的运动，包括工业、农业、商业、交通运输业、建筑业等提供实实在在的商品和服务的经济活动。虚拟经济是指虚拟资本的运动所形成的经济活动，包括有价证券的交易、银行信贷的投放等信用活动。虚拟经济是经济发展的价值层面、资本层面的资本化、证券化的抽象过程。随着资本虚拟化的发展，虚拟经济已经代替实体经济居于现代经济活动的中心。

虚拟经济在运行过程中表现出以下特点：

（1）不稳定性。虚拟经济的不稳定性主要来自三个方面：一是虚拟资本的内在不稳定性，虚拟资本价格的确定不是依据其内在价值，而是依据人们对其未来价格的主观预测，并且受到供求状况的影响。二是货币的虚拟化。金本位制崩溃以后，货币已经虚拟化，政府可以通过印钞票的方式来调节货币供应量，货币不能再以贮藏手段退出流通领域。货币的价值只能以货币的购买力来衡量。货币的购买力受到货币发行量、利息率、汇率等因素的影响。货币的虚拟化增强了经济的不稳定性。三是心理预期的不稳定性。就一般商品而言，供求关系可以调整商品价格。但是虚拟资本运行存在正反馈：当股价上升时，投资者会对前景乐观，会有更多资金进入股市进行投机；当股价下跌时，投资者预期普遍悲观，争相抛售手中股票，导致价格进一步下跌。这种正反馈作用形成放大效应，使虚拟资本价格大起大落。

（2）高风险性。虚拟经济的高风险性来自证券交易的杠杆化。杠杆交易，就是利用小额的资金来进行数倍于原始金额的投资，以期望获取相对投资标的物波动的数倍收益率。许多投资银行为了赚取暴利，采用20～30倍杠杆操作。假设一个银行A自身资产为30亿元，30倍杠杆就是900亿元。也就是说，这个银行A以30亿元资产为抵押去借900亿元的资金用于投资，假如投资盈利5%，那么A就获得45亿元的盈利，相对于A自身资产而言，这是150%的暴利。反过来，假如投资亏损5%，那么银行A赔光了自己的全部资产，还欠15亿元。

（3）周期性。虚拟经济和实体经济一样也会表现出一定的周期性，但它是以实体经济周期为基础的。在虚拟经济周期中，一般是按照以下路径发生的：实体经济加速增长→货币与信用膨胀→资产价格上涨→经济泡沫开始形成→内部或外部冲击造成经济泡沫破灭→人们抛售实际资产与金融资产→实体经济减速或负增长。

概念与原理

- 虚拟经济是指虚拟资本的运动所形成的经济活动，包括有价证券的交易、银行信贷的投放等信用活动，具有不稳定性、高风险性和周期性的特点。

实体经济是虚拟经济的基础。虚拟经济是实体经济发展到一定阶段的产物，是在货币和信用制度发展的基础上产生的。实体经济的发展阶段、水平、规模和结构等决定着虚拟经济的发展状况。

虚拟经济对实体经济的作用具有双重性。虚拟经济在总体上可以促进实体经济的发展，具体表现在：(1) 有利于解决金融约束问题。虚拟经济的发展提供了多种金融工具，为企业融资提供了更多的渠道和方式，从而有利于解决经济发展中普遍存在的金融约束问题。(2) 有利于促进资源优化配置。货币资本转变为现实资本有一个最低限额的限制，虚拟经济的发展有利于突破这个限制，能够动员更多的社会闲散资金，有利于更多的货币资本转变为现实资本；资本市场的发展也为企业产权的调整和重组搭建了平台，有利于盘活闲置的现实资本，促进产业的调整、优化和升级。(3) 有利于分散投资风险。虚拟经济的发展可以提供多种投资工具，有利于投资者建立投资组合来分散风险，避免将所有的鸡蛋放在一个篮子里。同时，通过交易，可以使风险在不同投资者之间进行重新配置，风险喜好者可以承担更多风险，风险厌恶者则可以通过购买期权等手段向外转移风险。

虚拟经济对实体经济也会产生负面影响。虚拟经济的过分发展也会加大经济中的不稳定程度，甚至会导致泡沫经济的出现，从而对实体经济的发展造成不利的影响。

概念与原理

- 虚拟经济对实体经济的作用具有双重性，积极的作用在于解决金融约束问题、优化资源配置和分散投资风险，消极的作用是经济稳定性受到影响，可能导致泡沫经济。

第3节　地　租

一、地租是土地所有权在经济上的实现形式

地租是土地租用者因为租用土地而向土地所有者支付的经济代价，是土地所有权在经济上的实现。马克思指出："不论地租有什么独特的形式，它的一切类型有一个共同点：地租的占有是土地所有权借以实现的经济形式"[①]。这就是说，一切形式的地租，都是土地所有权在经济上实现自己、增殖自己的形式。从另一意义上看，地租是土地使用者向土地所有者购买土地使用权的价格。

资本主义地租是租地资本家为取得土地的使用权而交给土地所有者的经济代价。从农业来讲，农业资本家投资农业，租种土地后，购买生产资料，雇用农业工人进行农业生产。由于是资本主义经营，平均利润率规律必然也要起调节作用。农业资本家投资农业必须获得平均利润，否则他就不会投资农业。农业资本家通过承租土地进行经营，既要支付地租，其投入的资本额又必须获取平均利润。能够获得平均利润是资本家投资于

① 马克思，恩格斯．马克思恩格斯全集：第25卷下．北京：人民出版社，1974：714.

农业生产的前提，因此，地租必须是超过平均利润的那部分剩余价值。农业工人创造的剩余价值必须大于平均利润，其中相当于平均利润的那部分剩余价值，归农业资本家所有；而超过平均利润的那部分剩余价值，即超额利润，作为地租交给土地所有者。资本主义地租实际上是资本主义土地所有权的实现形式。所以，资本主义地租是农业工人创造的超过平均利润的超额利润的转化形式，体现了土地所有者、农业资本家共同剥削农业工人的关系。

概念与原理

- 地租是土地租用者因为租用土地而向土地所有者支付的经济代价，是土地所有权在经济上的实现形式。
- 资本主义地租是农业工人创造的超过平均利润的超额利润的转化形式，体现了土地所有者、农业资本家共同剥削农业工人的关系。

二、级差地租

1. 级差地租的形成

级差地租是等量资本投在面积相等的土地上，由于土地的生产率差异而形成的、由农产品个别价格和社会生产价格的差额所构成的超额利润转化而成的地租形式。造成土地级差生产力的原因有：一是不同地块在自然丰度上具有差异性，即具有不同的肥沃程度；二是不同地块的地理位置即区位有差异性；三是在同一地块上连续投资产生的劳动生产率有差异性。由此，土地具有不同的等级，进而租用不同等级的土地所需要缴纳的地租也就不同，从而这种与土地生产条件差别相联系的地租称为级差地租。

在说明级差地租形成的原因和条件时，马克思假定农产品和工业品一样是按照生产价格出售的。因为只有按照生产价格出售，农业资本家才能获得平均利润，从而才肯投资于农业。由于土地的有限性，必须耕种劣等土地才能生产出满足社会需要的农产品，因此，农产品是按照由劣等土地的个别生产价格所决定的社会生产价格在市场上出售的。只有这样，租种劣等地的农业资本家才能获得平均利润。因而投资于条件较好的优等地和中等地的农业资本家，如果土地面积相同，投资额也相同，那么优等地的农产品的产量就会高于中等地和劣等地；而中等地的农产品的产量就会高于劣等地。优等地和中等地的农产品的个别生产价格必然低于社会生产价格，但依然按照社会生产价格出售，就可以获得超额利润。

如果农产品的生产价格由中等地来决定，劣等地将出现亏损，其后果是放弃对劣等地的耕种，从而农产品供不应求，价格上涨，使劣等地的耕种又有利可图。因此，农产品的生产价格是由劣等地农产品的个别生产价格决定的。

然而，农产品的超额利润和工业品的超额利润是不同的。

首先，工业品的社会生产价格是由平均生产条件决定的，只有少数在先进条件下进行生产经营的企业，才能获得超额利润；而农产品是由劣等地的生产条件决定的，经营优等地和中等地的资本家都可以获得一定的超额利润。

其次，在工业中，超额利润的产生，必须以某些投资的劳动生产率有绝对的提高，并超过本部门一般劳动生产率水平为前提；而在农业中，只要不低于决定社会生产价格的劣等地的劳动生产率，投资者就仍然可以获得超额利润。

最后，工业中某些企业获得超额利润是暂时现象，其他企业完全有可能购买到更先进的机器设备，获得更高的劳动生产率，从而使原来具有先进条件的企业变为具有中等条件的企业，失去超额利润。而农业则不然，由于优等地和中等地是有限的，当它们已被某些农业资本家租种，形成了对这些土地的经营垄断时，就限制了其他农业资本家和他们竞争。于是租种优等地和中等地的农业资本家，就能够长期地、稳定地获得超额利润，并可以将这个超额利润稳定地作为级差地租交给土地所有者。

所以，级差地租产生的原因是土地的资本主义经营垄断。土地的资本主义经营垄断是指在土地有限特别是优等地和中等地有限的条件下，土地作为经营对象而被农业资本家使用后所形成的对土地的经营性垄断。这种垄断是由于土地的有限性而产生的。综上所述，我们可以看到，土地的资本主义经营垄断，一方面使经营优等地和中等地的农业资本家都获得超额利润，另一方面使农业中获得的超额利润可以长期稳定地存在。构成级差地租的超额利润的形成与土地所有权没有关系。

级差地租的源泉，从表面上看，似乎来自土地本身的自然条件。实际上，土地的差别性和有限性只是形成级差地租的自然基础。土地作为自然条件，并不能创造价值和利润，包括超额利润。形成级差地租的超额利润来自农业雇佣工人所创造的剩余价值。这就是说，级差地租是耕种优等地和中等地的农业雇佣工人所创造的超额剩余价值的转化形式。

综上可知：(1) 土地生产条件的差别是级差地租产生的物质条件。(2) 土地的有限性和以此为前提的土地经营的垄断，是级差地租产生的社会经济原因。(3) 级差地租是由经营较优土地获得的、转归土地所有者占有的一部分超额利润，由个别生产价格低于社会生产价格的差额构成。其源泉是农业雇佣工人所提供的剩余劳动。

概念与原理

- 级差地租是等量资本投在面积相等的土地上，由于土地的生产率差异而形成的、由农产品个别价格和社会生产价格的差额所构成的超额利润转化而成的地租形式，产生的原因是土地经营的垄断，源泉是农业工人所创造的剩余价值的一部分。

2. 级差地租Ⅰ

级差地租按其形成的条件不同，可以分为两种基本形式：级差地租第一形式，即级差地租Ⅰ；级差地租第二形式，即级差地租Ⅱ。

级差地租Ⅰ是因土地肥沃程度和位置不同，将等量资本投在不同的等量土地上所产生的超额利润转化而成的级差地租。它是投入不同地块的各个资本具有不同劳动生产率的结果。

级差地租Ⅰ是与土地肥力和位置差别相联系的级差地租形式。影响土地肥沃程度的不仅有自然因素，也有社会经济因素。但是，无论土地的肥力怎样变化，在一定时期内和一定技术条件下，不同地块的肥沃程度都是有差别的。这种差别必然使投入面积相等的不同地块的等量资本，有着不同的劳动生产率。因而优等地和中等地的农产品的个别生产价格低于社会生产价格而产生的超额利润，便形成了级差地租Ⅰ。

土地位置对农业生产也有重要影响。由于不同的地块地理位置不同，距离市场（包括距离交通线）有远近之别，距离市场近，农产品的运费少，距离市场远，则农产品的运费高。假如社会对农产品的需求量大，需要距离市场远的土地所生产的农产品，那么，农产品的社会生产价格就要由其位置距离市场最远的土地所生产出的农产品的个别生产价格来决定，在这个生产价格中，既包括生产成本和平均利润，又包括运输成本和运输企业所应得的平均利润。这时，耕种距离市场近的土地，就能因为运输费用较少，农产品的个别生产价格低于社会生产价格，从而获得超额利润，这个超额利润也形成了级差地租Ⅰ。

不过，土地位置的好坏是相对的。随着交通运输业的发展和中心城市的建立，位置差的土地可以变成位置好的土地。随着社会生产的发展，由于地方市场的开辟和先进交通工具的采用，土地位置上的差别所导致的生产率差距缩小。

概念与原理

- 级差地租Ⅰ是因土地肥沃程度不同和位置不同，将等量资本投在不同的等量土地上所产生的超额利润转化而成的级差地租。

对于级差地租Ⅰ的形成，可以按照级差地租的一般特性，举例进行分析。假定三个农场主分别租种优、中、劣三块面积相同的土地，各投入 1 000 元资本，三块不同的土地在产量上存在差异，分别生产农产品 12 担、10 担、8 担。假定社会资本平均利润率为 20%，三个农场主获得的平均利润均为 200 元，即个别生产价格都为 1 200 元。但是，单位农产品的个别生产价格依次为 100 元（优等地）、120 元（中等地）和 150 元（劣等地）。农产品价格是由劣等地的个别生产价格来决定的，即每担农产品的价格都为 150 元，这就使中等地获得 300 元、优等地获得 600 元的超额利润。这些超额利润就构成了级差地租Ⅰ（见表 5-3）。

表 5-3 级差地租Ⅰ的形成

土地等级	投资（元）	平均利润（元）	产量（担）	个别生产价格（元）		社会生产价格（元）		级差地租（元）
				全部产品	每担	每担	全部产品	
劣等地	1 000	200	8	1 200	150	150	1 200	0
中等地	1 000	200	10	1 200	120	150	1 500	300
优等地	1 000	200	12	1 200	100	150	1 800	600

3. 级差地租Ⅱ

级差地租Ⅱ是指由于连续追加投资于同一块土地，而具有不同劳动生产率所产生的超额利润转化而来的地租。

随着社会对农产品需求的增长，在耕地有限的条件下，农业越来越采取集约化的耕作方法。在通常情况下，连续追加的投资会产生不同的劳动生产率。但只要追加投资土地的劳动生产率高于劣等地原有投资的劳动生产率，便可以带来超额利润。这些超额利润就形成级差地租Ⅱ。

级差地租Ⅰ和级差地租Ⅱ存在以下区别：

第一，形成的条件不同。级差地租Ⅰ是等量资本投在不同土地上产生不同劳动生产率的结果，与粗放经营相联系；级差地租Ⅱ是等量资本追加投资在同一地块上产生不同劳动生产率的结果，与集约经营相联系。级差地租Ⅰ主要以土地自然丰度，即以劳动的自然生产力为自然基础。而级差地租Ⅱ则是以土地的经济丰度，即以追加劳动的技术生产力和劳动的自然生产力相结合为自然基础。

第二，对它们的占有不同。级差地租Ⅰ在缔结租约时，已经为土地所有者所占有。由于土地所有权，在缔结租约时，土地所有者对自然条件不同的地块，要求租赁者交付的地租是不同的。优等地的地租要高于中等地；中等地的地租要高于劣等地。这其中就包含了级差地租。而级差地租Ⅱ则不同，形成级差地租Ⅱ的超额利润在土地租约期内为租赁土地的农业资本家所占有，租约期满后重新缔约时，则转入土地所有者手中。因为在缔结租约时，每个地块的地租已确定，在整个租约期内，一块地的地租是不变的。当农业资本家对该地块不断追加投资时，提高了劳动生产率，带来了超额利润。由于地租事先已确定，这些超额利润就由农业资本家占有。当租约期满重新缔结租约时，土地所有者就可以这块地肥力提高为由，提高地租标准。这样，农业资本家续租这块地后，原有的超额利润就以级差地租Ⅱ的形式被交给土地所有者。

概念与原理

- 级差地租Ⅱ是指由于连续追加投资于同一块土地，而具有不同劳动生产率所产生的超额利润转化而来的地租。与级差地租Ⅰ形成的条件、占有的主体不同。

三、绝对地租

考察级差地租时，假定耕种劣等地的农业资本家只能获得平均利润，不能获得超额利润，因而不向土地所有者缴纳地租。但是，在资本主义土地私有制条件下，耕种任何土地，包括劣等地在内，都必须向土地所有者缴纳地租。如果不缴纳地租，土地所有者宁可让其荒芜也不会白白地让别人去耕种。农产品的市场价格就要上涨到由劣等地的生产条件所决定的社会生产价格以上，只有这样，经营劣等地的资本家才能除了补偿生产费用并取得平均利润以外，还有一个余额作为绝对地租缴纳给土地所有者。这种由于土地私有权的存在，租种任何土地包括租种劣等地都必须缴纳的地租，叫作绝对地租（见表 5-4）。

形成绝对地租的条件是，农业资本有机构成低于社会平均资本有机构成。农业资本有机构成低，因此，同样的投资在农业中可以推动更多的活劳动，在剩余价值率相同的情况下，所创造的剩余价值要大于工业部门，但农业资本家实际得到的剩余价值只能相当于工业中的平均利润，因而全部农产品中的总剩余价值要大于总平均利润，农产品的价值便会高于其社会生产价格。农产品按照价值出售，因高于社会生产价格而产生的超额利润，便形成绝对地租（见表 5-4）。

表 5-4 绝对地租的形成过程

生产部门		c/v	m	W	P′（%）	平均 P′（%）	生产价格	绝对地租
工业	食品	70：30	30	130	30	20	120	—
	纺织	80：20	20	120	20	20	120	—
	电力	90：10	10	110	10	20	120	—
农业		60：40	40	140	40	20	120	20

农业资本有机构成低于社会平均资本有机构成，从而价值大于生产价格，只是提供了形成绝对地租的基础或可能，而不是其原因。绝对地租产生的原因就在于土地私有权的垄断。土地私有权的垄断是指由于土地的有限性，土地被私人占有以后形成的垄断，别人无法再制造新的土地归自己私有。

转化为绝对地租的农业超额利润，是由农产品的价值与其生产价格之间的差额形成的。而这个差额又是以农业资本有机构成低于社会平均资本有机构成为前提条件的。所以绝对地租的数量变动，归根结底取决于农业中资本有机构成的水平。如果农业的资本有机构成提高，而社会平均的资本有机构成不变，那么农产品的价值就会降低，从而农产品价值和生产价格之间的差额就会缩小，绝对地租就会减少。反之，绝对地租就会提高。

既然绝对地租产生的条件发生了变化，它就不再是农产品价值高于社会生产价格的超额利润了。它的来源只可能有两个方面：第一，马克思指出，这时绝对地租是“在租金的名义下，把他的租佃者的一部分利润甚至一部分工资刮走”①，即来自农业资本家的一部分平均利润和克扣农业工人的一部分工资。第二，把农产品的价格提高到其价值以上，“如果由于土地所有权对在未耕地上进行不付地租的投资造成限制，以致谷物不仅要高于它的生产价格出售，而且还要高于它的价值出售，那末，地租就会产生垄断价格”②。

绝对地租既然是农产品价值的一部分，因此，绝对地租的源泉是农业工人所创造的剩余价值的一部分，它所体现的是农业资本家和土地所有者共同剥削农业雇佣工人的关系。

---

① 马克思，恩格斯．马克思恩格斯全集：第 26 卷Ⅱ．北京：人民出版社，1973：448.

② 马克思，恩格斯．马克思恩格斯全集：第 25 卷下．北京：人民出版社，1974：874.

概念与原理

- 由于土地私有权的存在，租种任何土地都必须缴纳的地租，叫作绝对地租。产生的原因在于土地私有权的垄断。绝对地租的数量变动，归根结底取决于农业中资本有机构成的水平。

四、土地价格

在土地私有的社会里，土地所有者凭借土地所有权不仅可以通过出租土地获得地租，而且可以通过出卖土地获得高额的土地价格。在土地私有的制度下，土地可以作为商品进行买卖。当然，人们开垦荒地、整修和改造土地，也要花费大量劳动，但是，广大原始土地本身并不是劳动产品，是自然界所存在的东西，所以不会有价值，也不存在价值量的决定问题。由于凭借土地所有权能够获得地租收入，因此当某个人把这个地租的获取权转让给另一个人时，自然要索取相应的报酬，这就是土地价格。土地价格并不是土地价值的货币表现，因为土地没有价值。那么，土地价格由什么决定呢?

土地价格是资本化的地租，即土地价格相当于能够取得这笔地租收入的货币资本。这就是说，土地价格相当于这样一笔货币资本，把这笔货币资本存入银行每年所得的利息，等于用这笔货币资本购买一块土地后将其出租，每年所获得的地租。所以，土地价格是由两个因素所决定的：一是地租的高低；二是银行存款利息率的高低。土地价格和地租成正比，和银行利息率成反比。土地价格的计算公式是：

$$\text{土地价格}=\frac{\text{地租}}{\text{利息率}}$$

随着资本主义的发展，土地价格有上涨的趋势。地价上涨的原因，首先是地租有增长的趋势。因为随着人口的不断增长和工业的迅速发展，社会不断进步，需要大量土地，土地成为越来越稀缺的资源。地租自然就会不断增长，土地价格与地租成正比，必然会不断上涨。其次，随着科学技术的进步，资本有机构成不断提高，引起利润率下降，从而平均利润率呈下降趋势，导致利息率也呈现下降趋势。土地价格与利息率成反比，所以必然会不断上涨。

概念与原理

- 土地价格是资本化的地租，即土地价格相当于能够取得这笔地租收入的货币资本。地价上涨的原因有两个：一是地租有增长趋势，二是利息率呈下降趋势。

《 复习思考题 》

1. 信用在资本主义经济中的作用是什么？
2. 怎样理解股份公司的性质?

3. 简述股票价格的决定因素。

4. 平均利润率是如何形成的？为什么说生产价格是价值规律在一定条件下的具体表现形式？

5. 企业降低成本和增加利润的途径有哪些？

6. 什么是商业资本？商业利润的来源和获得途径是什么？

7. 论述级差地租和绝对地租形成的条件、原因和源泉。

8. 土地价格由什么决定？为什么土地价格有不断上涨的趋势？

问题与应用

1. 马克思指出：商品按照它们的价值或者接近于它们的价值进行的交换，比那种按照它们的生产价格进行的交换，所要求的发展阶段要低得多，而按照它们的生产价格进行交换，则需要资本主义的发展达到一定的高度。你如何理解马克思的这段话？它说明了什么问题？

第6章

资本主义经济制度的演进与生产方式的变革

第1节 资本主义经济制度的产生

资本主义作为一种新的生产关系，从14—15世纪开始萌芽发展到今天高度垄断并在全球化过程中占据绝对主导地位，其间经历了四五百年的历史。推动资本主义演进的基本力量是生产力，生产力的快速发展促使生产关系不断进行调整，从而使资本主义经济制度逐渐发生、发展并趋于成熟。第一次产业革命使资本主义制度得以确立，第二次产业革命使资本主义从自由竞争发展到自然垄断，国家垄断资本主义则是伴随着第二次世界大战后爆发的新技术革命而发展起来的。

一、资本主义的萌芽

在前资本主义社会，世界各地区的经济发展是不平衡的。资本主义萌芽最早出现于14—15世纪的西欧，西欧也最早确立了资本主义统治。西欧的封建社会在11—15世纪达到鼎盛时期，16—18世纪封建经济在各种力量的冲击下趋于瓦解，完成了从封建主义制度向资本主义制度的过渡，最终西欧确立了资本主义制度的统治地位。

15世纪末的地理大发现为新兴资产阶级开辟了新的活动场所，推动了资本主义生产关系的加速成长。地理大发现是世界历史上的重要事件，欧洲人在海上探险，发现了美洲新大陆，并发现了从欧洲绕过非洲南端到亚洲的新航路。新航路与新大陆的发现，对西欧的经济发展有着深远的影响。

地理大发现使商业发生了革命性的变化。主要表现在：由于世界市场的骤然扩大，进入世界贸易的商品种类和数量急剧增加。西欧各国在海外建立了垄断性贸易的大商业公司，它们享有专制王权给予的特权，成为进行海外殖民掠夺的工具。

地理大发现引起了海外殖民掠夺。在地理大发现以后，欧洲开始了对新大陆的殖民征服，产生了一系列对美洲、亚洲、非洲人民的掠夺、虐杀、征服和奴役。由此开始的海外殖民掠夺，成为西欧进行资本原始积累的主要手段，为资本主义生产方式奠定了基础。

地理大发现后，西欧国家的专制王权采取了一系列鼓励商业、工业、航运业发展的重商主义政策，对资产阶级的兴起和发展起到了保护和促进作用。地理大发现是在封建社会内部矛盾和资本主义生产方式的推动下而发生的，而新航路、新大陆的发现，反过来又加速了封建主义的崩溃和资本主义的发展。

专栏 6-1

马克斯·韦伯的《新教伦理与资本主义精神》

关于资本主义的起源有多种观点。马克斯·韦伯不同意马克思主义的经济决定论思想，认为历史的发展不只是纯物质力量作用的结果。韦伯认为，资本主义的兴起是与资本主义精神的形成密切相关的。韦伯在其代表作《新教伦理与资本主义精神》一书中考察了资本主义精神的来源、形成过程以及主要内涵。

韦伯认为，资本主义精神来源于新教伦理。新教伦理形成于 16 世纪的宗教改革。“资本主义精神”的主要内涵为：经济合理主义、天职观念和禁欲主义。谋利或者说赚钱并不等于资本主义精神，“‘金钱欲’的历史与人类历史一样古老”，只有合理谋利才是现代资本主义的本质特征。合理谋利就是“一种非凡的资本主义商业意识会与各种渗入并支配它们全部生活的最强烈的虔信共同存在”。它是以诚信、勤劳、节俭为基础，也就是在天职观念和禁欲主义伦理的指导之下积累财富、获取利润，并将这些财富回归于社会或者扩大生产，而不是将它挥霍掉。

韦伯认为，天职观念和禁欲主义构成了新教伦理的基本内容。他指出：“天职观念是宗教改革的一个产物。”在天职观念的指导下产生了禁欲主义。“这个世俗新教禁欲主义强烈反对财产的自发享受；它限制消费，尤其是奢侈品的消费。”“一旦限制消费与谋利行为的解放结合起来，不可避免的实际效果显然是：强迫节省的禁欲导致了资本的积累。在财富消费方面的限制，自然能够通过生产性资本投资使财富增加。”正是由于在天职观念驱动和禁欲主义约束下的合理谋利，社会才积累起了巨大的财富，为资本主义奠定了基础；仍然是在天职观念和禁欲主义的推动和约束下，资本主义再生产才如原子裂变一般，产生出了之前的任何社会制度都从未释放过的巨大能量。

理性的法律行政制度是西方近代理性资本主义兴起的又一重要因素。一个拥有理性的成文宪法和理性制定的法律、由理性的规章法律所约束并由训练有素的行政人员所管理的政府，不仅是西方近代所独有的，而且是西方近代资本主义兴起的重要制度因素。

讨论

你认为文化和宗教对经济发展是至关重要的因素吗？请说明理由。

二、资本的原始积累——资本主义生产方式存在基础的建立

资本的原始积累是资本主义生产方式存在的基础。“原始积累”（primitive accumulation）这个词本身就浸透着它对人类生活的痛苦影响。“原始”（primitive）一词意味着它是形成资本及与之相适应的生产方式的前史，即它发生在资本主义生产方式得以确立之前。此外它还意味着一种隐秘、野蛮和残酷的剥削方式。“积累”（accumulation）则说明这一过程主要是社会的一小部分人对资本和财富的积累，而大部分人的生存状况趋于恶化。马克思在论述原始积累的时候特别提道：“原始积累的方法决不是田园诗式的东西”[①]，“这种剥夺的历史是用血和火的文字载入人类编年史的”[②]。

任何一种生产方式得以建立都必须首先建立这种生产方式赖以存在的基础。货币要转化为资本，必须具备两个条件：一是形成占有大量货币、生产资料和生活资料的所有者，他们购买别人的劳动实现自己财富的增殖；二是形成大量的有人身自由但失去全部生产资料的劳动者。所谓原始积累的过程也就是生产者与生产资料分离的历史过程，它为在世界范围内建立资本主义生产方式提供了一个最初的和必要的前提。

新兴的资产阶级用暴力手段掠夺农民的土地是资本原始积累的基础。这种情况在英、法、德等资本主义国家都曾经发生过，其中以英国“羊吃人”的圈地运动最为典型。自15世纪以后，由于地理大发现与世界市场的扩大，纺织业发展迅速，羊毛价格大幅度上涨。为了扩大养羊的牧场，英国贵族领主用暴力手段剥夺农民的土地用于经营牧场，大批农民从原有土地上被驱逐出去，成为一无所有的无产者。圈地的结果是许多小土地所有者和小租地农民失去了生产资料，他们必须为别人劳动才能维持生活，这就为英国资本主义的发展创造了自由劳动者。

海外贸易和殖民掠夺是新兴资产阶级积累货币财富的重要途径。15世纪末的地理大发现结束了西半球的孤立状态，对于人类各方面的进步曾起到一种巨大的促进作用。但是这种进步又是与征服、掠夺、杀戮联系在一起的。马克思在评论荷兰的殖民掠夺时说：“荷兰……经营殖民地的历史，‘展示出一幅背信弃义、贿赂、残杀和卑鄙行为的绝妙图画’。……他们走到哪里，那里就变得一片荒芜，人烟稀少。……这就是温和的商业！”[③]

灭绝人性的奴隶贸易是原始积累的重要来源。为了满足美洲殖民地对劳动力的需求，西方殖民者纷纷加入当时被称为“三角贸易”的贸易方式：将欧洲的商品运到非洲换取奴隶，然后把非洲黑人运到美洲新大陆卖掉，购进殖民地产品（蔗糖、甜酒、烟草、棉花等）运回欧洲，把殖民地产品作为原料供给日益发展的工业而制造成商品，再到非洲去换取奴隶。欧洲列强以消灭上亿非洲人的生命为代价，在黑尸白骨上积累起巨大的财富，建立了工业、铁路和城市，加速了产业革命，形成了资本主义生产制度。

资产阶级利用国家权力掠夺人民，快速积累起巨额财富。资产阶级利用国债制度、

---

① 马克思，恩格斯．马克思恩格斯全集：第23卷．北京：人民出版社，1972：782.

② 同①783.

③ 同①820.

税收制度、贸易保护制度等，以较隐蔽的方法掠夺人民的财富，进行原始积累。国家为了帮助资产阶级对外扩张，发行公债，把社会各阶层的货币集中起来，交给资本家使用。大金融家则包揽公债，充当政府和国民的中介人，他们从国家获取公债利息，又拿公债去做证券投机，从而大发横财。国家借债最终要靠提高税收来还本付息，税收制度就成为公债制度的必要补充。贸易保护制度一方面用高关税壁垒阻挡外国商品进入国内，来保护本国资本家，维持国内商品的高价，掠夺广大劳动人民；另一方面，直接用出口补助金帮助出口商，扩大商品在国际市场上的销路，使他们发财致富，而这种出口补助金负担最终也是落在国内劳动者身上。

上述史实说明，资本原始积累的历史绝不是田园诗般的和平演进过程，其实质是充满了罪恶与掠夺。正如马克思所说："资本来到世间，从头到脚，每个毛孔都滴着血和肮脏的东西。"①

资本的原始积累造就了广大劳动者的苦难，但是在历史发展进程中，它对资本主义经济制度的产生和发展起到了催化作用。资本原始积累从根基上摧毁了落后的封建制度赖以存在的经济基础，为资本主义制度的建立奠定了基础；资本原始积累冲破了封建制度闭关自守的局面，使世界上多数国家被动卷入到世界市场中，有助于形成世界统一市场，促进资本主义生产规模的扩大；对于落后国家而言，先进国家的殖民掠夺也使其被迫对落后的制度做出适应性调整，在一定程度上促进了落后国家的制度变革。

概念与原理

- 资本原始积累是资本主义生产方式建立的基础。

三、资本主义经济制度在欧美发达国家的确立

资产阶级革命是资本主义经济制度得以确立的政治前提。当封建生产关系已经构成了生产力发展的桎梏，无法容纳新的生产力的时候，先进的生产力就要求变革落后、保守的封建生产关系。资产阶级顺应了历史潮流，以"自由、平等、博爱"为旗号，领导广大农民和手工业者以暴力手段推翻封建统治，从而为资本主义生产关系的最终确立扫清了障碍。资产阶级取得了政治统治地位后，利用它所掌握的国家政权，制定和实施了一系列有利于资本主义发展的政策，为资本主义的发展开辟了道路。资产阶级革命的成功和资产阶级政权为资本主义经济制度的确立提供了政治前提和有力保障。

资产阶级的历史功绩就在于它曾极大地推动了社会生产力的发展，使人类以更快的速度进入具有高度文明的社会。在资产阶级最终战胜封建地主阶级，使自己上升到统治阶级地位并成为社会主宰的过程中，产业革命有着决定性的意义，它为资本主义制度建立起与之相适应的物质技术基础。

① 马克思，恩格斯. 马克思恩格斯全集：第23卷. 北京：人民出版社，1972：829.

产业革命是以机器为主体的工厂制度代替以手工技术为基础的手工工场的革命。产业革命是从棉纺织业开始而后遍及工业各部门以及农业、交通运输等产业部门的生产技术的革命。它的主要特征是由手工工具生产过渡到机器生产，以机器为主体的工厂制度代替了以手工技术为基础的手工工场。用于生产的机器只是一种生产力，而以应用机器为主体的现代工厂则代表了生产上的社会关系。产业革命既是生产技术和生产力的革命，又是生产关系的一次重大变革。

资本主义生产方式随着工厂制度的胜利而确立了，社会关系也随之发生了彻底的变化。这种变化的结果是工厂制度排挤了小资产阶级和一切中间等级，把居民间的一切差别转化为资产阶级和无产阶级两个阶级间的对立。

产业革命是一场空前的技术革命，使劳动生产率极大地提高，显示出资本主义生产方式蓬勃的生命活力。同时，它又是一场生产关系的深刻变革，机器大工业的出现给小生产者以毁灭性打击，塑造了资本主义生产关系的阶级基础，使资本主义制度最终确立起来。

资本主义是这样一种经济制度，在这种制度下，雇主以营利为目的雇用工人，使用私有资本生产并出售产品和服务。在过去的五个世纪左右的历史中，资本主义推动了世界历史的发展。它带来了科学和其他方面知识的发展，令人惊异的技术进步，以前无法想象的信息共享方式和世界多数地方健康、教育、消费水平的不断提高。英国是第一个资本主义国家，随后这种新的经济制度很快扩散到其他国家，提高了它所到之处的平均生活水平。比如，在美国，2002 年平均收入的购买力比 1789 年（美国宪法正式生效的那一年）增长了 31 倍。当然，这并不意味着人们的快乐也增长了 31 倍，只是说明物质产品空前增长。相对于人类文明历史而言，资本主义在相对短暂的时期里，创造了过去旧的社会制度所不曾带来的文明和进步，使这个世界更加迅速地、更加持续不断地、更加深刻地发生变化。

概念与原理

- 资产阶级革命是资本主义生产方式建立的政治前提，而产业革命则奠定了资本主义生产方式的物质基础。
- 资本主义制度是一种经济制度，雇主以营利为目的雇用工人，使用私有资本生产并出售产品和服务。

四、自由竞争资本主义的特征

自由竞争资本主义始于 18 世纪下半期第一次产业革命完成，资本主义制度开始确立时，结束于 19 世纪 70 年代第二次产业革命开始时。在此时期，资本主义经济制度作为新生事物，还不是很成熟，生产力和生产关系各个方面的发展还处于很低的水平，但是仍然显示出很强的活力，大大地推动了生产力及整个社会的进步。自由竞争资本主义主要表现出以下几个特征：

第一，企业规模小，数量多，竞争比较激烈。在自由竞争阶段，发达资本主义国家普遍完成了第一次产业革命，劳动形式由机器生产代替了手工劳动，生产组织形式则由工场手工业发展为工厂制度，极大地推动了生产力的发展。从工场手工业到机器大工业是人类社会生产力的一次质的飞跃，为资本主义生产力的发展奠定了良好的基础。由于处于资本主义生产力大发展的起步阶段，所以这一时期企业的主要特点是：生产规模不大，机械化程度较低，现代技术的应用还不普遍；资本家的投资领域主要是技术要求不高、资金投入规模相对较小的轻纺工业；生产方式以外延型扩大再生产为主。由于技术水平不高，生产率相对较低，为了尽可能多地榨取剩余价值，资本家往往对雇佣工人进行残酷的剥削。

第二，资本主义生产关系已经占统治地位，但还不成熟。第一次产业革命为资本主义生产关系确立、资本主义瓦解封建主义奠定了物质基础，最终使生产资料的资本主义私人占有和雇佣劳动占据了统治地位。在这一阶段，资本主义生产关系还不成熟：一是资本积累与集中程度低，资本流动较为频繁。资本在各个部门之间的转移不受限制，导致利润率平均化。二是企业的组织形式仍然是所有权与经营权合一的古典企业制度，资本所有者和经营管理者职能集中于资本家一身，只是到了该阶段后期，股份资本才迅速增加，从而使股份公司开始成为企业的一种组织形式，资本关系从个别资本部分地向社会资本转变。三是资本与雇佣劳动的关系趋于紧张，并引发了无产阶级的激烈反抗。由于资本主义生产力还没有得到全面发展，劳动生产率仍然比较低，资本家主要是通过延长工作日、提高劳动强度、克扣工人工资等方式进行剩余价值生产，从而使劳资矛盾日益激化和公开化。

第三，国际经济关系极端不平等，各国之间的经济联系局限于单一的国际商品贸易形态。在产业革命以前，少数欧洲先进国家就采取超经济的方式，以暴力手段掠夺殖民地的财富，并未构成真正的国际贸易。各国之间较为稳定的贸易关系是在产业革命之后才开始建立的。从国际分工来看，宗主国基本上是发达的工业国，而殖民地大多是落后的殖民地，从而在全球范围内形成了二元经济。资本主义工业国以农业国作为其重要的商品倾销地和廉价原料来源地，对落后国家进行掠夺和剥削。

第四，自由主义思潮是经济社会的主流思潮，反对国家的干预。在资本主义初期，仍然存在着封建势力的残余，资产阶级理论家明确反对一切阻碍工业资本主义发展的政治壁垒，主张国民财富应通过财富的创造和自由竞争市场来增进。亚当·斯密是当时自由主义的代表性人物，也是古典政治经济学框架的灵魂人物。斯密认为，社会存在着某种内在的“自然秩序”（natural order），它要求取消政府对经济过程进行干预的权力。自由主义理论强调市场这只“看不见的手”的作用。雇主们为了得到最大化的利润而竞争，消费者为了消费商品的权利而进行竞争，工人为了得到最好的工作而竞争，其结果是资源被配置到最有价值的用途中去，经济富有效率。自由主义理论认为这种对个人利益的追求就会实现社会产出最大化和经济增长。

自由主义往往认为政府对经济的干预是不必要的。但是新兴资产阶级也需要政府保护其利益，需要政府充当资本主义的“守夜人”。他们认为政府应当承担三个主要功能：保护社会免遭外敌入侵；建立司法机构，保护私有产权；建立和维护那些私有企业家不能从中获得利润的公共工程和机构。自由主义思潮反映了当时资产阶级对政府的矛盾态度，既希望能够扫除一切妨害资本主义发展的政治势力，又希望资产阶级国家能够切实保护资产阶级的整体利益，维护正常的市场秩序。自由主义的理论主张在经济实践中就表现为完全的自由竞争，没有任何社会中心协调各部门、各企业的经济活动，社会生产处于无政府状态，最终导致了资本主义周期性经济危机的爆发。

概念与原理

- 自由竞争资本主义的特征是竞争激烈，资本主义生产关系还不成熟，国际经济关系高度不平等，自由主义思潮是经济社会的主流思潮。

第2节　垄断资本主义

随着生产力的发展，资本主义生产关系也在不断进行调整，资本主义的发展可以划分为三个阶段：自由竞争资本主义阶段，私人垄断资本主义阶段，国家垄断资本主义阶段。[①] 无论资本主义制度做出怎样的调整，从根本上说，并没有改变资本主义制度的本质，这些变化只是为适应生产力发展而在资本主义生产关系内部进行的局部调整。

一、垄断资本主义的形成

19世纪后期到20世纪初，是资本主义由自由竞争阶段向垄断阶段的过渡时期，随着工业集中程度的提高，垄断组织迅速发展起来，它们控制了工业、银行、交通运输等重要产业部门，形成了全部经济生活的基础。自由竞争所导致的资本集中发展到一定阶段就自然而然形成垄断，这是市场竞争发展的必然结局，也是资本主义发展的客观历史进程。垄断形成以后，资本主义具有了一些新的特征。

垄断是在生产集中的基础上发展起来的。生产集中主要表现为生产日益集中于少数大企业，使它们在社会生产中的份额日益扩大。首先，生产社会化的发展是生产集中的客观基础。生产社会化程度的提高，使原来分散在个人手中的生产资料向少数大企业转移，形成了以大企业为核心的社会化分工协作体系。其次，竞争所导致的优胜劣汰和大规模生产所具有的规模经济优势加快了生产集中。中小企业数量众多，且竞争激烈，一些优势企业在竞争过程中不断壮大，加速了资源集中。规模经济使“产业领头羊”的平均成本大大降低，提升了其竞争力，迫使小资本走上联合的道路以获取这种规模优势。最后，信用制度的发展加速了生产集中。竞争和信用是资本集中的两个杠杆。信用制度

---

① 有人将资本主义分为四个阶段，除了书中所说三个阶段以外，认为当前处于国际垄断资本主义阶段。实际上，国际垄断资本主义只是国家垄断资本主义在全球化趋势下的一种表现形式，就资本主义各国来说，仍然是国家垄断资本主义。

可以吸收大量的社会闲置资金，使优势企业可以通过银行贷款、发行债券和股票等多种形式扩大自身的资本规模，也使分散的中小资本联合起来成为巨大的股份公司。

经济集中使一个行业或整个经济为大企业所控制，它是竞争的必然结果，因为更大的规模会增强企业提高利润率的能力，也更容易战胜小企业，结果大企业以小企业为代价而成长。较大的规模会增强企业谋取利润的能力，主要由四个因素起作用：

（1）规模经济效应。由于规模经济效应的存在，较大的规模使得企业的平均成本趋于下降。20世纪初，美国有200多家公司生产汽车，小型的家庭车间和大型的工厂相互竞争。大型工厂利用装配线进行组装，不仅产量更高，而且将大量的固定成本分摊在更多产品上，从而平均成本降低。

（2）创新。较大的资本规模会增强企业的创新能力。规模较大的企业有着更高的利润率，资本积累的规模扩大，可以在研发上投入更多资本，从而发现更多创新机会。另外，大企业在研发活动中也可能更有效率。一个小企业即使完成了重大创新，在商业开发获利上也存在许多限制，新产品的批量生产、广泛的销售渠道的建立、巨额的广告宣传费用等都会限制其获利水平的提高。

（3）垄断势力。大规模企业大到足以控制某一产品的整个市场时，就成为一个垄断者，在市场中可以获得更大的定价权，从而为企业带来丰厚的利润。

（4）影响力。较大的规模会扩大企业在涉及劳工、融资、供应商和政府方面的谈判力和政治影响力。大企业与小企业相比有更大的影响力。更大的谈判力意味着更容易进入外国市场，也可以以更低的利率获得银行贷款。政治影响力则意味着能从更多渠道获得政府合同，在关税和出口政策、税收减免等方面获得政府支持。

概念与原理

- 垄断是在生产集中的基础上发展起来的，生产日益社会化、竞争和规模经济优势、信用制度的发展都加速了生产集中。
- 规模较大的企业可以通过规模经济效应、垄断、创新和影响力等增强获取利润的能力。

生产力的巨大发展，使资本主义的固有矛盾趋于尖锐，必然促使资本主义生产关系发生一定的变革。正是在生产力发展的基础上，自由竞争资本主义开始向垄断资本主义转变。生产和资本的高度集中，为少数大资本家垄断市场、抬高价格、攫取高额利润创造了条件。大企业的数量少，规模比较大，实力比较强，相互竞争带来的损失和破坏要比过去大得多。它们为了共同的经济利益进行组织与协调的成本较低，更容易走向联合。内在的追逐垄断利润的动力和外在的竞争压力迫使大企业相互之间进行妥协，通过联合，保证相互的既得利益，并为新的竞争对手设置进入壁垒。当少数大企业联合起来，通过订立各种协议来规定价格、划分市场、分配产量的时候，垄断就形成了。所谓垄断，指的就是少数大企业为了获得高额利润，通过协议和联合，对某一经济部门的生产、销售和价格进行操纵和控制的状况。垄断企业通过垄断某种产品和服务的供给以提高价格，或者通过垄断某种产品或服务的市场需求以压低其采购价格而获取超额垄断利润。垄断资本在实现了对整个国民经济若干部门的控制的同时，又实现了对中小企业中的广大劳动者和一般消费者的间接控制与剥削。垄断的实质是为了获取高额垄断利润。垄断企业利用其市场中的支配地位，限制了资本的自由进出，从而使其可以长期获得超过平均利润的超额利润。

概念与原理

- 垄断，指的就是少数大企业为了获得高额利润，通过协议和联合，对某一经济部门的生产、销售和价格进行操纵和控制的状况。垄断的实质是为了获取高额垄断利润。

二、垄断的主要形式

垄断企业对经济生活的控制是通过垄断组织实现的。垄断组织是在一个或几个经济部门中占据垄断地位的大企业的联合形式。垄断组织在不同国家、地区或不同时期是不相同的。垄断组织的形式主要有以下几种：

（1）卡特尔。它主要是指生产同类产品的资本主义企业为了控制市场、获取高额利润，在产量、销售市场和销售价格等方面达成某种协议而形成的垄断组织。参加卡特尔的企业保持着经营上的独立性，只是按照规定的价格、数量和市场范围销售商品。这种形式主要盛行于德国。到第一次世界大战前，德国的卡特尔已经有近600个。当时德国最重要的垄断组织有德国铁业联盟、德国钢业联盟等。

（2）辛迪加。它是生产同类产品的股份企业为了高价出售商品、低价购买原材料而联合起来的垄断组织。它与卡特尔的不同之处在于，参加辛迪加的企业虽然在生产上和法律上仍然是独立的，但在商业上却失去了独立性。这种形式在法国最为流行。

（3）托拉斯。它是企业之间一种比较紧密的联合所形成的垄断形式。它是由生产同类商品或联系比较密切的企业为了垄断商品的生产和销售而实现的联合。这种垄断使加入托拉斯的企业失去了生产经营与法律上的独立性。托拉斯是美国比较普遍的垄断企业的组织形式。比较典型的垄断组织是1879年由洛克菲勒建立的美孚石油托拉斯。美孚石油公司1870年成立时只有100万美元资本，到1879年，其名义资本已经多达7 000万美元，兼并了14家石油公司，控制了另外26家石油公司的多数股票，美国石油生产的90%集中到了该托拉斯手中。1901年，摩根家族所独占的美国钢铁公司，控制了当时美国铁矿的60%、钢铁生产的66%。这些大型的托拉斯成为各个部门和整个美国经济的主宰，美国成了垄断资本主义的典型国度。利用经济势力建立垄断地位不仅发生在资本密集型行业，在威士忌、糖、烟草、火柴和肉等各个行业都存在垄断企业。19世纪90年代的一位评论家曾这样说过："美国公民为牛奶托拉斯的利润而生，为棺材托拉斯的利润而死。"①

① 海尔布罗纳．经济社会的起源．上海：上海三联书店，上海人民出版社，2010：91.

（4）康采恩。康采恩较之其他几种垄断组织形式更为复杂。它以实力雄厚的垄断企业为核心，把许多不同部门的企业联合成一个企业集团。它由处于核心地位的企业通过收买股票、人事参与和业务控制等办法把参加康采恩的其他企业置于自己的统治之下。这也说明，垄断已经突破了生产部门的界限，无论是就其深度还是就其广度来说都大大向前跨了一步。统治资本主义国家的资本财团，就是一个个巨大的康采恩。

概念与原理

- 垄断的组织形式有卡特尔、辛迪加、托拉斯、康采恩。

三、垄断资本主义的基本特征

垄断取代自由竞争在社会经济生活中居于统治地位以后，资本主义的经济关系发生了部分质变。私人垄断资本主义阶段主要表现出以下几个特点：

1. 私人垄断资本成为社会经济结构的主体，垄断企业在市场竞争中处于优势地位

第二次产业革命是以电、电动机和内燃机的发明及广泛应用为标志的，它使机器生产体系发生了根本性的变化，加上电报、电话的普及性应用，为生产力的发展提供了良好的交通和通信条件。科学技术的巨大进步，工业生产的迅速发展，不仅使企业的规模越来越大，而且使资本与生产越来越集中到少数大企业手中。到19世纪末和20世纪初，各主要资本主义国家生产和资本的集中都达到了很高的程度。在美国，产值在100万美元以上的大企业，1909年时已增加到3 060家，占企业总数的1.1%，而它们雇用的工人数和产值则分别占30.5%和43.8%。当前，全球最大的1 000家公司生产了全球80%的工业产出。在美国，1 200家公司生产了国家大约一半的产出，大致相当于其他2 500万家美国企业联合起来所生产的产出。

2. 垄断组织的出现使垄断竞争代替了自由竞争

垄断的形成既约束了大企业之间的竞争，也限制了其他企业与大垄断企业之间的竞争。但是垄断并不能消除竞争，列宁认为，“从自由竞争中生长起来的垄断并不消除自由竞争，而是凌驾于这种竞争之上，与之并存，因而产生许多特别尖锐特别剧烈的矛盾、摩擦和冲突”①。垄断组织的出现改变了竞争的形式，也使竞争更加复杂和剧烈。

垄断之所以不能消除竞争，是因为：第一，垄断不能消除竞争存在的社会条件，即市场经济和生产资料私有制。竞争是市场经济的一般规律。市场经济条件下资源配置是通过竞争机制来实现的。只要存在市场经济，市场价格的形成就都依赖于竞争的力量。在垄断出现后，资本主义的生产资料私有制基础并没有改变，为了争夺最大限度的利润，各种资本必然展开竞争。第二，竞争可以进一步维持和巩固垄断组织的垄断地位。各个垄断组织通过竞争发展壮大以后，取得了垄断地位，获得了高额垄断利润。垄断所带来

① 列宁．列宁全集：第27卷．2版．北京：人民出版社，1990：400-401.

的超额利润对于其竞争对手而言就是一个巨大的诱惑，因此其垄断地位会面临着对手的不断挑战。为了维持和进一步扩大垄断，垄断组织就必须在竞争中不断增强自己的实力。第三，社会需求复杂多样，垄断企业不可能建立覆盖全社会需求的垄断组织。从各国企业的数量来看，中小企业数量仍然占绝大多数。这些非垄断企业之间存在着激烈的竞争。各垄断集团之间为了获取更多的垄断利润，也会就有利的投资场所展开激烈的竞争。

竞争在垄断资本主义阶段具有了一些新的特点，竞争的目的、手段、内容等都发生了改变。垄断竞争具有一些特殊性：第一，垄断竞争的目的是攫取高额垄断利润，而不是自由竞争条件下各企业所追求的平均利润。第二，垄断竞争的手段不仅包括传统的经济手段，如降低价格、提高产品和服务质量、改进技术等，而且更重要的是包括超经济的手段，垄断组织作为一个特殊的利益集团，通过政治游说、捐献等各种手段控制和利用政府，从而实现其特殊利益。第三，垄断竞争的内容也发生了改变，主要是围绕市场份额、利润分配和领导权展开竞争。第四，垄断资本与非垄断资本之间在竞争过程中地位不平等，非垄断资本受到垄断资本的压制和掠夺。

概念与原理

- 垄断不能消除竞争，因为：垄断不能消除竞争存在的社会条件；竞争可以进一步维持和巩固垄断组织的垄断地位；垄断企业不可能覆盖全社会的需求。
- 垄断竞争的新特点表现在竞争的目的、手段、内容等方面，而且垄断资本与非垄断资本之间地位不平等。

3. 金融资本成为万能的垄断者

随着生产和资本的不断集中，银行也日益趋于集中。大银行在竞争过程中吞并小银行，使少数大银行垄断了各国的银行业。银行通过其经营形成了巨额货币资本，当它的垄断触角伸向与之有业务往来的各个企业和所有产业部门的时候，银行的性质开始发生变化。它再也不是简单的支付中介，而是逐渐演变成“万能的垄断者”。银行垄断资本与工业垄断资本相互融合，共同垄断社会经济活动。银行资本与工业资本的融合主要表现在两个方面：一是资本联系，就是银行通过购买和持有工业企业的股票，参与企业的创立和扩展，工商企业也通过购买银行股票或创建新的金融机构控制银行。前者如摩根银行创办美国钢铁公司，后者如洛克菲勒家族在垄断了美国石油产业之后控制了美国花旗银行。二是人事联系，大银行与工商企业之间高级管理人员互相兼任，加强了决策与经营中的协调性。以摩根为例，当时仅摩根本人就兼任了 21 家铁路公司、3 家保险公司、通用电气公司、美国钢铁公司、西方联合公司等许多著名垄断企业的董事。

所谓金融资本，指的就是工商业垄断资本与银行垄断资本相互融合，对国民经济实行全面垄断和控制的资本。金融资本既不是单一的工商业资本，也不是纯粹的银行资本或二者的简单组合，而是二者内在的相互渗透与融合所形成的一种新形式的垄断资本。垄断资本主义最主要的特点就在于它是金融资本的统治，这也是与自由竞争资本主义最大的区别。

在金融资本的基础上，出现了金融寡头。金融寡头指的是操纵国民经济命脉，并在实际上控制国家政权的少数垄断资本或垄断资本家集团。金融寡头支配了大量社会财富，控制了整个国民经济和上层建筑，是垄断资本主义国家真正的统治者。金融寡头在经济领域的统治主要是通过“参与制”实现的。

金融资本在经济领域里进行统治的主要手段是“参与制”。金融寡头通过收买和持有一定数量股票的办法来参与企业的管理，实施对企业的控制。通过“参与制”，金融资本可以对企业实行多层控制。金融资本在掌握了垄断组织中处于统治地位的大企业之后，就可以把其作为“母公司”，再用母公司的资本购买其他公司的股票，把这些公司变成母公司控制的“子公司”。子公司再去收购与控制“孙公司”。就这样，金融寡头控制和支配了是自己原有资本数倍的其他资本，使自己的权力得以无限放大。

金融寡头在掌握了经济主导权以后，又进一步控制了上层建筑，利用政权力量维护其垄断地位。金融资本对国家机器的控制主要是通过同政府的“个人联合”实现的。它们或者通过选举捐款影响政府政策，或者在政府寻找代理人，或者直接参加到政府当中去，也可以聘任具有影响力的前政府官员在公司任职，从而影响政府决策，谋求金融资本的利益。金融寡头在经济和社会发展方面拥有绝对的权力，直接决定和影响人类社会的发展目标。政府决策不可避免地向垄断组织倾斜，从政府的公开宣传看，都是以实现全社会的进步和全民的整体福利为目标的，但是在一些具体问题和具体行业上，却不能触动既得利益集团的利益，对金融资本追逐利润的行为逐步放松监管。由于金融资本的存在，社会权力分配明显倾向于大资本所有者。

金融寡头的主导地位还表现为对舆论和意识形态的控制，金融资本基本上垄断了整个社会的话语权。从各国的现实来看，大众传媒基本掌握在资本或政客手中，这些媒体除却表面上的公正与全面，实质上代表着金融资本的利益。金融寡头通过大量的经费捐助，收买公共知识分子来实现其舆论控制。由于知识分子的收入和经费来源在相当大程度上来自金融寡头的赞助，所谓的“公共知识分子”就丧失了公允性和独立性，为金融资本追逐垄断利益而辩护，来自知识分子的公共监督失去了效果。金融资本、政治权力、意识形态合流，由金融寡头进行社会的整体控制。

概念与原理

- 金融资本，指的就是工商业垄断资本与银行垄断资本相互融合，对国民经济实行全面垄断和控制的资本。
- 金融寡头指的是操纵国民经济命脉，并在实际上控制国家政权的少数垄断资本或垄断资本家集团。金融寡头对社会进行全面控制，经济上通过“参与制”实现，政治上通过“个人联合”实现，同时还控制了主流舆论和意识形态。

4. 资本输出促进了生产和资本的国际化

19 世纪下半期，少数发达资本主义国家开始进行大量资本输出，主要投向经济落后的国家或地区，尤其是其所属殖民地和势力范围。为什么在此阶段各资本主义国家竭力输出资本呢？主要原因如下：

第一，金融资本已经在国内建立了垄断统治，使得积累起来的大量资本越来越显得“过剩”。垄断阻碍着资本的投资和应用。由于垄断的形成，垄断企业设立了较高的进入门槛，新的资本要挤进垄断部门进行投资、创办新企业非常困难。就垄断资本本身而言，已经能够攫取到比平均利润高得多的垄断利润，继续投资扩大生产能力反而可能由于供给的扩大而使价格下跌，并进而使利润下降。在此情况下，追加投资显然是多余的。

第二，随着生产力的发展和金融资本垄断统治在各国的确立，国际市场的竞争更加激烈。这也迫使资本主义各国不得不加速资本输出，以保证扩大商品销售市场和垄断原料来源。资本输出不仅可以直接带动商品输出，而且还可以在东道国直接生产商品进行出售。在当地生产绕过了各国设置的贸易壁垒，从而使资本输出国在市场竞争中处于有利地位。当资本输出被用来开发落后国家的各种资源时，垄断资本就可以借此控制重要的原材料的供给，既进行了廉价的掠夺，同时也扼制了自己的竞争对手，从而大大加强了其在国际竞争中的地位。

国际资本输出的实质是资本主义生产关系在世界范围内的进一步扩展，是帝国主义国家剥削和奴役其他国家的一种手段。资本输出推动了国际分工的最终形成，形成了少数先进工业国和广大落后农业原料生产国的对立；资本输出形成了以殖民体系为基础的国际经济关系格局，殖民地与半殖民地成为宗主国的商品倾销市场、廉价原料供应地和最有利的投资场所。

概念与原理

- 垄断资本主义具有以下四个特征：（1）私人垄断资本成为社会经济结构的主体，垄断企业在市场竞争中处于优势地位；（2）垄断组织的出现使垄断竞争代替了自由竞争；（3）金融资本成为万能的垄断者；（4）资本输出促进了生产和资本的国际化。

专栏6-2

垄断资本主义的威胁及治理

企业规模在垄断资本主义阶段对政府构成了挑战。到19世纪末，美国一些企业单位已经大大超过其所在州的政府规模。1888年总部设在波士顿的一家铁路公司，雇员人数是马萨诸塞州政府雇员人数的3倍，总收入接近政府收入的6倍。20世纪初，摩根银行在112家公司拥有341个董事席位，这些公司的总财富超过新英格兰州所有不动产及个人财产总值的3倍。托拉斯化不仅侵蚀了市场竞争结构，而且庞大金融控制帝国的出现也预示着某种政治问题。美国第28任总统伍德罗·威尔逊认为，“如果垄断持续存在，那么垄断者将会一起操纵政府。我们不要期待垄断者的自我控制。如果美国有些人强大到足以控制政府，那么他们将自立为政。”

巨型企业的趋势遭到社会各界的激烈反对。1890年，国会议员谢尔曼说道：“只有国会可以对付托拉斯，如果我们不愿意或不能够做到这一点，那么每个生产领域很快都将成为一个托拉斯，每个老板将对每一件生活必需品实施固定价格。”结果是《谢尔曼法》的出台，“试图限制交易的每一种合约、联合……或共谋”被宣布为非法。

反托拉斯立法的本质目的在于使可能被巨型企业垄断的市场恢复竞争条件。相对于小企业来说，大企业在资金、营销和研发等方面的决定性优势是其所无法企及的。尽管反托拉斯努力把枪口对准共谋与合并，但它不能反对企业内自然增长的事实。

第3节 国家垄断资本主义

资本主义从自由竞争进入到私人垄断资本主义阶段以后，随着生产社会化和私人垄断的发展，为了缓和资本主义市场经济的各种矛盾，资本开始寻求和国家权力的结合，政府角色开始逐渐改变，不再扮演单纯资本主义的“守夜人”和资本主义市场经济的“局外人”，而是逐渐走向对市场经济的全面干预，政府权力与垄断资本的结合日趋紧密，从而形成了国家垄断资本主义。1929 年爆发的席卷世界的资本主义经济危机标志着资本主义自由市场经济的终结，私人垄断资本主义开始转向国家垄断资本主义。

一、国家垄断资本主义的形成与发展

国家垄断资本主义是资产阶级国家与私人垄断资本相结合的垄断资本主义。国家以其掌握的巨额国有垄断资本和作为垄断资本的总代表直接参与经济活动，同时，又作为市场经济的管理者，对社会经济生活进行干预，调节市场经济运行过程中的矛盾。国家垄断资本主义是资本主义矛盾发展的结果，它使资本主义生产关系产生了部分质变，是资本主义的一个新的发展阶段。

战争是推动国家垄断资本主义发展的主要力量。在第一次世界大战期间，所有帝国主义国家的国家垄断资本主义都在不同程度上发展起来了。作为“理想的总资本家”，它不仅通过战争帮助垄断资本击败国外竞争对手，而且也加强了垄断资本在国内的剥削和统治，使垄断资本攫取到更加惊人的利润。由于国家垄断资本主义的帮助，大企业在战时攫取到的利润有的竟高到 500%以上。德国的军火大王克虏伯公司的利润，在 1913—1914 年是 7 500 万马克，而在 1916—1917 年，已高达 17 500 万马克，增加了一倍以上。

经济危机迫使各国对资本主义生产关系进行调整。在整个 20 世纪 20 年代，各资本主义国家的经济都有了比较大的发展。美国的工业生产 1929 年比 1920 年提高了 39%以上。经济的持续繁荣使资本主义各国误以为资本主义进入了“永久繁荣”阶段，将彻底消灭周期性经济危机和贫困。经济的快速增长和对劳动人民剥削的加重，使生产和消费的矛盾急剧尖锐起来，经济危机也就不可避免地降临了。当经济危机来临时，遭受打击最大的正是“永久繁荣”叫得最响的美国。1929 年 10 月 21 日，纽约证券市场价格暴跌，从而揭开了这次大危机的序幕。金融市场的崩溃迅速蔓延到实体经济中，生产下降、企业倒闭、银行破产、工人失业。美国的失业人口从危机前的 150 万人增加了约 8 倍，达到1 320万人。大萧条使资本主义面临全面的危机，迫使资本主义各国探寻有效的方式来处理危机时期的社会问题。国家的功能逐步扩大，国家干预开始部分地取代市场自发调节。

凯恩斯主义的产生为国家垄断资本主义的经济干预提供了理论工具。1929—1933年的大危机沉重打击了垄断资产阶级，使其急切地寻找新的出路。以萨伊定律为代表的旧的经济理论已经过时，垄断资产阶级迫切需要一种新的经济理论来“医治真正的经济病症”，并为资本主义制度设计“可以避免现行经济形态全部毁灭”的“实用政策”。这一期间最著名的代表作是凯恩斯1936年出版的《就业、利息和货币通论》。这一著作的出版标志着凯恩斯主义的形成，也对现代宏观经济学体系具有奠基意义。

凯恩斯认为，经济危机产生于有效需求不足，因此，要消除失业、摆脱危机，就必须刺激有效需求、鼓励消费、鼓励投资。而扩大消费和投资必须依赖国家对经济生活的积极干预才能实现。他认为，“政府机能不能不扩大……我为之辩护，认为这是唯一的切实办法，可以避免现行经济形态之全部毁灭。”他竭力主张，国家应当鼓励一般人的消费倾向，让国家更多地担负起直接投资的责任。只要政府进行大量投资，则不管投资用在什么地方，都能扩大就业、增加收入、创造财富，从而可以提高有效需求来摆脱危机。

在20世纪30年代，凯恩斯主义理论对缓和与治理危机、推动国家资本主义起到了积极作用，因而也成为国家垄断资本主义的理论基础。但是它看不到经济危机的根源是资本主义的深层次矛盾，因而只能缓和危机而不可能使危机得到根本的治理，而且还会产生一系列新的问题。

国家垄断资本主义是垄断资本主义发展的一种合乎规律的现象，是生产社会化程度迅速提高和生产资料的资本主义占有形式之间矛盾日益尖锐化的必然结果。尽管资产阶级经济学家中仍有一部分人坚持自由主义的经济观点，反对国家直接干预经济生活，但是垄断资本主义发展的总趋势是任何人也改变不了的。

概念与原理

- 国家垄断资本主义是资产阶级国家与私人垄断资本相结合的垄断资本主义，它是资本主义内部矛盾发展的结果。
- 推动国家垄断资本主义形成的直接原因有战争、危机，凯恩斯主义是实行国家干预的理论基础。

二、国家垄断资本主义的基本形式

生产资料所有制是任何一种社会经济体制赖以运行的制度基础。当代资本主义的重要变化之一就是资本主义生产资料所有制形式的变化。国家垄断资本主义首先表现为国家作为国有资本的所有者，通过参与资本主义再生产过程对社会生产进行直接干预，形成国家垄断资本主义生产关系体系。由于国家与私人垄断资本结合的程度和方式不同，国家垄断资本主义的表现形式也具有多样性。

1. 国有垄断资本

国有垄断资本是当代国家垄断资本主义的重要形式之一，它是由垄断资产阶级国家直接掌握和经营的资本，形成资本主义条件下的国家所有制经济。

国家所有制经济的建立，主要有国有化（把某些私人垄断企业有偿收归国有）和投资创建（用财政拨款直接投资创建新企业）两条途径。纳入国家所有制经济范围的，一般是投资巨大、资本周转时间长、利润无保证，因而私人资本一般不愿或无力涉足，却又是社会再生产所不可缺少的一些部门和企业。国有资本经营主要集中在三个领域：一是基础设施或基础产业部门，如能源、运输、通信等行业；二是自然垄断部门，如供水、供电等行业；三是公共产品提供部门，如教育、基础研究、金融事业。

国有化为战后资本主义的经济繁荣做出了重要贡献，但20世纪70年代以后，国有化的弊端开始日益暴露出来，政府干预限制了企业的创造力，造成了效率低下、亏损严重的局面。从20世纪70年代开始，为了解决国有化带来的弊端，英、法等国推行了私有化。1979年10月，英国政府出售了英国石油公司（British Petroleum，BP）近19%的股份，这标志着英国私有化运动的开始。私有化从经济领域开始，逐步扩展到政治和社会生活各领域，涉及教育、卫生、住房、环保、医疗保险、公共服务、政府机构等各方面，对英国社会产生了深远影响。到1991年初，接近80%的国有部门已经转移到私人手中，65万国有企业员工转移到私有部门，出售国有资产总额达到450亿英镑，多于同一阶段出售国有资产较多的法国（共82亿英镑）和意大利（共65亿英镑）。

对于欧美资本主义国家来说，实行国有化和私有化只是调节经济的“看得见的手”和“看不见的手”的两种交替使用的手段。当代世界资本主义国家中并没有出现大规模长期地永久实施国有化的情况，美国如此，英国、法国、德国均如此，认为在应对金融危机时将银行暂时收归国有或者部分收归国有就是实行马克思主义的社会主义，是一种误解。

2. 国私共有的垄断资本

国私共有的垄断资本是由国家和私人垄断组织联合投资形成的，是国家通过参与生产和经营，直接干预经济活动的一种形式。这种资本形成的途径有：由国家购买原有私人垄断企业的一部分股票；原有国有企业吸收一部分私人垄断资本的投资；由国家和私人垄断资本联合投资创建新企业。

国私共有的企业组织形式一方面有利于国家把私人垄断资本吸引到需要重点发展的部门和地区，以适应现代生产力发展对国民经济部门结构和地区结构调整的要求；另一方面，在私人垄断资本实力相对薄弱或相对不足的条件下，通过这种结合形式，就能直接利用国家资本来加强私人垄断资本的经济实力和竞争能力。由于采用这种结合形式的企业往往在国家贷款、补贴、订货、税收等方面得到优惠的条件，因而私人垄断资本可以获得有国家保障的高额利润。

3. 接受国家直接或间接支持的私人垄断资本

国家对私人垄断资本的直接或间接支持，是指资本主义国家采取各种经济调节措施，例如通过货币资本的借贷、商品与劳务的购买和供应、直接和间接的补贴、增加社会福利开支等措施，为私人垄断资本控制的企业提供支持或制造需求，以保证社会资本再生产的正常运行。

4. 以宏观调控和微观管制为表现形式的国家垄断资本主义

国家的宏观调节主要是通过宏观经济政策来进行的，其中主要是财政政策、货币政策等。国家的微观规制是通过建立一整套法律规则，维护正常的市场经济秩序来进行的。微观规制主要有三种类型：

（1）反垄断。垄断对市场竞争构成了妨害，影响了资本主义经济的活力，各国政府都对私人资本的垄断行为加以规制。政府通过立法的方式确立一套规范性的法令来禁止垄断、反对和限制不合理的商业行为，促进和维护市场竞争。美国最著名的反垄断法案包括《谢尔曼法》（1890年）、《克莱顿法》（1914年）等。

（2）公共事业管制。这类管制主要是针对具有自然垄断性质的产业进行管制，如电力供应、通信、供水等。对这类行业的管制手段包括服务成本管制、收益率管制和直接进行价格管制等。这类管制的目的是防止垄断性企业利用自身的垄断地位来谋取垄断利润，从而损害公众利益。

（3）社会经济管制。这类管制涉及社会生活的方方面面：保护自然资源和环境，保护消费者利益，保护知识产权，保护劳工权益等。

概念与原理

- 国家垄断资本主义的基本形式有国有垄断资本、国私共有的垄断资本、接受国家直接或间接支持的私人垄断资本、以宏观调控和微观管制为表现形式的国家垄断资本主义。

专栏6-3

国家救助能力决定谁是赢家

肇始于2007年美国次贷危机的这一轮金融海啸，起源地是美国一些“大到不能倒”（too big to fail）的银行。危机伊始，不少观察家便由此断定，它标志着美国式金融资本主义的终结。然而，如今看来，美国的银行反倒不是危机的最大受害者，其中颇有一些——包括几家出了名的问题银行——居然在危机中做大，成了长时段上的赢家。用大把纳税人的钱输了血以后，美式资本主义又卷土重来。

过去，金融业在国家层面上受到稳妥监管，整体较稳定，往往是三四家大银行形成寡头垄断：英国有巴克莱（Barclays）银行、劳埃德（Lloyds）银行、米德兰（Midland）银行和国民威特敏斯特（National Westminster）银行；德国主要有德意志（Deutsche）银行和德累斯顿（Dresdner）银行。在各国，一直有人怀疑存在着正式或非正式的银行业卡特尔，操纵着市场上的放贷条件和利率水平。对于此类怀疑，监管者的普遍态度是“睁一只眼闭一只眼”。

什么才是金融业最大的竞争优势？这一轮金融危机给出了一个全新的答案。银行这回认识到，国家负担金融业救助成本的能力至关重要。它们现在想的不再是到哪个岛国上去享用最宽松的监管，而是如何去傍一个荷包鼓鼓的“大款”政府。

小国家、小政府管辖下的大银行很脆弱。美国够大，可以帮美国银行和花旗集团这样的大恐龙“擦屁股”。欧洲银行的处境就可怜一些。爱尔兰和冰岛的金融业畸形膨胀，压垮了自己的国家，让全世界目瞪口呆。就连法国和德国这样的欧洲大国，政府救助金融业的能力都是有限的，未必招架得住那些跨国大银行惹的麻烦。

政府干预的后果十分诡异。越是鼓励银行体系放开竞争，个别银行就越是会盲目冒险。政府越是出手干预，干预的能力越强，就越是有利于大银行和大国。

最近20年的全球化见证了小型开放经济崛起为全球领先者的奇迹。未来20年将会是另一种逻辑的全球化，将来的赢家会是那些大国强国，只有它们才能动员庞大的政府资源，扶植自己的“嫡系部队”，在金融争霸赛中胜出。

资料来源：詹姆斯. 国家救助能力决定谁是赢家. 第一财经日报，2010-01-07.

资本主义国家从资产阶级特别是垄断资产阶级的整体利益出发，利用国家垄断资本主义的各种形式投入国有资本，都是为了缓和资本主义的基本矛盾，抵抗利润率下降规律，调节各阶级和阶层的关系，以维持资本主义经济的运转和资本主义制度的生存。国家垄断资本主义的各种形式的实质都是私人资本主义在新的历史条件下的变种，没有改变垄断资本主义的性质。

首先，就资本主义国有企业而言，仍然是垄断资本主义所有制。国有垄断资本只是一种位于一般私人垄断资本之上的、资本社会化最高形式的“总资本家”所有制，它的服务对象从个别垄断资本转变为垄断资本家整体。社会财富转化为多种形式，或者转化为股份公司的财产，或者转化为国家财产，但都没有消除生产力的资本属性。现代资本主义国家，不管它的形式如何，本质上都是资本主义的机器，都是代表资本家利益的国家，是理想的总资本家。它越是成为真正的总资本家，就越是剥削更多的公民。其实质是为私人垄断资本服务。

其次，国私共有合营企业使私人垄断资本直接与庞大的国家实力相结合，增强了资本的竞争实力，有利于其在国内外市场中保持优势地位，从而使私人垄断资本攫取高额垄断利润。

再次，国家通过各种方式参与私人资本的再生产过程，扩大了产品的需求规模，为私人垄断资本过剩的生产能力提供了稳定的市场。

最后，国家对经济活动的宏观调控和微观规制为私人垄断资本提供了良好的政策环境与制度环境。宏观调控和微观规制虽然可能对个别私人垄断资本攫取高额垄断利润的行为施加某种限制，但是从根本上看，都是以资本家整体利益作为出发点的。良好的、规范的市场环境有利于资本充分竞争，激发资本主义经济的活力。稳定的宏观经济运行则避免了经济的剧烈波动给私人资本带来的损失。

概念与原理

- 国家垄断资本主义缓和了资本主义的基本矛盾，但没有改变垄断资本主义的本质。

三、国家对经济活动的干预和调节

国家对经济的调节并不是一种新现象，自资本主义国家产生以来，国家就以各种形式干预经济，对市场主体的经济行为施加影响。早期的国家干预主要是为资本主义发展扫除障碍，提供支持和保护，一般不涉及生产和再生产过程。在国家垄断资本主义条件下，国家的政治权力同垄断资本更加紧密地结合起来，国家对经济的调节具有经常性与全面性的特点。国家的经济职能得到了空前加强。国家对经济的干预和调节，既是国家垄断资本主义的表现形式，也是现代市场经济的基本特征之一。

1. 国家调节经济的必要性

市场经济运行过程中存在着严重的市场失灵问题。市场失灵主要产生于外部性、公共产品、垄断、信息不对称等现实的经济问题。外部性主要是指经济主体在追求自身利益的过程中，对其他经济主体的利益构成了妨害或带来了益处。正的外部性导致市场主体的经济利益溢出，也即主体不可能获得其经济行为的全部利益，因而存在着供给不足的问题。负的外部性则由于成本向社会的转嫁，导致供给过度。公共产品则由于存在“搭便车”问题而难以通过市场途径解决。垄断对市场竞争构成了伤害，对社会的总体福利也构成了伤害。同时，市场调节也难以解决公平问题。在市场调节下，人们在智力、体力、财富占有上存在着重大差别，按照同样的市场规则进行竞争，优胜劣汰，其结果必然是社会的贫富差距越来越大。人们在生产资料所有制关系中的地位差别，也会使财富分配产生倾斜，偏离社会的公正原则。日益扩大的收入差距将会影响到经济的均衡发展。同时，市场调节存在自发性、盲目性和滞后性。在西方经济理论中存在着一个基本假定，即人是理性的“经济人”，既工于计算，又追求个人利益的最大化。这种假定导致经济主体只注重眼前利益，忽视长远利益，只顾局部利益，忽视整体利益。由于市场经济存在着激烈的竞争，经济主体往往不顾社会资源的约束，盲目扩大生产规模，这必然造成资源的浪费和环境的破坏。由于市场主体决策的主要依据是市场价格信号，但从价格的形成、信号的反馈到厂商的产品供给，中间有一定的时间差，而且由于市场范围极其广大，商品生产者也不可能掌握市场的全面信息，加上从投资开始到现实生产能力形成需要或长或短的时间，因而生产者的决策不可避免地带有自发性、盲目性与滞后性。

再生产过程中存在着各种矛盾，需要依赖于政府的力量加以协调和解决。随着资本主义生产力的发展，生产高度社会化，更加要求整个经济协调、按比例地运转。资本主义发展到垄断阶段以后，不仅没有消除竞争，竞争反而更加激烈，破坏性也更强。市场调节解决不了现实经济中的各种矛盾，通过国家对经济进行干预和调节成为维持资本主义经济平稳运转的必然要求。市场调节无法解决资本主义社会存在的各种矛盾，这些矛盾包括：（1）总供给与总需求的矛盾。它是资本主义的分配和生产的矛盾的具体表现。一方面，生产具有无限扩大的趋势，社会总产品急剧增长；另一方面，总需求，尤其是广大劳动群众的消费需求却受到收入增长水平的制约。（2）产业结构与经济协调发展的矛盾。它是社会化大生产与生产资料私有所决定的社会生产无政府状态之间的矛盾。(3) 商品生产者的狭隘经济利益与社会公共利益的矛盾。某些商品生产者为了谋求狭隘的经济利益，往往不惜以破坏生态平衡、掠夺性开发自然资源为代价，在个人获利的同时，导致生态环境的严重污染和退化，损害人类社会的整体利益和长远利益；某些商品生产者为了追求利润而利用信息优势，生产和出售对社会有害的商品；在利润动机的驱使下，商品生产者往往生产假冒伪劣产品，欺骗消费者。

概念与原理

- 国家对经济进行干预和调节的原因有：市场运行过程中存在失灵，市场调节本身存在局限性，再生产过程中存在的一些矛盾需要依赖于政府的力量才能解决。

2. 国家宏观经济调控的一般目标

当代资本主义国家对经济生活的广泛干预和调节在一定程度上改变了单一的资本主义自发调节机制，形成了以市场调节为主、国家干预为辅的综合调节机制。20 世纪 30 年代以来，几乎所有国家都把充分就业、物价稳定、经济增长和国际收支平衡作为经济调控的主要目标。

一是充分就业。充分就业并不等于没有人失业。在充分就业状态下，社会上还会有一部分人失业，它是由于立法、社会习俗、集体议价等种种原因，工人不愿意接受现行市场决定的工资水平和劳动条件而造成的失业。就业不仅是一个经济问题，也是一个政治和社会问题，充分就业成为国家干预经济的宏观调控目标。

二是物价稳定。保持全社会商品价格总水平的稳定，不出现严重的通货膨胀或通货紧缩，几乎成为各国货币政策的首要目标。物价的剧烈波动，使市场赖以运行的价格信号失灵，从而引起经济发展和居民生活秩序的混乱，影响到资源配置的效率，也影响到社会财富的再分配，因此，保持物价稳定成为各国政府重要的调节目标。

三是经济增长。经济增长是指在一定时期内社会所创造的人均产量和人均收入持续增长。资本主义的经济运行必须建立在经济不断增长的基础上。如果不能保持这种不断增长的趋势，企业就无法把它们生产的所有产品都卖出去，从而就会削减生产。于是，工人被解雇，失业增加，生产能力被闲置。由于经济增长关系到就业的增长、财政收入的扩大、人民生活水平的提高、综合国力的增强等，因而保持经济持续稳定增长成为各国政府的重要目标之一。

四是国际收支平衡。国际收支是指一个国家的贸易收支、非贸易收支和因资本移动而发生的收支状况的总和。一国的国际收支是否平衡直接影响到该国与他国进行商品贸易、资本输出等一系列经济活动的能力，而且也直接关系到该国在国际上的地位。各国政府都十分重视国际收支平衡问题，将其作为国家干预经济的重要目标，力图通过政府的宏观调控保持国际收支平衡，从而维持本国货币汇率稳定，减少由货币汇率波动引起的资本过度投机行为。

概念与原理

- 国家宏观经济调控的一般目标包括：充分就业、物价稳定、经济增长和国际收支平衡。

3. 当代资本主义国家的经济调控手段

第二次世界大战以后，各资本主义国家除了通过国有化、对企业直接提供支持和补助以外，还通过各种政策措施，对社会经济进行广泛的调节。

财政政策是宏观调控的重要手段之一。财政政策是指政府为影响经济活动的总水平及其比例，对财政收入水平及来源、财政支出水平及投向做出调整的决策。财政政策主要包括政府的收入政策和支出政策。财政政策的运用，就是指根据经济发展情况，适当地调整税收政策和支出政策，对经济运行进行总量的和结构的调节。实施财政政策通常使用的主要措施是：调整政府采购计划、调整政府转移支付计划和调整税率。这几种财政政策措施常常交替或同时采用，事态严重时不但要多管齐下，而且要加大力度。为应对金融危机，解决失业问题，2009年美国政府推出了总额为7 870亿美元的一揽子刺激经济计划。这是第二次世界大战后美国规模最大的政府开支计划，相当于伊拉克战争成本的1.2倍。这些支出将用于能源、基础设施、医疗保健、减税和对失业及其他低收入人群的补贴。

货币政策是指通过中央银行调整利率和货币供应量，进而影响物价水平和经济发展的决策。实施货币政策的主要措施是：调整法定存款准备金比率、调整中央银行贴现率以及从事公开市场业务。

政府会根据国民经济发展的内在要求调整产业结构和产业组织形式，制定和实施引导微观经济活动的产业政策。产业结构政策是根据经济发展规律而主动调整各产业部门在经济发展中的地位和作用，协调产业间的比例关系，从而使产业结构不断优化的政策。政府通过产业政策来实现国民经济结构的优化、产业结构的升级和调整，从而促进社会经济协调、稳定发展。

国家通过收入政策调节工资、利润和其他各种收入之间的比例关系。收入政策是以管制工资为主要内容的政策，其目的是防止工资推动型通货膨胀的发生。

概念与原理

- 国家通过财政政策、货币政策、产业政策和收入政策等政策手段对宏观经济进行调控。

4. 国家经济调节的作用与局限性

在国家垄断资本主义的情况下，国家以多种形式参与社会再生产过程以及通过各种不同的政策手段对宏观和微观经济活动加以干预，在一定程度上适应了生产社会化的要求，促进了资本主义各国的经济发展，使资本主义内部的矛盾也有所缓和。

国家对社会经济的全面调节，创造了相对稳定的经济环境，对战后发达资本主义各国经济的较快增长起到了积极作用。首先，国家通过国有垄断资本和各项政策对社会经济活动进行调节与干预，在很大程度上影响了经济周期的发展，减弱了经济危机对社会再生产过程的冲击。其次，市场调节与国家调节相结合，能较好地克服市场调节本身的局限性，有利于地区间的协调发展和产业结构的改善。最后，国家对经济的管制行为，对资本的权力进行适度限制，比如实施环境保护、劳工利益保障、反垄断等方面的立法，有利于实现资本的整体利益，客观上有利于社会整体利益的协调。

第二次世界大战后，国家对经济进行干预和调节，并没有从根本上消除经济的自发性以及由此带来的经济问题，资本主义经济危机仍然周期性地表现出来。市场存在局限性，政府干预也并非完美无缺。国家参与经济调节带来了一系列问题：（1）国家长期的经济干预积累了巨额财政赤字，使各国呈现出不同程度的主要债务危机。（2）国家对经济活动的干预抑制了私有资本的活力。国家对经济的干预使国家在现实经济中的活动范围大大拓展，使私有资本的活动范围受到挤压，影响了私人资本参与经济活动的积极性。（3）在政府力图纠正市场失灵的同时，又产生了政府失灵。在以政府干预代替市场调节的论证中，都隐含着一种假定：进行经济干预的政府都是“良好的政府”，这个政府没有自己的特殊利益，它掌握有完全的信息，它有足够的权威和能力完成社会赋予的使命。实际上则不然，政府对经济的调节受到各种因素的干扰，使政府干预甚至可能完全偏离社会公共利益的要求。在经济实践中，政府制定的经济政策往往受到“院外活动集团”的影响。政府在调节经济的过程中，由于调节机构的膨胀，管理人员增多，会导致机构臃肿，造成官僚主义与效率低下。

概念与原理

- 国家调节适应了生产社会化的要求，为生产创造了稳定的经济环境，但是也造成了许多问题，如巨额财政赤字、抑制私有资本的活力和政府失灵等问题。

专栏 6-4

当代资本主义的主要类型

“资本主义”这个术语并不是指一种简单而具有统一特征的经济组织形式，对资本主义过分简单化的认识具有严重的误导作用。在资本主义国家里，经济的组织、政府的经济职能以及各种其他要素都是非常不同的，一个国家采取什么形态的资本主义，是由各国不同的历史条件决定的，而且也对经济发展产生了完全不同的效果。按照政府与资本的关系将不同国家的资本主义经济分为四个类型：国家导向型资本主义、寡头型资本主义、大企业型资本主义、企业家型资本主义。

在国家导向型资本主义模式中，政府试图引导市场，最经常的方式是采取产业政策，支持某些特定行业的发展，政府经济政策的主旨是执行产业政策，以各种政策工具扶持某些行业或企业的发展。在此模式中，“赢家”是由政府选定的，而不是市场竞争中的获胜者。此类国家中，最为典型的是日本、韩国和大多数东南亚国家。

国家导向型资本主义以经济增长为目标，对资源配置采取中央计划式的干预，也可以称为“发展型国家”（developmental state）。发展型国家就是把发展经济放在首要位置的国家。经济发展在国家的行为中处于最优先的地位，任何其他目标都不会干扰这种优先地位，而经济发展体现为增长、生产率和竞争力。为了能够实现经济发展目标，国家对经济（市场）进行干预，通过实施产业政策，对私人部门给予指导、约束、协调，使资源配置符合国家经济的长远发展需要。与此同时也产生了过度投资、政治腐败等问题。

在寡头型资本主义经济中，大部分权力和财富由少数个人或家族所拥有，寡头经济领导者的目标是集团利益。尽管经济体制名义上属于资本主义，但是财产权制度保护那些拥有大量财产的人，政府的政策设计主要或完全是为了促进极少数人的利益。这种形式的资本主义在拉美、中亚及非洲的部分国家较为流行。寡头型资本主义最显著的特征是收入分配极其不平等，为数不多但有权势的精英阶层倾向于建立并保持那些只对其自己有利的制度和规则，牺牲了更广泛的公众的利益。

在大企业型资本主义经济中，最重要的经济活动是由历史悠久的巨型企业组织进行的。在这些企业中，最初的创办者或者已经退出企业舞台，或者不再对企业进行有效的控制。企业所有权广泛分散于众多股东之间，通常包括某些大型机构投资者。这些大企业由职业经理人行使管理权。大企业型资本主义通常是寡头性质的。寡头企业的存在背离了完全竞争的理想状态。寡头企业的定价权损害了消费者的利益，影响了企业的创新，影响着政策制定，最终导致了企业的寻租行为。欧洲是典型的大企业型资本主义，其经济问题简要概括为“欧洲硬化症”，表现为低增长和高失业率。

在企业家型资本主义经济中，小型创新企业发挥着重要的作用。在这种资本主义体制中，经济的大量参与者不仅有无穷的动力和激励进行创新，而且从事前沿性或突破性创新，并使之商业化。许多前沿性创新改变了我们的生活，并在其周围引发了一个行业的诞生，这些创新成为其他产品和技术赖以出现的平台，如电、电脑操作系统等。这些前沿性创新派生出来的行业反过来又促进了生产率的提高，从而促进了全国性的经济增长，并带动全球的技术进步和经济的快速发展。企业家型资本主义最为典型的是美国，但是它仍然是与大企业型资本主义混合的经济形态。

资料来源：鲍莫尔，等. 好的资本主义，坏的资本主义，北京：中信出版社，2008.

第 4 节　资本主义生产方式的发展趋势

第二次世界大战结束以后，当代资本主义呈现出许多新特点：资本主义具体制度有所更新，生产关系也做了大幅度调整，国家垄断资本主义的内容和形式有了许多新的发展。特别是冷战结束后，资本主义又有了新变化，其内部经济与社会结构调整进一步深化。随着经济全球化的不断扩展，资本主义这个被马克思和恩格斯宣判了“死刑”、被列宁称为“腐朽、垂死”的旧制度，又奇迹般地焕发出新的活力。在克林顿总统执政前后，美国出现了长达 112 个月的长期繁荣，直到 2007 年美国次贷危机发生并迅速演变成全球性金融危机，人们才开始重新审视资本主义的新变化。如何正确认识当代资本主义的新变化，是正确认识资本主义历史发展进程的关键。

一、资本主义生产方式的历史进步性

1. 资本主义生产方式促进了生产力的快速发展

任何一种新的社会制度之所以能够产生并最终战胜旧的社会制度，根本原因在于这种新的社会制度能够对生产力的发展起到推动作用。资本主义生产方式在推动生产力发展方面所起的积极作用是前资本主义社会所不能比拟的，它使得资产阶级在它不到一百年的阶级统治中所创造的生产力比过去一切世代创造的生产力还要多、还要大。这是由资本主义生产方式的本质特征所决定的。

首先，在资本主义生产方式中，资本与雇佣劳动之间不存在人身依附关系，劳动者获得了人身自由。在前资本主义生产关系中，劳动者对封建主存在着人身依附关系，这是一种超经济的强制关系，劳动者丧失了人身自由，劳动者创造社会财富的积极性受到抑制。在资本主义条件下，资本和劳动在形式上按照契约自由、等价交换原则进行劳动力买卖，劳动者的人身依附关系被解除，从而激发了劳动者进行财富创造的积极性。

其次，资本主义生产的目的是获取更多的剩余价值，追求剩余价值成为资本主义生产的内在动力。资本家为了获得更多的剩余价值，有意识地把大量科学技术应用于社会生产，使生产力的发展速度和规模都大大超过了以往的时代。科学技术的广泛运用提高了社会的劳动生产率，既体现了生产力自身的发展规律，也说明了资本主义比前资本主义生产方式更能适应生产力发展的要求。

最后，市场经济比自给自足的自然经济更有利于实现资源的优化配置。前资本主义社会生产方式的重要特征之一是自然经济。在自然经济社会中，各经济单位之间缺乏竞争与联系，商品货币关系不发达，商品交换是偶然的，价值规律的作用并不能得到充分的表现，无法在竞争中实现资源的优化配置。在资本主义市场经济中，各种经济规律的内在要求与市场竞争压力迫使资本主义企业不断改进技术、完善管理以提高劳动生产率。由于资本家对于私利的强烈追逐以及资本主义市场经济中残酷竞争的驱使，资本主义生产方式具备了高速发展生产力的天然功能，也保证了资本主义经济的活力。

概念与原理

- 资本主义生产方式促进了生产力的快速发展，因为它使劳动者获得了人身自由、以追求剩余价值为内在动力、形成了成熟的市场经济形式。

2. 资本主义制度显示了较强的自我调整能力和适应能力

资本主义并不是僵死的社会制度，它随着社会生产力的发展以及社会进步的客观要求也在资本主义制度范围内进行着不断的调整。资本主义在推动生产力发展的同时，生产社会化程度不断提高，私有制和生产社会化的矛盾不断发展。资产阶级为了缓和这一矛盾，在不改变资本主义生产方式的前提下，根据社会化大生产的要求，对生产关系不断地进行调整。

首先，资本主义生产资料私人占有制形式已经发生了局部改变。在当代资本主义社会中，单一的纯粹资本家私人占有制的传统模式被打破，出现了国有经济、合作制经济等多种所有制形式，使当代资本主义生产资料的占有形式具有混合经济的特点。

国有经济的形成与发展，使生产资料的私人所有权转变为国家对生产资料的所有权，客观上是对私有制的否定，在一定程度上适应了社会化大生产的发展。国有企业的运营不可能像私有企业一样完全依靠市场，国家保持着对国有企业更高程度的干预，使国有企业经营管理的自由性和独立性原则受到限制。国有企业代表着资本家整体的利益，在一定程度上强调了企业的社会责任，淡化了利润动机，不再是以攫取剩余价值作为其唯一目的，这便在一定范围内否定了剩余价值规律。国有经济的发展，实质是资本社会化演变过程中的一次重大质变。

合作制经济广泛发展，突破了劳动者对资本的隶属关系。在传统的资本主义制度下，劳动者与生产资料相分离，劳动者靠出卖劳动力来换取必要的报酬。在当代资本主义社会中，各种形式的合作制经济广泛发展。合作社成员共同占有生产资料，共同管理企业和分配利润，在企业内消灭了劳动者对资本的从属关系，劳动者也因此摆脱了资本的奴役，在一定程度上实现了劳动者的解放。马克思认为，合作制经济实质上是“一种新的生产方式”①，是“在旧形式内对旧形式打开的第一个缺口”②，“是由资本主义生产方式转化为联合的生产方式的过渡形式”③。

职工股份所有制经济形式的出现使一部分劳动者实现了对生产资料的社会占有。职工股份所有制经济是企业职工通过职工信托基金组织拥有本企业的股票，从而参与企业的管理，拥有参与企业红利分享权的经济形式。在部分企业中，职工完全或部分地取得了企业的经营管理权。只有极少数企业的职工取得了控股地位，进而掌握了企业的经营权。在多数实行职工股份所有制的企业中，职工既没有控股权也没有经营权。由于股权分散化，许多企业的资本家只要掌握少量股票就足以控制企业。尽管如此，这种所有制形式仍然体现了进步的一面，打破了资本家独占生产资料的局面，广大劳动者从与生产资料完全分离转变为部分占有生产资料，从而对企业拥有了不同程度的参与管理权、收益权（通过股利的形式）和发言权。

“利益攸关者经济”是推行私有权相对化的集中表现。所谓“利益攸关者经济”是指将企业视为一个一切与之相关的市场经济主体共同创造价值的生产制度和社会经济体系，这些市场经济主体包括股东、顾客、商业伙伴、政府等。在此模式下，企业的经营活动以利益攸关者的利益为中心，而不是仅仅强调股东或资本家的利润。在早期资本主义社会中，生产资料所有者掌握绝对的支配权，雇佣劳动者与相关利益团体对资本经营没有任何发言权，在一定程度上造成了资本与社会利益的紧张关系。“利益攸关者经济”从20 世纪 80 年代发展起来以后，突破了私人财产权绝对化的模式。在企业资产所有者做

---

① 马克思，恩格斯. 马克思恩格斯全集：第 25 卷上. 北京：人民出版社，1974：498.

② 同①497－498.

③ 同①498.

出重大决策时，不仅要考虑资本家自身的利益，还要考虑这种决策对其他相关利益团体所构成的影响。这种对资本所有权的主动限制和调整在缓和资本与社会的紧张关系的同时，也有利于企业利润的实现。这种调整是资本的私有性向社会性的演变，是在资本主义体系内对资本主义私人所有制传统模式的扬弃。

专栏 6-5

沃尔玛：让 130 万员工成为“合伙人”

据统计，沃尔玛的劳资双方分红计划从 1972 年 1 月开始实施，当年公司分红额为 17 万美元，总计 128 人分到利润。这笔款项随着公司的利润和股票的增值而增长。到 1985 年时达到 21 800 万美元，1986 年为 30 300 万美元，而到了 1992 年，这笔资金达到 18 亿美元。目前，全球每年共有近 130 万员工可以享受沃尔玛的此项利润分红。

目前，沃尔玛在全球共拥有近 130 万员工。沃尔玛的员工不是被称为“雇员”，而是被称为“合伙人”或“同事”。山姆·沃尔顿认为，顾客、员工和股东都是公司的上帝。公司发展要靠员工团结一致的献身工作，同时公司也要照顾好它的员工，让他们感到像是在一个大家庭里，自己是公司的重要一员。沃尔玛的“员工是合伙人”政策可以从以下两个侧面反映出来：

（1）利润分享计划。除了让工资奖金与员工自身的工作业绩挂钩外，沃尔玛还实行职工入股、利润分享等制度。沃尔玛的员工为合伙人，坚持让员工从公司的成长中获得好处。沃尔玛的最大股东是员工分红信托基金组织。1977 年，该基金只有 440 万美元，到 1983 年已达 9 850 万美元，随着沃尔玛的成长，该基金也不断壮大。1982 年，沃尔玛发给每一位员工的红利相当于其年薪的 5.6%。此外，沃尔玛的员工可以利用扣薪的方式购买公司股票，公司补助 15%的价款。沃尔玛股票从 20 世纪 80 年代开始成为纽约证券交易所的明星，从 1977 年到 1987 年，股票价格上涨了 20 倍，1992 年沃尔玛公司董事会宣布自 1971 年以来的第 10 次一分为二的股票拆细，20 年的股票回报高达近 4 000 倍。参加股票购买方案的员工都得到了丰厚的回报。员工们离开公司时可以现金或股票方式取走这个份额。

（2）损耗奖励计划。自然损耗大是零售业盈利的大敌，沃尔玛控制这一纰漏的方法是与员工们共享公司因减少损耗而获得的盈利。如果某家商店将损耗控制在公司的目标之内，该店每个员工都可获得奖金，最多可达 200 美元。沃尔玛的损耗只是行业平均水平的一半。

随着利润分享计划的成功，山姆·沃尔顿又有了许多新的想法。例如，公司的福利计划，它包括员工的疾病信托基金、为员工子女而设的奖学金、分享减少商品短缺的节约奖等。以 1990 年为例，沃尔玛的各项福利计划，加上分店经理奖和补偿方案等，使公司除了工资和基本补助以外多支付了 1 亿美元。

沃尔玛与员工间这种真正意义上的合伙关系是使公司不断在竞争中取胜的重要原因。2002 年 1 月 21 日，沃尔玛作为唯一一家上榜的零售企业，再次被《财富》杂志评为“100 家最适合工作的公司”之一。而在那之前的五年中，沃尔玛共有四次获此殊荣。沃尔玛的首席执行官（CEO）李斯阁认为，沃尔玛的上榜得益于它的多项政策和措施。如为全职员工和兼职员工同样提供医疗保障，让兼职员工享受诸如激励奖金、购买股票、购物折扣、带薪假期等福利，这在经济不景气、失业率上升且“9·11”事件让很多公司管理层失去对员工的同情心的情况下，显得难能可贵。

资料来源：王孝明．沃尔玛打造“零售帝国”的44个奥秘．北京：九州出版社，2006.

其次，资本主义国家对劳资关系与阶级关系进行了较大的调整。在早期资本主义社会中，资本家对工人进行残酷的剥削。在资本家进行资本积累的同时，贫困也在积累，工人的基本生活水平也受到威胁，使阶级矛盾不断激化。在第二次世界大战以后，各资本主义国家对劳资关系进行了调整，虽然工人阶级受剥削的地位没有改变，但社会的民主管理和工人的受保障程度得到极大提高。

当代西方发达资本主义国家广泛推行共同决定制度，让工人参与企业管理。资本主义发达国家几乎所有企业都成立了职工委员会，代表职工参与企业管理，凡涉及职工切身利益的决策，如工资、劳动保护、职工福利、作息时间、用工原则与解雇事项等，都不能由资本所有者单方面决定，必须通知职工委员会并与之协商达成一致。共同决定制度要求企业董事会、监事会的构成必须包括若干名职工代表，参与企业的管理与决策。在德国大企业中，监事会成员中必须有1/2的职工代表。

当代西方发达资本主义各国广泛推行了社会保障与社会福利制度。为了缓和社会矛盾，西方国家建立了“从摇篮到坟墓”的福利保障制度。工人不能维持基本生存、长期处于贫困中的状况基本上已经不存在了，多数工人生活趋于“中产阶级化”。在发达资本主义各国中，占人口80%以上的居民都能够过上医疗、教育、住房有保障的生活。

专栏6-6

西欧、北欧国家的社会保险

在瑞典，凡有正式收入的家庭，只需将收入的12.8%缴纳医疗保险税，全家就可以在指定的医院享受免费医疗待遇。

失业救济金是中低收入阶层生活有保障的重要福利形式。目前法国失业工人第一年能够拿到相当于原工资的90%的生活补助，第二年是80%，从第三年开始拿集体补助：单身失业者的每月最低生活补助金为405欧元，夫妻两人为每月608欧元。瑞典规定，失业救济金随物价上涨而调整，但不超过纳税后平均工资的92%。50岁以下的人最多可领取300天的救济金；54岁以上者，可领取450天的救济金，每天领取的金额大约为400瑞典克朗。领取失业救济金期满后如果仍没有就业，则转为发放最低生活救济金。

社会保险制度的推行，使广大民众有了较高质量的生活保障，即使是社会底层的民众也能生活无忧。2005年德国一个长期失业的居民全家5口人，男主人每月的救济金为345欧元，女主人每月的救济金为289欧元，3个孩子每人每月补助207欧元。该家庭每月总共可领到1 255欧元的现金作为生活费。此外，他家750欧元的房租和医疗健康保险均由政府支付。该家庭的实际收入同德国职工平均工资（月收入2 800欧元）的差距已经不大。2004年居住在英国北部城市布莱克普的麦高雷一家，家庭成员为母亲和5个女儿，这6个人都没有工作，一家人每年净收入近3万英镑，全是政府发放的各种救济金。全家住在一套三居室的福利房中，养了8条宠物狗，生活上衣食无忧。

资料来源：胡连生．当代资本主义：双重发展趋向研究．北京：人民出版社，2008.

当代资本主义社会的阶级关系发生了一定的改变。社会各阶级的流动性增强，阶级之间的界限具有一定的不确定性，资产者与无产者之间的界限逐渐模糊。

由以上可以看出，在当代资本主义根本性质没有改变的情况下，生产关系、社会关系已经做了大幅度调整。这些调整说明了在资本主义社会内部否定因素在不断成长，同时也说明资本主义制度仍然存在着一定的调整空间，在一定限度内可以继续推动社会的进步。

概念与原理

- 资本主义生产方式较强的调整和适应能力表现在对所有制关系和劳资关系的调整等方面。

3. 资本主义形成了一套成熟的、有利于资源优化配置的市场经济运行机制

任何一个社会的经济活动都要解决生产什么、生产多少、为谁生产的问题，在资源普遍稀缺的条件下，如何实现资源的最优配置是任何社会都难以回避的问题。在自然经济条件下，各个生产者彼此独立，处于分散的状态，由此就决定了自然经济条件下的经济运行机制必然是自给自足的调节机制，每个生产者的决策都只须考虑自身的需要。在自然经济社会不会发生普遍的过剩，但是由于缺乏分工，劳动生产率提高得极为缓慢，由此也制约了生产力的发展，资源的开发利用程度较低。资本主义制度是建立在商品经济基础之上的，每个商品生产者通过市场交换来实现商品价值，由此决定了其经济运行的调节机制表现为市场机制。在资本主义的长期发展过程中，市场经济日趋发育成熟，积累了大量发展市场经济的经验。

从微观经济运行来看，形成了有利于资源优化配置的市场机制。在资本主义阶段，市场交换的对象和范围极大地拓展。劳动力、资本和其他生产要素都具备了商品的基本属性，并且都被纳入了市场配置的范围，最终形成了资本主义市场经济体制。一切生产要素都通过市场供给与需求的变化来决定它们的价格变动，由价格变动引起利益关系的调整，进而引导生产要素在各个生产部门间进行优化配置。市场经济条件下的激烈竞争刺激生产者改进技术，提高管理水平和劳动生产率。从传统的社会主义与资本主义各国的实践比较来看，它们分别实行高度集中的计划经济体制与分散决策的市场经济体制，后者在发展生产力、实现资源优化配置方面具有一定的优势，这也是冷战后社会主义各国包括我国经济体制改革都选择市场手段来实现资源优化配置的主要原因。

在资本主义市场经济的发展过程中，逐渐形成了一系列适应市场经济运行的规则与制度环境，如适应市场经济运行的企业制度、有利于充分发挥市场竞争的社会环境和维护市场有效运行的各类规则等。这些规则虽然不能根除资本主义本身的弊端，但是客观上有利于社会生产力的发展。

从宏观层次上看，资本主义建立了比较完善的宏观调控机制。在资本主义市场经济的发展过程中，市场本身所固有的自发性、盲目性等缺陷逐渐暴露出来，迫使资本主义国家对市场经济活动进行调节和干预，以解决市场调节的缺陷所带来的社会问题。资本主义各国在宏观经济调控理论和实践中都取得了显著进步，能够借助各种经济政策和经济杠杆解决市场运行中的各类矛盾，使经济波动幅度尽可能得到控制。虽然经济危机仍然频繁发生，但宏观调控措施对于解决通货膨胀问题、失业问题、经济增长问题及其他各种社会问题，避免矛盾的扩大和社会经济问题的进一步加重具有积极的意义。

概念与原理

- 资本主义生产方式的历史进步性表现在促进生产力的发展、生产关系具有一定的灵活性和适应性、形成了成熟的市场机制等方面。

二、资本主义生产方式的历史过渡性

第二次世界大战结束以后，为适应社会生产力的发展要求、缓和阶级矛盾，资本主义各国对生产方式进行了自觉调整。在两种制度的竞争过程中，资本主义越来越多地吸收了一些社会主义因素，从而使资本主义的发展过程呈现出两重性。这种矛盾现象的出现预示了资本主义的发展方向，同时也表明了资本主义生产方式的历史过渡性质。

在《共产党宣言》中，马克思、恩格斯指出，资本主义创造了巨大的生产力，极大地推动了社会发展。在20世纪50—70年代，资本主义经历了一个“黄金时代”，生产力发展，社会贫富差距有所缩小。但是到80年代以后，资本主义进入一个新的调整时期，资本主义发展过程中的两重性表现得越来越明显。

一是生产力快速发展与经济停滞并存。在当代资本主义国家中，经济持续发展是主流。在西方发达国家的推动下，人类科学技术突飞猛进，掀起了新技术革命浪潮。在政府的推动下，各国迅速把新技术转化为现实的生产力。西方发达国家的新产品开发能力、生产制造能力急剧提升，生产规模迅速扩大，人类改造自然的能力达到了新的高度。科学技术推动了资本主义各国持续的经济增长，尽管其中受到了经济危机的干扰，但是从总体上看，这种发展态势是健康的。从1991年4月开始复苏到新经济泡沫破灭，美国经济持续增长了120个月左右，远远超出战后美国经济平均连续增长50个月的期限，成为战后美国第三个最长的经济增长期。在20世纪90年代下半期，美国出现了“两高两低”的新经济现象，即经济高增长、高劳动生产率、低通货膨胀率和低失业率。主要资本主义国家经济也基本保持了持续增长态势。在1982—2007年这段时间中，只是出现过经济衰退或经济停滞，没有再发生严重破坏社会生产力的经济危机。

当代资本主义经济缺乏活力，存在着经济发展疲软的迹象。在科学技术推动生产力快速发展的同时，发达的资本主义经济体丧失了活力。日本经济和欧洲经济是典型代表。日本是世界第二经济强国，20世纪50—80年代经济快速成长，发展势头强劲。90年代初，由于日元升值、泡沫经济破灭等因素，日本经济一蹶不振。日本人将1991—2001年这个经济持续低潮时期称为“失去的十年”。国内有效需求不足与企业盈利状况恶化之间的恶性循环在日本表现得极为突出。

欧洲同美国一样对研究当代资本主义经济具有典型意义。西欧各国由于经济增长乏力，失业率一直维持在10%以上。失业率居高不下导致社会问题加深，如大量的失业人口导致财政负担越来越重，公共债务剧增。各国政府为了解决失业问题，相继采取了减税、削减社会福利的措施。但是这些措施又遭到各国民众的反对，使各国政府陷入了两难困境。

二是生产资料私有制的基础地位与资本占有社会化并存。生产资料私有制的基础地位在当代资本主义社会中得到持续加强。生产资料的私人占有制度是资本主义社会的经济基础，也是资本主义最本质的东西。资本家无偿占有雇佣工人的剩余劳动是资本主义一切矛盾的根源。虽然在当代资本主义社会，单一纯粹的资本主义私有制模式已经被突破，但混合经济并没有动摇私有制的基础地位。在美国，占人口1%的家庭持有全部股票的63%，占人口5%的家庭持有全部股票的83%。生产资料的私有制由于少数资本家占据绝对控股地位而得到巩固。从形式上看，虽然普通民众手中握有大公司、大企业的股票，成为企业的股东，但私有制的基础地位没有动摇。资本家财团仍然握有巨大的经济权力，控制着国民经济命脉，大资本、大财团的垄断地位进一步强化，垄断寡头的资本更加雄厚，垄断程度提升。

资本占有社会化在当代资本主义国家里不断产生并得到发展。战后，为了缓解资本主义固有的矛盾，西方各国对其所有制关系进行了调整，资本的社会化形式趋于多样化。在私有化浪潮开始以前，国有经济具有较为庞大的规模。如法国，1986年，国家掌握着全国财富的40%；铁路、邮电的100%，煤炭、煤气的95%以上都由政府控制；国有金融机构控制了全国存款的90%。即使在20世纪80年代私有化浪潮之后，国有经济仍然大规模存在。在20世纪90年代末，发达国家国有企业的产值占国内生产总值的比重平均在12%左右。除国有经济之外，还有大量的合作经济，它是劳动群众按照自愿、民主、平等、互利原则所建立的经济组织，它坚持互助互惠、人人平等，无疑是对资本主义私有制的扬弃。职工股份所有制和“利益攸关者经济”的出现也改变了单一的资本主义生产资料占有形式，对私有产权的绝对性进行了部分否定。

三是经济危机的频繁发生与经济有序化、可调控趋势并存。当代资本主义社会经济矛盾不断激化，经济危机经常性地发生。经济危机的根源在于资本主义的基本矛盾，即生产资料私有制与生产社会化之间的矛盾。这个矛盾在当代资本主义社会由于生产的社会化程度提高和资本主义私有制不断巩固而尖锐化，经济危机依然周期性地在各国发生，影响范围更加具有全球性。在进入21世纪以后不到10年的时间里，美国就先后发生了两次严重的经济危机，并迅速蔓延到其他国家。

为了应对经济周期，各国加强了对经济运行的调控和管理，以减轻危机的冲击。为了克服经济的无序状态，法国、意大利、日本等国政府推行经济的计划调节。政府计划可以为经济主体提供及时而准确的经济信息，对经济主体进行积极的引导，增强经济活动的自觉性。各国政府制定和执行相应的产业政策，对企业的经营进行微观上的规制，对宏观经济活动利用财政政策、货币政策等调控手段进行干预。政府的干预在一定程度上延长了经济周期的时间跨度，减轻了经济发展的波动。

四是贫富两极分化与贫富差距缩小两种趋势并存。有一些国家两极分化状况持续加深。在第二次世界大战后最初的30年里，各国由于政府对经济的管制，社会贫富差距有所缩小。从20世纪80年代起，由于新自由主义在各国取得了统治地位，放任市场的自由竞争，其结果是社会贫富差距持续扩大。1990年，美国收入最高的10%的家庭取得了全部家庭税后收入总额的34.9%，其中收入最高的5%的家庭取得了25%的份额，而收入最低的20%的家庭只占有4%的份额。到了21世纪，差距继续扩大。2002年，收入最高的20%的家庭占有美国全部财富的50%，收入最低的20%的家庭只占有3.5%的财富。从2000年到2005年，赤贫人口增加了26%。在1998—2001年短短3年的时间里，美国最富有人口与最贫穷人口之间的财富差距扩大了70%。

以德国、瑞典等为代表的西欧与北欧各国贫富差距相对较小。与美国两极分化明显不同的是，西欧、北欧各国重视收入的公平分配，加强对社会贫富差距的调节并取得了显著成效，这些国家的贫富差距用基尼系数来衡量始终维持在0.3～0.4的合理区间。相对而言，北欧的贫富差距更小一些。在2018年，挪威、瑞典、芬兰、丹麦的基尼系数分别为0.276、0.300、0.273、0.282，属于世界上贫富差距较小的国家。这些国家的贫富差距较小，主要原因是这些国家政府重视对收入分配的调节，连续推行税收和福利政策。经过政府的再分配，收入差距缩小。

概念与原理

- 资本主义生产过程表现出两重性：一是生产力快速发展与经济停滞并存，二是生产资料私有制的基础地位与资本占有社会化并存，三是经济危机的频繁发生与经济有序化、可调控趋势并存，四是贫富两极分化与贫富差距缩小两种趋势并存。

专栏6-7

资本主义的三个病变

不论其意愿如何，驾驭资本主义的软件的根源性错码导致了三个病变：对自然的毁坏，扩大的不平等，提升幸福追求的失败。

对自然的毁坏。在资本主义之前，人类早已开始劫掠自然资源。过剩资本主义极度地扩大了劫掠的规模。生物赖以生存的地球生态系统的60%已经被不可再生地耗费殆尽。以美国为例，人口占世界人口的5%，二氧化碳的排放量却占到了30%。我们所知道的资本主义是一个吞噬的怪物，它吞噬掉自然资本，并称之为增长。

扩大的不平等。第二次世界大战后，美国出现了一个几乎没有间断的增长狂潮。1950年至20世纪末，扣除通货膨胀因素之后，人均经济产出翻了三番，股票市场增长了近40倍。但是到了20世纪末，不平等程度远甚于50年代。顶层的5%的人所拥有的财富已超过了其下95%的人群所拥有的全部。

提升幸福追求的失败。美国人仍然不幸福。1972年，31%的美国人认为自己很幸福；2004年，33%的人做出了同样的回答。为什么经济增长没有带来幸福的增长？主要原因是：其一，物质需求实现之后，幸福是基于相对比较，而不是绝对的条件。其二，过剩资本主义引发了焦虑，比如失业。其三，过剩资本主义使生活加速而产生了巨大的压力。我们需要休息放松，需要亲情和创造力，而这些资本主义都不能提供。

资料来源：巴恩斯. 资本主义 3.0. 海口：南海出版社，2008.

三、社会主义取代资本主义的长期性

资本主义具有历史过渡的性质，但这并不意味着这个过渡期会在短时间内结束，这个过渡的过程将是一个漫长的历史过程。从人类社会的历史发展过程来看，资本主义只有 400 余年的历史，相对于人类文明只是一个短暂的历史时期，期望资本主义迅速被社会主义所取代是不现实的。马克思指出："无论哪一个社会形态，在它们所能容纳的全部生产力发挥出来以前，是决不会灭亡的；而新的更高的生产关系，在它存在的物质条件在旧社会的胎胞里成熟以前，是决不会出现的。"① 当代资本主义仍然具有容纳生产力发展的空间和能力，当代资本主义短期内不可能退出历史舞台。

就世界范围而言，社会主义取代资本主义将是一个相当长的、复杂的历史过程。主要原因是：

第一，资本主义基本矛盾运动的复杂性和曲折性决定了社会主义取代资本主义的长期性。任何一个社会的基本矛盾的运动都不是简单的直线式运动，既有推动矛盾加深的因素，也会有相反的力量抵消这种因素的影响。从第二次世界大战后资本主义基本矛盾的发展来看，生产的社会化与生产资料的私人占有的形式之间的矛盾不仅依然存在，而且还经常会激化。与此同时，科技革命推动了生产力的发展，社会财富增加，这又为缓和社会矛盾提供了物质基础。影响资本主义基本矛盾发展的相互抵消的力量使资本主义社会的发展也呈现出复杂性与曲折性。

第二，资本主义生产关系的自我调整能力决定了社会主义取代资本主义的长期性与复杂性。20 世纪上半期，资本主义的发展被多次经济危机和两次世界大战所打断，暴露出资本主义危机的全面性。战后，由于左翼政党先后上台执政，各国对资本主义生产关系进行了调整。其总体调整方向有两个：一是限制资本的力量，利用法治、资产阶级民主的力量对资本的破坏力加以限制，加强市场的可控性，尽量避免危机对经济的深度冲击；二是通过再分配措施建立覆盖范围广泛的社会保障与社会福利制度，保障劳动者的利益。公平的分配原则固然是资产阶级政党为了赢得选举、争取最大多数的选民支持而采取的一种手段，但是客观上改善了劳动者的生活水平，提高了劳动者在国家政治、经济生活等社会活动中的参与水平。资本主义生产关系的调整减轻了资本主义生产的无政府状态，提高了广大民众的消费能力和生活水平，因此，资本主义的基本矛盾得到了缓和。

第三，社会主义要赢得对资本主义的优势也是一个相当长的历史过程。社会主义要取代资本主义，除了要具备资本主义的基本矛盾爆发导致资本主义无法维持这一条件之外，社会主义作为可替代资本主义的选择必须显示出其具有资本主义所不具备的优越性。但是社会主义本身是一个更年轻的社会制度，加上社会主义都是在落后国家取得胜利的，

① 马克思，恩格斯. 马克思恩格斯全集：第 13 卷. 北京：人民出版社，1962：9.

这些社会主义国家多是脱胎于落后的封建社会或殖民地、半殖民地社会，总是带有旧社会的影子，甚至把旧社会的落后、保守的因素也看作是社会主义的本质内容，其结果是社会主义实践经受了重大挫折。一旦社会主义成为落后、保守的象征，那么社会主义就会丧失对于广大劳动者的吸引力，更谈不上使劳动群众成为推动社会主义革命的建设性力量。在两种制度竞争的过程中，不仅社会主义在当前情况下难以充分展示出对资本主义的优越性，而且还变成了资本主义和平演变的对象。总之，社会主义要创造出比资本主义更高的生产力水平、更高的劳动生产率、更强大的物质基础、更加完善的社会民主是一个充满困难和挑战的过程，因此，社会主义要显示出全面的优越性并代替资本主义必然要经历一个长期的历史过程。

概念与原理

- 社会主义取代资本主义具有长期性，因为资本主义的基本矛盾运动具有复杂性和曲折性，资本主义生产关系具有较强的自我调整能力，社会主义要赢得对资本主义的优势需要一个积累过程。

专栏 6-8

迎接资本主义的 4.0 时代

英国学者卡列斯基将 18 世纪晚期以来的资本主义划分为三个时代，人类的创新精神、个人主义及竞争精神一直推动着资本主义体系的发展，金融危机不会使全球资本主义灭亡，只能是依靠资本主义自身内部的发展，注入新的活力，创造出一种新型的资本主义，从而进入资本主义 4.0 时代。

1. 资本主义 1.0 时代

起始于 1776 年亚当·斯密《国民财富的性质和原因的研究》的出版和美国《独立宣言》的宣布，止于 1929 年的大萧条使资本主义走向前所未有的崩溃。贯穿这个时代的鲜明意识形态是：私有财产和谋利动机是资本主义制度的基础，资本主义是一种自然的力量，而掌控资本主义制度的是如同飓风和潮汐一样不受人操控的经济铁律。

2. 资本主义 2.0 时代

起始于 1931 年 9 月 21 日英国放弃金本位，学术标志是凯恩斯 1936 年出版的《就业、利息和货币通论》，止于 20 世纪 70 年代末的滞胀危机。该体系认为如果没有政府监管，资本主义自身毫无稳定性可言，并且将造成巨大的破坏。政治的作用是选举良性的、有能力的政府，以保护公众和经济不受自由市场内在危机的侵害。

3. 资本主义 3.0 时代

起始于 1979 年撒切尔夫人上台，止于 2007—2009 年的金融危机。这一阶段货币主义与其他新古典经济理论唤醒了人们对自由竞争市场的信任，认为不受干预的市场总能保持资本主义经济的有序运行，并能创造出有效、合理的成果。

4. 资本主义 4.0 时代

这个时代从 2007 年开始。这个阶段充满未知：美元会不会崩溃？世界经济何时恢复健康的发展轨迹？美国与中国的全球性竞争会不会愈演愈烈？……

复习思考题

1. 怎样正确评价原始积累在资本主义历史发展进程中的作用？
2. 资本主义生产方式具有哪些基本特征？
3. 自由竞争资本主义具有哪些特征？
4. 为什么在垄断的情况下仍然不能消除竞争？垄断竞争具有哪些新的特点？
5. 简述资本主义国家宏观调控的必要性。
6. 如何正确认识当代资本主义生产关系的调整？
7. 如何正确认识资本主义生产方式的历史过渡性质？

问题与应用

1. "大家知道，在真正的历史上，征服、奴役、劫掠、杀戮，总之，暴力起着巨大的作用。但是在温和的政治经济学中，从来就是田园诗占统治地位。正义和'劳动'自古以来就是唯一的致富手段……事实上，原始积累的方法决不是田园诗式的东西。"①

在我国发展社会主义市场经济的过程中，私营经济得到迅速发展，大量的个人财富得到快速积累。你认为我国个人财富的积累过程具有类似于资本主义原始积累的"原罪"吗？

2. 20世纪70年代，西方资本主义国家普遍出现了滞胀。有一种理论认为，滞胀是战后资本主义国家工人的工资增长所引起的。工资构成了商品成本的一个重要部分，工资上涨推动生产成本上升，进而推动物价上涨。一方面，资本家的成本上升，投资意愿降低；另一方面，生产成本持续上升，因此出现滞胀。你认为这种解释有道理吗？试给出说明。

3. 根据美国《华尔街日报》2008年10月31日公布的一项分析报告，接受美国政府金融救援资金的首批9家银行截至2007年底欠高级管理人员的养老金和延期支付奖金已总计超过400亿美元。仅高盛公司、摩根大通和摩根士丹利3家金融机构所欠高管奖金就分别达到118亿美元、85亿美元和100亿美元。统计数据显示，2000年以来美国企业的利润增长率仅为一位数，可CEO的年薪却一直以两位数增长，尤以华尔街的CEO为甚。

不仅如此，即使在这些机构出现危机时，精英们仍然在攫取着巨额财富并进行奢侈性的消费。以高盛2008年度列出的奖金预算方案为例，公司443名合伙人将得到人均450万美元以上的奖金，分发奖金总额也超过美国政府注资的100亿美元。这意味着，当政府把资金投入银行时，这些资金可能原封不动地进入高管账户。当通用、福特这些企业陷入破产边缘的时候，其管理精英仍然乘着专用飞机去游说国会。

如何认识资本主义国家企业高级管理层的阶级地位及其报酬？

---

① 马克思，恩格斯. 马克思恩格斯全集：第23卷. 北京：人民出版社，1972：782.

3

PART THREE

| 第3篇 |

社会主义市场经济篇

第7章
社会主义经济制度的建立与发展

第1节　社会主义经济制度的建立

一、马克思主义经典著作关于社会主义的设想

我国的社会主义经济制度是在马克思主义理论的指导下建立和发展起来的，认识中国的社会主义制度首先要了解马克思主义经典作家关于社会主义的设想。

人们对社会主义的认识，经历了从空想到科学的发展过程。马克思和恩格斯作为科学社会主义的创始人，与空想社会主义者不同的是，他们不是从人类公平、正义等理性原则出发来批判资本主义，并在此基础上构想未来的理想王国，而是依据历史唯物主义的科学方法，通过对资本主义生产方式的内在矛盾和运动规律的深刻分析，从中发现否定资本主义经济关系的种种物质因素，发现未来社会主义经济关系的最基本特征。根据经典作家的论述和分析，他们对社会主义的设想主要表现在：

（1）个人自由全面发展。在马克思、恩格斯看来，所谓的共产主义社会就是这样一个社会，即“代替那存在着阶级和阶级对立的资产阶级旧社会的，将是这样一个联合体，在那里，每个人的自由发展是一切人的自由发展的条件”①。

（2）生产资料公有制代替私有制。“共产党人可以把自己的理论概括为一句话：消灭私有制。”② 未来社会同现存制度具有决定意义的差别当然在于，在实行全部生产资料公

---

① 马克思，恩格斯．马克思恩格斯选集．第1卷．3版．北京：人民出版社，2012：422.

② 同①414.

有制的基础上组织生产。

（3）在发展生产力的基础上实现共同富裕。在新的社会制度中，“社会生产力的发展将如此迅速……生产将以所有人的富裕为目的”①。“通过社会生产，不仅可能保证一切社会成员有富足的和一天比一天充裕的物质生活，而且还可能保证他们的体力和智力获得充分的自由的发展和运用”②。

（4）对全部生产实行有计划的调节。马克思和恩格斯所设想的未来社会是一个没有商品货币关系的社会，在那里，人们“用公共的生产资料进行劳动，并且自觉地把他们许多个人劳动力当作一个社会劳动力来使用”③。整个社会生产过程是在直接的计划调节下进行的。

（5）在共产主义社会的低级阶段要实行按劳分配。马克思在 1875 年发表的《哥达纲领批判》中，曾根据生产力的不同性质明确地把共产主义社会区分为高级和低级两个发展阶段。共产主义高级阶段实行按需分配，而在共产主义低级阶段只能实行按劳分配。

马克思、恩格斯关于社会主义经济理论的科学性已被后来的社会主义实践所证实，他们关于社会主义生产资料公有制、按劳分配、有计划发展等的科学理论，已经通过社会主义的实践而变为现实。但是，由于时代的局限和各种主客观条件的限制，他们关于未来社会主义的理论中也有一些观点已经被实践证明是不符合实际的，需要加以补充、修改和发展。

社会主义经济建设曲折艰难的历史也告诉我们，在运用马克思主义的理论指导具体的经济建设时，必须保持科学的和实事求是的态度，否则就会犯各种错误。社会主义制度在人类历史上出现和存在的时间还不长，并没有留下多少成熟的可资遵循的现成经验和可以作为典范的社会主义经济理论成果。我国的社会主义制度从社会主义三大改造基本完成算起，也只经历了 60 多年的时间。从社会经济发展的历史长河来看，这只是一个短暂的时期。与经历了几千年的奴隶社会和封建社会以及经历了几百年的资本主义社会相比较，社会主义制度的历史还很短暂，我国的社会主义经济还很不成熟，事实上还处在制度变革和探索过程中。特别是像我国这样一个原来经济十分落后的半殖民地半封建国家，没有经历过独立的资本主义发展阶段，不是由资本主义转向社会主义的，我们不能教条主义地照搬马克思一百多年前设想的在发达资本主义基础上建立的社会主义模式，也不能照搬外国的模式。我们只能从自己具体的社会经济条件和特定的国情出发，走自己的路，建设有中国特色的社会主义。

二、社会主义经济制度在中国的建立

1. 社会主义革命和社会主义经济制度的建立

随着资本主义的发展，它的基本矛盾即生产的社会化和资本主义私人占有之间的矛

① 马克思，恩格斯．马克思恩格斯全集：第 46 卷下．北京：人民出版社，1980：222.

② 马克思，恩格斯．马克思恩格斯全集：第 20 卷．北京：人民出版社，1971：307.

③ 马克思，恩格斯．马克思恩格斯全集：第 23 卷．北京：人民出版社，1972：95.

盾日益尖锐化，这个矛盾只能用生产资料社会主义公有制代替资本主义所有制才能得到解决。因此，在人类社会的发展中，资本主义经济制度必然为社会主义经济制度所代替，这是生产关系一定要适合生产力状况规律作用的必然结果，是不以人们的意志为转移的客观历史进程。

按照马克思和恩格斯的设想，社会主义制度是资本主义基本矛盾充分发展的产物，因而，社会主义革命首先在发达的资本主义国家同时发生。然而社会主义的实践超出了他们的预想，在现实的历史过程中，社会主义革命的爆发和社会主义制度的建立没有发生在发达的资本主义国家，而是出现在经济发展水平比较落后和资本主义生产关系相对薄弱的国家。列宁认为，这是因为资本主义在各个国家的发展是极不平衡的，由此导致社会主义不能在所有国家同时获得胜利，只能在一个或几个国家获得胜利。十月革命的胜利证明了列宁的论断。在阶级社会里，一种社会经济制度代替另一种社会经济制度，只能通过社会革命来实现。社会主义经济制度是以生产资料公有制为基础的，社会主义公有制本身是对资本主义私有制的否定。社会主义经济制度是通过无产阶级夺取政权，在改变生产资料私有制的基础上逐步建立起来的。

中华人民共和国成立前，我国是一个半殖民地半封建的社会。在帝国主义、封建主义和官僚资本主义“三座大山”的压迫下，生产力发展受到阻碍和破坏。这种特殊的社会性质使中国革命必须分两步走：第一步，进行新民主主义革命，完成推翻帝国主义和封建主义统治的任务，建立新民主主义社会；第二步，使革命向前发展，建立社会主义社会。这两个步骤是互相联系、互相衔接的，前者是后者的必要准备，后者是前者的必然趋势。

中华人民共和国的成立标志着新民主主义革命的胜利，从此，在我国建立了新民主主义社会。新民主主义社会是一个过渡性质的社会，在这个社会中存在着三种基本经济成分，即社会主义经济、资本主义经济和个体经济；与此相适应，存在三个基本阶级，即工人阶级、资产阶级和小生产者阶级。工人阶级和资产阶级的阶级利益是根本对立的，而小生产者阶级的自发发展又会发生两极分化。因此，新民主主义社会的主要矛盾是工人阶级和资产阶级之间、社会主义道路和资本主义道路之间的矛盾。要解决这个矛盾，就要在发展生产力的基础上用社会主义代替资本主义，使新民主主义社会过渡到社会主义社会。从资本主义向社会主义的转变，要经历一个过渡时期，过渡时期是从无产阶级建立政权开始，到社会主义公有制在整个社会经济生活中占主体地位为止。过渡时期的根本任务是把非社会主义所有制占主体地位的经济结构，改造成以社会主义公有制为主体的经济结构。我国的过渡时期是从新民主主义社会向社会主义社会过渡的时期。实践证明，只有走社会主义道路，才能使我国的生产力获得更加迅速的发展、人民生活逐步得到改善、国家越来越繁荣富强。

2. 社会主义经济制度建立的途径

社会主义经济制度是以生产资料社会主义公有制为基础的，因此，考察社会主义经济制度的建立，也就是考察怎样把各种不同性质的私有制转变成以社会主义公有制为主体的社会主义经济制度。

我国在建立社会主义经济制度的过程中所遇到的私有制主要有两种：一是资本主义私有制，其中又分为官僚资本和民族资本；二是农业和手工业中以个体劳动为基础的小私有制。这些私有制在性质上是不同的，所以我们对它们采取了不同的变革方法。

变革官僚资本是采取没收的方法实现的。官僚资本属于国家垄断资本主义，它控制着旧中国的国民经济命脉。据统计，中华人民共和国成立前夕，官僚资本掌握了我国全部工业资本的大约2/3和全国工矿企业、交通运输业固定资产的80%。中国的官僚资本是在半殖民地半封建社会中产生的一种资本主义生产关系，它依附于帝国主义并和封建主义相勾结，严重阻碍了生产力的发展，是当时统治阶级的经济基础。因此，中华人民共和国成立后，实行了没收官僚资本的政策，把它转变为社会主义全民所有制经济，使无产阶级领导的人民共和国掌握了国民经济命脉，为建立社会主义经济制度奠定了基础。我国在消灭官僚资本的同时，也采取各种方式消灭了帝国主义在华的资本和它们的特权，这是取得国家独立和掌握国民经济命脉所不可缺少的措施。

改变民族资本是在社会主义改造中采取赎买的方法实现的。中国的民族资本在我国从新民主主义到社会主义的转变过程中在经济上具有二重作用：一方面，具有有利于国计民生的积极作用，如可以提供一部分工业品以供应人民和国家建设的需要，可以为社会主义建设培养技术人员和熟练工人，可以为国家积累部分建设资金，可以促进城乡物资交流的发展等；另一方面，也有不利于国计民生的消极作用，如剥削工人和劳动群众，生产处于无政府状态，搞投机倒把和哄抬物价等。我国的民族资产阶级在这一转变过程中在政治上也具有两面性：它有剥削工人阶级取得利润的一面，又有拥护宪法、愿意接受社会主义改造的一面。由于民族资本具有二重作用和民族资产阶级具有两面性，所以，在我国这样一个原来经济基础薄弱的国家，完全有必要允许民族资本在一定时期内存在和在一定范围内得到发展。因此，我们对民族资本实行利用、限制和改造的政策，即利用它的积极作用，限制它的消极作用，通过赎买逐步地把它改造成社会主义全民所有制经济。同时对民族资本家实行团结、教育和改造的政策，把他们由剥削者改造成自食其力的劳动者。

我国对民族资本主义经济的改造，是通过国家资本主义形式，采取和平赎买的方式实行的。我国的国家资本主义经历了一个从初级形式（在工业方面是加工、订货、统购、包销，在商业方面是经销、代销）到高级形式（个别企业的公私合营和全行业的公私合营）的发展过程，这个过程也就是社会主义经济成分和资本主义经济成分从企业外部的联系逐步进入企业内部的联合，并通过社会主义经济成分在企业内部的扩大来逐步改造资本主义私有制，使之成为社会主义公有制的过程。到1956年民族资本主义工商业实行全行业公私合营，标志着我国对民族资本主义经济的社会主义改造基本完成。我国对民族资本的和平赎买，不是由国家拿出一笔钱作为赎金付给资本家，而是采取了在国家资本主义企业中使资本家取得一部分利润的方式实现的。

改造农业和手工业中的个体私有制是采取合作化的方法实现的。小农本身具有二重性：一方面是私有者，另一方面又是劳动者。根据我国小农经济的特点，只能采取合作化的方式，使其走上社会主义集体经济道路。我国的农业合作化，是遵循自愿互利、典型示范和国家帮助的原则，采取三个互相衔接的步骤和形式实现的。这就是先从组织带有社会主义萌芽的农业生产临时互助组和常年互助组开始，然后进入半社会主义性质的初级农业生产合作社，最后再进入完全社会主义性质的高级农业合作社。这是一个循序渐进的方针，实行这一方针能够适应并逐步提高农民的社会主义觉悟，逐步改变他们的生产和生活方式，使他们对走上社会主义道路不会感到很突然，并且有利于生产的发展和干部的培养。到1956年底，我国农业中的生产资料社会主义改造基本完成。

个体手工业的性质同小农经济一样，所以对它们实行社会主义改造的原则和对小农经济的改造是一样的。不过由于个体手工业是商品经济，同市场的联系比较密切，如果离开市场，它就无法活动，因此，对它的改造是从流通入手的。首先组织手工业供销小组或者供销合作社，然后在生产上逐步组织起来，发展成手工业生产合作社。到1956年，基本上完成了对手工业的社会主义改造。

上述变革和改造各种私有制的方针、政策和方法，符合马克思主义基本原理，是马克思主义原理在我国的运用和发展。1956年，我国基本上完成了对生产资料私有制的社会主义改造，在国民经济中，全民所有制和集体所有制这两种形式的社会主义公有制经济已经占绝对统治地位。1956年和1952年相比，国民收入中各种经济成分的比重为：国营经济由19.1%上升到32.2%；合作社经济由1.5%上升到53.4%；公私合营经济由0.7%上升到7.3%；个体经济由71.8%下降到7.1%；资本主义工业下降到几乎为零。[①] 这表明，社会主义公有制已经成为国家经济的主体部分，社会主义制度已经在全国范围内确立起来了，中国已经从新民主主义社会进入社会主义社会。这是我国几千年以来最深刻、最伟大的社会变革，是20世纪中国社会发展的历史性转折。

概念与原理

- 社会主义在中国的建立是中国在特定历史条件下的必然选择，我国社会主义经济制度是通过没收官僚资本、赎买民族资本和采用合作化的方式改造个体私有制的途径而建立的。

三、传统计划经济体制的形成与演变

社会主义经济制度在中国确立的同时，我国也逐步形成了高度集中的计划经济体制。这与"一五"计划期间的建设任务不无关系。"一五"计划期间的主要任务就是进行大规模的工业化建设，为了保证重点建设项目的顺利进行，国家实行了大中型建设项目集中统一管理的体制，对人、财、物的调度和设计施工进行统一集中管理。为了解决粮食购销严重不平衡的问题、平衡市场物价，对粮食实行了统购统销制度，以后对棉花、纱布、食用油等几种人民生活必需的农产品和轻工业产品也实行了统购统销。在商业方面，建立了多种经济成分、多条流通渠道，统一领导、分级管理的体制。在劳动工资方面，把繁杂分散管理改为全国集中统一管理，实行统包统配的劳动体制和等级工资体制。在计

① 杨先材．中国历史·中华人民共和国卷．北京：高等教育出版社，2001．

划管理方面，对国营企业和少数公私合营企业实行直接计划，下达指令性指标，对合作社和私营企业实行间接计划即指导性计划，随着社会主义改造的完成，指令性计划的范围越来越大，成为主要形式。这样以生产资料公有制为基础的，以大统一小自由、大集中小分散为原则的社会主义经济体制就初步形成了。

社会主义制度在中国确立后，以毛泽东为核心的中央领导集体也曾积极探索适合中国的经济管理体制，提出了经济建设要以苏联为榜样、走自己道路的思想。1956 年 4 月，在经过深入的调查研究后，毛泽东提出了《论十大关系》的报告，阐述了解决我国经济建设中存在的若干矛盾的基本原则，强调要正确处理重工业、轻工业与农业的发展关系，避免重犯苏联、东欧国家轻视农业和轻工业，忽视改善人民生活的错误，开辟一条中国的工业化道路。毛泽东还从调动一切积极因素的高度，要求改善高度集中的经济管理体制，扩大地方和企业的权力，正确处理生产单位与生产者个人的关系，改善企业和合作社内部的管理。1956 年召开的党的八大依据《论十大关系》的精神，进一步提出要根据统一领导、分级管理、因地制宜、因事制宜的原则，改进国家的行政体制，划分企业、事业、计划和财政的管理范围，适当地扩大各省、自治区、直辖市的管理权限。当时的国务院副总理陈云在党的八大发言中提出：我国的社会主义经济，在工商业经营方面，国家和集体经营是主体，一定数量的个体经营是补充；在生产计划方面，计划生产是工农业生产的主体，按照市场变化而在国家计划许可范围内的自由生产是补充；在社会主义统一市场里，国家市场是主体，一定范围内国家领导的自由市场是补充。党的八大决议采纳了这一著名的“三个主体，三个补充”的建议，对探索中国经济体制改革有着突破性的指导意义。

党的八大之后不久，由于国内外形势的变化，党在指导思想上发生了“左”的错误，八大的路线和许多正确的方针未能在实践中贯彻执行。在发展生产力和发展社会主义生产关系方面，一再出现违反客观经济规律、急于求成的“左”的错误。1958—1960 年的“大跃进”及人民公社化运动造成了计划经济体制的混乱，主要是：在所有制上，盲目追求“一大二公”，搞“升级”“过渡”，取消个体经济和集体经济；在中央和地方的关系上，下放过头，分散过多；在国家与企业的关系上，破坏了企业必要的规章制度，以致企业的经济效益下降；在分配制度上，刮“共产风”，搞“一平二调”，破坏了按劳分配原则；在改革方法上，不尊重客观规律，而是依靠行政命令，大搞群众运动，破坏了正常的经济秩序。1961 年，党的八届九中全会提出了“调整、巩固、充实、提高”的八字方针，对“大跃进”时期的“左”的错误进行了纠正，加强了对经济的集中管理，改变了农村的所有制结构，调整了核算单位和分配关系，制定了各种管理条例，促进了国民经济的恢复与发展。但是，从 1966 年开始的长达十年的“文化大革命”，使极左思想严重泛滥，价值规律、按劳分配、物质利益原则和各项合理的规章制度被当作资本主义和修正主义的东西受到批判，正常的经济秩序被严重破坏，从而使国民经济遭到了极大的破坏。

生产资料私有制的社会主义改造完成以后，中央计划经济得以全面推动，在中华人民共和国成立后建立起来的计划经济体制，在当时的条件下对生产力的发展起过积极的作用，但是随着社会经济的发展和条件的变化，日益暴露出严重的弊端。主要表现在：政府直接管理企业，政企职责不分；企业缺乏应有的经营自主权、独立的经济利益和应负的经济责任；按照行政部门和地区系统管理经济，造成条块分割；忽视商品经济、价值规律和市场的作用，没有形成良好的经济运行机制；在分配上统收统支，平均主义严重，难以充分调动企业和劳动者的积极性；对外经济关系上基本上是闭关自守，脱离世界经济发展的潮流。因此，对传统经济体制进行改革，是解放和发展生产力的客观要求。

概念与原理

- 社会主义制度建立后，由于“一五”计划建设的需要、经验的缺乏和“左”的思想的影响，我国逐步形成了高度集中的计划经济体制。
- 随着社会主义建设的进行，高度集中的计划经济体制日益显现出严重的弊端，严重束缚了生产力的发展。

专栏7-1

计划经济为什么会失灵?

计划经济是20世纪的一个伟大的实验，它建立在一种特殊的信仰的基础之上——它认为一个国家的经济不但能够而且应该由中央控制和管理。它认为我们拥有计划和控制人类命运的能力是一种失败的信仰，是哈耶克所说的“致命的自负”的典型例证。

中央计划经济的信念可能部分源自现代公司制企业的成功，部分源自人们认为少数大企业要比分散竞争的小企业更容易进行管理，部分源自战争时期开展的经济动员的实践。由于以上原因，人们越来越习惯于把国家视为一家庞大的企业，类似于“英国股份公司”“美国有限公司”等。在20世纪相当长的时间里，计划经济被看作是合乎逻辑的、必需而且有益于社会的。实际的经济运行却并非如此。

第一，计划者并不知道如何才能协调好一个现代经济的运行。比如世界上有20 000种不同的职业，任何中央计划都无法处理这样复杂的系统。更糟的是，计划所需要的有关生产的信息分散在下属手中，他们不愿意把实情告诉上级。

第二，即使有可能制订出技术上可靠的计划，也没有理由认为这样的计划肯定会得到有效的执行。工厂的负责人可能是从个人的利益出发来安排生产，在需要和允许的情况下会欺骗自己的上司。计划者无法监督到每个细节。

第三，计划者们不可能知道千百万人各自的需要。计划即使在技术上可制订出来并得到实施，也不可能满足人们的各种真实需要。例如化妆品，计划者不可能完全清楚消费者想要什么样的产品。最后计划者只能给用户提供自以为对方应该需要的产品。

第四，由于产品的价格不能反映成本，就没有办法计划哪些物品的生产需要提高，哪些需要减少。在技术上可行的计划很可能是损害社会价值的。

第五，拿计划经济与战争时期的管制措施进行类比是具有误导性的。战争的显著特征是目标由政府确定，而和平时期的特征是开支由个人消费者确定。在和平年代，生产是为了消费。

第六，即使上述所有问题都得到解决，计划者也不知道开发新的产品或者用新的方法生产老产品的潜力。更麻烦的是，创新只会给自己添乱，打破原有计划，增加不确定性。在实践中，计划经济往往是抵制创新的。

第七，对外贸易无法成功地融入计划。外国人并不接受本国计划的约束，除非本国政府能控制对方。只有国家间存在着等级和命令体系，计划才能跨越国界。正是由于这个原因，独立的计划经济国家都尽可能追求自给自足的状态。

第2节　社会主义市场经济体制的建立与完善

一、我国经济体制改革的历史进程

1958—1978年间，在计划经济体制内，我国进行了多次改良的尝试，但每一次“权力下放”无一例外都造成了混乱，随后又以权力重新集中告终。在“一放就乱”和“一管就死”的循环下，形成了“放—乱—收—死”的怪圈。这种情况可能是由以公有制为基础的集中计划经济体制所固有的缺陷决定的，中国的经济改革必须摒弃固有的思维模式，全社会一致认为，旧路线、旧体制再也不能继续下去了，由此形成了必须通过改革开放发展中国经济的共识。这正像邓小平所说的：“不改革不行，不开放不行。过去二十多年的封闭状况必须改变。”①

中国共产党由于缺乏社会主义建设经验，在社会主义实践过程中走了许多弯路，国民经济的发展受到严重的阻滞，影响了人民群众生活水平的提高，生产力落后的状况经过30年的建设仍然没有得到根本的改变。党的十一届三中全会以后，中国共产党恢复了实事求是的思想路线，从中国国情出发，对社会主义经济制度进行了不断创新和改革，使中国的社会主义经济重新焕发了活力。

启动改革的第一项行动是党的十一届三中全会发动解除极左思想束缚的“思想解放运动”，提出“实践是检验真理的唯一标准”，放弃了“以阶级斗争为纲”的政治路线，把工作重心转移到经济建设上来，实事求是探索中国经济发展道路，对僵化的计划经济体制开始进行质疑和批判。

1982年党的十二大提出计划经济为主，市场调节为辅；1984年党的十二届三中全会指出，商品经济的充分发展是社会经济发展不可逾越的阶段，我国的社会主义经济是公有制基础上有计划的商品经济。1987年党的十三大提出社会主义有计划商品经济的体制应该是计划与市场内在统一的体制；1993年党的十四届三中全会后，提出建立适应有计划商品经济的计划经济与市场调节相结合的经济体制和运行机制。

1989年以后，国内外局势发生较大变化，许多人将经济和政治动荡归罪为市场取向的改革，认为“取消计划经济，实现市场化”的实质就是“改变社会主义制度，实行资本主义的制度”。在此情况下，邓小平南方谈话明确了未来的改革方向。邓小平同志指出，计划经济不等于社会主义，资本主义也有计划；市场经济不等于资本主义，社会主

① 邓小平．邓小平文选：第3卷．北京：人民出版社，1993：265．

义也有市场。计划和市场都是经济手段。计划多一点还是市场多一点，不是社会主义和资本主义的本质区别。这个精辟论断，从根本上解除了把计划经济和市场经济看作是社会基本制度范畴的思想束缚，使我们在计划与市场关系问题上的认识有了新的重大突破。

改革开放以来，随着市场范围的逐步扩大，大多数商品的价格已经放开，计划直接管理的领域显著缩小，市场对经济活动调节的作用大大增强。实践表明，市场作用发挥比较充分的地方，经济活力就比较强，发展态势也比较好。我国经济要优化结构，提高效率，加快发展，积极参与国际竞争，就必须继续强化市场机制的作用。基于我国经济体制改革的实践经验和理论成果，1992 年党的十四大明确提出，我国经济体制改革的目标和方向是建立社会主义市场经济体制，以利于进一步解放和发展生产力。

在确立社会主义市场经济改革目标后，我国的市场经济体制改革不断深化。1993 年 11 月，党的十四届三中全会通过的《中共中央关于建立社会主义市场经济体制若干问题的决定》，把党的十四大提出的建立社会主义市场经济体制的目标和原则具体化、系统化，勾画了新经济体制的基本框架，对有关的重大问题都做出了明确的原则性规定，把社会主义市场经济的理论和实践大大推进了一步。

2002 年，党的十六大提出到 2020 年建成完善的社会主义市场经济体制的改革目标。我国改革进入完善社会主义市场经济体制的新阶段。2013 年，党的十八届三中全会通过的《中共中央关于全面深化改革若干重大问题的决定》，提出使市场在资源配置中起决定性作用和更好地发挥政府作用。市场决定资源配置是市场经济的一般规律，健全社会主义市场经济体制必须遵循这条规律，着力解决市场体系不完善、政府干预过多和监管不到位问题，并进一步强调在法治基础上进行全面的市场经济改革。

2017 年，党的十九大报告提出加快完善社会主义市场经济体制的战略目标，强调经济体制改革必须以完善产权制度和要素市场化配置为重点，建立产权有效激励、要素自由流动、价格反应灵活、竞争公平有序、企业优胜劣汰的市场机制。2019 年，党的十九届四中全会进一步将社会主义市场经济体制与公有制为主体、多种所有制共同发展的所有制制度及按劳分配为主体、多种分配方式并存的分配制度一起列入社会主义基本经济制度。在党的十九届五中全会上，我们党提出了“十四五”时期新的市场经济建设目标：改革开放迈出新步伐，社会主义市场经济体制更加完善，高标准市场体系基本建成，市场主体更加充满活力，产权制度改革和要素市场化配置改革取得重大进展，公平竞争制度更加健全，更高水平开放型经济新体制基本形成。

二、我国经济体制改革的目标模式

我国经济体制改革是在新的历史条件下的伟大革命，目的是解放和发展生产力，实现国家现代化，实现中华民族的伟大复兴。经济体制改革的实质是社会主义制度的自我完善和自我发展，赋予社会主义新的生机与活力，建设有中国特色的社会主义。中华人民共和国成立后，由于历史条件的限制，我们建立了高度集中的计划经济体制，并在此基础上形成了与之相适应的生产关系和上层建筑。传统体制一方面动员了大量社会资源投入到社会经济建设中去，并取得了伟大成就，另一方面，它又严重地束缚和限制了生产力的发展。

社会主义根本制度是适应生产力发展的，我们必须坚持；而那些僵化的经济体制和落后的管理制度及管理方式，则必须进行彻底改革。经济体制是体现生产关系性质的一定经济制度所采取的具体组织形式和管理制度。改革并不是放弃社会主义根本制度，而是在坚持社会主义基本经济制度的前提下，对不适应生产力发展的经济基础和上层建筑的具体形式进行改革。由于改革涉及整个社会生产关系和上层建筑的全方位调整，经济运行方式从计划控制到市场调节发生了根本性变化，从这个意义上来说，改革是一场伟大的革命。

党的十四大以来，我国基本确立了以社会主义市场经济为目标的经济体制改革，这标志着建设有中国特色的社会主义理论的又一重大突破，标志着中国经济改革进入了一个新的阶段。我们要建立的社会主义市场经济体制，就是要使市场在社会主义国家宏观调控下对资源配置起决定性作用，使经济活动遵循价值规律的要求，适应供求关系的变化；通过价格杠杆和竞争机制的功能，把资源配置到效益较好的环节中去，并给企业以压力和动力，实现优胜劣汰；运用市场对各种经济信号反应比较灵敏的优点，促进生产和需求的及时协调。同时，也要看到市场有其自身的弱点和消极方面，必须加强和改善国家对经济的宏观调控。我们要大力发展全国的统一市场，进一步扩大市场的作用，并依据客观规律的要求，运用好经济政策、经济法规、计划指导和必要的行政管理，引导市场健康发展。

我国经济体制改革确定什么样的目标模式，是关系整个社会主义现代化建设全局的一个重大问题。这个问题的核心是正确认识和处理计划与市场的关系。在社会主义市场经济体制中，市场和计划都是资源配置的调节手段，两者能够而且必须互相结合；同时，二者所处的地位和功能又有区别，市场在资源配置中起决定性作用，计划则是国家对经济进行宏观调控的一个重要手段，市场对资源配置的决定性作用主要表现在两个方面：（1）市场通过价格信号，直接调节生产和需求，在各个部门、各个企业之间分配资源。市场供求的变化会引起价格的变化，当市场上某种商品供不应求时，价格上涨，刺激生产扩大，抑制消费需求，这就会促进资源向社会需要的部门和行业流动。反之，当市场上某种商品供过于求时，价格下降，就会促进资源从生产该种商品的部门流出。（2）市场通过竞争机制，实现优胜劣汰，把资源分配到经济效益较好的企业。在同一行业中，不同企业利用资源的效果是不同的，成本低而效益高的企业会较快发展，而效益低的企业则会萎缩甚至破产，从而提高资源的利用效率。

在发挥市场调节的决定性作用的同时，并不排斥计划的调节作用。由于市场调节有自发性和滞后性，不可避免地会产生经济波动和社会分配不公等问题，因此在社会主义市场经济条件下，计划是国家进行宏观调控的重要手段之一。

概念与原理

- 我国经济体制改革的目的是解放和发展生产力，经济体制改革的实质是社会主义制度的自我完善和自我发展。
- 市场对资源配置的决定性作用表现在市场通过价格信号在全社会配置资源并通过竞争机制实现资源的有效配置。
- 社会主义市场经济是我国经济体制改革的目标模式。

三、社会主义市场经济的基本特征

（一）社会主义市场经济具有现代市场经济的共性特征

社会主义市场经济首先是市场经济，是现代市场经济，它同其他社会形态的市场经济，特别是同现代资本主义市场经济，在运行机制、运作方式上存在诸多共同特征。这些共性特征并不能因为中国特色而被简单否定。

（1）市场在资源配置过程中起决定性作用。在市场经济中，一切社会经济活动都直接或间接地处于市场关系之中，社会上各种生产要素的流动，从而社会资源的优化配置，均由市场机制起决定性作用。这是市场经济的根本特点。在市场经济中，社会中各种经济活动都离不开市场，都要受价值规律的作用支配，社会再生产的各环节都要通过市场来进行资源的流动和配置，从而使资源得到合理而有效的利用。

（2）市场经济主体具有独立性。在市场经济中，各类主体平等进行竞争，各类主体具有追求自身经济利益的权利。作为生产经营单位的各类企业，以获取最大化的经济利益（一般目标是利润最大化）为直接目的，具有自主安排生产、交换、分配的权利。如果社会经济领域中的企业不是平等的经济主体，它们就无法维护自身独立的经济利益，缺乏作为商品生产者应有的责、权、利，那么这些企业就不是商品生产者，无法建立起有效的激励机制，这些企业之间就不存在竞争。在任何社会形态下，企业要成为市场经济主体，就必须是自主经营、自负盈亏、自我发展、自我约束的经济法人。独立的主体地位使企业能够自觉面向市场，自主开展经营活动，从而获得追求自身利益最大化并在竞争中取胜的动力。

（3）市场体系的完善。市场配置资源的主要机制是价格机制、供求机制和竞争机制，各类市场机制充分发挥作用离不开完善的市场体系。市场体系是在社会化大生产充分发展的基础上，由各类市场组成的有机联系的整体。它包括生活资料市场及劳动力、资本、技术、信息等各类生产要素市场，它们相互联系、相互制约，共同构成市场经济运行的基础。完善的市场体系具有统一、开放、竞争、有序的特点。市场体系越完善，市场在资源配置中的决定性作用就越能够得到有效发挥。

（4）政府对经济进行间接调控。由于在市场经济运行过程中，资源配置存在一定的自发性、滞后性、盲目性，单纯的市场调节会出现各种市场本身难以克服的市场失灵，使经济产生周期性波动，难以保证经济的长期可持续增长，因此需要政府利用财政、货币政策来干预和影响经济的运行，实现经济的稳定。现代市场经济都是社会化大生产，客观上要求一个社会中心对社会生产进行宏观调节。在社会发展的现阶段，宏观调控就成为政府的基本职能之一。政府除了从宏观上对国民经济体系加以调控，政府还从维护社会公共利益的角度对企业进行微观规制。微观规制包括利用法治和经济手段维护市场竞争，消除垄断，建立规范的市场秩序。政府可以在一定程度上克服市场的不足，但政府对经济的调控并不是直接干预企业的微观经济活动。

（5）健全的市场法规。市场经济本质上是一种法治经济。市场经济越发达，就越依赖于健全的市场法规。在市场经济条件下，企业、消费者等市场主体都有各自的利益，其权益的保障依赖于市场良好的法治条件。市场的有效运行离不开政府的参与，为了限制政府权力滥用，需要以法治来规范政府行为。

（二）社会主义市场经济自身的特性

社会主义市场经济是市场经济与社会主义根本制度相结合的一种新型的现代市场经济。由于其特定的制度基础，它必然具有不同于其他社会形态下市场经济的特征。改革开放以来，我国已经确立了社会主义基本经济制度，包括所有制结构、分配制度和经济运行方式三个方面的内容。从所有制结构上来说，强调以公有制为主体、多种所有制经济共同发展；在分配制度上，坚持按劳分配为主体、多种分配方式并存；在经济运行方式上，坚持社会主义市场经济体制，强调充分发挥市场在资源配置中的决定性作用。在我国社会主义基本经济制度体系中，生产资料所有制结构处于核心和基础地位。同资本主义市场经济相比，社会主义市场经济具有以下特征：

（1）社会主义市场经济运行的根本目标是实现共同富裕。在现代经济社会中，市场和计划都是经济调控手段，都是资源配置的基本方式。人类的经济实践活动都是有目的的活动，市场配置资源的手段在不同的社会形态下服务于不同的目标。一个社会经济运行的根本目标是由该社会占统治地位的生产资料所有制的性质决定的，所有的社会经济活动、经济运行的各环节都服从于这一目标的要求。在资本主义条件下，资本主义私有制在经济生活中占主体地位，这就决定了资本主义市场经济的根本目标是追求最大限度的剩余价值。在社会主义市场经济条件下，社会主义公有制占主体地位，这就决定了市场经济运行的根本目标是实现劳动人民共同富裕。社会主义市场经济运行的各个方面和各个环节，都要受这一根本目标的规范和制约。

（2）社会主义市场经济是建立在以公有制为主体、多种所有制共同发展的所有制结构基础上的。就现代市场经济来说，存在着社会主义和资本主义两种类型，它们都是建立在多种所有制结构基础上的，但区别是资本主义市场经济是以资本主义私有制为主体，而社会主义市场经济以社会主义公有制为主体。坚持以公有制为主体符合我国生产力发展的要求。公有制企业主要为大中型企业，代表了先进的生产力水平，它们是我国经济参与全球化竞争的重要力量。国有经济的主导作用，保证了国家对经济的整体控制能力，保证了经济的稳定和经济发展的社会主义方向。市场经济体制的建立要求必须构建多元的利益的市场竞争主体，多种所有制存在本身就标志着具有不同经济利益的竞争主体的存在。不同所有制类型的企业共同参与市场竞争，有利于激发市场活力，消除市场上的垄断，共同促进和繁荣社会主义市场经济。

（3）在社会主义市场经济下，我国建立了以按劳分配为主体、多种分配方式并存的分配结构。在社会主义市场经济条件下，与生产资料社会主义公有制为主体的所有制结构相适应，在分配结构中必然是以按劳分配为主体。以按劳分配为主体具有两重含义：第一，在整个国民收入的消费基金中，用于个人消费基金的部分，分配给劳动者个人主体；第二，在社会主义企事业单位的劳动者个人收入总量中，按劳分配所得在量上应占主体。与多种所有制结构相适应，分配结构中也必然存在着其他分配方式。同个体经济相适应，个体劳动者按照自己的经营状况获得收益；在私营经济中，私营企业主按投入的资本和经营效益来分配，私营企业雇用的劳动者则按劳动力价值分配。由于企业管理方式、组织方式多样，也会产生多样化的个人收入，如股息收入、风险收入、经营效益收入等。

（4）社会主义市场经济体制下应建立更有效、更合理的宏观经济调控机制。现代市场经济的特征之一就是存在着国家的宏观调控。社会主义市场经济和资本主义市场经济虽然都存在宏观经济调控，但是宏观调控的有效程度和调控的合理性是不同的。一些发达的资本主义国家虽然有着长期的市场经济调控经验，但是由于其调控基础是资本主义私有制，当国家利益与个别大企业的利益一致时，调控效果就较为明显，当宏观调控与个别资本家的利益产生冲突时，宏观调控就会失灵。资本主义市场经济产生数百年来，资本主义经济危机从未间断，经济周期性波动对生产力的发展造成了巨大破坏，这些情况都证明了资本主义宏观经济调控的局限性。社会主义市场经济建立在以公有制为主体的所有制结构的基础上，国有经济在整个国民经济中占主导地位，国家能够站在全体人民根本利益的高度，按照国民经济又好又快发展的要求，对市场经济进行宏观调控。社会主义市场经济的宏观调控能够把人民的当前利益与长远利益、局部利益与整体利益结合起来，更好地发挥计划与市场两种手段的长处。因此，社会主义市场经济的宏观调控能够更加有效、更为合理，能够更好地保持整个国民经济总量的基本平衡，促进经济结构优化，引导国民经济持续、健康、稳定发展，推动社会全面进步。

概念与原理

- 市场经济的共性特征：（1）市场在资源配置中起决定性作用；（2）市场主体的独立性；（3）市场体系的完善性；（4）政府调控的间接性；（5）法治经济。
- 社会主义市场经济的特性体现在目标、所有制、分配制度和调控的有效性四个方面。

四、我国的渐进式经济体制改革与成功经验

我国在确定社会主义市场经济体制改革目标的前提下，对于从传统的计划经济体制向市场经济体制的转变，采取了渐进式的改革方式。我国渐进式经济体制改革的主要特点是：

（1）我国的改革是在实事求是的思想路线的指导下进行的，坚持从实际出发，坚持四项基本原则，依据中国的基本国情，发挥中央和地方两个积极性，具有明显的群众性的特点。

（2）我国的改革是从农村开始的，并逐步走向城市。以“包产到户”为中心的农村经济改革，成为中国市场化改革的“引爆点”。农村改革率先取得成功，为稳定人民生活奠定了基础，也使人们增强了改革的信心。

（3）我国的改革是试点先行，从局部到整体逐步推进的。渐进式改革是一种局部先

行的非均衡改革战略。渐进式改革理论认为，从历史上看市场经济是逐步发展起来的，前后经历了数百年的时间，由计划经济向市场经济转变也不能急于求成。因为市场体系的形成、企业制度的转换、市场法规的制定、社会价值观念的更新和政府职能的转变，都需要有一个演进与磨合的过程。所以只能先试验再推广，实行分领域、分部门、分地区、分企业的各个突破。

（4）我国的改革是将国有经济的体制内改革与体制外推进相互结合起来。社会主义国家经济改革的核心，乃是国有经济管理体制的改革。渐进式改革理论认为，公有制经济同市场经济是可以兼容的，应该把国有经济内部改革与市场体系外部推进紧密地结合起来，并把以公有制为主体的现代企业制度作为社会主义市场经济体制的基础。

（5）我国的改革是将改革与发展、稳定结合起来，把促进经济发展作为改革的首要目标。中国的改革始终将经济发展放在首要位置，把发展作为根本任务。改革是发展的动力，改革就是为了解放生产力、发展生产力，把“三个有利于”作为衡量改革是否成功的根本标准。同时强调稳定是改革和发展的前提，只有政治局面和社会秩序稳定，才能为改革和发展提供保证。

总之，对于中国这样一个拥有十几亿人口的发展中国家来说，渐进式改革是唯一正确的选择，全盘西化、全面私有化的激进式休克疗法，在中国是根本行不通的。中国必须走自己特色的社会主义道路。

经过 40 多年的不懈努力，中国成功实现了从高度集中的计划经济体制到充满活力的社会主义市场经济体制、从封闭半封闭到全方位开放的伟大历史转折，GDP 位居世界第二，经济持续快速发展，人民生活水平大幅提高。在从计划经济向市场经济的转型过程中，中国走出了一条自己的道路，在全面深化改革的过程中，我们需要从历史中学习成功的改革经验。

第一，在改革过程中，坚持中国特色的社会主义道路。中国市场经济体制改革的经验是对改革开放 40 多年来中国发展经济的基本制度、基本政策和基本道路的概括与总结，它不同于传统的计划经济模式，又与西方市场经济模式、拉美模式、东亚模式以及苏联东欧的激进式改革有着明显的区别。中国在改革开放过程中，不仅完成了经济体制的转型，实现了经济的市场化，而且在此过程中，中国保持了社会稳定，加速了工业化进程，并且通过开放加速融入了全球化进程。在市场经济改革过程中，贯穿于其中的主题和核心是发展中国特色社会主义，中国的基本政治制度和经济制度保持稳定。

第二，政府主导制度和规则的制定。在长期的计划经济中，所有权高度集中，在此基础上形成了国家对经济生活的全面干预，几乎所有的资源都掌握在中央和地方各级政府手中。根据我国宪法，公有产权是神圣不可侵犯的，没有国家权力的允许，任何人对现有所有制结构进行改变都是非法的。由于基础性的制度转型是对原有宪法秩序的改变，必须有政府的参与或者国家对改革的默许，才能使改革得以进行。如果没有政府改革的内在动力，没有任何力量可以迫使政府改变产权结构。由于中国改革的起点是高度集中的计划经济体制，政府积累了较多的管理经验，而且市场力量的发育较为薄弱，在改革进程中，政府成为制度供给的主导力量。中国政府在经济转型过程中具有优势和主导地位，坚持对经济的宏观调控，特别是掌控市场规则的制定权以促进制度转型与创新。

第三，实施渐进式改革，在市场化进程中逐步摸索出了一条成功的道路。中国的改革开放是以一种循序渐进、摸索和积累的方式，从易到难进行的改革，其特点是增量先行、双轨过渡、分步推进、循序渐进；先试验后推广，由点到面，实现经济体制的整体转换。同时，正确处理改革、发展与稳定的关系。中国遵循先稳定后发展，以发展促稳定，以改革促发展，实现改革、发展与稳定之间的协调和平衡。

第四，独立自主，大胆借鉴，注重创新。“创新”是中国改革中最为重要的一个组成部分。创新和试验是中国发展途径的灵魂。中国注重吸取中外一切优秀的思想和有经验的改革与发展模式，有选择地学习别人的长处，但以我为主，绝不盲从。

尽管中国的市场经济体制改革取得了举世公认的成就，但是近年来，市场经济改革仍然有一些深层次问题没有解决，需要通过全面深化改革来解决。

概念与原理

- 中国社会主义市场经济改革成功的经验是坚持社会主义道路、政府主导、渐进改革、自主创新。

第 3 节　社会主义市场经济与中国特色社会主义

一、社会主义的根本任务

在历史唯物主义看来，生产力是社会发展的最终决定力量，生产力的发展决定了生产关系的变革，然后又影响到上层建筑，从而建立全新的社会形态。先进的社会形态必然建立在生产力有一定发展的基础上，而且能够推动生产力的持续发展。在以私有制为基础的社会，生产关系和生产力之间的矛盾运动必然导致代表新生产力的革命阶级通过革命斗争，摧毁旧的生产关系，建立新的经济制度，从而使生产力获得解放。马克思和恩格斯在《共产党宣言》中指出，无产阶级取得政权后，集中了全部资本，要“尽可能更快地增加生产力的总量”[①]。我国的新民主主义革命和社会主义革命解放和发展了生产力，使我国迅速建立起了完整的工业体系，在经济领域取得了长足的进步和发展。因此，革命就是生产力获得发展的手段。

在社会主义制度建立后，我国面临的重要任务就是改变落后的社会面貌，迅速提高人民群众的生活水平。但是，由于我们夸大了党内阶级斗争的风险，加上受到苏联社会主义模式的影响，将社会主义生产关系和发展生产力对立起来，提出“宁要社会主义的草，不要资本主义的苗”。极左路线极大地限制了我国生产力的发展，人民生活水平提高缓慢。党的十一届三中全会以后，我们党恢复了实事求是的优良传统，开始将工作重心

① 马克思，恩格斯. 马克思恩格斯全集：第 4 卷. 北京：人民出版社，1958：489.

转移到经济建设上来。邓小平反复强调“社会主义阶段的最根本任务就是发展生产力”①，并将它提高到社会主义本质的高度。

由于僵化的经济体制和不完善的政治体制不利于生产力发展，成为经济发展的重要障碍，这就要求不断完善社会主义生产关系和上层建筑，改革旧的经济体制，建立起充满活力的社会主义市场经济体制。实践证明，社会主义市场经济体制改革极大地解放了生产力，我国的经济总量保持了将近40年的高速增长，2010年就上升到世界第二位。经过多年的改革和生产力的发展，人民生活水平迅速提高，我国已经稳定解决了十几亿人的温饱问题，总体上实现了小康。我国的改革涉及经济、政治、文化等社会的每一个方面，是对传统经济体制的根本性变革。因此，改革也是一场革命，它推动了生产力的解放和发展。

社会主义的根本任务是解放和发展生产力，这是历史唯物主义理论的必然结论，也是基于中国市场经济和社会主义发展的现实推论。

解放和发展生产力是由社会主义社会的主要矛盾决定的。在生产资料私有制的社会主义改造完成以后，我国就建立起社会主义制度，过渡时期无产阶级和资产阶级、社会主义和资本主义两个阶级两条道路的矛盾已经得到解决，社会的主要矛盾发生了变化。在社会主义时期，社会生产力水平还很低，而广大人民群众对物质文化生活的需求却日益增长，这时，人民日益增长的物质文化需要与落后的社会生产之间的矛盾就成为社会的主要矛盾。主要矛盾决定社会主义建设的根本任务，即以经济建设为中心，大力发展生产力。在中国特色社会主义进入新时代以后，我国社会的主要矛盾转化为人民日益增长的美好生活需要和不平衡不充分发展之间的矛盾，这个矛盾的解决依然依赖于生产力的发展。

解放和发展生产力是建立社会主义制度的物质基础的需求。任何一种社会生产关系都有着与其相适应的物质基础，即物质条件与技术条件，也就是需要建立在一定的生产力水平之上。社会主义作为较高级的社会形态，应当建立在高于资本主义已经达到的物质基础之上。但是，从社会主义制度建立的现实基础来看，它首先在帝国主义最薄弱的链条上取得突破，由于特定的历史背景和国情，中国的社会主义制度建立在半殖民地半封建社会的基础之上，生产力水平长期落后于世界水平。随着资本主义的发展，特别是新的科学技术革命极大地推动了生产力前进，社会主义的物质基础也需要保持同步发展，甚至是超越资本主义生产力水平，社会主义制度才能巩固和发展。社会主义制度下生产力的快速发展和人民群众生活水平的迅速提高，才能充分显示出社会主义的优越性，从而得到人民群众的支持，提高社会主义的国际地位和国际影响。

解放和发展生产力是实现全面小康和共同富裕目标的必然要求。社会主义经济制度与以往一切以私有制为基础的社会经济制度的根本区别就在于，它要消灭剥削和消除两极分化，最终实现共同富裕。这也是社会主义的本质的重要内容。贫穷不是社会主义，两极分化也不是社会主义。社会主义应当实现共享发展，整个社会共享改革开放的成果，最终实现共同富裕。全面建成小康社会，实现全民共同富裕的目标必然建立在更加发达

① 邓小平．邓小平文选：第3卷．北京：人民出版社，1993：63.

的社会生产力基础上。改革开放以来，我国经济快速发展的同时，收入差距也随之拉大，在一部分人率先富起来的同时，有一部分人却无法摆脱贫困。贫困的原因是多样的，消除贫困依赖于社会各种力量的支持，如果没有生产力的发展，是不可能实现的。

概念与原理

- 社会主义的根本任务是解放生产力和发展生产力。
- 社会主义的本质是消灭剥削和消除两极分化，最终实现共同富裕。
- 社会主义的根本任务是由社会主义社会的主要矛盾、物质基础和共同富裕的目标决定的。

二、我国社会主义初级阶段的长期性

我国从新民主主义革命向社会主义革命转变之后，于 20 世纪 50 年代中期建立起社会主义制度，我国从此进入了社会主义社会的初级阶段。这里所说的社会主义初级阶段，不是任何国家进入社会主义都必须经历的起始阶段，它特指我国在生产力水平落后、商品经济不发达的条件下，建设社会主义必然要经历的特定历史阶段。我国社会主义初级阶段包含两层含义：（1）我国已经是社会主义社会。这就要求我们必须坚持社会主义道路，不能偏离社会主义方向。（2）我国的社会主义还处于初级阶段。我们考虑一切问题，都必须立足于社会主义初级阶段这一基本国情，不能超越这个阶段。

社会主义初级阶段在我国具有客观必然性，是我国必须经历的一个特殊的初级发展阶段。我国的社会主义制度并不是建立在马克思所设想的发达的资本主义经济基础之上，而是脱胎于中国半殖民地半封建社会，社会生产力水平较低，经济商品化和生产社会化程度很低，自然经济占较大比重。我国经济具有浓厚的二元经济特点，工业化、现代化和城市化水平低，整个社会还没有摆脱不发达状态。社会主义制度在建立起来后，还不完善，不成熟，建立充满活力的经济体制和政治体制也需要一个较长的探索过程。

根据社会发展不同阶段的社会发展目标和社会主要矛盾，我们党在不同历史时期制定出不同的全局性根本方针和根本政策，用以规范社会各方面的工作，这就形成了一定历史时期的基本路线。在中国共产党提出社会主义初级阶段的科学论断的基础上，形成了党在社会主义初级阶段的基本路线：领导和团结全国各族人民，以经济建设为中心，坚持四项基本原则，坚持改革开放，自力更生，艰苦创业，为把我国建设成为富强、民主、文明的社会主义现代化国家而奋斗。

坚持党的基本路线，关键是坚持以经济建设为中心，它是由我国现阶段的社会发展目标和社会主要矛盾决定的。我们的一切工作，都要围绕这个中心，服务于这个中心，不能轻易动摇。坚持基本路线需要把坚持改革开放同坚持四项基本原则（坚持社会主义道路、坚持人民民主专政、坚持党的领导、坚持马克思列宁主义毛泽东思想）统一起来。坚持四项基本原则是社会主义的立国之本，坚持改革开放是强国之路，前者保证了社会主义方向，后者则赋予前者以新的时代内容。贯彻执行党的基本路线，要警惕右，但主要是防止“左”。历史实践证明，“左”的错误给我们党的事业造成了极大危害。党的十九大报告指出，“牢牢坚持党的基本路线这个党和国家的生命线、人民的幸福线”，因此我们必须坚持基本路线不动摇。

我国将长期处于社会主义初级阶段是20世纪80年代由邓小平同志提出的，科学认识我国发展新的历史方位，必须从社会主义初级阶段这样一个大的历史跨度来审视。社会主义初级阶段是一个要延续上百年的历史阶段。改革开放以来，我国发展取得了巨大成就，但初级阶段的基本特征和基本任务没有发生改变。2019年，我国GDP总量达到99万亿元，约为14.4万亿美元，人均GDP突破1万美元，与高收入国家的差距进一步缩小。到全面建成小康社会时，我国的人均收入水平虽然已经接近于世界平均水平，但是在创新能力、产业层次和公共服务等方面与发达国家仍有较大差距。从中国发展的情况来看，距离实现富强民主文明和谐美丽的社会主义现代化强国的目标，还有很长的路要走。这也决定了我国社会主义初期阶段的长期性。

我国经过70多年的发展，特别是改革开放以来，在经济、政治、文化等各个方面都取得了举世瞩目的成就，社会生产力、经济实力、国际竞争力都迈上了一个大台阶。但是中国的基本国情，即中国仍然处于社会主义初级阶段没有变。党的十九大报告指出，“我国社会主要矛盾的变化，没有改变我们对我国社会主义所处历史阶段的判断，我国仍处于并将长期处于社会主义初级阶段的基本国情没有变，我国是世界最大发展中国家的国际地位没有变。”

概念与原理

- 社会主义初级阶段的含义：中国建立了社会主义社会，但仍处于初级阶段。
- 社会主义初级阶段的基本路线是以经济建设为中心，坚持四项基本原则，坚持改革开放。

专栏7-2

人均GDP超1万美元，处在全球什么水平

近几十年来，GDP成了各国非常关注的经济指标，因为它反映了国家的经济实力，以及在国际经济中的地位，但其实人均GDP也是一个很重要的经济概念，它反映了民众创造社会财富的能力。中国的人均GDP在2019年超过1万美元。与世界上其他国家相比，这处在什么水平呢？

根据世界银行的标准，按人均国民总收入划分，世界上的国家可以被划分成低收入国家、中等偏下收入国家、中等偏上收入国家和高收入国家。其中，人均国民总收入在3 986～12 055美元间，就是中等偏上收入国家。虽然人均GDP并不等于个人平均收入情况，但是具有重要参考意义。人均GDP达到1万美元，这意味着我国正式迈入中等偏上收入国家队列，向高收入国家迈进。

世界银行2019年6月公布的数据显示，2018年全球GDP总额为85.8万亿美元，人均GDP为1.13万美元。从二十国集团来看，其由19个主要经济体和欧盟组成，其中发

达国家的人均GDP基本都在3万美元以上。但是，世界上仍然有大量人口未解决基本生活问题。因而我国与发达国家的人均GDP存在不小的差距。与其他新兴经济体相比，我国的人均GDP位居前列。

跨越“中等收入陷阱”，1万美元成为转折点。按照其他国家以往的发展经验来看，在一个国家的人均GDP达到1万美元以后，这个国家的经济增速可能会停滞不前，人均GDP将长时间徘徊在1万美元的阶段，经济学家称之为“中等收入陷阱”，即发展模式遇到瓶颈，迟迟不能迈入高收入国家行列。

进入21世纪就有不少这样的典型案例，包括俄罗斯、巴西、土耳其、墨西哥等国家。从2000年左右开始，这些国家的人均GDP高速增长，用了8～10年时间就冲上人均GDP 1万美元的位置，随后将近10年，这些国家的人均GDP几乎变化不大。但是，日本、韩国打破了这一“魔咒”，它们都通过人口从农业转向工业、大力发展城市化和制造业等手段，推进经济高速发展。因此，我国要跨越“中等收入陷阱”，需要完成城市化和产业升级。

三、新时代中国特色社会主义

（一）中国特色社会主义的基本内涵

自从社会主义制度建立以来，特别是改革开放以来，我们党就领导全国各族人民开始探索中国特色社会主义道路。我们党紧紧依靠人民，把马克思主义原理与中国的社会主义实践结合起来，独立自主走自己的路，虽然经历了许多挫折，付出了较大代价，但是仍然取得了伟大胜利，开创和发展了中国特色社会主义。中国特色社会主义是中国共产党领导中国人民以科学社会主义为指南，立足于中国国情进行的伟大的历史性创造，形成了中国特色的社会主义道路、制度和理论体系。

中国特色社会主义道路是我国社会主义现代化的实现途径，是创造人民美好生活的必由之路。中国特色社会主义道路是在党的领导下，立足基本国情，以经济建设为中心，坚持四项基本原则，坚持改革开放，解放和发展社会生产力，建设社会主义市场经济、社会主义民主政治、社会主义先进文化，逐步实现全体人民共同富裕，最终实现中华民族伟大复兴的道路。中国特色社会主义道路既坚持了科学社会主义的基本原则，又根据我国的国情被赋予了鲜明的中国特色。

中国特色社会主义理论体系是沿着中国特色社会主义道路实现中华民族伟大复兴的行动指南。该理论体系是包括邓小平理论、“三个代表”重要思想、科学发展观及习近平新时代中国特色社会主义思想在内的科学理论体系，是对马列主义、毛泽东思想的坚持与发展。在当代中国，坚持中国特色的社会主义理论是对马克思主义的坚持和发展。

中国特色社会主义制度是当代中国发展和进步的根本保障。中国特色社会主义制度包括政治、经济、社会和文化建设等各方面的基本规则和规范，就经济来说，我国社会主义市场经济体制不断完善，强调以公有制为主体、多种所有制共同发展，按劳分配为主体，多种分配方式并存的基本经济制度。从政治制度来说，为了保障人民民主权利，建立社会主义民主政治，我国确立了人民代表大会制度这一根本制度，在此基础上建立了中国共产党领导的多党合作和政治协商制度、民族区域自治制度及基层群众自治制度等基本政治制度。在这些制度的基础上，建立起了具有中国特色的经济体制、政治体制、文化体制、社会体制等各项具体制度。

（二）新时代中国特色社会主义的阶段性特征

中国的社会主义建设是一个不断发展变化的历史过程。我们强调社会主义初级阶段的长期性，并不是说社会主义初级阶段是一成不变的。随着社会生产力水平的提高及其带来的生产关系、上层建筑的深刻变革，社会主义初级阶段在发展上有新的进展，在实践上具有了新的特点。正是基于中国社会主义实践的变化，党的十九大报告指出，中国特色社会主义进入了新时代。

我国发展的新的历史方位是由我国发展呈现出的历史阶段性特征决定的。

首先，我国社会生产力水平显著提高，综合国力跃居世界前列。改革开放40多年来，我国经济持续高速发展，已经实现了从低收入国家向中等偏上收入国家的跨越。经济总量从世界第十一位跃居世界第二位，成为世界第一制造大国、第一货物出口大国。2016年，我国国内生产总值占世界的份额为14.8%，比1978年提高了13个百分点。这些年来，我国成为稳定世界经济的重要力量，我国对世界经济增长的贡献率超过了30%。

其次，经济发展进入新常态，发展格局和发展方式发生重大变化。中国在改革开放后，创造了第二次世界大战后经济高速增长持续时间最长的纪录。其后，我国经济发展进入新常态。在经济增长速度存在下行压力的情况下，为了突破经济发展的瓶颈，需要坚持深化改革、扩大开放，强化创新驱动，实现经济稳中向好，稳中有进。经过结构性改革，我国经济增长的质量和效益不断提高，服务业增加值在国内生产总值中的比重上升，消费成为经济增长的主要拉动力，城乡、区域发展差距缩小。经济发展格局正在由主要依靠投资、出口拉动向依靠消费、投资、出口协调拉动转变，由主要依靠第二产业带动向依靠第三产业协调带动转变，由主要依靠外延扩张向依靠提质增效转变，为经济长期保持中高速增长、产业向高端水平提升提供了支撑。

再次，人民生活水平显著提高，社会事业加快发展。近年来，我国城乡居民收入水平不断提高，居民收入增速超过经济增速，其中农村居民收入增长快于城镇居民。2020年，我国农村居民完成了全面脱贫的目标。经过多年努力，我国已经基本建立了覆盖全国的社会保障网，人民生活实现了从贫困到温饱的转变之后，又完成了总体小康的历史性跨越，开始向更加美好的生活发展。

最后，我国国际地位和影响力大幅提升。我国的迅速崛起深刻改变了世界政治和经济格局。特别是党的十八大以来，我国在国际舞台上扮演着更加重要的角色。我国高举人类命运共同体的旗帜，坚持经济全球化和多边主义，积极倡导互利共赢的合作理念，得到了国际社会的广泛认同。我国从世界体系边缘的旁观者、国际秩序的被动接受者，转变为国际秩序的积极建设者和引领者，为解决人类问题不断贡献中国智慧和中国方案。

（三）新时代中国特色社会主义的经济思想

新时代中国特色社会主义思想内容十分丰富，涵盖了改革发展稳定、内政外交国防、治党治国治军等各个领域、各个方面，是一个系统完整、逻辑严密、相互贯通的思想理论体系。其中的经济思想对于我国社会主义市场经济体制改革的深化，实现经济发展的任务和目标具有重要意义。

新时代中国特色社会主义的总任务是在实现全面小康的基础上分两步走实现社会主义现代化和中华民族的伟大复兴。改革开放后，我们党对社会主义现代建设做出战略性安排，提出“三步走”的战略目标：第一步，从 1981 年到 1990 年，国民生产总值翻一番，解决人民温饱问题；第二步，从 1991 年到 20 世纪末，国民生产总值再翻一番，人民生活水平达到小康水平；第三步，到 21 世纪中叶，国民生产总值达到中等发达国家水平，人民生活比较富裕，基本实现现代化。然后，在这个基础上继续前进。解决人民温饱问题、人民生活总体上达到小康水平这两个目标已经基本实现，在此基础上，为实现社会主义现代化，从 2020 年到 21 世纪中叶，可以分为两个阶段。第一阶段，从 2020 年到 2035 年，在全面建成小康社会的基础上，再奋斗 15 年，基本实现社会主义现代化；第二阶段，则是从 2035 年到 21 世纪中叶，在基本实现现代化的基础上，把我国建成富强民主文明和谐美丽的社会主义现代化强国。因此，从全面建成小康社会到基本实现现代化，再到全面建成社会主义现代化强国，是新时代中国特色社会主义发展的战略安排。实现现代化和民族复兴是近代以来中国人民的不懈追求。社会主义现代化是中华民族复兴的核心内容。需要明确的是我国的现代化是社会主义现代化，只有沿着社会主义道路才能行得通。

新时代中国特色社会主义社会的主要矛盾是人民日益增长的美好生活需要和不平衡不充分发展之间的矛盾。经过改革开放 40 多年的发展，我国稳定解决了十几亿人的温饱问题，总体上实现了小康。随着总体上实现了小康，人民美好的生活需要日益广泛，不仅对物质文化生活提出了更高的要求，而且在民主、法治、公平、正义、安全、环境等方面的要求日益增长。我国的社会生产力水平总体上虽然显著提高，社会生产能力在很多方面进入世界前列，但更加突出的问题是发展不平衡不充分，这已经成为满足人民日益增长的美好生活需要的主要制约因素。因此，我们需要在继续推动发展的基础上，着力解决好发展不平衡不充分的问题，大力提升发展的质量和效益，更好地满足人民在经济、政治、文化、生态等方面日益增长的需要，促进人的全面发展和全体人民的共同富裕。

新时代中国特色社会主义全面深化改革的总目标是完善和发展中国特色社会主义制度，推进国家治理体系和治理能力现代化。经过多年改革，我国基本上已经建立起社会主义市场经济体制，但是由于改革涉及深层次的利益调整，改革的推进难度越来越大。在改革的攻坚期和深水区，必须直面问题，敢于破除一切不合时宜的思想观念和体制机制弊端，突破利益的束缚，吸收人类文明的有益成果，构建系统完备、科学规范、运行有效的制度体系，充分发挥我国社会主义制度的优越性。全面深化改革的目标规定了改革的方向是中国特色的社会主义道路，推进治理体系和治理能力现代化，就是要使各方面的制度更加科学、更加完善。

（四）全面建成小康社会的奋斗目标

小康社会是中华民族自古以来追求的理想社会状态。使用“小康”这个概念来确立中国的发展目标，既符合中国发展实际，也深得人民群众的认同和支持。改革开放之初，邓小平同志首先用“小康”来诠释中国式现代化，明确提出到20世纪末在中国建立一个小康社会的奋斗目标，该目标已经如期实现，人民生活总体上达到小康水平。党的十八大提出“全面建成小康社会”，赋予了“小康”更高的标准和更丰富的内涵，无论是在中华民族发展史上，还是在世界发展史上、在社会主义发展史上，都具有极为重大的意义。中国人民在全面解决温饱问题的基础上，普遍过上殷实富足的生活，是中国对人类社会的伟大贡献。

全面小康是全面发展的小康。“全面”要求经济和社会发展具有平衡性、协调性、可持续性。在我国总体上达到小康水平以后，我国的发展存在着不平衡、不协调、不可持续的问题，而且更加严重。全面小康的战略目标的提出有利于实现我国经济社会的平衡与协调发展，自觉实现经济增长与发展方式的变革。

全面小康，覆盖的领域要全面，是政治、经济、文化、社会和环境五位一体的全面进步的小康。全面小康社会要求经济持续健康发展，人民民主不断扩大，文化软实力显著增强，人民生活水平全面提高，努力建设资源节约型、环境友好型社会。

全面小康，覆盖的人口要全面，是惠及全体人民的小康。坚持发展为了人民、发展依靠人民、发展成果由人民共享，全面小康才能真正造福全体人民。由于我国经济发展不平衡，在总体上实现小康的同时，仍然存在大量的贫困人口，既影响了人民群众对全面建成小康社会的满意度，也影响了国际社会对我国建成小康社会的认可度。当前影响全面建成小康社会目标的突出因素主要集中在民生领域，发展不全面的问题突出表现在不同社会群体的民生保障方面。

全面小康，覆盖的区域要全面，是城乡和不同区域共同发展的小康。我国发展的不平衡既表现为城乡差距不断拉大，也表现为区域之间发展不平衡。发展的不平衡，不仅体现为国内生产总值和增长速度的不同，也体现为基础设施、基本公共服务、人民生活水平的较大差距。因此全面小康要求统筹城乡发展和区域发展，推进城乡一体化，努力缩小城乡和区域发展差距。

全面建成小康社会要解决好发展质量和效益较低、发展不平衡、风险防控等一系列突出问题。实现全面建成小康社会奋斗目标，要通过着力转方式解决质量和效益问题，通过着力补短板解决发展不平衡问题。全面建成小康社会需要坚持科学发展，加大结构性改革力度，提高发展的协调性和平衡性，努力实现更高质量、更有效率、更加公平、更可持续的发展。

概念与原理

- 中国特色社会主义包括道路、制度与理论等多个方面的内容。
- 由于生产力、人民生活水平、国际影响力显著提升，发展方式和发展格局发生变化，中国特色社会主义进入新时代。

- 新时代中国特色社会主义的总任务是在实现全面小康的基础上分两步走实现社会主义现代化和中华民族的伟大复兴。
- 新时代中国特色社会主义社会的主要矛盾是人民日益增长的美好生活需要和不平衡不充分发展之间的矛盾。
- 全面小康是覆盖经济社会全领域、全部人口、全部区域的小康。

专栏7-3

“小康”概念的历史由来

在中国传统文化中，“大同”和“小康”分别代表了人们的社会政治理想。先秦儒家对这两种理想的内涵及实现途径进行了探讨和设计，其思想精华体现在《礼记·礼运》篇中。其中，“大同”是最高层次的社会政治理想，“小康”则是相对较低的社会政治理想。尽管“大同”“小康”的社会政治理想在当时的社会历史条件下不可能实现，却对后世产生了深远的影响。

“小康”一词最早见于西周时期的《诗经·大雅·民劳》中，其中有“民亦劳止，汔可小康”的说法，意即民众实在太劳苦了，但求能使他们稍稍安宁。在此“小康”是生活比较安定的意思。而作为一种社会政治理想的“小康”概念，则是在《礼记·礼运》中与“大同”概念一起提出并阐述的。就《礼记·礼运》中所阐述的社会政治理想而言，最美好的是“天下为公”的“大同”。大同社会说到底是一种带有儒家的浓郁礼治主义色彩的社会政治理想。“天下为公”的大同社会是先秦儒家对当时“礼崩乐坏”社会现实的深刻反思，是对远古平等社会的深切向往和遐想，是对未来理想社会的美好憧憬和价值追求。

尽管“天下为公”的大同社会是非常美好的，但在先秦儒家看来，要实现这一美好理想并不容易，因为它要求每个社会成员都具有崇高的道德情操、大公无私的纯洁胸怀。这种情况在生产力十分低下的原始公社时期或许存在过，而在阶级社会中则是很难实现的。为此，孔子又提出了一个相对低度的社会政治理想，这就是所谓的“小康”。

《礼记·礼运》对“小康”社会做了如下描述：“今大道既隐，天下为家，各亲其亲，各子其子，货力为己，大人世及以为礼，城郭沟池以为固，礼义以为纪，以正君臣，以笃父子，以睦兄弟，以和夫妇，以设制度，以立田里，以贤勇知，以功为己。故谋用是作，而兵由此起。禹、汤、文、武、成王、周公，由此其选也。此六君子者，未有不谨于礼者也，以著其义，以考其信，著有过，刑仁讲让，示民有常。如有不由此者，在势者去，众以为殃，是谓小康。”由于不是“天下为公”而是“天下为家”，要使社会能够有序运转而不出现混乱，就需要圣贤之人运用“礼”来维持社会政治秩序，进行国家和社会的治理。这些圣贤具有伟大的仁爱精神、高尚的道德情操、大公无私的情怀，他们通过制礼作乐来厘清秩序，向民众显示治国有常法，进而规范社会成员的行为，使社会得到治理，天下趋于太平。

“以正君臣，以笃父子，以睦兄弟，以和夫妇”，是小康社会稳定和谐的治国平天下的目标；而“以设制度，以立田里，以贤勇知，以功为己”，则是与礼义纲纪相配套的一整套政治措施，其中涉及建章立制、区域划分、人才选拔任用等。而无论是礼义纲纪还是政治措施，都离不开精心谋划，于是“谋用是作”，甚至离不开军事手段的威慑和干预，于是“兵由此起”。因此，如果统治者能够以礼治国，按照体现礼义精神的社会规范行事，就会得到民众的拥戴，反之，“如有不由此者，在势者去，众以为殃”。在先秦儒家眼中，这样的社会就是小康。

显然，在先秦儒家心目中，与“天下大同”相比，小康之世并不遥远，“三代之英”是以礼治世的典范，所以儒家更倾向于效法禹、汤、文、武、成王、周公，追随他们共同的治世之道，这就是“未有不谨于礼”，以礼为纲纪构建一个尊卑有等、和谐有序的小康社会。“小康”相对于“大同”来说，是与当时社会历史条件相适应、经过努力就可以实现的理想，也是先秦儒家以礼治国的社会政治目标。尽管小康社会是退而求其次的目标选择，但对于广大人民来说，生活比较富裕、社会比较安定和谐，就是他们的美好期盼。与“大同”相比，“小康”更加贴近现实。所以，千百年来，“小康”一词成为普通老百姓表达对殷实、宽裕生活的向往和追求的一个通俗词汇。

复习思考题

1. 如何理解新时代中国特色社会主义的主要特征？
2. 我国社会当前的主要矛盾是什么？它对于我国经济建设有何指导意义？
3. 如何理解“全面小康”的含义？

第8章
社会主义初级阶段的所有制结构

生产资料所有制结构在国民经济运行中具有基础地位，它决定了生产、分配、交换、消费等再生产的各个环节。中华人民共和国成立以后，我国通过生产资料私有制的改造建立了全面的社会主义生产资料公有制。改革开放以后，我国通过发展多种所有制，逐步改变了单一的所有制结构，极大程度上推动了生产力发展。以公有制为主体、多种所有制共同发展是我国基本经济制度的核心内容之一，我国在社会主义初级阶段，坚持毫不动摇巩固和发展公有制经济，毫不动摇鼓励、支持、引导非公有制经济发展，保证各种所有制经济依法平等使用生产要素、公平参与市场竞争、同等受到法律保护。

第1节　所有制关系与所有制结构

一、所有制关系是最基本的经济关系

生产资料所有制问题是政治经济学的核心问题。所有制关系是一种物质关系，它决定了社会不同主体的利益关系，构成了社会制度的物质基础。马克思非常重视所有制与人的发展之间的联系，所有制理论在马克思主义经济理论中具有基础地位。马克思认为，所有制是生产关系中的根本问题，是经济制度的核心内容，它决定了整个社会的利益关系和经济面貌。生产资料所有制作为生产关系的最基本方面，是物质生产的前提，是区分不同生产方式和社会经济结构性质的主要依据。在社会再生产过程中，生产资料所有制关系决定了生产、分配、交换和消费等各个方面、各个环节的基本内容。马克思主义

政治经济学与其他经济学流派在研究经济问题上的一个重大分歧在于是否深入分析所有制的影响。在分配问题上，法国经济学家皮凯蒂曾经分析和揭露了资本主义广泛存在的不平等问题，认为贫富差距形成的一个重要原因是资本收益的增长速度超过了劳动者报酬的增长速度，根本的校正方式是实施累进的所得税制度，增加公共基础设施等。皮凯蒂并没有看到资本主义不合理的分配结构形成的经济根源，完全忽略了资本主义生产资料私有制的决定性的影响。因此，在经济发展过程中要使人民群众的利益得到保障，必须关注所有制关系，它是生产关系的核心内容，构成了整个社会经济运行的基础性制度环境，它决定了人民群众利益能否得到保障和保障程度。

所有制关系对生产力发展的影响是双重的，既可能起到推动作用，也可能产生阻碍作用。适应于生产力发展的所有制关系能够有效地保障人民群众的利益，滞后或超前于生产力发展都将对人民群众的利益造成损害。所有制并不是一成不变的，为了保持生产关系和生产力的适应性，它必须随着生产力的发展而进行调整。在马克思主义经济理论中，经济制度是和物质生产力的一定发展阶段相适应的生产关系的总和，所有制作为一种社会制度的基础，必须和生产力的发展相适应。从人类发展历史来看，由于生产力较为活跃，而生产关系或所有制关系由于代表了一定的利益关系而相对保守，在生产力快速发展的情况下，生产关系或所有制关系的调整就会相对滞后于生产力的发展要求，在矛盾发展到一定程度后，旧的束缚生产力发展的生产关系外壳才会炸毁。旧的生产关系（所有制关系）的变革的动力，既可能源自底层社会的强烈需求，也可能源自利益诱导下上层社会的主动调整。自下而上的革命和自上而下的渐进性变革成为所有制结构变动的两种主要形式。

但是，我们需要注意的问题是，所有制关系调整的关键在于与生产力发展水平相适应，超越生产力发展阶段的生产关系并不意味着就是“先进的”。超越生产力发展要求盲目追求所谓“先进的生产关系”，具有很大的迷惑性。忽视生产力发展的实际带有浪漫主义色彩的政策披上革命的外衣，更容易赢取社会大众广泛信任和支持，最终不仅损害我们的事业，而且人民群众将最终会为“左”的政策付出巨大代价。各国的社会主义历史实践都在不同程度上证实了这一结论。

在多种所有制形式中，哪种所有制才是合理的、先进的，不能仅从是“公有制”还是“私有制”就做出简单的道德判断。自社会主义制度产生以来，公有制就和社会主义制度画上等号，代表着公平、公正、进步；私有制则几乎是资本主义同义语，是剥削、落后、不劳而获的象征。这一标准高度简单，人们几乎可以不假思索就从“公有”还是“私有”这一标准出发对任何经济现象做出道德推断。从理论内容上看，以“姓公”还是“姓私”来判断所有制的先进性违背了马克思主义唯物史观基本原理。所有制先进性的正确判断标准是效率与公平的统一，既要能够促进生产力发展，又要有利于人民群众利益的实现。在社会经济实践中，所有制实现形式具有多样性，同样的所有制可以采取不同的实现形式，不能按照所有制的形式是公有的还是私有的来评价所有制形式的好坏优劣。同样的私有制性质的企业，可能存在多种分配形式，如资本独占全部剩余，或通过股份制、合作制等多种形式分享剩余，不同形式的私有制对于保障人民群众利益、实现包容性发展的效果是完全不同的。因此，只有能够适应生产力发展、能够最大程度维护人民群众利益的所有制关系才代表着进步。以“姓公”还是“姓私”来判断所有制的先进性实际上是以“左”的意识形态代替了客观的实践标准。

以“姓公”还是“姓私”作为标准判断所有制性质的先进性在逻辑上也是错误的，其实质是用所有制的形式来评价所有制的形式，把应当评价的对象作为评价的标准，在评价对象和评价标准之间做循环论证。马克思所有制理论是科学标准和价值标准的内在统一，科学标准即生产力标准，价值标准即能实现生产资料与劳动者的直接结合，逐步减少甚至消除异化。一个社会采取什么样的所有制，是历史运动的客观结果。资本主义生产方式建立在生产资料私有制的基础上，虽然它不可能真正推进共享发展，但是它曾经作为进步的力量推动了去封建化的历史进程，使人类获得了极大程度的解放。在生产资料公有制建立以后，它为社会主义生产方式奠定了基础条件，实现了劳动者与劳动资料直接结合性、生产计划性、劳动收益共享性。但是，我们也应该看到，建立生产资料公有制并不是无条件的，盲目追求建立纯粹的公有制会给社会主义事业和人民群众利益造成巨大的损害。

概念与原理

- 生产资料所有制关系对生产力作用是双重的，既能够推动生产力发展，也可能成为生产力发展的障碍。
- 所有制的合理性的判断需要坚持科学标准与规范标准的统一，既要有利于生产力的发展，也要有利于保障人民群众利益。

二、我国社会主义初级阶段的所有制结构

生产资料所有制结构是指各种所有制经济成分在社会生产关系总体中各自所占的比重、所处的地位以及它们之间的相互关系。我国社会主义初级阶段的所有制结构，概括地说，就是以公有制为主体、多种所有制经济共同发展。这一制度的确立是由我国的社会主义性质和社会主义初级阶段的基本国情决定的。

生产力决定生产关系，生产关系一定要适应生产力状况是人类社会发展的必然规律。就一个社会或国家来说，考察生产关系是否适应生产力发展的水平和性质，既需要从每一种生产资料所有制形式自身来考察，看其在现实经济中能否对该社会的生产力发展起促进作用，又必须对各种生产资料所有制形式在整个社会经济中各自所处的地位、所占的比重以及它们之间的相互关系进行分析，也就是要考察该社会的生产资料所有制结构是否合理，能否使生产关系在整体上促进生产力的发展。这不仅是一个重大的理论问题，也是我国经济体制改革从一开始就面临着的、需要切实加以解决的一个重大现实问题。

我国社会主义初级阶段所形成的以公有制为主体、多种所有制经济共同发展的生产资料所有制结构是发展生产力的必然要求。按照生产关系一定要适应生产力状况这一人类社会发展的普遍规律，一个社会或国家应当形成什么样的所有制结构，归根结底不是取决于人们的主观意志和愿望，而是取决于该社会或国家现实的生产力发展状

况。与此相联系，我们评价某种生产资料所有制形式是否具有优越性，一个社会或国家的生产资料所有制结构是否合理，就不能脱离生产力，孤立地仅仅从生产资料所有制形式和所有制结构本身得出结论，而必须坚持生产力标准，看其能否与现实的生产力状况相适应，能否促进现实生产力的发展。如果某种所有制形式和所有制结构适应现实的生产力状况，能够促进生产力的迅速发展，那么其存在和发展就具有客观必然性，也具有现实合理性。

我国社会主义初级阶段所形成的以公有制为主体、多种所有制经济共同发展的生产资料所有制结构是生产力水平低且发展不平衡的现实国情所决定的。我国目前正处于社会主义发展的初级阶段，现实的社会主义是从旧中国半殖民地半封建社会中脱胎而来的，虽然几十年的社会主义建设已经取得了巨大的成就，然而由于经济发展的起点较低，我国经济与当今世界发达国家相比仍然存在着较大的差距，经济总量虽然已位居世界各国的前列，但人均国民生产总值仍然较低，生产力总体发展水平还比较低；城市和乡村之间、沿海城市和内陆边远省份之间、工业与农业之间生产力发展很不平衡；既存在具有较高科技水平的社会化大生产，也存在社会化程度较低和各种半机械化、半手工操作的生产和经营活动，更存在着落后的手工劳动方式的生产，生产力水平呈现多层次性。这种生产力水平低、不平衡和多层次的状况决定了在我国社会主义初级阶段，必须建立以公有制为主体、多种所有制经济共同发展的所有制结构。只有这样，才能使我国现阶段的生产关系从总体上与目前生产力水平低、不平衡和多层次的状况相适应，从而更好地调动起各方面的积极因素，促进各种社会资源的合理配置，加速生产力的发展和整个国民经济的现代化进程。

我国现阶段形成以公有制为主体、多种所有制经济共同发展的所有制结构有利于形成各种所有制独立自主的市场竞争关系，从而发挥市场机制的决定性调节作用，调动社会各个主体的积极性，保证市场经济的活力和效率。无论从历史发展的角度还是从现实需要的角度来看，在我国现阶段形成以公有制为主体、多种所有制经济共同发展的所有制结构，都具有客观必然性。半殖民地半封建的旧中国存在着多种不同的生产资料私有制形式。在中华人民共和国成立后，为了建立起社会主义经济制度，就需要对这些私有制经济成分进行社会主义改造，变私有制经济为公有制经济占主体地位。由于我们对各种不同的所有制经济成分采用了不同的途径和方式进行改造和变革，因而就必然会形成不同形式的生产资料公有制，如全民所有制、劳动群众集体所有制等。同时，为了调动各方面的积极因素，以更有利于社会生产力的发展，也有必要保存并适当发展一定数量的个体经济和其他私有制经济成分。这样，在我国初级阶段这个相当长的历史时期，就必然存在着多种所有制经济并存和共同发展的局面。同时，在经济全球化的条件下，为了加速我国经济的发展，弥补我国在资金、技术和管理经验方面的不足，适应经济全球化发展的趋势，我们必须坚定不移地实行对外开放，积极发展对外经济关系，学习先进技术和利用国外资源，与此相联系，外资经济在我国的存在和发展也就是合理的和必然的了。

以社会主义公有制为主体、多种所有制经济共同发展，是我国社会主义初级阶段的基本经济制度内容之一。党的十九大报告提出，毫不动摇巩固和发展公有制经济，毫不动摇鼓励、支持、引导非公有制经济发展。这一所有制制度的确立，从根本上说，是由我国的社会主义性质和社会主义初级阶段的基本国情决定的，一切符合“三个有利于”的所有制形式都可以而且应该用来为社会主义服务。当前社会主要矛盾决定了社会主义初级阶段的主要任务是解放和发展生产力。因此，必须在各项工作中始终坚持生产力标准。实践证明，以公有制为主体、多种所有制经济共同发展的所有制结构，有效地促进了我国社会生产力的快速发展。

概念与原理

- 生产资料所有制结构是指各种所有制经济成分在社会生产关系总体中各自所占的比重、所处的地位以及它们之间的相互关系。
- 以公有制为主体、多种所有制经济共同发展是我国社会主义初级阶段基本经济制度的内容之一，它符合发展生产力的要求，适应我国的基本国情，有利于调动各方面的积极性。
- 我国以公有制为主体、多种所有制共同发展的基本经济制度是由社会主义初级阶段的基本国情决定的，既体现了社会主义性质，也体现了初级阶段的特殊性。在社会主义初级阶段，一切符合“三个有利于”的所有制形式都是可以采用的。

第 2 节　社会主义公有制的主体地位和实现形式

一、坚持公有制主体地位的原因及表现

生产资料社会主义公有制是生产资料归社会主义劳动者共同所有和支配的所有制形式。在我国现阶段多种所有制长期并存、共同发展的所有制结构中，必须始终坚持社会主义公有制经济的主体地位。邓小平强调指出：“我们始终坚持两条根本原则，一是以社会主义公有制经济为主体，一是共同富裕。”① 坚持社会主义公有制的主体地位，这既是我国现阶段生产力状况的客观要求，也是由我国的社会主义性质所决定的。

第一，生产资料的社会主义公有制，是社会主义经济制度的基础，是社会主义在经济上的本质特征和根本标志。任何一种社会经济制度区别于其他社会经济制度的根本标志，都在于生产资料所有制的性质以及与之相联系的生产资料和劳动者的结合方式。资本主义生产资料私有制以及资本与雇佣劳动相结合的方式，是资本主义经济制度的根本标志。同样，生产资料的社会主义公有制以及与之相联系的劳动者作为主人和生产资料直接结合的方式，也是社会主义经济制度的根本标志。所以，只有建立起生产资料社会主义公有制并使之在所有制结构中占据主体地位，才标志着社会主义经济制度真正建立

① 邓小平. 邓小平文选：第 3 卷. 北京：人民出版社，1993：142.

起来。只有坚持生产资料公有制在所有制结构中的主体地位，才能巩固和发展社会主义经济制度。如果否定了生产资料公有制的主体地位，就动摇了社会主义的经济基础，社会主义制度就将不复存在。要坚持社会主义，就必须始终坚持生产资料社会主义公有制在整个所有制结构中的主体地位。

第二，生产资料的社会主义公有制，是劳动者实现经济平等和共同富裕的根本保证。在公有制范围内，劳动者在生产资料的占有关系上处于完全平等的地位，决定了劳动者在生产过程中的主体地位，决定着劳动者之间在社会生产和社会经济生活中形成一种互助互利的合作关系，决定着生产成果按照符合劳动人民利益的原则进行分配。因此坚持社会主义公有制的主体地位，才能保证劳动者以生产资料主人的身份共同参与生产、分配、交换、消费等社会经济生活过程。同时，社会主义生产的目的是最大限度地满足广大人民群众日益增长的物质文化生活需要，促进人的全面发展。坚持公有制的主体地位，是实现社会主义生产目的、消灭剥削、消除两极分化、最终实现共同富裕的基本条件和根本保证。

第三，生产资料的社会主义公有制，是当代中国社会生产力实现现代化的客观需要。社会化大生产以及作为其代表和体现的现代科技和机器大工业，已经在我国社会主义初级阶段的生产力中占据主要地位，我国已建立起门类齐全的现代工业体系。因此，与这种社会化大生产相适应的生产资料社会主义公有制，也就必然在我国现阶段的所有制结构中占据主体地位，这同样是适应生产力状况和发展的客观需要，坚持公有制的主体地位，必然有利于推动社会化大生产的发展，促进我国社会经济的快速发展。

概念与原理

- 生产资料社会主义公有制是社会主义经济制度的基础，是社会主义在经济上的本质特征和根本标志，是劳动者实现经济平等和共同富裕的根本保证，是当代中国社会生产力实现现代化的客观需要。

二、国有经济在国民经济中的主导地位和作用

在我国现阶段，生产资料的社会主义公有制主要表现为社会主义全民所有制和社会主义劳动群众集体所有制这两种公有制形式。坚持社会主义公有制的主体地位，首先必须坚持社会主义全民所有制在整个社会经济运行中的主导地位和主导作用。

社会主义全民所有制是生产资料归全体劳动人民共同占有的一种公有制形式，是与社会化大生产相适应的社会主义公有制形式。在全民所有制经济中，劳动者对生产资料的所有权是完全平等的，产品归全体劳动者共同占有和分享，从而形成了全体劳动者共同的经济利益和共同的社会主义生产目的。由于全民所有制实现了劳动者在全社会范围内对生产资料的共同占有，实现了全社会范围的生产资料公有化，因而它是公有化程度比较高的公有制形式。

我国现阶段的全民所有制采取了国家所有制的形式，也就是我们通常所说的国有经

济。在我国现阶段，国有经济拥有现代机器大工业和比较先进的科学技术水平，支配着国家的主要经济资源和自然资源，具有雄厚的经济技术实力，掌握着国民经济命脉，对国民经济全局具有控制力。国有经济决定着整个国家的社会主义性质和发展方向，是整个国民经济的领导力量，因而它在社会主义国民经济中居于主导地位。

国有经济在社会主义国家国民经济中占据主导地位，并发挥着主导作用，这种主导作用主要体现在：

（1）国有经济的巩固和发展，对于增强我国的经济实力、国防实力和民族凝聚力，具有关键性作用，是保证我国社会和经济稳定的现实基础。

（2）国有经济是社会主义国家物质产品、国民收入和财政收入的重要来源，国有经济不仅为满足社会全体人民的物质文化需要提供了大量的多样化消费品，而且其上交的税金和利润也构成了国家经济建设资金积累的重要来源。

（3）国有经济是社会主义国家经济建设和社会发展的主要推动力量。它不仅为社会经济发展提供丰富的物质产品和大量的建设资金，而且为整个国民经济技术进步和现代化发展提供强大的物质技术基础。

（4）在我国现阶段多种所有制并存的条件下，国有经济对整个国民经济沿着社会主义方向发展起着重要的保证和领导作用。它自身的巩固和发展壮大，也是保证非公有制经济有利于社会主义发展的决定性条件。

正是由于全民所有制经济（国有经济）在社会主义国家的整个国民经济中居于主导地位，是社会主义国家的主要经济基础，所以，它的巩固和发展对发展和壮大社会主义经济、实现国民经济现代化、巩固社会主义经济制度、坚持社会主义发展方向和发展道路都具有决定性的意义。

但是，现阶段的社会主义全民所有制采取国家所有制的形式，并不意味着必须由社会主义国家直接经营和管理所有的全民所有制企业。我国社会主义经济建设的实践已经证明，国有经济并不等于国家直接经营，因为社会主义全民所有制生产资料的所有权和经营权是可以也应该适当分离的。这是社会主义市场经济发展的必然要求，也是经济体制改革的重要任务。而且企业生产资料所有权和经营权的分离更是生产社会化发展所导致的一种必然的趋势。尤其是随着股份公司等社会化资本形式的出现和普遍发展，生产资料的所有权和经营权的分离就越来越成为一种普遍的趋势。所以，生产资料的所有权和经营管理权的适当分离，实际上是生产社会化发展的一种必然要求和必然结果。所以，建立在社会化大生产基础上的国有经济，要能够适应社会主义市场经济的要求而正常运转并取得良好的经济效益，就必须按照社会化大生产发展的这种客观要求，实行生产资料所有权与经营管理权的适当分离，扩大企业的经营自主权。

在社会主义市场经济条件下，发展壮大国有经济，发挥其在国民经济中的主导作用的方式，必须适应市场经济的要求，并不断根据市场的要求进行调整和改革。

首先，在社会主义市场经济中，国有经济的主导作用不应当通过对其他所有制外在的强制而确立，国有经济与其他所有制经济的关系不是相互对立和排斥的，而是相互渗透、相互依赖、相互促进的。国有经济的主导作用主要体现在控制力上，国有经济比重的适当下降不会影响我国经济的社会主义性质。因此，国有经济的主导作用不在于使国有企业在数量上占绝对优势和垄断地位，而是需要在竞争力和影响力上下功夫，按照生产力的要求调整国有经济的布局、结构和组织形式，在多种所有制共同发展过程中实现其主导作用。

其次，在社会主义市场经济中，国有经济的主导作用不应通过国有企业的全面扩张来实现，而是应坚持有所为有所不为，集中力量，提高国有经济的整体素质。一般来说，国有资本需要在涉及国家安全的行业、自然垄断行业、提供重要公共产品和服务的行业及高新技术的骨干企业占据主导地位。这些领域的国有企业不仅要考虑市场的短期目标，还要考虑宏观的总体要求。在其他的一般性行业和领域，应当完全以市场竞争为导向，国家不宜对此进行直接干预和管制。

再次，在社会主义市场经济条件下，国有经济的主导作用不应当以压制和扭曲市场机制为代价。在国有经济中，存在着政企不分、政资不分、行政垄断、价格扭曲等现象，它们降低了国有经济的效率，阻碍了市场经济的发展，反而不利于有效发挥国有经济的主导作用。因此，必须改革国有企业的管理体制，消除阻碍市场竞争的不利因素，给各种非公经济提供平等的竞争机会。

最后，在社会主义市场经济中，国有经济的主导作用不仅可以通过国有独资企业来实现，而且应当充分利用股份制等资本组织形式，通过国有控股和参股等形式吸引和组织更多的社会资本，放大国有资本的功能，提高国有资本的控制力、影响力和带动力。

概念与原理

- 国有经济的主导作用主要体现在国有经济是：（1）保证我国社会和经济稳定的现实基础；（2）社会主义国家物质产品、国民收入和财政收入的重要来源；（3）社会主义国家经济建设和社会发展的主要推动力量；（4）整个国民经济沿着社会主义方向发展的保证。

三、社会主义公有制的实现形式

生产资料所有制和生产资料所有制的实现形式，是两个既相互联系又相互区别的概念。生产资料所有制一般是指生产资料的归属，即生产资料归谁占有，表明劳动者与生产资料的结合方式。而生产资料所有制的实现形式，是指一种所有制经济所采取的具体经营方式和组织形式。一种生产资料所有制可以采取多种实现形式，不同的所有制经济也可以采取相同的实现形式。任何存在多种所有制经济的社会制度中，都有占主体地位的生产资料所有制，这种占主体地位的所有制如果发生变化，社会性质也会相应地发生变化。但是，这种占主体地位的所有制却可以采取多种实现形式，即多种经营方式和组织形式。一定的生产资料所有制不会因其实现形式的多样化，而引起该所有制本身性质的变化。

社会主义公有制的实现形式可以而且应当多样化。一切反映社会化生产规律的经营方式和组织形式都可以大胆试验和采用。判断公有制的实现形式是否合理有两个标准：

一是看是否有利于生产力的发展。在不同的主客观条件下，公有制的具体实现形式是多种多样的，但只有能够促进生产力的发展、提高劳动生产率的实现形式，才是合理的。二是看能否保证劳动者获得应有的物质利益。探索公有制的实现形式，也就是寻找劳动者物质利益的实现形式，无论采取何种公有制的实现形式，都要以实现劳动者的物质利益为出发点和归宿。在改革过程中，要努力寻求能够极大促进生产力发展的公有制实现形式，继续探索有效的国有资产经营体制和方式。

我国改革开放以来，社会主义公有制已经出现了多种实现形式，初步形成了公有制实现形式多样化的局面，如承包制、租赁制、股份制、股份合作制、委托经营制等。

股份制是现代企业的一种资本组织形式，是我国公有制的主要实现形式，它有利于所有权和经营权的分离，有利于提高企业和资本的运作效率，有利于企业筹集资金，增强企业竞争力。股份制本身并不反映社会经济制度的性质，资本主义可以用，社会主义也可以用。不能笼统地说股份制是公有还是私有，关键要看控股权掌握在谁手里。显然，如果股份制公司的控股权掌握在国家和集体手中，它就具有明显的公有性，有利于扩大公有资产的支配范围，增强公有制在国民经济中的主体地位和作用。

我国农村中的集体经济过去曾经长期采取人民公社的经营组织形式。实践证明，这种经营组织形式不适应现阶段我国农村生产力的状况，不能很好地调动广大农民的生产积极性，是我国农村经济长期处于落后状态的一个重要原因。改革开放以来，我国农村经济中普遍建立了以家庭联产承包经营为基础、以集体统一经营和农户承包分散经营为特征的统分结合的双层经营体制，它极大地推动了我国农村经济乃至整个国民经济的发展。这就表明，只有按照生产力发展的客观要求建立与之相适应的集体所有制经济的经营方式和组织形式，才能巩固和发展集体所有制经济。就目前来看，随着我国农村生产力的不断发展以及农业现代化的发展，适度规模经营是一种必然的趋势，这势必要求突破一家一户的土地经营方式，因为小块土地经营难以适应农业现代化的要求。因此，引导农民按照依法自愿有偿的原则，通过转包、出租、互换、转让、股份合作等形式流转土地承包经营权，是繁荣农村经济的客观要求。这实际上是推动农村集体所有制的实现形式朝着有利于规模经营的方向发展，进一步巩固和发展农村集体所有制经济，这是我国实现农业现代化的重要途径。

我国目前城乡中大量出现的多种多样的股份合作制经济是劳动者的劳动联合与劳动者的资本联合相结合的社会主义集体所有制经济。劳动联合是一切合作经济组织的本质特征，所以股份合作制在本质上属于合作制经济，基本性质属于公有制经济范畴。实践证明，它有利于充分调动劳动者的积极性，提高城乡集体所有制的运作效率。因此，要积极地加以引导和扶持，不断总结经验，使之逐步完善。对于那些以劳动者的劳动联合与劳动者的资本联合相结合为主要特征的集体经济组织，尤其要大力提倡和鼓励扶持。股份合作制的基本特征是：由企业内部的劳动者按照大致等额的原则投资入股，持有本企业的股份，企业的劳动者同时也就是本企业的出资人和资产的所有者。劳动者的收入一方面来自按劳分配的劳动所得；另一方面来自投资入股的股利收益。股份合作制这种企业组织形式，能够使企业劳动者的利益与企业的经济效益更紧密地结合起来，使企业劳动者从股权收益方面更多地关心和参与本企业的生产经营活动。这就为进一步调动劳动者的生产积极性、推动劳动者参与对企业的民主监督管理、增强企业的活力、强化企业内部的各种监督制约机制创造出了必要的体制条件。

概念与原理

- 生产资料所有制的实现形式，是指一种所有制经济所采取的具体经营方式和组织形式。判断公有制的实现形式是否合理的标准：一是看是否有利于生产力的发展，二是看能否保证劳动者获得应有的物质利益。

第3节 我国的非公有制经济

一、我国非公有制经济的主要形式

我国社会主义初级阶段的所有制结构中，存在着个体经济、私营经济、外资经济等非公有制经济形式，它们是我国社会主义市场经济的重要组成部分。截至2017年，我国民营企业数量超过2 700万家，非公有制经济的税收贡献超过50%，在国民生产总值、固定资产投资、对外直接投资中的占比均超过60%，高新技术企业占比超过70%，城镇就业占比超过80%，对新增就业的贡献达到90%。非公有制经济在稳定增长、促进创新、增加就业、改善民生等各方面都发挥了十分重要的作用。因此，我国鼓励、支持和引导非公有制经济的发展，保护其合法的权利和利益。

1. 个体所有制经济

个体所有制经济是一种生产资料归劳动者个人所有，由劳动者个人及其家庭成员直接支配和使用其生产资料来从事生产经营活动的小私有制经济形式。在任何社会中，个体经济总是依附于该社会占统治地位的所有制经济，作为其附属和补充而存在的。我国现阶段是在社会主义公有制占主体地位的情况下，允许个体经济在国家的指导下发展。

在我国社会主义初级阶段，允许个体经济存在和发展，是有其客观必然性的。个体经济具有规模小、分散经营、劳动工具简单、主要依靠手工劳动等特点，它适应了我国目前总体生产力发展水平还比较落后、一些行业还使用简单工具、进行手工操作的生产力状况。允许个体经济适当发展，能够更好地利用各种社会资源，增加社会供给，活跃流通，方便群众生活，从多方面满足人民群众物质文化生活的需要。个体经济的发展还有利于增加国家的财政收入、积累建设资金和安排劳动就业。

2. 私营经济

私营经济是一种生产资料属于私人所有、存在着雇佣劳动和剥削关系的私有制经济成分。从本质上说，它是属于资本主义性质的经济成分。在我国社会主义初级阶段，在公有制已经居于主体地位并需要大力发展社会主义市场经济以加快生产力发展的特定历史条件下，允许私营经济在一定范围内存在和适当发展，不仅是必要的，而且是有益的，它同个体经济一样，也是社会主义市场经济的重要组成部分。

我国现阶段私营经济的存在和适当发展，不仅不会导致资本主义，而且有利于社会主义经济的发展。它有利于扩大社会生产，活跃市场，搞活经济；有利于安排社会就业，增加国家的财政收入；有利于更好地满足人民多方面的需要，提高人民的生活水平。私营经济在一定条件下甚至可以成为推动某些地区经济迅速发展的重要经济增长点。正因为如此，在我国现阶段，私营经济是可以与社会主义公有制经济实现长期并存、共同发展的。国家对私营经济本着兴利除弊的原则，鼓励、支持和引导私营经济的发展，保护其合法的权利和利益，并加强对它的服务、监督和管理。

3. 外资经济

“三资企业”中的外商投资，就是外资经济。外资经济属于资本主义性质的经济成分。它作为我国实行改革开放政策的产物，其存在和活动范围受到社会主义国家的规范和调控。一切经营活动都要遵守我国有关的法律和法规。在社会主义公有制经济在国民经济中占主体地位的前提下，大力吸收外资，鼓励其适当发展，保护其合法的经营权和收益权，不仅不会削弱我国的社会主义制度，反而能够促进社会主义社会生产力的更快发展，加快我国经济走向现代化的历史进程。在我国现阶段，外资经济的存在和发展，从总体上有利于弥补我国经济建设资金的不足，有利于引进和消化吸收国外先进的科学技术和管理经验，有利于提高我国企业的经营管理水平，有利于提高我国企业经营管理人员、科研人员和职工队伍的素质，有利于我们更快地熟悉国际惯例和国际市场、更广泛地参与国际分工、增强竞争实力，从而促进我国社会生产力的迅速发展。

4. 混合所有制经济中的非公有制经济成分

我国现阶段的国内公私合营经济及中外合营经济，都是属于混合所有制经济。这些混合所有制经济中的非公有制成分，都属于非公有制经济。如前所述，非公有制经济是我国社会主义市场经济的重要组成部分，它们的产生、存在和发展是我国改革开放的产物，适应了我国社会主义初级阶段大力发展生产力和发展市场经济的客观要求。大力发展多种形式的混合所有制经济，是我国现阶段深化经济体制改革的一个重要方面，也是我们发展壮大公有制经济、提高其整体素质和活力的有效途径之一。在这一改革进程中，我们既要允许和鼓励混合所有制经济中非公有制经济成分的存在和发展，又要对其进行必要的引导和规范，要防止混合所有制经济中非公有制经济成分对公有制经济成分的“侵蚀”，防止公有资产的流失，打击以“改制”为名侵吞、瓜分公有资产的各种违法行为，从而真正实现混合所有制经济中公有制经济成分和非公有制经济成分之间的长期并存、共同发展。

个体经济、私营经济、外资经济以及混合所有制经济中的非公有制经济，都属于非公有制经济成分，它们不是社会主义性质的经济成分，但是在我国社会主义初级阶段，它们的存在和发展对迅速发展生产力是有利的。这些非公有制经济成分已构成我国社会主义市场经济的重要组成部分，是我国重要的经济增长点、提供就业岗位的重要渠道、满足人们物质文化需要的重要力量。国家保护非公有制经济的合法权益，鼓励、支持和引导非公有制经济的发展，允许非公有制经济进入法律法规未禁止的行业和领域，鼓励和支持其参与国有企业改革，进入金融服务、公用事业、基础设施等领域，进一步消除制约非公有制经济发展的体制性障碍和政策因素，推进公平准入和改善融资条件。同时要加强对非公有制经济的服务、监督和管理，使之健康发展。

长期以来，我国形成了简单化的“公有制是先进的”“私有制是落后的”以至于“私有制是万恶之源”“非公有制经济是社会主义的异己力量”“公有制和私有制是绝对对立的”等离开现实生产力而主观随意评价所有制的错误观念。针对这些问题，党的十八大报告强调：“毫不动摇鼓励、支持、引导非公有制经济发展，保证各种所有制经济依法平等使用生产要素、公平参与市场竞争、同等受到法律保护。”现在，我国生产力总体水平低，而且多层次、不平衡。中国生产力发展的基本要求是加快实现国家的现代化。为了适应这个要求，我们必须打破各种禁锢，尽最大可能充分利用一切经济资源，充分调动一切经济主体的积极性和创造性，充分发挥各种所有制成分的潜力和积极作用。在这样的历史条件下，显然，非公有制还有广阔的生存空间，具有存在和发展的历史合理性和必然性，我们也应该充分利用。

概念与原理

- 个体经济、私营经济、外资经济都属于非公有制经济成分，是社会主义市场经济的重要组成部分。要毫不动摇地鼓励、支持和引导非公有制经济的发展。

专栏 8－1

“姓公姓私”还是“是好是坏”

长期以来，在所有制问题上，许多人形成了一种思维定式，以为公有制是社会主义最根本、最重要的内容，所以动辄问“姓公姓私”。这是离开生产力、主观随意地谈论所有制和社会主义的一种历史唯心主义观念。

马克思主义确实重视生产关系特别是所有制问题，但它更加注重生产力发展。马克思主义看待所有制问题的根本观点是生产力标准和人民利益标准。它认为，一切有利于生产力发展和绝大多数人利益的所有制，都是合理的和进步的；而一切阻碍生产力发展和损害绝大多数人利益的所有制，都是落后的甚至是反动的。

我国以及其他社会主义国家半个多世纪的实践表明，公有制至少有两类：一类是长期没有效率和效益的公有制，一类是有效率和效益的公有制。而且，前一类公有制在数量上更多些。可见，公有制不能和社会主义画等号，有了公有制，不一定有科学的社会主义。

过去，我们注重批判私有制条件下的“无偿劳动”，但未想到在公有制条件下会出现大量的“无效劳动”。后者实际比前者更落后。因为“无偿劳动”毕竟还创造财富和价值，只是被少数人占有了，而“无效劳动”却不创造任何财富和价值，不能给任何人带来利益。如何既解决“无偿劳动”问题，实现社会公平，又解决“无效劳动”问题，提高经济效率，是社会主义面临的双重课题，而后者显然是一个基础性、前提性的问题。

不解决“无效劳动”问题，只能是普遍贫穷，损害所有人的利益。

我国在改革开放以前，公有制经济占到国民经济的99%以上，以公有制为标准，似乎比我们今天更像社会主义。然而那时，我国却处于国弱民穷的状态。进入新时期以后，党和国家调整了过分单一的所有制结构，允许和鼓励非公有制经济的合法发展，适当降低了公有制特别是国有经济的比重。这些措施不是削弱社会主义。从实现社会主义的目的或价值目标来看，它促进了我国生产力、综合国力和人民生活水平的极大提高，得到了绝大多数干部和群众的拥护，实质上离社会主义近了。这些措施所体现的基本原则，就是牢牢把握生产力标准和人民利益标准，坚持社会主义的目的，调整和改变实现社会主义的手段。这应该成为我们建设社会主义的一个重要指导思想。

这些新的认识启示我们，不能只重所有制之“名”，而更要重所有制之“实”。所有制问题的实质，是资产为谁所用、为谁谋利，这才是问题的根本。我们既要注意终极所有权，更要注意实际收益权，因为后者是所有权的最终实现。而且，公有制与私有制绝不是非此即彼的简单的两极对立关系，它们常常是你中有我、我中有你的，远非泾渭分明。尤其在产权细分并不断流转的现代市场经济中，多种所有制成分互相交叉、置换、重组、融合，情况更为错综复杂。正因如此，我们不必过分关注公有制与非公有制经济的比重问题，而应更多注意在有利于生产力发展的前提下，使经济发展成果能够为绝大多数人所共享。

二、混合所有制是我国多种所有制经济的实现方式

1. 混合所有制的含义

公有制为主体、多种所有制经济共同发展是我国的基本经济制度之一。在进行深入改革的过程中，我们必须继续坚持和完善我国的这一基本经济制度。党的十八届三中全会做出的《中共中央关于全面深化改革若干重大问题的决定》提出，混合所有制经济是基本经济制度的重要实现形式，要积极发展混合所有制经济。

并不能简单地将混合所有制经济等同于股份制经济。在20世纪90年代末的国有企业改革中，明确了国有企业改革的目标是建立现代企业制度，本质上是股份制改革。混合所有制强调的是出资主体的多元性即资本出资主体，而股份制强调的是资本组织形式，混合所有制可以组织成为股份制公司及其他形式的企业。20世纪90年代的国有企业改革更多是以股份制改革为主，但本质上也包括引入其他所有制经济成分，在一定程度上也是一个混合所有制经济发展的过程。

混合所有制经济，指不同所有制性质的投资主体共同出资组建成企业的一种经济形式，混合所有制形式的企业是社会主义市场经济条件下出现的一种新型的微观经济主体。改革开放以来，我国所有制结构的变化集中体现在混合所有制的发展上，具体来说，在宏观层面上，就是由单一的公有制经济发展为以公有制经济为主体，多种所有制经济并存、共同发展的基本格局。在企业层面上，多种经济成分之间相互渗透、相互融合，股权多元化的混合所有制企业逐步出现和发展。由此可见，混合所有制是与社会化大生产、

市场经济相适应的一种主体多元化、运行社会化的财产制度。

混合所有制经济的性质由其控股主体的所有制形式来决定，不能笼统地说混合所有制是公有制还是私有制。从资产运营的角度分析，混合所有制已突破了公有制和私有制的界限，因为无论资本来源是公有的还是私有的，都已融合为企业的法人财产。在现代公司中，各利益主体通过治理结构形成一种混合的、复杂的产权安排。

2. 混合所有制经济的特征

混合所有制并不是中国社会主义市场经济所特有的经济形式，世界各国都存在不同比例的混合所有制经济形式。就我国的混合所有制来看，主要有以下特征：

第一，混合所有制经济实现了财产主体的多元化、运作社会化，实现了对生产资料实物形态的“共同占有”和价值形态的“个人所有”相统一。混合所有制经济是不同所有者在产权形式上的联合（劳动力在某种意义上是劳动者自己的财产权），使不同所有制形式及不同所有者主体得以融合，从而实现了产权主体多元化和分散化。混合所有制经济还实现了生产资料的社会化占有和使用，真正实现了联合起来的生产者的财产实物形态的“共同占有”和价值形态的“个人占有”，既承认主体的利益，又能使资本使用社会化。

第二，混合所有制经济具有很强的所有权兼容力。所有制形式是所有权运行的制度安排，所有权从本质上来说是一种利益载体。在社会主义初级阶段，我们承认非公有制经济存在的合理性，就是承认私有财产权与公有财产权一样具有合法性，那么保护和发展这种所有权对于所有者来说就是保护他们的利益，从而更能调动他们的劳动积极性和主动性。由于混合所有制经济是财产权的联合，因此，在一种更宽广的范围内实现了私有权和公有权的融合，实现了个人利益和共同利益的统一。混合所有制是一种更开放、更具兼容力的所有权运行的制度安排，对于合理配置社会资源具有积极意义。

第三，混合所有制经济与市场经济具有天然的联系。市场经济是交换经济，商品交换是不同利益主体的交换，从本质上看是不同所有权的交换。公有制经济内部，产权结构单一，不可能产生真正的交换，不能产生市场经济的交换关系。混合所有制经济是在公有制经济内部引进非公有制经济，从而构建不同所有权主体、不同交换主体和不同的利益主体，而多元利益主体和众多市场参与者的存在是广泛的市场交易、市场竞争、市场对资源配置发挥决定性作用的前提。

第四，混合所有制经济形成了资本所有者和劳动者利益共同体，充分调动了投资者和劳动者两个方面的积极性。劳动力和生产资料的结合方式，即生产要素的结合方式是划分社会形态的一个重要标准。党的十八届三中全会报告指出，允许员工持股，以“形成资本所有者和劳动者利益共同体”，它对于重新认识社会主义市场经济条件下的劳资关系，具有重要的启示意义。在混合所有制条件下，有助于摆脱劳资关系的对立，形成劳资利益共同体的制度框架和利益关系格局。

3. 混合所有制的意义

混合所有制作为我国所有制改革的基本方向和多种所有制经济共同的实现形式，必然会对我国的经济发展、解决改革过程中的问题产生巨大的推动作用。

第一，混合所有制的发展有利于破解许多长期困扰国企发展的问题，加速国有企业市场化改革进程。一方面，国有资产大量沉淀在实物上，在一定程度上意味着无形损耗，通过交叉持股、共同投资、整体上市等方式，更多的国有企业发展成为混合所有制企业，国有资产也将彻底资本化，可以灵活地兼并、收购、转让、破产，从而具有良好的流动性。另一方面，组建混合所有制企业，也有利于完善公司法人治理结构，使其运行更加有效。混合所有制会使国有企业在内部管理运营时能更好地与市场接轨。

第二，混合所有制的发展有利于各种所有制资本取长补短、相互促进、共同发展。混合所有制经济的发展是实现多种所有制经济共同发展的重要形式，无论对国有企业和民营企业都有重大的意义。国有企业、民营企业各有所长。国有企业资本雄厚、装备先进、人才聚集，拥有较强的技术优势和国际竞争力。民营企业则具有机制灵活、创新意识强等优势。积极发展混合所有制经济，国有经济和民营经济将在更大范围、更广领域形成“你中有我、我中有你”的新局面。这有助于二者在交融中取长补短、发挥更大优势。

第三，混合所有制的发展有利于打破行政垄断。长期以来，在基础设施建设、能源和重要原材料领域，国有企业占据了绝对主导地位，形成了不合理的行政垄断格局。随着混合经济的发展，可以积极引进社会资本参与这些产业的建设发展，这不但有利于非公有制经济进入基础设施、公用事业等更多领域，拓展发展空间，而且有利于依托多元产权架构和市场化的运营机制提高国有经济或公有经济的效益，提高国有企业的竞争力。

第四，混合所有制改革有利于打破资本流通的各种障碍。成功的混合所有制改革将会突破公与非公的所有制界限、中央与地方的层级界限、不同产业的行业界限、国际与国内的界限等，有助于各种性质的资本迸发活力。

4. 混合所有制改革的基本方式

在推进混合所有制改革过程中，由于企业所在行业不同、市场结构不同、每个企业的历史特点不同，不可能在全国形成统一的混合所有制目标模式。因此，混合所有制改革应当立足于企业的实际，灵活选择恰当的改革方式。一般来说，国有企业的混合所有制改革有以下四种方式：

一是股份制改造。国有企业进行股份制改造，主要是允许非公有资本参股，把国有独资企业改造为混合所有制企业。这些非公有资本包括民营资本或外国资本、国内外自然人资本、内部员工持股等。民营企业或外资企业等非公企业可按照自愿、平等、互利的原则，通过多种渠道和方式，参与现有国有企业的改制重组或国有企业新投资的项目。自然人可以在公开上市的二级市场上购买股票，也可以参与企业产业链和价值链的构建，投入资本参与国有改制重组或新投资项目。员工持股形式通常有企业高管持股、业务骨干持股和全员持股。

二是企业上市。通过股票市场来实现，企业可以整体上市，也可以分业务板块上市，根据企业的具体情况而定。

三是产权交易。国有企业产权的出售、国有股权的退出，通过产权市场公开交易，这是一种比较规范、透明、公平的方式。

四是引进战略投资者。战略投资者主要有两类：一类是产业型战略投资者，这类投资者所从事的业务一般与企业生产经营有较密切的关系，也较关注投资企业的生产经营，投入后一般没有退出的打算。另一类是股权投资基金等财务型战略投资者，主要关注资本运作，通常企业上市后便逐步退出。

概念与原理

- 混合所有制经济指不同所有制性质的投资主体共同出资组建成企业的一种经济形式。
- 混合所有制经济的特征是实现了财产主体的多元化、运作社会化，具有所有权兼容力，与市场有天然联系，劳动者和所有者形成共同体。
- 混合所有制改革的意义在于推进国有企业改革、各种所有制取长补短、打破垄断。

专栏 8-2

PPP 模式

所谓 PPP（public-private-partnership）是一种公私合作模式，是公共基础设施的一种项目融资模式。在该模式下，鼓励私营企业与政府进行合作，参与公共基础设施的建设。通过这种合作方式，合作各方可以达到与预期单独行动相比更为有利的结果。按照这个广义概念，PPP 是指政府公共部门在与私人部门合作的过程中，可以在不排除并适当满足私人部门的投资营利目标的同时，为社会更有效率地提供公共产品和服务，使有限的资源发挥更大的作用。

狭义的 PPP 是指政府与私人部门组成特殊目的机构（SPV），引入社会资本，共同设计开发，共同承担风险，全过程合作，期满后再移交给政府的公共服务开发运营方式。这种合作的特点是政府和企业都是全程参与，双方合作的时间更长，信息也更对称。

在 2008 年北京奥运会场馆建设过程中，北京市政府决定对国家体育场“鸟巢”等项目采用 PPP 模式，“鸟巢”成为我国首个采用 PPP 模式建设的大型体育场馆。在“鸟巢”总计近 32 亿元的投资中，由中国中信集团公司等四家企业组成的中信集团联合体出资 42%，北京市国有资产经营有限责任公司代表北京市政府支付剩余的 58%，双方按投资比例组建国家体育场有限公司，负责“鸟巢”的融资、建设、管理等工作。中信联合体拥有赛后 30 年的特许经营权，运营期间自负盈亏。期满后，“鸟巢”经营权由北京市政府收回。

三、发展非公有制经济与人民群众利益的一致性

在 20 世纪 50 年代生产资料私有制改造完成以后，我国建立了生产资料公有制。由于受到苏联模式的影响以及“左”的思想的干扰，纯粹、单一的公有制形式在很大程度

上抑制了生产力发展，人民群众生活水平提高缓慢。改革开放前，我国实行“低工资，多就业”政策，强调多积累，企业利润全部上交，1958—1977年，城镇职工人均实际工资工资水平每年下降1%，城镇人均生活费年增长率为−0.1%，消费品供应严重匮乏。同期农村居民人均纯收入年增长率为1.7%，1977年仅达到117元。从50年代中期生产资料公有制确立直至改革开放前，经过20余年的建设，我国独立自主实现了初步工业化，城乡居民的生活水平有所改善，但总体上仍然处于奋力争取温饱的阶段。按照2010年农村贫困标准，1978年末我国农村贫困人口有7.7亿人，农村贫困发生率高达97.5%。在公有制基础上通过计划经济实现快速工业化的根本意义在于使人民群众摆脱贫困，这也是共产党人追求人民幸福的初衷。但是，由于缺乏社会主义经济建设的经验，在公有制基础上形成了高度集中的命令型经济，严重抑制了人民大众的积极性和创造性，致使效率持续降低，既不能实现追赶发达国家的目标，也无法实现人民群众生活水平的根本改善。

改革开放以后，我国非公有制经济得到快速发展，各类生产要素计划配置所造成的扭曲逐步得到了纠正，生产资料被有效动员起来，人民生活水平、工业化和城市化水平、综合国力都得到快速提高。我国非公有制经济的发展在极大程度上推动了生产力的发展，提高了城乡居民的收入水平和生活质量，和人民群众利益是一致的。这种一致性主要体现在多个方面。

首先，我国除外资经济以外的非公有制经济内生于民，企业主来自人民，企业服务于社会主义建设，非公有制经济的发展就意味着人民群众整体利益的改善。从国家性质看，我国非公有制经济与资本主义私有制具有本质的不同。我国是社会主义国家，庞大的个体工商业者、私营企业主等非公有制企业主并不是处于人民群众对立面的剥削者，他们往往是带动共同富裕的先行者。党的十六大提出“两个毫不动摇”，明确个体户、私营企业主等社会阶层都是中国特色社会主义事业的建设者。2018年习近平同志在参加民营企业座谈会时进一步强调“民营企业和民营企业家是我们自己人”。因此，从国家和制度性质来看，非公有制经济并不是社会主义经济建设的异己力量，而是推动社会进步、改善人民群众生活质量的重要动力。

其次，非公有制经济发展促进了社会生产力整体水平的提高，为共享发展提供了充实的物质条件。历史证明，改革开放催生了民营经济，为我国生产力发展持续注入发展活力。改革开放前，我国的经济成分基本上是单一的公有制经济。1978年，在全部工业总产值中，我国国有企业占77.6%，集体企业占22.4%。党的十一届三中全会以后，我党逐渐打破所有制问题上的传统观念束缚，为非公有制经济发展打开了大门。到2018年底，我国私营企业数量增长到3 143.26万家，个体工商户数量达到7 328.58万户；私营企业注册资本总额增长到233.5万亿元，个体工商户资金总额达到6.47万亿元；民间投资占全国固定资产投资比重连续5年超过60%。经过多年发展，民营经济在我国整体经济结构中具有举足轻重的地位，贡献了60%以上的国内生产总值、70%以上的技术创新成果。在世界500强企业中，我国上榜的民营企业从2010年的1家升至2018年的28家。民营企业已经成为我国经济社会发展的重要推动力量。非公有制经济的快速发展使“经济蛋糕”迅速做大，不仅解决了温饱问题，而且和公有制经济一起培育了将近4亿人的中等收入阶层。

再次，民营经济促进了就业与人民收入的持续增长，实现了“人人参与、人人尽力、人人享有”，与共享发展理念基本要求相一致。改革开放之初，民营经济为解决千万返城知青和城市青年的就业问题做出了自己的贡献。依靠民营经济的发展大量接纳农村劳动力，使农村剩余劳动力得到转移，大大加快了我国城市化、工业化的步伐。我国非公有制经济贡献了80%以上的城镇劳动就业以及90%以上的新增就业。在面临结构性调整和新冠疫情双重冲击的情况下，“稳就业、稳金融、稳外贸、稳外资、稳投资、稳预期”是我国需要解决的紧迫问题，其中“稳就业”是“六稳”之首，没有非公有制经济的持续、稳定的发展，就无法实现就业稳定，人民群众劳动权利就无法得到保障。

最后，非公有制经济的发展通过税收增加了政府财政收入，通过捐献等方式承担了更多的社会责任，与共享发展的“发展成果全民共享”理念相一致。非公有制经济贡献了全国50%以上的税收，极大程度上支援了国家各项建设。非公有制经济壮大以后，承担了越来越大的社会责任。全国工商联数据显示，截至2018年底，在全国“万企帮万村”精准扶贫行动中，有7.64万家民营企业进入8.51万个村进行帮扶。该行动产业投入达到712.46亿元，公益投入达127.74亿元，安置就业67.97万人，技能培训84.6万人，共带动和惠及973.04万建档立卡贫困人口。

公有制与非公有制经济长期并存、共同发展是符合人民群众利益的。公有制与非公有制经济在社会主义经济实践中是不可分割、相互融合的。在强调公有制经济的主体地位和国有经济的主导作用的同时，并不能把非公有制置于公有制的对立面，甚至因非公有制经济存在各种问题而简单否定它。非公有制经济同样也是社会主义市场经济的重要基础和组成部分，公有制经济与非公有制经济的发展是相互补充、相得益彰的，共同促进了人民群众利益的保障和社会主义制度的完善。

概念与原理

- 我国除外资经济以外的非公有制经济内生于民，非公有制经济的发展就意味着人民群众整体利益的改善，促进了社会生产力整体水平的提高，为共享发展提供了充实的物质条件，促进了就业与人民收入的持续增长，与共享发展理念基本要求相一致。非公有制经济的发展增加了政府财政收入，通过捐献等方式承担了更多的社会责任。

四、坚持以人民群众利益为价值导向发展非公有制经济

在生产力得到了充分发展以后，我国社会的主要矛盾发生了转化，人民群众对美好生活的追求开始取代满足基本生活的目标，这时候非公有制本身的一些不足和局限性就变得日益突出，如片面的利润导向导致违法经营、产品质量低下、超长的劳动时间、恶劣的工作条件、增长缓慢的工资水平、忽视环境生态保护等。这些一直是发展非公有制经济必须要解决的问题，但是在增长意识强烈、GDP压倒一切的情况下，这些问题被掩

盖起来。当我国经济发展到一个新阶段以后，发展非公有制经济带来的问题与社会追求内含型发展、人民追求美好生活的目标相冲突时，更多的人重新反思非公有制经济的发展问题，争论开始变得激烈起来。在此背景下，一股否定非公有制经济的发展，甚至“彻底消灭私有制”的思潮应运而生。在新的历史条件下，如何排除错误思想的干扰以发展非公有制经济，切实保障人民群众利益，是我们必须解决的问题。

1. 坚决排除全盘否定非公有制经济的各类错误思想的干扰

错误的思想会产生思想上的混乱和实践中的动摇，发展非公有制经济的前提是从理论上正本清源，对各种错误思潮和理论观点加以批判和分析。“消灭私有制”的理论虽然与我国宪法确定的“两个毫不动摇”的原则有冲突，但是，该理论在我国仍然有较大的市场。首先是因为“左”倾思想长期以来根深蒂固。在改革开放前，我国社会主义经济建设长期受到“左”的思想影响，许多人对非公有制经济仍然持有深刻的政治偏见。当有些人夸大非公有制经济的负面效应，将公有制的主体地位继续往前推进一步时，消灭私有制作为未来社会经济发展的一个可选项慢慢就成为可接受的了。其次，我国现实存在的各种形式否定非公有制经济的理论都是以经典文献为注脚，强调的是公有制的主体地位（虽然是片面强调），打着“坚持社会主义道路”“反对新自由主义”的“政治正确”旗号，从而使他们显得“更加革命”“更加正确”，以极具迷惑性的面目出现在课堂、学术会议、论坛、大众媒体、理论刊物等各种场合。

由于否定和“消灭私有制”的理论观点与我们党反复强调“两个毫不动摇”的原则是有冲突的，而且与非公有制经济对国家发展和人民生活水平提高做出过巨大贡献这一常识性事实相违背，所以这种理论观点并不会选择与“毫不动摇鼓励、支持、引导非公有制经济发展”的政策进行对抗，而是采取迂回的形式来隐晦地表达否定或消灭非公有制经济的观点。一种迂回形式的表达是片面强调“毫不动摇巩固和发展公有制经济”，通过发展公有制经济来实现对社会经济生活各个领域、各个行业的全面控制，以消除发展非公有制经济所带来的负面效应。另一种迂回形式则是为“消灭私有制”披上了“未来”的外衣，故意混淆理论与现实，将“未来”解释为可以预期的将来，把未来“消灭私有制”的目标与现实的“消灭私有制”过程混同起来。这种表达形式往往以“经典理论”为依据，教条主义地对待马克思、恩格斯的所有制理论，割裂了理论与现实的关系。否定和消灭私有制的理论观点无论以何种形式出现，都会造成一定程度上的思想混乱，干扰社会主义基本经济制度的实施，动摇民营经济持续投资的信心。这种忽视生产力发展和人民群众利益而片面追求“消灭私有制”的做法不符合社会历史客观发展的趋势，也遮蔽了马克思主义经典作家的原义。

2. 坚持以人民群众利益作为推动非公有制经济发展的基本价值标准

根据历史唯物主义，人的全面发展的前提是提高生产力并创造出更多社会财富。在社会发展的历史进程中，人是发展的目的，而不是创造和积累财富的手段。在资本主义私有制条件下，人的发展与物质生产力的提高往往是有矛盾的，这通常表现在对物质利益的追求造成人的片面的、畸形的发展，不仅人的劳动异化，而且人的本质异化，人与其他人的关系也出现异化。资本主义私有制发展的结果是人自身的发展受到压制，从根本上说这是与经济发展的目的相违背的。这正是马克思否定资本主义私有制的理由。在资本主义社会，由个人组成的社会是“虚幻的共同体”，只是统治阶级“自由个性”的发展，劳动者阶级的个人发展则受到私有制枷锁的限制。社会主义制度强调人的主体性，把人看作一切事物的前提、最终本质和根据。实现科学发展就要树立以人为本的思想观念，摒弃传统的把人作为工具和手段的价值取向，不能以“姓资姓社”之争代替人民群众利益的现实保障。

非公有制经济的发展和改革是一个动态的过程，再生产过程中的各种关系需要随着经济和社会发展阶段的变化而进行调整。对于任何所有制成分而言，都存在多种实现形式，在运行过程中都可能产生这样或那样的问题，表现出一定的不适应性。对于非公有制经济而言，改革的标准在于能够促进生产力的发展，能够实现和保障人民群众利益。

生产力标准和人民群众利益标准是对立统一的，只有生产力得到发展，劳动者才能摆脱贫困，实现人的个性的自由发展和充分解放。所有制改革实质是利益关系的调整。改革开放初期，非公有制经济的发展具有帕累托改进的性质，几乎所有人都能从民营经济的发展中获益而没有人受损，所以大力发展非公有制经济的措施得到了人民群众的拥护，改革的争议相对较少。在新的历史条件下，继续深化所有制改革就涉及对现有利益结构的重新调整，于是就存在到底是“国进民退”，还是“国退民进”的争议。这种争议完全无视所有制改革的真正目的，即保障人民群众利益和促进生产力发展，其实质是把维持“国有经济”或“民营经济”本身作为目的，是“姓资姓社”之争新的表现形式，发展社会生产力、保障人民群众利益的真正目的反而被忽略了。

3. 以人民群众利益为价值导向引导和规范非公有制经济

非公有制经济虽然在社会主义市场经济体制中具有举足轻重的地位，但是，非公有制经济仍然存在许多问题需要加以规范和引导，使其实现形式更有利于保护人民群众和劳动者的利益。从当前非公有制经济来看，有一些私营企业存在着唯利是图、破坏市场秩序、超长劳动时间、超高劳动强度、收入分化严重、缺乏社会责任等问题。这些问题的存在完全违背了我们发展非公有制经济的初衷，不仅对生产力发展是不利的，也严重损害了人民群众的利益。这些问题在非公有制经济中越突出，就会越背离人的发展的目的，劳动“异化”的特征就越明显。不可否认，非公有制经济的发展植根于“经济人”假定，脱胎于旧的私有制形式，仍然带有资本主义私有制的基因，但是这并不构成我们全盘否定非公有制经济、“消灭私有制”的理由，恰恰说明了对非公有制经济进行引导和规范的必要性。

在社会主义条件下，非公有制经济需要在保障人民群众利益的价值原则指导下逐步调整，以适应生产力发展的要求。非公有制经济促进了经济发展和国民经济整体实力的提升，推动了就业和人民收入的增长，增加了财政收入，从其发展的实际效果来看，与共享发展理念具有理论与实践的逻辑共性。社会主义制度消除了阶级对立，使非公有制经济形成资本所有者与劳动者利益共同体，建立共享型企业制度成为可能。

以人民群众利益为导向，促进共享发展，需要在以下三个方面推动非公有制经济的改革：

一是完善非公有制经济财富和盈余的分配制度。分配制度的调整可以分为三个层次：在初次分配领域，通过提高劳动者报酬占比，完善按要素分配体制的制度安排；在再分配领域，完善税收和转移支付制度，以“先富”带动“后富”，实现共同富裕的目标；在第三次分配领域，完善企业捐赠制度，鼓励企业承担更多的社会责任，尤其是鼓励企业给予特殊困难群众更多的帮助。

二是完善非公有制劳动用工制度，切实保障劳动者的合法权益。在劳动力市场存在劳资双方的竞争，劳动力总是处于弱势的一方，政府需要通过适当的法律规范和引导企业关注人的全面发展。

三是鼓励非公有制经济通过多元化的产权安排形成有利于保障劳动者利益的私有制形式。马克思认为，在私有制与社会的、集体的所有制之间存在多种所有制形式，“私有制的性质，却依这些私人是劳动者还是非劳动者而有所不同。私有制在最初看来所表现出的无数色层，只不过反映了这两极间的各种中间状态。”① 多种私有制的实现形式，使资本与劳动之间的包容性发展成为可能。为保障人民群众利益，实现共享发展，有条件的民营企业可以通过劳动力资本化建立劳动者股份的个人所有制，形成和完善民营企业发展的利益激励机制，以“重建个人所有制”的形式对资本私有制形成积极扬弃。

概念与原理

- 坚持人民利益的价值导向，需要排除全盘否定非公有制经济的各类错误思想的干扰，坚持以人民群众利益作为推动非公有制经济发展的基本价值标准，引导和规范非公有制经济。

复习思考题

1. 简要说明坚持以公有制为主体、多种所有制经济共同发展的必然性和意义。
2. 如何认识国有经济的主导地位和作用？
3. 怎样认识社会主义公有制的实现形式？
4. 如何认识非公有制经济与人民群众利益的一致性？
5. 说明如何规范和引导非公有制经济的发展。

---

① 马克思，恩格斯. 马克思恩格斯选集：第 2 卷. 3 版. 北京：人民出版社，2012：297－298.

第9章

中国社会主义市场经济的运行

建立和完善社会主义市场经济体制，是一个长期发展的过程，是一项艰巨复杂的社会系统工程，它涉及经济基础和上层建筑的许多领域，需要有一系列的体制改革和政策调节相配合。社会主义市场经济体制的基本框架包括几个相互联系的重要环节：（1）必须坚持以公有制为主体、多种所有制经济共同发展的社会主义基本经济制度，进一步转换国有企业的经营机制，建立适应市场经济要求，产权清晰、权责明确、政企分开、管理科学的现代企业制度；（2）建立和培育全国统一开放的市场体系，实现城乡市场紧密结合，国内市场与国际市场相互衔接，充分发挥市场机制的调节作用，促进资源的优化配置；（3）转变政府管理经济的职能，建立以间接手段为主的、完善的宏观调控体系，保证国民经济的健康运行；（4）建立以按劳分配为主体、多种分配方式并存的个人收入分配制度，既体现效率，又注重公平，鼓励一部分地区和一部分人通过劳动先富起来，走共同富裕的道路；（5）建立多层次的社会保障制度，完善社会保险、社会救济、社会福利、优抚安置、社会互助、个人储蓄等多层次的社会保障体系。以上环节是相互联系和相互制约的有机整体，构成社会主义市场经济体制运行的基本框架。它们包括了生产、交换、分配、消费和宏观调控等社会再生产的各个环节和各个方面。

第1节　社会主义市场经济中的企业与现代企业制度

一、企业是社会主义市场经济的微观基础

企业是以独立产权为基础，通过从事生产、流通和其他服务性经济活动，追求利润

最大化的独立经济组织。企业是商品生产和商品流通活动的直接承担者，是市场体系中最重要的经济主体，构成市场经济运行的微观基础。企业既是生产力的载体，又是生产关系的体现。

市场经济中的企业主要有以下特征：(1) 企业的首要功能是组织生产。企业作为商品和服务的提供者，是企业区别于其他社会组织和消费者的主要标志。(2) 企业是一种内部存在分工与合作的经济组织。这种通过内部组织形成的集体生产比通过市场进行的合作生产具有更高效率。(3) 企业是一种科层结构。企业内部的交易和资源配置是通过行政命令来完成的。(4) 企业是自主经营、自负盈亏的独立经济实体。在市场经济条件下，企业作为商品生产经营者要参与市场竞争，做出适当的生产经营决策，并承担其决策的后果。

在社会主义市场经济体制下，各种所有制类型的企业并存，共同构成社会主义市场经济的微观基础。国民经济发展速度和社会效益的提高，在很大程度上取决于各类企业活力发挥的程度。因此，在市场经济条件下，企业具有重要的地位。

第一，企业是国民经济的基本单位，是市场经济的主体。企业在国民经济中是组织生产经营活动，向社会提供产品或服务的基本经济单位。企业在其生产经营活动中，通过合理地组织生产，充分利用生产要素，在为社会提供商品和服务的基础上实现企业利润。企业在组织生产、获取利润的过程中，其经营活动离不开市场，从市场购买生产要素，在市场上实现商品价值，其一切经营行为都应当服从于企业追逐利润的目标。企业为了获得最大限度的利润，就必须改善经营管理，改进技术，提高劳动生产率；企业也必须根据市场供求关系和市场价格的变化及时调整投资方向，实现资源的有效配置。

第二，企业是实现宏观社会资源有效配置的主体。企业会关注其微观资源配置和经济利润的实现，其生产能力具有无限增长的趋势。然而，这种增长趋势受到来自资源供给的限制。社会经济发展过程中资源、能源、环境等要素的供给并不是无限的，微观上资源的有效配置成为宏观经济效率的必然前提。在市场经济条件下，企业的目标是利润最大化，当市场上某种商品供不应求、价格上涨时，社会资源就会被利润所吸引；当一个行业的供给严重过剩时，产品价格下跌，生产要素就会转移到其他行业，避免过多无效的资源消耗。

第三，企业是实现科技进步的主体。国民经济的发展必须依靠科学技术的进步，但一国的科学技术水平和生产力水平并不能完全等同。科学技术要转化为现实的生产力，还必须通过企业把科技成果运用于生产过程。只有把科技成果转化为现实的产品和服务，才能体现出科学技术对经济发展的推动作用。企业在推动科技进步中有十分重要的作用：一是企业是市场经济的主体，能够根据市场需求灵活做出调整，及时研发替代性产品，或者对旧的产品进行技术改造和升级；二是企业技术研发会更关注技术将来可能取得的经济效益，避免研发资源的浪费。政府可以支持企业的技术研发，但对于一般的应用性技术开发来说，政府不能代替企业来决策。

第四，企业承担了为国家积累建设资金、实现社会就业的社会功能。一国的经济发展取决于各级政府的财政收入，企业上缴的税收是财政收入最重要的来源。财政收入是国家提供公共产品、实现社会公平、保障民生的重要物质基础。没有健康发展的微观主体，就会动摇国家的税收基础。我国劳动力也主要在企业里就业，企业发展的好坏关系到社会总体的就业率和劳动力的工资水平。当经济危机来临时，企业破产倒闭不仅会给资本所有者带来直接损失，也会影响到社会的总体就业水平。在社会主义条件下，国有企业是国民经济的主导力量，对整个国民经济沿着社会主义方向发展起着主导作用。

概念与原理

- 企业是以独立产权为基础，通过从事生产、流通和其他服务性经济活动，追求利润最大化的独立经济组织。企业作为市场经济的微观主体，是国民经济的基本单位，是实现宏观社会资源有效配置和科技进步的主体，承担了为国家积累建设资金、实现社会就业的多种社会功能。

讨论

请查阅资料说明我国的钢铁、水泥等行业的产能过剩情况，从企业的角度分析产能过剩的原因和后果。

二、企业制度及其演变

企业制度是以产权为基础和核心的企业组织和管理制度，它随着企业发展而发展。企业制度在演变和发展过程中逐渐形成了三种基本类型，即业主制企业、合伙制企业和公司制企业。这种划分的标准是企业财产的组织形式和企业承担的法律责任。

业主制企业是由业主个人出资举办、出资人直接经营的自然人企业。这是早期资本主义最为重要的企业组织形式。在这种企业制度下，出资者的财产和企业经营的财产是重合的，企业的治理结构也最为简单。由于企业规模小、结构简单，也没有内部复杂的治理机构，一般由企业主直接经营。如果债务不能及时清偿，业主就必须以家庭的全部财产来承担完全的无限责任。

合伙制企业是由两个或两个以上的出资人共同出资举办、共同经营、共同控制的企业。一般来说，由于合伙制企业的经济行为的法律责任要由合伙人来各自承担，因此，合伙制企业在我国仍然是个自然人企业。合伙制企业的特点决定了它主要适合于生产规模小、经营管理不太复杂的商业零售、服务业等行业。

公司制企业是依法设立的由若干法人或自然人共同出资组成的自主经营、自负盈亏的从事生产经营或服务性活动的营利性经济组织。公司制企业适应了商品经济的发展，能够满足社会化大生产的要求，因此逐渐成为现代市场经济中占据支配地位的企业制度。

19 世纪末 20 世纪初，公司制企业作为加速资本集中和垄断形成的有力杠杆，得到了快速发展，企业制度进入了现代企业制度阶段。现代企业制度的产生是一系列因素共同作用的结果：（1）生产力和生产关系的矛盾是企业制度演进的基本因素。不同时期的生产关系都和当时的生产力发展具有某种程度的适应性。发展生产力的要求推动着企业制度从古典企业制度向现代企业制度演进。现代企业制度适应了现代化社会大生产的要求，使企业规模扩大，突破了古典企业制度对生产力的限制。(2) 利润最大化是企业制度演进的基础动力。企业存在的根本目的是获利，现代企业制度之所以能够出现是因为它能够使资本所有者的利润提高。(3) 社会分工的不断深化和生产的日益社会化是企业制度演进的社会环境。社会分工的广度和深度提高使生产日益社会化，任何大规模的商品生产和服务活动只有把相对独立的社会分工联系起来，实行生产经营一体化才能进行。社会分工使经营管理劳动从一般的生产劳动中独立出来，并可以像资本一样分享公司利润，为所有权和经营权分离的现代企业制度准备了前提。(4) 信用制度是推动现代企业制度发展的不可缺少的因素。现代企业制度的形成是和银行、证券交易所、保险公司等金融机构的发育和成熟联系在一起的。发达的信用体系解决了资本不足与企业规模扩大的矛盾，使资本所有权与经营权分离。

概念与原理

- 企业制度经历了从业主制到合伙制再到公司制的演进。公司制企业作为现代企业制度，是生产力和生产关系的矛盾发展的结果，利润最大化是企业制度演进的动力，社会分工的深化和生产的社会化是企业制度演进的社会环境，信用制度则推动了现代企业制度的发展。

三、现代企业制度的特征

1. 现代企业制度的含义

现代企业制度就是建立在现代生产技术条件下的一种以股份制公司为主要形式，以企业法人制度为基础，以有限责任为特征的企业制度。现代企业制度的典型形式是股份制公司，是相对于单个业主制的古典企业而言的公司制企业。股份制公司的出现标志着现代企业制度的产生。股份制公司主要包括股份有限公司和有限责任公司。

股份制公司作为生产社会化、资本社会化和管理社会化的产物，是随着资本主义生产方式的发展在其内部形成的一种否定因素。一方面，它是对资本主义私有制的扬弃；另一方面，它又为向社会主义公有制过渡创造了条件。在现代资本主义经济中，股份制公司仍然是建立在私有制基础上的，因为投资者或股东的主体仍然是私人资本家。股份制公司扬弃了私人所有制的内容，所有权与经营权分离，企业产权组织形式发生了变化。现代企业制度适应了现代市场经济和社会化生产的要求，具有一般的意义。

概念与原理

- 现代企业制度就是建立在现代生产技术条件下的一种以股份制公司为主要形式，以企业法人制度为基础，以有限责任为特征的企业制度。

2. 现代企业制度的基本特征

（1）产权清晰。

产权清晰就是以法律的形式界定企业的出资者与企业之间的产权关系。在现代企业制度中，产权关系表现为出资者享有的财产所有权与企业的法人财产权相分离。这种终极所有权仅表现为企业财产的所有权证书，这种证书是财产的所有权凭证，也是财产收益剩余索取权的凭证。此外，出资人投入企业的现实资本独立为企业所有的法人财产，企业对投资所形成的财产享有占有、支配、收益、处分等权利。产权清晰是公有制企业适应市场经济，实现自主经营、自负盈亏、自我发展、自我积累的基本前提。

就我国民营企业而言，所有权结构相对简单，终极所有权人较为明确。但我国建立现代企业制度的难点是公有制企业。公有制企业实现产权清晰的主要途径有：一是国有产权由多个行政主管部门行使转变为由统一的国有产权代表机构行使。二是通过资本市场，创造产权明晰的投资方式。国有企业可以通过资本市场吸引社会资金，改变国有企业单一的所有制结构。三是建立和完善企业法人财产制度，使企业的财产权得到维护。四是通过构建经理人才市场，通过经理人员的聘用实现公有资本的所有权与经营权的分离。

（2）权责明确。

权责明确是以法律形式确立出资人和企业法人对企业财产各自所拥有的权利、承担的责任和义务。企业法人作为独立的法人实体，享有自主的经营决策权，可以不受任何权力的非法干预，并通过合法经营实现对出资者资产保值、增值的责任。出资者可以按照其出资额享有所有者权益，包括资产收益权、股份转让权、剩余财产分配权、经营管理者选择权等。当企业经营不善时，出资人以其投资额对企业债务承担有限责任。权责明确要求建立完善的法人治理结构，明确股东大会、董事会、监事会和经理层的职责，使之各负其责、协调运转、有效制衡。

（3）政企分开。

政企分开指的是政府的经济、行政、社会管理职能与企业的经营管理职能分开。政企分开是企业生产经营活动摆脱政府行政干预，建立现代企业制度的关键。对于公有制企业而言，实现政企分开，需要政府机构改革与企业改革配套进行。一是要割断政府对公有制企业进行行政性干预的条件。这需要把政府的宏观经济调控机构、市场秩序管理机构同公有资本所有权、出资者机构分离开来，只允许公有资本出资者机构与所投资的企业发生垂直的所有权与经营权的关系，而不允许其他政府部门对企业的经营管理发号施令。二是国有企业应当树立自主经营和市场竞争的意识，善于依法维护企业法人的经济权益，在市场竞争中增强自身优势。政企分开是公有制与市场经济的有效结合形式。政企分开既要防止企业缺少所有者监督，国有资产流失，又要防止出资者机构对企业经营管理产生新形式的干预。

（4）管理科学。

管理科学是在形成企业法人财产制度和法人治理结构的条件下，企业提升自己的竞争优势，成为市场竞争主体的中心环节。管理科学首先是形成有效的法人治理结构，使企业的权力机构、决策和执行机构、监督机构职责明确，相互制约。法人治理结构是确立企业投资者、经营者和劳动者各方面权责关系的一种组织结构，一般由股东大会、董事会、经理层、监事会构成。股东大会是股份制公司的最高权力机构，投资者或股东通过股东大会行使相应的权利。董事会由股东大会选举产生，受股东大会委托，负责处理公司重大经营管理事宜并监督实施。经理层的总经理或主要成员由董事会聘任，执行董事会的决议，负责组织企业日常生产经营管理。监事会由股东代表和职工代表组成，他们对董事会和经理的工作情况进行监督。其次，管理科学要求企业在工艺流程、市场营销、劳动用工、财务等方面形成科学的管理制度，建立激励与约束相结合的经营机制。

国有企业建立科学的管理制度应强调经济民主。在社会主义公有制企业中，不应将工人只看成是雇佣劳动者。新兴的社会主义企业应致力于摆脱劳动力作为商品依附于资本的命运，消除企业内部管理上的人为压迫和收入分配上的巨大差异，将企业管理从精英管理转化为民主管理。因为：

第一，经济民主是政治民主的基础。社会主义民主政治是无产阶级掌握国家政权、管理国家的政治制度。要保障工人阶级的统治地位，则必须保证公有制经济占主体地位，同时要保证劳动者民主管理公有生产资料的权利。

第二，经济民主有助于防止领导层决策错误和腐败。自上而下的监督体系很难摆脱“谁来监督监督者”的困境，极易滋生权钱交易的腐败现象。只有依靠企业劳动者和社会公众的力量，才能防止企业出现内部人控制问题。

第三，经济民主有助于发挥工人的劳动积极性。在社会主义公有制企业中，实行经济民主意味着劳动者有权支配自己的劳动，劳动过程意味着自我价值的实现，更有利于激发联合劳动的潜力，提高分工协作效率。在国有企业内部，职工董事、职工监事应由职工自己委派，并通过股东大会进入公司领导机构，有助于职工参与企业管理和监督，同时也有利于职工维护自身合法权益。

概念与原理

- 现代企业制度的特征是产权清晰、权责明确、政企分开、管理科学。

四、建立现代企业制度是国有企业改革的方向

1. 国有企业建立现代企业制度具有必要性

1993 年党的十四届三中全会通过的《中共中央关于建立社会主义市场经济体制若干问题的决定》指出：“建立现代企业制度，是发展社会化大生产和市场经济的必然要求，是我国国有企业改革的方向。”国有大中型企业是我国增加有效供给的重要部分，是解决我国经济结构矛盾的核心力量，也是社会主义生产关系的重要载体。国有企业的重要地位决定了国有企业的改革方式，既不能简单地实行“民营化”，一卖了之，也不能维持传统的国有国营方式，传统的经营管理体制严重阻碍了生产力的发展。国有企业建立现代

企业制度的必然性在于现代企业制度的建立使国有企业真正成为自主经营、自负盈亏、自我发展、自我约束的法人实体和市场竞争主体。市场经济体系建立的微观基础是自主经营的企业制度。我国传统的国有企业制度政企不分，负盈不负亏，不符合市场经济的要求。没有国有企业现代企业制度的建立，就不可能建立起市场经济体制。现代企业制度是国家实行间接的宏观调控的必然要求。在市场经济体制中，政府的宏观调控主要是通过价格、利率、汇率等市场信号来进行的，只有使国有企业成为一个真正自负盈亏的企业，才能对这些信号有较为灵敏的反应，从而使宏观调控发挥作用。

概念与原理

- 国有企业建立现代企业制度具有必然性，它可以塑造市场经济的微观基础，也有助于国家实施有效的宏观调控。

2. 深化改革，建立现代企业制度

国有企业建立现代企业制度需要按照现代企业制度的要求对传统国有企业进行改革。

（1）改革企业产权制度。产权制度改革是国有企业建立现代企业制度的关键。企业产权制度改革首先是要处理好国家所有权和企业法人财产权的关系。国家是国有企业财产所有权的唯一主体，拥有对企业财产的最终支配权，但政府不得直接经营或支配企业法人财产。企业拥有独立的法人财产权，并以其来承担民事责任。其次是要建立经营者的所有权约束机制。两权分离后，国有资产的所有者利益实现取决于企业的经营状况，因此必须有成熟的机制保证有经营才能的人处于企业管理岗位上，并且使所有权人能够对经营者的决策行为进行监督和制约。最后是建立完善的产权市场。国有企业进入产权市场可以使一定量的国有资产吸收和组织更多的社会资本，放大国有资产的产权功能，提高其控制力和影响力。

（2）改革企业组织制度。一是要改革政府管理职能和管理体制，实现政企分开。政府作为国有资产的所有者，可以建立一套科学有效的国有资产管理制度。政府作为社会管理者，可以制定各种必要的规章制度，培育和促进市场体系的发展，形成完善的市场规则和市场秩序。作为宏观经济的调控者，政府可以合理确定经济发展的战略目标，引导和协调整个社会经济的发展。二是要建立有效的法人治理结构，处理好党委会、职代会、工会与股东会、董事会、监事会和经理层的关系。

（3）建立国有资产管理新体制。从宏观上建立和完善国有资产管理新体制，保护国有企业资产是完善现代企业制度的主要措施。从目前国有资产管理的实践来看，管理庞大的国有资产是一项非常专业、复杂和繁重的工作，其中涉及了企业主业的规定、企业运营跟踪、财务评价、业绩考核、企业负责人的分配、工资总额的限定、领导任免等一系列工作。

国有资产管理的内容有三种，分别是所有者治理、政府监管与针对国有资本的监督与管理。所有者治理是出资人或股东从公司治理结构角度出发对公司的治理。政府监管是政府作为社会管理者，在市场主体平等竞争基础上进行的监管，它对民营经济、国有经济的监管一视同仁，这种监管是基于政府的经济调控职责而产生的。国有资本监督管理则跳出了单个股东出资人对其所属子公司的监管范畴，依托国家所有者身份对国有资本的战略规划布局、国资预算、人事委派等全局性问题进行统一管理，最终实现国有资本的保值增值和惠及于民。

国有资产管理体制应该分为两个层次：第一层次是指行使国有资产统一监管职能的国资委；第二层次是指履行直接出资人权利的国有资本运营公司。在这一国有资产监管架构下，国资委未来在国资体系中被定位为以终极出资人身份成为经营性国有资产的统一监管者，主要负责监管国家出资企业；国有资本运营公司被定位为直接出资人，负责国有资本运营，实现保值增值。

概念与原理

- 国有企业建立现代企业制度需要按照现代企业制度的要求对传统国有企业进行改革，包括改革企业产权制度、改革企业组织制度、建立国有资产管理新体制。

3. 深化国企改革的任务和要求

党的十九大对深化国企改革提出了明确任务和更高的要求。党的十九大报告强调，“要完善各类国有资产管理体制，改革国有资本授权经营体制，加快国有经济布局优化、结构调整、战略性重组，促进国有资产保值增值，推动国有资本做强做优做大，有效防止国有资产流失。深化国有企业改革，发展混合所有制经济，培育具有全球竞争力的世界一流企业。”中国特色社会主义新时代要拓展深化国有企业改革的新举措。

（1）推进国有企业混合所有制改革。混合所有制改革是国企改革的一个重要途径，可以促进国企转换经营机制，放大国有资本功能，提高国有资本配置和运行效率，同时使参与混合所有制的各种所有制资本都能实现各自的最大价值。积极推进主业处于充分竞争行业和领域的商业类国有企业混合所有制改革，鼓励包括民营企业在内的非国有资本投资主体通过多种方式参与国企改制重组，也鼓励国有资本以多种方式入股非国有企业，建立健全混合所有制企业治理机制。大力推动国有企业改制上市，根据不同企业功能定位，逐步调整国有股权比例。

专栏 9-1

徐工集团的混合所有制改革

在英国 KHL 集团发布的“2020 年全球工程机械制造商 50 强排行榜”中，徐州工程机械集团有限公司（以下简称“徐工集团”）居于中国工程机械行业排名首位，由 2019 年的全球第六位升至第四位。2020 年该集团公司迎来其自 1989 年成立以来的又一次重大转折，与 3 家国有控股企业成功签订总额为 54 亿元的股权转让协议，成为 2020 年中国装备制造业混合所有制改革（以下简称“混改”）的第一大单。

徐工集团混改通过股权转让引入的 3 家企业均是国有企业，通过增资引入的 12 家战略投资者有国有企业，也有民营企业。从双向选择的角度看，作为战略投资者之一的上海国盛（集团）是上海多家市属国企及上市公司的重要股东，比如其是上市公司海通证券第一大股东，是隧道股份、上海建工、东方国际集团、上海临港集团等公司的第二大股东。国盛资本通过基金合作、直接投资与数十家企业集团、金融机构形成战略合作关系，其中有不少企业与徐工集团存在产业上下游和纵横向的合作关系。

徐工集团混改也选择了员工持股。混改后，在激励机制方面，将逐步实施骨干员工持股和股权激励计划，实施利润分享计划、职业经理人市场化薪酬机制，实现技术人员和管理层的薪酬和贡献挂钩，多贡献多收益。这些决策都是为了能够保证混改之后相互制衡，决策更加市场化。

在推动混改的过程中，“混”是形式，“改”才是实质。公司要想成为世界一流企业，这个改革不可或缺。未来徐工集团要以提高经营效率和效益为目标，进一步转换经营机制，健全激励约束机制，不断激发企业内生活力和动力。混改后，该企业在机制上将有重大改变，例如在管理层面，新的管理层将通过市场化重新选聘；在决策层面，国有和市场化的战略投资者在未来的董事会席位中各占三席。

2020 年之后的未来 3 年，混改已经进入深耕期。在深耕期，不仅需要确立战略投资者和员工持股比例等事宜，更重要的一点是改机制，在观念和机制上寻求深刻变革。

（2）加快国有企业战略性重组。围绕服务国家战略，推动国有经济向关系国家安全、国民经济命脉和国计民生的重要行业和关键领域、重点基础设施集中，优化国有经济布局，有效发挥国有经济整体功能作用。支持国有资本创新发展前瞻性战略产业，加快处置低效无效资产，淘汰落后产能，剥离办社会职能，解决历史遗留问题，提高国有资本配置效率。聚焦发展实体经济，突出主业、做强主业，提高国有企业的核心竞争力，增强国有经济的活力和控制力。

（3）做强做优做大国有企业，培育具有全球竞争力的世界一流企业。支持国有企业深入开展国际化经营，不断加大开放合作力度，在“一带一路”建设中推动优势产业“走出去”，带动中国装备制造、技术、标准和服务走向世界。充分利用国际国内两个市场、两种资源，培育一批国际化经营人才，形成一批在国际资源配置中占主导地位的领军企业。大力实施创新驱动发展战略，鼓励国有企业以市场为导向持续加大研发投入，突破和掌握一批关键核心技术，培育一批高附加值的尖端产品，打造一批国际知名的高端品牌，形成一批引领全球行业技术发展的领军企业。加快推进产业升级，在一些优势行业和领域，向价值链高端迈进，努力在国际市场竞争中占据有利地位，形成一批在全球产业发展中具有话语权和影响力的领军企业。

4. 国有企业深化改革中的问题

国有企业股份制改革中还存在着许多问题，与建立现代企业制度的要求还有相当差距。

（1）政企不分的问题依然严重。让国有企业参与市场竞争和经营，使其成为真正的市场主体，政企分开是必要前提。但是，在现实当中，在国企改革多年以后，政企不分仍然是相当严重的问题。一是企业管理人员的任命和选拔一直由政府负责，从而导致负责人在企业经营上坚持政绩导向而非市场导向，借助体制优势盲目投资扩张而不承担投资失败的责任，甚至可以凭借行政级别回到政界。二是政府对企业的行政性干预过多，降低了企业的活力与效率，使国企难以真正成为市场经济主体。截止到2012年，国资委共颁布规章文件287件，通过梳理和归纳其中的255件，发现这些规章文件与履行股东职责也就是所有权职责相关的仅占31%，而其余将近70%都是与落实公共政策、党群工作或者企业内部的事相关的。三是容易滋生腐败，部分负责人利用行政权力谋取私利造成大量国有资产流失，国企俨然成为腐败的重灾区。四是政企不分导致行政性垄断，部分国企凭借行业和政策优势不断强化垄断地位，既是行业的管理者，又是行业经营者，垄断暴利和霸王条款难以消除，既损害了消费者的利益，又破坏了市场公平竞争的原则。

（2）公司治理结构有待完善。我国的国有企业经过改革后都被改组为公司法人。公司的正常运营依赖于公司治理结构。公司治理结构是指为实现公司最佳经营业绩，公司所有权与经营权基于信托责任而形成相互制衡关系的结构性制度安排。股东（大）会由全体股东组成，是公司的最高权力机构和最高决策机构。公司内设机构由董事会、监事会和总经理组成，分别履行公司战略决策职能、纪律监督职能和经营管理职能，在遵照职权相互制衡的前提下，客观、公正、专业地开展公司治理，对股东（大）会负责，以维护和争取公司实现最佳的经营业绩。

公司治理结构要解决涉及公司成败的三个基本问题：一是协调股东与企业的利益关系，避免企业内部人做出违背股东利益的决策，保证投资者的投资回报。公司治理结构要从制度上保证所有者（股东）的控制与利益。二是企业内各利益集团的关系协调，包括对经理层与其他员工的激励，以及对高层管理者的制约。三是提高企业自身的抗风险能力。合理的公司治理结构能有效缓解各利益关系的冲突，增强企业自身的抗风险能力。

我国国有企业在公司化改革过程中，治理结构仍然不完善：一是董事会职能虚化，董事会中内部董事较多，董事会与经营层高度重合，难以避免内部人控制和决策不科学、不民主的问题，职工董事在发挥代表职工利益诉求功能方面也不到位，独立董事责任感不强，未发挥应有作用。二是缺少长效激励约束机制，没有真正建立职业经理人制度和国有企业经营投资责任追究制度。需要探索推进国有企业财务预算等重大信息公开，合理确定并严格规范国企管理人员薪酬待遇。三是独立董事的选拔、任用和评价机制还有待完善，独立董事没有真正发挥作用。独立董事（independent director）是指独立于公司股东且不在公司内部任职，与公司或公司经营管理者没有重要的业务联系或专业联系，并对公司事务做出独立判断的董事。设置独立董事的目的是客观地监督经理层，维护中小股东权益，防止内部人控制。但该制度设计存在许多不足：有些独立董事一人身兼数职，有些独立董事只拿钱不干事，以致独立董事成为某些特权阶层的一种福利，成为花瓶或“毒董”。

（3）外部约束机制还有待健全。股份制企业要解决委托-代理问题，除了企业治理结构内部的分权与制衡外，还需要外部的市场环境发挥作用。产品市场、资本市场、职业经理人市场要能发挥优胜劣汰的作用，银行、会计师事务所等第三方机构要能真实传递信息，政府主管部门、新闻媒体也要发挥监督的职能。因此，不仅需要通过经济体制改革为国企改革提供一个完善的市场环境，还要通过政治体制改革提供一个完善的法制环境。

专栏 9-2

俄罗斯私有化造就了权贵资本主义

“私有化”是俄罗斯“自由改革派”上演的一台重头戏，是一场空前的财产“大分割”运动。几年间，大规模、“闪电式”的私有化运动从根本上改变了整个俄罗斯社会的面貌，瓦解了原有制度的经济基础，改变了社会的阶层结构，催生了私人资本特别是大资本的形成，导致了“财团、寡头”参政的局面。私有化运动激化了社会矛盾，滋长了经济犯罪，贻害无穷，隐患未消。

私有化并未造就广泛的私有者阶层，却形成了一小撮国家资产继承者。私有化非但没有克服反而强化了经济的垄断。俄罗斯私有化的一个严重后果就是“财团控制经济、寡头参与政治”。特别是1996年寡头出资赞助叶利钦连任后，部分寡头变本加厉，向当局要求政治回报，甚至进行要挟。少数财团趁机控制新闻媒体，借机操纵政治，分享权力，成为俄罗斯社会生活中的一个“怪胎”。

俄罗斯私有化暴露出的问题不仅激怒了俄罗斯百姓，而且受到西方学术界的抨击。诺贝尔经济学奖获得者约瑟夫·斯蒂格利茨、哈佛大学俄罗斯经济问题教授马歇尔·格德曼等多次对俄罗斯改革模式以及私有化运动提出批评。乔治·索罗斯把俄罗斯经济制度定义为“掠夺式资本主义”“强盗式的、野蛮的资本主义”。索罗斯认为，丘拜斯推动的私有化是为了将“掠夺性的资本主义变成合法的资本主义”。

资料来源：张树华．俄罗斯经济私有化的后果及教训．红旗文稿，2012（20）．

五、中小企业在市场经济中的重要作用

社会主义市场经济的微观运行主体，不仅包括大型国有企业，也包括大量的中小企业。大型企业与中小企业共同构成国民经济的有机整体，两者相互依存、缺一不可。中小企业从数量上是国民经济的主体，是推动我国国民经济平稳发展、促进社会和谐不可或缺的重要力量。目前，中小企业在全国企业总数中的占比超过99%，创造的GDP占全国GDP的60%，上缴税收约为国家税收总额的50%。发展壮大中小企业对于稳增长、调结构无疑是有力支撑。促进中小企业发展，是保持国民经济平稳较快发展的重要基础，是关系民生和社会稳定的重大战略任务，在吸纳就业、技术创新、对外贸易诸方面都发挥着独特的作用。中小企业是国民经济的重要组成部分，是推动经济增长的重要力量。

中小企业是缓解就业压力、维护社会稳定的基础。中小企业提供了75%的城镇就业机会。实现广泛的就业，是保证绝大多数人分享经济发展的成果、获得稳定收入的重要条件。近年来我国面临巨大的就业压力，几亿农民工要转移到非农产业部门，数千万的富余职工从原有企业分离出来，每年数百万的大中专学生寻找就业机会。就业意味着收入有保证，失业意味着贫困。在我国失业救济还不发达的条件下，必须避免出现大规模

失业。中小企业数量上远远超过大型企业，多为劳动密集型企业，具有较强的吸纳就业的能力。

科技型中小企业的发展是实现创新驱动发展的不竭动力。中小企业是市场经济最活跃的群体，是技术创新的生力军。我国65%的专利、75%以上的技术创新、80%以上的新产品开发，都是由中小企业完成的。这一最有活力的群体能否茁壮地成长，直接关系到我国经济的创新能力和可持续发展能力。

为什么科技型中小企业能提供源源不断的创新动力呢？首先，科技型中小企业是科技成果转化的重要纽带。科技型中小企业的创业者和技术骨干大都来自大学和科研机构，并通过多种形式与其保持联系。这就使它们可以较方便地获取技术信息和知识创新的溢出效应。其次，科技型中小企业是实现产业结构升级的生力军。科技型中小企业在发展高新技术产业、发展新兴产业的过程中，恰恰是实现技术突破、提供技术来源、以新技术重构产业链的主力。最后，科技型中小企业是创造区域经济活力、实现增长方式转变的新生力量。如华为、腾讯、阿里巴巴、百度等一批科技含量较高的大型企业都是从小型企业成长起来的，成为某些新兴行业的领跑者。

中小企业是深化经济体制改革的重要推动力。中小企业改革一直是经济体制改革的重要环节，而且因为中小企业规模小、影响小、经营机制灵活、成本低、积极性较高，容易作为改革试验场，一些大中型企业改革的内容先行在中小企业试点，容易取得突破和经验。比如中小企业产权制度改革，可以为大中型国有企业产权改革提供经验和路径。中小企业通过上市融资、引进外资和社会资本介入等形式，进行规范化改制和产权合理配置，使企业转变为产权多元化的现代企业制度企业；通过经济补偿或入股、参股，使企业职工转变为按市场机制运作的合同制员工或企业股东。这些中小企业产权改革的路径可以为大中型企业的产权改革探路和提供参照，推进大中型国有企业产权制度改革。

中小企业在我国社会主义市场经济运行中，具有重要作用和地位。但是由于企业规模小、竞争力弱，中小企业容易受到经济波动和危机的影响，因此需要政府从财政、税收、金融等宏观政策方面给予适当支持，以帮助中小企业渡过难关，更好更快地成长。市场化原则是制定中小企业支持政策的基本原则。政府政策的制定，应着力弥补中小企业发展中市场机制难以解决的“失灵”问题，如融资中的信息不对称；破除束缚中小企业发展的政策制约，如中小企业的市场准入与行政审批问题；减少对中小企业市场环境的干预。采取的措施应是市场化的，不能以支持中小企业发展的目的，改变市场主体的预期，干扰公平的竞争环境。企业在扶持和帮助中小企业发展的过程中，重点是创造公平竞争的市场环境，减轻企业负担，落实政府采购等支持政策，创新支持中小企业金融政策，健全多层次融资体系，从而推动中小企业走向内生增长、创新驱动的发展轨道。

第2节　社会主义市场体系

完善的市场体系是建立市场经济体制的重要内容，也是市场机制发挥作用的必备条件。统一、竞争、开放和有序的现代市场体系，是社会主义经济实践的必然要求。培育与建设现代市场体系是社会主义经济体制创新和促进经济增长与发展的前提。

一、市场的含义

市场（market）通常被称为商品交换的场所，这是对市场的狭义理解，它只着眼于商品交换的空间载体形式，其实，市场本质上是商品生产者之间的交换关系。广义的市场是指一定时间、地点条件下商品交换关系的总体。现代市场可以没有具体的场所，但是一定有交换关系的存在。在市场经济中，商品生产者都要面对不以人的意志为转移的商品流通关系，因此，从更深层次来看，正如马克思所揭示的，“流通是商品所有者的全部相互关系的总和”①。市场作为复杂的经济现象，我们可以从以下几个方面来理解其丰富内涵：

（1）市场是以市场主体的交易活动为中心的。从事交换的企业、组织和个人作为交换行为的实践者，通常被称为市场主体，包括各行各业的生产者、经营者和消费者。各个市场主体参与市场交换的目的各不相同，但从根本上来说都是为了实现各主体的经济目的。在市场经济中，企业的生产者和经营者的交换是为了实现资本价值增值和获得利润，消费者的交换则是为了获得消费资料，以最小的代价尽可能满足个人的物质和文化需要。市场作为连接商品经济中的产、供、销三方的经济纽带，为他们各自实现自己的经济利益提供了所需要的交换场所、交换时间和交换条件。

（2）市场作为一种资源配置机制，具有自发性。亚当·斯密曾说过，市场和价格是一只“看不见的手”。一切商品生产和交换活动都是在这只“看不见的手”的指引下自发进行的。这正是市场资源配置过程中的自发性。因此，只要社会生产还需要市场，政府就不应当用人为的手段抑制这种自发性，而只能用间接手段，引导市场主体尽可能减少自身行为的盲目性，否则，就会违背客观经济规律。

（3）市场关系本质上是开放的。这是因为商品流通具有开放性。商品流通的两个基本环节买和卖存在着矛盾：买者不一定能遇上合适的卖者，卖者也不一定能遇上合适的买者；商品生产者卖出商品之后不一定马上就买，买了东西之后也不会马上就卖。解决矛盾的办法就是商品生产者“打破产品交换的时间、空间和个人的限制”②，延长买卖时间，拓展买卖空间，也就是不断拓展市场，使市场更加开放。

（4）市场是一个历史的范畴。市场是随社会生产力的发展而形成和发展的。市场与自发的社会分工相联系，人类社会生产发展到一定程度才出现市场。市场关系的发展和交换范围的扩大，促进了社会分工的深化，推动了社会生产力的发展，也进一步促进了商品货币关系即市场关系的发展，市场的功能也高度拓展，开始对整个社会经济运行起调节作用。市场机制成为社会经济资源的一种基本配置方式。就这样，商品经济、商品货币关系的高度发展导致了现代市场的产生。

---

① 马克思，恩格斯．马克思恩格斯全集：第23卷．北京：人民出版社，1972：188.

② 同①133.

概念与原理

- 狭义的市场通常被称为商品交换的场所；广义的市场是指一定时间、地点条件下商品交换关系的总体。
- 市场是以交易者为中心，具有开放性和自发性的历史范畴。

二、市场体系的功能和作用

市场体系是商品交换关系中各种市场密切联系、相互制约而形成的有机统一体。完善的市场体系是市场经济能够高效运转的前提条件，在资源配置过程中具有重要地位，发挥着不可替代的作用。市场体系的功能和作用是指市场体系利用自身的活动，实现某种既定经济目标的功能。一个完善的市场体系具有以下几种功能和作用：

1. 配置资源功能

任何社会都面临着资源稀缺性的问题，在特定时间和特定技术条件下，现有的可利用的资源总量是有限的，人类社会不得不伴随着粮食危机、能源危机等各种社会问题。如何合理有效地利用有限的资源，减少资源的浪费和损失，最大限度地满足社会的现实需求成为衡量经济制度是否合理的重要标志。处理资源配置问题，人们有不同的选择：一是分散决策，市场供需双方根据市场价格和供求变化，灵活调整生产经营决策，以实现其经济目的。二是集中决策，它是由中央计划部门以指令性计划来分配各种生产要素和生产成果，货币和价格只是在核算过程中起作用。三是混合决策，它同时存在分散决策和集中决策。

不同的决策方式各自都存在着利弊。实践证明，分散决策往往更有效，因为在市场经济条件下，市场机制能够通过价格信号，也就是消费者的“货币选票”来获得市场的真实供求信息，有利于缓解有限的资源和多样化的需要之间的矛盾，可以最大限度地体现市场主体的意愿。计划决策者往往不承担资源错误配置所引起的后果，且计划者在资源调配过程中掌握着一定的特权，在缺乏政治或其他可行约束的条件下，计划往往滋生出特权和腐败，导致政府主导的资源配置失灵。

2. 传递、反馈市场信息功能

与计划体制相比，市场机制的信号传递快速、灵敏。消费者、生产者和政府在市场活动中做出决策都是建立在市场所传递各种信息的基础上的。市场是经济信息的集散地，市场行情是整个经济活动的综合反映。价格、利率、汇率、工资等市场信号在竞争性市场中处于变动过程中，综合反映了各种经济活动信息，生产者、经营者和消费者可以借助这些信息，合理生产和消费。政府也可以通过这些信号掌握市场动向，为市场调节和宏观调控提供可靠的依据。

3. 利益调节功能

在市场体系中的各分类市场上，供求变动、价格变动直接关系到市场主体的切身利益，直接影响到消费者和生产者的收入和支出。因此，市场体系作用的结果客观上就能调节社会利益分配的格局，引导各个经济主体改变其市场行为，政府也能利用这一功能进行宏观调控。市场自发地进行利益调节往往会导致社会贫富差距拉大，在很大程度上使分配趋于不公平。其原因在于市场中各主体的力量并不是平衡的，有的企业和部门掌握的资源和信息较多，对市场有更准确的认识，甚至能够引导和操纵市场，从而使一部分人的利益受损。

4. 促进技术创新功能

在市场竞争条件下，企业的技术创新具有内在动力。这是因为，在商品经济条件下，企业产品的个别劳动耗费要还原为社会平均劳动耗费，市场价格取决于市场价值。企业个别价值低于社会价值将会使企业获得超额利润。企业技术创新能够降低产品成本，使企业获得竞争优势。正是在利润动机的驱使下，企业加大研发方面的投资，推动大规模技术创新。市场主导的技术创新的优势在于研发技术本身更加贴近市场，可以直接服务于企业的利润需要。政府不能代替市场的创新功能，因为政府本身不是产品的生产者和经营者，缺乏明确的成本核算。因此，我国制造业的转型升级不能依赖于政府主导。

市场体系的功能和作用不能掩盖其功能上的弱点和缺陷。这些弱点主要表现为：市场的自发调节容易偏离宏观经济目标，在具有外部性、公共产品性质的某些行业、某些领域调节作用有限，协调产业结构速度缓慢且市场调节的滞后性导致了高昂的交易成本等。因此，在对待市场体系的功能方面，既不能盲目排斥市场的作用，也不能把市场看成是解决经济问题的万能良药，在充分发挥市场体系作用的同时，应该对市场发挥作用的方式进行适当调节和控制。

概念与原理

- 市场体系具有资源配置、信息传递与反馈、利益调节、促进企业技术创新等功能。市场调节也具有缺陷，如偏离宏观经济目标、在某些领域调节作用有限、协调产业结构速度慢且交易成本高。

讨论

市场体系调节的缺陷除以上列举的内容以外还有哪些？你能举出一些例子吗？

三、现代市场体系应该具备的特征

市场功能与作用的发挥需要一定的条件。除了要求商品经济本身发展到一定阶段，还要求市场主体产权边界清晰、竞争机会平等、竞争规则统一等。要充分发挥市场的功能，市场体系还需要具有一些特点，使之具备成熟市场经济的特征。

一是市场体系必须具有统一性。统一性是指各分类市场在国内各地区间是一个整体，基本消除了行政分割与封闭状态。市场体系的统一性使所有商品和生产要素在全国统一的市场自由流动，有利于实现资源的合理配置，提高市场的效率。建立全国统一的市场，就要消除地方保护主义，打破和清除各种分割和非法垄断。为此，要构建覆盖城乡的商品流通网络，制定统一的市场政策和市场法规，在全国范围内保证商品的正常交易，实现资源配置的社会化。

二是市场体系必须具有开放性。开放性是相对于封闭性而言的。开放性是指各类市场可以按照规则自由进入和退出，不仅要对国内开放，还要对国外开放，把国内市场和国际市场联系起来，积极参与国际竞争和国际分工，以达到更合理地配置国内和国际资源的目的。

三是市场体系必须具有竞争性。竞争性是相对于垄断性而言的。市场体系的竞争性就是指市场必须有利于各市场主体之间展开公平竞争。没有竞争，市场就会失去活力。如果市场被少数企业和政府所垄断，市场机制配置资源的作用就会失灵，就无法实现资源的优化配置。因此，为建立高度竞争的市场体系，就要最大限度地限制和防止垄断，从制度和环境上为市场主体开展公平竞争创造有利条件，从而保证市场经济的正常运行。

四是市场体系必须具有有序性。市场经济是法治经济，没有完备的法律、法规、条例和规则，就无法规范市场主体的市场行为，无法保证市场体系的有序运转以发挥其正常的调节功能，因而市场体系必须是有序的。市场的有序运转要求：（1）市场规范化，市场主体的行为如企业进入、退出市场及市场交易活动要规范化；（2）市场环境完善化，市场要具有配套、完备的服务体系；（3）市场管理规范化，如管理活动遵循公开、公正、透明的原则，依法进行管理活动。因此，不管是市场主体的进入和市场交易的行为，还是市场内部的管理和市场外部的环境，都需要公正交易的市场规则，需要在市场法规的规范下有序地进行各种经济活动。

概念与原理

- 现代市场体系应当具备统一性、开放性、竞争性和有序性的特征。

四、社会主义市场体系的构成

1. 商品市场

商品市场是市场体系的基础，是国民经济中物质商品与服务交易的基本场所和主要形式，包括消费品（包括服务）市场和生产资料市场。

消费品（服务）市场是连接生产者和消费者的中间媒介。完善的消费品市场一方面能满足以劳动者为主体的消费者的物质文化生活的各种消费需要；另一方面也是生产者的产品价值和经济利益实现的渠道。通过消费品市场的需求信号，生产者可以适时调整消费品的品种、数量和质量，增加消费品的有效供给，减少和消除无效供给。完善的消费品市场既包括零售市场，如集贸市场、小商品市场，也包括批发市场、专业市场、期货市场等中、高级市场。有效的消费品（服务）市场流通渠道多，中间环节少，有利于各类各级市场相互配套，缩短生产者和消费者之间的距离，减少市场主体的流通费用支付，提高经济运行效率。

生产资料市场也称中间产品市场，它是企业选购和销售生产资料的场所及其交换活动的总和。它的发展程度制约着物质资料再生产的规模。市场扩大，生产的规模也就增大，生产社会化的程度也就提高；反之，如果市场狭小，生产资料流转不畅，就会影响生产规模的扩大，抑制扩大再生产的进行。生产资料市场的需求主体是生产者，所以生产资料市场是连接（卖方）生产者和（买方）生产者的媒介。它一方面使（买方）生产者获得生产所需的原材料、机器设备、能源等投入品，另一方面（卖方）生产者通过市场实现其产品价值，并从市场上得到对生产资料的生产在品种、规格、型号、数量、质量等方面的需求信号，以便再生产出适销对路的产品。

生产资料市场的特点是：（1）生产资料市场所交换的商品大部分是初级产品、中间产品而不是最终产品；（2）生产资料市场的需求是派生性的需求，对生产资料的需求的种类、规模和数量取决于消费品的需求状况；（3）生产资料市场同消费品市场相比，往往供求量大、专业性强、替代性小。完善的生产资料市场一般具有较好的供求信息系统，专业分类全面、精细，配套性强，现货市场和期货市场共同发挥调节作用。

概念与原理

- 商品市场是市场体系的基础，是国民经济中物质商品与服务交易的基本场所和主要形式，它由消费品（包括服务）市场和生产资料市场构成。

2. 劳动力市场

劳动力市场是劳动力供求双方在劳动力的使用、转让与购买上达成一系列协议的总和，它是通过市场相互选择实现供求双方利益的劳动力资源配置方式。在当前条件下，劳动力成为商品需要具备两个前提：一是劳动仍然是大多数人的谋生手段，只有通过劳动力的交换才能获得生存和发展；二是劳动者对于自身的劳动力有自由转让权，没有任何形式的依附关系。在计划经济条件下，劳动力是通过计划来配置的，用人单位也缺乏用工的自主权，劳动力市场是不存在的。劳动力资源的行政分配制度产生了许多弊端，劳动力分配不合理，又不能合理流动，造成大量人力资源的浪费；同时，由于平均主义的存在，劳动力价值的实现与企业产品价值的实现之间没有必然的联系，劳动力缺乏必要的激励，由此造成人浮于事，吃“大锅饭”，从而造成效率低下。为了克服这些弊病，适应市场经济的发展，需要完善劳动力市场，通过市场分配机制来配置劳动力资源。

劳动力商品的价格是工资率，一般可以用每小时劳动的工资来表示。它是引导劳动力配置的关键价格信号。影响工资水平的因素是多样的：一是劳动力商品本身的价值。劳动者通过出卖劳动力必须使自己和家庭能够生存和发展。在市场经济条件下，生活资料的价格水平决定了工人的工资率。二是企业的盈利水平。当企业的利润空间较小时，往往采取压低工人工资水平、延长工人劳动时间的方式进行生产。三是劳动力市场的供求水平。当劳动力过剩时，工资水平就很难整体上得到较大幅度的提升；当劳动力趋于短缺时，则工资水平会较快上升。自2008年金融危机以后，我国劳动力市场出现了“刘易斯拐点”，其实质是劳动力市场的供需状况发生了逆转。

从图9-1中，我们可以看到我国劳动力市场所发生的变化。我国是一个发展中国家，农村存在大量的剩余劳动力，加上在国有企业改革过程中，大量工人下岗失业，我国的劳动力一直是过剩的。在过剩的情况下，劳动力的供给曲线表现为水平状态，它表明需求水平的提高只会扩大社会的总体就业量，并不会提高社会的工资水平。在图中，当劳动力的需求曲线为D_0时，均衡的工资水平为W_0。当需求扩大到D_1和D_2时，工资水平都没有发生变化，因为在这个工资水平上，劳动力的供给源源不断，实际工资水平难以提高。但是要注意，当社会已经吸纳了劳动力数量L_2时，如果再扩大劳动力的需求，那么工资水平就会提高。当劳动力需求扩大到D_3时，新的均衡工资水平上涨为W_1。E点是工人实际工资水平发生变化的转折点，我们也可把它称为“刘易斯拐点”。

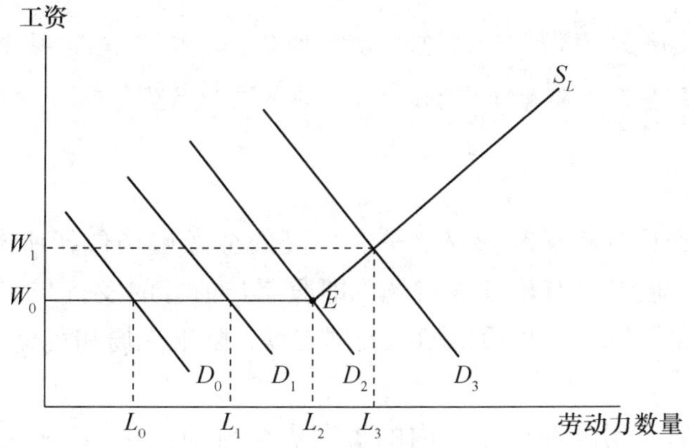

图9-1　刘易斯拐点

我国劳动力市场供求形势的改变使我国劳动力市场出现了一些积极的变化，其中最重要的是工资水平持续提高，在过去的10年中，农民工的工资平均每年上涨15%，而且我国劳动人口正以每年300万人左右的速度下降，劳动力短缺将成为我国劳动力市场的新常态，工资水平还会继续提升。

劳动力市场供求形势改变是经济发展的结果，它反过来也会影响我国经济的发展。由于劳动力供给价格提高，企业投资和生产成本增加，利润降低，许多外国资本开始撤出中国而转移到劳动力更为廉价的发展中国家，我国的企业也面临着劳动力成本上升的压力。

我们必须看到，劳动力从过剩走向短缺几乎是所有发达国家走过的共同路径，虽然暂时有可能使企业遭遇一些困难，但是从长期来看，对于我国的经济发展也是一个机遇。一是推动我国处于产业链末端的低附加价值的企业进行产业转型和升级。如果企业无法应对劳动力工资水平上升，那么就说明该企业缺乏转型升级能力，利润率低下，最后退出市场也是一个自然的淘汰过程，使资源能够配置到更有效率的企业。二是推动增长动力转型。长期以来，由于劳动力工资水平增长缓慢制约了国内消费，我国的经济增长不得不依赖于投资和出口拉动。劳动力工资水平提高可以带动消费的转型升级，既可以扩大内需，也可以带动产业结构转型升级。三是产业转型升级必然要求劳动力知识和技术水平的提升。这就要求各级政府加强教育投资和人力培训以适应产业结构升级对劳动力质量的需求。

劳动者在选择职业时遵循个人物质利益最大化原则，具体表现为：一是等量劳动要求获得相同的工资率；二是一定职业和技术等级的劳动力供给者总是趋向于寻求工资率或福利最高的行业或单位就职。当一个行业或企业工资福利待遇优厚时，就会引导劳动力向该行业或企业流动；反之，当一个企业不能支付劳动力所要求的最低工资水平时，该企业就面临着被淘汰的命运。因此，一个完善的劳动力市场将会使劳动力资源得到最有效利用，激励劳动力进行人力资本投资，提高劳动者素质，最终将有助于提高整个社会的效率水平。

概念与原理

- *劳动力市场是劳动力供求双方在劳动力的使用、转让与购买上达成一系列协议的总和，它是通过市场相互选择实现供求双方利益的劳动力资源配置方式。*

3. 金融市场

金融市场的概念具有广义和狭义之分。广义的金融市场包括所有的资金供需交易；狭义的金融市场，一般专指有价证券市场，即股票与债券的发行与交易市场。广义的金融市场按照交易对象可以分为货币市场、资本市场、外汇市场和黄金市场。

（1）货币市场。

货币市场是指信用期限在一年以内的短期资金融通市场，其功能是提供短期资金，以满足需求者由于生产的季节性或其他原因，对临时性生产或周转资金的需求。货币市场主要包括银行短期信贷、银行同业拆借、贴现、承兑、大额定期存单流通等市场关系。同业拆借市场是银行及金融机构同业之间进行的短期、临时性拆借资金的市场，一般没有固定的交易场所，主要通过电话洽谈方式成交，参加者都是金融机构。银行同业拆借比较频繁，拆借的数额巨大，主要是弥补临时的资金头寸不足。拆借一般是以天来计算的短期借款，拆借的利息每天由拆借双方议定，拆息率（拆借时约定的利率）的高低灵敏地反映了市场资金的供求状况。货币市场的存在一方面可以满足借款者的短期资金需求，另一方面可以为暂时闲置的资金寻找出路。

（2）资本市场。

资本市场是指信用期限在一年以上的长期资金融通市场。由于融通的资金主要作为扩大再生产所需投入的资本使用，因此称为资本市场。资本市场通常具有以下几个特点：①融资的时间比较长，通常是在一年以上；②流动性相对较差，这点正好和货币市场相对；③风险较高且收益也较高，资本市场由于期限长，因而通常存在较高的市场风险，根据市场风险与收益成正比的原理，相应取得的收益也较高；④资金借贷的数量较大，资本市场的资金规模往往数倍于货币市场；⑤价格变动幅度大，资本市场因为期限长，因而长期中资本价格的变动幅度比较大。

资本市场的基本功能在于促进资本的形成和资本的有效配置：一是它可以通过直接或间接融资的方式将居民手中长期闲置的货币转化为可供长期使用的生产性资金，具有筹资功能；二是它可以为长期资金的买卖交易提供可能性和便利条件，使长期资金具有流动性，具有交易功能；三是它可以依据资本使用的收益状况，在社会生产各部门之间分配长期资金，具有配置功能；四是可以使资金的债权人、所有权人获取一定的财产性收益，具有投资功能。

资本市场主要经营长期信贷业务和证券投资业务，相应地可以划分为直接融资和间接融资两大市场。

间接融资是指融资者通过银行中介进行的融资活动。在间接融资市场中，银行体系处于中心地位。在我国的资本市场中，间接融资占据着主导地位。原因是我国长期以来一直以间接融资为主，国有银行体系比较发达，而且银行融资与证券融资相比，时间短、成本低、风险小、手续相对简便，是一种简便易行的融资方式。

直接融资是指不经过银行等金融中介机构，由资金需求者通过发行有价证券如股票、债券，向资金的初始供应者直接筹资的金融活动。直接融资活动的主要场所是证券市场，包括证券发行市场和证券交易市场。证券发行市场，也称“一级市场”，是指证券发行者将新发行的有价证券出售给投资者的市场。在证券市场发行的有价证券有政府债券、公司债券、股票等。证券交易市场也称“次级市场”或“二级市场”，是买卖已发行证券的市场。

资本市场的作用主要是服务于实体经济，当前中国经济已经从快速增长步入高质量发展的阶段，对资本市场服务于实体经济也提出了更高的要求。当前我国的金融结构总体上仍是以银行间接融资为主，以资本形式融资的方式依旧是中国金融市场体系的一块短板，也导致金融风险主要集中于银行系统。针对我国多层次资本市场发育不成熟的现状，党的十九大报告对于深化金融体制改革也提出了一系列措施和方法，强调“增强金融服务实体经济能力”，倡导“促进多层次资本市场健康发展”，指出应该不断“健全货币政策和宏观审慎政策双支柱调控框架”，还要“守住不发生系统性金融风险的底线”。

为更好地适应现代经济建设发展的要求，应该着力发展多层次的资本市场体系，多层次的资本市场在价格发现、风险分担、激励创新等方面具有独特的优势，有助于帮助我们提高金融资源配置的效率，进一步深化供给侧结构性改革，更好地为实体经济发展做出贡献。我们应该优化企业的债务结构，促使直接融资尤其是股本融资的比重显著提高。要促进我国资本市场的完善和发展，进一步提升资本市场的竞争力，关键在市场主体，支撑在资本制度，动力在市场环境。

专栏9-3

IPO的注册制和核准制

IPO，即首次公开募股（initial public offerings，IPO），是指一家公司第一次将它的股份向公众出售。IPO主要有两种方式：注册制和核准制。

注册制是指证券发行申请人依法将与证券发行有关的一切信息和资料公开，制成法律文件，送交主管机构审查，主管机构只负责审查发行申请人提供的信息和资料是否履行了信息披露义务的一种制度。其最重要的特征是：在注册制下证券发行审核机构只对注册文件进行形式审查，不进行实质判断。如果公开方式适当，证券管理机构不得以发行证券价格或其他条件不公平，或发行者提出的公司前景不尽合理等理由而拒绝注册。注册制主张事后控制。注册制的核心是只要证券发行人提供的材料不存在虚假、误导或者遗漏，即使该证券没有任何投资价值，证券主管机关也无权干涉，因为自愿上当被认为是投资者不可剥夺的权利。

核准制即所谓的实质管理原则，以欧洲各国的公司法为代表。依照证券发行核准制的要求，证券的发行不仅要以真实状况的充分公开为条件，而且必须符合证券管理机构制定的若干适于发行的实质条件。符合条件的发行公司，经证券管理机关批准后方可取得发行资格，在证券市场上发行证券。这一制度的目的在于禁止质量差的证券公开发行。中国也实行核准制。

相比较而言，注册制更利于发挥市场功能。新股发行体制改革的初衷和最后目标，均在于更好地发挥资本市场的价格发现、融资、资源配置等三大基础功能，对定价、交易干预过多，不利于价格发现功能的实现；发行节奏由行政手段控制，不利于融资功能的实现；上市门槛过高、审核过严，则不利于资源配置功能的实现。注册制与核准制相比，发行人成本更低、上市效率更高、对社会资源耗费更少，资本市场可以快速实现资源配置功能。

注册制最大的好处在于把发行风险交给了主承销商，把合规要求的实现交给了中介机构，把信息披露的真实性的实现交给了发行人。

（3）外汇市场。

外汇市场是进行各种外汇买卖的交易场所，它是国际金融市场的组成部分。外汇是以外国货币表示的、用于国际结算的支付手段，包括外国货币、外币有价证券（政府公债、公司债券、股票等）、外币支付凭证（票据、银行存款凭证等）及其他外汇资金。在外汇市场上的业务主要有三大类：即期外汇交易、远期外汇交易、套汇交易。即期外汇交易是现汇交易，买卖成交后，立即或在两个营业日内办理收付的外汇业务。远期外汇交易，又称“外汇期货交易”，在订立买卖合同后，到约定日期才按合同规定的汇率进行交割的外汇业务。套汇交易是利用不同外汇市场、不同外汇种类、不同的外汇交割期限在汇率上的差异而进行的外汇买卖业务。

（4）黄金市场。

黄金市场是国际金融市场的一个组成部分，是集中进行黄金买卖的交易中心。在金本位制时期，由于主要国家的货币可以自由兑换黄金，黄金交易是自由的。金本位制取消后，各国对黄金实行了严格的管理，如规定黄金必须出售给国家，不得自由买卖。第二次世界大战结束以后，美元充当了唯一的国际货币，各国政府对黄金的管制有所放松。20 世纪 70 年代后，美元停止兑换黄金，黄金价格急剧上涨，黄金市场扩大。人们购买黄金一般有两种动机：一种是用黄金来保值和作为储备；另一种是把黄金当作价格可变的投机工具。

专栏9-4

“中国大妈大战华尔街”只是个传说

2013年4月12日，纽约黄金期货市场一开盘就跳水，短短数日内跌幅逾200美元，一度探底至每盎司1 321美元的低点，这是1983年2月以来的单日最大跌幅。

这被视为一个时代的结束。在过去的12年中，黄金价格连续攀升，累计回报率达500%。投资者一度将黄金奉为既能带来超额回报，又能避开股票、债券和房地产市场波动的圣物。在过去的6年中，美国和欧洲的央行执行货币宽松政策，以刺激世界经济，而每一轮宽松政策都会引发对通货膨胀的担忧。2007年以后，美元持续走弱，作为传统的通货膨胀对冲手段，金价攀升了116%。在此期间，美国股市和房市暴跌，而黄金的表现十分稳定。

在世界金价暴跌之后，中国爆发了一轮抢购黄金的热潮，上海、香港等地的黄金制品大量出货。与此同时，“中国大妈大战华尔街”的传说在网络乃至媒体上迅速流传。据说在华尔街做空黄金时，半路杀出的“中国大妈”挥舞1 000亿元人民币瞬间扫空300吨黄金。华尔街卖出多少黄金，“中国大妈”照单全收。这一番多空大战，以“中国大妈”逼退高盛、完胜华尔街而落幕。

“中国大妈大战华尔街”的传说，眼球效应和喜剧感十足，但可信度可能并不高。事实上，世界黄金价格主要由期货市场决定，黄金期货是一种合约，交易双方约定在特定时间以特定价格买卖黄金。在黄金期货市场上，交易对象实际上是金价的涨跌，投资者用少量资金就可以进行大额投资。相比于现货市场，期货市场在交易规模、流动性上都超出前者几个数量级，无疑是决定黄金价格的主力。

“中国大妈大战华尔街”的真相，不过是受困于整体环境的国内中小投资者，借世界金价变动的契机，稍稍调整自己的资产结构。我国投资者对黄金的需求，源自股市无起色、楼市受调控、债市正在整顿，M2（广义货币）的供应量已突破百万亿元，这么多资金需要一个投资渠道，金价已经下跌了20%，因而提供了一个投资黄金的契机。

但是，黄金果真是好的投资吗？迄今为止，人们对于黄金的投资价值和价格变动趋势，依旧争论不休。英国《经济学人》周刊干脆承认金价是一种赌局。黄金不会产生收益，也很难定价。金价上涨时这的确妙不可言，但一旦金价下跌，缺乏定价支撑就十分致命。当然，中国等新兴市场的投资者追逐黄金，可能并不仅仅是考虑其投资价值。中国的黄金进口自2013年3月以来连续激增，既然金价跌到了两年来的低点，担心经济不稳定的投资者自然就纷纷借机增持黄金，但这种未雨绸缪或许只是一厢情愿。2012年去世的摩根士丹利前首席执行官巴顿·比格斯，在其《二战股市风云录》中研究了历史、政治、经济、社会改革时期的财产安全问题，但他从不相信抱着黄金就万事大吉了。

资料来源：魏迪英.“中国大妈大战华尔街”只是个传说.时代周报，2013-05-09.

概念与原理

- 广义的金融市场包括所有的资金供需交易。金融市场按照交易对象可以分为货币市场、资本市场、外汇市场和黄金市场。
- 资本市场的基本功能在于促进资本的形成和资本的有效配置，具有筹资功能、交易功能、资金配置功能、投资功能。

4. 房地产市场

房地产市场是房产、地产借以实现其价值的交换场所及一系列交换关系的总和。房地产是房产和地产的结合。房产和地产是不可分割的，房产建筑在土地上，地产价值（地租和土地中包括的资金投入）一般融入房产价值中，所以房地产市场是房产市场和地产市场的有机统一。它既是房产商品市场，又是重要的土地这种生产要素市场。中国的房地产市场主要包括公有制土地所有权出让和转让市场、房地产开发市场、房地产交易市场。(1) 土地出让市场是国有土地和集体土地使用权流转的市场。出让方式主要有协议出让、招标出让、拍卖出让三种形式。(2) 房地产开发市场是房地产一级市场，它是房地产开发经营单位与房地产使用者之间的交易市场。概括地说，这一市场是土地使用权的转让和房产所有权的让渡市场。(3) 房地产交易市场是房地产二级市场，指房地产经过一级市场买卖且投入使用后，房地产产权（包括房产所有权和土地使用权）的再转让市场。(4) 房地产租赁、房地产抵押等多种市场形式。各种类型的房地产市场可以促进房地产产权的合理流动和房地产的开发，满足各类企业经济活动对房地产的需求，并促进房地产资源在社会范围的广泛利用，形成对国民经济发展有重要影响的房地产产业。

近年来，随着经济的日益发展，房地产投资业已成为我国经济增长的主要推动力之一。尤其是1998年之后，我国房地产投资增速大大高于同期国内生产总值增速。房地产市场获得迅猛发展，从而成为拉动消费市场，推动我国经济持续高速增长的重要因素之一。同时，房地产作为关联度较高的产业对国民经济相关产业也具有明显的带动效应，蓬勃发展的房地产业已成为我国国民经济的支柱产业。

在我国房地产市场改革以来，房价持续上涨，已经对实体经济带来巨大的危害，我国政府不得不通过多种手段加以调控。高房价的危害主要表现在以下四个方面：

(1) 高房价损害经济的竞争力。房价的高位运行必然会导致整个国内经济产业结构逆选择，各城市竞争力遭到严重削弱。一些高科技企业、制造业企业甚至出口企业也纷纷进入房地产业。这势必影响到中国产业结构的调整和经济增长方式的转变。房价高企必然影响所在城市的竞争力。因为高房价不仅增加了企业的营运成本，也增加了城市居民的生活成本。新的企业不敢进入，原有的企业纷纷退出。新的劳动力人口无法源源不断流入城市，那些潜力较高、竞争力较强的劳动力人口会流出该城市。

(2) 房价高企也必然强化地方政府通过权力的方式来与企业、民众争夺资源。政府职责无非是通过政府权力来保护企业与民众的产权，保护合约的有效履行，保证民众的财富不受到侵犯与掠夺，并以此来为企业创造好的经营环境，为城市居民提供便利的生活条件。高房价进一步刺激了土地财政，使政府开始经营城市。这不仅恶化了整个企业经营的环境，也恶化了城市居民的生存条件，甚至在拆迁过程中衍生出诸多社会矛盾。

（3）高房价带来巨大的金融风险。我国居民购房大多是从银行取得抵押贷款。房价越高，由房价下跌带来的金融风险越大。

（4）房价高企不仅加剧了地区经济发展的不平衡，也扩大了民众之间的财富差距。随着沿海一些地方的房价快速上涨，全国的信贷资金与财富迅速地向这些地区集中。尽管中央政府一直想要平衡各地的经济发展水平，出台了诸如西部大开发、中部崛起等战略，但是实际上这几年沿海地区，特别是那些房价高的地区与城市，经济发展却越来越快。而这种经济快速增长是以牺牲内陆省份的利益为代价的。一些先富起来的人大量进行房地产市场投资，赚取房价上涨的收益，除了导致资本脱离实体经济发展以外，也拉大了居民财富差距。

房地产作为一种商品，具有特殊的属性：既可以作为一种消费品满足人们的消费需求，又可以作为一种投资品满足人们投资获利、实现消费跨期替代的愿望。房地产业是我国新的发展阶段的一个重要支柱产业，引导和促进房地产业持续、稳定、健康发展，有利于保持整个经济平稳较快增长，有利于满足广大群众的基本住房消费需求。在房地产业发展和住房建设过程中，必须充分考虑我国人口多、土地少的基本国情和建设资源节约型社会的要求，合理引导住房消费需求和消费模式。

为了促进房地产市场平衡健康发展，首先要坚持房子是用来住的、不是用来炒的基本定位。我国政府多次重申“房住不炒”的政策基调，其目的在于保证房地产行业的健康发展。在未来一段时间，房价的调控仍将是关键，房价需要保持稳定的状态。若出现房价非合理的上涨，政策调控方法和调控力度都要调整。

其次，强化房地产民生属性，重视租赁住房发展。住房问题关系民生福祉，房地产市场平稳健康发展需要因地制宜、多措并举，特别是加快住房租赁市场的发展，逐步使租购住房在享受公共服务上具有同等权利，实现租售同权，落户、入学等租房的公共服务将会逐步健全。

概念与原理

- 市场体系是商品交换关系中的各种市场密切联系、相互制约而形成的有机统一体，包括商品市场、劳动力市场、金融市场、房地产市场、技术市场和信息市场。

讨论

我国房地产市场的发展有哪些好处？为什么要对房地产市场进行调控？

五、社会主义市场秩序

要使市场在资源配置中起决定性作用，首先要建设统一开放、竞争有序的市场体系。培育现代市场体系，重要的是抓住市场关系的实质，即必须有助于发挥好市场机制的作用。市场机制充分发挥作用可以使市场体系更好地促进社会分工，实现资源的合理配置。

市场机制的作用发挥的前提是建立起合理的市场秩序。

1. 市场秩序的内涵

市场秩序是指市场主体在参与市场经济活动中所共同遵守的行为准则。主要包括公平竞争秩序、法律秩序、经济伦理秩序。

（1）公平竞争秩序。

所谓公平竞争秩序，就是经济主体在市场经济中都是平等的法人，竞争机会均等，公平竞争，竞争有序。良好的经济秩序是市场机制功能得以发挥、资源得到合理配置的基础。因为有了完善的市场体系，才会有完善的平等竞争场所，才能实现资源的合理配置。公平竞争的市场秩序要求各类不同所有制企业地位和待遇平等，企业不论规模大小在竞争中地位平等，反对一切垄断或设置障碍抑制公平竞争的行为。政府应当通过法律程序对破坏公平竞争的行为进行制裁和打击。

（2）法律秩序。

市场主体具有广泛性、复杂性，因此，市场经济要从总体上做到协调有序，必须有切实可行的政策和法规规范利益主体的经济行为，同时也要以法的形式明确国家宏观调控的方式、方法，把国家的宏观调控和市场调节都纳入法制轨道，用健全的法律秩序保证市场经济的顺利运行。

（3）经济伦理秩序。

市场经济既是法治经济，又是公平竞争经济，国家要用法律手段监督和纠正市场中的某些无序状态。同时参与市场经济运行的一切主体，都必须遵循一定的经济伦理，凭自己的实力参与平等竞争。利益主体必须明确自己对社会问题的责任，如保护生态平衡，保护消费者利益等。

概念与原理

- 市场秩序是指市场主体在参与市场经济活动中所共同遵守的行为准则。市场秩序主要包括公平竞争秩序、法律秩序、经济伦理秩序。

2. 建立和完善良好的市场秩序的要求

（1）建立完善的市场进出秩序。

建立完善的市场进出秩序，即建立和完善市场主体和客体进入和退出市场的规范行为准则。市场主体的进出规则的主要内容是：①入市规则。确认进入市场的主体的合法身份，规定其应具备的条件；规定市场主体的经营资格，对主体经营的对象在加工、包装、规格、商标以及售后服务等方面实行标准化，并按国家环保、卫生质量等一系列标准进行检验，尤其是食品检疫检验。明确各市场主体的经营范围、经营项目、经营渠道，不能随意变更。②出市规则。规范市场主体退出市场的行为，主体退出市场，要消除注册。市场进出规则可以把那些不应当进入市场的主体及其商品（如不符合卫生标准的食品及其销售者）堵在市场之外，也可以防止那些已经进入市场的主体以投机目的退出市场，损害消费者利益。

市场客体进出市场的规范化是指作为市场客体的、种类十分繁杂的商品进入市场要有限制。什么商品可以进入市场或不能进入市场，以及进入哪一类、哪一级市场，是由商品本身的社会属性和自然属性所决定的。例如，由于假冒伪劣商品不仅造成社会资源的巨大浪费，还危害消费者和生产者的利益，因此这类商品不准进入市场，不健康、不道德、违反法律的文化商品和其他商品也不准进入市场。

不仅商品进入市场应该规范化，商品退出市场也应该规范化。商品退出市场有以下几类情况：一是进入市场的假冒伪劣商品，经市场管理部门处理后被勒令退出市场。二是违法生产经营的商品，经市场管理部门处理后被勒令退出市场。三是在市场竞争中长期没有销路的商品。这里所说的商品退出市场，是从生产经营的角度来说的，至于商品在销售后进入消费，不包括在退出市场的范围内。

（2）建立规范的竞争秩序。

在市场上坚持平等竞争。所谓平等竞争是指竞争者要按照统一的市场价格取得生产要素，进入市场的机会均等，按市场价格出售、经营商品，平等承担税负等。因此，要规范市场主体的竞争行为，首先要求企业和个人的经营行为规范化。即在经营活动中执行国家法律、政策，包括经营方式要合法，遵守国家的价格政策和质量标准等。例如，合同、契约要合法，要严格履行合约的权利和义务；商品应该符合规定的质量标准等。经营行为规范化的目的，是使市场主体的交易活动有章可循，减少和防止不必要的经济纠纷，从而使市场运行井然有序。

其次，市场行为的规范化还包括竞争行为的规范化。这是指在市场上从事经营活动的企业、单位或个人相互之间展开竞争时，要遵守有关的一系列制度规范，其核心内容和基本宗旨是保证公平交易和平等竞争。市场竞争秩序主要包括两个方面：一是要严格禁止和打击各种不正当竞争行为，不准用欺骗和虚假的信息、广告等方式影响顾客；不准盗用和模仿别人的商标，强制顾客接受搭售的附加商品；不准损害别人的商誉，散布有关竞争对手的谣言，特别是要严禁假冒伪劣商品进入市场。二是要消除种种特权，防止市场垄断，为所有市场主体进行公平竞争提供一个平等的环境，即竞争要正当合法。正当的竞争方式有：①价格竞争。这是市场经济条件下竞争的最为广泛的形式，也就是说靠改善生产技术和经营管理水平来提高劳动生产率，从而使商品的个别价值降低、扩大销路来占领市场的竞争行为。②质量竞争。在同等价格水平上，某种商品的质量越好，越能吸引顾客和占领市场。因此，以提高质量为特征的、围绕商品的质量而展开的质量竞争行为，也是市场竞争的重要内容之一。③交易条件的竞争。交易条件的竞争包括提高售前、售后服务水平，采用先进的结算方式和方法，为购买者创造更好的购买条件和环境等。

不正当竞争的行为会造成市场秩序混乱。例如，伪造其他企业的商标、标记、商品容器或包装，或者盗用其他企业的名义、商号，冒充名牌商品，生产销售劣质商品，侵犯他人商标专用权的行为；通过广告及其他方式陈述或标示虚假的产品性能、性质、原料、产地、制造方法、用途、质量、数量等坑蒙诈骗消费者的行为；败坏他人产品声誉或诋毁其他企业信誉的行为；设立关卡，堵塞流通渠道，实行地区封锁的行为；采取行贿手段非法推销自己产品的行为；订立协议来垄断市场的行为等。

（3）建立完善的流通秩序。

建立完善的流通秩序，即形成统一的大流通、大市场，并实现国内、国际市场的对接。打破市场地方割据，克服地方保护主义。地方保护主义与现代市场经济所要求的市场体系是格格不入的，它在相当大的程度上损害了市场体系的完整性、统一性、开放性、竞争性和有序性，从而造成经济效率的损失。这就需要消除由政府部门自上而下的行政性管理造成的行业性和地区性分割，废止妨碍公平竞争、设置行政壁垒、排斥外地产品和服务的各种分割市场的行政性规定，打破行业垄断和地区封锁。

概念与原理

- 建立和完善良好的市场秩序要求建立完善的市场进出秩序、竞争秩序和流通秩序。

3. 建立完善的现代市场体系的措施

（1）实行统一的市场准入制度。

党的十八届三中全会在《中共中央关于全面深化改革若干重大问题的决定》中提出实行负面清单准入制度。主要包括两方面的内容：一是就全国而言，将正面清单管理方式改为负面清单管理方式，“在制定负面清单的基础上，各类企业依法平等进入清单之外的领域”。二是探索对外商投资实行准入前国民待遇加负面清单的模式。投资准入前国民待遇是将国民待遇延伸至投资发生和建立前阶段，其核心是给予外资准入权，在企业设立、扩大等阶段给予外国投资者及其投资不低于本国投资者及其投资的待遇。负面清单是指凡针对外资的与国民待遇、最惠国待遇不符的管理措施，或业绩要求、高管要求等方面的管理措施均以清单方式列明。由正面清单管理转变为负面清单管理，代表了政府管理经济思维方式的改变。负面清单会使政策更加透明，能够为企业开辟广阔的市场空间。

自 2015 年 12 月 1 日起市场准入负面清单制度在部分地区试行，2018 年起正式在全国范围内实行统一的市场准入负面清单制度。党的十九大报告中再次强调：“加快完善社会主义市场经济体制”，“全面实施市场准入负面清单制度，清理废除妨碍统一市场和公平竞争的各种规定和做法”。报告中提到的“全面实施”包括两个层面的含义，一是负面清单制度涉及的市场主体更加广泛；二是引入负面清单管理制度的领域将更加广阔。这种负面清单制度的实施，将进一步放宽市场准入的门槛，充分发挥市场配置资源的能力，“法无禁止皆可为”，使得市场环境更加公平合理有效。

统一市场建设必须清理和废除妨碍全国统一市场和公平竞争的各种规定和做法，严禁和惩处各类违法实行优惠政策的行为，反对地方保护，反对垄断和不正当竞争。

（2）完善主要由市场决定价格的机制。

通过市场竞争形成均衡价格，通过价格引导资源配置是市场经济体制的基本特征，也是市场在资源配置中起决定性作用的集中体现。我国于 20 世纪 90 年代初基本完成商品价格的市场化，但在要素价格方面，包括能源、自然资源、资本、土地等，长期以来仍是管制或半管制。价格管制不仅束缚了市场经济的活力，也扭曲了资源配置。在市场经济体系改革过程中，水、石油、天然气、电力、交通、电信等领域的价格需要进一步改革，放开竞争性环节的价格。仍由政府定价的范围主要限定在重要公用事业、公益性服务、网络型自然垄断环节等。政府在定价过程中，需要充分考虑供求关系、资源稀缺程度和环境损害成本，同时提高政府定价过程的透明度和公众参与度。

（3）严格执行环境、质量、安全等方面的社会性规制。

通过环境、质量、安全等技术标准实施社会性规制，保护公众利益，既是政府的职责所在，也是促进产业升级的有效途径。我国在该方面的突出问题：一是标准偏低，与我们面临的环境恶化形势和结构升级不相适应。在产品标准上也存在类似的问题，这些标准与人民群众日益提高的生活水平不相适应，由此产生了大量“海外购”，再次彰显了提高质量监管的紧迫性。二是对违规行为惩罚力度过轻，常常导致违规收益大于违规成本，起不到对违规者的惩戒和震慑作用。三是有法不依、执法不严问题比较普遍。

（4）改善宏观调控和转变政府职能。

市场经济离不开政府的作用。经济体制改革的核心问题是处理好政府与市场的关系，使市场在资源配置中起决定性作用和更好发挥政府作用。市场能够有效、良性发挥作用的条件和环境需要政府创造和维护。市场起作用的一个基本环境和条件是公平有序的市场竞争环境，但这种环境存在的前提条件，比如产权的清晰界定和严格保护、合同订立和实施过程中的法律保障、反对和禁止垄断等，都需要政府发挥作用。

政府的作用是为市场发挥作用创造条件，而不是替代市场的作用。政府要发挥作用需要正确履行政府职能，进一步简政放权，深化行政审批制度改革。凡是市场机制能有效调节的经济活动，一律取消政府行政审批，对保留的行政审批事项，也需要规范管理，提高效率。政府要加强发展战略、规划、政策、标准的制定和实施，加强对市场活动的监管，对于市场违法行为进行严厉打击，加强对各类公共服务的提供。政府所需要的服务也需要面向市场进行采购，引入竞争机制，通过合同、委托等方式向社会购买。

概念与原理

- 完善现代市场体系需要实行统一的市场准入制度，完善市场决定的价格机制，严格执行市场规制，转变政府职能。

讨论

列举我国互联网垄断的例子，说明垄断的危害及治理。

专栏9-5

平台经济的垄断行为

《中华人民共和国反垄断法》自2008年生效，执行了12年，相关行政判例金额高达120亿元，主要集中在汽车、医药、化工、专利技术、通信等领域，互联网行业罕有处罚。2020年11月6日，中央网信办、市场监管总局、税务总局三部门联合约谈京东、美团、58同城、百度、奇虎360、搜狗、字节跳动、阿里巴巴等27家平台。平台包括电商、社交、旅游、搜索、房产、短视频等。三部门针对平台经济，对一些看起来非垄断性质的平台也进行了约谈。11月10日，国家市场监管总局发布的一则反垄断指南，考虑从顶层设计上重塑互联网公司的生长生态。反垄断指南明确说明，平台即互联网公司，指南直接管理的对象是互联网平台经济。这一次，反垄断的重锤落到了互联网平台身上。

互联网行业有句流传已久的名言，“学成文武艺，卖给BAT”。创业者们或主动，或被动的想法是把公司做到一定规模，然后被BAT收购或投资。随着百度在移动互联网时代的沉寂，创业公司投奔的对象，变成A和T，即阿里巴巴和腾讯。新兴的互联网次巨头们也不甘示弱。字节跳动2019年投资次数为29次，1年投资次数就是前6年的30%；美团战略投资近5年投出38笔投资，贯穿吃住行上下游；滴滴的触角已经从出行渗入金融、社区团购；小米的生态链公司已经多达400多家。平台公司在其自身行业有优势地位，且不断把触角延伸到其他领域。

平台经济已经渗透到中国人生活的方方面面。中国有14多亿人口，其中微信用户多达12亿人次，支付宝用户有10亿人次，淘宝用户有8亿人次。腾讯系、阿里系、百度系、头条系、快手系App五大平台的App使用时长，占据了所有App使用时长的近80%。

平台规模扩大的同时，问题开始出现，“二选一”就是其中重要的一种。“二选一”指的是滥用市场支配地位中的独家交易。2020年9月，爱库存在微博发文指责唯品会“二选一”。同样的苦主还有一长串。2019年“双十一”，格兰仕起诉天猫“二选一”，广州知识产权法院已受理。更早些时候，三只松鼠、苏泊尔、美的、九阳被牵涉进阿里巴巴和拼多多的“二选一”争端。电商之外，也有类似的矛盾。2018年，腾讯与字节跳动也曾经相互指责，字节跳动指责腾讯封链抖音，但抖音在自身进入电商行业后，它选择了和腾讯一样的策略：封链淘宝和京东。一些不合规、不合法经营行为正冲击着网络经济市场秩序。

在平台成长过程中，也有些行为会伤害到用户的利益，大数据“杀熟”就是典型的一种。出行行业的滴滴与酒旅行业的携程，都曾陷入大数据“杀熟”的争议中。2018年3月，有用户测试后发微博称，两个人使用滴滴打车软件，从同样的地点出发、到同样的目的地，但价格却不同。携程在近几年，多次被推上了大数据“杀熟”的风口浪尖。还有更多大数据“杀熟”方式，比如使用iPhone的人和使用安卓手机的人，在同一个电商平台购买同样的商品，会有不同价格。

当竞争陷于混乱，没有人是最终赢家。当平台大到一定程度后，很有可能走上不通过创新竞争，却通过已有资源竞争的路。滥用垄断地位，最终还是损害了消费者的利益。

第3节　社会主义初级阶段的个人收入分配制度

一、社会主义初级阶段的分配制度

收入分配制度，是一定社会经济利益关系的重要体现。在我国社会主义初级阶段，必须坚持以按劳分配为主体、多种分配方式并存的收入分配制度，将按劳分配与按生产要素分配相结合，贯彻劳动、土地、资本等多种要素按贡献参与分配的原则，兼顾效率与公平。

以按劳分配为主体、多种分配方式并存，这一分配制度是我国改革开放以后确立的。实践证明，贯彻以按劳分配为主体、多种分配方式并存的分配制度，是由我国社会主义初级阶段的基本国情所决定的，只有坚持和完善这一制度，才能推动有中国特色的社会主义事业不断前进。

首先，社会主义初级阶段的生产力发展状况是实行这一分配制度的前提。在社会主义初级阶段，生产力发展的不平衡、多层次和不够高的状况是分配方式呈现多样性的深层次原因。社会产品也没有达到极大丰富的地步，劳动还是谋生的手段，这使得我国对于广大的劳动者还不具备实行按需分配的条件，只能实行按劳分配。另外，在坚持按劳分配主体地位的同时，也只有贯彻多种要素按贡献共同参与分配、多种分配方式并存的分配制度，才能通过物质激励，充分调动社会各阶层的积极性，充分利用人们拥有的各类资源，从而加速改变我国生产力落后的面貌，加快现代化进程。

其次，这是由我国社会主义初级阶段以公有制为主体、多种所有制经济共同发展的所有制结构所决定的。马克思指出："消费资料的任何一种分配，都不过是生产条件本身分配的结果。"① 在我国社会主义公有制经济范围内，人民已成为生产资料的主人，实现了在生产资料占有上的平等关系，排除了个人因生产资料所有权而无偿占有他人劳动果实的可能性，此时，人们之间的差距主要表现为劳动质量和劳动投入量的差异性。因此，社会主义公有制主体地位的确立，为坚持按劳分配的主体地位提供了所有制基础。与此同时，社会主义初级阶段公有制经济实现形式的多样化，以及多种所有制经济共同发展的局面，又决定了其他分配方式存在的合理性。例如，与公有制多样化的实现形式相联系，在股份制经济中，要让其他投资主体也积极投资，就必须给他们必要的分红收入；在承包制和租赁制形式下，为了调动承包者和租赁者的积极性，也必须让他们获得必要的承包收益和租赁收益；而在各种非公有制经济中，要让其他生产要素与劳动要素相结合而展开生产，也必须在尊重劳动者合法权利的同时，兼顾其他要素所有者的权益。

最后，这是社会主义市场经济的内在要求。在社会主义市场经济条件下，需要发展

① 马克思，恩格斯. 马克思恩格斯全集：第19卷. 北京：人民出版社，1963：23.

劳动、资本、技术、信息等生产要素市场，以发挥市场在资源配置中的决定性作用，各种生产要素要在市场中得到配置。而市场经济的运行要求各个方面都必须遵循市场经济的基本规律，个人收入分配也不例外。市场经济对个人收入分配制度的基本规定性在于，一是必须坚持物质利益第一性的原则，在尊重各类要素所有权和依据要素贡献决定收益权的前提下，通过资源交易、资源合作的方式组织生产经营活动；二是各类经济主体经济利益的最终实现，要以市场作为基本评判标准，通过价值交换的方式来加以满足。这种规定性决定了要把生产要素投入到经济活动中，需要根据其社会认可的价值，对要素投入者在经济利益上给予一定的回报或补偿，由此既决定了各类要素的收入分配方式，也大体上决定了它们收入分配的基本份额。

概念与原理

- 在我国社会主义初级阶段，必须坚持以按劳分配为主体、多种分配方式并存的收入分配制度。这种分配制度是由初级阶段的生产力、生产关系发展状况决定的，是社会主义市场经济的内在要求。

二、社会主义初级阶段的按劳分配

1. 按劳分配的基本要求

按劳分配是社会主义的个人收入分配原则。马克思在《资本论》中就提出了按劳分配的有关思想。所谓按劳分配是指在生产资料公有制条件下，社会对劳动者创造的社会总产品进行了各项必要扣除后，剩下的部分作为个人消费品按照劳动者向社会提供的劳动的数量和质量进行分配。在《哥达纲领批判》中，马克思清晰地阐述了这个原则。按照马克思的设想，在共产主义的第一阶段即社会主义社会阶段，对个人消费品实行按劳分配原则。按劳分配的基本要求是：第一，有劳动能力的社会成员都必须参加社会劳动，在全社会范围内，社会在对社会总产品做了各项必要的扣除之后，以劳动者提供的劳动（包括劳动数量和质量）为唯一的尺度分配个人消费品，实行按等量劳动领取等量报酬和多劳多得、少劳少得、不劳动者不得食的原则。第二，按劳分配所依据的劳动排除任何客观因素如土地、机器等生产资料的影响，只包括劳动者自身脑力和体力的支出。第三，作为分配尺度的劳动，不是劳动者实际支出的个别劳动，而是劳动者在平均熟练程度和平均劳动强度下生产单位使用价值所耗费的社会平均劳动。

概念与原理

- 按劳分配是指在生产资料公有制条件下，社会对劳动者创造的社会总产品进行了各项必要扣除后，剩下的部分作为个人消费品按照劳动者向社会提供的劳动的数量和质量进行分配。

2. 按劳分配的客观必然性

社会主义公有制的建立，必然要求个人消费品的分配实行按劳分配原则。生产决定分配，个人消费品的分配形式取决于生产的形式。按劳分配是劳动者在社会主义公有制中的利益实现。对个人消费品实行按劳分配，是由生产资料社会主义公有制和人们在生产过程中的相互关系所决定的，归根结底是由社会主义社会生产力的发展状况所决定的，具有客观必然性。

第一，生产资料社会主义公有制的建立要求有与之相适应的分配制度。有什么样的生产资料所有制形式，就有与其相适应的消费品分配方式。消费资料分配的形式是由生产资料所有制的性质决定的。马克思指出："消费资料的任何一种分配，都不过是生产条件本身分配的结果；而生产条件的分配，则表现生产方式本身的性质。"① 社会主义社会生产资料公有制的建立，使生产资料为劳动者共同占有，劳动者成为生产资料的主人，因而谁也不可能凭借对生产资料的私有权来不劳而获地取得收入。正如马克思所说：劳动者"除了自己的劳动，谁都不能提供其他任何东西，另一方面，除了个人的消费资料，没有任何东西可以成为个人的财产"②。也就是说，公有制决定了个人消费品只能按劳分配。而按劳分配是一种有利于公有制条件下劳动者的分配方式，是公有制的实现或落实。

第二，旧的社会分工的存在，以及劳动还没有成为劳动者生活的第一需要，仍然是谋生的手段，是实行按劳分配的直接原因。在社会主义社会，仍然存在劳动者之间的脑力劳动和体力劳动、工业劳动和农业劳动、复杂劳动和简单劳动等旧社会遗留的旧式分工，人们必须"奴隶般地"服从这种分工，还不可能人人都达到自由全面地发展。同时，人们还不能做到无条件地、不计报酬地为社会劳动，劳动还没有成为人们生活的第一需要，仍然是一种谋生的手段。因此，社会主义社会只有承认劳动的这种差别，并按照劳动者向社会提供的劳动的数量和质量来分配个人消费品，才能调动劳动者的劳动热情，使劳动者各尽所能地努力为社会做贡献，从而推动社会主义社会生产力的发展。如果无视劳动的这种差别和特点，对个人消费品一律实行平均主义的分配，就势必会挫伤劳动者的生产积极性，从而不利于社会主义生产的发展。

第三，社会主义社会个人消费品实行按劳分配，归根结底是由社会生产力的发展水平决定的。分配的对象是社会产品，按劳分配的实现只能以社会劳动所创造的成果为依据。恩格斯指出："分配方式本质上毕竟要取决于有多少产品可供分配"③。一般来说，可分配的社会产品数量越多、越丰富，就越能为按劳分配的实现提供较雄厚的物质基础。而可分配产品的数量又取决于生产力的发展水平。在不同的生产资料所有制形式下，由于生产力的发展水平不同，可分配的产品数量也就不同，因而个人消费品的分配方式也就不同。在生产力十分低下的原始社会，可分配的消费品数量极少，只有实行平均分配，才能保证人们都能获得最低限度的生存条件，从而保证社会的存在和发展。因此，产品

---

① 马克思，恩格斯. 马克思恩格斯全集：第19卷. 北京：人民出版社，1963：23.

② 同①21.

③ 马克思，恩格斯. 马克思恩格斯选集：第4卷. 3版. 北京：人民出版社，2012：599.

大体平均的分配，是生产力极端低下、体现原始社会公有制的要求、符合社会成员共同利益的唯一可行的分配方式。而在生产力高度发展的共产主义社会，由于产品极大丰富，因而有可能实现按需分配的形式。作为共产主义初级阶段的社会主义社会，生产力水平还没有达到共产主义社会那样的高度，产品还没有极大丰富，因此它既不能实行像原始社会那样的平均分配，也不具备实行共产主义的按需分配的条件，而只能实行按劳分配。

总之，在社会主义制度下，对个人消费品实行按劳分配，是由社会主义社会的客观经济条件决定的，是不以人们的意志为转移的客观规律。

按劳分配是人类社会历史上分配制度的一场深刻的革命。实行按劳分配，排除了凭借对生产资料的占有而对他人劳动成果的无偿占有，能够把劳动者的劳动贡献和劳动报酬直接联系起来，有利于调动劳动者社会主义建设的积极性，有利于巩固和发展社会主义公有制，有利于实现共同富裕的社会目标，有利于实现社会分配的公平、公正。

按劳分配与共产主义社会的按需分配相比，又有其历史的局限性。由于劳动者的体力和智力不同，劳动者所赡养的家庭人口不同，势必造成不同劳动者及其家庭在劳动报酬上的差别。这就形成了按劳分配中形式上的平等、事实上的不平等。这种事实上的不平等，只是“不同等的个人天赋”所形成的人们在生活水平上的差别。这种差别和不平等，在社会主义条件下是不可避免的。

概念与原理

- 按劳分配是由社会主义公有制、旧的社会分工和现实的生产力发展状况共同决定的，它有利于调动劳动者社会主义建设的积极性，有利于巩固和发展社会主义公有制，有利于实现共同富裕的社会目标，有利于实现社会分配的公平、公正。

3. 社会主义市场经济条件下按劳分配的特点

在社会主义初级阶段，按劳分配在各种分配方式中居于主体地位，这既是由社会主义初级阶段的生产力发展水平、公有制的主体地位等客观条件决定的，也是社会主义本质的内在要求。只有坚持按劳分配的主体地位，才能保障劳动者的主人翁地位，充分调动广大劳动人民参与社会主义经济建设的积极性，为消除两极分化、最终达到共同富裕和实现社会公平提供分配制度基础。

以劳动者投入到生产中的劳动的质量和数量作为分配的尺度，多劳多得，少劳少得，这种分配制度在发展社会主义市场经济的条件下，其实现形式与马克思当初的设想存在很大差异。具体来看，市场机制在资源配置中发挥决定性作用，会使社会主义初级阶段按劳分配的实现形式具有以下特点：

第一，按劳分配中的“劳动”还不是直接的社会劳动，按劳分配的实现程度要受到供求、价格、币值等市场关系的影响和制约。在社会主义市场经济中，各类企业都是具有自身利益的独立经济实体，它们生产的产品和服务都要以商品形式存在，只有通过商品交换的方式才能实现其价值。与此相联系，劳动者为企业提供的劳动，首先也表现为局部劳动、个别劳动或私人劳动，而不是直接表现为社会劳动。这种个别劳动是否及在多大程度上会转化为社会劳动，还要取决于社会对企业产品的需求，或者说，取决于社会对该类劳动的需要量，由此，按劳分配也就不能按照劳动者实际提供的劳动量来计算，而只能以社会认可的劳动量加以计算。

第二，按劳分配在全社会范围内没有一个统一的标准，主要是以企业为单位来进行的。现阶段，劳动者在各个企业从事生产活动，企业按照按劳分配的原则对劳动者进行分配，按劳分配的主体是企业，而不是国家。这样，各个企业生产经营条件的差异性和经济效益的好坏，必然会影响到按劳分配的实施标准，使同质同量劳动在不同企业可能会获得不同的报酬。

第三，按劳分配的实现要采取商品、货币形式。劳动者为企业提供劳动，所获得的收入采取了货币形式，货币收入要转化为实际收入，即转化为人们所需要的一定质量和数量的消费品，还取决于货币购买力或物价等因素，这些因素不可避免地会影响到劳动者的实际收入水平。

按劳分配在市场经济条件下的变化不是对按劳分配的否定，而是按劳分配理论的发展，不能把按劳分配与市场经济对立起来。按劳分配的实质是反对剥削，反对平均主义，承认能力和贡献上的差别对收入分配的影响。在市场型的按劳分配中，消灭了利用生产资料的私人垄断而无偿占有剩余价值的私有制分配关系，实现了生产资料占有上的平等；同时也找到了现实可行的既符合市场经济要求又体现按劳分配本质的劳动计量方式，使按劳分配与市场机制有机地结合在一起，有利于社会主义市场经济的形成与发展。

概念与原理

- 按劳分配方式在社会主义市场经济条件下具有不同的特点，可以分配的“劳动”是需要经过市场交换来实现价值的，它由企业作为分配主体以商品、货币的形式来进行分配。

4. 我国社会主义初级阶段按劳分配的形式

个人消费品实现按劳分配，必须通过一定的劳动报酬形式来实现。目前，在我国的全民所有制企业和城镇集体所有制企业中，按劳分配的基本形式是工资。在市场经济条件下，工资被定义为劳动者的货币收入。工资的外延——奖金和津贴则作为劳动报酬的辅助形式。

我国现阶段的工资有两种基本形式：计时工资和计件工资。

计时工资是直接用劳动时间来计算劳动报酬的一种形式。计时工资根据劳动者的劳动复杂程度、技术熟练程度和劳动繁重程度，具体采取计时职务等级工资制、计时技术等级工资制和计时岗位工资制。不同的工资等级差别反映了劳动者的劳动差别。它的优点是简单易行，因而具有广泛的适应性。但是，由于劳动报酬是用劳动时间计量的，因而它只能反映相同技术等级的劳动者在一定时间内所付出的劳动的平均数，而不能准确反映劳动者实际提供的劳动量和劳动成果，工资没有和劳动成果紧密联系起来，难以使劳动者关心企业的生产经营状况，会出现“出工不出力”、职工吃企业“大锅饭”的现象。因此，实行计时工资必须确定合理的工资等级、级差及劳动定额，建立岗位责任制，并辅以严格的奖惩制度，否则会挫伤劳动者的生产积极性。

计件工资是按工人完成的合格产品数量（或工作量），以预先规定的计件单价来计算工资的一种形式。计件工资是计时工资的转化形式，与计时工资没有本质区别，只是在计量劳动方法上有所区别。它的优点是，能够比较准确地反映劳动者实际提供的劳动量，劳动报酬比较合理，所以更能充分调动劳动者的积极性、提高劳动生产率，更能体现按劳分配的要求，有助于克服平均主义的弊端。其局限是，实施过程较为复杂，并且难以应用于某些劳动者的个人劳动成果难以准确计量的生产部门，而且也容易产生片面追求数量而忽视质量的现象。

奖金是按劳分配的一种重要补充形式。奖金的特点是能够反映劳动者所提供的劳动量的变化情况，运用起来比较灵活，因而有利于鼓励劳动者提供超额劳动，为国家创造更多的财富。同时，还有利于刺激劳动者学习科学技术，积极进行技术革新，促进生产力的发展。但在运用时，应防止滥发奖金和按人头平均分配奖金的倾向。

津贴也是按劳分配的一种补充形式。津贴一般以岗位为基础，在一定的岗位上可以享受津贴，离开了特定岗位就随之取消。它包括岗位津贴、野外津贴、地区津贴、职务津贴等。津贴以职业岗位为基础，有利于鼓励劳动者安心于自己的工作岗位。

总之，工资、奖金和津贴本质上都是按劳分配的具体形式，但它们又各有不同的特点。在实际工作中，只有综合运用三种报酬形式，才能使按劳分配原则得到准确合理的贯彻。

三、按生产要素分配与多种分配方式并存

1. 按生产要素分配的基本含义

所谓生产要素，是指商品生产过程中不可或缺的各种因素的总和。在社会生产过程中，最基本的生产要素是劳动、土地和资本三要素。随着生产过程的发展和生产过程的复杂化，生产要素的外延呈现出日益扩张的趋势，企业家才能、科学技术、经营管理、知识、信息等内容都被纳入生产要素的范畴。所谓按生产要素分配，指的是在市场经济中，劳动、土地、资本、技术等生产要素的所有者都根据对生产要素的贡献参与收入分配，获取相应报酬。

按生产要素分配是与按劳分配不同的一种分配方式。党的十六大明确确立了劳动、资本、技术和管理等生产要素按贡献参与分配的原则。它的基本要求是：按照投入的生产要素的多少及其对于创造财富的贡献来分配财富。一般来说，投入资本得到利润，投入土地得到地租，投入劳动得到工资，投入资金得到利息。生产要素按贡献参与分配是市场经济条件下的一种分配方式，是生产资料所有者的所有权在分配领域的实现。它是通过商品生产和商品交换实现的一种在多种社会制度中通行的分配方式。

概念与原理

- 按生产要素分配是指在市场经济中，劳动、土地、资本、技术等生产要素的所有者根据对生产要素的贡献参与收入分配，获取相应报酬。

2. 按生产要素分配的客观必然性

第一，生产要素是社会产品生产中不可缺少的因素。按生产要素分配，是由各种要素在财富创造过程中的作用所决定的，也是市场经济中所有权规律的内在要求。“劳动是财富之父，土地是财富之母。”劳动只有与其他生产要素结合在一起，才能成为现实生产力，发挥创造使用价值和价值的作用，从这一点上看，各种要素都是财富创造过程中不可或缺的元素。在市场经济中，要让各类要素的所有者愿意让渡其所拥有的要素的使用权，必须对要素所有者给予必要的经济补偿，这是所有权规律的内在要求，也是价值法则、等价交换规律的体现。

第二，多种要素按贡献参与分配，也是由社会生产力的发展水平决定的。在生产力还没有发展到社会物资极大充裕、旧的社会分工关系尚未完全消除时，一定社会所拥有的技术、信息、管理经营及生产资料等各类经济资源，在全局或局部范围内都具有稀缺性的特点。为了能够充分调动各类要素所有者的积极性，使他们愿意将自己拥有的经济资源投入到生产建设和经济活动中，必须以物质激励的方式而不是强制或剥夺的方式来加以引导，只有这样，才能促进生产力发展，更大程度地增加社会财富。

第三，生产要素参与分配是与我国当前的多种所有制形式相适应的。由于非公有制经济逐渐增加，生产过程中使用的劳动、资本、技术和土地等生产要素属于多元所有，生产者往往不能完全使用属于自己的生产要素进行生产，在这种情况下，劳动创造的价值便不能完全归劳动者自己所有，而需要按照不同生产要素对于创造产品收益的作用与其他生产要素的所有者分享。

第四，按生产要素分配是与市场经济相适应的分配方式。只要以市场作为配置资源的手段，要素就会以利润最大化为导向进行流动。在市场导向下，要素才能实现最优配置，使社会资源配置的总体效率水平得到提升。为了鼓励要素所有者提高要素质量，增加要素供给，要素所有者应当获得参与社会净产品分配的资格。

概念与原理

- 按生产要素分配具有客观必然性，生产要素是生产中不可缺少的因素，按生产要素分配是与当前的生产力发展状况、多种所有制结构及市场经济相适应的分配形式。

3. 多种分配方式并存

在社会主义初级阶段，除按劳分配之外，还存在其他多种分配方式。在一些场合，这些分配方式还会采取相互结合的方式，使个人获得收入。按劳分配以外的并存的多种分配方式主要有：

（1）除按劳分配以外的劳动和经营收入。在个体经济中，劳动者以自有劳动和生产资料从事生产经营活动，由此为他们带来的个人收入，既取决于他们投入的劳动质量和数量，以及他们所拥有的物质资料的数量和质量，也取决于他们的经营能力。这类收入分配与公有制中的按劳分配存在本质区别。

（2）按劳动力价值分配。在非公有制经济中，劳动者所获得的工资收入，是其劳动力价值或价格的转化形式，这类分配方式属于按劳动力价值分配。

（3）资产收益。对企业经营提供各类物质和非物质资产的所有者，通过获得股利、利息、租赁收入等方式分享企业利润或收益，这些收入属于资产收益。

（4）提供技术、信息等生产要素获得的收入。这主要是指通过知识产权和技术的转让、入股或出租等形式及为其他经济主体提供信息咨询等方式获得的收入。

（5）风险补偿收益。一些经济活动，如新创企业、进行经营管理决策等，会使其经济主体承担较大风险，为了激发这类经济主体进行创新性活动的积极性，需要根据他们的行为效果和所承担的风险程度，给予必要的风险补偿收益。

（6）转移性支付、福利性收入。国家作为宏观收入分配主体参与国民收入的分配、再分配过程，它通过税收等形式从各经济主体那里取得收入，并在此基础上根据公平原则在社会范围内进行再分配。社会成员从国家再分配收入中获得的转移性支付、福利性收入等属于调节性收入。这种分配方式既非按劳分配，也非按生产要素分配，而是按公平原则分配，其目的是保障社会稳定和社会利益的平衡。

概念与原理

- 社会主义初级阶段多种分配方式并存，除按劳分配以外，还有个体劳动和经营收入、劳动力价值收入、资产收益、信息和技术收益、风险补偿收益、转移性支付和福利性收入等多种收入分配形式。

四、社会主义初级阶段的公平和效率

处理好公平和效率的关系，是处理好收入分配问题和构建社会主义和谐社会的核心问题之一。

经济学所讲的效率，是指人们对经济资源的有效利用和合理配置，以最小的投入获得最大的产出，实现社会福利最大化或者使社会财富得到最大程度的增加。社会主义初级阶段个人收入分配中的效率，是指通过个人收入分配关系的处理，调动包括劳动者在内的各种生产要素所有者的积极性，以增加生产要素的投入，提高生产要素的配置效率和使用效率。

经济学意义上的公平是指有关经济活动的规则、权利、机会和结果等方面的公正与平等，它是调节社会关系和财富分配关系的一种规范。分配公平主要表现为个人消费品分配的相对公平，要求社会成员之间的收入差距不能过于悬殊。个人收入的社会分配是否公平，不取决于有没有差距，而取决于这种差距是否合法、合情、合理、合乎民生发展。马克思主义认为，公平是历史的、相对的，不是永恒的。它不只是一种主观观念，而且具有客观的内容，它受制于一个国家特定的社会经济结构、政治结构和文化结构，具有相对性、历史性和客观性。在我国社会主义初级阶段，个人收入分配中的公平的观念和原则包括以下四个方面的内容：(1) 共同富裕是社会主义初级阶段共同追求的目标，要在实现共同富裕的基础上和过程中实现公平。(2) 按劳分配和按生产要素分配都是社会成员的平等权利。(3) 在社会主义平等权利的基础上，既要反对平均主义，又要反对收入差距过大，避免出现两极分化。(4) 机会均等包括每个社会成员在可获得的机会、可参与的程度和可进入的领域等方面都享有平等的权利。

概念与原理

- 个人收入分配中的效率，是指通过个人收入分配关系的处理，调动包括劳动者在内的各种生产要素所有者的积极性，以增加生产要素的投入，提高生产要素的配置效率和使用效率。公平是指有关经济活动的规则、权利、机会和结果等方面的公正与平等，它是调节社会关系和财富分配关系的一种规范。

效率和公平是对立统一的关系。对二者之间的关系应当辩证地认识，需要坚持“效率与公平兼顾”的原则。

公平和效率是矛盾的统一，二者既相互矛盾、相互排斥，又相互统一、相互依存。它们的统一性主要表现在：其一，效率是公平的基础，没有效率就没有公平实现的物质条件和源泉。效率主要体现为生产力、经济的发展，若没有生产力和经济的发展、效率的提高以及财富的增进，则公平就成了无源之水、无本之木，就难以有真正意义上的公平。其二，公平促进效率，没有公平就没有效率存在的理由和保证。收入分配是否公平，对经济效率有重大影响，分配公平合理能够使各个阶层的劳动者充分发挥主动性、创造性和积极性，能够促使社会稳定发展，从而全面促进劳动效率的提高。相反，严重的分配不公，无论是平均主义的分配方式，还是收入差距过大乃至产生两极分化，都会降低劳动者的积极性，增加社会的不稳定因素甚至引发社会动荡，影响效率。

它们的矛盾性主要表现在：二者之间也存在此消彼长的关系。一方面，公平相对于效率具有一定的滞后性，效率开始提高了，但旧的公平观仍居于主导地位，阻碍生产力的发展。另一方面，在一定时期内为了达到公平，要以牺牲一定的效率为代价；而为了促进效率，又要以牺牲一定的公平为代价。

在社会主义初级阶段，正确处理好效率和公平的关系，应当把握以下几个方面：

第一，从长期来看，要兼顾效率和公平，但在不同时期应有所侧重。效率和公平在任何时候都要兼顾，但在经济发展的不同阶段，侧重点有所不同。在改革开放初期，我国采取“效率优先、兼顾公平”的分配原则，有利于打破计划经济体制下所形成的僵化的平均主义，提高劳动者的积极性，实现“先富”带动“后富”，最终达到共同富裕。经过40多年的经济发展，在社会生产力迅速提高的同时，收入分配差距在各个层面不断扩大，社会公平问题则引起广泛关注。

第二，处理好初次分配和再分配的关系，即在初次分配中着力体现效率，但也要适当注意公平问题，而在再分配中则要体现公平。在市场经济条件下，市场主体追求自身利益最大化，而要实现微观主体自身利益最大化，最有效的经济手段就是按照市场原则和生产要素的贡献取得收入，让贡献大者获得更多收入，激发他们劳动和经营的积极性，在政策上要鼓励一部分人通过诚实劳动和合法经营先富起来。初次分配中讲求效率必然带来收入差距的扩大，要缩小收入差距就需要利用再分配的政策措施，包括对高收入者征收各种调节税，对低收入者和贫困地区实行转移支付，如提供社会保险、社会救助和临时性的社会捐助，目的是缩小初次分配中的收入差距。

第三，处理好市场机制和政府职能在收入分配领域的不同作用。市场机制作用的充分发挥有利于效率目标的实现，政府干预的侧重点是维持社会公平。只有市场机制和政府干预在收入分配领域发挥各自的优势，才能更好地解决效率和公平兼顾的问题。

概念与原理

- 公平和效率是矛盾的统一，统一性主要表现在：其一，效率是公平的基础，没有效率就没有公平实现的物质条件和源泉。其二，公平促进效率，没有公平就没有效率存在的理由和保证。

矛盾性主要表现在：二者之间也存在此消彼长关系。一方面，公平相对于效率具有一定的滞后性。另一方面，在一定时期内为了达到公平，要以牺牲一定的效率为代价；而为了促进效率，又要以牺牲一定的公平为代价。

五、社会主义初级阶段的收入差距及其调节

（一）收入差距的表现形式

在社会主义初级阶段，由于要素禀赋、个人能力的差异和体制转型等原因，收入差距是客观存在的。正确认识和处理收入差距问题，首先要区分两类不同的收入差距：一类是合理、合法且适度的收入差距，另一类是不合理、不合法且不适度的收入差距。所谓合理、合法且适度的收入差距，是指在法律允许社会又能够承受的范围内，按照投入生产要素的多少及其作用大小来分配社会财富，使各种生产要素的报酬与各自在社会财富的创造中所发挥的作用相对应而形成的收入差距。相反，即为不合理、不合法且不适度的收入差距。不合理、不合法且不适度的收入差距有两种主要表现：一种是平均主义，另一种是收入差距过大。

我国在改革开放前，收入差距的不合理主要表现为存在平均主义分配的问题。平均主义分配的最大弊端是挫伤劳动者的积极性，束缚经济发展。改革开放后平均主义分配的格局逐渐被打破，但其影响在某些部门、某些企业还存在，有时还成为人们接受新的

分配制度的障碍；与此同时，随着经济的持续增长和国家经济实力的增强，城乡居民的收入水平有较大提高，收入差距在逐渐扩大，收入分配中的矛盾较多，处理好社会利益关系的难度加大，以致成为当前亟须解决的重要经济和社会问题之一。

改革开放以来，我国在实现居民收入大幅度提高的同时，也面临着收入分配差距不断拉大的局面。根据国家统计局发布的数据，我国基尼系数从 20 世纪 90 年代起一路上升，到 2008 年达到相对高点 0.491，近年来才有所下降，2018 年基尼系数为 0.474。根据国际公认的收入分配差距标准，基尼系数超过 0.4 就属于收入分配差距较为严重的情况，按照这一标准，我国社会收入分配差距已经多年处于较为明显的状态。

河北怀来人家

北京顺义人家

顺义和怀来分居北京东西，处于同一纬度，但贫富差距明显。

上图为河北怀来县官厅镇幽州村人杜明喜、王玉玲夫妇，他们是村长的岳父岳母。除了嫁给村长的女儿外，儿子因为家里穷到官厅镇做了上门女婿。除了土炕搬不出来，老人的全部家当都在这张照片中了。

下图为北京顺义区大孙各庄镇顾家庄村曹明圣、王学英夫妇。大儿子做研究工作，二儿子贩卖蔬菜，三儿子在气象局工作。家当虽然没有搬出，但从那新房中就可以窥见这家人的生活水平。为了赶回来一起拍照片，老人的儿孙们共开回了四辆汽车。

资料来源：中国国家地理，2015（1）.

我国收入分配差距主要表现在城乡、行业和区域三个方面。城乡收入差距是我国收入分配差距最突出的表现所在。我国改革开放是从农村开始的，20 世纪 70 年代末到 80 年代中期，农村改革取得了较大突破，而城市改革处于停滞状态，城乡收入差距大幅度缩小。但是，进入 80 年代中期，国有企业改制和市场化改革逐步展开，城市居民收入水平不断提高，而农村居民收入水平长期以来增长缓慢，这导致城乡收入分配差距急剧拉大。至 2009 年，城乡居民收入比达到了惊人的 3.33∶1 的程度。在达到峰值以后，城乡收入差距开始缩小，2019年为2.15∶1，仍然较高。

行业之间的收入分配差距也是我国收入分配差距的表现之一。由于行业技术、资本、人力资源素质等构成不一样，劳动生产率不一样，在产业链上的位置不一样，因此，其工资水平当然会有差距，但应该维持在合理范围以内，而现状是，行业收入中的不合理差距虽然有所缩小，但总体仍然维持在较高的水平。从统计数据来看，2019年，城镇非私营单位职工收入水平较高的信息产业、金融业分别是农林牧渔业的4.2倍。

区域收入分配差距也是收入分配差距的重要表现。从总体上来说，我国东、中、西三大区域之间的差距在改革开放以来急剧拉大。1985年，我国省市自治区中居民人均收入最高的是上海，达到980.1元，而排名最低的甘肃为316.2元，前者是后者的3.1倍；而到了2019年，排名第一的上海达到了69 441.6元，排名最后的甘肃为19 139元，前者是后者的3.63倍。即使在大区域内部，省份之间、省市内部的区域分配差距也十分明显。典型的如东部发达省份的江苏和浙江，存在着苏南—苏北、浙东—浙西的较大发展鸿沟。

（二）收入差距形成的原因

造成收入差距不合理的因素是复杂的，主要可以概括为以下四个方面：

首先，不断深入的市场化改革是拉开收入差距的最根本原因。在市场经济中，资源配置和收入分配需要通过竞争机制发挥作用。在竞争过程中，优胜劣汰，有一些人不能适应市场经济的要求，导致了收入分化。适度拉开收入差距是提高经济效率水平的必然要求。

其次，改革过程中的一些不合理的制度设计阻碍了社会公平的实现。这些制度既有来自计划经济时代的遗留，也有在改革开放过程中所形成的一些新的制度。在我国，收入差距表现为城乡差距、行业差距、区域差距，虽然具体形成原因非常复杂，但是这些因素都是与制度因素有关的。城乡收入差距与城乡分割的户籍、社保和就业制度有关。户籍制度客观上造成了劳动力市场分割，农民身份使农民工无法获得城市居民所享有的保障和就业条件。在城市化进程中，农民的利益受到忽视和损害，客观上拉大了城乡收入分配差距。从行业层面来看，部分行业凭借其垄断地位摄取高额收益，特别是电力、石油、烟草等行业利用行政垄断力量，严重损害了市场竞争原则，导致了行业之间巨大的收入分配差距。东部地区的优先发展战略和对东部地区的政策倾斜也在一定程度上拉大了区域间收入差距。

再次，占有生产要素质量和数量的过分悬殊对收入分配产生了累积效应。在我国的所有制结构中，非公有制经济占有相当大的比例，私有资本的所有者往往占有大量的资本、技术、土地（包括矿产资源）等要素，而这些要素的报酬具有累积效应，一旦拥有资本和土地，就会因为拥有而获取更多的收入，再将收入转为资本或土地。这就必然导致社会整体的收入分化。

最后，在二次分配中，税收对收入的调节作用有限。政府采用税收、财政转移等政策工具调节收入分配差距，但是，我国目前实施的仍然是以增值税等流转税为主体的税制结构，所得税、遗产税、房产税等税种所占比重较低，税收在调节收入和财产分配差距中的作用十分有限。

专栏9-6

第三次分配

一般认为，收入分配模式只有初次分配和二次分配两种，近年来，“第三次分配”逐渐成为一种新的分配方式而为社会公众所熟识。从界定上来看，第三次分配是建立在自愿性的基础上，以募集、捐赠等慈善公益方式对社会资源和社会财富进行的分派，它依靠“精神力量”，奉行“道德原则”。

在西方国家，捐赠和慈善行为不仅是一项历史传统，同时也是具有巨大影响力的社会事业。有统计数据表明，美国每年的慈善捐款通常在3 000亿美元以上，最高时曾达到6 000亿美元，占GDP的3%以上。美国慈善捐赠的85%左右来自全国民众，70%以上的家庭都积极参加慈善事业。不仅是普通民众，富人也是慈善事业的重要力量。比尔·盖茨2008年6月在宣布退出微软公司时，同时宣布将580亿美元财产尽数捐给基金会；巴菲特2006年向5个慈善基金会捐出375亿美元，占其当时个人财产的85%。

近年来，以捐赠和慈善为主要形式的第三次分配在我国也有了很大发展，2014年福布斯慈善排行榜上，有12家中国企业的年现金捐赠额超过了1亿元。

（三）调节收入差距的措施

合理、合法且适度的收入差距，有利于调动各方面的积极性，有利于促进经济社会和谐发展与人民生活改善；不合理、不合法且不适度的收入差距产生的后果则相反。

造成收入差距不合理的主要原因是对生产要素占有的差别过分悬殊。由于部分社会成员拥有较多的资本和土地等要素，而资本和土地等要素的报酬具有累积效应，因此一旦拥有资本和土地，就会因为拥有而获取更多的收入，然后再将收入转为资本或土地。这必然会造成这样的结果：收入差距不断扩大甚至差距悬殊。除此之外，收入差距的不合理也与分配机制不完善和政府宏观调控力度不够有直接联系。

收入差距不合理会导致社会不稳定，影响共同富裕目标的实现，并最终制约效率的提高。当前正确处理收入差距问题的原则和措施主要包括：

（1）坚持从整体上调节国民收入分配，既要做大“蛋糕”，又要分好“蛋糕”。要牢牢抓住发展这个第一要务，以经济建设为中心，统筹城乡和地区发展，协调经济发展和分配调节，在初次分配和再分配环节共同着力调节收入分配。在发展经济、做大“蛋糕”时，要从源头上考虑国民收入分配问题，优化经济结构，使之有利于低收入地区和群众在初次分配中提高收入水平。当前，最重要的是优化资源配置，调整国民收入分配格局，促进农村和中西部地区的经济和社会发展，大力提高农民和中西部地区群众的收入水平，并通过财政转移支付等再分配手段努力增加收入。

（2）完善按劳分配为主体、多种分配方式并存的分配制度，既要坚持生产要素按贡献参与分配，又要注重提高劳动者的报酬在初次分配中的比重。深化收入分配制度改革，初次分配的重点是建立和完善市场机会均等且公平竞争的机制，发挥市场竞争对提高效率的作用；完善企业工资制度，规范企业按劳分配与按生产要素分配相结合的分配方式，在贯彻按劳分配原则时，要把劳动报酬同劳动效率相挂钩，不仅要衡量投入劳动的量，更要衡量劳动的质和劳动绩效；在生产要素参与分配中，要把生产要素获得的收益同各种生产要素的经济效率联系起来。全面推行企业职工工资集体协商制度，完善并严格执行最低工资制度，建立健全最低工资标准动态调整机制，使初次分配真正与劳动和贡献挂钩，切实保障劳动者的权益。当前，要着力提高低收入者的收入，逐步提高扶贫标准和最低工资标准，建立企业职工工资正常增长机制和支付保障机制。创造条件让更多群众拥有财产性收入。保护合法收入，调节过高收入，取缔非法收入。扩大转移支付，强化税收调节，打破经营性垄断，创造机会公平，整顿分配秩序，逐步扭转收入分配差距扩大趋势。

（3）要健全市场分配机制，发挥市场机制对分配的基础性调节作用。初次分配注重发挥市场的作用，鼓励一部分人通过诚实劳动、合法经营先富起来。要建立、健全劳动力市场及其调节机制，使在社会主义市场经济中从事各种具体劳动的每个劳动者的收入分配，都置于同一规范和调节机制之下，接受客观的市场分配规律的制约，实现公平合理的分配。要建立、完善其他生产要素市场及其运行机制，特别要建立、健全和完善由市场供求机制、竞争机制决定而形成的价格机制，使价格真正成为调节收入分配的客观的指示器。要通过企业改革，塑造企业的市场主体，以防止由于企业行为的扭曲而导致价格和分配的混乱与差距的扩大。

（4）加强政府调控，规范分配秩序，合理调节少数垄断行业的过高收入，发挥税收政策对分配的调节作用，实施必要的福利政策。一是要通过完善税制，加强征管，加大调节力度，调节过高收入，规范收入分配，使收入差距趋于合理；要逐步完善个人所得税制度，根据收入的高低确定不同的税率，对高收入者按高税率征税，对低收入者按低税率征税甚至不征税，这样有利于缩小社会成员之间的收入差距。政府还应征收遗产税、赠与税、财产税、消费税尤其是奢侈性商品和劳务的消费税，通过这些税收来纠正财产分配的不公平。二是通过社会福利政策增加低收入者的收入。福利政策的内容包括各种形式的社会保障和社会保险。同时，要加快保护劳动者的各种立法，包括最低工资法、最高工时法以及环境保护法、食品和医疗卫生法等。三是要加快各种福利设施和公共工程的建设，包括住房建设、教育与文化等各种社会服务设施的建设，实现公共资源的公平共享。四是通过加强法治建设，清理规范隐性收入，取缔非法收入，对侵吞公有财产和用偷税逃税、权钱交易等非法手段牟取利益的，坚决依法惩处。

概念与原理

- 当前正确处理收入分配差距问题的原则和措施：坚持从整体上调节国民收入分配，既要做大“蛋糕”，又要分好“蛋糕”；完善按劳分配为主体、多种分配方式并存的分配制度；要健全市场分配机制，发挥市场机制对分配的基础性调节作用；加强政府调控，规范分配秩序，加强法治建设。

讨论

请分析我国当前贫富差距过大的根源，它会对我国经济发展造成哪些危害？

六、完善社会主义社会保障体系

社会保障制度指的是为了使社会成员在人生各阶段遇到困难和意外事故的情况下，仍然能够获得必要的生活资料，国家和社会通过规范化的公共经济措施，依法为社会成员提供基本生活保障和福利的社会管理体制。社会保障是社会发展和社会进步的产物，也是现代国家文明的重要标志之一。在现代社会，社会保障制度是国民收入再分配关系的重要内容。资本主义社会的社会保障制度是在工人运动的倒逼下不得不进行的一种制度改良，一定程度上体现了社会主义对资本主义制度的冲击和影响。在社会主义国家中建立和健全社会保障体系，本来就是社会主义题中应有之义。

（一）我国社会主义社会保障体系的建立与发展

1. 改革开放前的社会保障体系

我国的社会保障事业是在中华人民共和国成立后建立和发展起来的，并且在较短的时间内迅速建成了一套以国家为主要责任主体、城乡单位担负共同责任并一起组织实施的较为完整的社会保障体系。在这种制度安排下，国家直接承担着统一制定各项社会保障政策、直接拨款和组织实施有关社会保障事务的责任，城镇企业单位负责缴纳职工的劳动保险费用，农村集体经济组织则担负着救济“五保户”[①] 和优待烈军属等责任，各种单位开始普遍承担实施有关社会保障政策的任务，国家与单位在社会保障制度的确立与实施过程中日益紧密地结合为一体。

计划经济时期，中国社会保障制度的特色是“国家负责、单位包办、板块分割、全面保障、封闭运行、平均主义”。第一是社会保障制度由国家负责。国家通过计划经济体制维护着各个单位组织的存在，并通过财政补贴的方式提供直接支持。第二是单位包办。各单位无一例外地要服从国家政策规定并直接承担起组织实施本单位社会保障的责任，企业单位与乡村集体经济组织还要为这种制度的实施提供经费。第三是板块分割。根据单位的所有制和个人的城乡身份划分为相互分割的板块，各负其责。户籍制度和单位制度使城乡之间、干群之间、不同所有制单位之间壁垒森严，又使相互分割的板块共同构成了一个无遗漏的安全网。第四是全面保障。社会保障制度作为社会主义制度优越性的体现，这种机制的保障范围是十分广泛的。在城镇，从退休养老到疾病医疗，从住房福利到教育福利，从就业安置到贫困救助，从价格补贴到职工食堂等无微不至。在农村，保障项目虽然不多，但国家规定，农村收益分配采用按劳分配与按人口分配相结合的方

① 20世纪50年代，我国开始建立以保吃、保穿、保住、保医、保葬为基本内容的农村五保供养制度，为农村中缺乏或丧失劳动能力、无依无靠、没有生活来源的老弱孤寡及残疾人员提供生活保障。这是中华人民共和国第一项农村社会保障制度。

式，使绝大多数农村人口都能够受惠，并从合作医疗制度（即著名的“赤脚医生”制度，该制度曾获世界卫生组织高度赞扬）获得廉价的医疗保健服务。[①] 第五是封闭运行。保障制度实施过程完全封闭，各个单位只对本单位的成员负责，福利资源无法流动互济。第六是平均主义。一方面，国家与单位承担了社会保障的全部责任，个人无须承担直接义务。另一方面，在这种机制下劳动者的福利所得实际上与其劳动所得混淆不清，即“低工资、高福利”，带有深厚的平均主义色彩，实际上也使得保障与就业无法分离。

改革开放前的社会保障体系，对于快速地、大范围地满足群众的基本生活需求、维持社会稳定和促进工业化进程做出了十分重要的贡献。但是，由于这个体系主要是配合当时计划经济体制运作的，所以缺陷也相当明显。

首先，社会保障的城乡、所有制的板块分割不利于社会公平的体现。户籍制度所构筑的城乡壁垒，在很大程度上将农村居民人为地排除在国家直接保障的覆盖范围之外。即使同为城镇劳动者，由于所有制的差别，在社会保障的待遇上也存在着严重的不公平，城镇全民所有制企业职工和国家机关、事业单位职工享有最完全的社会保障，而集体所有制企业职工的保障和福利待遇则远较前者差。其次，就业与保障紧密挂钩，往往导致企业冗员，造成效率损失。最后，由于是单位本位式的保障，因而每个单位都在“办社会”，这必然造成重复建设和无谓浪费。

2. 改革开放后的社会保障体系

改革开放40多年来，我国经济建设取得了举世瞩目的成就，综合国力得到极大增强，为社会保障事业加快发展提供了雄厚的经济基础。随着我国社会发展进入新的阶段，人民生活水平显著提高，广大人民群众的社会保障意识逐渐增强，对社会保障的期盼日益提高，为社会保障事业加快发展提供了良好的社会基础。

党的十六届六中全会和党的十七大提出了2020年基本建立城乡社会保障体系的战略部署，党的十八大报告再次重申：“要坚持全覆盖、保基本、多层次、可持续方针，以增强公平性、适应流动性、保证可持续性为重点，全面建成覆盖城乡居民的社会保障体系。”在党中央政策的指导下，社会保障制度经过20多年的改革探索，积累了宝贵的经验，为社会保障事业加快发展提供了丰富的实践基础。

经过改革，我国的社会保障体系已经面目一新，主要标志有三：一是在保留民政部的同时，又新组建了人力资源和社会保障部，相对统一了社会保障的管理体制。二是社会保障全面走向社会化和去单位化。社会保障体系独立于企事业单位、筹资渠道多元化

---

① 1949年，中国人的预期寿命是41岁，婴儿死亡率（每1 000个新生儿童在一年之内死亡的数目）是令人吃惊的195！妇女平均生育6个孩子。到了1978年（市场化改革开始的年份），中国人的预期寿命已达到65岁，婴儿死亡率下降到52，而总生育率则达到约为3个孩子的水平。这些成功反映了毛泽东时代的几项政策倡议的结果：第一，大规模的医疗卫生运动减少或者消除了几种传染病的传播，这些传染病包括疟疾、钩虫、血吸虫病、霍乱、天花以及瘟疫。第二，中国有“赤脚医生”这种制度创新，即为农村地区服务的社区医生，他们要接受一些基本的医学服务（包括防治传染病）培训。第三，基础设施（道路、电力、饮用水以及公共厕所）得到极大的改善，这提高了影响人们的身体健康的环境的安全性。第四，农作物产量获得极大的提高，这部分是由于中国引进了一些高产的农作物品种。例如，根据官方数据，中国的谷物产量由1961年的每公顷1.2吨增加到1978年的每公顷2.8吨。（萨克斯. 贫穷的终结——我们时代的经济可能. 上海：上海人民出版社，2007：135.）

和管理服务社会化，成为社会保障制度改革的总方向。三是开始将社会保障体系作为一项基本的社会制度安排来建设。目前，我国社会保障制度已实现两个“全覆盖”：城乡居民基本养老保障实现了制度全覆盖，各项养老保险参保人员达到 7.9 亿人；全民基本医保体系实现了全覆盖，新农合及各项医疗保险参保人员超过 13 亿人。

3. 建立社会保障制度是现代市场经济的必然要求

早期的资本主义市场经济的典型特征是资本对劳动的残酷剥削，广大的工人阶级处于极度贫困状态，由此导致阶级矛盾激化。为了缓和劳资矛盾，从 19 世纪开始，西方发达资本主义国家逐步建立起社会保障制度。在进入国家垄断资本主义阶段以后，社会保障制度成为现代市场经济的必然要求和重要内容之一。

首先，现代市场经济不仅强调竞争原则，而且强调保障机制。建立社会保障制度是现代市场经济的必然要求。市场经济是竞争性经济，在竞争过程中，由于个人的禀赋不同，把握市场机遇的能力不同，在市场竞争中必然会出现优胜劣汰，有一些弱势群体因此会出现生活困难。为了避免市场对人们生存状况的巨大冲击，需要建立相应的安全保障网络以缓冲市场对个人和家庭命运的不利影响。从我国的现实来看，改革开放 40 多年来，我国产生了一个弱势阶层，收入低，就业不稳定，生活处于不安定之中。这就需要在效率与公平的天平上，更加重视公平，给予弱势阶层一定的保障。解决得好，社会则和谐发展；解决得不好，可能引发社会动荡。

其次，现代市场经济不仅强调动力机制，而且强调平衡机制。在我国，改革使市场动力机制得到了一定的发挥，但与之协调的平衡机制没有及时建立起来，主要表现在城乡差距、地区差距、行业差距加大，就业压力越来越大，行政垄断集团没有得到抑制，国家财富增加与国民幸福指数不成比例地增长等方面。

再次，现代市场经济不仅需要资本推动，而且需要温情政府。资本是按照效率要求进行分配的资源，资本本身是没有人情味的。这就需要温情的政府在稳定宏观经济的同时，维护弱势群体的基本生活保障和医疗需要，把大量的资金用于公共事业，给全体公民以安全感，这样，社会大众再无后顾之忧，从而有利于和谐社会目标的实现。

最后，现代市场经济不仅需要经济效率，而且需要社会公平。市场追随的是货币选票，只有建立广泛覆盖的社会保障，才能通过再分配对初次分配的不公平状况进行部分校正：一方面，政府通过转移支付，给低收入者提供补贴；另一方面，编织“安全网”，保护不幸者免受困苦。

概念与原理

- 现代社会保障是指国家和社会通过规范化的公共经济措施，依法为社会成员提供基本生活保障和福利的社会管理体制。
- 建立社会保障制度是社会主义市场经济建设的必然要求。

（二）我国社会保障制度的基本特征

在现代市场经济条件下，任何一个社会要健康稳定地发展，都必须建立健全的社会保障制度。它可以对那些遭遇特殊困境的社会成员提供保障。我们在借鉴和批判发达资本主义国家的社会保障制度的基础上，建立和健全了我国的社会保障体系，它具有鲜明的社会主义性质和中国特色。

1. 自觉维护劳动者经济权益的性质

资本主义社会并不是一开始就有社会保障制度的，只是经过工人阶级为捍卫自己生存权益的长期斗争，只是在资产阶级统治者意识到保障劳动者基本生存与发展权对于维护本阶级利益的重要价值后，才着手在资产阶级利益允许的限度内，逐步建立起社会保障制度。应当承认，现代资本主义的社会保障制度具有某种社会主义因素，因为这是发达资本主义国家在生产力高度发达条件下解决社会矛盾的产物，是国家作为总资本家对市场经济进行宏观调控的产物。但是，从历史的眼光来看，资本主义社会的社会保障制度的形成是被动的。与此不同，中国在社会主义根本制度确立之时，一开始就从劳动人民当家做主的高度，自觉地建立起初步的社会保障制度，使之在社会主义建设中发挥积极作用。不过，当时受综合国力和僵化的计划经济体制的限制，社会保障制度难免带有一些与生俱来的缺陷。但是，在改革开放的新时期，国家一发现这些缺陷，就立即着手按社会主义市场经济体制的要求，建立和健全新的社会保障制度。所以，中国的社会保障制度，就其本质而言，是社会主义根本经济制度的要求，是对劳动者的安全和健康的自觉维护。那种把它视为弥补市场经济失灵的被动产物，把它理解为一种国有企业改革的配套措施的观点，是比较狭隘的。在中国，完善的社会保障体系固然也要服务于市场经济运行，但是其根本目的，则是维护劳动者的社会主义经济权益。

2. 适应人的全面发展的性质

建立和健全中国社会保障制度，不是一种暂时的应急措施，而是有明确的促进人的全面发展的社会主义价值取向的。因此，从完善社会保障体系的战略目标来看，一是社会保障项目应尽可能满足劳动者多方面的需要。在现有国力的条件下，首先解决基本生活保障问题；在国力逐步强盛的基础上，还要提高保障项目的标准，例如扩大医疗保险的范围、提高养老保险的标准等，并着眼于基本生活质量的提高，把必要的精神文化生活也逐步纳入受保障的范围。二是社会保障要逐步覆盖全体劳动者。目前，中国城市劳动者纳入社会保障制度的对象正在逐步扩大，但是，农村劳动者的社会保障水平还很低。应当努力创造条件，尽快建立和完善覆盖城乡所有社会成员的最低生活保障制度，并提高保障水平，这对促进共同富裕的目标将具有重大意义。

3. 体现中国国情国力的现实状况

社会主义的社会保障制度本质上要求对全体社会成员提供比较全面的社会保障，这是需要雄厚的物质基础的。对于一个人口大国来说，更要求人均国民收入达到较高的水平。中国的现状却是：（1）改革开放以来，虽然经济快速发展，举世瞩目，但是，目前还没有在全社会范围实现工业化，按人均收入水平还属于中低收入的发展中国家，社会保障基金在国民收入中的比重和绝对量都不可能太高。（2）中国虽然已经初步建立起社会主义市场经济体制，但是在一些具体环节上，还面临着体制转轨，往往各方面改革都需要投入启动资金，国家财力有限，要尽快建立起新的社会保障制度，资金就显得不足。

（3）中国已进入人口老龄化社会，而养老保险是社会保障中涉及社会成员最广的项目，需要大量资金。这些具体国情决定了当前中国的社会保障基金总量还很有限，社会保障项目还不太多，人均社会保障基金也是低水平的。然而，低水平的社会保障制度，也可以体现根本经济制度的优越性。这主要体现在：国家可以发挥社会主义制度集中力量办大事的作用，抓好当前社会保障重点项目的制度建设；可以运用代表最广大人民根本利益的权威，通过法制手段，克服市场经济分散经营的状况给筹集社会保障基金带来的不利；可以充分运用国民收入再分配手段，以社会公平为价值取向，逐步扩大国家统筹基金在社会保障基金中所占的比重，尽可能减少社会成员在享受社会保障方面的不公平现象。

概念与原理

- 我国社会保障制度的社会主义性质和中国特色体现在：（1）自觉维护劳动者经济权益的性质；（2）适应人的全面发展的性质；（3）体现中国国情国力的现实状况。

（三）社会保障制度的基本内容

经过长期的实践，中国已经初步形成了社会保障制度的基本框架，并根据社会主义市场经济运行和发展的要求逐步完善。目前中国的社会保障包括 5 项基本内容：

（1）社会救助。社会救助主要是国家和社会对因不同情况而长期或暂时陷入生活困境的社会成员提供资金、物资、服务等形式的帮助，包括城乡居民最低生活保障、五保供养、教育救助、医疗救助、住房救助、司法救助、灾民救助等内容。

（2）社会优抚。社会优抚主要是对那些为革命和建设事业做出牺牲和贡献的特殊社会群体，如荣誉和伤残军人、军烈属等，给予生活补贴、优待照顾。

（3）社会福利。社会福利主要是通过提供必要的公共服务和设施提高特定弱势群体乃至全体社会成员生活质量的制度安排。目前我国基本形成了居家、社区、机构相衔接的福利服务体系，越来越多的妇女、老年人、残疾人、困境儿童等弱势群体正在分享改革开放和社会福利发展的成果，社会福利正在从“补缺型”向“适度普惠型”迈进。

（4）社会保险。社会保险是社会保障中的主要部分，涉及的社会成员面广量大。与其他社会保障项目主要由国家承担责任不同，社会保险是国家建立的一种保险制度，通过用人单位和个人缴费以及政府补贴等多渠道筹资形成保险基金，使得社会成员在年老、疾病、工伤、失业、生育等情况下能够依法从国家和社会获得物质帮助。根据 2011 年 7 月 1 日施行的《中华人民共和国社会保险法》，我国的社会保险分为基本养老保险、基本医疗保险、工伤保险、失业保险和生育保险。

专栏 9－7

印度的医疗保险

印度自 1947 年独立以来，一直致力于免费医疗服务。现在，全国所有的国民都可以在政府医院享受免费医疗，连农村医疗网络也很健全——占人口 72%左右的农村居民和城里人一样，享受国家提供的免费医疗。印度的经验对我国具有一定的借鉴意义。

首先是“以最小的投入换取最大的回报”。如果小病能够得到及时治疗，则可有效防止发展成大病，这对于国家来说可以节省更多医疗支出，对于民众来说可以减少对看病开支的担忧。从长远来看，这是一件利国利民的好事，是以最小的投入换取最大的回报，最终的结果是人民健康得以保证，国家经济持续发展。

其次是“取之于民用之于民，用得其所”。政府每年用于免费医疗的费用占政府支出的比例很大，但政府为了落实宪法赋予人民的权利，一直在尽力而为。此外，政府的钱取之于民，现在以这种形式用之于民，也是用得其所。

再次是“有限的投入公平地配置到最需要的地方”。印度政府每年用于农村公共健康事业的总投入并不算多，但印度政府把有限的投入公平地配置到最需要医疗服务的地方，尽量做到公平公正。致力建立起来的农村医疗体系既减轻了农民家庭的经济负担，也在一定程度上保证了社会公平。

最后是“两条腿走路，才能穷富各有所依”。印度医疗保障制度始终坚持“两手抓”：既扶持政府医院稳定运转，又鼓励私立医院健康发展。政府医院不以营利为优先目的，条件相对较差；经济条件较好的患者很自然地“分流”到条件更好的私立医院。在高水准的私立医院就诊比公立医院费用高，但按照一般国际标准衡量，价格仍然是相对便宜的。

印度走出了一条全民免费医疗的成功之路，它给我们的启示是：财富不是衡量医疗制度的绝对标准，重要的是社会公平和兼顾利益平衡。

（5）慈善事业或个人互助保险。这是一种通过个人捐助来筹集资金，向各类困难群体和个人提供的经济救援，如捐资救灾、扶贫等。由于群众参与面较广，国家提倡，所以可以视为补充性的社会保障项目。

社会保障是相对于个人保障而言的。个人保障是指主要通过个人储蓄性保险（如银行储蓄、到保险公司投保等）或者企业对个人的出资保险（为职工办理的商业保险）来实现的保障；这类保障通过商业保险途径，只涉及个人及其所在企业，遵循个人和企业自愿原则，具有非统筹性质。而社会保障则涉及社会与个人的关系，要由国家出面建立一定的管理体制和规章制度来实现，具有统筹的性质和社会互助的性质，并受到法制的监督，具有一定的强制性。

概念与原理

- 我国社会保障制度包括社会救助、社会优抚、社会福利、社会保险、慈善事业或个人互助保险。

（四）完善我国的社会保障体系

社会保障是民生安全网、社会稳定器，与人民群众的幸福息息相关。党的十八届三中全会报告指出，要加快社会事业的改革创新，建立更加公平和可持续的社会保障制度。

我国确立社会主义市场经济目标以来，开始逐步建立和健全社会保障体系，但是相对于人们日益增长的美好生活需要，我国的社会保障体系仍然需要逐步完善。党的十九大提出了奋斗目标，即“按照兜底线、织密网、建机制的要求，全面建成覆盖全民、城乡统筹、权责清晰、保障适度、可持续的多层次社会保障体系”。

全面建成多层次社会保障体系，“兜底线、织密网、建机制”是基本要求。兜底线，就是要发挥社会政策的托底功能，保障民生的底线，坚守社会稳定的底线。织密网，就是要实现制度最广泛的覆盖，让人人都能享受基本的社会保障。建机制，就是要持续深化改革，建立健全体制机制，不断提高社会保障的法治化、制度化水平。

全面建成多层次社会保障体系，“覆盖全民、城乡统筹、权责清晰、保障适度、可持续”是奋斗目标。在社会保障体系不断扩大社会覆盖面的同时，统筹推进城乡居民社会保障体系建设，合理缩小社会保障领域的城乡差异。社会保障的水平要根据经济发展情况来确定，合理引导群体的保障预期，从而确保各项社会保险基金收支平衡和社会保障制度的长期稳定运行。

为全面建成多层次社会保障体系，我们需要做好以下工作：

（1）全面实施全民参保计划。社会保障覆盖率是衡量全面建成小康社会的基本指标之一。近年来，各项保险参保人数持续增长，基本养老保险参保人数超过 9 亿人，基本医疗保险覆盖人数超过 13 亿人，全民医保基本实现。扩大参保覆盖范围的重点是中小微企业和广大农民工、灵活就业人员、未参保居民等群体。应当采取有效措施，促进重点群体积极参保，持续缴费。

（2）完善城镇职工和城乡居民基本养老保险制度，加快实现养老保险全国统筹。在人口老龄化日益加剧的情况下，我国建立和健全养老保险制度对于保障退休人员和老年居民的基本生活有着十分重要的意义。我国城镇职工养老保险实施的是社会统筹和个人账户相结合的制度。养老保险基金的投资效益关系到养老保险的可持续性。为使养老保险基金规模不断扩大，需要推进养老保险基金的投资运营，努力实现基金保值增值。我国也可以划转部分国有资本充实社保基金，进一步夯实制度持续运行的物质基础。通过养老保险制度的完善，实现养老保险全国统筹，既可以提高基金的使用效率，均衡地区间和企业、个人负担，也可以促进劳动力的合理流动。

（3）完善统一的城乡居民基本医疗保险制度和大病保险制度。医疗保险制度对于保障群众的就医需求、减轻群众的医药费用负担、提高群众的健康水平有着重要作用。为满足人民群众的健康需求，我国积极整合城乡居民基本医保制度，全面建立城乡居民大病保险制度，极大地缓解了广大人民群众的医疗负担，降低了困难群众因病致贫、因病返贫的风险。

（4）完善失业、工伤保险制度。失业、工伤保险制度对于维护失业人员、工作人员的基本权益有着非常重要的作用。近年来，失业保险预防失业、促进就业的作用明显增强，预防、补偿、康复“三位一体”的工伤保险制度体系初步形成。当前，要建立健全失业保险费率调整与经济社会发展的联动机制，落实稳岗补贴、技能提升补贴政策等。稳岗补贴是指为保障社会稳定和保障广大企业职工的权益，国家鼓励经营困难的企业尽量不裁员或少裁员，稳定企业用工岗位，从而给予企业的补贴。技能提升补贴是企业职工获得一定的职业证书或技能等级可以申请的补贴。这两项补贴有利于从企业和职工两个方面降低劳动力市场的失业风险。

（5）统筹城乡社会救助体系，完善最低生活保障制度，完善社会救助、社会福利、慈善事业、优抚安置等制度。这些措施都是以解除困难群众的生存危机、维护社会底线公平为目标的制度安排。

概念与原理

- 全面建成多层次社会保障体系，“兜底线、织密网、建机制”是基本要求，“覆盖全民、城乡统筹、权责清晰、保障适度、可持续”是奋斗目标。
- 全面建成多层次社会保障体系的措施为：全面实施全民参保计划，完善城镇职工和城乡居民基本养老保险制度，完善统一的城乡居民基本医疗保险制度和大病保险制度，完善失业、工伤保险制度，统筹城乡社会救助体系等。

专栏 9-8

欧洲福利国家的教训

第二次世界大战以后，欧美各国经历了近 20 年的经济持续高速增长；同时，社会党人在欧洲长期执政，执行了高福利政策，福利国家的社会观念和实践政策广泛流行，形成了欧洲福利国家的社会保障制度模式。

欧洲福利国家的基本特点是：以政府为实施主体，以高税收为基础，对社会成员普遍实行高水平的社会保障。其中较为典型的是建立了高标准、广覆盖的医疗、养老、失业保险制度。

社会保障制度对于推动社会进步和经济增长曾经起到积极作用，但同时也暴露出了越来越多的社会问题。

1. 高水平的社会保障加重了财政困难

由于福利政策导致支出规模不断增大，其扩张速度快于经济增长。据统计，在 1960—1975 年间，英国的 GNP 增长率为 2.6%，而社会保障支出的年增长率为 5.6%，社会保障支出的增长速度要比 GNP 快 1 倍多。由于社会福利开支的膨胀，政府只有靠赤字来维持其庞大的福利开支。到 1982 年，英国国债高达 1 000 亿英镑，被称为“靠借债度日的安乐国”。

2. 社会保障制度损害了效率

虽然社会保障制度对保证大多数人民的最低生活需要、长期稳定社会局势起了重要的作用，但是较高的福利容易造成一种社会观念：“不干或少干可照样生活”，容易使部分社会成员养成坐享国家恩赐的心理。

3. 高福利削弱了福利国家调控经济的能力

高福利政策使国家利用财政政策干预经济的灵活性受到影响。“福利国家”高福利、高工资、高补贴、长假期的优越条件，提高了其生产成本，削弱了其产品的市场竞争力。在国际竞争日益激烈的情况下，导致了西方就业机会外流和第三世界廉价商品大量进入西方市场。"福利国家"的竞争力减弱，从长期来看，是难以支撑高昂的福利开支的。

"福利国家"的危机最终导致了"福利国家"对福利经济制度的改革。福利经济制度的改革会受到福利、效率、负担这三者关系的相互制约，福利经济制度改革的任务，就是要在这三者之间寻找一个平衡点，而不能顾此失彼。

第 4 节 社会主义市场经济的宏观调控

在现代市场经济的运行过程中，市场失灵的存在、失业率的上升、通货膨胀与通货紧缩现象等都使得政府必须行使经济职能，对经济运行发挥宏观调控作用。社会主义市场经济是以市场作为配置资源的基本方式的市场经济，是在国家宏观调控下的市场经济。社会主义市场经济的有序运行离不开国家的宏观调控，因此，建立健全社会主义宏观调控体系非常必要。

一、宏观调控的必要性与目标

宏观调控是社会化大生产的客观要求，随着生产社会化程度的日益提高和社会各地区、各部门、各企业、社会再生产各环节之间的联系日趋紧密，客观上要求有一个社会中心对国民经济进行必要的宏观调节。在社会主义历史阶段，这个社会中心只能是国家。因此，随着生产的不断社会化，社会主义国家必然承担起作为宏观调控者的职能。宏观调控是指国家根据社会化大生产和宏观经济规律的要求，采取各种手段，从总体上对国民经济和社会发展进行调节和控制，以保证国民经济均衡发展，实现资源的优化配置和社会进步的过程。

概念与原理

- 社会主义国家的宏观调控是指社会主义国家根据社会化大生产和宏观经济规律的要求，采取各种手段，从总体上对国民经济和社会发展进行调节和控制，以保证国民经济均衡发展，实现资源的优化配置和社会进步的过程。

1. 宏观调控的必要性

我国要建立的社会主义市场经济体制，就是要使市场在社会主义国家的宏观调控下对资源配置起决定性作用。市场机制在资源配置中的决定性作用和国家对市场的宏观调控都是社会主义市场经济体制的有机组成部分，二者是统一的。只有在加强和改善宏观调控的条件下，发挥市场对资源配置的决定性作用，才能避免经济和社会大的波动、失衡和危机。

（1）宏观调控是克服市场缺陷的需要。社会主义市场经济以市场调节作为经济资源的基本配置方式，市场机制可以使有限的资源得到有效的配置，提高经济效率，但同时，市场机制有其自身的缺陷，西方经济学家称其为“市场失灵”或“市场失败”（market failure）。市场调节的局限性主要体现在下述方面：

第一，缺乏社会经济效率。在很多情况下，市场机制调节不能有效地配置资源，反而会出现缺乏社会经济效率的状况。首先，各个企业为了自己长期获得超额利润，对资本进入设置各种壁垒，形成实质上的垄断，从而影响整个社会经济效率的提高。其次，在具有外部效应的状态下，企业追求最大利润，导致无法达到社会最大利润，从而使社会资源不能得到有效配置。这些外部性的成本，如环境污染的治理没有计入企业生产成本，从而导致企业资源配置效率受到影响。最后，市场机制调节难以提供社会需要的公共产品，而公共产品是一个社会经济发展的基础设施，没有这些基础设施，社会经济效率必然是很低的，社会是很难发展的。

第二，导致社会总供给与总需求的失衡。市场机制在调节社会总供给和总需求方面，一方面具有调节作用，另一方面，由于市场机制调节是自发的、事后的，因而不能保证社会总供给与总需求平衡（即社会生产各部门比例的平衡）的稳定。市场机制调节供求平衡关系是通过供求差额所引起的价格波动来进行的，价格波动的信号引导经济资源流向供给稀缺的商品生产者，进而使总供给和总需求趋向平衡。但是这种均衡是在无数企业和消费者独立决策、自主竞争中实现的。企业为了追求自身的经济利益，一般只关心市场行情的变化，这往往会造成企业行为短期化，而企业短期内的利润最大化可能会损害社会的长远利益和整体利益，不利于社会资源的合理利用。

第三，收入分配不公平。市场调节本身会造成收入分配的不公平。市场调节的结果是优胜劣汰，生产力的强者收益多，弱者获利少，劣者被淘汰，因此，个人之间、企业之间会出现收入差距扩大。例如，在市场经济中，各个企业的效率不同。资金雄厚、技术先进的企业可以获得超额利润，而资金少、技术薄弱的企业则可能亏损；前者会扩大生产规模，获得更大的利润，而后者则会破产；这样就会出现两极分化。西方经济学家斯蒂格利茨也曾说过：“竞争市场可能会带来很不公平的收入分配，这会使得一部分人缺乏赖以生存的基本生活资料”。[①]

（2）宏观调控是社会化大生产的客观要求。生产社会化主要表现在三个方面：第一，生产规模日益扩大，企业集中了大量生产资料和劳动力，从而在企业内部形成众多劳动者共同使用生产资料协同劳动的过程。第二，社会分工和生产专业化的发展使社会生产各部门、各企业之间的联系日益紧密。第三，生产规模的扩大和社会分工的发展，促进了国内市场和国际市场的扩大，从而把整个社会经济活动紧密联成一个整体。既有充分细致的分工，又有十分密切的协作，构成了社会化大生产最基本的特征。在这种情况下，整个社会再生产的比例性和平衡性就显得日益重要。为了保证经济正常运行，避免或减少经济波动，保持社会再生产的比例和平衡，客观上要求社会组织和协调生产、交换、分配、消费的各个环节，以适应社会化大生产的客观要求。马克思就谈到过这个问题：“一切规模较大的直接社会劳动或共同劳动，都或多或少地需要指挥，以协调个人的活动，并执行生产总体的运动——不同于这一总体的独立器官的运动——所产生的各种一

① 斯蒂格利茨．政府经济学．北京：春秋出版社，1988：105．

般职能。一个单独的提琴手是自己指挥自己，一个乐队就需要一个乐队指挥。"① 这个指挥就是国家的宏观调控。

社会主义经济制度的物质基础是社会化大生产，同样要求加强和改善对国民经济的组织、协调与计划指导，即加强宏观调控，以促进国民经济的顺利发展。社会生产的社会化程度越高，就越需要加强宏观调控。

(3) 宏观调控是生产资料社会主义公有制的要求。马克思主义经典作家是从分析社会化大生产和资本主义私有制的矛盾的角度来论证以公有制为基础的社会主义国家宏观调控的必然性的。他们认为，要使公有制经济顺利运行，必须使国民经济相互联系和相互制约的各个部门在发展过程中保持一定的比例，即按比例发展。而要实现按比例发展，必须有一个社会中心按照客观需要的比例，通过计划（预先决定的比例）把社会劳动分配到各个部门中去，通过有计划地分配社会劳动来保证社会生产满足社会需要。马克思曾说过："时间的节约，以及劳动时间在不同的生产部门之间有计划的分配，在共同生产的基础上仍然是首要的经济规律。"②

社会主义经济制度的基础是社会主义公有制，为确保公有制的巩固和发展，需要国家对以公有制为主体的国民经济进行宏观管理和调节。公有制决定社会主义生产的目的是满足全社会劳动者不断增长的物质文化需要。实现这一目的需要通过国家的宏观调控，把人民的当前利益和长远利益、局部利益和整体利益结合起来，从宏观上调节各经济主体的利益关系，以调动各方面的积极性，促进生产资料公有制和整个国民经济的巩固与发展。同时，公有制使各部门、各地区、各企业的根本利益相一致，为宏观调控创造了良好的前提条件，使社会主义国家有可能对以公有制为主体的国民经济进行全面的调控和计划指导。

概念与原理

- 社会主义市场经济实行宏观调控的必要性在于：宏观调控是克服市场缺陷的需要，是社会化大生产的客观要求，是生产资料社会主义公有制的要求。

2. 宏观调控的目标

在社会主义市场经济条件下，所有企业都是自主经营的法人主体，它们需要通过市场供求关系才能形成适应社会生产力发展的合理的社会分工体系。因此，国家宏观调控的直接对象不是企业和个人的经济行为，也不是各种商品的具体价格，主要是市场供求关系中的经济总量。

党的十八届三中全会指出，宏观调控的主要任务是保持经济总量平衡，促进重大经济结构协调和生产力布局优化，减缓经济周期波动的影响，防范区域性、系统性风险，稳定市场预期，实现经济持续健康发展。宏观调控的主要目标为：

(1) 经济增长。社会主义初级阶段的根本任务是解放生产力、发展生产力，因此宏观调控的一个重要目标就是促进国民经济的较快增长，不断提高人民群众的福利水平。

---

① 马克思，恩格斯. 马克思恩格斯全集：第 23 卷. 北京：人民出版社，1972：367.

② 马克思，恩格斯. 马克思恩格斯全集：第 46 卷上. 北京：人民出版社，1979：120.

但是要保持合理的经济增长速度，因为经济增长速度是否适度，关系到社会总需求和总供给的基本平衡和经济效益的提高。因此，经济增长速度的确定，必须根据客观实际的可能，量力而行，讲求实效。

（2）物价稳定。在经济高速增长、社会总供给和总需求相对平衡的基础上实现低通胀、高增长。从范围上来说，稳定物价是指市场物价总水平的稳定，并不排斥一些商品价格有升有降甚至是较大幅度的变动。从性质上讲，稳定物价是相对于物价总水平的较大波动而言的，并不排斥物价总水平在一定限度内的正常波动。从时间上讲，稳定物价是指从一个较长时期来看，物价总水平平均每年的变动是较小的、不显著的，并不排斥这个时期内的个别年份物价水平会有较大幅度的变动。

（3）充分就业。当今世界各国一般都把充分就业作为宏观调控的目标。充分就业既是经济繁荣的标志，也是社会公平和社会稳定的标志。在社会主义市场经济条件下，一些劳动者因企业为提高市场竞争力裁员或企业破产而暂时性失业，这是正常现象。但是，社会主义国家必须促进劳动者的再就业，使每个劳动者都能各得其所、各尽所能。国家的宏观调控就是要为社会主义的充分就业创造条件。

（4）收入分配公平。社会主义国家必须协调社会各方面的经济利益关系，促进收入分配的社会公平。从理论上说，占主体地位的社会主义公有制，决定了个人收入分配以按劳分配为主体，这决定了国民收入初次分配的格局是社会主义公平关系占主导。但是，在市场经济条件下，由于地区差别、城乡差别、生产条件差别等主客体差别的存在，在收入分配上依然存在很大差别。这就需要国家用宏观调控手段，努力克服分配不公，防止收入两极分化现象。

（5）国际收支平衡。国际收支平衡，主要是指资本流出、流入的平衡和进出口的平衡。在经济生活国际化的社会中，国际收支是否平衡对于社会总供求的平衡、国内货币稳定、经济稳定、经济发展都有重要影响。随着我国开放度的扩大，这种影响将越来越大。因此，应结合国内社会总供求的状况，调控好国际收支的规模和结构，以保持国内总供求和国际收支的综合平衡。国际收支中出现大的逆差和顺差都不利于经济的稳定发展，调控的目标应是基本平衡，略有节余。

在上述目标中，有些目标是统一的，有些目标是矛盾的。例如，如果实行扩张的经济政策来维持经济的高增长和高就业率，就有可能导致通货膨胀和国际收支不平衡；反过来，如果通过紧缩的经济政策来保持物价稳定和国际收支平衡，就会影响经济增长和充分就业。因此，应根据不同时期的经济形势有所侧重，并尽量做到统筹兼顾，寻求一个最佳的组合模式。

概念与原理

- 国家宏观调控的对象是市场经济总量关系，最基本的就是总供给和总需求的关系。
- 国家宏观调控的总目标是促进以公有制为主体的国民经济又好又快发展，实现社会主义的生产目的。子目标包括：经济增长、物价稳定、充分就业、收入分配公平、国际收支平衡等。

二、宏观调控的方式与手段

1. 宏观调控的方式

社会主义宏观调控要采取适当的调控方式，才能顺利实现宏观调控的目标。宏观调控的方式主要有两种：直接调控和间接调控。

直接调控，是指政府部门运用各种指令性指标，确定和干预各微观经济单位的生产经营活动，以此来达到对国民经济运行总过程的调节和控制。在直接调控方式中，政府不是通过市场机制，而主要是运用行政手段，强制约束微观经济单位的经济活动。直接调控具有约束性和速效性的特点。直接调控方式一方面是对经济总量和宏观资源配置的调控，另一方面是对关系国计民生的某些骨干企业必要时直接进行直接调控。

间接调控，是指政府部门不再直接管理或干预各微观经济单位的日常生产经营活动，而主要依靠各种经济手段，通过市场机制调节利益关系，引导微观经济单位做出符合宏观调控目标的决策的一种调控方式。在间接调控中，国家通过所掌握的各种宏观经济变量，如财政收支、税率、利率等来影响市场信号，并依此来引导企业根据市场信号的变化来调节自己的生产经营活动。间接调控主要调控的是总供求关系和总体结构。

就两种调控方式而言，直接调控的范围和比例越来越小，现在主要是通过市场手段实行间接调控。直接调控方式和间接调控方式的主要区别在于发挥宏观调控作用的机制不同。是否通过市场中介进行调控，这是二者相区别的主要标志。社会主义宏观调控方式以基础性的间接调控为主，但是并不排斥和否定必要的直接调控。

概念与原理

- 国家宏观调控的方式主要有两种：直接调控和间接调控。社会主义宏观调控方式以间接调控为主，但并不排斥和否定必要的直接调控。

2. 宏观调控的主要手段

社会主义国家管理和调控国民经济运行的基本系统总是借助于各种调控手段来发挥其功能。宏观调控的主要手段有：计划手段、法律手段、行政手段、经济手段等。其中，经济手段是最为基本的、最主要的手段，其他手段是辅助性的。它们相辅相成，共同构成社会主义国民经济宏观调控手段体系。

（1）计划手段。

社会主义市场经济扬弃了行政性的高度集中的计划管理，但是，这并不等于排斥计划手段，社会化大生产的各生产部门存在比例关系，要求在发展中形成动态的均衡，就不能没有计划调节，计划仍然是宏观调控的重要手段之一。只不过在市场经济条件下，计划调节不应当是短期的、指令性的，而应当主要是长期的、指导性的。国家计划是国家最高经济决策的主要体现，是经济建设的纲领性文件，是实施宏观调控的主要依据，也是检验及评价宏观调控效果的重要依据。

计划手段主要是指国家通过制定经济社会发展战略、中长期发展规划和相应的政策措施，对经济运行起导向、促进和保障作用，推动国民经济持续、快速和健康发展。计划手段的运用是建立在发挥市场调节作用基础上的，其重点是合理确定国民经济和社会发展的战略目标，搞好经济发展预测和制订以指导性、中长期为主的计划，调节经济总量、重大经济结构和生产力布局，集中必要的财力和物力进行重点建设和国土整治等。宏观经济计划主要通过计划的编制、执行和检查三个环节来实施。计划手段在市场经济条件下仍然是国家宏观调控的重要手段，是其他手段难以取代的。

（2）法律手段。

党的十八届四中全会通过的《中共中央关于全面推进依法治国若干重大问题的决定》明确指出："社会主义市场经济本质上是法治经济。使市场在资源配置中起决定性作用和更好发挥政府作用，必须以保护产权、维护契约、统一市场、平等交换、公平竞争、有效监管为基本导向，完善社会主义市场经济法律制度。"在促进合理竞争、反对垄断、维护公平竞争的市场秩序的过程中，需要依赖于法治手段。法律作为宏观调控的重要手段，是依靠国家的政权力量，通过经济立法和经济司法机构，制定和运用经济法规来调节经济的手段。法律手段的主要职能是采取法律的形式来调节各种经济关系和经济活动。在社会主义市场经济条件下，市场上各经济活动主体的权利、义务、地位和行为规则要依靠法律来规范、确认和保护，市场秩序要依靠法律来规范和维系，国家也要依靠法律来调节市场的运行。法治是市场经济秩序的内在要求和有机组成部分。与经济手段的间接性和灵活性的特点相比较，法律手段则具有权威性、规范性、强制性和相对稳定性等特点。

法律调控手段的内容包括保护和制裁两个方面。法律保护手段是通过经济立法，制定和实施各种具有强制性和普遍约束力的经济法规，借以保护各种经济计划、经济政策、经济合同的贯彻执行，保护市场主体的权利和利益，保护社会主义建设的顺利发展。法律制裁手段是通过经济司法，审理各种经济纠纷案件，维护市场秩序，制止非法竞争和犯罪活动，对违法单位和犯罪分子给予惩罚和制裁。发挥法律手段的调节作用，需要加快建立和完善社会主义市场经济的法律体系，制定和完善有关社会主义市场经济的基本法律，包括规范市场主体的法律、保障市场经济秩序的法律、规范政府培育和调控市场行为的法律以及涉外经济法律等。

（3）行政手段。

行政调控手段是国家依靠行政机构，凭借政权的力量，采用强制性的命令、指示、指标、条例、规定和下达带有指令性的任务或某些具体限制等行政方式，按行政区域、行政系统、行政层次来控制、调节和管理经济的手段。行政手段的运用具有直接强制、范围明确和见效迅速等特点。社会主义国家在宏观经济管理中，为了保证社会主义公有制基础上市场经济的顺利发展，保证国民经济协调一致地有序运行，实现社会的长远利益和整体利益，需要在一定范围内、运用一定的行政手段对国民经济进行管理，这是必要的。

社会主义宏观调控虽然需要采用必要的行政调控手段，但不能片面强调和过多地运用行政调控手段而忽视其他调控手段特别是经济调控手段，否则会不利于社会主义市场经济体制的建立和社会主义市场经济的发展。而且即使是运用行政调控手段，也必须符合和反映客观经济规律的要求，要从实际出发，不能带有主观随意性，要注意被调节者的经济利益。

（4）经济手段。

社会主义宏观调控以间接调控为主，就是主要依靠经济手段进行宏观调控。经济手段是指依据价值规律的要求，通过运用与价值形式相关的各种经济杠杆调节经济主体的经济利益，以引导经济主体的经济活动，实现宏观调控目标的调节手段。经济手段具有间接性和灵活性的特点，它借助于经济杠杆影响各经济主体的经济利益，调节它们的生产经营方向、规模和投资决策，因而对经济主体的经济活动的调节是间接的，它是以经济主体的自主选择、自动适应为基础的。

社会主义宏观调控中所运用的经济杠杆内容有很多，主要的经济杠杆包括：

①价格杠杆。在社会主义杠杆体系中，价格杠杆占有重要地位。价格杠杆在宏观调控中具有调节杠杆和核算工具两种作用。价格作为调节杠杆，其作用主要是通过价格的涨落来调节生产和投资的方向，调节商品流通和消费结构，调节国民收入的再分配，以及促使企业加强经济核算，改进生产技术和经营管理，增强企业的市场竞争能力。价格作为核算工具，其作用主要表现为：它是编制国民经济计划的工具，借助于价格可以考核经济效益的高低，可以检验商品生产上的劳动耗费的多少，并可通过价格核算监督企业节约劳动时间。

②信贷和利率杠杆。这是以中央银行为中心的银行体系，通过调整利率、信贷规模和信贷结构来调节国民经济运行的经济杠杆。信贷的调节作用主要表现为：银行根据国家的经济发展战略和产业政策，通过贷款的方向、规模和期限来影响资金的投放领域，调节生产和流通结构，使之符合宏观经济发展的需要；银行可以通过吸收存款和发放贷款，加速资金周转，使社会资金得到合理有效利用；通过银行信贷的松紧调节货币供应量，以实现社会总供给与总需求的基本平衡。利率的调节作用主要是利率的高低可以影响投资方向和领域，引导投资符合宏观经济发展的需要。

为了发挥利率杠杆的调节作用，我国在不断推进利率市场化。我国从2004年起开始松绑存款利率下限；2013年金融机构贷款利率开放自由浮动，标志着我国利率市场化取得重要进展；2015年存款利率上限浮动从1.2倍扩大到1.3倍。利率市场化可以使利率更好地反映资金市场的供求，有利于实现资本和资金的最优配置，一些收益较高的行业和领域可以优先得到资金支持。市场化的利率使货币政策的制定更加科学，宏观调控更加有效。利率市场化也可以缩小银行利差，迫使银行改善经营管理，使银行提供更加优质的金融服务。

③工资杠杆。工资是按劳分配的具体形式，它们对国民经济发展有重要的调节作用。根据社会经济发展水平和社会劳动生产率的高低，确定合理的工资总水平，能够有效地调节国家、企业和个人的分配关系；切实体现按劳分配的工资、资金制度，有利于调节企业与劳动者之间的分配关系；工资的高低可以调节劳动力的分配，从而起到调节生产结构和地区经济结构的作用。

④汇率杠杆。这是国家通过汇率的变动来进行宏观调节的手段。国家根据国际市场

状况和国内经济发展的需要调整汇率，以汇率的升降来影响国家的进出口贸易和国际收支的变化，从而影响社会总供给和总需求之间的关系。

概念与原理

- 国家宏观调控的主要手段有：计划手段、法律手段、行政手段、经济手段等。在社会主义市场经济条件下，宏观调控主要运用的是经济手段。

三、宏观调控的政策及运用

在宏观调控的各种手段中，经济手段是国家实现宏观调控的主要手段，政府利用经济手段调节微观企业的运行，是通过制定一系列经济政策来实现的。宏观调控的经济政策包括财政政策、货币政策、产业政策、收入分配政策等。

1. 财政政策及运用

财政政策是根据宏观调控的目标而制定的指导财政分配活动、处理财政分配关系的一系列准则和方法的总称。财政政策主要由财政收入政策、财政支出政策和财政预算政策等组成。

（1）财政收入政策。财政收入政策的基本内容包括税收和公债。税收是政府财政收入的最主要部分。税收调节采取“逆经济周期规则”：当经济衰退时，降低税率、减少税收能够引致社会总需求的增加和国民产出的增长；反之，在经济过热时，增加税收或提高税率，会抑制社会总需求和社会总产出的增长。公债是政府财政收入的又一组成部分，分为中央政府的债务（国债）和地方政府的债务。既可以通过公债的发行筹集财政资金，弥补财政赤字，又可以通过公债的发行及其在资金市场上的流通来影响货币的供求，从而调节社会的总需求水平。

（2）财政支出政策。财政支出政策包括政府购买和政府转移支付两类。政府购买是指政府对商品和劳务的购买，如购买军需品、购买政府办公用品、支付政府雇员工资、实施公共项目工程所需的支出等。政府转移支付则是指政府在社会福利、社会保险、救济、农业补贴等方面的支出。一般来说，当经济衰退时，增加政府购买支出、提高转移支付水平，能够提高社会总需求。反之，当经济过热时，减少政府支出、减少转移支付，能够抑制社会总需求。

（3）财政预算政策。财政预算是国家财政部门筹集、分配和监督财政预算资金的管理活动。作为宏观调控手段的财政预算政策大体可以分为三种：一种是平衡预算，即财政收入与支出大致相等；一种是盈余预算，即收入大于支出，仍有盈余，这是一种紧缩性财政预算，在经济过热时，这种预算可以增加税收或减少政府支出，起到调节供求的作用；一种是赤字预算，即支出大于收入，出现财政赤字，这是一种扩张性预算，在经济发展缓慢时，这种预算可以减少税收或扩大政府开支，促进经济增长。

政府运用财政政策有三种方式：扩张性财政政策、紧缩性财政政策与平衡性财政政策。在运用财政政策时，政府要“逆经济风向行事”。一般情况下，当社会总需求小于社会总供给，经济出现萧条，企业和居民的个人收入增长缓慢，甚至下降时，应该采取扩张性财政政策，以扩大总需求，使其与总供给平衡；当社会总需求大于社会总供给，经济发展过旺，企业和居民收入增长过快时，则应当采取紧缩性财政政策，以限制社会总需求，使其与社会总供给平衡；当社会总供给和社会总需求大体平衡时，则应采取平衡性财政政策。在我国，要根据当时的经济形势，灵活地采取不同的财政政策，同时要根据财政收支平衡的原则，尽量不要使用会产生赤字的扩张性财政政策，少用紧缩性财政政策。

2. 货币政策及运用

货币政策是国家为实现一定的宏观经济目标而制定的关于货币供应和货币流通组织管理的政策，它是由信贷政策、利率政策、汇率政策等具体政策构成的一个有机的政策体系。货币政策的核心是通过金融系统和金融市场，调节国民经济中的货币供应量，影响投资等经济活动，进而实现一定的政策目标。中央银行通常运用的货币政策工具主要有：

(1) 利率。利率是资金的价格，是调节供求的重要手段，包括存款利率和贷款利率。一般情况下，利率降低会增加消费和投资；利率提高会减少消费和投资。

(2) 法定存款准备金率。法定存款准备金率是法律规定的商业银行存入中央银行的存款在商业银行存款中所占的比例，目的是保证商业银行在遇到突发性大量挤兑时，具有足够的流动性资金和偿付能力，同时也有利于中央银行在全国范围内统筹协调，防止挤兑引起银行倒闭，导致信用危机。提高或降低法定存款准备金率，会直接影响商业银行可用于信贷的资金数量，从而收缩或扩张放款规模。

(3) 再贴现率。再贴现率是中央银行在商业银行以有价证券或其他财产作抵押时向商业银行放款的利率。在信用体系发达的情况下，各商业银行主要通过两种方式向中央银行贷款：一是将各种票据如国库券等政府公债向中央银行进行再贴现；二是以自己所拥有的政府债券或其他财产为担保向中央银行贷款。这两种方式都叫再贴现。由于再贴现而向中央银行支付利息的比例叫再贴现率。中央银行提高再贴现率，商业银行会因为经营成本的提高而减少向中央银行贴现或借款，从而限制了商业银行放款的数量。反之，降低再贴现率，就会增加商业银行放款的数量。其次，再贴现率可以体现国家货币政策的松紧度和变动方向，从而起到指导商业银行存贷款行为的作用。

(4) 公开市场业务。公开市场业务是指中央银行通过在公开市场上买卖政府债券和商业票据等有价证券来调节货币供应量。中央银行出售有价证券，会使货币流回中央银行，金融市场上游资减少，货币供应量减少；反之，购进有价证券则会增加货币供应量。

根据货币政策对社会经济总量的影响，可将货币政策分为扩张性货币政策、紧缩性货币政策和平衡性货币政策三种。

扩张性货币政策通常采取放松货币供给的措施，增加货币供应量，刺激社会总需求。其实施措施主要有：增加货币发行量、降低利率、降低法定存款准备金率、降低再贴现率和在公开市场上买进有价证券等。

紧缩性货币政策通常采用紧缩性货币供给的措施，减少货币供应量，抑制社会总需求的膨胀。其实施措施主要有：控制货币发行量、提高利率、提高法定存款准备金率、提高再贴现率和在公开市场上出售有价证券等。

平衡性货币政策是指货币供应量大体上等于实际需要的货币量，对社会总需求和社会总供给的对比关系不产生影响。在社会总需求大体上等于社会总供给时通常采用平衡性货币政策。

在我国，要根据不同时期的不同经济形势，灵活地采用不同的货币政策及具体实施措施。同时，为了有利于经济持续稳定发展，应坚持信贷收支平衡的原则，把平衡性货币政策作为我们经济的基本政策。

3. 产业政策及运用

产业政策是国家指导产业发展方向、规划产业发展目标、调节各个产业发展之间的关系及结构变化的政策措施的总和。产业政策大致由四个方面组成：

（1）产业结构政策。它是产业政策的核心，是遵循社会再生产规律，根据当代产业结构的变化趋势，促进产业结构优化的一系列措施的总和。产业结构政策主要是为了确定支持、鼓励哪些产业发展，限制哪些产业发展，协调三大产业之间的比例关系等。

（2）产业组织政策。它是指为规范企业的市场行为、调节企业的规模经济状况、增强企业的市场竞争力所采取的一系列措施的总和。产业组织政策包括促进市场有效竞争、抑制垄断和防止过度竞争的政策。

（3）产业技术政策。它是指民族产业和企业依靠科技进步，推动科技研究、应用与开发的一系列措施。中国走信息化带动工业化、工业化促进信息化的新型工业化道路，必须高度重视产业技术政策的运用，尤其要鼓励、支持自主研究和开发高新技术。

（4）国际竞争中国内产业的保护政策。它是指政府对民族产业在进出口和国际市场竞争中的维护、支持措施。作为发展中国家，在激烈的国际竞争中，必须高度重视维护民族自主知识产权、保护民族品牌和名牌。

产业政策本身是一个多层次、多方面的政策体系，其实施与运用要同财政政策、货币政策等相配合。例如，国家财政应将税收结构和预算分配结构与产业结构调整相对应；调整产业结构要求中央银行系统制定差别利率，对重点发展的战略产业项目提供贷款优惠等。

专栏 9-9

德国怎样制定产业政策?

德国经济部负责制定产业政策，其理论基础是德国弗莱堡学派，即秩序自由主义学派。该学派创立于 20 世纪 30 年代，对推动德国形成最初的社会市场经济体制和实现德国的“经济奇迹”有着重要的影响。这个学派主张秩序自由，即秩序理念或者竞争优先的理念，强调由国家建立和维持一个竞争秩序，以维持竞争秩序为准则，但是国家必须在法治框架之内来运作，接受法制约束。

弗莱堡学派提出的竞争秩序由七项原则构成：一个有运作能力的价格体系、币值稳定、私人产权、开放市场、契约自由、责任以及经济政策的恒定性。如果国家通过禁止其他企业进入来保护"两油"，那不是保护竞争，那叫保护垄断。它违背了上述"开放市场"的原则，也不符合"私人产权"原则。国企应该奉行辅助性原则：私人主体能够承担的事务，不需要国家或者国企来承担。

产业政策一般指政府对一个产业提供特别的支持，不是指对某些特定企业的支持，而是对整个产业的支持。对企业提供特定的支持，在德国特别少，像德意志银行曾经向默克尔总理提出救援资金补贴，但是被默克尔拒绝。政府没有足够的信息去辨别哪一个企业是值得赞助的和值得补贴的。

德国的产业政策强调竞争一致原则，即产业政策也需要维护乃至促进竞争。有一些产业政策是与竞争一致的，比如支持一些应用研究和应用科学研究。德国政府认为要发展电动汽车，德国有应用大学、应用科学体系，政府就向应用大学、应用科学体系机构提供科研补贴。这些应用研究成果是要公开发表的，让所有企业和所有人都能接触到。这种做法与美国不一样，美国的法律鼓励大学和具体创新者获得专利，但专利有时候是反竞争的，有垄断性质。德国则不鼓励大学持有专利，以促进竞争。

在德国，首先不是强调效率，而是要公平竞争。政府要有政府的样子，企业要有企业的样子。企业强了，形成私人权力会影响政府的公权力运作，政府会通过产业政策与私人权力形成勾结，扭曲政企关系和市场关系。因此，如果片面强调效率搞产业政策，就会出现很多问题。政府不能去干预市场过程，尤其是通过产业政策支持某些个别企业，这会扭曲整个经济过程。还有就是如果政府大搞产业政策，必然扭曲政企关系，会强化政府跟一些企业的关系，形成勾结；而这种勾结又会产生很多私人权力，如果被滥用，会不利于整个经济的良性发展。

---

4. 收入分配政策及运用

收入分配政策是对国民收入的初次分配和再分配进行调节的一系列措施。收入分配政策包括三个方面的内容：

（1）收入总量分配政策，即根据货币形态的国民收入分配量同实际的国民收入总量之间的关系状况而制定的国民收入分配政策。货币形态的国民收入分配量大于实际的国民收入总量的超分配政策，就属于这类收入分配政策。

（2）收入分配结构政策，即根据个人劳动、个人资产及社会福利而制定的基于劳动收入、资产收入及福利收入的比例关系的国民收入分配政策。增加劳动收入和资产收入而减少福利收入的国民收入分配政策，就属于这类收入分配政策。

（3）收入分配制度，即根据社会经济制度的要求所制定的国民收入分配政策。按劳分配政策就属于这类收入分配政策。

当社会总需求大于社会总供给时，一般要控制名义工资的增长速度，必要时可以冻结工资，控制社会集团的购买力。通过限制工资、奖金等措施，防止工资基金和奖金基金总额膨胀，从而压缩社会总需求。反之，当社会总需求小于社会总供给的时候，可适度提高工资、奖金水平，提高社会集团的购买力，从而刺激社会总需求。

除了上述主要政策外，宏观调控政策还有价格政策、投资政策、就业政策、消费政策、区域政策、对外政策等，它们共同构成宏观调控政策体系。各项宏观调控经济政策各有特点，调控的具体对象和力度不同，具体操作也不同。每一种政策都不是万能的，其作用都有一定的局限性。因此在宏观调控中，要切实从国民经济运行的实际出发，使用任何一种调控手段都要讲究实施的分寸，对所选择的调控政策合理地搭配、合理地配套实施，才能达到最佳的宏观调控效果。

党的十九大报告指出："创新和完善宏观调控，发挥国家发展规划的战略导向作用，健全财政、货币、产业、区域等经济政策协调机制"。在我国经济发展进入新常态的背景下，宏观调控要牢牢把握速度变化、结构优化、动能转化三大特征。针对我国经济中的结构性问题，要注重宏观经济政策的稳定性和针对性，不搞"大水漫灌"强刺激，而是紧紧围绕补短板、调结构、促升级，持之以恒地加快新旧动能转换，加强宏观政策的组合运用，更加注重引导市场行为和社会行为，宏观调控各项指标符合预期。

讨论

近几年来，中国房地产宏观调控持续不断，房地产市场宏观调控政策出台频繁，有"国八条""国六条""国十条""新国八条""国五条"等细则，有征收二手房交易所得税、限制外资进入、银行信贷紧缩、土地宏观调控与管理等措施。结合相关资料与本节知识，讨论我国房地产宏观调控主要用到了哪些宏观调控政策以及是如何运用的。

专栏 9-10

政府扮演的经济角色

在德国慕尼黑的地铁站里等车时可以看到一则广告："乘客们，请你们放心乘坐慕尼黑的地铁吧！你们知道吗？这个城市的地铁里面，每天有五千多名便衣警察在保卫你们的安全。"公共服务这件事是由政府去做的。

在德国走夜路大家会觉得非常安全，因为德国的犯罪率较低。只要一个人犯了三次类似的错误，或有三次不良记录，他以后就没有失业救济金，没有养老金，他的生活将没有保障。所以，国家用一种机制来约束人们，使他们不敢去做坏事，因为这样做的成本太大，得不偿失。把犯罪成本提高，就没有多少人还敢作奸犯科了。让大家都遵纪守法，这也是政府要去做的。

20 世纪 90 年代德国慕尼黑建了一个现代化机场，花了 80 多亿马克，修得非常好，也非常方便。各种指示灯一目了然，只要你识字，就可以通过电梯一直到达你要去的登机口，抬腿就上飞机。但是，机场刚开始运营就出了问题，有人把机场和西门子公司一起告上了法庭。因为慕尼黑机场所有工作用的电脑，还有大屏幕计算机，全是西门子公司赠送的，其他公司就告它违反了公平竞争法。最后是原告赢了，因为西门子公司在用这么廉价的方式变相做广告。德国是一个公平竞争的社会，如果机场需要计算机，就应该向所有公司公开招标采购。同样的产品，如果我公司的报价比你的高，我甘愿输给你；如果我公司的报价比你的低，机场就该买我的。被告输了官司，因为触犯了公平竞争法。

如何维护公平竞争？这需要政府去制定规则。

政府不该做什么？

2001年，美国前财政部长鲁宾到清华大学来做讲座时说：政府不该做什么？政府不该进入竞争性的行业去经商办企业，政府不能做这些本该由市场去完成的事。为什么？政府为什么不该进入竞争性行业？如果政府非要做企业，那别人还做不做？如果政府在那个行业中做，别人还能做吗？

德国前总理路德维希·艾哈德提出了这样一个观点：政府是裁判，它负责制定规则，在场上监督；企业是球员，它们上场踢球，犯规就被罚下。

资料来源：韩秀云．政府扮演的经济角色．青年博览，2011（23）．

复习思考题

1. 什么是现代企业制度？现代企业制度的特征是什么？
2. 如何深化国有企业改革，建立现代企业制度？
3. 如何理解市场的内涵？
4. 简述社会主义市场体系应该具备的基本特征。
5. 简述社会主义市场体系的含义和构成。
6. 社会主义市场秩序的含义和要求是什么？
7. 为什么社会主义条件下要加强宏观调控？
8. 社会主义宏观调控的目标是什么？
9. 我国为什么要建立社会保障制度？
10. 我国社会保障制度的基本内容是什么？如何完善我国的社会保障制度？
11. 我国为什么要坚持按劳分配为主体、多种分配方式并存的分配制度？
12. 我国为什么要实行按生产要素分配？
13. 何谓公平和效率？如何正确认识公平和效率的关系？

第 10 章

中国的经济增长与发展

第 1 节　我国经济增长与制约因素

一、经济增长的含义及度量

1. 经济增长的概念

经济增长（economic growth）通常是指在一定的时间范围内，一个国家人均产出水平的持续增加，也可以表示为一个国家或地区在一定时期内的总产出与前期相比实现的增长。经济增长从长期来看，主要取决于一个国家的自然资源禀赋、实质资本数量累积与质量提升、人力资本累积、技术水准提升以及制度环境改善。因此，经济增长也意味着决定生产力的诸多因素的扩展与改善。

在市场经济条件下，经济增长包括三方面的含义：

第一，经济增长的表现，是社会产出水平的提高和社会物质财富的增加。经济增长指产出的增加，是对单位投入带来的产出的比较计量，是一个产出比较而不是投入比较的概念。换言之，有投入无产出或者虽有投入但是产出不增加，就不是经济增长。考察经济增长必须注意投入-产出的效率，争取实现既定投入条件下的最大产出或是产出既定下的最小投入。因此，衡量经济增长水平的指标除了总量增长率指标外，还包括各种效率和效益增长率指标，例如，劳动生产率的增长率、利润率的增长率等。

第二，经济增长的基础，是投入生产过程的各种生产要素在使用价值方面的提高和相应的价值构成方面的优化。经济增长可以由生产过程中的某种、某些生产要素的投入和变化引起，也可以由全部要素投入的变化引起。一般来说，在生产初期，往往要通过增加一定生产要素的投入来实现经济增长，但是当生产进行到一定时期后，会遇到一定生产要素短缺的制约，那就必须采取措施，转变原有的经济增长方式，才能促进经济进一步增长。

第三，经济增长的衡量，应当排除通货膨胀造成产品价格上涨这个因素。因此，“经济增长最普通的定义是以固定价格计算的人均国民收入的某种度量的变化率”①。推而广之，无论采用何种指标衡量经济增长水平，都应当用不变价格计算，以消除价格水平变动对经济增长造成的虚假现象。

概念与原理

- 经济增长通常是指在一定的时间范围内（一般是一年），一个国家人均产出（或人均收入）水平的持续增加。

2. 经济增长的度量标志

反映经济增长速度快慢的指标是经济增长率，经济增长率的核算通常依靠 GDP、GNP 等统计数据。基本方法一般以本年度的 GDP 总量对比往年的 GDP 总量，从而得出经济增长的百分比。总产出通常用 GDP 来衡量，设 ΔY_t 为本年度经济总量的增量，Y_{t-1} 为上年所实现的经济总量，则经济增长率（G）就可以用下面的公式来表示：

$$G=\Delta Y_t/Y_{t-1}$$

由于 GDP 中包含了产品或服务的价格因素，所以在计算 GDP 时，就可以分为用现价计算的 GDP 和用不变价格计算的 GDP。用现价计算的 GDP 可以反映一个国家或地区的经济发展规模，用不变价格计算的 GDP 可以用来计算经济增长的速度。度量经济增长除了测算增长总量和总量增长率之外，还应计算人均占有量，如按人口平均的国内生产总值或国民生产总值及其增长率。

在度量经济增长时也会出现零增长与负增长。经济正增长一般被认为是整体经济景气的表现，支持经济增长的人认为它可以增加一个国家的财富并且增加就业机会。零增长有时候会被表示为 GDP 与往年持平。而负增长则表示本年度的 GDP 低于往年，往往会被形容为“不景气”或经济衰退。零增长有时也会被认为是负增长，因为考虑到通货膨胀以及物价上涨的原因，同样数量的货币的购买力会低于往年。如果一个国家的国内生产总值增长为负数，即当年国内生产总值比往年减少，就叫经济衰退。在通常情况下，只有当国内生产总值连续两个季度持续减少时，才被称为经济衰退。

专栏 10-1

GDP 的功过是非

2011 年初，日本内阁公布 2010 年度日本的名义 GDP 为 54 742 亿美元，这一数字较中国同期少 4 044 亿美元。几乎所有的国际媒体均在数据发布后迅速发声：持续数十年日

① 伊特韦尔，等．新帕尔格雷夫经济学大辞典：第 3 卷．北京：经济科学出版社，1998：464.

本经济总量仅次于美国的历史已被终结，新兴的中国已经成为世界第二大经济体。但GDP并不能衡量中日之间发展程度上的巨大差异。

GDP的概念是当前国际最主流的国民经济核算体系的核心指标。萨缪尔森对GDP赞誉有加："虽然GDP和国民经济核算似乎有些神秘，但它们确实是20世纪最伟大的发明。如同人造卫星被用于探测地球上的气候，GDP描绘出一幅经济运行状态的整体图景。"然而从GDP诞生的那一天起，对它似乎难以取代的尊崇地位的争议就从未停止，诺贝尔经济学奖获得者斯蒂格利茨早就警告世人，应远离对GDP的迷信："GDP是充满穷人的富裕。"

作为国民经济发展的"晴雨表"，GDP的重要性不言而喻。然而当下一些地方盲目追求GDP，进而形成了"GDP崇拜症"。GDP崇拜指的是片面追求GDP绝对值的增长，忽略了其他因素，比如经济结构的平衡、环境成本、社会福利等。由于片面追求GDP，各级政府热衷于基础设施和经济项目的大投入、大建设，甚至不惜牺牲环境保护，令民生福祉为GDP让路。为完成GDP目标任务，甚至不惜在统计数据中"注水"。

1968年，肯尼迪在竞选总统时指出："（GDP）并没有考虑到我们孩子的健康、他们的教育质量或者他们的游戏快乐。它没有包括我们的诗歌之美或婚姻之稳固，没有包括我们关于公共问题争论的智慧或者我们公务员的正直。它既没有衡量出我们的勇气与我们的智慧，也没有衡量出我们对祖国的热爱。简而言之，它衡量一切，但并不包括使我们的生活有意义的东西。"美国经济学家曼昆针对肯尼迪的质疑，认为"GDP没有衡量我们孩子的健康，但GDP高的国家负担得起孩子更加好的医疗保健。GDP没有衡量孩子们的教育质量，但GDP高的国家负担得起更好的教育制度。GDP没有衡量我们的诗歌之美，但GDP高的国家可以教育更多公民阅读和欣赏诗歌"。

因此，虽然GDP不是一个完美的衡量指标，但无疑到目前为止还是不可替代的。

讨论

你认为GDP可以衡量一国经济的总体发展水平吗？说明你的理由。

二、影响经济增长的因素

1979—2011年的32年中，我国经济年均实际增长率高达9.9%。在2010年，我国以人均总收入4 260美元跻身中等偏上收入国家。2012年以后，我国经济进入新常态，经济增速开始下降，由高速增长向中高速增长转换。虽然我国面临着诸多经济困难，但是仍然实现了接近7%的年增长速度。2019年，我国GDP总量达到99万亿元，折合为14.4万亿美元。面对此亮丽的高速增长成绩，我们需要全面审视其关键动力及作用机制。

根据西方经济学理论模型，从长期来看，经济增长会受到储蓄、人口增长、技术进步等多种因素影响；但是从短期来看，宏观经济增长最大的制约因素是有效需求不足，因此，短期经济模型更强调采取刺激性政策，以扩大社会的产出规模。马克思主义政治经济学对影响增长的因素分析则涉及生产力、生产关系和上层建筑等更多方面的内容。

1. 自然资源

所谓自然资源，是指客观地存在于自然中并能为人们所利用的自然物和自然力，是劳动对象的重要组成部分，往往影响到生产力水平的高低。自然资源是经济增长的重要物质源泉和条件，其数量、质量、结构和分布特点对经济增长具有重要影响。自然资源对增长的影响主要表现在以下四个方面：(1) 自然资源是影响劳动生产率高低的重要因素。在其他条件相同的情况下，较为优越的自然资源条件，可以大大提高劳动生产率，使得在单位劳动时间内可以创造出更多的物质财富。(2) 自然资源是形成产品实体的物质源泉，它不仅影响到产品的数量，而且影响到产品的质量和种类。(3) 自然资源制约着一国的产业结构。自然资源禀赋不同，会形成各国不同的比较优势，影响到各国的产业结构类型和特征。但这种比较优势未必都是有利的，比如非洲国家利用自身独特的资源优势，过分依赖初级产品出口，反而造成本国经济对发达国家的依附。(4) 自然资源影响和制约生产力布局。

2. 人口因素

人口是影响经济增长的最基本因素之一。在生产力的三要素中，劳动者是最重要的因素，是决定性因素。马克思在《资本论》中指出，劳动生产力是由多种因素决定的，排在第一位的是“工人的平均熟练程度”。人口对经济增长的影响是多方面的，包括人口数量、结构、质量及其流动都可以对经济产生积极或消极的影响。

改革开放以来，我国经济保持高速增长，其中最重要的是依赖于我国丰富的劳动力资源所带来的人口红利。人口红利是指人口结构转变过程中出现的有利于经济发展的人口年龄结构优势时期。被称为人口红利的人口年龄结构优势体现为劳动力数量多、人口生产力强、社会储蓄率高。人口红利时期具有两大特征：第一，劳动年龄人口数量较多；第二，社会抚养负担较轻。人口的变化只是为经济增长提供了机会，人口因素要转变成真正的“发展红利”还需要以下条件：人力资源被充分利用；劳动力可以自由流动；劳动力素质得到提高。

3. 科学技术水平

在所有因素中能对经济增长起关键作用同时影响深远的是技术进步，这也成为当前研究经济增长内在动力的一个热点问题。技术进步对经济增长的作用主要表现为：科学技术是知识形态的生产力，它一旦加入生产过程，就转化为物质生产力。因此科学技术在当代生产力发展中起着决定性作用，技术进步已成为推动经济增长的首要因素。

技术进步可以通过两种途径来推动经济增长：

一是技术进步通过对生产力三要素的渗透和影响，提高生产率，推动经济增长。先进的技术可以使劳动者掌握更好的劳动技能，让其从事更加复杂化和高效率的生产活动，以带来产量的成倍增长；同时先进的技术还可以使生产者配备更加优良的设备并作用于更高质量的劳动对象，以促使生产力的三个方面都得到全面提高和发展。

二是在高科技基础上形成的独立的产业，其产值直接成为国民生产总值的组成部分和经济增长的重要来源。随着社会的发展和科技的进步，新兴的高科技行业所提供的产品和服务在全社会总产出中所占的比重不断加大，日益成为社会重要的行业部门。

4. 制度和体制因素

从广义来说制度是约束人们行为的一系列规则，它抑制着人际交往中可能出现的任意行为和机会主义行为。它包含的内容极为广泛，从人们的习惯、社会习俗到法律秩序都属于制度范畴。而狭义的社会经济制度一般指的是社会主义或资本主义。经济体制是社会经济制度和某些上层建筑的具体表现形式，是广义的社会制度的组成部分。社会主义经济体制对经济增长的作用，集中体现了社会主义生产关系及部分上层建筑对生产力的推动作用。经济体制合理与否直接关系到各种社会资源能否合理配置，企业是否充满活力，科学技术进步机制是否有效，宏观经济是否协调等重大问题，从而制约着经济增长的状况。

在现实的经济增长中，无论是科学技术的发明创造，还是科学技术的大规模运用，都依赖于一定的社会制度。事实证明：先进的科学技术只是生产力发展潜在的和必要的条件，而制度是保证先进的科学技术充分发挥作用、实现生产力长期提高的充分条件，科学技术必须建立在高效的制度上，才能成为现实的第一生产力。

一个有效率的制度必须能够调动人们的主动性、积极性和创造性。有效率的制度应当具有两个特征：第一，有效率的制度能够使每个社会成员从事生产活动的成果得到有效保护，从而使他们获得一种努力从事生产的激励；第二，有效率的制度能够给每一个社会成员以发挥自主才干的充分自由，使整个社会的生产能力得到最充分的发挥。从促进经济增长的角度来看，有效率的制度包括三个层次：一是基本经济制度，它可以保证社会公正和透明及法治的稳定性，对私有产权进行严格的保护；二是激励性的政府调控政策，包括政府税收政策、投资优惠政策、技术研发支持政策等；三是政府行为的公正性与执行力问题。一个能够有效保护产权、强制执行合同、促进竞争、公正执法的政府将有助于形成有效地促进增长的制度环境。

5. 需求因素

在成熟的市场经济条件下，各国普遍面临的不再是短缺问题，而是总需求不足。需求的规模影响和制约了产出的增长，如何扩大总需求就成为各国宏观调控亟须解决的难题。从长期来看，生产要素的积累和制度质量决定了经济增长，但是从短期来看，总需求就是决定经济能否达到潜在产出水平的关键因素，总需求本身的波动就成为经济周期性现象形成的原因。为了对付经济衰退，各国政府不得不采取扩张性的货币与财政政策以扩大需求规模。

从需求角度来看，总产出主要取决于消费（包括国内个人消费和政府消费）、投资和净出口三个部分，它们也是拉动经济增长的“三驾马车”。经济增长过程的动力来自哪里与经济发展战略具有相关性。一般来说，落后国家在实施赶超型战略时，会有较高的投资率；发达国家的消费率普遍较高；实施出口导向型经济发展战略的国家则强调对海外市场的利用，净出口对经济增长的贡献要大一些。

从世界范围来看，消费率一般在70%～80%之间，资本形成率一般在20%左右，只有较少的国家投资占GDP的比率会超出30%。就多数经济体而言，主要是靠消费拉动经济增长，这种经济增长可以切实地表现为居民福利水平的提高。但是我国的经济增长则明显表现出消费不足、投资膨胀、贸易依存度高的特点。

改革开放以来，我国城乡居民消费水平迅速提高，引导了社会生产规模迅速扩大，并由消费升级带动我国的产业升级。但是长期以来，我国的消费率偏低，消费需求对 GDP 增长的拉动作用也低于许多国家。2019 年，我国消费率为 55.4%，消费对经济增长的贡献率只有 57.8%，相比 2015 年 69%的贡献率有较大幅度降低。2020 年由于受到新冠肺炎疫情的影响，最终消费拉动国内生产总值下降了 0.5 个百分点。我国的消费率大幅度低于其他国家。作为一个发达经济体，美国的消费率一直保持在 80%以上，即使与中国同属于发展中国家的印度和巴西，其消费率也大大高于中国。其中，巴西的消费率基本维持在 80%上下，和发达国家近似；印度的消费率相对较低，但也高出中国 15 个百分点。我们通常说中国是投资或出口拉动型经济并不意味着消费的贡献率绝对低于投资或净出口的拉动作用，而是指消费在经济增长过程中没有起到它应该起到的作用。近年来，我国政府采取了各种刺激措施来扩大内需，但国内消费总体水平仍然没有大幅度提高。消费水平成为制约我国经济发展的一个重要因素，影响了以国内循环为主体，国内国际双循环相互促进的发展格局的形成。

概念与原理

- 影响和制约经济增长的因素包括自然资源、人口增长、科学技术水平、制度与体制、总需求等。

三、中国经济增长方式的特征

所谓经济增长方式，是指一个国家或企业在一定时期内推进再生产规模不断扩大的方法、手段和途径。现代经济学把发达的工业化国家的经济发展大体上分为四个阶段，对应于不同的发展阶段，存在着不同的增长模式。在第一次产业革命以前，经济增长缓慢并且主要依靠土地和其他自然资源的投入来实现，属于“生产要素驱动阶段”。从第一次产业革命到 19 世纪后期第二次产业革命开始前的“早期经济增长阶段”，机器大工业迅速发展，劳动生产率大幅度提高，经济增长主要靠投资驱动，为“投资驱动阶段”。第二次产业革命后进入现代经济增长阶段，这个阶段经济增长已经不主要靠资本积累，而主要靠技术进步和效率提高来实现，也就是“创新驱动阶段”。20 世纪 50 年代以后，世界逐步向信息时代或者知识经济时代过渡，信息化成为经济增长的重要特征。我国经济起点相对落后，增长方式带有明显的发展中国家的特征。

1. 过度依赖投资的粗放型经济增长

根据不同的标准划分不同的经济增长方式，理论界普遍按经济增长的效率把经济增长方式划分为粗放型经济增长和集约型经济增长。当经济增长完全通过增加生产要素的投入数量来实现时，就是完全粗放型增长。当经济增长完全通过提高生产要素的产出率来实现时，就是完全集约型增长。在现实生活中，最常见的是粗放与集约结合型，即经济增长中既有靠增加投入取得的，又有靠提高产出率取得的。在这种情况下，如经济增长中靠增加要素投入取得的份额大于靠提高产出率取得的份额，则是粗放为主型；反之，如经济增长中靠提高要素产出率取得的份额大于靠增加投入取得的份额，则是集约为主型。粗放型是一种高投入、高消耗、低质量、低产出的经济增长方式；集约型通过技术进步和改善管理，提高生产要素的质量和使用效益来实现经济增长，它要求在人力资源利用上不断提高劳动生产率，不断提高科学技术在经济增长中的作用，在物质资源利用上不断降低物耗水平，不断降低产品成本。

中华人民共和国成立以来，投资高涨是中国经济增长最为鲜明的特征事实，改革开放也没有改变这个特征。1980—2010 年，投资的年均增速为 14.71%，远高于 GDP 的增速。1978—2011 年间的平均投资率为 38.2%，2012—2019 年达到 44.2%，2020 年，由于新冠肺炎疫情的影响，我国实现经济增长 2.3%，其中 2.2 个百分点依赖于投资拉动，投资的经济增长贡献率达到 95.6%。从资本形成率的国际比较中我们可以看到，我国的资本形成率大大高于国际平均水平。

长期以来，我国的经济增长都主要是依靠投资拉动经济。投资驱动型经济有其存在的历史必然性：第一，我国长期存在以数量扩张作为主要目标的旧思维。由于我国经济的起点较低，政府往往会把 GDP 的高速增长和物质生产领域的产值增长速度赶超发达国家作为国家的首要目标，经济增长速度往往作为衡量各级领导干部"政绩"的主要标准。第二，部分地方政府继续保持着过多的资源配置权力和对微观经济决策的干预权力。虽然我国已基本建立起了社会主义市场经济体制，但市场在资源配置中的决定性作用仍然得不到充分体现，土地、矿藏、资金等重要的生产要素的配置权力仍然掌握在各级政府手中，这就使部分地方政府有了运用这种动员和支配资源的权力来实现自身政绩目标的动机。第三，财政体制的缺陷使部分地方政府官员有动力和能力进行过度投资，营建"形象工程"和"政绩工程"。在税收压力下，政府更愿意运用手中的资源配置权力集中力量开展产值大、税收高的简单加工工业和重化工业项目。第四，要素价格的严重扭曲鼓励高资源投入、低经济效率项目的扩张。在传统的工业化模式下，国家为了鼓励缺乏效率的重化工业的发展，通常会把要素价格压得很低，造成高投入、低效率企业的盈利假象。目前，我国的要素价格扭曲依然存在，土地、矿山、淡水、能源、资金、劳动等价格的市场化程度不高。由于要素价格偏低，人为压低了粗放型增长的成本，造成了紧缺资源的浪费。

2. 对外部条件过度依赖

过去 40 多年的增长更多地依赖外部条件，这种依赖体现在三个方面：对外部市场的依赖、对外部资源的依赖和对外部技术的依赖。

（1）对外部市场的依赖使我国外贸依存度较高。我国的净出口需求对经济增长的贡献率总体上看波动幅度较大，在 2008 年金融危机爆发以前，连续三年维持在 20%上下，即使是在危机发生的 2008 年，净出口对经济增长的贡献率仍然接近 10%。由于片面强调利用比较优势发展劳动力密集型出口加工产业，对外贸易规模迅速扩大，进出口贸易总额从 1978 年的 206 亿美元猛增至 2019 年的 4.58 万亿美元，占全球的比重由 1978 年的不足1%上升到了2009年的约12%。外贸依存度是进出口总额与GDP的比值，是评估与衡量开放程度的主要指标，反映一国或地区的经济对国际市场的依赖程度。随着进出口规模的扩大，我国的外贸依存度存在着提高的趋势，从1978年的9.8%，提高到2007年的65%，2008年下降到60%。2019年中国外贸依存度回到31.9%。外贸依存度回落，表明中国加快转变经济发展增长方式成效显著，中国经济增长正由外需拉动向内需驱动转变。目前，美国、日本、巴西三国的外贸依存度约为30%，中国的外贸依存度逐渐回归到常规水平。

（2）对外部资源的依赖制约了我国经济的成长能力。在国际市场上，中国是一个大国，中国市场的供给和需求成为国际市场上举足轻重的力量，往往在一定程度上左右了国际价格的形成，再加上国际金融资本刻意利用中国市场的力量，制造虚假和错误的信息，加剧了价格波动。比如能源、原材料的进口，中国的需求决定和影响了国际价格。中国的铁矿石需求连年增加，国际矿商不断抬高价格。2019年，中国将近70%的铁矿石来自进口，进口量占世界铁矿石贸易量的75%，中国对于海外原油市场的依赖度超过75%。中国产品的出口则相反，由于投资形成过剩产能，国内消费不足，不得不压低价格在国际市场上销售。由于中国的“大国效应”，又过度依赖于国际市场，其结局只能是“卖啥啥便宜，买啥啥涨价”。

（3）对外部技术的依赖使我国产业结构升级缓慢，产品的国际竞争力较弱。我国主要是依靠自身丰富的劳动力资源承接国际产业转移，进行加工和组装。我国即使是具有自主品牌的制造业产业，其核心技术和关键零部件仍然依赖于进口，价值链中的末端地位制约了我国企业的利润空间，使劳动力获得较高回报也不可能。中国生产了占全球70%的玩具、50%的电话，但是，“中国制造”的较大部分是来自加工贸易，在全球分工体系中处于低端，利润较为微薄。从全球创新体系来看，我国还存在较多的技术短板，发展受到较多技术壁垒的限制。

这种对外依赖型经济增长模式存在内在缺陷，它使我国经济发展面临的不确定性大大增加，各种外来冲击将不断打断中国经济正常的发展道路，不得不针对国际经济的动荡做出全面或局部调整。国际金融危机、国外的政治变动、国际商业变故等各种经济和非经济的因素都会通过各种传导机制影响到我国经济的平稳运行，严重威胁到国家的经济安全。

3. 加工组装型贸易与产业结构

改革开放以来，在全球产业链的分工中，中国的产业特征是利用丰富的劳动力资源为国际社会加工和组装低附加值、低技术含量的产品。中国的加工贸易发展十分迅速，极大地推动了我国经济发展。在全球制造的产业链分工中，由于处于加工和组装环节，产品的设计、营销、管理、核心零部件等均来自发达国家，因此我国的经济增长依附于发达国家主导的全球产业链分工体系，其结果是在整个产品的价值链中所得份额较小，而加工制造环节消耗了大量资源，投入了大量劳动力。

由于我国产品出口在质量、技术及渠道方面缺乏优势，在全球分工体系中处于不利的地位，不得不依赖廉价的劳动力和自然资源换取国际竞争中的价格优势。廉价的产品出口扩大了国际市场，但是国际贸易摩擦不断加剧，各国政府以各种手段制造贸易摩擦，限制中国产品出口。一旦出口受到抑制，就会使中国国内的产品过剩更加明显，出现结构性失衡。为利用过剩的产能，可能会接受更低价格的订单，结果是陷入恶性循环。由于过度依赖出口，出口企业为了国际订单进行低价竞争，损害了企业的利润增长，利润率的下降使企业积累不足，也没有进行研发的实力，企业创新不足，使我国企业在技术上处于对跨国公司的依附地位，产业升级等于是一句空话。形成这种路径依赖后，发展方式转型将更加困难。

四、新常态与经济增长面临的压力与机遇

近年来，我国经济逐渐出现经济增长动力更加多元、经济结构更加优化、市场活力进一步释放的明显特征。这说明我国经济已经进入了一个新阶段，呈现出了新常态。在新常态下，我国经济面临着压力，同时也具有新的机遇。

1. 新常态的特点

新常态是多年来我国经济经过高速发展和制度调整以后在经济生活上呈现出的一种新的较为稳定的状态。新常态的特点表现为以下三个方面：

第一，新常态表现为经济增长速度的新常态，经济增长从过去的高速增长转变为中高速增长。现阶段，我国宏观经济最为突出的状态是经济增长速度的换挡。正式告别了过去30多年9%以上的高速增长，中高速增长成为我国新阶段的新常态。在新常态下，经济增长速度将明显下降，并将持续较长时间。这就要求经济增长的目标要弱化速度方面的要求，从重视增长的速度转向重视发展的目标，不以速度来排名次、论英雄。

第二，新常态表现为经济结构优化的新常态，经济结构从过去的不合理的结构转变为较合理的结构。从产业结构看，第三产业特别是现代服务业将得到较快发展并逐渐成为产业结构的主体；从需求结构看，消费需求特别是国内需求将得到较快发展并成为拉动经济增长的主导力量；从区域结构看，区域经济差距、城乡发展差距将得到实质性改善，城乡区域经济协调发展将进入一个新阶段；从分配结构看，居民收入占比将明显上升，居民收入差距将明显改善，人民大众将分享到经济发展的成果。

第三，新常态表现为经济增长动力的新常态，驱动经济增长的动力将从要素、投资转向创新。长期以来我国经济主要依靠要素投入特别是投资驱动，随着劳动力成本的不断上升，这种增长方式将难以为继，必须转向依靠创新来驱动经济增长。在新常态下，要求加快建设创新型国家，推动经济更有效率、更加公平、更可持续地发展。

2. 新常态下经济增长面临的压力

改革开放以来，中国经济增长在2012年以前大致经历了三个周期：1979—1990年、1991—2001年以及2002—2011年。这三个增长周期的上升阶段分别由改革开放、社会主义市场经济地位的确立以及加入WTO的制度改革推动，而下降阶段基本可认为是前期改革正效应减弱与外部冲击的叠加所致。2012年以后的中国经济，正处于第三个周期的下行通道当中，经济增长速度下降成为新常态，经济增长面临着多方面的压力。

第一，资本回报率下降抬高了投资拉动增长的成本。最近10年，资本要素对我国经

济增长的贡献率达67%，高出前20年平均水平约10个百分点。然而，资本产出率自2000年来已持续下降，年均降幅达3.3%。受制于能源资源环境约束、中低端工业产能过剩、基建步伐减缓以及政府主导型投资效率低下等因素，未来以资本为主拉动经济增长的成本将继续升高，粗放型投资主导的增长将难以为继。

第二，人口红利窗口即将关闭，人力资本积累的效用有限。我国人口红利即将消失，过去由高储蓄支撑的高投资增长模式与劳动密集型产业都将面临“断基”之威胁；短期内劳动生产率提升与技术、资本要素对持续负增长劳动力的补偿能力有限，经济增速将无法避免下行压力。并且，人力资本近20年来的贡献率较20世纪80年代的水平有明显下降，表明我国过去经济增长仍以自然要素禀赋为主要动力，而人力资本等知识型、创新型要素积累的用武之地仍然较小；长此以往，将加剧人才市场的“劣币驱逐良币”，经济增长的持久动力缺失。

第三，加入WTO的全球化红利已经减弱。一方面，自2011年我国的出口在全球的市场份额开始超过10%，而国际经验的份额最高区间为10%～12%，并且受全球金融危机的影响，未来我国出口增长空间有限。另一方面，劳动力成本上升、人民币升值等因素导致我国“世界工厂”的竞争力持续下降，长期享受巨大国外消费市场、未及时积累自主核心技术与创新品牌的中国制造业面临较大威胁。近年来，西方国家掀起“逆全球化”的潮流，中国产品出口和高技术产品的进口受到了越来越多的限制。

第四，要素约束致协同机制钝化，全要素生产率增速迅速下降。全要素生产率（total factor productivity）是指生产活动在一定时间内的效率，常常被视为科技进步的指标，它有三个来源：一是效率的改善；二是技术进步；三是规模效应。我国最近10年的全要素生产率对经济增长的贡献率较20世纪90年代下降了近8个百分点，尤其是自2008年金融危机后，全要素生产率的贡献率直降至零甚至出现负值。一方面，全球化红利趋弱等软约束与人口红利消失、能源资源环境恶化等硬约束显现，诸要素的初始协同机制有所钝化，后发优势减弱；另一方面，市场自我修复能力偏弱，当外部环境恶化时，在现有的制度环境下，唯有倒逼政府干预投资行为以保增长，从而大多数资源要素的配置流动仍在政府体系内循环，社会生产效率未升反降。

3. 新常态下经济增长面临的机遇

在新常态下，中国经济的阶段性特征还表现为“三期叠加”，即增长速度换挡期、结构调整阵痛期、前期刺激经济增长负效应的消化期构成了我国经济进一步改革和发展的环境约束。三期叠加加剧了中国经济调整的困难。但是，新常态下也孕育着新的机遇。

第一，在新常态下，经济增长质量将得到提升。我国经济增速虽然比过去有所放缓，但实际增量依然可观。经过40多年高速增长，我国经济体量已今非昔比，2020年我国国内生产总值突破100万亿元人民币，仅次于美国。新常态下，我国维持6%左右的经济增长速度基本是可行的。仅以此速度来看，在全球仍然名列前茅，成为世界经济增长的重要引擎。在中高速增长下，增长的水分将被挤出，增长的质量将明显改善。

第二，在新常态下，经济增长动力将得到改善。我国经济更多依赖国内需求拉动，避免过去过多依赖出口的外部风险。扩大内需包括扩大投资需求和消费需求。长期以来都是投资需求的拉动力最强，消费需求受到抑制，需要突出消费需求的拉动力。让消费需求拉动经济增长成为常态，关键是要把拉动消费需求的着力点放在民生改善上。在新常态下，改善民生仍需投资拉动，以投资来创造就业机会和岗位，以投资拉动的增长来增加居民收入。在新常态下，我国经济的内生动力将进一步得到发展和增强，抵御外部风险的能力将进一步增强，平稳、持续的增长将成为新常态的重要特征。

第三，在新常态下，经济结构将得到优化升级。我国现有的经济结构还是低收入发展阶段的结构，产业结构中制造业尤其是传统制造业比重高，服务业尤其是现代服务业比重过低。在技术结构中，很大部分采用的是高消耗、高污染技术，产生了资源供给不可持续的问题，特别是在追求高速增长的格局下，留下了一大批过剩的生产能力。这种结构显然与中高速增长的新常态是不相协调的，经济结构的再平衡就成为应有之义。一方面需要着力优胜劣汰，淘汰过剩产能、污染产能、落后产能，同时要通过产业链的调整提高附加值；另一方面要腾笼换鸟，建立与新的发展阶段相适应的产业结构，尤其要使服务业和高科技产业有更快的增长，传统产业得到根本性改造。在新常态下，中国经济结构将发生深刻变化，质量更好，结构更优。

第四，在新常态下，创新驱动将得到贯彻落实。在低收入阶段，经济增长的驱动力主要是物质资源投入，对外开放主要靠资源禀赋的比较优势，创新主要是模仿创新、引进创新。一方面，环境和物质资源供给严重不足，已无力支撑大规模的经济增长；另一方面，成为世界第二大经济体后，我们有能力也有必要与发达国家进入同一创新起跑线，占领科技和产业的世界制高点，在所参与的国际分工中也要由发挥比较优势转向发挥创新支持的竞争优势。因此，在新常态下，我国必须转向创新驱动发展战略，研发并采用绿色技术，节能减排，实现可持续发展。创新战略性新兴产业，提高附加值，增强国家整体竞争力。创新驱动突出的是科学新发现转化为新技术，需要产学研协同创新，需要企业真正成为创新主体。

概念与原理

- 新常态表现在经济增长速度、经济结构和经济增长动力三个方面。
- 新常态面临着资本回报率和全要素生产率下降、人口红利和全球化红利趋于消失、中等收入陷阱风险累积的压力。
- 新常态的机遇将使增长质量得到提升、增长动力得以转型、经济结构得到优化、创新驱动得到落实。

五、转变经济增长方式

无论是按照发达的工业化国家经济发展的历史经验，还是根据我们国家的实际情况，中国都必须彻底转变经济增长方式，将建设资源节约、环境友好型经济作为长期坚持的基本方针，走出一条主要依靠技术进步和效率提高驱动的新型工业化道路。

1. 深化供给侧结构性改革

2008 年国际金融危机以来，主要发达国家在实施需求管理政策的同时，高度重视供给体系的调整。当前世界范围内新一轮科技革命和产业变革正在兴起，重大颠覆性技术创新不断涌现，各种新科技、新业态层出不穷。为适应技术和产业变革，发达国家纷纷出台应对举措，美国推行再工业化战略，德国实施工业 4.0 战略等。新技术革命有力地推动了全球供给体系调整。我国经过改革开放 40 多年的发展，社会生产力水平显著提高，供给体系产能十分强大。但是，我国生产能力大多数只能满足中低端、低质量、低价格的需求，生产能力中有大量过剩产能。供给结构不适应需求变化，有效供给严重不足，一些重要的原材料、关键零部件和高端装备依赖进口，这是我国经济面临的最为突出的结构失衡矛盾。为解决这样的矛盾，只有推进供给侧结构性改革，提高供给体系质量，适应新需求变化，才能在更高水平上实现供求关系新的动态平衡，从而推动我国的经济增长。

供给侧结构性改革要求去产能、去库存、去杠杆、降成本、补短板，优化资源配置，扩大优质增量供给，实现供需动态平衡。

去产能是供给侧结构性改革的重要任务，也是化解产能过剩、优化存量资源配置的根本途径。去产能的目的是解决产品供过于求而引起产品恶性竞争的不利局面，寻求对生产设备及产品进行转型和升级的方法。受国际金融危机的深层次影响，国际市场持续低迷，国内需求增速趋缓，我国部分产业供过于求矛盾日益凸显，传统制造业产能普遍过剩，特别是钢铁、水泥、电解铝等高消耗、高排放行业尤为突出。当前，我国出现产能严重过剩主要受发展阶段、发展理念和体制机制等多种因素的影响。

去库存主要是化解房地产库存，是改善房地产市场供求关系的重要举措。按照加快提高户籍人口城镇化率和深化住房制度改革的要求，通过加快农民工市民化，扩大有效需求，打通供需通道，消化库存，稳定房地产市场。落实户籍制度改革方案，允许农业转移人口等非户籍人口在就业地落户，使他们形成在就业地买房或长期租房的预期和需求。明确深化住房制度改革方向，以满足新市民住房需求为主要出发点，以建立购租并举的住房制度为主要方向，把公租房扩大到非户籍人口。发展住房租赁市场，鼓励自然人和各类机构投资者购买库存商品房，成为租赁市场的房源提供者，鼓励发展以住房租赁为主营业务的专业化企业。鼓励房地产开发企业顺应市场规律调整营销策略，适当降低商品住房价格，促进房地产业兼并重组，提高产业集中度。

去杠杆是供给侧结构性改革的重点任务之一，也是防范和化解金融风险的重要内容。“杠杆”是指特定主体通过借入债务，以较小规模的自有资金撬动大量资金，以此扩大经营规模。比如个人、企业和政府等主体向金融机构借贷或发债等，都是加杠杆的行为。微观上一般以总资产与权益资本的比率衡量杠杆率水平，宏观上一般以“债务/GDP”衡量杠杆率水平。适度加杠杆有利于企业盈利和经济发展，但如果杠杆率过高，债务增速过快，还债的压力就会反过来增大金融风险甚至拖累发展。去杠杆就是在推动经济增长的过程中改善债务结构，增加权益资本比重，以可控方式和可控节奏逐步减少杠杆，防范金融风险，促进经济持续健康发展。

降成本是增强企业竞争力、扩大优质增量供给的重要举措。降成本，尤其是要降低制度性交易成本，转变政府职能、简政放权，进一步清理规范中介服务。降低企业税费负担，进一步正税清费，清理各种不合理收费，营造公平的税负环境，研究降低制造业增值税税率。降低企业财务成本，金融部门要创造利率正常化的政策环境，为实体经济让利。降低物流成本，推进流通体制改革。

补短板是扩大有效供给的重要手段。短板是严重制约经济社会发展的重要领域和关键环节。补短板一是补基础设施建设短板，解决城市基础设施和公共服务设施建设滞后、中心城区地下管网老旧、水电气暖及环卫设施不配套等问题。二是补经济持续健康发展短板，解决结构优化调整缓慢、实体经济发展不快、金融产品有效供给不足、企业融资成本过高、产业投资增量减少、增长新动力不足、投资需求降低等问题。三是补科技创新进步短板，解决创新能力不强、创新活力不足、科技研发投入偏低、科技成果转化缓慢、高新技术产业规模较小等问题。四是补城乡统筹发展短板，解决新农村建设标准不高、都市现代农业规模不大、农民生产生活条件相对落后、城乡差别较大等问题。五是补民生建设短板，解决公共服务体系不完善，基本公共服务不均衡，教育、医疗、卫生、文化、就业和社会保障服务水平不高等问题。

2. 推动经济发展质量变革、效率变革和动力变革

推动质量变革、效率变革和动力变革是高质量发展阶段的必然要求，是转变发展方式，优化经济结构、转换增长动力的重要内容。

质量变革，即提高产品和服务质量，全面提高国民经济各领域、各层面的素质。质量变革要求以提高供给体系质量为主攻方向，向国际先进质量标准看齐，开展质量提升行动，显著增强我国经济质量优势，使中国制造和中国服务成为高质量的标志。质量变革将推动企业和产品优胜劣汰，资源向优质企业和优质产品集中，通过充分有效的市场竞争，逐步形成一批有长期稳定国际竞争力的高质量品牌企业和产品。为提高质量，我们需要营造有利于创新的环境，鼓励有利于提高质量的各类创新。在现代经济中，绿色发展是质量提高的重要内容，从消费、生产、流通和投资到生活方式，加快绿色转型，使绿色低碳成为高质量产品和服务的重要特征。

效率变革是高质量发展的基础。市场竞争，归根到底是投入-产出比的竞争、效率高低的竞争。为提高效率，我们需要做好以下几项工作：一是深化行政性垄断问题较为突出的领域的改革，垄断性行业引入和加强竞争，全面降低实体经济运营成本，提高实体经济的吸引力和竞争力。二是进一步实质性放宽市场准入，完善退出机制，健全社会保障体制，使各类生产要素合理流动和优化组合，企业兼并重组，产业转型升级，全面提高经济的投入-产出效率。三是增强金融服务实体经济的能力，防止和治理各类经济泡沫，降低过高的杠杆率，化解金融风险，为实体经济创新发展、转型升级提供有效的金融服务。

动力变革，就是在劳动力数量和成本优势逐步减弱后，适应高质量、高效率的现代化经济体系建设的需要，加快劳动力从数量红利到质量红利的转换。必须把发展教育事业放在优先位置，加快教育现代化，全面提高教育质量，提高经济社会各个层次的劳动者的素质。为发挥人才的积极性、主动性和创造性，促进各类人才合理流动。

质量改革和效率提升依赖于技术创新，技术创新是高质量发展的关键。根据发达国家工业化的经验，为了改变我国的经济增长方式，中国需要提高技术创新能力，促进与科学相关的技术在国民经济各领域中的运用，推动技术创新和产品升级。长期以来，我国技术进步的方式主要是技术引进型技术进步，充分利用与国际前沿水平的巨大差距，通过“干中学”和接受发达国家的技术外溢来提高技术水平。对技术引进的过度依赖，导致了企业的惰性，自主研发能力受到削弱。但随着我国逐渐接近国际前沿，技术模仿和引进的空间缩小，在高技术领域，技术的垄断性更强，保密措施也更加严格。这也说明依靠技术引进而实现的技术进步具有不可持续性。我国需要从引进型技术进步向自主研发和创新型技术进步转型。

专栏 10-2

研发投入与产出增长

现代经济不能仅仅依靠刺激性需求，长期的可持续的增长是与劳动生产率的提高有关的。为了提高生产率，必须加大对新技术行业的投资，研发投资成为企业价值增值的驱动力。研发密度对技术创新的推动作用越来越明显，据测算，研发投资收益是一般物质资本投资的 4 倍。以美国制造业为例来说明研发密度对于产业发展和扩大产出的重要性。在表 10-1 中，我们以研发密度 5%为标准将制造业分为研发密集型行业（平均研发密集度为 9.5%）和非研发密集型行业（平均研发密集度为 2.5%），这两类不同行业在面临经济危机的冲击时，在产出增长速度上表现出了重大差异。从表 10-1 中，我们通过观察可以得出两个简单的结论：一是研发密集型行业产出增长速度大于非研发密集型行业，对于前者来说，2000—2007 年产出平均增长了 27.9%，而后者只增长了 2.4%；二是研发密集型行业和非研发密集型行业面对金融危机的冲击所表现出的绩效是完全不同的。在发生金融危机后，研发密集型行业受到的冲击较少，增长速度几乎没有明显的变化，增长速度从 2000—2007 年的 27.9%略微下降到 2000—2009 年的 26.6%。传统的非研发密集型行业则从 2.4%的增长下降到了 −23.1%，产出水平变成了负增长。表 10-1 所揭示的政策含义是：一国在经济衰退过程中，传统的稳定化政策并不足以刺激产出，较多的研发投资和创新性产业的发展才应该是首要目标。

表 10-1 研发密度与实际产出的增长

		平均研发密度（%）1999—2007 年	实际产出的变化（%）2000—2007 年	实际产出的变化（%）2000—2009 年
研发密集型	制药	10.5	17.9	4.9
	半导体	10.1	17.0	1.1
	医疗设备	7.5	34.6	39.5
	计算机	6.1	109.9	147.0
	通信设备	13.0	−40.0	−59.7
	平均	9.5	27.9	26.6

续表

		平均研发密度（%）1999—2007 年	实际产出的变化（%）2000—2007 年	实际产出的变化（%）2000—2009 年
非研发密集型	基础化工	2.2	25.6	−7.8
	机械	3.8	2.3	−22.4
	电气设备	2.5	−13.4	−33.4
	塑料、橡胶制品	2.3	−5.2	−28.0
	金属制品	1.4	2.6	−23.6
	平均	2.5	2.4	−23.1

资料来源：Tassey，G. 2014，Competing in Advanced Manufacturing：The Need for Improved Growth Models and Policies. *Journal of Economic Perspectives* 28（1）：27－48.

德国的经济复苏过程也证明了创新和劳动生产率提高对经济增长的意义。2008 年金融危机发生以后，以出口为导向的德国经济遇到了极大困难，从 2008 年初开始到 2009 年第一季度，德国 GDP 累计下跌了 6.6%。直到 2011 年才恢复到 2008 年初的水平，德国经济的复苏花费了 3 年时间，而且变得比危机前更为强大。意大利、西班牙的下滑趋势直到 2013 年底仍然没有根本扭转，意大利、西班牙的 GDP 在这 5 年时间里分别下跌了 9%、7.4%。有些人将德国经济的强劲复苏归因于德国压低了工人工资，降低了成本，损害了欧元区的伙伴。德国的成功不能以劳动力成本来解释，是因为德国存在着出色的技术绩效，产生了很强的非价格方面的竞争力。在 20 世纪 90 年代，德国和意大利之间的工资差距为 25.4%，金融危机后，上升到 28.2%；德国和欧元区其他国家的生产率之间的差距从 20 世纪 90 年代的 0.4%扩大到 2010 年的 9.3%，其中，制造业的生产率差距从 8%扩大到 11%。

技术推动了生产率的提高，带动了经济增长，同时，技术进步也提高了人均收入水平。美国劳工统计局的数据表明，在 71 个技术密集度较高的行业中，有 70 个行业的中位收入超过所有行业的中位数收入水平，而在这些行业中，有 57 个行业的中位收入超过总体收入中位值 50%以上。

3. 提高劳动者报酬，使经济增长方式从投资驱动向消费驱动转变

根据马克思的消费理论，消费总是处在一定的生产关系之中，受到分配关系的影响。在资本主义社会，生产和消费处于对立状态，这种对立源于资本主义对抗性的分配关系。我国的消费水平不足，但最关键的一点在于我国分配关系的不和谐。这种不和谐表现在居民收入差距较大、劳动者报酬过低等方面。劳动者报酬用劳动占比①来表示。自 20 世纪 90 年代中期以来，我国的劳动占比基本上呈下降趋势，这种下降趋势和消费率的变动趋势基本上一致。在此期间，劳动者报酬所占的比例从 50%以上逐年下降到 40%左右，2007 年更是下降到只占 39.7%，此后有所回升，2018 年达到 43.4%；居民消费率②从 2007 年的 39.5%上升到 44.2%。

---

① 劳动占比是利用统计年鉴中的数据，将各地区劳动报酬加总除以当年的 GDP，即得到当年劳动占比的相应数据。

② 居民消费率和最终消费率的差别在于前者不包含政府消费。

劳动者报酬过低导致了内需不足。为了发展经济，需要扩大投资，在技术创新、管理能力均不足的情况下，必须压低劳动力、资源及环境成本。虽然资本的利润有所扩大，但是国内的消费需求却没有相应提升，结果是内需不足。内需不足导致出口与投资规模的持续扩大，而出口与投资的瓶颈约束越来越紧，使我国经济增长的可持续性受到影响。

劳动者报酬过低阻碍了产业结构的升级。劳动者报酬在很大程度上决定了社会的收入分配结构。较低的收入水平通过两条路径影响到产业结构升级：一是收入水平决定和影响了社会的消费结构，而消费结构对产业结构起到了引导作用，消费的升级将引导产业结构的升级。二是收入水平影响到要素供给的质量。劳动力的低报酬使劳动者为了维持自己的生存和养活家庭不得不延长劳动时间，劳动者没有闲暇时间用以提高自身的知识素质和技术水平，劳动者能够用于子女教育和技术培训的费用相对要少得多。大量的缺乏技术训练的简单劳动力与以加工装配为主的产业结构相适应，劳动力的报酬长期固定化，稳定在劳动力的价值水平上。由于劳动力素质长期没有质的提高，也制约了产业结构的升级。以比较优势原则发展劳动密集型产业，是建立在劳动力低成本、劳动者低素质的基础上的，产业的发展空间有限，因为低工资成本所换取的出口产品在价格上的竞争优势只是暂时的，将为企业的长期发展埋下隐患。

较低的劳动者报酬阻碍了农民市民化的进程。发展经济学家刘易斯估计，外出农民的收入要比留在原地的农民的收入高出 30%以上，农民才会迁移到城市。我国劳动力的低报酬使农民根本承担不起城市的生活成本。这些成本除了日常生活开支以外，还包括住房消费、子女的教育费用、医疗费用等。即使一些城市放开户籍制度的管制，农民也无法完成向市民的转化。我国农民外出打工陷入"贫困陷阱"：打工赚取生活费用——回农村消费（子女教育、建房等）——子女成人后再打工。农民工将长期处于低收入的"打工循环"中。

要转变经济增长方式，改变依靠投资和出口作为经济增长主要驱动力的状况，就需要提高劳动者报酬。

首先，需要转变发展观念，把"以人为本"落实到实际工作中。在经济发展中，改变把 GDP 增长作为经济发展的唯一目的的做法，始终把全体人民的切身福祉和全面发展作为核心，积极维护社会公平。妥善调整社会分配关系，并且不断完善社会保障制度。必须更加关注改善民生，实现以全体民众各尽其能、共享发展成果为目标的和谐发展。

其次，推动以农民工市民化为重点的城镇化战略，打破"打工循环"，防止贫困在代际进行传递。广大的农民工之所以陷入打工经济的循环，既与户籍制度有关，也与农民工收入太低而无法在城市定居有关。要打破这种恶性循环，必须完成农民向市民的转化。农民工一旦在城市定居下来，其子女在城市接受较高质量的教育，人力资本得以积累，也就打破了城乡劳动力市场分割对农民工在收入上的歧视，农民工的下一代即可以摆脱上一代的贫困地位，收入水平也能得到迅速提高。

农民工市民化的最大障碍是户口制度，首先要做的就是消除户口制度的藩篱，其次是地方政府为农民工进城降低门槛，可以通过提供廉租房、经济适用房解决住房问题。根据国家统计局公布的数据，2020 年全国农民工总量约为 2.9 亿人，他们在我国经济社会发展中日益发挥主力军的作用。如果能有序推进农民工市民化，使其享受与城市居民相同的教育、医疗、住房等公共服务，则可以促进居民消费和固定资产投资增长，降低经济增长对出口的依赖程度；可以提高服务业比重，优化经济结构；可以促进人口转移，缩小居民收入差距。

再次，为了降低收入低下对扩大消费的制约作用，必须积极稳妥地推进分配制度改革。分配制度改革的重点应当是提高低收入者的收入水平。近年来，我国的基尼系数一直大于0.4，超过了国际公认的警戒水平。2019年，我国城镇占总人口20%的最贫困人口的收入和消费份额只有6.9%，而收入最高的20%人口的收入与消费份额达到了40.8%。如果考虑到农村低收入阶层，收入差距还会进一步拉大。低收入者大多是普通劳动者，较低的劳动者报酬导致居民收入结构严重失衡。提高低收入者的报酬必须限制资本的力量，防止资本对劳动力的掠夺。国家可以以立法的形式推进工资决定制度的改革，组建职工工会，推进工资的集体谈判制度等。在提高低收入阶层收入的同时，必须对高收入者的收入进行合理调节，改变目前由工薪阶层作为所得税纳税主体力量的局面。

最后，完善社会保障，扩大基本公共服务。我国政府基本保障支出比重和居民基本保障水平都比较低。扩大政府基本保障支出，提高居民基本保障水平，可以成为提高居民收入、促进居民消费的有效途径。从国际经验看，同等收入国家政府基本保障支出占政府总支出的比重平均为54.0%，而我国这一比重偏低。为了挖掘基本保障拉动消费的潜力，应重点解决基本保障覆盖面窄和地区间、职业间待遇不公平的问题，优先保证免费的义务教育和中职教育、少量收费的基本卫生保健、适当的住房救助、最低生活保障和社会养老安排。发挥社会保障对于扩大内需、提升人力资本、促进技术进步、增强经济整体竞争力等方面的积极作用。

4. 加快转变政府职能，正确处理政府与市场的关系

转变经济增长方式最终取决于政府自身改革的成效。我国政府在执行自己的职能时存在着越位、错位和不到位的偏差，因此，转变经济增长方式的关键是转变政府职能。经济体制改革是全面深化改革的重点，核心问题是处理好政府和市场的关系，使市场在资源配置中起决定性作用和更好发挥政府作用。市场决定资源配置是市场经济的一般规律，必须积极稳妥地从广度和深度上推进市场化改革，大幅度减少政府对资源的直接配置，推动依据市场规则、市场价格、市场竞争进行资源配置，实现效益最大化和效率最优化。避免政府越位问题的核心是限制政府过于膨胀的权力。市场经济中的政府是权力和职能有限的政府，这与计划经济中全能的大政府是不一样的。在市场经济条件下，除非存在严重的市场失灵而且政府干预确有效率，否则政府不应干预市场交易活动和企业微观决策，不应以政府自身的偏好来进行资源配置，这样市场才能在资源配置中发挥决定性作用。政府的职责和作用主要是保持宏观经济稳定，加强和优化公共服务，保障公平竞争，加强市场监管，维护市场秩序，推动可持续发展，促进共同富裕，弥补市场失灵。

科学界定政府的职责和作用，减少政府对资源的直接配置。确立市场机制发挥决定性作用，意味着政府和市场要各负其责，在各自的领域发挥作用。对于资源配置来说，要明确市场是起决定性作用的，要减少政府对资源的直接配置。凡是市场机制能够发挥作用的领域，都要交给市场。在我国总体上强政府、弱市场的格局下，为了避免政府越界，必须明确界定政府的职责和作用，为政府开列权力清单，凡是清单没有的，政府必须通过规定的民主程序，经过公民的授权才能行使权利，即“法无授权不可为”。

要进一步简政放权，深化行政审批制度改革，最大限度减少中央政府对微观事务的管理，市场机制能有效调节的经济活动，一律取消审批，对保留的行政审批事项要规范管理、提高效率；直接面向基层、量大面广、由地方管理更方便有效的经济社会事项，一律下放地方和基层管理。转变政府职能必须深化机构改革，优化政府机构设置、职能配置、工作流程，完善决策权、执行权、监督权，建立既相互制约又相互协调的行政运行机制。严格绩效管理，突出责任落实，确保权责一致。现在除了要求政府放权以外，政府还需要低成本履行以下职责：(1) 提供良好的法治环境；(2) 通过总量调控保持宏观经济的稳定；(3) 为低收入人群提供基本的社会保障，保障社会公平；(4) 在市场失灵的条件下，政府使用经济或行政手段加以弥补。

概念与原理

- 我国转变经济增长方式可以采取的主要措施有：(1) 鼓励科学发展与技术创新，采取实际措施提高经济效率；(2) 继续调整和完善我国的所有制结构；(3) 提高劳动者报酬，使经济增长方式从投资驱动向消费驱动转变；(4) 加快转变政府职能，正确处理政府与市场的关系。

专栏 10-3

奥尔森的“强化市场型政府”

一直以来，关于国家与社会的关系存在两种截然对立的观点，一派观点认为国家推进了社会合作，促进了社会发展，比如在国家兴起之前，商人都不愿意去从事长距离的贸易，因为风险太大，正是国家为这种跨地区的长距离贸易提供了担保，市场网络才得以拓展，经济开始繁荣起来，水利灌溉、邮政事业都是这派学者们津津乐道的例子；另一派观点认为国家经常提出大而无当的社会改造计划，比如移山填海、砍伐森林、旧区改造等，这些宏伟计划无不破坏了传统社区的社会合作网络，将民间社会自主的生活样态摧毁。

这两种观点不同，美国著名政治学者曼瑟·奥尔森在《权力与繁荣》这部著作中，对国家与社会的关系提出了一种全新的理解——“强化市场型政府”(market-augmenting government)。所谓“强化市场型政府”，其实就是说政府与市场是一体的，市场繁荣，政府的日子就好过；市场萧条，政府的日子就难挨，所以政府有十足的动力利用自己的权力去保护或者推进市场的繁荣。

对照奥尔森“强化市场型政府”的道理，前述两派观点都过于片面。这两派观点将自己争议的焦点定在一个问题上：国家是否应该干预社会？以奥尔森的观点，这个问题根本就问错了。

奥尔森相信，对于社会来说，国家确实是一个异己的力量，没有国家，社会相安无事，生活得很好；但是社会越繁荣，就越不安全，因为它会被嫉妒、被垂涎，最后被掠夺。所以社会到头来还得靠国家的保护，越是繁荣的社会，其实就越需要国家。换句话说，来自国家的外部干预是不可避免的。但是国家的干预是有底线的，它绝对不会以繁荣为代价来掠夺社会，因为归根结底掠夺社会对国家来说没有什么好处。

根据奥尔森的观点，真正的焦点其实是：国家应如何干预社会？国家是掠夺型的国家，还是"强化市场型政府"的国家？掠夺型国家，国家与社会的利益是分离的，国家就像没有固定下来的匪帮，对社会巧取豪夺，但是这种国家通常都是短命的，就像流动的匪帮打一枪换一个地方，所以基本不用多虑；在"强化市场型政府"模式中，国家与社会形成了利益的一体化，它们之间追求合作共赢，国家利用自己的权力，为市场规则从而为市场的繁荣保驾护航，市场也可以为国家提供更多的税收，提高国家的能力，使国家强大。

总而言之，国家干预的关键不在于要还是不要，也不在于干预的数量有多大，程度有多高，而在于国家干预的取向，它是强化市场的，还是压榨、掠夺市场的。奥尔森判断，走向繁荣的国家，是因为它的政府是"强化市场型"的，能够有效地保护个人权利和维护市场规则；相反，那些迟迟无法摆脱贫困状态的国家，其政府通常都是掠夺型的，掌权者只顾强取豪夺，而政权则频繁更替，从未建立起持久的统治。不过话说回来，按照奥尔森的逻辑，抛却其他外部的、偶然的因素不予考虑，似乎所有国家都会不约而同地走向"强化市场型政府"。这或许可以当作是奥尔森对发展中国家政治发展一个稍显乐观的预见吧。

资料来源：陈周旺．奥尔森的"强化市场型政府"．学习时报，2008－03－01．

第2节　新发展理念与经济发展方式的转变

改革开放以来，我国最重要的经验就是坚持了以经济建设为中心，通过发展来解决经济社会中的所有问题。在当代中国，坚持发展是硬道理的本质要求就是转变发展观念，坚持新发展理念，创新发展模式，提高发展质量，在新发展理念的统领下意气风发向着全面建成社会主义现代化强国的第二个百年奋斗目标迈进。因此，以新发展理念为主题，以供给侧结构性改革为主线，是关系我国发展全局的战略抉择。本节介绍新发展理念的内涵，供给侧结构性改革的意义、内涵和要求。

一、经济发展的基本含义

1. 经济发展的概念

经济发展是指一定历史条件下包括生产力和生产关系在内的整个社会经济状态的演进变化。经济发展不仅意味着经济规模的扩大和社会财富的增长，更意味着整个经济社会形态的进步，也就是说，经济发展不仅包括经济增长，还包括生产过程的投入-产出结构、科技水平、社会分工的拓展、生产社会化程度的提高，以及所有制关系、就业分配关系、资源利用方式、生态环境、人们生活质量的改善或进步等。阿马蒂亚·森认为，“发展可以被看成……扩大人民所享有的真正自由的过程……如果自由是发展的目的，那么专注于这个最重要的目标而不是某些具体的手段就是顺理成章的了。”因此，发展要求铲除不自由的主要影响因素，其中包括贫困、经济机会的缺乏、对社会的系统性掠夺、不宽容等。

发展经济学对发展的认识经历了一个不断深化的过程，从一维发展观逐步发展为多维发展观，对发展的认识日渐丰富。20 世纪 50 年代以前，发展经济学认为发展就是收入增加；20 世纪 60 年代，发展经济学认为发展应包括经济结构的变化；20 世纪 70 年代，发展经济学强调贫困、失业和分配不公问题的解决；20 世纪 80 年代，发展经济学强调环境保护和可持续发展；20 世纪 90 年代以后，发展经济学要求以人为本的发展。如图 10－1 所示。

由以上我们可以看出，经济发展（economic development）和经济增长（economic growth）相比，前者具有更加丰富的含义：

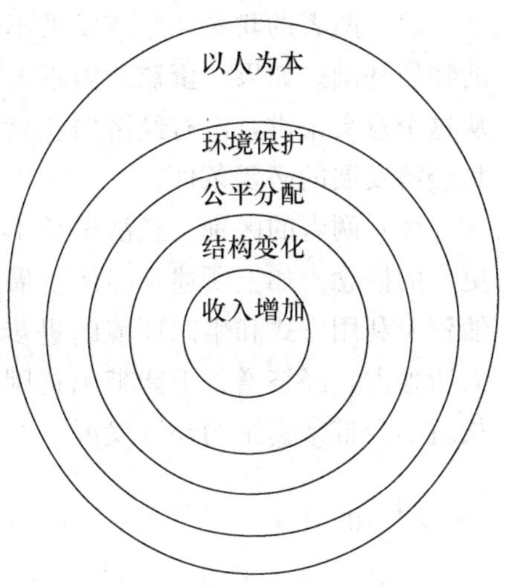

图 10－1　发展观的历史演变

（1）经济发展包括生产过程的投入-产出方式及其组织结构的进步。人类生产过程已从手工操作演进到机械化操作，从传统的靠人工经验的生产方法演进到现代依靠科技进步的生产方法，从劳动密集型演进到资本、技术密集型乃至知识密集型；生产组织和管理形式已从自然经济的个体小生产，演进到手工工场分工生产，发展到工厂机器生产，再演化到现代股份公司的大规模生产；社会生产组织结构也不断随着生产力水平的提高而演进，在国民经济中，第一产业的劳动力和产值比重趋于下降，第二产业的比重趋于上升，第三产业的比重越来越大；在产业结构的转换过程中，农村和农业人口逐步减少，与此同时，城市化或城镇化、工业化、信息化和现代化成为趋势。这些都属于经济发展的范畴。

（2）经济发展包括社会收入分配关系的改善和居民生活水平的提高。这意味着经济增长的收益被普遍地分享，在人均收入增加的同时，财产分配的不平等程度趋于下降，收入不平等逐步减少或者显著减少，社会成员中的贫困问题逐步减少，绝对贫困人口呈下降或明显下降的趋势，全体社会成员得到一定程度的最低生活保证，并且最低生活水平呈提高的趋势。与此同时，一般居民的营养状况、居住条件、医疗卫生条件和受教育程度不断地得到改善。

（3）经济发展包括自然资源利用方式和生态环境的进步。生产过程必然要消耗自然资源和影响生态环境，合理地、节约地利用资源，维护好生态环境是物质生产文明进步的重要标志之一。经济发展意味着利用资源的方式不断取得进步和生态环境不断得到改善。

（4）经济发展包括渐进性的发展和革命性的发展。在根本经济制度不变的条件下，社会经济状态也会随社会生产力的发展而进步。例如资本主义发展到现代国家垄断资本主义阶段，政府从总资本家的利益出发，采取宏观调控措施，实施一定程度的福利政策，缓和社会矛盾，使社会经济状况取得某种程度的改进，这就属于渐进性的经济发展。革命性的发展是指在一定历史条件下，因社会生产关系适应生产力发展的客观要求所发生的质的变化，推动根本经济制度发生飞跃性的进步。例如我国从半殖民地半封建社会转向社会主义初级阶段的社会，这就是一种革命性的发展。当然，在社会主义基本经济制度建立起来之后，我们还要从解放生产力出发，从实际出发推进分阶段的革命性发展；作为社会主义制度自我完善和发展的体制改革，就是一种革命性的生产关系的发展。

2. 经济发展与经济增长在概念上的比较

经济增长和经济发展是两个不同的概念，它们既有联系，又有区别。

（1）两者的联系。经济发展不等于经济增长，但是经济发展离不开经济增长所提供的物质基础。如果“蛋糕”做不大，分配关系的改善和人民生活水平的提高就无从谈起。从这个意义来讲，没有经济增长就没有经济发展，经济发展离不开经济增长，经济增长是经济发展的必要条件。

（2）两者的区别。经济增长不一定带来经济发展。经济发展在外延上是比经济增长更广的概念。如上所述，经济发展不仅包括了经济增长，而且还包括社会经济制度、自然资源利用方式和生态环境的进步等方面。在经济增长过程中，如果增长的收益被少数人所独占，经济增长不能带来贫困的减少、就业的增加和收入分配的改善，这种经济增长就不会带来真正的经济发展。

专栏 10-4

无发展的增长

（1）无工作的增长（jobless growth）。这是指在经济增长过程中出现严重失业的经济增长。这种经济增长偏向于资本密集型产业的发展，投资扩大带来的技术进步使工人被挤出。

（2）无声的增长（voiceless growth）。这是一种失去民主和自由的经济增长，增长只表现为经济方面的突进。在欧洲历史上，工商业的成长催生了人数和财富都越来越多的中产阶级。随着他们的势力特别是相对于土地贵族的势力的增长，这个阶级要求与其财富相当的更多的政治权力。由于这个要求没有得到相应满足，导致了欧洲近代政治史上的多次政治动荡。

（3）无情的增长（ruthless growth）。表现为贫困和收入分配严重不公的经济增长。经济增长，特别是快速的增长往往涉及生产方式的深刻变化。它会带来不同产业部门重要性的升降，由此伴随着收入分配格局的巨大变迁。人们从经济增长中得到的收益不成比例，这个事实意味着经济实力将得到重新分配。

（4）无根的增长（rootless growth）。这是一种毁灭文化、降低人们生活质量的经济增长。奥尔森在描述近代欧洲的经济增长时认为："人们受到城市新兴产业的高工资的诱惑，放弃了原来的村落、庄园、部落或家族，他们完全可能成为对经济增长心怀不满的受益者。这些人虽然是自愿来到城市，却脱离了原来的社会归属，同时又难以很快在城里建立社会关系。这些被高工资和经济增长的其他成果吸引到城市的乡下人经常会患上一种思乡病，怀念过去那种经济上更加贫困但社会上更为安全的田园生活。"

(5) 无未来的增长（futureless growth)。它会造成资源耗竭、环境污染和生态破坏，损害代际公平，难以实现可持续发展。

概念与原理

- 经济发展是指一定历史条件下包括生产力和生产关系在内的整个社会经济状态的演进变化。经济发展不仅包括量的增长，还包括质的进步。
- 经济增长与经济发展是两个不同的概念：增长是发展的必要条件；发展除了要求经济增长以外，还要求在社会经济制度、自然资源利用方式和生态环境等方面取得进展。

二、新发展理念

发展理念是发展行动的先导，是管全局、管根本、管方向、管长远的东西，是发展思路、发展方向、发展着力点的集中体现。关于什么是发展、什么是更好的发展、如何实现更好的发展，在不断探索和思考中，人们的认识不断深化，重大理论创新不断形成。近年来，我国逐渐形成了共识，发展是解决我国一切问题的基础和关键，发展必须是科学发展，必须坚定不移地贯彻创新、协调、绿色、开放、共享的五大发展理念。五大发展理念的提出是对科学发展观的新突破，在中国特色社会主义新时代，我们要始终坚持新发展理念，把它作为实现第二个百年奋斗目标的理论指导和行动指南。

1. 科学发展观的提出与新发展理念的形成

中华人民共和国成立以来，在探索中国特色的经济发展道路的过程中，我们对于经济发展规律的认识也在逐步深入和完善。很长一段时期以来，我们过度关注GDP所代表的经济增长，忽略了经济发展的内在规律，导致了大量的社会问题，使经济与社会发展过程中出现了许多不够协调的情况。主要表现为：(1) 在经济高速增长的同时，人口、资源、环境、就业等的压力不断加大，人与自然之间的矛盾不断加深，资源、能源、环境、技术瓶颈的制约更为突出。(2) 经济发展不平衡，城乡之间与地区之间的差距持续扩大。在农业和农村经济持续发展的同时，城乡之间在经济和社会发展水平上的差距不断扩大，解决好农村、农民和农业问题的任务十分艰巨。在各地区经济发展的同时，地区发展差距扩大，区域发展不平衡问题仍然没有得到解决。(3) 社会事业发展滞后，群众看病难、上学难、就业难的问题十分突出。(4) 自主创新能力和国际竞争力存在着不足。我国虽然已经是制造业大国，但是核心技术缺乏，我国仍然处于全球分工价值链的末端。

面对这些新情况，我们党准确把握了时代特征和中国国情，认真研究和回答我国社会主义经济建设、政治建设、社会建设和党的建设面临的一系列重大问题，不断总结实践经验，不断扩展理论视野，形成了以人为本、全面协调可持续发展的科学发展观这一重大战略思想。党的十七大完整提出和阐释了科学发展观，党的十八大把科学发展观确立为党的指导思想。科学发展观回答了什么是发展、为什么发展、如何发展的重大问题，赋予了马克思主义关于发展的理论以新的时代内涵和实践要求，进一步丰富了社会主义市场经济理论。

进入"十三五"时期以后，我国经济发展的显著特征是进入新常态。在新常态下，我国经济发展的主要特点是：增长速度要从高速转向中高速，发展方式要从规模速度型转向质量效率型，经济结构调整要从增量扩能为主转向调整存量、做优增量并举，发展动力要从主要依靠资源和低成本劳动力等要素投入转向创新驱动。实现这样广泛而深刻的变化是一个新的巨大挑战，要把适应新常态、把握新常态、引领新常态作为贯穿发展全局和全过程的大逻辑。

面对经济社会发展的新趋势、新机遇和新矛盾、新挑战，必须适应经济发展新特征，破解发展难题，增强发展动力，厚植发展优势。在党的十八届五中全会上，我们党系统提出了创新、协调、绿色、开放、共享五大发展理念；在党的十九大上，坚持新发展理念被确立为新时代中国特色社会主义思想的十四个组成部分之一，被确定为新时代坚持和发展中国特色社会主义的基本方略。

2. 新发展理念的提出依据

新发展理念是中国特色社会主义理论体系的最新成果。新发展理念是马克思主义同当代中国实际和时代特征相结合的产物，同时也借鉴和吸取了国外关于发展的经验和思想的最新研究成果。总的来说，包括以下三个方面：

（1）新发展理念是在继承和发展马克思主义关于发展的重要思想的基础上提出来的。马克思、恩格斯和列宁从哲学、政治经济学、科学社会主义等不同领域和层面，深刻论述过人类社会的发展问题，形成了关于发展问题的系统而丰富的思想。中华人民共和国成立后，毛泽东等提出了建设社会主义现代化强国的目标和战略设想，并努力探索符合中国国情的发展道路，提出了关于发展问题的很多重要思想。党的十一届三中全会以后，邓小平等把党和国家的工作中心转移到经济建设上来，制定了分"三步走"基本实现社会主义现代化的发展战略。党的十七大完整提出和阐释了科学发展观，党的十八大把科学发展观确立为党的指导思想。党的十八大以来，面对新形势、新任务和人民的新期待，我们党进一步深化对发展本质、内涵、实现路径等的认识，明确提出人民是推动发展的根本力量，必须坚持以人民为中心的发展思想，系统提出创新发展、协调发展、绿色发展、开放发展、共享发展这五大发展理念，进一步明确了发展依靠谁、为谁发展、如何发展的问题，厘清了发展思路、指明了发展方向、找准了发展着力点。

（2）新发展理念是为适应我国新时期的发展要求而提出来的。改革开放以来，我国经济社会的发展取得了巨大成就，但也积累了不少矛盾和问题，如城乡差距、地区差距、居民收入差距持续扩大，就业和社会保障压力增加，教育、卫生、文化等社会事业发展滞后，人口增长、经济发展同生态环境、自然资源的矛盾加剧，经济增长方式落后，经济整体素质不高和竞争力不强等。如果不能提出新的思路，经济社会的持续发展就难以实现，就会影响到全面建成小康社会战略目标的实现。在这种背景下提出新发展理念，就是要在新发展理念的指导下，着眼于丰富发展内涵、创新发展观念、开拓发展思路、破解发展难题。

（3）新发展理念是在借鉴国外发展经验和思想的基础上提出来的。第二次世界大战结束后，加快经济增长成为世界各国的共识，人类创造了前所未有的经济增长奇迹。但是，由于单纯追求经济增长，不重视社会发展和社会公平，忽视环境保护和能源、资源节约，世界各国在发展过程中普遍出现了这样那样的问题。新发展理念正是在深刻总结世界各国发展经验教训的基础上提出的，顺应了当今世界发展潮流，反映了当代世界的最新发展理念。

概念与原理

- 新发展理念是中国特色社会主义理论体系的最新成果。新发展理念是马克思主义同当代中国实际和时代特征相结合的产物，同时也借鉴和吸取了国外关于发展的经验和思想的最新研究成果。

3. 新发展理念的基本内涵

党的十九大报告提出，“发展是解决我国一切问题的基础和关键，发展必须是科学发展，必须坚定不移贯彻创新、协调、绿色、开放、共享的发展理念。”新发展理念赋予了科学发展观更加丰富的内涵，也是科学发展观在经济与社会实践中的具体体现和要求。新发展理念指明了我国长期的发展思路、发展方向和发展着力点，我们要深入理解、准确把握其科学内涵和实践要求。

创新是引领发展的第一动力。发展动力决定发展速度、效能、可持续性。对我国这么大体量的经济体来讲，如果动力问题解决不好，则难以实现经济持续健康发展。坚持创新发展，是分析近代以来世界发展历程特别是总结我国改革开放成功实践得出的结论，是应对发展环境变化、增强发展动力、把握发展主动权、更好引领新常态经济增长的根本之策。树立创新发展理念，就必须把创新摆在国家发展全局的核心位置，不断推进理论创新、制度创新、科技创新、文化创新等各方面创新，努力把我国建成创新型国家。

协调是持续健康发展的内在要求。长期以来我国经济发展存在着不充分不平衡的问题。发展的不平衡使部门、区域、城乡间的差距拉大，严重影响到我国主要矛盾的解决，难以满足人民群众对美好生活的追求。在新的情况下，协调发展具有一些新特点，协调既是发展手段又是发展目标，同时还是评价发展的标准和尺度。协调是发展平衡和不平衡的统一，协调发展不是搞平均主义，而是更注重发展机会公平、更注重资源配置均衡；协调是发展短板和潜力的统一，协调发展就是找出短板，在补齐短板上多用力，通过补齐短板挖掘发展潜力、增强发展后劲。树立协调发展理念，就必须牢牢把握中国特色社会主义事业总体布局，正确处理发展中的重大关系，重点促进城乡区域协调发展，促进经济社会协调发展，促进新型工业化、信息化、城镇化、农业现代化同步发展，在增强国家硬实力的同时注重提升国家软实力，不断增强发展整体性。

绿色是永续发展的必要条件和人民对美好生活追求的重要体现。绿色发展，就是要解决好人与自然和谐共生问题。人类发展活动必须尊重自然、顺应自然、保护自然，否则就会遭到大自然的报复，这个规律谁也无法抗拒。人因自然而生，人与自然是一种共生关系，对自然的伤害最终会伤及人类自身。只有尊重自然规律，才能有效防止在开发利用自然上走弯路。树立绿色发展理念，就必须坚持节约资源和保护环境的基本国策，坚持可持续发展，坚定走生产发展、生活富裕、生态良好的文明发展道路，加快建设资源节约型、环境友好型社会，形成人与自然和谐发展现代化建设新格局，推进美丽中国建设，为全球生态安全做出新贡献。

开放是国家繁荣发展的必由之路。实践告诉我们，要发展壮大，必须主动顺应经济全球化潮流，坚持对外开放，充分运用人类社会创造的先进科学技术成果和有益管理经验。要看到现在搞开放发展，面临的国际国内形势同以往有很大不同，总体上有利因素更多，但也面临更深层次的风险挑战：国际力量对比正在发生前所未有的积极变化，但更加公正合理的国际政治经济秩序的形成依然任重道远；世界经济逐渐走出国际金融危机的阴影，但还没有找到全面复苏的新引擎；我国在世界经济和全球治理中的分量迅速上升，但经济大而不强的问题依然突出，我国经济实力转化为国际制度性权力依然需要付出艰苦努力；我国对外开放进入“引进来”和“走出去”更加均衡的阶段，但支撑高水平开放和大规模“走出去”的体制和力量仍显薄弱。树立开放发展理念，就必须顺应我国经济深度融入世界经济的趋势，奉行互利共赢的开放战略，坚持内外需协调、进出口平衡、“引进来”和“走出去”并重、引资和引技引智并举，发展更高层次的开放型经济，积极参与全球经济治理和公共产品供给，提高我国在全球经济治理中的制度性话语权，构建广泛的利益共同体。

共享是中国特色社会主义的本质要求。共享发展理念，其内涵主要有四个方面。一是全民共享，即共享发展是人人享有、各得其所，不是少数人共享、一部分人共享。二是全面共享，即共享发展就要共享国家经济、政治、文化、社会、生态文明各方面的建设成果，全面保障人民在各方面的合法权益。三是共建共享，即只有共建才能共享，共建的过程也是共享的过程。四是渐进共享，即共享发展必将有一个从低级到高级、从不均衡到均衡的过程，即使达到很高的水平也会有差别。树立共享发展理念，就必须坚持发展为了人民、发展依靠人民、发展成果由人民共享，做出更有效的制度安排，使全体人民在共建共享发展中有更多获得感，增强发展动力，增进人民团结，朝着共同富裕方向稳步前进。

创新、协调、绿色、开放、共享的发展理念，相互贯通、相互促进，是具有内在联系的集合体，要统一贯彻，不能顾此失彼，也不能相互替代。哪一个发展理念贯彻不到位，发展进程都会受到影响。一定要深化认识，从整体上、从内在联系中把握新发展理念，增强贯彻落实的全面性、系统性，不断开拓发展新境界。

概念与原理

- 必须坚定不移贯彻创新、协调、绿色、开放、共享的发展理念。创新是引领发展的第一动力；协调是持续健康发展的内在要求；绿色是永续发展的必要条件和人民对美好生活追求的重要体现；开放是国家繁荣发展的必由之路；共享是中国特色社会主义的本质要求。

三、建设现代化经济体系

经过多年努力，我国逐步建立起了独立的比较完整的国民经济体系。改革开放以来，我国经济体系不断完善。随着经济发展水平的不断提高，我国经济已进入新常态，进入了高速增长转向高质量发展的新阶段。原来那种粗放型发展模式、依靠大量要素和投资驱动的增长方式已与现实不相适应，需要在“创新、协调、绿色、开放、共享”这一新的发展理念下，建设现代化经济体系。所谓现代化经济体系，是具有现代性的经济系统，具有以创新为主要驱动力、高端要素集聚、产业结构协调、市场运行机制协调、市场竞争有序、宏观调控科学、高质量发展等特征。

1. 建设现代化经济体系的重要意义

（1）建设现代化经济体系是确保实现奋斗目标的物质基础。20 世纪 80 年代，党中央提出了我国社会主义现代化建设分“三步走”的战略目标，党的十九大在正确判断中国新时代发展形势的基础上，提出了决胜全面建成小康社会、开启全面建设社会主义现代国家新征程的战略目标，到 21 世纪中叶把我国建设成为富强民主文明和谐美丽的社会主义现代化强国。要实现这一目标，必须加快形成先进的生产力，构建雄厚的经济基础。目前我国经济“大而不强”的特征十分明显，科学技术、人力资源、生产资本等要素的水平与发达国家相比有较大差距。在发展中解决这些问题，要求我们加快建设现代化经济体系，推动新型工业化、信息化、城镇化、农业现代化同步发展，显著提高发展质量，壮大经济实力和综合国力。

（2）建设现代化经济体系是解决我国社会主要矛盾的客观要求。长期以来，我国社会的主要矛盾是人民日益增长的物质文化需要同落后的社会生产之间的矛盾。改革开放极大地解放和发展了我国的社会生产力。2020 年我国国内生产总值超过 100 万亿元，居世界第二。工农业生产、基础设施、科技创新、市场建设也都取得了长足进步，社会生产总体上已不再落后。同时，人民对美好生活的需要日益增长。发展中不平衡、不协调、不可持续问题突出，城乡、区域、不同群体间的居民收入差距依然较大，大部分生产领域存在过剩产能，企业高负债、高库存运行的风险较大。扶贫脱贫、农业农村、生态保护、公共服务等成为我国经济发展的短板。当前我国的主要矛盾已经转化为人民日益增长的美好生活需要和不平衡不充分的发展之间的矛盾。为解决这一矛盾，需要推动城乡、区域、经济社会协调发展，处理好经济发展与环境保护的关系。现代化经济体系建设的重要内容之一就是协调发展。

（3）建设现代化经济体系是适应我国经济由高速增长阶段转向高质量发展阶段的必然要求。从国内看，我国经济发展进入新常态。一是增速转轨，由高速增长转为中高速增长，1979—2012 年我国经济年平均增长 9.9%，近年则增速放缓，维持在中高速增长区间。二是结构转型，我国由中低端产业为主转为中高端产业为主，2013—2018 年，高技术产业、战略性新兴产业增速保持在 10%以上。三是动能转换，由传统动能向新动能转变。经济增长的传统动能依赖于投资，高投入、高产出、低效益，在当前情况下，创业创新、网络经济、数字经济、共享经济等加快发展，为我国经济增长不断增加新的动力。

2. 现代化经济体系的基本要求

（1）现代化经济体系要求质量第一，效益优先。这个质量既包括经济运行的质量、产业发展的质量，也包括产品质量的提高；效益优先，就是要以更少的投入获得更大的产出，既讲经济效益，也讲社会效益，还要讲生态文明等方面的效益。只有依靠提质增效，才能实现经济转型升级。近年来，我国企业生产经营和整体经济增长的质量效益不断提高。目前，我国产品质量国家监督抽查合格率超过 90%，重点工程质量优良率达到 100%。规模以上工业企业主营业务收入利润率在 6%以上。质量和效益的提升为我国经济持续健康发展打下了良好的基础。

（2）现代化经济体系要求建立协同发展的产业体系。实体经济是我国经济的主体，科技创新是经济发展的第一动力，现代金融是现代经济的血脉，人力资源是最宝贵的资源。把科技、劳动力与人才、资本等生产要素组合起来，协同投入实体经济，将促进企业技术进步、行业供求衔接和产业优化发展，从而建立起实体经济、科技创新、现代金融、人力资源协同发展的产业体系。目前，我国研究与开发经费占国内生产总值的比重超过了 2%，已经达到经济合作与发展组织国家的平均水平。劳动从业人口超过 7 亿人，其中各类知识和技能人才超过 1.5 亿人。金融总资产达到 200 多万亿元，要素保障能力明显增强。我国的现代经济体系能够将各种要素优化配置，充分发挥资本、资产、人才支持产业发展的作用，协同促进实体经济和产业体系高效优质发展。

（3）现代化经济体系要求建立起市场机制有效、微观主体有活力、宏观调控有度的经济体制。经过 40 多年的努力，我国社会主义市场经济体制已经基本建立。我国社会主义市场经济的改革方向，就是围绕处理好政府和市场的关系，充分调动各类市场主体自主决策、自主经营的积极性、主动性、创造性，推动各级政府履行好经济调节、市场监管、公共服务、社会管理的应尽职责。具体而言，市场机制有效，就是要以完善产权制度和要素市场化配置为重点，实现产权有效激励、要素自由流动、价格反应灵活、竞争公平有序、企业优胜劣汰。微观主体有活力，就是要尊重企业家的主体地位，深化国有企业改革，支持和引导民营经济发展，激发企业的创造性和能动性。宏观调控有度，就是要创新和完善宏观调控，发挥国家发展规划的战略导向作用，健全财政、货币、产业、区域等经济政策协调机制，不断增强我国经济的创新力和竞争力。

根据现代化经济体系的内涵，我们可以看出，现代化经济体系相对于传统的经济体系有一些明显的特点：第一，现代化经济体系以创新为主导。提高产品质量、提高经济效益，关键是依靠创新，以创新来驱动经济发展。这个创新既包括科技创新，也包括制度创新、组织创新、管理创新，甚至包括业态的创新。第二，现代经济体系以协调为基调。产业结构的方方面面要协调发展，城乡要协调发展，区域要协调发展，经济、社会、生态之间也要协调发展。第三，现代化经济体系是开放型经济体系，充分利用“两个市场”，即国内市场和国际市场；充分利用“两种资源”，即国内资源和国际资源。第四，现代化经济体系是以一种具有活力、弹性的体制和机制为支撑的。

3. 建设现代化经济体系的主要措施

(1) 深化供给侧结构性改革。这是建设现代化经济体系的关键举措。国际金融危机爆发 10 多年来，主要经济体为刺激需求，大多采取量化宽松政策。这虽然缓解了危机冲击，但也带来了不少后遗症。为促进经济稳定复苏，一些国家采取结构性改革的措施克服困难。我国经济在应对危机中保持了较快增长，但长期积累的结构性矛盾日益凸显，下行压力加大。近年来，我国大力推进供给侧结构性改革，去产能、去库存、去杠杆、降成本、补短板，取得明显成效，部分行业的市场供求关系改善，也促进了总供求关系缓解。

现代化经济体系建设的着力点是实体经济，改变金融、人才等资源配置的“脱实向虚”现象。供给侧结构性改革重点在于提高实体经济的供给体系质量，显著增强我国经济的质量优势。一是推动产业优化升级，加快发展先进制造业、现代服务业，促进我国产业迈向全球价值链中高端。二是培育壮大新动能，鼓励更多社会主体投身创新创业，在中高端消费、创新引领、绿色低碳、共享经济、现代供应链、人力资本服务等领域，培育更多新增长点。三是改造提升传统动能，要推动互联网、大数据、人工智能和实体经济深度融合。四是推进存量增量调整，坚持去产能、去库存、去杠杆、降成本、补短板，优化存量资源配置，扩大优质增量供给，实现供需动态平衡。

(2) 加快建设创新型国家。这是建设现代化经济体系的战略支撑。创新是引领发展的第一动力。科技创新是国家竞争力的核心，是全面创新的主要引领。经过长期努力，我国在核心科技方面与发达国家的差距不断缩小，一些重大科技成果进入世界先进行列。但是我国科技创新能力与经济实力相比还不相称，总体上滞后于人民群众美好生活的需求。我国需要提高创新基础能力，深化科技体制改革，建立以企业为主体、市场为导向、产学研深度融合的技术创新体系，促进科技成果转化。创新性国家倡导创新文化，强化知识产权创造、保护、运用。创新型国家是建立在创新人才培育基础上的，我国需要实行更加积极、开放、有效的人才政策，培养和造就一大批具有国际水平的人才和高水平创新团队。

(3) 实施乡村振兴战略。这是建设现代化经济体系的重要基础。农业稳，天下安。经过多年努力，我国农业农村发展迈上了新的台阶，农业发展的主要矛盾由总量不足变成了结构性矛盾，出现农产品供求结构失衡、要素配置不合理、资源环境压力大、农民收入持续增长乏力等问题，矛盾的主要方面转移到供给侧。

“三农”问题历来是我国经济工作的重中之重，解决“三农”问题需要建立健全城乡整合发展体制机制和政策体系，加快推进农业农村现代化，深化农业的供给侧结构性改革。一是优先发展。坚持农业农村优先发展，加快推进农业农村现代化，确保国家粮食安全。二是健全体系。构建现代农业产业体系、生产体系、经营体系，完善农业支持保护制度，发展多种形式的适度规模经营，培育新型农业经营主体，实现小农户和现代农业发展有机衔接。三是三产融合。促进农村一二三产业融合发展，支持和鼓励农民就业创业，拓宽增收渠道。四是完善制度。巩固和完善农村基本经营制度，深化农村土地制度改革，深化农村集体产权制度改革，保障农民财产权益。

（4）实施区域协调发展战略。这是建设现代化经济体系的内在要求。我国幅员辽阔，各地发展不平衡，区域分化问题还比较严重。2019 年，我国共有 7 个省（自治区、直辖市）经济总量超过 4 万亿元，依然有 5 个省（自治区、直辖市）经济总量还不足 1 万亿元。省与省之间人均收入的差距最高将近 4 倍，乡村一级的差距更大。中西部地区增长速度很快，但发展水平与东部沿海地区相比仍有较大差距；东北地区发展也遇到了困难。必须坚持协调发展理念，优化区域发展格局，推进新型城镇化，逐步缩小差距。

（5）加快完善社会主义市场经济体制。这是建设现代化经济体系的制度保障。推动经济转型升级，关键靠改革，必须以完善产权制度和要素市场化配置为重点深化经济体制改革，从而破除制约发展活力和动力的体制机制障碍。一是坚持和完善我国社会主义基本经济制度，完善国有资产管理体制，深化国有企业改革，支持民营经济发展。二是深化商事制度改革，全面实施负面清单制度，加快要素价格市场化改革，完善市场监管体制。三是创新和完善宏观调控，发挥国家发展规划的战略性导向作用，健全财政、货币、产业、区域、消费、投资等经济政策的协调机制，加快建立现代财政制度，深化金融体制改革。

（6）推动形成全面开放新格局。这是建设现代化经济体系的必要条件。经过改革开放 40 多年的发展，我国已深度融入世界经济，中国与世界发展的相互联系、相互影响明显加深。多年来，我国引进外资、对外投资、对外贸易实现了历史性跨越，但目前人均利用外资仅为世界平均水平的 50%左右，境外非理性投资和经营不规范等风险突出，出口产品质量、档次和附加值不高等问题尚未得到根本解决。必须贯彻开放发展理念，深化全方位对外开放，加快培育国际经济合作和竞争新优势，以开放促改革促发展。

现代化经济体系要求我们主动参与和推动经济全球化进程，发展更高层次的开放型经济。重点工作主要包括四个方面：一是积极促进“一带一路”国际合作，要加强创新能力开放合作。努力实现政策沟通、设施联通、贸易畅通、资金融通、民心相通，打造国际合作新平台。二是继续吸引外资。要实行高水平的贸易和投资自由化便利化政策，全面实行准入前国民待遇加负面清单管理制度，大幅度放宽市场准入，扩大服务业对外开放，保护外商投资合法权益。三是创新对外投资方式。要健全政策框架和推进机制，坚持企业主体、政府推动、市场导向、商业原则、国际惯例，积极促进国际产能合作，切实防范对外投资风险，形成面向全球的贸易、投融资、生产、服务网络。四是推进贸易强国建设。要拓展对外贸易，培育贸易新业态新模式，优化进出口结构，促进自由贸易区建设。

概念与原理

- 现代化经济体系的基本要求：质量第一，效益优先；产业体系协同发展；市场机制有效、微观主体有活力、宏观调控有度。
- 建设现代化经济体系的主要措施：深化供给侧结构性改革，加快建设创新型国家，实施乡村振兴战略，区域协调发展，完善市场经济体制，形成新的开放格局。

专栏 10－5

他山之石：现代经济及其框架条件

费尔普斯是2006年诺贝尔经济学奖获得者，是现代宏观经济学的缔造者和影响经济学进程的重要人物之一。他论证了经济增长的动态最优化路径，突出强调了创新在经济增长中的作用。

费尔普斯认为，从19世纪20年代的英国到20世纪60年代的美国，人类繁荣的历史进程是广泛出现的自主创新的结果。这些领跑国家以某种形式形成了创新活力，可以称之为"现代经济"，其他国家通过紧跟这些现代经济的发展而获益。"现代经济"一词不是时间上的含义，而是指具有高度活力、充满创新的意愿、能力和抱负的经济。现代经济的基础是创新体制的有效运转。现代经济是创新背后的深层动力和制度的综合体，它需要具备革新的动力、必要的能力、对新事物的宽容度以及有关的支持制度。

在早期和成熟的长期创新经济的崛起过程中，各种经济制度的创造和演变是不可或缺的部分，这些因素被称为"框架条件"。经济制度的某些部分对于保护和促进创新活动及其成果是必不可少的，它们促进了经济体的创新能力和创新意愿。

首先，经济自由对创新过程的启动具有核心意义。创意发明者能进入现有产业，自由创办公司，则创新活动会更普遍。这种产业进入的自由允许企业家开发和推广新产品，并且占有创新的利润，这将推进创新。如果人们能自由地离开家庭、地区或国家，了解外部世界的各种新产品和新生活方式，他们会更有条件也更适应开展创新活动。创新还需要作为潜在客户的消费者和企业在做决策时必须有选择新产品的自由。

其次，创新者的财产权需要得到法律保障。保护私有财产的自由权利对创新也是至关重要的。创新必须使创意发明人从成功的新产品中持续获得收益且自由支配财富的合法权利得到保障。与创新有关的财产权利直到19世纪前夕才受到法律保护。专利权、版权和商标权的发展都是为了保护知识财产。破产制度允许独资企业、合伙制企业和所有个人申请破产，也是有益于创新的。

最后，在各种经济制度中，兴起了着重为产业项目和新企业早期发展融资的金融机构。经济发展要想持续，必须成立和发展制造企业。要想快速增长，制造业必须得到资金支持。商业银行、投资银行等金融机构能够对市场机遇做出快速反应，并且能够为创新项目设计合理的资本和股权结构，从而确保创新的资本支持。

第3节 中国经济社会的协调发展

中国特色社会主义进入新时代，我国社会主要矛盾已经转化为人民日益增长的美好生活需要和不平衡不充分的发展之间的矛盾。正确认识和把握这一新的重大判断，对在新时代建设社会主义现代化强国具有重要意义。我国经济社会发展的不平衡主要体现在城乡发展不平衡、区域发展不平衡等方面。本节介绍中国经济社会发展的不均衡特征，发展农村经济的意义和实施乡村振兴战略，我国区域协调战略的提出过程以及促进区域协调发展的三大目标和三大战略。

一、中国经济社会发展的不均衡特征

经过改革开放以来的长期不懈奋斗，我国社会生产力水平总体上显著提高，社会生产能力在很多方面进入世界前列，更加突出的问题是发展不平衡不充分，这已经成为满足人民日益增长的美好生活需要的主要制约因素。发展不平衡不充分体现在多方面，但经济发展的不平衡不充分是最根本的，主要体现在城乡发展不平衡、区域发展不平衡等方面。

1. 城乡发展不平衡

从中华人民共和国成立到改革开放之前，我国主要采取的是城市优先发展战略，存在过度剥夺农业，工农业发展严重失调，城乡差距严重失衡的问题。改革开放初期，我国开始调整城乡关系，实行“农村先行改革”的政策，农村经济逐渐恢复活力，城乡居民收入差距开始逐渐缩小。但随着1984年以后城市经济体制改革的全面展开，中国城市进入了快速发展时期，而乡村发展则开始陷入了滞缓，城乡差距开始逐步拉大，并且逐年提高。一方面，由于城乡收入差距大，农村劳动力迅速从农村向城市转移，农村劳动力不断流失，城市则吸收了大量农村劳动力，人口规模不断扩大。另一方面，资本逐渐向城市转移，农村工业渐渐衰弱，城市工业伴随着工业园区、各类开发区的兴起而逐渐兴起，城市工业和服务业急剧发展，城乡差距不断扩大。另外，中国城镇化产生了巨大的土地红利，然而这些土地增值收入却大部分被城市所占有，用于城市基础设施建设，进一步拉大了城乡差距。

随着中国市场化的发展，中国经济快速增长，创造了世界经济发展的奇迹，但城乡发展依然不平衡，是现阶段我国经济社会发展中最为突出的结构性矛盾。当前，我国发展不平衡不充分问题在乡村最为突出，主要表现在：农产品阶段性供过于求和供给不足并存，农业供给质量亟待提高；农民适应生产力发展和市场竞争的能力不足，新型职业农民队伍建设亟待加强；农村基础设施和民生领域欠账较多，农村环境和生态问题比较突出，乡村发展整体水平亟待提升；国家支农体系相对薄弱，农村金融改革任务繁重，城乡之间要素合理流动机制亟待健全；农村基层党建存在薄弱环节，乡村治理体系和治理能力亟待强化。

2. 区域发展不平衡

中国国土面积辽阔，各地的资源禀赋各具特色，文化和风土人情也存在较大的差别，这就造成我国经济社会发展存在着明显的区域发展不平衡现象。虽然随着各项区域发展战略的实施，我国区域发展差距有所缩小，但是，区域发展不平衡、不协调、不可持续的格局尚未得到根本改变，区域发展差距依然较大，欠发达地区与发达地区在经济总量指标和人均指标上均存在差距，要实现追赶跨越还需要较长时间；区域交流合作与协同发展机制尚不完善，各区域间和区域内部产业同构、重复建设、分工不合理等问题较为突出；区域生产力布局与环境保护和生态建设融合发展程度不高，区域发展所面临的资源环境约束压力增大，区域发展与生态环境保护的矛盾日益突出。

概念与原理

- 中国特色社会主义进入新时代，我国社会主要矛盾已经转化为人民日益增长的美好生活需要和不平衡不充分的发展之间的矛盾。我国经济社会发展的不平衡不充分，主要体现在城乡发展不平衡、区域发展不平衡等方面。

二、发展农村经济与城乡协调发展

近年来，我国政府对城乡协调发展的重要性的认识日益深刻，开始制定一系列政策来缓解城乡差距的扩大。2002 年，党的十六大针对城乡二元结构提出了统筹城乡、协调发展的方针。2007 年，党的十七大提出“建立以工促农、以城带乡长效机制，形成城乡经济社会发展一体化新格局”的新要求。2017 年，党的十九大报告指出：“农业农村农民问题是关系国计民生的根本性问题，必须始终把解决好‘三农’问题作为全党工作重中之重。”为了解决好“三农”问题，促进城乡协调发展，党的十九大正式做出了实施乡村振兴战略的重大决策部署。

1. 发展农村经济的重要意义

农业农村农民问题是关系国计民生的根本性问题。没有农业农村的现代化，就没有国家的现代化。发展农村经济对于我国决胜全面建成小康社会、全面建设社会主义现代化国家具有重大意义。

第一，农业是国民经济的基础。在人类历史上，农业是人们最先从事的经济活动。通过从事农业生产，人们可以拥有稳定的食物来源，这使人类社会摆脱了茹毛饮血的野蛮时代，进入文明社会。在农业生产力水平发展到能够提供足够的剩余产品时，才从农业中分离出来一部分人从事其他经济部门和社会部门。随着经济社会的发展，农业部门提供的增加值在国民经济中的比重会不断下降，但并不意味着农业部门的重要性会下降。

第二，农业是提供粮食的部门。俗话说，民以食为天，没有食物，人类就无法生存，而农业是唯一提供粮食的部门。只要人类仍以动植物为主要食物，农业提供食物的功能就不会改变。农业部门事关粮食安全、社会稳定，这是其他任何经济部门都无法提供的作用。随着人们生活水平的提高，人们不但要求吃得饱，还要求吃得好，对农业发展提出了更高的要求，也意味着农业部门在今天更加重要。

第三，农业部门可以为经济发展提供必要的支持。发展经济学把农业对经济发展的贡献归纳为四个方面：产品贡献、要素贡献、市场贡献和外汇贡献。产品贡献，指农业部门为非农业部门提供粮食和原料；要素贡献，指农业部门为非农业部门提供土地、劳动和资本等生产要素；市场贡献，指农业部门为非农业部门提供产品销售市场；外汇贡献，指农业部门为非农业部门提供创汇来源。

2. 实施乡村振兴战略

2018年中央一号文件对实施乡村振兴战略做出了全面部署。2018年中央一号文件指出，实施乡村振兴战略，是决胜全面建成小康社会、全面建设社会主义现代化国家的重大历史任务，是新时代“三农”工作的总抓手。要坚持农业农村优先发展，按照产业兴旺、生态宜居、乡风文明、治理有效、生活富裕的总要求，建立健全城乡融合发展体制机制和政策体系，统筹推进农村经济建设、政治建设、文化建设、社会建设、生态文明建设和党的建设，加快推进乡村治理体系和治理能力现代化，加快推进农业农村现代化，走中国特色社会主义乡村振兴道路，让农业成为有奔头的产业，让农民成为有吸引力的职业，让农村成为安居乐业的美丽家园。

第一，提升农业发展质量，培育乡村发展新动能。乡村振兴，产业兴旺是重点。以农业供给侧结构性改革为主线，加快构建现代农业产业体系、生产体系、经营体系，提高农业创新力、竞争力和全要素生产率，加快实现由农业大国向农业强国转变。夯实农业生产能力基础，深入实施藏粮于地、藏粮于技战略，严守耕地红线，确保国家粮食安全，把中国人的饭碗牢牢端在自己手中。实施质量兴农战略，构建农村一二三产业融合发展体系，构建农业对外开放新格局，促进小农户和现代农业发展有机衔接。

第二，推进乡村绿色发展，打造人与自然和谐共生发展新格局。乡村振兴，生态宜居是关键。良好生态环境是农村的最大优势和宝贵财富，必须尊重自然、顺应自然、保护自然，推动乡村自然资本加快增值，实现百姓富、生态美的统一。统筹山水林田湖草系统治理，加强农业面源污染防治，建立市场化多元化生态补偿机制，落实农业功能区制度，加大重点生态功能区转移支付力度，完善生态保护成效与资金分配挂钩的激励约束机制，增加农业生态产品和服务供给。

第三，繁荣兴盛农村文化，焕发乡风文明新气象。乡村振兴，乡风文明是保障。必须坚持物质文明和精神文明一起抓，提升农民精神风貌，培育文明乡风、良好家风、淳朴民风，不断提高乡村社会文明程度。加强农村思想道德建设，传承发展提升农村优秀传统文化，加强农村公共文化建设，开展移风易俗行动。

第四，加强农村基层基础工作，构建乡村治理新体系。乡村振兴，治理有效是基础。必须把夯实基层基础作为固本之策，建立健全党委领导、政府负责、社会协同、公众参与、法治保障的现代乡村社会治理体制，坚持自治、法治、德治相结合，确保乡村社会充满活力、和谐有序。加强农村基层党组织建设，深化村民自治实践，建设法治乡村，提升乡村德治水平，建设平安乡村。

第五，提高农村民生保障水平，塑造美丽乡村新风貌。乡村振兴，生活富裕是根本。要坚持人人尽责、人人享有，按照抓重点、补短板、强弱项的要求，围绕农民群众最关心最直接最现实的利益问题，一件事情接着一件事情办，一年接着一年干，把乡村建设成为幸福美丽新家园。优先发展农村教育事业，促进农村劳动力转移就业和农民增收，健全覆盖城乡的公共就业服务体系，提高就业质量。

第六，打好精准脱贫攻坚战，增强贫困群众获得感。乡村振兴，摆脱贫困是前提。必须坚持精准扶贫、精准脱贫，把提高脱贫质量放在首位，既不降低扶贫标准，也不吊高胃口，采取更加有力的举措、更加集中的支持、更加精细的工作，坚决打好精准脱贫这场对全面建成小康社会具有决定性意义的攻坚战。瞄准贫困人口精准帮扶，聚焦深度贫困地区集中发力，激发贫困人口内生动力，强化脱贫攻坚责任和监督。

第七，推进体制机制创新，强化乡村振兴制度性供给。实施乡村振兴战略，必须把制度建设贯穿其中。要以完善产权制度和要素市场化配置为重点，激活主体、激活要素、激活市场，着力增强改革的系统性、整体性、协同性。巩固和完善农村基本经营制度，深化农村土地制度改革，完善承包地“三权”分置制度。保持土地承包关系稳定并长久不变，第二轮土地承包到期后再延长 30 年。深化农村集体产权制度改革，保障农民财产权益，壮大集体经济。以提升农业质量效益和竞争力为目标，完善农业支持保护制度。

第八，汇聚全社会力量，强化乡村振兴人才支撑。实施乡村振兴战略，必须破解人才瓶颈制约。要把人力资本开发放在首要位置，畅通智力、技术、管理下乡通道，造就更多乡土人才，聚天下人才而用之。大力培育新型职业农民，加强农村专业人才队伍建设，发挥科技人才支撑作用，鼓励社会各界投身乡村建设，创新乡村人才培育引进使用机制。

第九，开拓投融资渠道，强化乡村振兴投入保障。实施乡村振兴战略，必须解决钱从哪里来的问题。要健全投入保障制度，创新投融资机制，加快形成财政优先保障、金融重点倾斜、社会积极参与的多元投入格局，确保投入力度不断增强、总量持续增加。确保财政投入持续增长，拓宽资金筹集渠道，提高金融服务水平。

第十，坚持和完善党对“三农”工作的领导。实施乡村振兴战略是党和国家的重大决策部署，各级党委和政府要提高对实施乡村振兴战略重大意义的认识，真正把实施乡村振兴战略摆在优先位置，把党管农村工作的要求落到实处。

概念与原理

- 发展农村经济对于我国决胜全面建成小康社会、全面建设社会主义现代化国家具有重大意义：第一，农业是国民经济的基础；第二，农业是提供粮食的部门；第三，农业部门具有四大贡献。实施乡村振兴战略的主要内容包括：第一，提升农业发展质量，培育乡村发展新动能；第二，推进乡村绿色发展，打造人与自然和谐共生发展新格局；第三，繁荣兴盛农村文化，焕发乡风文明新气象；第四，加强农村基层基础工作，构建乡村治理新体系；第五，提高农村民生保障水平，塑造美丽乡村新风貌；第六，打好精准脱贫攻坚战，增强贫困群众获得感；第七，推进体制机制创新，强化乡村振兴制度性供给；第八，汇聚全社会力量，强化乡村振兴人才支撑；第九，开拓投融资渠道，强化乡村振兴投入保障；第十，坚持和完善党对“三农”工作的领导。

三、区域经济协调发展与全面小康

区域协调发展一直都是我国经济社会在发展过程中不断关注和解决的问题。中国发展进入新时期，在习近平新时代中国特色社会主义思想的指导下，党的十九大提出的区域协调战略思想上升到理论高度，面对国家经济逐步走向高质量的发展，在国家“一带一路”倡议的强势带动和辐射下，我国新时代的区域协调发展呈现出新的发展动向。

1. 区域协调发展的演变过程

中华人民共和国成立以来，我国区域协调发展在不同的时代背景下，经历了不同的发展变化，它们层层深入、相互融合、各具特点，共同构成了我国区域协调发展的战略格局。

改革开放前，我国大致采取的是均衡发展战略。早在中华人民共和国成立之初，党和政府就已经深刻认识到我国区域发展极其不均衡的问题，全国绝大部分工业集中在东部沿海，广大内陆地区几乎没有任何现代工业基础。以毛泽东为核心的第一代领导人在中华人民共和国成立后一段时间内，通过将工业从沿海到内陆的搬迁、国民收入再分配的直接投资向内地倾斜、均衡产业布局，逐步实现区域协调发展，通过国家层面上的工业布局的初次平衡，为我国改革开放之后国民经济的加快发展奠定了坚实的基础。1953年中央在制订“一五”计划时，就提出了有计划均衡地在全国部署工业的指导方针。在实施苏联援建的156项重点工程时，毛泽东就考虑到平衡工业发展问题。经过与苏联方面进行多次协商，最后把106项民用工业企业中的21项、44项国防工业企业中的21项放在西部。

专栏 10-6

三线建设

20世纪60年代前期，国际形势出现新的动荡，美国对越南北方侵略战争逐步扩大，我国周边形势日趋紧张，备战问题摆到党的重要议程上来。1964年，中央政治局常委扩大会议和中央工作会议专门讨论“三五”计划时，从经济建设和国防建设的战略布局考虑，毛泽东提出将全国划分为一、二、三线。据此，中央改变“三五”计划的最初设想，做出了开展三线建设、加强备战的重大战略部署。

1964年5月27日，毛泽东在中南海主持召开中共中央政治局常委会议，主要提出两个问题：一个是对第三线建设注意不够，一个是对基础工业注意不够。毛泽东说，第一线是沿海，包钢到兰州这一条线是第二线，西南是第三线。毛泽东认为要好好地研究、吸取斯大林第二次世界大战前期的经验教训，一不准备工事，二不准备敌人进攻，三不搬家，这就是教训。因此，沿海各省都要搬家，不仅工业交通部门，而且整个的学校、科学院、设计院，都要搬家。迟搬不如早搬。一线要搬家，二线、三线要加强。

三线建设的战略决策是在当时战争乌云笼罩下形成的，体现的是“以战止战”“不战而屈人之兵”的战略思维。1965年，三线建设的重中之重攀枝花钢铁基地开始大规模建设。

回顾共和国前30年取得的历史性巨大成就，三线建设建成的项目特别令人瞩目，例如以成昆铁路为代表的10条铁路干线、攀枝花钢铁工业基地、西昌航天中心、葛洲坝和刘家峡水电站、第二汽车制造厂等。成都在2019年被一家英国公司发布的《2019年科技城市发展报告》评为全球30座科技城市之一。成都今天的成就奠基于50多年前的三线建设。从总体上看，三线建设的实施，是推进我国现代化的重要步骤，对于提高国家的国防能力，对于改善我国国民经济布局、推进中西部落后地区的经济社会发展，具有重要意义。

改革开放后，我国鼓励有条件有优势的地区先发展起来，即“先富带后富，最终实现共同富裕”的发展目标。70年代末，我国开始进行经济体制改革，实行对外开放，对区域经济发展战略也开始做相应的调整，我国区域经济发展战略由注重公平的“均衡发展”向注重效率的“非均衡发展”转变，期望通过东部部分地区优先发展实现对西部地区的反哺，最终实现东西协调发展。以邓小平为核心的第二代领导人，继承和发展毛泽东关于利用沿海工业促进内地工业发展的战略思想，从强调各个区域经济平衡发展转向重视国民经济整体发展速度和宏观经济效益，着重充分发挥和利用各区域优势尤其是东部沿海地区的经济技术及区位优势，按三大地带分阶段、有重点、有效益地开展区域经济生产力布局。

1986年，“七五”计划（1986—1990年）明确把全国划分为东部、中部、西部三大经济地带，提出了按三大地带序列推进区域经济发展的战略思路。改革开放以后所实施的区域经济非均衡发展战略，取得了举世瞩目的巨大成就。这一战略的实施，加快了东部沿海区域经济的发展，使东部区域特别是东南沿海区域成为推动我国国民经济持续高速增长的最重要的力量。但是，区域经济非均衡发展战略的实施也存在着一些失误和问题，在突出重点区域优先发展的同时，实际上对不同区域经济的协调发展重视不够，区域经济发展不平衡及其相应的区域经济发展差距拉大了。

为了缩小区域发展差异，我国通过实施区域发展战略，实现区域协调发展。90年代以来，党中央相继提出了西部大开发、可持续发展和城市化等战略。国家级开发区“板块式”协调发展把全国划分为西部、东北、中部和东部四大板块，鼓励各个区域之间在经济发展和社会发展交往上日趋密切，相互关联互动。推进西部大开发，振兴东北地区等老工业基地，促进中部地区崛起，鼓励东部地区率先发展，并且在国家经济手段和财政手段的调控下，逐步扭转区域发展差距拉大的趋势，形成东中西相互促进、优势互补、共同发展的新格局。

2. 促进区域协调发展的三大目标

2017年12月，中央经济工作会议指出了区域协调发展的三大目标：“要实现基本公共服务均等化，基础设施通达程度比较均衡，人民生活水平大体相当。”

第一，基本公共服务均等化。基本公共服务是最基本的民生需求，范围包括公共教育、就业创业、社会保险、医疗卫生、社会服务、住房保障、文化体育、残疾人服务等八个领域。基本公共服务均等化是指全体公民都能公平地获得大致均等的基本公共服务。

2017 年 3 月，国务院印发《“十三五”推进基本公共服务均等化规划》，主要目标是：到 2020 年，基本公共服务均等化总体实现。城乡区域间基本公共服务大体均衡，贫困地区基本公共服务主要领域指标接近全国平均水平，广大群众享有基本公共服务的可及性显著提高。实施区域协调发展战略，也要紧扣这个目标，去除城乡区域间资源配置不均衡、硬件软件不协调、服务水平差异较大等短板，缩小基本公共服务差距，使各地区群众享有均等化的基本公共服务。

第二，基础设施通达程度比较均衡。基础设施对经济增长有重要影响。基础设施水平的高低往往决定了一个地区贸易成本的大小，各地区内以及地区间贸易成本的不同又决定了产业的空间分布，进而影响各地福利水平与社会总效率。推动基础设施均衡发展是区域协调发展战略的一个重要目标。随着大规模基础设施特别是高速铁路网和通信网的建设，我国区域间互联互通达到前所未有的水平，为从整体上形成东西南北纵横联动区域发展新格局创造了条件。但是，基础设施建设方面的地区差距还很明显。加快建设内外通道和区域性枢纽，完善基础设施网络，依然是区域协调发展的重要任务。

第三，人民生活水平大体相当。实施区域协调发展战略，要践行以人民为中心的发展思想，坚持共享发展，解决好收入差距问题，使发展成果更多更公平地惠及全体人民。当前，地区之间发展水平的差距比较大，不同区域间的人均财政收入、人均占有财富等重要指标继续分化，人民生活水平的区域差距明显。要落实好区域协调发展战略，促进各地区协同推进现代化建设，努力实现全体人民共同富裕。

3. 新时代促进区域协调发展基本策略

在新形势下，要实现中西部地区与东部地区在市场机制引导下更好地合作，形成区域协调、互促共进的良性循环并实现新的跨越，需要在市场机制的基础上，充分发挥政府的调控功能，促进区域协调发展。

第一，在市场起决定性作用的前提下，政府要创造有利于区域协调发展的政策环境。良好的政策环境，就是政府用政策手段调节市场，由市场信号引导企业等经济主体做出有利于经济发展的市场行为。为了引导东部地区企业向中西部地区投资，政府可以进一步在要素供应、税收减免、商品销售等方面给予一定的优惠。对于到中西部地区尤其是较艰苦的未开发地区工作的人员，给予更高的地区津贴和人才补助等。金融方面，对欠发达地区的货币供应有更多的倾斜，对有前景的企业提供更多的融资便利和优惠；对欠发达地区基础设施建设，可给予地方政府相应的发债权利，并由中央财政给予一定的债务担保。政府充分利用好市场机制，才能形成切实的利益机制，从而引导资源的流向，加快落后地区发展。

第二，深化改革，促进中西部地区市场经济体制和机制进一步完善。既然市场化机制下的区域协调才是最为有效的，则对于欠发达地区来说，必须有良好的市场体制机制的环境条件和传导工具，才能使这种有效性得到实现。改革开放以来，正是通过完善市场经济体制机制，发展多种所有制，使得一些原本基础并不雄厚，尤其是资源条件十分薄弱的东部省市能够迅速崛起成为经济强省。中西部地区经济发展的重要瓶颈也正是在体制机制上的不足，包括市场经济发展所需要的理念、制度、机制，社会文化环境和人文风俗条件等，还有不少与市场机制不相适应的问题。特别是在人的观念上，那种不靠政府靠市场，敢于闯市场，冒风险，善于经营，勇于创新的精神，尚嫌不足。因此，落后地区的发展首先需要实现体制、机制和理念上的转变。

第三，加强中西部地区与东部省份的多方面、多形式合作，在合作中吸引各类要素回流。中西部地区与东部省份的合作是多方面的，包括在土地、资本、人才、技术、信息等方面形成全方位的合作。如利用所谓“飞地”形式吸引投资，即由东部发达省（市）在西部地区设立经济技术开发（协作）区，或者将一块拥有自然资源的土地以若干年出租的形式，由东部地区的地方政府或企业来开发利用、建设和管理，其生产总值计入东部省份的主体，而就业、税收以及相应的配套供应链由当地所拥有，合作共赢。大力促进并创造条件让优秀的中西部地区到东部地区打工者回乡创业，发挥他们的技术、资金、管理经验等潜能，既实现其人生价值，也能有效带动西部地区的发展。

第四，以“一带一路”为契机，扩大“西向开放”，让中西部地区成为开放前沿，闯出“新丝绸之路”合作的新天地。西部地区作为国家面向中亚、南亚和西亚的通道，是“一带一路”的重要节点。伴随着“一带一路”建设的深入推进，西部地区正逐步从内陆腹地转变为开放前沿，与世界的联系越来越紧密。

概念与原理

- 实施区域协调发展战略，建立更加有效的区域协调发展新机制。区域协调发展的三大目标是：实现基本公共服务均等化，基础设施通达程度比较均衡，人民生活水平大体相当。区域协调发展的策略是：在充分发挥市场机制的作用下，创造好的政策环境；深化改革，改变不合理的体制机制和传统理念；利用资源优势，加强东西部合作；利用“一带一路”的契机，加快西部地区的开放。

第 4 节　社会主义经济与可持续发展

一、可持续发展概念的提出

1. 可持续发展概念提出的历史和现实背景

可持续发展作为一种经济社会发展思想，在中西方历史的早期就已经萌发，但是，作为一种系统的发展理念，则是人类进入 20 世纪以来才被明确提出来的。工业革命以来，人类在推动生产力实现巨大发展的同时，环境污染、能源枯竭和生态恶化等问题也接踵而来，工业化带给人类的不仅是现代的生活方式、丰裕的物质财富，同时也向人类提出了如何在不损害后代人利益的前提下维持发展的重大问题。

20 世纪四五十年代以来，在一些发达工业化国家发生了大量环境公害和生态破坏事件，这些事件向人类敲响了可持续发展的警钟。1943 年夏季，美国西海岸的洛杉矶市发生了西方国家工业革命以来最为严重的一起由人为因素造成的环境公害事件。该市 250

万辆汽车每天燃烧掉1 100吨汽油，汽油燃烧后产生的碳氢化合物等在太阳紫外线照射下引起化学反应，形成浅蓝色烟雾。由于洛杉矶市特殊的地形条件，这些烟雾难以在短时间内分散，这使得该市大多市民患上眼红、头疼病，后来，人们称这种污染为光化学烟雾。1955年和1970年洛杉矶又两度发生光化学烟雾事件，前者使400多人因五官中毒、呼吸衰竭而死，后者使全市四分之三的人患病。

1953—1956年，日本熊本县水俣镇一家氮肥公司排放的废水中含有汞，这些废水排入海湾后经过某些生物的转化，形成甲基汞。这些汞在海水、底泥和鱼类中富集，又经过食物链使人中毒。当时，最先发病的是爱吃鱼的猫。中毒后的猫发疯痉挛，纷纷跳海自杀。没过几年，水俣地区连猫的踪影都不见了。1956年，出现了与猫的症状相似的病人。因为开始病因不清，所以用当地地名命名这种疾病。1991年，日本环境厅公布的中毒病人仍有2 248人，其中1 004人死亡。

除了环境污染造成的公害事件外，一些人为因素造成的能源意外事故也成为历史悲歌。1986年4月26日当地时间1点24分，苏联的乌克兰苏维埃社会主义共和国境内的切尔诺贝利核能发电厂4号反应堆发生严重泄漏及爆炸事故，大约有1 650万平方千米的土地被辐射。这次灾难所释放出的辐射线剂量是广岛原子弹的400倍以上。事故导致30人当场死亡，上万人由于放射性物质的长期影响而丧命或患上重病，至今仍有被放射性物质影响的畸形胎儿出生。

不仅在西方发达国家中环境公害和生态破坏事件频发，随着发达国家向发展中国家转移产业，这些生态环境问题也逐步转移到发展中国家。1984年12月，美国联合碳化物公司设在印度博帕尔市的农药厂剧毒气体外泄，使2 500人死亡，20万人受害，其中5万人可能双目失明。这表明，可持续发展问题已经不仅仅是发达国家所面临的棘手问题，也成为发展中国家实现经济和社会发展赶超的重大障碍。

正是在这种历史和现实背景下，可持续发展概念应运而生。1972年6月5—16日，联合国人类环境会议在斯德哥尔摩召开，来自世界113个国家和地区的代表汇聚一堂，共同讨论环境对人类的影响问题。这是人类第一次将环境问题纳入世界各国政府和国际政治的事务议程。大会通过的《人类环境宣言》宣布了7个共同观点和26项共同原则。1992年6月，联合国环境与发展大会（UNCED）在巴西的里约热内卢召开，183个国家代表团和70个国际组织出席了大会，102位国家元首、政府首脑到会讲话。大会通过了包括旨在实现可持续发展的27条基本原则的《里约环境与发展宣言》（又称《地球宪章》）和《21世纪议程》，这是可持续发展实施的一个里程碑，从此可持续发展得到了世界最广泛和最高级别的政治承诺。

专栏10-7

复活节岛的故事

复活节岛面积为150平方千米，位于太平洋之中，离最近的人类居住点有1 250英里。1772年荷兰人最先发现了这个小岛，岛上的人类处于原始社会状态，居民有3 000人，住在芦苇棚与洞穴里面，而且人吃人。随后几次的登陆，发现岛上人口数量在不断地减少。有证据表明，岛上曾经经历过一个繁荣与发达的时期（1550年左右人口数量达到7 000人左右）。证据是岛上有600多尊巨大的石像，平均高度超过20英尺，部分石像重 40～80 吨。人类如何雕刻、运输与竖立这些石像呢？

5 世纪的时候人类到达该岛，岛上资源比较稀缺——植物比较稀少，没有哺乳动物；据估计当时的定居者为 20～30 人。他们依靠种植白薯来生存，同时以大家庭为单位组成部落。建设祭祀用的平台成为人们生活的一个重要组成部分，大量的石像从岛的一端被运到另一端。

由于缺乏人力与畜力，原始居民采用树木作为滚木，这导致森林面积的急剧减少。到 18 世纪时岛上已经没有树木了。森林消失对岛民的生活和生产产生了严重影响。从 16 世纪初开始，树木匮乏迫使许多人不得不去住石洞。一个世纪以后，人们已经找不到适用的木材造船，渔业生产也难以为继。森林砍伐还使得水土流失日趋严重，农业收成锐减，粮食供应出现危机。

更为严重的是，没有了船，岛民甚至无法逃避环境厄运。社会和文化危机也接踵而至。不能继续竖立雕像，使人们产生了信仰危机。为了争夺有限的资源，部族之间开始了无休止的战争。战争的主要目标是破坏对方的阿库①，石雕像在战争中被推倒。到 1830 年，岛上已经没有站立的雕像了。

18 世纪登上复活节岛的欧洲人看到，除了火山口的底部外，岛上的森林已经荡然无存。1877 年，秘鲁人宣布岛上的全体居民成为他们的奴隶，但是此时岛上只有 110 名老人和儿童。最后复活节岛被智利接管，成为一个由英国公司管理的有 40 000 只羊的牧场，岛上最后剩下的几个人生活在一个小村庄里。

资料来源：马中．环境与资源经济学概论．北京：高等教育出版社，2000.

---

2. 可持续发展的含义

可持续发展的最根本含义在于，人类所谋求的经济和社会发展，应在不损害子孙后代利益的前提下进行，要通过对经济、社会、生态环境和能源储备的综合协调，实现持续和健康的全面发展。至少可以从以下四个方面理解可持续发展的含义：

（1）资源享用的公平性原则。

这要求人类对资源的享受符合“代际公平”和“代内公平”。前者要求人类代代都能持续利用经济和自然资源，给世世代代以公平的发展权。后者是指当代不同国家、地区能够公平地利用资源，特别是要求在发达国家和发展中国家之间更为公平地利用世界资源，避免资源为发达国家和少数人所占有。

（2）生存基础的整体性维护原则。

地球只有一个，人类都是依赖着唯一的地球上的生物圈来维持自己的生命，人类是生活在生态系统中的呼吸空气的动物，人类在生态圈内按国家和地区分出界限，但是地球仍然属于一个整体。环境中任何一个因素的变化都会引起整个系统的混乱，产生一系列不良后果。这就要求人们的各方面局部利益都要服从维护生态环境这个整体利益，获取民族的、地区的、个人的局部和个别的利益，都要以不危害人类的整体性生存基础——生态环境系统为前提。

---

① 阿库，一个大石头平台，当时是复活节岛民的祭祀中心。人们在这里举行葬礼、祭祀和纪念亡故的族长。后来成为岛民们精心组织宗教仪式和进行宗教活动的地方。

（3）自然资源的合理利用原则。

人类必须合理地开发、利用自然资源，这包括两方面内容：一是使再生性资源能保持其再生能力，二是不可再生性资源需要进行高效率的资源配置，实现最佳社会目标，使资源的利用净效率的现值最大化，并且不至于过度消耗，使其能得到替代资源的补充。

（4）人口增长的自我控制原则。

生态环境有一种自然存在的强制性规律，一旦一个种群过度使用其自然环境，就会造成该种群减少，从而使大自然最终恢复平衡。人口的过度增长会给生态环境造成巨大负担，势必会受到生物种群增长规律的制约。

概念与原理

- 可持续发展指人类所谋求的经济和社会发展，应在不损害子孙后代利益的前提下进行，要通过对经济、社会、生态环境和能源储备的综合协调，实现持续和健康的全面发展。可持续发展符合资源享用的公平性原则、生存基础的整体性维护原则、自然资源的合理利用原则、人口增长的自我控制原则。

二、中国的可持续发展战略

1. 中国实施可持续发展战略的重要性

改革开放以来，我国经济社会发展取得了巨大进步，但与此同时，人口、资源与环境问题也日益突出。发展是硬道理，但不考虑子孙后代利益的发展是不可持续的。新发展理念的提出，实际上也就是要解决当代人发展与未来后代人发展的机会公平问题。

中国的人口压力较大。中国的人口基数庞大，尽管自改革开放以来实施了较为严格的计划生育政策，但是人口快速增长的趋势仍然存在。据估计，到 21 世纪 40 年代，我国人口在达到 16 亿人的顶峰之后，才能实现零增长，这就意味着我国在未来 20 年左右的时间内，将仍然面临一个庞大的、不断增长的人口。

中国的人口压力不仅表现在人口数量方面，而更多的是结构性的人口问题。第一，我国的人口素质仍然亟待提高，人口的身体素质和教育文化素质与西方发达国家相比仍然有较大差距。第二，人口性别比失调。2019 年我国总人口中男性比女性多 3 100 万人。第三，人口老龄化趋势明显。65 岁及以上的人口 2010 年为 11 894 万人，占总人口的 8.9%，2019 年该比例提高到 12.6%。到 21 世纪中叶，我国 60 岁以上的老年人可能超过 4 亿，占全球同年龄段老人的五分之一，将成为世界上老人最多的国家。

中国人均资源占有量小，且利用不合理。中国是一个资源储备大国，但也是一个资源消耗大国，特别是在人均占有资源方面，中国在很多指标上落后于世界平均水平。例如，我国的人均耕地仅为世界的三分之一，人均森林覆盖面积为世界的六分之一，人均水资源为世界的二分之一。不仅如此，随着我国经济社会发展水平的提高，资源消耗总量在不断提高，而我国低下的资源利用效率更是加重了资源负担。

在能源储备方面，我国的典型特点是“富煤少油”，煤炭储备量相对充裕，但作为

“工业血液”的石油储量严重不足，石油的进口依赖度很高。有数据表明，2020年我国原油海外依赖度达到73%，2017—2019年中国原油进口数量持续增长，由2017年的4.22亿吨上升至2019年的5.07亿吨。2017年我国日均进口原油840万桶，超过美国成为世界第一大原油进口国。

我国的资源利用效率较低。2018年，中国能源消费占全球一次能源消费总量的23.6%，却只生产了世界GDP总量的15.9%，这样一种增长模式不仅带来了资源的高消耗，而且造成了环境的破坏。转变中国的经济增长方式已经提出了几十年了，但这个问题依然存在。

中国面临的环境压力加大，脆弱的生态环境面临严峻的考验。由于我国在经济建设中不够重视环境保护，片面追求经济总量扩张，这给经济发展带来了大量生态环境问题，使我国一直面临着前所未有的环境压力和生态危机。目前，我国在大气污染、水污染、噪声污染、固体废弃物污染和生物多样性破坏方面都面临着一系列难题，某些环境污染已经成为社会关注的焦点，甚至成为阻碍民族生存发展的巨大威胁。环境污染和生态破坏不仅对国民健康产生了负面影响，也对中国的投资环境产生了不良的宣传效应，一些国外投资者纷纷将环境质量纳入投资评估体系，而我国目前在这方面的得分十分尴尬。

概念与原理

- 中国面临着人口、资源、环境等各种压力，要求实施可持续发展战略。

2. 中国可持续发展理念的深化与实践

我国长期以来存在着朴素的可持续发展思想和实践，例如秸秆粪便还田、封山育林、封山禁猎、封湖禁渔、休耕轮作等。这些生产实践注重人和自然的和谐，强调资源的可持续开发和利用。

改革开放以来，我国对可持续发展的认识逐步得到深化，可持续发展不仅成为理论上的新提法、新概念，同时也在政策层面得到贯彻。1980年，我国开始全面推行计划生育政策，有计划、有目的性地控制人口过快增长。1983年，环境保护成为我国的一项基本国策，国家成立了环境保护行政管理部门，投资项目和各级规划需要进行环境影响评估才能进入实施阶段。1992年中国代表团出席联合国环境与发展大会，1994年，中国在全世界率先提出了《中国21世纪议程——中国21世纪人口、环境与发展白皮书》。该白皮书共20章，可归纳为总体可持续发展、人口和社会可持续发展、经济可持续发展、资源合理利用、环境保护5个组成部分，70多个行动方案领域。该议程是世界上首部国家级可持续发展战略，它的编制成功，不但反映了中国自身发展的内在需求，而且也表明了中国政府积极履行国际承诺、率先为全人类的共同事业做贡献的姿态与决心。

我们党历来重视生态文明与可持续发展问题。党的十五大报告指出：“我国是人口众多、资源相对不足的国家，在现代化建设中必须实施可持续发展战略。坚持计划生育和保护环境的基本国策，正确处理经济发展同人口、资源、环境的关系。资源开发和节约并举，把节约放在首位，提高资源利用效率。统筹规划国土资源开发和整治，严格执行土地、水、森林、矿产、海洋等资源管理和保护的法律。实施资源有偿使用制度。加强对环境污染的治理，植树种草，搞好水土保持，防治荒漠化，改善生态环境。控制人口增长，提高人口素质，重视人口老龄化问题。”党的十六大报告把“可持续发展能力不断增强，生态环境得到改善，资源利用效率显著提高，促进人与自然的和谐，推动整个社会走上生产发展、生活富裕、生态良好的文明发展道路”作为“全面建设小康社会的目标”之一，并对如何实施这一战略进行了论述。党的十八大、十九大都把建设生态文明看作中华民族永续发展的千年大计。

通过长期不懈的努力，我国在可持续发展方面取得了巨大成就，缓解了我国经济发展与人口增长、资源利用和环境保护之间的突出矛盾。

在经济发展方面，国民经济持续、快速、健康发展，综合国力明显增强，成为世界第二大经济体和发展中国家中吸引外国直接投资最多的国家，人民物质生活水平和生活质量有了较大幅度的提高，经济增长模式正在由粗放型向集约型转变，经济结构逐步优化。

在社会发展方面，人口增长过快的势头得到遏制，科技教育事业取得了积极进展，社会保障体系建设、消除贫困、防灾减灾、医疗卫生、缩小地区发展差距等方面都取得了显著成效。

在生态建设、环境保护和资源合理开发利用方面，国家用于生态建设、环境治理的投入明显增加，能源消费结构逐步优化，重点江河水域的水污染综合治理得到加强，大气污染防治有所突破，资源综合利用水平明显提高，通过开展退耕还林、还湖、还草工作，生态环境的恢复与重建取得成效。

在可持续发展能力建设方面，各地区、各部门已将可持续发展战略纳入了各级各类规划和计划之中，全民可持续发展意识有了明显提高，与可持续发展相关的法律法规相继出台并正在得到不断完善和落实。

三、社会主义市场经济与可持续发展战略

市场经济与可持续发展之间存在矛盾的对立统一关系。一方面，市场经济极大地提高了生产力水平，这为可持续发展提供了前提条件。另一方面，市场经济的缺陷又对可持续发展形成了障碍。两者之间的对立统一关系要求我们采取相应措施，在发展、完善市场经济的过程中促进可持续发展。

市场经济与可持续发展之间存在矛盾。两者之间的矛盾根源在于外部性的存在。

所谓外部性，是指在市场经济条件下，经济行为主体的活动的收益和成本有可能并不能反映在交易活动中。这种外部性还可以分为正外部性和负外部性两种。所谓正外部性，是指经济主体行为为其他主体带来了收益，但经济主体并不能通过市场交易的方式获得这种收益。反之，负外部性则是指经济主体行为对其他主体造成了损害，但经济主体并不需要通过市场交易的方式付出成本。由于可持续发展中所涉及的问题很多都涉及外部性，而市场经济的发展对解决外部性问题并非良方，有些市场机制甚至在处理外部性问题方面起到了负面作用，这就与可持续发展之间产生了矛盾。最为典型的案例便是环境保护，由于经济主体造成的环境污染往往具有负外部性，尽管环境污染对其他主体造成了损害，但其他主体往往无法就此向环境污染者索取赔偿，市场交易机制在这里是失效的，而环境污染则是破坏可持续发展的重要因素之一。

在市场经济中，资本具有逐利本性，其目的是获取利润。在追逐利润的过程中，往往以牺牲资源、环境为代价，由于缺乏外部性内部化的机制及合理有效的监管，环境的破坏就成为必然结果。

市场经济与可持续发展存在统一性。尽管市场经济与可持续发展之间存在矛盾，但两者也具有统一的一面。市场经济通过多种机制促进了可持续发展。第一，市场经济提高了生产力水平和社会资金充裕程度，特别是增强了政府财力，这为可持续发展提供了资金保障。第二，市场经济要求各主体明晰产权，而产权的明晰对于解决外部性问题有着重要意义，通过界定产权，可以将外部性所引致的收益和成本分摊给经济主体。第三，市场经济发展带来的科技进步、组织结构优化和社会公众素质的提高，都有利于可持续发展战略的实施。

目前，一些西方发达国家也同样重视可持续发展，并在实施市场经济的同时，较好地实现了经济增长、社会稳定、环境保护和资源高效利用等目标的统一。这些都表明，市场经济能够与可持续发展战略协调一致，人们可以利用市场这一资源配置工具，实现经济社会发展过程中的资源代际公平和代内公平。

概念与原理

- 市场经济与可持续发展是对立统一的关系，市场经济一方面有碍于可持续发展的实现，但同时也为可持续发展提供了一系列前提条件。

四、社会主义市场经济条件下推动可持续发展的基本原则

在社会主义市场经济条件下推动可持续发展，需要遵循以下几条原则：

第一，政府调控、市场调节的原则。为充分发挥政府、企业、社会组织和公众四方面的积极性，政府要加大投入，强化监管，发挥主导作用，提供良好的政策环境和公共服务，充分运用市场机制，调动企业、社会组织和公众参与可持续发展。

第二，明晰产权、界定责任的原则。主要利用经济手段推动可持续发展，进一步明晰经济主体的产权归属，界定各主体在环境保护、资源合理利用中的责任义务，将环境和资源纳入全社会价格体系，通过市场交易明确环境污染和资源消耗的成本支付机制。

第三，科教兴国、创新引领的原则。充分发挥科技作为第一生产力及教育的先导性、全局性和基础性作用，加快科技创新步伐，大力发展各类教育，促进可持续发展战略与科教兴国战略的紧密结合。

第四，积极参与、广泛合作的原则。加强对外开放与国际合作，参与经济全球化，利用国际、国内两个市场和两种资源，引进发达国家在推动可持续发展方面的先进理念和具体做法，在更大空间范围内推进可持续发展。

概念与原理

- 社会主义市场经济条件下推动可持续发展战略需要遵循的原则：政府调控、市场调节；明晰产权、界定责任；科教兴国、创新引领；积极参与、广泛合作。

五、人口、资源与环境的协调发展

中国作为人口大国，必须高度重视人口对经济、资源和环境的负面压力。实施可持续发展战略，首要的是控制人口规模，到21世纪中叶，中国人口应力求控制在15亿～16亿人以内，同时，要努力提高人口素质。只有抓住人口这个中心环节，社会、经济和自然的协调发展才能真正实现。

1. 合理调节人口数量与人口结构，提高人口素质

（1）合理调节人口数量。20世纪70年代末以来，我国以计划生育为基本国策，控制人口数量的过快增长，人口数量快速增长的趋势得到一定的控制，生育观念也发生了很大变化。目前我国虽然仍然存在人口的绝对规模大的问题，但是随着人口红利的消失，沿海地区已经出现招工难、劳动力短缺的问题。我国的人口结构日趋不合理，提前进入老龄化社会。随着人口数量与人口结构的变化，社会压力与日俱增。计划生育政策的及时、适度放松是改变人口演进趋势的必然选择。

（2）在适度放开人口数量的同时，努力提高人口素质。一是必须坚持优生优育，避免早婚、早育和近亲通婚等现象的发生，提高人口质量。二是要贯彻实施科教兴国战略，重视基础教育，在普及九年义务教育的基础上，大力发展职业教育，培养出适合现代经济发展的合格劳动者。三是要增加发展农村文化教育事业的投入，从根本上改变农村地区教育落后、人口素质低的现状。由于我国人口城市化滞后，大量农民工子女成为“留守儿童”，加上教育资源的分布极度不平衡，大量农村学生无法得到良好的教育，直接制约了我国人口总体素质的提高。

（3）解决好人口结构失衡带来的问题。一是年龄结构失衡。中国已经进入人口老龄化阶段。老龄人口，尤其是知识分子老龄人口是值得开发的智力资源；他们的生活状况是否有保障，影响着在职劳动者的情绪和生产积极性；老龄人口的文化素质通过家庭教育影响着儿童的成长。所以，做好老龄人口的工作关系到社会的安定团结；可利用离退休协会等，组织身体健康的老年学者专家，为社会提供智力服务。要加快建立和逐步完善符合中国国情的城乡老年社会保障制度，建立完善的老年社区服务网络，形成社会养老、家庭养老和自我养老相结合的养老保障体系。二是性别结构失衡。从我国的出生人口来看，男性人口的出生比例大大高于女性人口的出生比例，这会为未来的社会稳定和发展带来潜在的影响。我国应该转变部分民众重男轻女的生育观念，采取措施治理胎儿性别选择行为，采取切实措施解决特殊家庭的生产和生活困难。

概念与原理

- 可持续发展要求控制人口数量，提高人口素质。
- 我国的人口问题的解决需要通过计划生育使人口保持适度的增长，同时提高人口素质，解决好人口结构失衡问题。

2. 节约资源，提高资源的利用效率，推进绿色发展

中国人均资源拥有量偏低，必须节约资源，综合利用资源，提高资源的利用效率，推进绿色发展，为经济和社会长期持续的发展留有余地。这方面有大量工作要做：

一是推动经济实现绿色转型，节约利用自然资源。我国节约自然资源的潜力很大，节能大有潜力可挖。由于许多企业的技术水平不高，管理经验不足，对许多资源的利用效率都不高。这就要求我们构建市场导向的绿色技术创新体系，在创新驱动发展中，面向市场需求促进绿色技术的研发、转化、推广，用绿色技术改造形成绿色经济。依靠科技进步，加强管理，挖掘潜力。要逐步建立资源节约型生产、运输和消费体系，减少资源消耗，并提高资源利用率。

二是加强资源的培育和养护。在自然资源中，有许多资源是不可再生的，无法用人工方法增加其供给量；也有相当一部分资源是可再生的，通过人工培育和养护，可以有效增加其存量。对于不可再生资源，必须严格节约使用。而对于可再生资源，也绝不可有丝毫浪费。事实上，目前问题比较严重的是，由于人们的滥用或者无知的破坏，许多可再生资源已经处于衰竭状态，比如一些珍稀动植物已濒临灭绝，一些地方的森林荡然无存，草原正在退化为沙漠，相当令人痛心。可再生资源的更新需要相当长的时间，绝不可因为其可再生就不加节约和维护，必须未雨绸缪，加强保护。除了进一步加强宣传教育，树立全民保护资源意识外，还必须有针对性地制定各种法规，用法治保护资源。

三是促进资源替代使用。这包括生产中的资源替代和消费中的资源替代。当一种相对丰富、相对廉价的资源能够替代某种相对稀缺、相对昂贵的资源时，这种替代就可以延长稀缺资源可供利用的时间。科学技术的发展，使我们有可能发现更多的在生产中用一种物质替代另一种物质的方法。所以，要积极依靠科技进步，研究资源替代，最大限度地节约稀缺资源。

四是促进产品延长使用周期。改进产品设计，提高产品质量，提供方便的售后服务，使其易于维护和修理，用这些办法延长产品的生命周期，可以减少原材料的消耗，减少废物，也就可以更好地节约资源，提高资源利用率。

五是发展循环经济，加强资源的回收利用。这主要是要求在废旧产品的回收上，把废物变为可回收资源。传统经济是由“资源—产品—污染排放”所构成的单向物质流动的经济，而循环经济把经济活动组织成一个“资源—产品—再生资源—再生产品”的循环流动过程，使废弃物资源化、减量化和无害化。把有害环境的废弃物减少到最低限度，是循环经济的一个重要原则和重要标志。废弃物的综合利用有两种方式，一是原级资源化，即把废弃物生成与原来相同的产品，如将废纸生成再生纸，废玻璃和废钢也是如此，它可以减少原生材料量的 20%～90%；二是次级资源化，即把废弃物变成与原来不同的新产品，借此可减少原生材料量的 25%。

概念与原理

- 可持续发展要求节约资源，提高资源的使用效率。

3. 发展低碳经济，使经济建设与环境保护相协调

生产建设必定会排出“三废”（废物、废气、废水），不能不对生态环境产生不良影响。我国正在全面建设小康社会，在加快经济发展的进程中，必须节约资源，树立生态环境保护意识，减少对环境的破坏，实现经济建设与环境保护相协调。

所谓低碳经济，是指在可持续发展理念的指导下，通过技术创新、制度创新、产业转型、新能源开发等多种手段，尽可能地减少煤炭、石油等高碳能源的消耗，减少温室气体排放，达到经济社会发展与生态环境保护双赢的一种经济发展形态。由于大量使用石油、煤炭等化石能源，燃烧过程中排放出大量温室气体，使全球气候发生了改变。人类为了未来，必须降低化石能源的消耗，以减轻排放所带来的污染。

发展低碳经济具有重要意义，一方面是积极承担环境保护责任，完成国家节能降耗指标的要求；另一方面也可以借此调整经济结构，提高能源利用效益，发展新兴工业，建设生态文明。发展低碳经济摒弃了以往先污染后治理、先低端后高端、先粗放后集约的发展模式，是实现经济发展与资源环境保护双赢的必然选择。发展低碳经济应该采取的主要措施有：

首先要改善产业和产品结构。调整产业结构和产品结构，减少高能耗、高污染工业的比重，大力发展节能、少污染的工业和第三产业，对于保护生态环境有重要意义。要通过结构调整，坚决淘汰那些消耗高、性能差、污染严重、浪费资源的落后生产方法，如土法炼焦，汽油和柴油发电，土法炼有色金属，土法生产硫黄等，淘汰那些经济效益差、污染严重的小钢铁、小皮革、小印染、小造纸、小电镀企业等。在基本建设领域，要重点支持社会公共设施中的供排水治理污染项目，要从可持续发展的角度调整产品出口结构，逐步减少初级产品和能源含量高的产品的出口。

其次要依靠科技进步，实现清洁生产。企业要树立清洁生产意识。清洁生产是对生产过程和产品采取整体性的防止污染环境的措施，以尽量减轻生产过程及其产品对人类和环境的可能危害。推行清洁生产，可以促进企业改善经营管理，改进产品设计、工艺过程和技术，妥善处理废物，充分利用能源和资源。清洁的工作和劳动环境，还有助于调动劳动者的积极性，不仅能取得良好的环境效益，还有利于提高经济效益。要积极推行国际环境管理标准，即 ISO14000 标准，让更多的企业创造条件，按照这一国际标准建立和实施环境管理体系。应当指出，循环经济也是实现清洁生产的经济，它把废弃物的综合利用和清洁生产融为一体，本质上是一种生态经济。应当依靠科技进步，把生态经济追求的“零排放”作为清洁生产的环境目标。

再次要调整能源结构，从主要利用传统的化石能源向清洁能源转变。“低碳经济”的理想形态是充分发展“阳光经济”“风能经济”“氢能经济”“生态经济”“生物质能经济”。但是从目前来看，清洁能源的成本依然比较高，新能源技术也不是太成熟，仍然存在着一些问题和限制。如太阳能发电的成本是煤电和水电的 5～10 倍，一些地区风能发电的价格高于煤电和水电，因此，目前离利用风能、太阳能等清洁能源实现商业化目标还很远。在生物质能的开发过程中，以大量消耗粮食和油料作物为代价的生物燃料开发，在一定程度上引发了粮食、肉类、食用油价格的上涨。新能源是新生事物，也代表着未来的能源发展方向，政府应当通过市场的手段对新兴能源产业提供政策和资金上的支持。

最后要以健康的低碳生活方式促进经济的可持续发展。我们的消费文化中有许多需要改变的嗜好，这些不良嗜好给我们带来了某些满足的同时，也带来了对能源、资源的浪费和对环境的破坏。具体来说，在生活中，消费者需要：（1）戒除以高耗能源为代价的“便利消费”嗜好，不要为了生活便利而增加能源消耗；（2）戒除使用“一次性”用品的消费嗜好；（3）戒除以大量消耗能源、大量排放温室气体为代价的“面子消费”“奢侈消费”的嗜好；（4）全面加强以低碳饮食为主导的科学膳食平衡。

党的十八大报告指出，为了实现可持续发展，需要加强生态文明制度建设。保护生态环境必须依靠制度。要把资源消耗、环境损害、生态效益纳入经济社会发展评价体系，建立体现生态文明要求的目标体系、考核办法、奖惩机制。同时，要加强生态文明宣传教育，增强全民节约意识、环保意识、生态意识，形成合理消费的社会风尚，营造爱护生态环境的良好风气。

概念与原理

- 实现可持续发展，要提倡发展低碳经济，使经济建设与环境保护相协调。
- 低碳经济，是指在可持续发展理念的指导下，通过技术创新、制度创新、产业转型、新能源开发等多种手段，尽可能地减少煤炭和石油等高碳能源的消耗，减少温室气体排放，达到经济社会发展与生态环境保护双赢的一种经济发展形态。

复习思考题

1. 如何理解经济增长？以GDP衡量经济增长存在哪些问题？
2. 当前中国有哪些影响经济增长的因素？
3. 我国的经济增长方式具有哪些特征？可以采取哪些措施转变经济增长方式？
4. 新发展理念的提出依据和基本内涵是什么？
5. 如何理解现代经济体系？
6. 如何理解发展农村经济的重大意义？实施乡村振兴战略的主要内容是什么？
7. 区域协调发展战略的三大目标是什么？区域协调发展的三大战略是什么？
8. 什么是可持续发展？在我国如何实施可持续发展战略？
9. 什么是低碳经济？发展低碳经济可以采取哪些措施？

PART FOUR

| 第4篇 |

4

国际经济运行

第11章

经济全球化与对外开放

第1节 经济全球化的实质、表现与影响

经济全球化、经济国际化、区域经济一体化为当今世界经济发展的三大趋势。第二次世界大战后特别是20世纪80年代以来，资本主义主导的全球经济发展出现了新的变化，不仅商品、资本、技术和劳动力迅速在全球范围内流动，而且资本主义生产关系也深入全球的每一个角落，世界各国之间的联系日趋密切，使经济全球化成为当今人类社会生活中最突出的现象，它对世界各国、各地区、各阶层的前途和命运产生着巨大甚至是决定性的影响。

一、经济全球化及其发展

全球化作为全球范围发生的深刻变化，并不是全新的现象。从西欧资本主义在全球的扩张开始，国际分工与世界经济体系的形成，各种知识体系的全球扩散，各种宗教和意识形态的影响范围日趋扩大，全球范围内货物、服务、资本、信息、人员的跨国流动与资源配置，都是全球化的表现形式。经济全球化是资本、技术、信息、劳动力等各类生产要素越出国界、相对自由地在全球范围内进行流动和配置，使世界各国社会再生产的生产、交换、分配、消费诸环节相互联系、相互依赖，日益融入全球经济整体的过程。

概念与原理

- 经济全球化是资本、技术、信息、劳动力等各类生产要素越出国界、相对自由地在全球范围内进行流动和配置，使世界各国社会再生产的生产、交换、分配、消费诸环节相互联系、相互依赖，日益融入全球经济整体的过程。

自从资本主义生产关系产生以来，资本主义就在全球不断扩张，开始了全球化进程。在过去的200年里，人类有过三次全球化浪潮。

第一次是1870—1914年，全球贸易以年均4%的速度持续增长，全球贸易总量与全球GDP之比，从1870年的10%上升到1914年的20%；跨国资本每年以4.8%的速度快速流动，跨国资本流动总量与GDP之比从1870年的7%，上升到1914年的20%。贸易和资本的持续快速流动，直接带动全球主要经济体快速成长。1870—1914年，全球GDP年均增速为1.3%，与之相对照，1820—1870年，全球GDP年均增速只有可怜的0.53%。

第一次全球化浪潮创造了三个世界强国——美国、日本和德国。1870—1914年，美国GDP年均增速超过6%，到1900年，美国经济规模跃居全球之首，GDP甚至超过后三名（英国、德国、法国）的总和。与此同时，德国和日本你追我赶，迅猛崛起。德国自1873年统一之后，经济开始高速增长，到1914年第一次世界大战爆发之际，它已经成为欧洲大陆最强大的经济体。日本自1868年明治维新起开始进行改革开放，只用了30年就成为亚洲第一。英国和美国是第一次全球化浪潮的主要领导者，伦敦和纽约是第一次全球化浪潮的金融中心和资本集散地，投资银行和债券融资则是第一次全球化浪潮的主要金融力量，英、美、日、德、法、俄则是第一次全球化浪潮的主要受益者。

第二次全球化浪潮从20世纪50年代到70年代，领导者是美国，参与者是日本、联邦德国和“亚洲四小龙”（韩国、中国香港、中国台湾、新加坡），那是人类历史上罕见的经济奇观。1950—1970年，日本的经济年均增速一直雄踞8%以上，从战败国迅速崛起为世界第二大经济强国。联邦德国的经济增速长期高达6.7%，战争废墟天翻地覆，成为欧洲繁荣中心。“亚洲四小龙”乘势而起，借助全球化之势，迅速走向繁荣。

第三次全球化浪潮始于20世纪70年代末，和第二次全球化浪潮没有明确的分界。领导者依然是美国，主要参与者却发生了重大变化，那就是中国、苏联和东欧诸国纷纷加入全球化浪潮。那是大时代的转变，全世界超过20亿人口为摆脱贫穷，加入全球竞争。1973—2007年，全球贸易年均增速高达11%，全球贸易总量与全球GDP之比从22%上升到42%，跨国资本流动总量与GDP之比从5%急升至21%。这个阶段全球化最显著的特征和成就是中国的崛起。在长达20多年的时间里，中国经济一直以接近10%的平均速度增长，经济总规模超过日本，跃居世界第二。中国是第三次全球化浪潮的受益者。

全球化的发展并不是一帆风顺的，两次世界大战中断了全球化进程。1929—1933年的大萧条也导致全球化趋势逆转，贸易保护主义盛行，直至整个世界经济体系解体。总结历次全球化浪潮，我们可以看到，经济全球化迅速扩张需要具备一定的条件：

第一，世界和平乃是经济全球化最基本的保障。和平是发展的首要条件。第一次世界大战让全球化浪潮戛然中止。1914—1929年，全球贸易持续萎缩，从占全球GDP的22%下降到16%，资本流动从占GDP的20%下降到不到8%，20世纪三四十年代的全球大萧条和第二次世界大战，让全球贸易和投资几乎完全停顿，全球化趋势几乎完全逆转。

第二，主要大国将发展经济和改善民生作为执政的基本理念和基本政策。1870—1914年间，经过内战创伤的美国、痛定思痛决心改革开放的日本、浴火中统一的德国，皆以发展经济和富国强兵为第一要务。

第三，有一个或几个大国具有坚定的意志、愿望、资源和领导能力，来主导全球化进程，为全球经济、金融、贸易确定基本的规则。1870—1914 年全球化的领导者是英国和美国；1950 年以后，全球化的主要领袖是美国。在 2008 年金融危机以后，全球范围内开始兴起逆全球化潮流，加之国内民粹主义思潮的影响，经济全球化的趋势被扭转，美国等发达国家成为反全球化的力量。中国作为新兴的市场经济国家，倡导合作共赢，推动更加公平的全球化。

第四，全球绝大多数国家认同经济发展和民生改善的一些根本性共同原则，譬如保障私有产权、鼓励市场竞争、支持门户开放、强调创新精神等。

概念与原理

- 经济全球化需要具备一定的条件：世界和平乃是经济全球化最基本的保障；主要大国将发展经济和改善民生作为执政的基本理念和基本政策；有一个或几个大国具有坚定的意志、愿望、资源和领导能力，来主导全球化进程，为全球经济、金融、贸易确定基本的规则；全球绝大多数国家认同经济发展和民生改善的一些根本性共同原则。

二、经济全球化的本质

历次经济全球化浪潮都是在发达资本主义国家的主导下进行的，它把越来越多的民族国家纳入全球资本主义体系，因此，经济全球化的本质是资本的不断增殖推动资本主义生产方式向全球进行新的、急剧的扩张。这是资本主义生产方式发展的新现象，是资本国际化进程的新的高级阶段。经济全球化的本质可以从以下几个方面理解：

1. 经济全球化是世界经济发展的客观历史进程

在 15 世纪，资本主义生产方式开始出现后，随着其经济国际化的发展，殖民地经济逐渐被纳入资本主义的发展体系。马克思就曾经明确指出："资产阶级，由于开拓了世界市场，使一切国家的生产和消费都成为世界性的了。使反动派大为惋惜的是，资产阶级挖掉了工业脚下的民族基础。古老的民族工业被消灭了，并且每天都还在被消灭。它们被新的工业排挤掉了，新的工业的建立已经成为一切文明民族的生命攸关的问题；这些工业所加工的，已经不是本地的原料，而是来自极其遥远的地区的原料；它们的产品不仅供本国消费，而且同时供世界各地消费。旧的、靠本国产品来满足的需要，被新的、要靠极其遥远的国家和地带的产品来满足的需要所代替了。过去那种地方的和民族的自给自足和闭关自守状态，被各民族的各方面的互相往来和各方面的互相依赖所代替了。"①

在第二次世界大战结束之后，随着布雷顿森林体系的确立以及国际货币基金组织、世界银行和关税及贸易总协定等国际经济组织的建立，经济全球化获得了良好的发展机

① 马克思，恩格斯. 马克思恩格斯选集. 第 1 卷. 3 版. 北京：人民出版社，2012：404.

遇。而20世纪80年代后，随着新技术的广泛应用，经济全球化终于进入历史性的发展阶段，经济全球化的趋势已经不可逆转。

2. 经济全球化是世界经济范围内生产力与生产关系发展的统一

马克思主义认为，人类社会的发展主要表现为生产力与生产关系的发展。其中生产力决定生产关系，经济基础决定上层建筑。经济全球化既是世界范围内生产力发展的体现，也是世界范围内生产关系的表现形式在某种程度上的趋同。就生产力方面看，经济全球化表现为世界以科学技术为基础的生产力的共同迅速发展，世界各国之间伴随商品、资本的流动，经济关系日益密切；就生产关系方面看，经济全球化也是处于强势的资本主义生产关系和自由主义的市场经济发展模式在全球的扩张过程。

3. 经济全球化是资本主导的全球经济发展相互依存的过程

在市场经济体制下，资本是各种要素中最活跃、最强势的因素。在一国的经济社会发展中，资本支配劳动，形成“强资本、弱劳动”的局面。马克思曾经指出：“资产阶级，由于一切生产工具的迅速改进，由于交通的极其便利，把一切民族甚至最野蛮的民族都卷到文明中来了。它的商品的低廉价格，是它用来摧毁一切万里长城、征服野蛮人最顽强的仇外心理的重炮。它迫使一切民族——如果它们不想灭亡的话——采用资产阶级的生产方式；它迫使它们在自己那里推行所谓的文明，即变成资产者。一句话，它按照自己的面貌为自己创造出一个世界。”①

在经济全球化的进程中，由于资本的易于流动性和劳动力流动的相对困难，资本流动的方向、结构决定了经济全球化的发展水平与程度，使资本在与劳动力的博弈中仍然处于强势地位。国际贸易的发展，资本在全球范围内的大规模流动，表明国与国之间的经济联系日趋密切。经济发展不仅依靠对方的销售市场，还依靠对方的资本、技术、资源等，形成“你中有我、我中有你”“一荣俱荣、一损俱损”的相互依存的格局。

4. 经济全球化是发达资本主义国家主导的世界经济依附深化过程

世界经济的发展总是不平衡的。在当今世界经济发展格局中，处于发达国家行列的以美国、欧盟、日本等国家与地区为代表的西方资本主义国家，成为世界经济中心，而民族国家、社会主义国家仍处于从属地位。所谓世界经济格局，就是在一定时期内各类国家在世界经济中的力量对比关系和利益制衡状态。在世界经济格局中，总有一些实力相对较为强大的国家处于中心地位。世界经济中心，就是指在世界经济发展和运行中具有核心地位和火车头作用的国家或国家集团。在世界经济发展进程中，发达国家处于绝对主导地位，很大程度上影响和控制了广大发展中国家的发展路径的选择。发达国家的优势在于：

（1）发达国家掌握了先进技术，具有极高的生产力水平，控制了发展中国家经济起飞所必需的技术及其他要素。

（2）发达国家控制了全球的金融市场，引导了全球资源配置。由于金融的主导权掌握在少数发达国家及发达国家领导的国际经济组织手中，发展中国家在资金短缺的情况下，为了摆脱落后的面貌，往往屈服于外来的压力，或者因为过于迷信自由主义的市场

① 马克思，恩格斯．马克思恩格斯选集：第1卷．3版．北京：人民出版社，2012：404.

经济理论，在金融市场发育尚不成熟的情况下，贸然实行资本市场的开放和利率、汇率的自由浮动，大量引进外国资本，其结果是国民经济为国际金融资本所操控。

（3）发达国家主导了国际规则的制定。在国际经济组织中，领导权基本为发达国家所掌握，它们往往成为发达国家的代理人，甚至成为发达国家剥削落后国家的工具。发达国家对规则制定权的掌控使广大发展中国家对前者的依附关系进一步加深，从生产力发展的依附走向对其主导的国际规则乃至生产关系发展的依附。

概念与原理

- 经济全球化的本质是资本的不断增殖推动资本主义生产方式向全球进行新的、急剧的扩张。

三、推动经济全球化的力量

经济全球化是历史发展到一定阶段的产物，也是人类社会发展的一个新的历史阶段，因此经济全球化也是不可逆转的发展趋势。推动经济全球化发展的主要力量包括以下几个方面：

1. 生产力发展是决定经济全球化的最主要原因

生产力是人类社会发展中最活跃的因素，生产力的发展推动了人类社会的进步，改变了人类社会的组织方式，不停地重塑着人类生产和生活的面貌，使人类的活动空间得到了极大的拓展。经济全球化发展进程正是伴随着生产力水平的提高而逐步深入的。

一方面，生产力水平的提高为全球化提供了物质基础。在 15—16 世纪，早期航海技术的发展使新大陆的发现成为可能，并最终导致欧洲开辟与东方的贸易通道，经济全球化开始起步。到了 18—19 世纪，随着产业革命的完成，率先完成近代工业化的资本主义国家与殖民地初步形成了垂直一体化的国际分工体系，经济全球化开始正式发展。在第二次世界大战结束后，新技术革命，特别是以交通运输、电子、通信、信息网络为核心的技术发展使各国之间的空间距离被缩短，交易更加便利，成本也大幅度降低，从而为经济全球化提供了可能性。

另一方面，生产力的发展也需要通过全球化摆脱来自市场和资源的约束。生产力的发展扩大了生产能力，任何一个国家都不能只依赖本国的生产要素和本国产品的销售市场，日益加深的国际分工也使各国对世界市场的依赖性增强，从而使产品和生产要素的国际流动趋于频繁。

2. 被多方认可的国际经济制度的建立为国际经济交往提供了基础规则

国际经济制度指国际经济社会中一整套相互关联并持久存在的约束规则。这些规则通过对各类主体行为的约束与限制，使经济活动参与人形成稳定预期。国际经济制度包括正式的政府间或跨国性组织、国际经济协调机制和国际惯例三种。战后，国际货币基金组织（IMF）、世界银行（WB）以及世界贸易组织（WTO，前身为 GATT，即关税及贸易总协定）先后成立，它们成为战后国际经济的三大支柱，国际贸易、金融、经济发展等领域终于有了正式的、被成员方认可的国际规则，结束了传统国际关系中弱肉强食的所谓霍布斯状态。国际规则的制度化使各国之间的经济交往有了统一的标准法则，促进了商品和资本乃至劳动力的流动，从而带动了经济全球化的发展。

3. 经济自由化的发展打破了经济边界对产品和生产要素流动的限制

第二次世界大战后，世界贸易自由化得到了很大发展，主要推动因素有：

（1）GATT 和 WTO 为贸易自由化提供了组织保证。WTO 的目的是通过推动贸易自由化，增加有效需求，扩大就业，促进人民生活水平的提高。目前全球贸易总额的 90%以上是在这一组织体系内完成的。在该组织的推动下，各成员方先后进行了多个回合的谈判，各成员方的关税与非关税壁垒大幅度下降，为商品的跨境自由流动创造了非常有利的条件。现在发达国家（地区）的进口关税降低到了 3%以下，发展中国家（地区）的进口平均关税也降低到了 15%以下。虽然各成员方在经济危机期间为了摆脱境内政治和经济压力而实行贸易保护主义，从而贸易摩擦加剧，但是，贸易自由化基本上成为各国的共识，WTO 客观上也为贸易冲突提供了贸易争端解决机制。

（2）发达国家和国际金融组织推动金融自由化，成为经济自由化的核心内容。从 20 世纪 70 年代起，许多国家开始实行金融自由化，放松金融管制。金融自由化表现为：取消利率和汇率管制，实现自由浮动；减少政府对信贷的干预；积极发展资本市场，推动金融创新；放松和取消资本国际流动的种种限制。2000 年底，149 个国家和地区承诺实现经常项目可自由兑换，37 个国家和地区承诺实现资本项目可自由兑换。在金融自由化过程中，发达国家根据本国金融资本的需求提出了金融自由化的主张，并且借助于国际金融组织在发展中国家强制推行金融开放，在制度条件不成熟的情况下，发展中国家被迫实行金融自由化，从而为金融危机埋下了种子。

（3）世界各国普遍实行市场经济体制，经济自由化的政治壁垒基本消除。20 世纪 90 年代以来，原先实行计划经济体制的国家纷纷转型，开始实行市场经济体制。发达国家在 20 世纪 80 年代以后，为了摆脱滞胀的困境，强调充分发挥市场的调节作用，压缩政府的经济干预范围和干预程度。发展中国家为了加快经济发展，改变了原来实行的进口替代型工业化战略，转而实行出口导向型战略，国内市场的控制程度降低，同时也积极争取融入国际经济活动。市场经济体制在全球范围的确立，为经济全球化提供了共同的制度平台，从而推动了经济全球化的发展。

专栏 11-1

WTO 的尴尬

众所周知，WTO 赖以建立的理论基础是当今在经济学界占主流地位的自由贸易理论。按照这种理论，既然各个国家（地区）都能从自由贸易中获益，那么在全球经济一体化的推进过程中，自由贸易就理应水到渠成，瓜熟蒂落，皆大欢喜。所以 WTO 于 1995 年 1 月 1 日成立时，全世界曾为此庆贺和欢呼。但是经过 10 多年的实践，效果令人失望。

最明显的是，WTO未能从实质上消除贸易壁垒和贸易摩擦，只是使原有的壁垒和摩擦换了形式，原来的贸易保护主义以新贸易保护主义的面目出现。传统的贸易保护手段如关税、配额、许可证等受到WTO规则的限制，新贸易保护主义转而采取一些新的较具隐蔽性的贸易保护方式：(1) 通过出口补贴扩大出口的同时，滥用WTO框架内的"两反一保"(反倾销、反补贴和保障措施) 限制进口。(2) 通过多边贸易谈判将本国（地区）的比较优势产业纳入WTO的框架，迫使其他国家（地区）开放市场，以扩大出口。(3) 以知识产权保护为借口进一步巩固本国（地区）事实上的贸易优势。(4) 通过确立劳工标准、环保标准、质量标准、技术和卫生标准等达到在某些领域全面抬高进口门槛的目的。

WTO按理应该促成全球经济一体化，但在实践中已经出现了一种不可忽视的趋势：贸易自由化的努力不但没有使原有的发达国家（地区）和发展中国家（地区）两大利益联盟之间的矛盾得到化解，反而在发达国家（地区）之间和发展中国家（地区）之间制造了许多新的矛盾，呈现出一种与一体化背道而驰的分散化倾向。

例如，1997年欧盟强烈反对美国波音公司与麦道公司合并，目的就是通过限制对方合并，为欧盟企业争夺国际航空市场。2004年，美国向WTO指控法国、德国、英国和西班牙等欧盟国家不断补贴空中客车公司，欧盟马上以牙还牙，反诉美国政府暗中向波音公司提供巨额非法补贴。2005年，美国与其贸易伙伴欧盟、日本和加拿大围绕《伯德修正案》展开了贸易战。在2005年底的多哈回合香港会议上，美国和欧盟不仅没有联合，反而相互指责施压，矛盾表面化。在汇率问题上，欧盟一方面和美国一起向中国施加压力，要求人民币升值，另一方面向美国发起攻击，要求其阻止美元的过分贬值。

4. 跨国公司是推动经济全球化的微观力量

跨国公司是经济全球化的主要组织者和实施者。所谓跨国公司指在一个以上的国家和地区进行直接投资，从事跨国生产和经营的国际垄断企业。它为经济全球化提供了最为适宜的企业组织形式，构成了全球化的微观基础。

跨国公司自19世纪六七十年代产生以来，对世界经济产生了巨大而深远的影响。1980年，全世界有1.5万家跨国公司，其海外子公司达到3.5万家。到2000年，全世界跨国公司发展到6.3万家，其海外子公司达到80万家。跨国公司控制了世界生产的40%、国际贸易的60%、国际投资的90%。跨国公司通过全球性研发、投资、生产和销售，带动了各种生产要素的全球流动。跨国公司依靠其独特的资金、技术、管理等优势，能够在全球范围内组织生产，实现生产要素的最佳配置。同时发达国家的跨国公司在输出资本的同时，也向全球渗透其经营理念和生产方式，从而导致资本主义生产关系的全球化。

概念与原理

- 经济全球化是由多种因素推动的：生产力发展是决定经济全球化的最主要原因；被多方认可的国际经济制度的建立为国际经济交往提供了基础规则；经济自由化的发展打破了经济边界对产品和生产要素流动的限制；跨国公司是推动经济全球化的微观力量。

四、经济全球化的表现

经济全球化作为各国经济日益相互融合为一个整体的过程，表现在生产、流通、金融等各个领域，全球化的内容日益丰富，各国相互依赖程度不断加深。跨国公司作为经济全球化的载体和推动力量，使资本运动超越国家界限，成为经济全球化的主要内容。其中产业资本的全球化尤其活跃，工业、矿业、农业、建筑业等资本寻求在全球范围内配置要素实现收益最大化，也带动了其他产业的全球化发展。

1. 生产资本全球化

跨国公司的对外直接投资促进了生产资本的全球化。所谓对外直接投资（FDI）指一国投资者为取得国外企业经营管理上的有效控制权而输出资本、设备、技术和管理技能等无形资产的经济行为。生产阶段是产业资本运动的主要环节，在传统的封闭经济条件下，由于运输、通信、销售市场等方面的限制，其布局往往限于国内甚至某一地区。在经济全球化时代，企业出于降低成本、更好地进入外国市场、扩大市场占有率等经营目标的需要，产品的生产阶段也开始跨越国界，形成生产资本的全球化。

生产资本全球化形成了全球生产体系和价值链分工。跨国公司加速对外直接投资使生产日益国际化，产品的研发、零配件生产、组装、销售等各环节在全球范围内布局，立足于全球战略实现企业收益的最大化。而跨国公司的对外投资也加速了发达国家落后产业向发展中国家的转移，使后者也步入工业化进程，从而在世界范围内形成梯次继起的产业链，形成全球生产体系。正是这种生产的国际化导致国际分工从传统的地域分工演变为全球范围的价值链分工。所谓价值链分工是指一种产品的设计、原材料提供、中间品生产与组装，成品销售、回收等所有生产环节在全球范围内分工。即发达国家致力于高端制造业、产品的研发、品牌的塑造等，发展中国家从事产品的零配件生产、产品组装等。由于前者附加价值高，收益大，后者则相反，形成著名的微笑曲线（smiling curve）。

生产资本的全球化更好地实现了资源在全球范围内的优化配置，提高了效率，使各国的相互依存度提高。但同时也导致了新的不平衡发展。发达国家长期占据处于价值链两端的研发、品牌营销，容易形成技术垄断，收益高。而发展中国家只能从事零配件组装等，收益低，形成了新的发展不平衡。同时发展中国家的工业化受到跨国公司战略的掣肘，成为其全球经营战略的一环，丧失了技术创新和产业创新的主导权。

2. 商品资本全球化

生产的产品只有通过销售才能够被消费，其价值才得以实现，私人劳动转化为社会劳动，当销售超越国界时就是对外贸易，也就是商品资本的全球化。国际贸易指国家间的商品和劳务（或货物、知识和服务）的交换。它由各国（地区）的对外贸易构成，是世界各国对外贸易的总和。经济全球化的重要表现之一就是各国之间的贸易发展迅速，经济联系日趋密切。具体表现在：

（1）国际贸易增长高于世界经济平均增长水平，市场一体化发展迅速。第二次世界大战后，随着世界进入和平与发展的时代，国际贸易发展迅速，其增长速度超过了世界生产的增长速度。第二次世界大战后世界生产年均增长 1%左右，而世界贸易量在 1960—1969 年、1970—1979 年、1990—1994 年间分别增长了 1.42%、1.25%、2%。到 2012 年世界贸易额达到 17.96 万亿美元大关，较 2005 年增长了接近 70%。随着世界市场规模的扩大，各国生产表现出对国际贸易的严重依赖。在 1995 年 WTO 取代了关税及贸易总协定后的 10 年间，贸易全球化的发展每年给全世界带来 2 300 亿～2 700 亿美元的财富。国际贸易成为全球经济增长的引擎。

（2）贸易结构发生变化，技术和服务贸易比重提高。20 世纪 70 年代后，随着发达国家相继进入后工业化社会，产业结构发生的最显著变化就是传统制造业的比重下降，第三产业的比重上升，并成为主导产业，由此发达国家进入“服务经济”时代。与此相适应，国际贸易的结构也发生了新的变化：第三产业特别是技术贸易和服务贸易的比重上升。

所谓国际技术贸易是指以技术为贸易对象的国际经贸活动。技术贸易的内容包括专利使用权、商标使用权和专有技术使用权。技术贸易方式包括技术买卖、许可证贸易、有偿技术咨询、技术服务与技术协助、合作开发经营、国际直接投资和成套工程承包等。所谓服务贸易，世界贸易组织的 GATS（《服务贸易总协定》）把其界定为：跨境交付、境外消费、商业存在[①]和自然人流动。

国际贸易的发展受惠于各国开放的自由贸易政策。所谓自由贸易指国家取消对进出口贸易的限制，取消对本国进出口商品的各种特权和优惠，使商品自由地进出口，在国内外市场上自由竞争。自由贸易政策始于英国，盛行于 19 世纪 20—70 年代初的资本主义自由竞争时期。第二次世界大战后各国出于经济发展的需要和 GATT、WTO 的推动，也奉行自由贸易政策，20 世纪 50—70 年代初期也出现了全球范围内的贸易自由化。

但与自由贸易相对的保护贸易也经常出现，阻碍经济全球化进一步发展。所谓保护贸易指利用国家权力，制定高额关税以及各种限制进口的措施，防止外国商品竞争，以保护本国市场和产业的政策。保护贸易始于 16—18 世纪的重商主义时代，各国为促进资本原始积累纷纷推行保护贸易政策。而 20 世纪 70 年代起，西方发达国家受困于经济滞胀，以美国为首的国家又重新推行保护贸易政策，被保护的商品范围不断扩大，措施日益多样化，20 世纪 90 年代后甚至出现了以环境保护、劳工权利为借口的新贸易保护主义。美国总统特朗普上台后更是打着“美国优先”的幌子大行保护主义之道，将极大损害各国的利益和经济全球化的发展。

3. 金融资本全球化

金融全球化是指各国货币体系和金融市场之间联系日益紧密，使全球金融市场组成一个有机的整体。这种联系是金融自由化和放松管制的结果，但并没有取消各国的金融体系，它们只是以“不充分”“不完全”形式使其一体化并形成一个整体。金融资

① 商业存在（commercial presence）是指一成员的服务提供者在任何其他成员境内建立商业机构，为所在国和其他成员的服务消费者提供服务，以获取报酬。它的特点是服务提供者到国外开业，如投资设立合资、合作或独资的服务性企业（银行分行、饭店、零售商店、会计师事务所、律师事务所等）。

本全球化的前提是金融自由化。金融自由化指20世纪70年代中期以来在西方发达国家出现的逐渐放松甚至取消对金融活动的管制措施的过程，重视市场机制的基础作用。鉴于金融业是主导现代经济发展的产业，金融全球化也是经济全球化的核心所在，其内容包括：

（1）货币流通的全球化。货币流通的发达程度是商品经济发展水平的标志。当货币越出国内流通领域，在世界市场上执行一般等价物的职能时，就成为世界货币。货币流通的全球化主要表现在三个方面：一是外汇交易增加。20世纪90年代以来，国际资金流动的增长速度不仅超过了世界生产的增长速度，而且超过了世界贸易和国际直接投资的增长速度。全球日均外汇交易额从1989年的6 200亿美元增加到2019年的6.6万亿美元。二是电子货币流行并在全球得到广泛应用。信用卡起源于20世纪80年代，到90年代已经在全球普遍使用，进一步推动了货币流通的全球化。三是强势货币跨越国境流通的范围不断扩大。继美元之后，伴随着其他国家经济的崛起，执行世界货币职能的纸币品种不断增加，目前欧元、日元、加拿大元、澳大利亚元、瑞士法郎乃至人民币都被视为硬通货。货币流通全球化的结果使各国中央银行对货币发行量和利率的影响减弱，世界货币市场对利率的影响越来越大。

（2）金融资本全球化。以银行为中心的金融资本，早已成为现代垄断资本的核心与支配者、金融活动的组织者和服务者。金融资本全球化就是指金融企业在国外广设分支机构，在全球范围内实现资源的最优化配置与利润的最大化。金融资本全球化的迅速发展，一方面是出于应对日益激烈的金融业全球竞争与发展的需要，各国大银行、保险公司、证券公司等金融机构的战略选择发生了重要变化，努力扩大经营规模、拓展业务范围，推进国际化经营；另一方面，世界各个国家先后不同程度放松了对他国金融机构在本国从事金融业务或设立分支机构的限制，为各国银行向海外扩张提供了重要条件。同时世界贸易组织成员签署的《金融服务协议》，也把允许外国在其境内建立金融服务公司并将按竞争原则运行作为加入该组织的重要条件。近年来，金融机构的并购与重组更加引人注目，金融资本的集中度进一步提高。

（3）金融市场全球化。国际金融市场是国际金融资产交换、配置与再配置的场所，它是众多跨国银行、证券交易所和投资机构集聚的巨大的交易中心，并且是通过现代化通信设备组成的广泛的国际金融交易网络。金融市场全球化就是金融交易的市场超越时空和地域的限制而趋向于一体。金融市场之所以能够实现全球化，一方面在于各国放松了对金融的管制，取消了对资金流动及金融机构跨地区、跨国经营的限制，使各大银行等金融机构把触角伸向全球各地，根据不同需要建立分行、代理行或合资银行，从事借贷和买卖有价证券等业务；另一方面，金融领域不断创新，一些新的金融工具、融资方式与服务方式不断被创造出来，使金融机构的融资、交易变得更加容易。而信息通信技术的高度发达和广泛应用又为实现全球金融信息系统、交易系统、支付系统和清算系统的网络化提供了重要条件。到20世纪90年代，一个国内金融市场和国际金融市场相互贯通，以国际金融中心为依托，通过信息网络和金融网络运行的全球统一的、不受时空限制的、无国界的金融大市场已经形成。

（4）金融协调与监管的全球化。国际金融市场的一体化和国际金融规模的不断扩大提高了资金的使用效率，与此同时，国际金融资本在利润动机的驱使下，进行了大量的高风险投机，从而使一国的金融危机蔓延到全球，全球性金融风险和全球性金融危机发生的可能性随时存在。从 2007 年开始发生的全球性金融危机，其起因只是美国的次贷危机，由于全球性金融联系的存在，危机不断向全球扩散，并导致了一场严重的金融危机。如何防范金融风险的积累与扩散成为各国必须面对的共同问题。于是，金融协调与监管的全球化应运而生。二十国集团（G20）作为一个重要的协调机制，对克服金融危机、防范危机的再次发生发挥了重要作用。国际货币基金组织等国际金融机构也承担了全球金融协调的责任，对国际收支严重失调的国家实施救助，防止金融危机的发生与扩散。国际清算银行 1975 年成立了“银行监督常设委员会”，即“巴塞尔委员会”。该组织拟定和通过了《巴塞尔协议》，对银行资本充足率等关键性指标进行了规定，标志着全球统一的金融监管标准和制度框架的形成。

加强全球金融协调与监管的基础是建立有效的国际货币制度。所谓国际货币制度是支配各国货币关系的固定汇率制。1944 年以美元为中心的布雷顿森林体系建立，主要内容包括：美元与黄金挂钩，其他国家货币与美元挂钩并实行可调整的固定汇率制。这一国际货币制度的建立维持了战后世界货币体系的正常运转，对促进国际贸易和世界经济发展发挥了重要作用。但以一国货币作为最主要国际储备资产的体系存在不可克服的矛盾：美国以外的成员要增加美元，必须依靠美国国际收支持续保持逆差，势必会危及美元市场汇率稳定；若美国维持国际收支平衡以稳定美元，会导致其他成员美元短缺，进而影响到国际贸易与经济的增长。美元实际上处于两难境地，这就是著名的“特里芬两难”。终于到 1971 年美国政府宣布美元与黄金固定价格脱钩，1974 年布雷顿森林体系正式瓦解。此后 1978 年形成了新的国际货币制度牙买加体系，但仍然不尽如人意。特别是发达国家的货币在国际储备中一直占据主导地位，尤其是美元仍然占 75%以上，反映了其在金融全球化中的主导权。

4. 雇佣劳动关系全球化

伴随资本向全球的大规模流动，作为资本赖以生存的前提——雇佣关系也走向全球化。雇佣劳动是资本主义经济的基本特征，是资本主义经济得以持续的前提条件。资本存在的前提条件是劳动力成为商品，存在雇佣劳动，没有雇佣劳动就不可能有资本，资本主义经济的运行正是通过雇佣劳动展开的。经济全球化本质上就是资本的全球化，是资本主义经济关系的全球化。

与传统的雇佣劳动关系相比，资本全球化的雇佣劳动关系的特点在于：第一，雇佣的主体、客体发生变化，劳动者面对的不再仅仅是本国资本，而是跨国资本；同样，资本面对的也不再仅仅是本国劳动者，而是多国劳动者。第二，阶级关系复杂化。由于资本的国际流动会带来就业机会的此消彼长，结果导致各国劳动者之间为竞争就业机会走向对立，阶级矛盾与民族矛盾交织在一起。各国的贸易保护政策都受到资本、工会的支持。第三，劳动者的地位更加低下。相对于资本的易于流动而言，劳动者由于流动成本、各国的外籍劳工政策等因素的制约，其流动受到诸多限制，不得不接受资本的剥削，形成全球化时代的“强资本、弱劳动”局面。

概念与原理

- 经济全球化的主要表现为：生产资本全球化、商品资本全球化、金融资本全球化、雇佣劳动关系全球化。

五、经济全球化的影响

经济全球化作为一个自然的历史发展过程，已经成为不可逆转的历史潮流。经济全球化对世界经济以及各国经济社会发展的影响是多方面的，既扩大了市场，提高了资源的使用效率，同时也带来了负面效应。

1. 经济全球化对世界经济的有利影响

（1）经济全球化提高了全球资源的使用效率，促进了世界经济的发展。经济全球化包括贸易、金融及生产要素流动等多方面的内容。以贸易自由化为基础的国际贸易的发展首先扩大了各国的市场规模，有利于产品的销售与价值实现。金融全球化作为经济全球化的核心内容，极大地促进了资本在全球范围的流动。资本对利润的追逐不仅扩大了国际金融资本自身的规模，而且发达国家庞大的过剩资本向发展中国家的流动，也有助于缓解落后国家的资本短缺局面。如果资本流入国能够恰当运用国际金融资本，也将对本国经济发展起到积极作用。劳动力与技术等生产要素在全球范围内的加速流动，提高了自然资源、劳动力的使用效率。因此总体而言，经济全球化破除了政治边界对经济发展的限制，从而使各国都获得了在全球范围内进行资源配置的机遇。

（2）经济全球化为后进国家的发展提供了机遇。第二次世界大战后，发展中国家在政治上获得了独立，经济发展也取得了引人注目的成就，在世界经济中的地位有所上升。受惠于经济全球化的发展，一批新兴工业化国家和地区在发展中国家和地区中脱颖而出。这些国家和地区有："亚洲四小龙"——韩国、新加坡、中国香港和中国台湾，东盟的泰国、马来西亚、印度尼西亚和菲律宾，拉丁美洲的巴西、墨西哥、阿根廷，非洲的埃及等。中国的崛起也同样受惠于经济全球化的发展。

在经济全球化的背景下，发展中国家获得了飞速发展。经济全球化的积极影响在于：第一，通过国际贸易，扩大了发展中国家的产品销售市场；第二，通过资本引进，弥补了发展中国家资本的不足；第三，通过生产要素的流动，缩短了发展中国家与发达国家的技术差距；第四，为发展中国家发展自身的主导产业提供了机遇。在全球化过程中，各发展中国家必须充分利用自己的比较优势才能在竞争过程中形成核心竞争力，取得竞争优势。各国在自身禀赋的基础上融入全球分工体系，在国内形成了一些优势的主导产业。

（3）经济全球化密切了各国之间的经济联系，有利于世界的发展与稳定。经济全球化使得各国经济相互依存加强，形成"你中有我、我中有你"的局面。不仅发达国家之间货物、服务、资金、技术和市场高度融合，而且发达国家与发展中国家之间的上述关系也在加强。

经济全球化促进了国际经济合作的发展与深化。国际贸易的发展、生产要素的全球流动，使各国和各地区经济相互渗透、依存和融合，在客观上使各国之间发展为“合作关系”和“伙伴关系”。经济全球化使各国之间的分工日趋深化，从产业间的分工发展为产业内与生产工序上的分工，经济联系更加密切。任何一方的风吹草动都会在其他国家或地区引起连锁反应。这种紧密的相互依存关系不仅成为各国保证国家安全的重要手段，而且还会促进国与国之间在发生纠纷时，以和平方式解决争端，有利于世界的和平与发展。

（4）经济全球化促进了国际规则的制度化与制度趋同化。经济全球化意味着各国间经济主权的相互约束、交叉和让渡，遵从共同的国际规则。WTO 规定了国际贸易领域的基本规则，要求各国在享受权利的同时必须尽自己的义务，对任意设置贸易壁垒规定了严格的处罚条例。国际货币基金组织对外汇自由化等进行了严格界定，以促进资本的自由流动。世界银行要求发达国家对发展中国家的经济发展提供资金乃至技术上的援助。为了参加国际经济交流与合作，取得经济全球化带来的经济利益，全球化各方都必须遵守相应的国际法规、国际条约和约定。同时一系列国际法规也为各国制定国内政策界定了相应的准则，使各国之间在贸易政策、外汇政策、投资政策等方面的差异越来越小，全球走向经济运行方式趋同化。目前世界上除了少数几个国家外，普遍采取了市场经济的发展模式。而制度的趋同又为国际贸易、国际投资、劳动力的流动提供了便利条件。

概念与原理

- 经济全球化对全球经济产生了积极的影响：（1）经济全球化提高了全球资源的使用效率，促进了世界经济的发展；（2）经济全球化为后进国家的发展提供了机遇；（3）经济全球化密切了各国之间的经济联系，有利于世界的发展与稳定；（4）经济全球化促进了国际规则的制度化与制度趋同化。

2. 经济全球化加剧了世界经济发展的不平衡

（1）经济全球化加剧了世界经济发展的不稳定。经济全球化的实质是资本主义生产关系的全球化，因此不可避免地会带来全球性的经济危机。经济全球化使经济危机的扩散速度更快，从而演变为全球性的经济危机。资本过剩促使资本家为实现利润最大化不断改变投资领域和场所，导致资本全球化与全球生产持续增加。但雇佣关系的全球化必然带来全球性的无产阶级贫困化，并可能使全球总需求增长慢于生产的增加，从而带来全球性的生产过剩，引发经济危机。1997 年的东南亚金融危机、2008 年的全球金融危机实质上都是全球性生产过剩的结果。

（2）经济全球化加剧了世界经济发展的不平衡。发展不平衡的一个重要体现是“数字鸿沟”越来越大。所谓“数字鸿沟”是指数字技术在发达国家与发展中国家之间发展的不均衡，导致后者进一步被“边缘化”。战后以微电子技术、新材料技术、新能源技术、生物工程技术、空间开发技术和海洋工程技术为代表的新技术革命的中心仍是西方发达国家，世界 20%的人口仍处于极端贫困状态，与迅猛发展的全球化背道而驰。

发达国家仍是经济全球化的主要受益者，发展中国家的经济发展受到全球化的威胁。一方面，贸易自由化、金融自由化的受益者主要是发达国家。它们不仅是最大的出口国，也是直接投资的最大投资国和接受国。另一方面，发展中国家为获取西方的市场、资本和技术，不得不向发达国家的资本开放国内商品和资本市场，其成本支付与收益出现了严重的不对等。发达国家垄断资本通过对高技术的控制权，通过不等价交换，加强了对发展中国家的掠夺和控制。发达国家与发展中国家的人均GDP差距和人均收入差距持续扩大。

专栏 11-2

国家间收入水平的差距

国家间的收入差距往往超出我们的想象，以至于我们难以理解。经济学家佩恩建议，我们可以想象一个行进中的游行队伍，每个人的身高与其所在国的平均收入水平成比例，而游行队伍中每个人的平均身高为1.82米。如果整个游行队伍步伐一致，全部走过主席台中心点的时间为1个小时。游行队伍按身高排序，个子最矮小的走在队伍的最前面。

游行队伍大致是这样的：在大部分时间里，游行队伍看起来像是侏儒。最先的6分钟主要由撒哈拉以南非洲国家构成，其平均身高为30厘米。印度从第9分钟开始通过，通过的时间为11分钟，行进者平均身高为61厘米。来自格鲁吉亚的游行队伍在第40分钟时到达，平均身高为1.22米。在整个游行队伍的最后15分钟，游行者的身高陡然增加。来自希腊的游行者平均身高为3.66米，在第50分钟通过。日本的队伍平均身高为6.1米。最后3分钟是来自美国的队伍，平均身高为8.23米。队伍最后是来自卢森堡的游行者，高度约为10.08米，他们花费的时间不足一秒。

（3）经济全球化影响全球的可持续发展。从可持续发展的视角看，当今的国际分工更多表现为“污染链分工”。所谓“污染链分工”是指产业或生产工序基于污染程度或环境成本差异导致在不同经济发展水平地区的布局。国际直接投资的发生除了劳动力成本、原材料成本、市场占有等传统因素外，环境成本的高低也已经成为影响跨国公司进行全球战略选择的重要因素。经济全球化为资本掠夺性开发资源、转移污染提供了堂而皇之的借口。在发达国家的对外直接投资中，尤其是在制造业对外直接投资中，化工、石油和煤炭、冶金、纸浆（包括造纸）四大高污染行业始终占一定比例。在生产全球化进程中，产业或生产工序布局的污染程度与经济发展水平呈反比例关系，即污染程度高的产业或生产工序趋向集中于经济发展水平相对低下的发展中国家，而污染程度低或无污染的产业或生产工序趋向集中于发达国家。历史上发生的大规模的国际产业转移都是附加价值率低、高污染的产业从发达国家向发展中国家的转移。各国在价值链体系上的收益不仅体现在直接的经济收益上，还体现在环境成本的投入上。而发展中国家的污染排放标准普遍低于发达国家，跨国公司相同的生产工艺在发达国家与发展中国家的环境标准存在差异，因此即使同样的生产工艺流程也会导致不同的环境耗费。资本的唯利是图与肆无忌惮成为全球资源枯竭、污染加剧、气候变暖的罪魁祸首。

（4）经济全球化威胁落后国家的民族经济发展，加剧了国际经济关系的不平等。经济全球化威胁发展中国家的民族经济发展，使其丧失经济发展的独立性。跨国公司作为经济全球化的主导者，只有其投资的转移才会带来要素在全球范围内的流动与所谓的最佳配置。跨国公司在发展中国家的投资不但享有各种政策优惠，依靠其内部化优势偷逃税款、污染环境、更残酷地剥削当地劳动者，还凭借技术、管理方面的优势压制当地民族工业的发展，阻碍当地的技术更新与产业升级，甚至控制东道国经济。许多发展中国家在全面开放国内经济后就相继步入开放陷阱，对外资与外国技术的依赖性增强。

（5）经济全球化加剧了各国强势群体与弱势群体之间的不平等，成为全球社会问题频发的重要根源。社会是由许多阶层构成的，其中最基本的为劳动者与资本家两个阶层。各阶层之间占有资源的差异会带来社会地位的不平等，从而引发经济与社会发展的失衡。对于经济全球化形成的新的社会体系，究竟谁从这个体系中受益？答案是大企业的所有者与高级管理者。对于发达国家的劳动者来说，资本的外流只能导致更加严重的失业，被迫降低工资；对于发展中国家的劳动者来说，较低的工资水平正是其所在国吸引外资的优势所在。结果从全球范围看，附加价值的增加部分仍然被资本所占有，劳动者的份额仍很低。据统计，美国 1991 年著名跨国公司的首席执行官的年薪是普通工人的 104 倍，2000 年则上升至 458 倍。1990 年前的 25 年中工人平均每小时实际工资下降了 10%。世界上 20%最富有的人消费着全球商品和服务总量的 86%，而 20%最贫穷的人仅消费 1.3%～20%，最富有者消费全球肉类和鱼类总量的 45%，能源总量的 58%……占有 74%的电话线和 87%的汽车。世界上最富有的 3 个人拥有的财产超过了 48 个最不发达国家国内生产总值的总和。

经济全球化实现了生产要素在全球范围内的有效配置，也为落后国家赶超发达国家提供了历史机遇，但其导致的世界经济发展不均衡、不平等以及全球性的环境、资源、饥饿等问题也引发了人们的反思，反全球化的思潮、运动也成为全球化的组成部分。1999 年 12 月 3 日，当世界贸易组织在美国西雅图召开“千年回合”的会议时，4 万多名抗议者与警察发生冲突，10 多人受伤，500 人被捕，财产损失达 200 万美元。从此，抗议全球化的浪潮在全世界此起彼伏。经济全球化的反对者基于弱势群体和发展中国家受到的不公正待遇，对美国等发达国家主导的不合理的国际经济秩序、跨国公司的掠夺性经营提出了尖锐批判，进而把矛头指向资本主义制度本身。

概念与原理

- 经济全球化使世界经济出现了不平衡、不稳定的特点，影响了可持续发展。经济全球化加剧了各国强势群体与弱势群体之间的不平等，成为全球社会问题频发的重要根源。

第 2 节　经济全球化与国际经济关系的协调

经济全球化客观上需要对国际经济关系进行协调。世界贸易组织、国际货币基金组织、世界银行等国际组织积极制定规则，各国政府也采取多种形式，以会晤与协商的方式解决国际经济中出现的问题。由于国际经济关系的复杂性，各种协调形式虽然起到了一定的作用，但是不可能从根本上建立和谐、有序的国际秩序。

一、国际经济关系协调的必要性

经济全球化是各国经济活动从国内走向全球的过程，是生产活动在全球范围内实现社会化的过程，也是市场经济走向全球化的过程。在一国内部，市场本身的缺陷导致市场失灵，从而引起了国家对资本运行的全面干预。当市场越出国界时，客观上也要有类似于政府的宏观调控组织进行调控。但国际市场调控比国内市场调控要复杂得多，国内市场一般会有政府进行调控，可以将市场调控的客观需要上升为法律与政策，国际市场的协调实际上是各国利益的平衡和调整，当各国面临着利益冲突的时候，缺乏有效的约束机制，成为经济全球化中的突出问题。

在经济全球化的条件下，为了加强对各国垄断资本的协调与制约，防止彼此之间的激烈竞争可能引起的剧烈经济动荡，需要在协商与合作的基础上建立起国际经济协调机制。在资本主义国际经济协调过程中，各资本主义国家代表本国垄断资本的利益，对国际化再生产中所产生的各种矛盾、摩擦进行共同协商和调节。全球经济协调产生与发展的主要因素有：

第一，经济全球化的发展。第二次世界大战结束以后，随着各国经济的发展，各国对外活动的内容和规模不断扩大，市场范围越出了一国国界，整个世界由市场关系联结成一个联系紧密的整体。经济全球化使生产要素在全球范围内重新配置资源成为可能。生产要素的全球流动借以实现的载体形式是生产全球化、贸易全球化、金融全球化等。各国经济相互依赖程度的提高，使一国的政策或经济波动很快传递到其他国家。各国政策之间相互配合成为各国经济顺利发展的必要条件。如一国为了刺激国内投资，采取宽松的货币政策，降低利率，但在金融自由化的条件下，可能导致资本外流，本国的货币贬值。但是，资本外流又会使资本流入国的货币升值，影响到该国的出口贸易和贸易收支平衡。为了抵消这种影响，资本流入国就会进行货币的竞争性贬值，其结果是国际经济体系崩溃。

第二，全球经济发展失衡。世界各国经济发展是不平衡的，经济发展的内在矛盾所引起的国际经济失衡始终存在，由此导致周期性经济危机。这些危机从个别国家或局部地区开始爆发，并迅速扩散到其他国家和地区，引发世界经济体系的动荡。在经济全球化的情况下，单靠一个国家缓和经济危机，消除经济的剧烈动荡是不可能的。自 2007 年美国发生次贷危机并迅速蔓延到全球以后，世界各国政府和国际组织都曾多次召开会议解决各国经济危机中的矛盾和冲突。

在 2009 年 G20 匹兹堡峰会召开前夕，美国提出《可持续及均衡增长的框架协议》，试图解决“全球经济失衡问题”。在美国的视野中，全球经济失衡主要表现为中国、日本等出口导向型经济体的庞大贸易顺差及与此对应的美国等发达国家的庞大贸易赤字，一部分贸易顺差（表现为庞大的外汇储备）又回流到了美国金融市场，从而助推了美国金融泡沫的形成。所以，美国认为，全球经济失衡是引发金融危机的根本原因，中国等顺差国对此应负主要责任。这种观点的实质是力图转嫁危机，希望中国等国承担更多的义务。

实际上，造成目前全球经济失衡的“罪魁祸首”恰恰是美国自己。美国凭借着美元的世界货币地位，可以采用发行美元等方式向全世界借债，美国人只要输出美元，就可以维持其“低储蓄、高消费”的经济运行模式。在这一过程中，东亚国家、中东石油出口国的巨额贸易顺差及庞大外汇储备重返美国，支撑了美国人的消费。正是美国人设计的这套运作机制，支撑了当前世界经济增长，这一机制直到 2007 年次贷危机的爆发才陷入困境。而要真正解决全球经济发展的不平衡，就要解决各国经济发展模式中存在的问题，减轻美国的过度消费，过度储蓄国家也应当改变对国际市场过分依赖的外向型经济发展模式。这种转型对各国来说，都是一个痛苦的调整过程。各国的相互配合将有助于尽快走出经济危机。

资料来源：杨秋艳，刘春燕．全球治理·拯救经济（附漫画）．新民晚报，2009－12－25．

第三，国际竞争加剧。随着经济全球化的发展，国际市场的竞争日趋激烈，各种利益矛盾和冲突时常发生。这种矛盾由战后意识形态的冲突逐渐让位于经济利益的冲突，既表现为发达国家与发展中国家间的冲突，也有可能表现为发达国家内部在市场竞争中的冲突。各国在贸易政策、汇率估值、国际收支平衡等诸多方面存在着激烈的竞争。为了抑制过度竞争，缓和各国的矛盾，并将矛盾控制在一定范围内，防止资本主义经济体系整体性崩溃，各国经常就国际经济问题进行磋商。在这种磋商与谈判中，最终结果往往取决于经济、政治甚至军事实力的对比，真正获得竞争优势的是实力占优的一方。美国利用其强大的综合实力迫使他国接受一些对他国构成一定损害的协议。在 2007 年次贷危机发生之后，美国将危机的原因归结为全球性经济失衡，要求中国、日本等债权国承担起经济再平衡的责任。“经济再平衡”就成为其推行全球贸易保护主义的借口，也成为美国逼迫人民币升值的一个借口。美国在 20 世纪 80 年代曾高举过“解决全球经济失衡”的旗帜，迫使日本接受了《广场协议》(Plaza Accord)，最终导致日元大幅升值，日本经济因此而陷入长期衰退之中。

专栏 11－3

《广场协议》

1985 年，日本取代美国成为世界上最大的债权国，日本制造的产品充斥全球。日本资本疯狂扩张的脚步令美国人惊呼：“日本将和平占领美国”。

美国许多制造业大企业主、国会议员开始坐不住了，他们纷纷游说美国政府，强烈要求当时的里根政府干预外汇市场，让美元贬值，以挽救日益萧条的美国制造业。更有许多经济学家也加入了游说政府改变强势美元立场的队伍。

1985年9月，美国、日本、联邦德国、法国、英国五个发达工业化国家的财政部长及五国的中央银行行长在纽约广场饭店举行会议，达成五国政府联合干预外汇市场，使美元对主要货币有秩序地下调，以解决美国巨额的贸易赤字的协议。因协议在广场饭店签署，故该协议又被称为《广场协议》。协议中规定日元与联邦德国马克应大幅升值以挽回被过分高估的美元价格。

《广场协议》签订后，五国联合干预外汇市场，各国开始抛售美元，继而形成市场投资者的抛售狂潮，导致美元持续大幅度贬值。在美国政府强硬态度的暗示下，美元对日元继续大幅度下跌。《广场协议》揭开了日元急速升值的序幕。1985年9月，日元汇率在1美元兑250日元上下波动，在《广场协议》生效后不到3个月的时间里，快速升值到1美元兑200日元，升幅达20%。1986年底达到1美元兑152日元，1987年最高达到1美元兑120日元。

《广场协议》签订后的10年间，日元币值平均每年上升5%以上，无异于给国际资本投资日本的股市和房市一个稳赚不赔的保险。《广场协议》签订后近5年的时间里，日本股价每年以30%、地价每年以15%的幅度增长，而同期日本名义GDP的年增幅只有5%左右。泡沫经济离实体经济越来越远，虽然当时日本人均GNP超过美国，但国内高昂的房价使得拥有自己的住房变成普通日本国民遥不可及的事情。1989年，日本政府开始施行紧缩的货币政策，虽然戳破了泡沫经济，但股价和地价短期内下跌了50%左右，银行形成大量坏账，日本经济进入十几年的衰退期。

《广场协议》没有解决美国的贸易失衡问题，但是对日本经济则产生了难以估量的影响，因为日元大幅升值对日本以出口为主导的产业产生了相当大的影响。为了达到经济成长的目的，日本政府便以调降利率等宽松的货币政策来维持国内经济的景气。从1986年起，日本的基准利率大幅下降，这使得国内剩余资金大量投入股市及房地产等非生产工具，从而形成了20世纪90年代著名的日本泡沫经济。经济泡沫在1991年破灭之后，日本经济便陷入战后最大的不景气状态，一直持续了十几年，仍然没有复苏迹象。这被日本国内称为“失去的十年”。

第四，全球性问题日益突出。所谓全球性问题，是指当代国际社会面临的超越国家和地区的界限，关系到整个人类生存与发展的严峻问题，诸如战争与和平、南北关系、生态失衡、环境污染、人口爆炸、全球公共卫生与防疫、资源短缺、国际恐怖主义、跨国犯罪和信仰危机等。这些问题具有全球性、综合性、挑战性的特征。无论是资本主义国家还是社会主义国家，无论是经济发达国家还是不发达国家，都有这些共同存在的问题。这些问题不解决，会严重妨碍全球社会和经济的发展。解决这些问题，需要世界各国协作，全人类共同努力。随着全球化的深入发展，包括冲突、环境、生态、资源、气候、防疫等许多问题的解决都非一国政府所能及，因此，全球治理受到越来越多的重视。全球性问题是世界各国面临的共同问题，要求进行全球治理。全球治理（global governance）是指为了解决超出一国或一地区的某一问题，而由各国进行政治协商以共同解决的治理方式。全球治理并不是要建立一个世界政府，它是在保留现有各国政府管理机制

和力量的基础上，加强彼此的沟通和协调，以解决一些共同面临的问题。

概念与原理

- 国际经济关系协调的必要性在于全球化程度日益加深，国际竞争加剧，全球经济发展失衡，全球性问题日益突出。

二、国际经济关系协调的形式

全球化过程中，由于国际市场竞争更加无序，也没有类似于政府的组织进行宏观调控，国家和民族间的经济利益冲突会导致世界经济体系的崩溃，使全球化过程中断，甚至会发生严重的经济危机。为了保证世界经济的正常运转，各国采取了多种形式的合作，协调国际经济关系。全球化过程中国家之间的协调主要借助于国际经济组织、区域性经济联盟和国家间首脑会晤等形式来进行。

1. 国际经济组织的协调

国际经济组织按照其活动区域可以分为世界经济组织和区域经济组织。世界经济组织因为成员众多，在全球化进程中的影响力更大。世界贸易组织、世界银行、国际货币基金组织被称为世界经济的三大支柱。

（1）世界贸易组织。

世界贸易组织（WTO）成立于 1995 年 1 月 1 日。它的前身是 1947 年成立的关税及贸易总协定（GATT）。2016 年 7 月，阿富汗成为 WTO 第 164 个正式成员。与 GATT 相比，WTO 涵盖货物贸易、服务贸易以及知识产权贸易，而 GATT 只适用于商品货物贸易。WTO 的贸易量已占世界贸易的 95%以上。WTO 是一个国际性的贸易组织，其成立的目的就在于要公平、公正地处理各国（地区）贸易活动中所发生的争端，建立平等互利的健康的国际贸易秩序。

WTO 的基本原则体现在它的各项协议、协定之中，主要有最惠国待遇原则、国民待遇原则、互惠互利原则（也称权利与义务平衡原则）、扩大市场准入原则、促进公平竞争与贸易原则、贸易政策法规透明度原则等。WTO 为其成员在贸易冲突中提供了争端解决机制。WTO 成员承诺，不应采取单边行动以对抗其发现的违反贸易规则的事件，而应在多边争端解决制度下寻求救济，并遵守其规则与裁决。争端解决机制为贸易争端处理提供了一个基本框架，在一定程度上可以防止贸易战的扩大。

（2）世界银行。

世界银行成立于 1945 年，是世界银行集团的俗称。“世界银行”这个名称一直被用于指国际复兴开发银行和国际开发协会。世界银行一开始的使命是帮助在第二次世界大战中遭受破坏的国家重建。现在，它的任务是资助发展中国家克服贫困，争取在减轻贫困和提高生活水平的使命中发挥独特的作用。世界银行向发展中国家提供长期贷款和技术协助来帮助这些国家实现它们的反贫困政策。近年来，世界银行开始放弃它一直追求的经济发展而更加集中于削减贫困。它也开始更重视支持小型地区性的企业，它意识到干净的水、教育和可持续发展对经济发展是非常关键的，并开始在这些项目中进行大量投资。

私营部门的发展是世界银行的一个战略，其目的是推动发展中国家的私营化。世界银行的所有其他战略都必须与这个战略相协调，世界银行因此也受到了多方批评。反全球化人士是世界银行最主要的批评者：①世界银行使用各种结构性调整措施来削弱受贷国家政府的主权。②世界银行追求经济自由主义，削弱国家的作用。在有军事冲突（内战或外战）的国家中，或在长期被压迫（独裁或殖民主义）的国家中以及在政治不稳定和不民主的国家中，新自由主义的原则和改革不起作用。③世界银行偏向引入外国企业，从而摧毁当地的经济系统的发展。世界银行往往被指责为美国或西方国家施行有利于它们自己的经济政策的执行者。④世界银行往往过快地以错误顺序或在不适合的环境下引入市场经济改革，对发展中国家的经济造成破坏。

（3）国际货币基金组织。

国际货币基金组织（International Monetary Fund，IMF）于 1946 年 3 月正式成立，是世界银行巨头们私有的欧美中央银行以及其他一些掌控了世界经济命脉的银行家们所掌握的[①]国际金融组织。国际货币基金组织的首要目标是通过国际贸易的扩大和平衡发展，促进和保持成员的就业、发展生产、提高实际收入水平。

国际货币基金组织的主要职能包括：制定成员间的汇率政策和经常项目的支付以及货币兑换性方面的规则，并进行监督；对发生国际收支困难的成员在必要时提供紧急资金融通，避免其他国家受其影响；为成员提供有关国际货币合作与协商等的会议场所；促进国家间的金融与货币领域的合作；维护国际汇率秩序；协助成员之间建立经常性多边支付体系等。

专栏 11－4

IMF 的议事规则与改革

IMF 的议事规则的最大特点在于它执行加权投票表决制。投票权由两部分组成，每个成员都有 250 票基本投票权，以及根据各成员所缴份额所得到的加权投票权。由于基本票数各成员一样，在实际决策中起决定作用的是加权投票权。加权投票权与各成员所缴份额成正比，而份额又是根据其国民收入、经济发展程度、战前国际贸易额等多种因素确定的。目前 IMF 的投票权主要掌握在美国、欧盟和日本手中，中国的份额甚至不如比利时与荷兰的总和。美国是 IMF 的最大股东，拥有 17.4%的份额，中国仅占 2.98%，显然不能准确反映中国在世界经济中日益增加的重要性。IMF 这种以经济实力划分成员发言权和表决权的做法与传统国际法的基本原则显然是背离的，引起了不少国家尤其是发展中国家的不满。基本投票权曾经超过 IMF 所有投票权的 15%，但由于 IMF 的扩大，现在只占总数的 2%。美国在 IMF 中占有 16.83%的投票权，IMF 的重大议题都需要 85%的通过率，因此美国享有实际否决权。

---

① 欧美中央银行一般是私有的，这些国际银行家们掌握了货币发行权，也就是这些政府真正的幕后之手。

在 2009 年 9 月美国匹兹堡召开的 G20 第三次金融峰会上，与会领导人承诺将新兴市场和发展中国家在 IMF 的份额至少提高 5 个百分点。这一变化意味着发达国家和发展中国家双方的投票权比例由 57：43 调整到 52：48，接近对等。根据 IMF 执行董事会 2016 年正式批准的“2010 年份额及治理改革方案”，中国的投票权为 6.39%，成为仅次于美国和日本的第三大国。改革方案生效后，排名前六位的依次是美国 17.398%、日本 6.461%、中国 6.390%、德国 5.583%、法国 4.225%、英国 4.225%。这一顺序也和各国的经济实力大体相当。

2. 经济区域化与区域经济联盟

20 世纪 80 年代以来，在经济全球化的大背景下，经济区域化得到快速发展，区域经济联盟成为国际经济协调的一种重要方式。经济区域化是指在一定的区域范围内，地理相邻的国家建立经贸合作组织，通过契约或协定，促使资本、技术、劳动、信息、服务和商品的自由流动和有效配置，以维护区域共同的经济利益的动态过程。同时，经济区域化也是国家间在经济上进行不同程度的联合或合作，在特定领域内实现跨国性的统一过程。区域经济联盟在本质上是经济全球化的产物。当今世界影响最大的区域经济联盟有欧洲联盟（简称欧盟）、北美自由贸易区和亚太经合组织等。

经济区域化和区域经济联盟形成的主要原因是：①世界经济格局多极化发展趋势，为经济区域化奠定了基础。②各国之间围绕综合国力的较量日趋激烈。③国际经济贸易领域的竞争加剧。各个地区的经济大国为了加强实力、提高自己在国际竞争中的地位，都不失时机地推进区域经济合作。④贸易保护主义抬头。各个地区经济的发展客观上要求打破国界的限制，消除内部的分歧和障碍，加速生产要素的自由流动，提高经济效益和促进整个地区经济的发展。

经济全球化和经济区域化是矛盾的统一体，既有相互矛盾的一面，又有相互促进的一面。从矛盾的一面看，经济区域化具有排他性，区域内外存在着差别待遇。区域内外的差别待遇虽然有利于经济区域内的贸易自由化以及成员经济的加速发展，但就整个世界而言，仍是带有浓厚集团色彩的贸易保护主义，它使统一的、联系日益密切的世界经济在某种程度上被人为地割裂了。因此，经济区域化趋势在一定程度上阻碍着经济全球化的进程。从促进的一面看，经济区域化本身就是经济全球化的产物，任何一个区域经济都是世界经济不可分割的一部分。虽然任何经济区域都不可避免地具有排他性，但从整体上来看，世界经济中的相互依赖关系，并没有因为经济区域化的发展而有所削弱，反而加强了这种相互依赖关系。从长远来看，经济区域化不可能阻止世界经济全球化的发展，相反，它将成为经济全球化的一个阶梯或者中间环节。经济区域集团化是经济全球化的重要前提、步骤和组成部分，而经济全球化是经济区域集团化的发展归宿和最后结果。

按照生产要素的流动和政策的作用两个标准从低级到高级将区域经济联盟的形态划分为关税同盟、自由贸易区、共同市场、货币联盟、经济和货币联盟、完全经济一体化六种。

（1）关税同盟。它是区域经济一体化过程中最基本的一种形态。关税同盟的特点是：

在关税同盟内部，成员之间不仅相互减免关税，消除贸易壁垒，而且实行统一的对外关税政策。

（2）自由贸易区。在自由贸易区内，成员之间相互减免关税，尽最大可能消除贸易壁垒，使各成员获得比较利益，但每个成员仍保留各自的对非成员的独立关税政策。20世纪90年代以来，这类自由贸易区发展十分迅速，其中最具有代表性的应属北美自由贸易区。

（3）共同市场。共同市场是各成员在实现共同对内对外关税政策的基础上，实现各成员之间商品、资本、人员和劳务等生产要素的自由流动，建成一个统一的大市场，力图实现各成员在若干重要经济领域的协调并制定共同的经济政策。这种形态通常还要求成员之间在自愿协议的基础上让渡部分主权，建立协调和制定共同政策及管理该组织共同事务的权力机构。

（4）货币联盟。它要求联盟内部成员发行统一的货币，建立中央银行和实行统一的货币政策。货币联盟通常是与关税同盟或共同市场相伴而生的。欧盟的前身欧共体根据1992年《马斯特里赫特条约》的要求建立了货币联盟，并于2002年1月1日起，欧盟中的欧元区成员发行了统一的货币——欧元。

（5）经济和货币联盟。经济和货币联盟要求成员在经济、财政、福利、货币等领域实行统一的经济政策，发行统一的货币。这类联盟已经具有一定程度的超国家性质，建立起了一整套立法、司法、行政和监督的联盟机构。在世界现有的各类区域经济一体化组织中，只有欧盟具有这样的组织性质。

（6）完全经济一体化。这种形态的区域经济一体化不仅包括经济政策的统一，也包括各成员之间的一些政治政策的统一。

区域经济联盟的形成推动了国际经济技术合作的发展，进一步推动了贸易自由化，有利于形成以各个区域经济组织为主体的世界经济格局的多极化和世界政治格局的多极化。但是，区域经济联盟又对联盟外成员实行有区别的政策，具有一定的排他性，不利于商品、资金、技术和服务在区域集团间的流动，而且还加剧了地区间经济发展的不平衡。

3. 政府首脑会晤协调

政府首脑会晤既包括双边会晤，也包括多边会晤。在国际经济和国际政治上长期以来发挥较大作用的是八国首脑会晤。20世纪70年代初期，为了应对严峻的国际经济形势，协调各国政策，在法国的倡议下，法国、美国、联邦德国、日本、英国、意大利六国于1975年11月举行了首次最高级经济会议。1976年，第二次会议加拿大应邀参加，形成了七国集团（G7），其会晤称为“西方七国首脑会议”。西方七国首脑会议首先是着眼于几个发达资本主义国家关系的协调，同时，也反映了全球化条件下协调全球经济运行的客观需要。政府首脑会晤成为国际经济组织以外影响和协调全球经济的重要形式。

在经济全球化过程中，包括中国在内的发展中国家的力量不断壮大，为了应对全球性经济危机，必须改革原有的国际经济秩序，单靠G7已经不能处理全球性问题。

每一次重大的危机都意味着全球经济秩序的变革。1997 年亚洲爆发金融危机，发达经济体也受到一定影响。于是 1999 年在 G7 的倡议下成立了二十国集团（G20）组织，目的是让有关国家就国际经济、货币政策举行非正式对话，防范类似的危机重演，增强国际金融和货币体系的稳定。由于 G20 涵盖了全球 85%的 GDP、80%的贸易和 2/3 的人口，在世界经济中具有广泛的代表性，其在金融危机发生后成为主要的全球合作平台。

2008 年，战后最为严重的全球金融危机爆发，发达经济体深受重创，新兴经济体难以脱钩，迫切要求各国联手，进行全球性政策协调。2009 年，G20 领导人在美国匹兹堡联合发表声明，宣布 G20 成为国际经济合作和协调的首要平台，以中国为代表的新兴经济体未来将在全球经济治理中发挥更大的影响力。

在经济全球化的条件下，国际经济的协调和发展是大势所趋。但是应该看到，全球经济的游戏规则仍然以发达国家的利益为核心，许多制度安排不利于发展中国家。国际组织在促进国际经济加强联系的同时，并没有找到一个适应经济全球化发展的模式。IMF 和世界银行对国际垄断资本的调控基本失灵，WTO 对于发达国家滥用贸易保护条款也往往表现得很无力。由于发达国家掌握了全球经济规则的制定权，全球化的利益分配更加倾向于发达国家，因此，各种国际经济的协调形式并不能从根本上解决各国经济发展过程中的深层次的利益冲突，在一定条件下冲突仍然会激化。

概念与原理

- 国际经济关系的协调可以通过世界银行、国际货币基金组织、WTO 等国际经济组织，或者通过建立区域性国际经济联盟，或者通过政府首脑会晤等多种形式进行。

三、建立国际经济新秩序

国际经济秩序是由一定的国际规则所维持并反映着国家间利益分配的制度结构。长期以来，发达国家通过对发展中国家的奴役、殖民等方式完成了资本的原始积累，并成为世界经济的主导力量。发达国家不仅直接从发展中国家掠夺了大量财富，而且还通过掌握国际经济规则的制定与主导权，维持发达国家对发展中国家的控制，使不平等交换长期延续。

原有的国际经济秩序是在广大发展中国家处于无权地位的情况下，由少数大国按照发达国家的意愿和利益建立起来的，第二次世界大战后一直延续到现在还没有根本改变。国际旧秩序以霸权主义、强权政治和剥削掠夺为基本特征。旧的国际经济秩序的具体表现是：国际生产体系中不合理的国际分工；国际贸易体系中的不等价交换；国际金融体系中的不平等地位；技术转让中的控制与被控制的关系；等等。它的实质是维护垄断资本的国际剥削。不公正、不合理的国际政治经济旧秩序使得发展中国家至今仍遭受发达国家的盘剥，严重影响发展中国家的发展，造成贫富差距的扩大和南北关系紧张的局面。

为了改变不合理的国际经济秩序，必须打破霸权主义，推动世界向多极化发展。于是，在国际关系领域，维护霸权和推动多极化就成为两股不同的力量。“霸权稳定论”是维护霸权的全球统治的理论基础。“霸权稳定论”认为，在国际竞争中，权力最大限度地集中于一个或者两个国家，并且这种国家拥有支配国际体系的垄断权力，那么这种单极结构或霸权体系将有助于世界经济秩序的稳定。国际成员之间的不平衡发展最终将导致世界经济体系内部利益分配的根本性变革，从而使现有秩序解体。

世界的多极化有利于世界和平与发展：

第一，多极化趋势有利于世界的和平与稳定，有利于大国之间建立和发展平等的合作关系。大国之间建立相互信赖又相互促进的关系，形成一个相互借重又相互制约的力量结构，可以在一定程度上缓解矛盾，发展合作。

第二，多极化倾向的发展是发展中国家地位上升的结果，同时有利于发展中国家的利益，有利于尊重各国人民对社会制度的选择。

第三，有利于世界的繁荣发展。在多极化趋势的发展中，各国都将经济利益放在极为重要的位置上，经济利益的相互交错和碰撞使各国都希望有一个良好的发展环境。这种愿望和努力进一步促进了世界的和平与稳定和经济的繁荣与发展。

建立国际经济新秩序必须以和平共处五项原则为基础。第一，各国有权根据本国国情，独立自主地选择自己的发展道路，别国无权干涉。第二，各国不分大小、强弱、贫富，都是国际社会的平等成员，任何国家都不应该谋求霸权，推行强权政治。第三，以和平方式解决国家之间的一切分歧和争端，而不应诉诸武力或以武力相威胁，通过对话协商增进相互的了解和信任，通过多边、双边协调合作逐渐解决彼此间的矛盾和问题。第四，在平等互利的基础上加强和扩大经济、科技、文化的交流和合作，促进共同发展和繁荣，反对经济贸易交往中的不平等现象和各种歧视性政策与做法，更不允许动辄对别国进行所谓的经济制裁。

概念与原理

- 国际经济秩序是由一定的国际规则所维持并反映着国家间利益分配的制度结构。多极化的国际经济秩序有利于世界的和平与稳定，有利于发展中国家的利益和世界的繁荣与发展。

第 3 节　经济全球化与我国的对外经济关系

经济全球化既促进了各国之间的经济联系，同时其发展进程与水平又以世界各国之间的经济关系为基础。中国的对外经济关系也是经济全球化的重要组成部分，并受到全球化进程的影响。中国经济发展的成就是在开放的条件下取得的，未来中国经济发展也必须在更加开放的条件下进行。开放发展是中国根据改革和发展的客观需要而做出的自主选择。在新的历史条件下，进一步扩大开放是推动我国经济高质量发展的重要手段，可以更好地满足人民群众对美好生活的向往，也有利于世界的和平、稳定与发展。

一、对外开放是我国的基本国策

对外开放是指国家放弃闭关自守的政策，放开或者取消各种对外交往的限制，积极参与经济全球化的进程。我国的对外开放既包括发展对外贸易，也包括鼓励外国资本、技术等生产要素流入中国；既包括“引进来”，也包括“走出去”；既包括资源的国际配置，也包括经济体制与国际接轨。

开放带来进步，封闭必然落后，这是近代社会以来中国历史所证明的真理。在中华人民共和国成立后的 30 年中，由于内部因素和外部国际环境的影响，我国基本上是以封闭和自我发展为主。虽然我们关起门来搞建设也取得了巨大成就，但是由于自我封闭，我国与世界的差距逐步拉大了。

开放是当代中国的鲜明标识。改革开放以来，我们实现了从封闭半封闭到全方位开放的伟大历史转折。中国经济在对外开放过程中迅速发展，成为世界经济增长的主要稳定器和动力源。党的十一届三中全会后，我国把对外开放作为长期的基本国策，这是我国社会主义经济发展战略的重大转变。1982 年，党的十二大确立了以经济建设为中心，坚持四项基本原则、坚持改革开放的基本路线。2001 年 12 月，中国正式成为世界贸易组织的成员，在货物贸易、服务贸易以及与贸易有关的知识产权保护方面做出了开放市场的庄严承诺。经过多年的开放实践，我国经济得到了飞速发展，经济开放程度也大幅度提高。2012 年，党的十八大报告指出：“适应经济全球化新形势，必须实行更加积极主动的开放战略，完善互利共赢、多元平衡、安全高效的开放型经济体系。”

我国把对外开放作为一项长期的基本国策，除了因为它反映了世界生产力发展的一般规律，体现了商品经济发展与市场经济体制运行的客观要求外，还在于它对于国民经济的发展具有十分重要的作用和意义。

第一，对外开放是经济全球化条件下发展社会主义市场经济的必然要求。在经济全球化不断扩大和深化的情况下，各国经济之间相互依存、相互依赖。各国政府只有正视经济全球化的要求，主动实行对外开放，参与到国际经济体系中，才能分享经济全球化可能带来的经济利益。我国目前正处于市场经济发展过程中，对于市场经济还缺乏经验，需要通过对外开放，逐步了解和适应国际市场经济的惯例，学习国外发展市场经济的成熟经验，按照发达市场经济的标准和要求，改革我国的经济体制，建立规范的市场规则。

第二，对外开放有利于国民经济按比例协调发展。由于受自然资源、技术水平和生产能力等因素的约束，一国实现完全的自给是不可能的。因此在封闭的条件下，会出现一些产品的短缺。同时，一国市场又是有限的，本国具有的优势资源或产品却自给有余。国内市场的供求失衡可以通过对外开放，加强国际交流，在国家和地区间调节。

第三，对外开放可以利用国际分工，节约社会劳动，提高经济效益。每个国家都有自己的比较优势，也有自己的劣势。通过国际贸易，可以充分利用本国的优势资源，生产更具有竞争力的产品。我国人口多，人均资源占有量少，这就需要我们结合我国的劳动力资源的优势，充分利用外国资源。我国积极参与国际分工，大力发展劳动密集型产业，奠定了我国在世界上制造业大国的地位。

第四，对外开放引进了国外的技术、资金和管理经验，有利于促进科学技术的进步和社会生产力的发展。“科学技术是第一生产力”，科学技术在现代生产中的作用越来越重要。科学技术是人类共同创造的财富，各国之间在科学技术上彼此学习和交流，有利于共同进步。我国作为一个发展中国家，技术水平长期落后于发达国家。通过对外开放，我国可以利用“后发优势”进行赶超。后发优势是指后起国家引进先进国家的技术和设备可以节约科研费用和时间，快速培养本国人才，在一个较高的起点上推进工业化进程。在对外开放过程中引进技术，节约了研发资金，减少了技术研发上可能走的弯路，对于我国加速推进现代化进程具有重要意义。

对外开放有利于利用国外资金，借鉴国外组织社会化大生产和经营管理的经验。在封闭条件下，建设资金主要靠国内资金的积累，资金严重不足。通过对外开放，可以利用外资作为建设资金的补充来源。同时，通过引进外资，我们也可以学习国外先进的管理手段和管理方法，以提高微观管理和宏观调控的水平。

概念与原理

- 对外开放是我国的基本国策，是经济全球化条件下经济发展的必然要求，有利于国民经济按比例协调发展，可以利用国际分工，提高经济效益，有利于引进技术、资本及管理经验。

二、我国对外经济关系的基本内容

对外经济关系是指一个国家同其他国家和地区之间的经济联系，包括商品流动、技术交流、资金往来、劳动力流动等，具体表现为商品与技术贸易、引进外国直接投资、本国对外直接投资、政府援助、劳动力与技术人才的进入与输出等。

1. 对外贸易

对外贸易是对外经济关系最普遍、最重要的内容。就含义而言，对外贸易是指一个国家（或地区）同其他国家（或地区）之间发生的商品交易，是国内商品流通的延伸和补充。对外贸易包括出口与进口。出口总额大于进口总额称为外贸顺差；出口总额小于进口总额称为外贸逆差；出口总额等于进口总额称为外贸平衡。贸易的商品既包括农产品和工业制成品等有形商品，也包括服务、技术等无形商品。

商品价格由价值决定，商品的价值由生产这种商品的社会必要劳动时间决定。价值规律同样适用于国际市场上的交换，这就是马克思的国际价值理论。在国际市场上交换的商品，其价值不再由国内的社会平均必要劳动时间决定，而是由国际平均的社会必要劳动时间决定。商品的国际价格是商品国际价值的货币表现，国际价格并不一定等于国际价值，而是表现为商品的国际价格围绕国际价值上下波动。

对外贸易的基本职能是经营进出口业务。一方面，通过出口贸易在世界市场上销售国内生产的商品，实现商品的价值，促进社会再生产的顺利进行。另一方面，通过进口贸易在世界市场上购买需要的商品和原材料、能源等，以满足国内生产和消费的需要。对外贸易使国内企业必须参与国际竞争才能实现商品价值，有利于企业提高劳动生产率。

对外贸易作为我国对外经济关系的最重要组成部分，近年来发展迅速，并对经济发展发挥了重要作用。特别是自从 1978 年进入改革开放的新时期，大力发展对外贸易，成为中国加快现代化建设、改变落后面貌、促进经济发展和提高综合国力的重要途径。2013 年我国成为世界第一大货物贸易国。2019 年全年货物进出口总额约为 31.6 万亿元，货物进出口顺差为 2.9 万亿元。出口是我国经济持续高速增长的“三驾马车”之一，珠江三角洲、长江三角洲等沿海发达地区的众多企业始终把国际市场作为企业产品销售的主要目标，形成了著名的外向型经济发展模式。2019 年货物和服务净出口对国内生产总值增长的贡献率为 11%。同时随着工业化水平的提高和居民消费需求的旺盛，进口对经济增长的影响也越来越大。我国是世界上最大的石油、铁矿石等大宗原材料产品的进口国。另外，中国持续增长的进口也使全球经济增长获益。特别是在全球经济下行压力较大的形势下，我国对世界经济的复苏做出了突出贡献。

2. 资本往来

资本作为生产过程中最基本的生产要素，可以跨越地区、国界而流动，形成资本在国家之间的转移。因此资本往来是一个国家（或地区）同其他国家（或地区）之间发生的信贷关系和投资活动，包括外国资本的输入与本国资本的输出。资本往来是一国经济实力提高与对外经济关系深化发展的重要标志，具体包括外国贷款、外国直接投资、对外贷款、对外直接投资、租赁、信托、发行债券等。

资本往来既包括资本流入，也包括资本输出。外资的进入对我国经济的增长发挥了重大作用，主要表现在：一是创造了大量就业机会。在外资企业就业的劳动力由 1985 年的 6 万人增加到 2018 年的 2 400 万人。二是弥补了国内投资的不足。改革开放初期中国同许多发展中国家一样，尽管自然资源与劳动力资源丰富，但资金短缺，外资的进入及时弥补了资金缺口。2019 年，外国直接投资为 1 381 亿美元，新设立企业 4 万余家。三是加快了中国进出口贸易的发展。1986 年，外资企业进出口额只有 29.9 亿美元，占当年贸易总额的比重为 4.0%。2019 年，我国外商投资企业进出口总额为 12.57 万亿元，占我国外贸总值的 39.9%。四是对国内企业的成长发挥了“鲶鱼效应”。外资企业凭借其高水平的管理与技术引领中国各产业的发展，对国内同类民族企业产生了示范和竞争效应，促使其改进技术与管理，提高市场竞争力。实践证明，越是开放早、开放程度高的行业，民族企业发展的水平就越高，如纺织、家电等，并在这些行业涌现出了一批国际知名跨国公司。

中国的对外投资起步于 20 世纪 70 年代末 80 年代初，2019 年我国对外投资总额达到 1 100 亿美元。我国对外投资和跨国经营主要有三类：一是向发达资本主义国家和地区进行投资，其目的是更有效地获得国外的先进技术和管理方法，同时对外投资也避开了贸易壁垒，有利于避免国际贸易摩擦。二是向一些资源丰富的国家和地区进行投资，其目的是保证我国需要进口的重要资源，使原材料和能源市场得以稳定。三是我国向发展中国家提供资金援助，目的是帮助这些国家真正独立和发展。

对外投资在迅速发展的同时，也暴露出许多问题：一是投资主体单一，国有企业比重高，而民营企业相对较少；二是投资结构不合理。从地区结构上看多集中于拉美、非洲等发展中国家，从产业结构看劳动密集型产业、资源开采等比重过大；三是投资选择盲目，投资效率低，投资经营失败的案例逐年增多。因此，一方面，企业在进行对外投资时必须对产业的未来前景、东道国的有关法律法规等进行充分的可行性研究，规避投资风险；另一方面，政府加强对企业海外投资的信息提供、业务指导等，有助于企业做出更合理的投资决策。

3. 对外技术交流

对外技术交流包括技术引进和技术输出，也是我国对外经济关系的主要内容。技术引进是指通过技术贸易或经济技术合作等途径从国外获得技术。技术输出是指通过技术贸易或经济技术合作途径向国外出口技术。我国技术引进的主要方式包括购买先进的机器设备、许可证贸易、咨询服务、合作生产等。

对外技术交流是由世界各国科技发展水平不平衡的状况决定的。这种不平衡性要求进行国际技术交流，取长补短，相互促进。同时，技术交流也是落后国家赶超先进国家的重要途径。20 世纪 50 年代，日本通过引进欧美先进技术，10 年就超过了法国，15 年就超过了英国。但是引进技术必须与国内消化、吸收、运用和创新相结合，争取实现“引进技术—消化吸收—开发创新”的技术进步路径。

4. 对外承包工程和劳务合作

对外承包工程和国际劳务合作又称国际劳务贸易，是国家间通过输出和输入劳动力或技术劳务而进行的贸易，是国际无形贸易的重要形式之一。对外承包工程，是一国具有法人地位的从事国际建筑工程项目的公司或企业，在国际市场上通过投标或接受委托等交易方式与国外业主签订合同并依合同要求承担某项工程建设任务，从而获取一定报酬的劳务活动。对外劳务合作是向国外派出人员，通过提供劳务以获取工资和其他收入的一种经济合作形式。这种形式的特点是投资少、创汇快、风险小。

在国际劳务贸易中，我国是一个以输出劳务为主的国家，输出劳务对于我国的经济建设具有积极的作用。它可以扩大劳动力的就业范围，有利于有效利用我国的劳动力资源；可以增加外汇收入，提高劳动力的报酬；可以学习外国先进的技术和管理经验，提高劳动者的素质和技能；也可以带动国内产品的出口，促进国内相关企业的发展。

概念与原理

- 我国对外经济关系的基本形式有对外贸易、资本往来、对外技术交流、对外承包工程和劳务合作等。

三、我国开放发展的成就

开放政策使我国全方位参与了国际分工体系，劳动力资源的比较优势得到充分发挥，我国的城市化、工业化水平迅速提高，国民经济的整体实力大大提升，逐步形成了以技术、标准、品牌、质量、服务为核心的对外经济新优势，中国商品、中国投资、中国服务的全球影响力持续提升。

首先，开放发展使我国成为全球贸易大国，而且大国地位更加巩固。1978 年，改革开放初期，我国货物进出口总额占全球的份额为 0.8%，列第 29 位。2013 年，我国成为全球货物贸易第一大国；2019 年，货物贸易进出口额达到 4.58 万亿美元，占全球的份额为 12%。与此同时，我国贸易结构持续优化，2019 年机电产品出口占比提升至 58.4%，高新技术产品出口保持较高增速；国际市场布局更加优化，对新兴市场出口占比增加至 49.2%；国内区域布局更加均衡，中西部地区出口占比增加至 18.3%；民营企业出口占比在 2019 年首次超过 50%，增加至 51.9%；一般贸易出口占比增加至 57.8%。贸易新业态成为新增长点，2019 年跨境电商零售进出口额比 2015 年增长 4 倍、市场采购贸易出口额增长 2.2 倍。外贸对国民经济的贡献愈加突出，带动就业约 1.8 亿人，2019 年货物和服务净出口对经济增长的贡献率达到 11%，有力保障了国际收支平衡。

其次，我国利用外资水平不断提高。在全球贸易保护主义抬头的情况下，全球跨境投资持续低迷。在此背景下，我国利用外资逆势增长，2017 年成为全球第二大外资流入国，2016—2019 年吸收外资合计达 5 496 亿美元。利用外资质量进一步提高，2016—2019 年，高技术产业利用外资年均增长 23.9%，2019 年占比达 27.7%，比 2015 年提高 15.5 个百分点。全国规模以上工业企业中，外资企业研发投入占比约为 1/5。对外资企业的吸引力不断增强，我国营商环境的国际排名不断提升。2020 年，在新冠肺炎疫情全球蔓延的情况，我国取得了抗击新冠肺炎疫情的重大战略成果，在疫情防控和经济恢复上都走在世界前列，对国际要素资源形成巨大的吸引力。外资对国民经济拉动作用明显，创造了2/5 的对外贸易、1/6 的税收收入，带动了近 1/10 的城镇就业。

再次，我国对外投资有序发展，在全球配置资源的能力不断增强。2016—2019 年，我国对外直接投资规模合计达 6 344 亿美元，稳居世界前列。截至 2019 年末，共在 188 个国家和地区设立了 4.4 万家企业。投资结构更加均衡，主要投向租赁和商务服务业、制造业、批发和零售业等领域，2019 年制造业投资占比为 14.8%，全球产业布局进一步优化。国际竞争力显著提升，2020 年，有 117 家内地企业入选《财富》杂志世界 500 强、74 家企业上榜“全球最大 250 家国际承包商”，企业数量和市场份额均居世界前列。经济社会效益充分显现，2016—2019 年，我国企业通过对外投资合作，累计带动出口 5 000 多亿美元。截至 2019 年末，“走出去”企业外籍员工超过 220 万人，部分项目填补了当地产业空白，促进了当地发展。

最后，我国在国际经济组织中的地位显著提高，有力地推动了公平的国际秩序的建立。改革开放以来，我国努力尝试融入世界经济格局。从引进国外资金和技术，建立外向型经济到参与国际经济大循环，一直到中国加入 WTO，中国开始融入全球经济体系。

在整个过程中，中国多数时候扮演“融入者”“参与者”的角色，导致在国际贸易争端中处于被动地位。但是，近年来，中国努力加强国际地位，推动更加公平的国际经济秩序。目前中国位列美国、日本之后成为国际货币基金组织的第三大成员，话语权增强。同时中国也积极参与WTO的多边贸易谈判与世界银行集团对发展中国家的援助，展示作为经济大国的国际责任。我国政府发起建设“丝绸之路经济带”和“21世纪海上丝绸之路”（简称“一带一路”）的倡议，提出并主导建立亚洲基础设施投资银行，标志着我国不仅是参与者，而且是新的经济格局的倡导者和建设者。在2016年举行的G20杭州峰会上，我国呼吁树立人类命运共同体意识，以全球伙伴关系来应对挑战。在贸易保护主义甚嚣尘上的今天，中国以更加开放的姿态面向世界，使各国继续分享中国经济发展的红利，人类命运共同体的理念已逐渐为国际社会所认同，成为推动全球治理体系变革、构建新型国际关系和国际新秩序的共同价值规范。

概念与原理

- 开放政策使我国对外贸易快速发展，利用外资水平提高，对外投资全球资源配置能力增强，国际经济地位提升。

四、我国在新形势下加速对外开放的措施

2012年，党的十八大报告提出“完善互利共赢、多元平衡、安全高效的开放型经济体系”，党的十八届三中全会提出“构建开放型经济新体制”。党的十八大以来，从外部环境来看，伴随着全球经济进入深度调整期，我们遭遇了许多严峻的挑战和困难，在这一背景下，我国开放型新经济新体制逐步健全，对外贸易、对外投资、外汇储备稳居世界前列，中国的对外开放取得了巨大成就。2017年，党的十九大报告进一步提出“推动形成全面开放新格局”，这就将对外开放的广度和深度提高到了一个更高的层次。中国目前的对外开放水平和适应错综复杂的外部环境变化、推进中国社会主义现代化建设的要求相比，还存在较大差距；一些关键领域的对外开放进入了深水区，具有很大难度，亟待取得新突破。因此，落实“推动形成全面开放新格局”的新要求，关键在“全面”，难在“新格局”，要在最具难度的关键领域取得新突破。这意味着中国未来的对外开放将是全面、高水平和深层次的开放。

一是深化“一带一路”合作。“一带一路”建设是统领我国对外开放的新理念、新模式、新框架、新任务的集中体现，内容丰富，内涵深刻。2016—2019年，我国对“一带一路”沿线国家货物进出口总额为4.6万亿美元，占外贸比重提升至29.4%，直接投资721亿美元，占比提升至13.7%。在鼓励中国企业“走出去”的过程中，需要通过共商共建共享的原则来加强彼此间的合作，以达到互利共赢的效果。同时，随着全球对于创新作用认识的逐步深化，提出加强创新能力开放合作，有利于促进我国的开放式创新并通过加强国际合作、整合内外要素资源提升创新能力。此外，在推进“一带一路”建设的过程中，我国正在逐步形成陆海内外联动、东西双向互济的开放格局，而这也是新格

局的具体体现。

二是要培育贸易新业态新模式，推进贸易高质量发展。我国已成为全球最大的货物贸易国家，未来仍需通过提升技术水平、品牌优势等推动我国产业向全球价值链的中高端移动，通过动力转换和结构调整，提升贸易质量。我国的贸易发展方式也需进一步转型，深入推进国际市场布局、国内区域布局、商品结构、经营主体、贸易方式等方面的优化，强化贸易领域科技创新、制度创新、模式和业态创新。加快提升服务贸易在全球的地位和国际竞争力也是一个重点任务。

三是要促进双向投资协调发展。习近平总书记强调："坚持引进来和走出去并重""形成面向全球的贸易、投融资、生产、服务网络"。我们坚持高质量"引进来"、高水平"走出去"，不断提升双向投资水平。为了引进资本，我国深化管理体制改革，取消外资逐案审批制，全面实施准入前国民待遇加负面清单管理制度，健全促进对外投资政策和服务体系，完善联络服务平台和境外中资企业商会联席会议机制。扩大外资市场准入，全国和自贸试验区外资准入负面清单分别压减至 33 条和 30 条，制造业基本放开，金融等服务业加快开放。持续优化营商环境，认真落实《中华人民共和国外商投资法》及配套法规，让外商在中国放心、安心、有发展。同时，我国还创新对外投资方式，鼓励有实力、信誉好的企业"走出去"，树立中国投资形象。

四是要加快建设对外开放新平台。对外开放过程中，我国不断开拓创新，全力打造对外开放新平台，设立多个自贸试验区，赋予自贸试验区更大改革自主权，向全国推广制度创新成果，发挥了改革开放试验田的作用。开放的制度性创新和区域开放布局的优化改革也要很好地借鉴我国长期积累形成的经验，先通过局部地区开展先行先试，进而在更大范围内复制推广。根据党的十九大报告的新要求，对于进一步深化自贸试验区开放创新改革，加大压力测试力度，按照国际最高水平的贸易投资自由化标准构建开放型经济体制，在新时代现代化经济体系建设中更好地发挥示范和引领作用，具有重要意义。

五是要积极参与全球经济治理。开放发展要求我们不断深化多双边经贸合作，推动完善国际经济治理体系。坚定支持多边贸易体制，积极参与世界贸易组织改革，提出中国改革建议。我国加快建设面向全球的自贸区网络，推动区域全面经济伙伴关系协定整体结束谈判，推进中日韩自贸区、中欧投资协定谈判。推动全球治理平台发挥作用，加强与联合国交流合作，在二十国集团、亚太经合组织、金砖国家、上海合作组织等平台提出积极建议，就国际经济合作提出中国倡议和中国方案。在全球疫情防控中，我国向全球多个国家和和国际组织提供抗疫援助，向 200 多个国家和地区出口防疫物资，为维护全球产业链供应链安全畅通运转做出了自己的贡献。

概念与原理

- 中国进一步推动开放的措施是推进"一带一路"建设，培育贸易新业态新模式，实行高水平的贸易与投资自由化便利化政策，建立公平竞争的环境，加快建设对外开放新平台，积极参与全球治理等。

五、我国的对外开放与经济安全

在对外开放过程中，经济利益与经济风险是并存的。当国际中经济风险上升到一定程度，使本国经济无法正常发展，根本经济利益受到损害或威胁时，就意味着经济陷入了不安全状态。随着我国的对外开放日益扩大，参与经济全球化的程度加深，经济安全问题日益突出，逐渐成为人们关注的焦点。所谓国家经济安全是指一个国家在经济发展过程中能够有效消除和化解潜在风险，抵御外来冲击以确保国民经济持续、健康发展，确保国家经济主权不受分割的一种状态。

1. 经济全球化对国家经济安全的影响

经济全球化促进了生产要素在各国之间的合理流动，一方面提高了资源配置效率，另一方面也弱化了国家和民族界限，对国家经济安全构成了极大冲击。冲击主要表现在以下几个方面：

（1）影响到发展中国家的经济主权。经济全球化主要是在发达国家的制度安排下展开的，参与经济全球化的国家必须遵守已有的国际条约、协定和惯例；发展中国家为了获得全球化所带来的好处，不得不对某些涉及经济主权的事项做出必要让步。如为消除贸易失衡，不得不实行汇率升值。在利用外资方面，跨国并购是国际直接投资的主要方式。跨国公司为了培育核心竞争力，往往会并购其他国家的龙头企业，导致产业发展的主导权发生变化。尤其是涉及国民经济支柱产业和关系国民经济命脉的关键行业和重要领域的并购，将直接危害到国家的经济主权。

（2）对发展中国家的产业结构带来负面影响。在国际分工体系中，处于边缘地带的发展中国家由于历史和现实的原因，容易接受发达国家扩散的低层次产业，并对外部产生严重的技术依赖，自主创新能力并没有大幅度提高。中国的技术发展战略一方面是直接引进外国先进技术与设备，提高国内的技术水平，但由于缺乏消化吸收能力，最终陷入“引进—落后—再引进—再落后”的恶性循环；另一方面在汽车制造业领域实施“以市场换技术”的战略。通过开放国内市场，引进外国直接投资，引导外资企业的技术转移，获取国外先进技术，并通过消化吸收，最终形成我国独立自主的研发能力，提高我国的技术创新水平。但外资企业始终拒绝转让核心技术，民族汽车企业只能在中低端市场占有一席之地。我国在核心技术、关键技术上的对外依存度高达50％，70％的高端产品开发技术要靠外援技术，80％的重要零部件需要进口，一些关键的芯片甚至是100％进口，其花费远超过原油进口额。

（3）对外部资源依赖程度高，经济发展受到掣肘。我国经济高速增长的基础是高消耗的制造业，需要强有力的资源支撑，在国内资源趋于枯竭的情况下不得不依靠大量进口。铁矿石的对外依存度已经从2002年的44％提高到2019年的70％以上，2018年原油的对外依存度达到68％，大豆的对外依存度超过85％。而由于缺乏对国际市场原油、矿石、粮食等大宗产品的定价权，出现了“中国买什么，什么就涨价”的恶性循环，国内厂商不得不额外支付更高的成本，吞噬了其大部分利润。

（4）全球化对金融市场带来负面影响。随着金融业对外开放和资本跨国流动规模的扩大，国际金融市场和货币市场发生剧烈波动时，就可能引发金融安全问题。国际金融资本在全球寻找有利的投资场所，不停地转移资金进行各种投机行为。如果缺乏合理的、有效的监管，巨额资本的跨国流动将会对金融市场、汇率等带来强烈冲击，甚至引发金融危机。

概念与原理

- 国家经济安全是指一个国家在经济发展过程中能够有效消除和化解潜在风险，抗拒外来冲击以确保国民经济持续、健康发展，确保国家经济主权不受分割的一种经济状态。
- 经济全球化对国家的经济安全构成了挑战：全球化影响到发展中国家的经济主权、产业结构，使我国对外部资源的依赖加深，金融风险加大。

2. 应对经济安全问题的策略

对外开放和加入全球化进程是生产力发展的必然要求，应对经济安全问题也只能以继续对外开放为前提。当对外开放和经济安全产生冲突、原有的开放政策和措施损害国家的根本利益时，应该对政策做出相应调整，而不是回归到闭关自守的状态。

（1）坚持根据我国现有的经济发展状况和社会承受能力，循序渐进地推进贸易、投资、金融自由化进程。在国际贸易谈判和制定多边、双边贸易规则的过程中，继续保持独立自主性。重视运用多边规则合理保护国内产业的权益，坚决抵制进口产品的不公平竞争，根据 WTO 规则处理对外经贸纠纷。

（2）培育企业的自主创新能力，改变贸易增长方式，从贸易大国变为贸易强国。对外贸易扩大、对外依存度高和经济安全之间并不存在必然联系，关键是拥有对外贸易的主导权。为了增强贸易的主导权，提升对国际贸易的影响和控制力，关键在于提高我国企业和产品的国际竞争力。其核心是在发展对外经济贸易的过程中，不能过分倚重比较优势，而应着力培养竞争优势，从依赖比较优势转向依靠竞争优势参与国际分工，实现贸易大国向贸易强国的转变。

（3）提高利用外资的质量和水平，把积极、合理、有效地利用与监管结合起来，防范外资并购对市场秩序的破坏。调整外国直接投资产业政策，首先是对于涉及国民经济命脉的重要行业和关键领域，如涉及国家安全的行业、自然垄断行业、重要的公共产品生产经营领域，应该保持一定的民族经济的控制力。对于一般性竞争行业，凡是有利于促进竞争，能够改善效率的外资，不设置限制政策。对于外资在中国的并购行为，应该建立和完善审查机制，建立反垄断法律体系，防止跨国并购后形成垄断。

（4）完善金融市场监管，防范金融风险。完善金融市场信息披露制度，改革人民币汇率形成机制，适度加大人民币汇率浮动区间，完善有管理的浮动汇率制。在金融领域开放过程中，应当把握主动权，审慎开放资本账户。密切关注国际资本市场动向，加强对国际游资的监控。建立风险防范机制，健全金融风险预警系统，提高对金融市场的预警能力。

概念与原理

- 为了解决经济安全问题，我国应：（1）循序渐进推进经济自由化进程；（2）培育企业的自主创新能力，转变经济增长方式；（3）提高利用外资的质量和水平；（4）完善金融市场监管，防范金融风险。

讨论

我国经济安全问题面临着哪些挑战？请举例说明。

六、以高水平开放促进新发展格局的形成

改革开放以来，中国抓住世界新一轮科技革命和经济全球化浪潮的历史机遇，实行对外开放，创造了经济持续快速增长的奇迹。40 多年的实践证明，经济体制改革和对外开放相互促进，是中国经济持续快速增长的重要动力之源。20 世纪 80 年代，英美等国推行新自由主义政策，推动贸易、金融和投资自由化迅速发展，从而在世界范围内迎来新一轮经济全球化浪潮。由于中国与发达国家经济存在很强的互补性，中国的对外开放既满足了自身吸收国外资本、学习先进技术和管理经验的需要，也满足了发达国家扩大对外投资从而扩大市场、提高利润率的需要。随着对外开放不断扩大，中国逐渐成为世界工厂，并形成了“两头在外、大进大出”的出口导向型发展格局，特别是加入 WTO 后，中国 GDP 更加快速增长，贸易依存度不断提高。

在 2008 年金融危机以后，世界经济形势发生了深刻变化，迫使我国对出口导向型发展格局做出调整，2019 年，党中央提出“加快形成以国内大循环为主体、国内国际双循环相互促进的新发展格局”的战略思想。加快形成新发展格局，不仅是为了应对世界形势的深刻变化及其对我国经济发展的影响，而且深刻反映了我国经济发展新阶段的内在要求和发展趋势。

1. 世界经济形势的变化与新发展格局的提出

我国发展格局的变化是由新一轮经济全球化的性质及其发展趋势决定的。首先，金融危机使全球化趋势受挫，各国经济进行深度调整。20 世纪 80 年代以来的经济全球化浪潮给发达国家和世界经济带来了短期繁荣，但也埋下了金融危机甚至经济危机的种子。美国等发达国家的产业资本基于利润最大化目标，将中低端制造环节大量转移到发展中国家，由此形成了新的国际分工格局，即产品内的国际分工，并在此基础上形成了世界产业链和供应链。发达国家的产业垄断资本虽然获得了比以往高得多的利润率，但是，出现了产业空心化现象和金融化趋势，最终导致了金融危机的爆发。2008 年国际金融危机对世界总体形势特别是发达国家的经济、政治、社会产生了广泛而深远的影响，最终催生了保护主义、民粹主义、单边主义甚至孤立主义的泛起，使新一轮经济全球化遭遇重大挫折，世界发展格局陷入深度调整。

其次，发达经济体维护“经济和产业安全”的产业布局调整方向使各国新兴和战略

产业实现全产业链布局成为趋势。由于生命安全、政治安全、供应安全被计入经济成本中加以考虑，主要经济体将把医疗、粮食等事关安全的产业纳入战略考虑，推动对关键产业的价值链布局进行调整。“经济区域化”加强，逐渐取代现有的全球产业布局和分工。美国着力打造的美洲自贸区、欧盟推进的泛欧洲经济区和亚太国家的《区域全面经济伙伴关系协定》（RCEP）影响到全球经济发展。

再次，“美国优先”战略使国际经济关系协调难度加大。特朗普执政以来，“美国优先”战略成为其执政的基本理念，实施“美国优先”的单边主义策略，以“退”谋“进”获取自身利益，以“保护人权”、不公平贸易等为借口对我国采取总体遏制趋势，推动经济、高科技等领域中美脱钩。由于美国对华策略可能在较长时期内保持延续性，对中国的抑制政策只会存在程度上和形式上的差别，因此，我国需要做好长期准备。

最后，新冠肺炎疫情在世界蔓延进一步加剧了世界经济发展格局的深度调整。2008 年以来，世界总体形势已经发生了重大变化，未来仍然存在较大的不确定性。2020 年新冠肺炎疫情使脆弱的世界经济遭受严重冲击，全球产业链和供应链被破坏。在此背景下，各主要经济体更加倾向于强化各自的内部经济循环，从而使中国发展的外部环境和条件发生了重大变化。这是中国更加明确提出加快形成新发展格局战略的重要客观依据，也是立足做好自己的事情，以更加自主可控的确定性应对和战胜外部环境的不确定性、不稳定性、实现既定目标的理性选择。

2. 新发展格局是中国经济发展的内在趋势

新发展格局是 2008 年以来中国经济发展的一个客观事实和内在趋势。自 2008 年国际金融危机以来，我国经济已经在向以国内大循环为主体转变，经常项目顺差同国内生产总值的比率不断下降，经济增长的内需潜力持续释放。

我国已经初步具备转换发展格局的物质基础。一是技术能力得到提升。经过长期建设和发展，资本积累规模迅速扩大，创新和技术实力得到快速提升，新产业、新业态不断涌现，经济发展方式加快转变，新的增长动力正在孕育形成。随着我国科技体制改革取得新的突破，科技创新能力不断增强，在许多高新前沿科技领域已取得世界领先地位。我国社会信息化水平位居世界前列，人工智能、大数据、云计算等数字技术广泛应用于社会生产生活各个领域。创新日益成为我国驱动发展的第一动力，制造业的高新技术含量不断提高，产业的国际竞争力日益强大。

二是我国已经形成了独立完整的现代工业体系。长期以来，我国关注经济自主性，注重提高经济发展的质量。党的十八大以来，中国经济国内大循环特征日趋明显。中国不仅是世界第一人口大国，也是一个经济大国，并逐步迈向经济强国。作为经济大国，我国经济增长总规模仅次于美国，而且具有完整的国民经济体系和产业体系。从经济增长总规模来说，2019 年中国 GDP 总量继续稳居世界第二，按美元计算约占美国 GDP 总量的 67%，中美经济总规模的差距进一步缩小。从国民经济体系和产业体系来看，我国形成了独立完整的现代工业体系，是世界上唯一拥有联合国产业分类中所列全部工业门类的国家。巨大的经济规模和国内市场、完整的工业体系和国民经济体系，是保障国家经济自主性和实现国内大循环的坚实基础。

三是我国人力资源丰富，市场规模庞大，市场空间广阔，具有很大的发展潜力。在经济快速发展的背景下，城乡居民收入稳步提高。2019 年，我国中等收入群体达到 4 亿人；2020 年，我国彻底消灭绝对贫困，基本公共服务均等化水平不断提高，发展的公平性更加彰显，人民的获得感显著增强，市场潜力将得到充分发挥。

以上因素表明，中国经济内部发展动能和潜力巨大，已具备以国内大循环为主、国内国际双循环相互促进的基本特征，有基础、有条件、有能力进一步加快形成新发展格局。

3. 在深化改革开放中加快形成新发展格局

加快形成新发展格局，是应对外部环境深刻变化的客观要求，也是我国经济发展新阶段的基本特征和内在趋势。但决不能把构建新发展格局与扩大对外开放对立起来，把加快形成新发展格局错误理解为对外开放基本国策的逆转，理解为中国将主动与世界经济“脱钩”。必须推动更深层次改革，实行更高水平对外开放，为构建新发展格局提供强大动力。

在国内外发展环境深刻变化的背景下，必须坚决扭住扩大内需这个战略基点，更加注重通过收入分配、社会保障、区域协调发展等政策，扎实扩大有效需求；更加注重提高中低收入居民收入水平和实际消费能力，使生产、分配、流通、消费的循环流转更多更好地依托国内市场；进一步深化经济体制改革，进一步完善社会主义市场经济体制机制，建立健全国内统一大市场，提高资源配置整体效率；大力推进供给侧结构性改革，提升供给体系对国内需求的适配性，形成需求牵引供给、供给创造需求的更高水平动态平衡的国内经济大循环。

实行高水平开放是畅通国内国际“两个循环”的必然选择。高水平对外开放需要在“更大范围、更宽领域、更深层次”三个层次上进一步推进。

“更大范围”的对外开放意味着对外开放的“空间范围”扩大，不仅要从过去注重沿海、沿江、沿边的对外开放转向覆盖“东西南北中”的全境对外开放，把自贸试验区、自由港等对外开放高地的改革经验复制到全国，实现对内对外“双向开放”，而且要从主要重视对发达国家或地区的对外开放转向对包括发达国家和发展中国家的多元性、全球性对外开放，从而全方位参与全球资源配置，加快构建我国的全球利益分布格局。

“更宽领域”的对外开放，不仅是指产业和技术领域要进一步扩大外资市场准入，在继续扩大制造业、采掘业、农业领域的对外开放的同时，更加重视金融、科技、教育、医疗等现代服务业的对外开放，在更多领域取消外资占比限制，允许外资控股或独资经营，而且是指从过去重视“引进来”，最大限度地引进外国直接投资，转向“引进来”和“走出去”并重，既重视引进国外企业直接投资，又重视我国企业“走出去”到国外投资。

“更深层次”的对外开放，一方面体现在从过去的商品、要素流动型开放转向规则、规制、管理、标准等制度型开放，全面实施外商投资准入前国民待遇加负面清单管理制度，加强知识产权保护，加大对假冒伪劣和侵权行为的查处力度，有效维护外商合法权益，营造法治化外资营商环境，确保内外资企业一视同仁、公平竞争。通过制度型对外开放，我国将积极从货物贸易转向服务贸易，从最终产品竞争转向价值链产业链供应链竞争，从获取资源转向要素整合、消减隐性贸易壁垒、加快相关体制规制与政策的调整，实现贸易由规模速度型转向质量效益型，促进国内外资本、技术、信息、人力资源、服务的自由流动，促进国内外资源优化配置。推动更深层次改革、实行更高水平对外开放、加快形成新发展格局，这三者是一个有机整体。只有进一步深化改革，破除影响资源整体高效配置的各种体制机制障碍，使社会主义市场经济体制优势得到更加充分的发挥，从而实现经济持续稳定健康发展。同时，只有实行更高水平对外开放，进一步提高对外贸易、对外金融活动和对外投资质量，才能既保持与世界经济内在联系的持续性，又增强我国经济发展的安全性和稳定性，从而有利于加快形成新发展格局。

概念与原理

- 金融危机、产业和经济安全、国际协调难度加大、新冠肺炎疫情是我国新发展格局提出的背景。
- 双循环也是我国经济发展的内在趋势，我国已经具备了转换发展格局的物质基础，技术能力得到提升，工业体系完整，市场潜力巨大。
- 推动更深层次改革、实行更高水平对外开放、加快形成新发展格局是一个有机整体。

复习思考题

1. 怎样理解经济全球化的进程和内涵？
2. 怎样认识经济全球化的积极意义与负面影响？
3. 怎样认识经济全球化给发展中国家带来的机遇和挑战？
4. 根据所学内容谈谈我国如何构建以国内大循环为主体，国内国际双循环相互促进的新发展格局？

问题与应用

1. 由于中国经济的迅速崛起，美国对于中国企业的打压日趋严重，只要是涉及中国的产业在美国的发展，现在都受到了很大的限制和阻碍。2020 年，美国商务部对于中国的芯片进出口也下达了禁令，30 余家中国企业被列入不可靠实体清单。中国高科技产业受到严重的冲击和影响。在此背景下，我国应当采取哪些措施以解决目前所面临的挑战与困境？

2. 反全球化已经在全球范围内形成一种潮流，请查阅资料，讨论反全球化潮流形成的原因和影响，我国应该采取哪些措施妥善应对？

参考文献

[1] 马克思，恩格斯．马克思恩格斯文集（第5～7卷）．北京：人民出版社，2009.

[2] 巴恩斯．资本主义3.0．海口：南海出版公司，2007.

[3] 鲍莫尔，等．好的资本主义，坏的资本主义．北京：中信出版社，2008.

[4] 伍伦韦伯．反社会的人．北京：光明日报出版社，2014.

[5] 成志刚．社会保障导论．长沙：湖南大学出版社，2003.

[6] 池元吉．世界经济概论．2版．北京：高等教育出版社，2006.

[7] 郭海清．当代中国社会保障制度改革．郑州：河南人民出版社，2008.

[8] 何干强．当代中国社会主义经济．2版．北京：中国经济出版社，2009.

[9] 胡连生．当代西方发达国家的贫富差距．科学社会主义，2001（2）.

[10] 胡连生，杨玲．当代资本主义双重发展趋向研究．北京：人民出版社，2008.

[11] 吉利斯，波金斯，罗默，斯诺德拉斯．发展经济学．4版．北京：中国人民大学出版社，1998.

[12] 卡列茨基．资本主义4.0：一种新经济的诞生．北京：中信出版社，2011.

[13] 雷诺兹．经济学的三个世界．北京：商务印书馆，1990.

[14] 刘赛力．中国对外经济关系．北京：中国人民大学出版社，2009.

[15] 刘志国．金融危机与精英主导的社会发展模式的破产．现代经济探讨，2009（4）.

[16] 刘志国．政府权力与产权制度变迁．北京：中国财政经济出版社，2007.

[17] 刘志国．政治经济学（资本主义）．北京：中国金融出版社，2010.

[18] 卢映西．货币视角下的资本主义发展史研究．社会科学战线，2008（11）.

[19] 沃尔夫．全球化为什么可行．北京：中信出版社，2008.

［20］韦伯．新教伦理与资本主义精神．北京：三联书店，1992.

［21］谭崇台．发展经济学概论．武汉：武汉大学出版社，2005.

［22］卫兴华．中国经济增长方式的选择与转换途径．经济研究，2007（7）.

［23］卫兴华，张宇．社会主义经济理论．北京：高等教育出版社，2007.

［24］吴敬琏．当代中国经济改革．上海：上海远东出版社，2004.

［25］吴易风．经济增长理论：从马克思的增长模型到现代西方经济学家的增长模型．当代经济研究，2000（8）.

［26］斯密．国富论．北京：华夏出版社，2005.

［27］翟东升．中国为什么有前途：对外经济关系的战略潜能．北京：机械工业出版社，2010.

［28］张宇．高级政治经济学．北京：中国人民大学出版社，2006.

［29］邹东涛．社会保障：体系完善与制度创新．北京：社会科学文献出版社，2011.

［30］鲍尔斯，等．理解资本主义：竞争、统制与变革．北京：中国人民大学出版社，2010.

［31］本赛德．马克思主义使用说明书．北京：红旗出版社，2013.

［32］基恩．经济学的真相．北京：电子工业出版社，2014.

［33］哈耶克．致命的自负．北京：中国社会科学出版社，2000.

［34］刘志国．资本周转理论与“钱荒”．经济学家，2014（10）.

第一版后记

政治经济学是财经类专业重要的基础课程，在财经类专业的课程体系改革中，各个学校都在探索适合自己学校发展的道路。随着我国社会主义市场经济改革的日益深入，政治经济学也获得了较快的发展。政治经济学在现实教学实践过程中面临着越来越多的挑战，必须进行改革才能适应新的形势的要求。

我们在编写本教材的过程中，力图进行一定程度的改革。在政治经济学教学体系的改革过程中，要坚持两个原则：一是坚持，二是发展。就坚持而言，主要是坚持马克思主义的基本原理和基本方法；就发展而言，主要是不能用西方经济学的概念来代替马克思主义政治经济学的概念。政治经济学必须坚持它的批判性：既批判错误的理论观点，又要对现实进行反思和批判。因此，政治经济学教材的编写在理论和实践两个方面都要坚持与时俱进。

政治经济学作为财经类高校教材，肩负着引导青年学子尊重科学、传播马克思主义科学经济思想的光荣任务。为了进一步深化政治经济学的教学改革，提高财经类专业的政治经济学教学的质量，我们经过了长期酝酿，多次研讨，决定组织部分骨干教师把理论研究与教学实践结合起来，编写新教材。在编写过程中，本书努力体现如下几个特色：一是坚持唯物史观，力求辩证地、实事求是地分析当代资本主义的新变化，反映社会主义市场经济建设过程的有益探索；二是内容有创新，在教材中尽可能地吸收学术界和我们自己研究的新成果；三是形式上要比较生动，力求增强可读性；四是具有教学的适用性，针对教学对象的实际状况和有限的课时进行详略选择，适当增加具有启发性的思考题和有意义的阅读专栏，以便有利于更好地开展课堂教学，改革课堂教学方式。

尽管做了上述积极的尝试，但是由于水平所限，时间上也较为紧张，难免会有观点理解上的偏差或表达不够准确的地方，使主观愿望与实际成果之间存在一定的差距，真诚地希望广大读者批评指正。

本书是集体劳动的成果。在本书的编写过程中，学院领导给予了热情鼓励和积极推动，并提出了不少好的建议。赵光瑞、崔向阳两位博士参加了本书的编写、讨论，并对全书进行了一些文字和观点的处理。刘志国博士作为本书的主编，提出了初步的撰写提纲，组织大家进行过多次研讨，听取意见，并承担了提纲的修改和全书的润色、统稿工作。参加本书编写的有：刘志国、崔向阳、赵光瑞、王云中、李广信、曹艳、饶国霞、王秀辉、卢映西、周绍东、王娟。考虑到全书观点的统一性，统稿时做出了一些与有关章节的作者原稿观点有异的修改，本书主编将对此负责。

在本书的编写过程中，我们得到了南京财经大学学校及学院两级领导的重视和支持；我们参阅了国内许多同类教材和许多学者的著作，在此表示衷心的感谢！

本书主编

2013 年 7 月

第四版后记

本教材第三版出版以来，我国政治经济形势发生了许多新的变化，党的十九届四中全会对社会主义基本经济制度做了新的表述，十九届五中全会提出了“十四五”时期经济社会发展的主要目标，为了更好地反映我国经济形势的变化，吸收新时代中国特色社会主义政治经济学的理论成果，保持教材的时代性与先进性，我们在2018年第三版的基础上对本教材进行了较大幅度的修订。相较于第三版，我们在保持教材原有特色的基础上，主要修订了以下内容：

1. 第六章第三节将当代资本主义类型的论述改为专栏阅读材料。

2. 第七章第二节删去了中国改革过程中所要面对的深层次问题的相关论述。

3. 将第七章第四节内容扩充为第八章社会主义初级阶段的所有制结构。

4. 对第十章中国经济社会协调发展进行了重新编写，增加了协调发展的机制、协调发展的策略等内容。

5. 第十一章删去了G20的一些介绍和论述，增加了开放发展、双循环格局等相关主题的论述。

除以上内容外，还对各个章节的一些细节内容进行了修改和调整，增加和删除了个别阅读专栏，对一些关键性数据进行了更新，对于课后讨论的问题也做了一定程度的修改。

刘志国老师主持了本版教材的修订，崔向阳、赵光瑞、王娟、师磊等老师参与了讨论和个别章节的编写。

本教材在修订过程中，得到了南京财经大学校领导及经济学院领导的支持，朱红根院长、经济系主任周宁等老师都为教材的修订提供了巨大的帮助，政治经济学学科组其他老师也参与了教材修订的相关讨论，在此表示衷心的感谢。

本教材为“十三五”江苏省高等学校重点教材。本教材提供了配套习题、课件和网络课程（http://mooc1.chaoxing.com/mycourse/teachercourse?moocId=216275698&clazzid=36134496&edit=true&v=0&cpi=0&pageHeader=0），供广大读者学习和使用。由于水平有限，编写过程中难免有错误，真诚希望广大读者批评指正，联系邮箱为 political_e@126.com。

本书主编

2021 年 4 月

图书在版编目（CIP）数据

新编政治经济学教程 / 刘志国主编. --4 版. --北京：中国人民大学出版社，2021.7
新编 21 世纪经济学系列教材
ISBN 978-7-300-29498-8

Ⅰ.①新… Ⅱ.①刘… Ⅲ.①政治经济学－高等学校－教材 Ⅳ.①F0

中国版本图书馆 CIP 数据核字（2021）第 120177 号

"十三五"江苏省高等学校重点教材
新编 21 世纪经济学系列教材
新编政治经济学教程（第四版）
主　编　刘志国
副主编　赵光瑞　崔向阳
Xinbian Zhengzhi Jingjixue Jiaocheng

出版发行	中国人民大学出版社		
社　　址	北京中关村大街 31 号	**邮政编码**	100080
电　　话	010－62511242（总编室）		010－62511770（质管部）
	010－82501766（邮购部）		010－62514148（门市部）
	010－62515195（发行公司）		010－62515275（盗版举报）
网　　址	http://www.crup.com.cn		
经　　销	新华书店		
印　　刷	北京溢漾印刷有限公司	**版　　次**	2013 年 9 月第 1 版
规　　格	185 mm×260 mm　16 开本		2021 年 7 月第 4 版
印　　张	26.25 插页 1	**印　　次**	2021 年 7 月第 1 次印刷
字　　数	599 000	**定　　价**	59.00 元

教学支持说明

1. 教辅资源获取方式

为秉承中国人民大学出版社对教材类产品一贯的教学支持，我们将向采纳本书作为教材的教师免费提供丰富的教辅资源。您可直接到中国人民大学出版社官网的教师服务中心注册下载——http://www.crup.com.cn/Teacher。

如遇到注册、搜索等技术问题，可咨询网页右下角在线 QQ 客服，周一到周五工作时间有专人负责处理。

注册成为我社教师会员后，您可长期根据您所属的课程类别申请纸质样书、电子样书和教辅资源，自行完成免费下载。您也可登录我社官网的"教师服务中心"，我们经常举办赠送纸质样书、赠送电子样书、线上直播、资源下载、全国各专业培训及会议信息共享等网上教材进校园活动，期待您的积极参与！

2. 赠送"经管之家"论坛币

经管之家（http://www.jg.com.cn）于 2003 年成立，致力于推动经济学科的进步，传播优秀教育资源，做最好的经管教育。目前已经发展成国内最大的经济、管理、金融、统计类在线教育平台，也是国内最活跃和最具影响力的经济类网站。

为了更好地服务于教学一线的任课教师，凡使用中国人民大学出版社经济分社教材的教师，注册成为我社教师会员后，可填写以下信息调查表，发送电子邮件或者邮寄或者传真给我们，我们将会向您赠送经管之家论坛币 200 个。

教师信息表
姓名：
学校：
论坛 ID：
教授课程：
使用教材：
论坛识别码：pinggu_com_1501511_8899768

3. 高校教师可加入下述学科教师 QQ 交流群，获取更多教学服务

经济类教师交流群：809471792
财政金融教师交流群：182073309
国际贸易教师交流群：162921240
税收教师交流群：119667851

4. 购书联系方式

网上书店咨询电话：010－82501766
邮购咨询电话：010－62515351
团购咨询电话：010－62513136

中国人民大学出版社经济分社
地址：北京市海淀区中关村大街甲 59 号文化大厦 1506 室　100872
电话：010－62513572　010－62515803
传真：010－62514775
E－mail：jjfs@crup.com.cn